知堂書話

一

周作人 著文

锺叔河 编订

岳麓書社·长沙·二〇一六

知堂书话新序

钟叔河

《知堂书话》一九八五年编成，一九八六年岳麓书社初版；今年（二〇一五）修订重编，新版仍交岳麓书社印行。前度刘郎今又来，可算物归原主，时间却已过去三十年了。

人生能有几个三十年？我从一九四九年始入职场学做编辑，到一九七九年重入职场再做编辑，云里雾里耗去三十年。《书话》初版精平装各印万部很快销完，接着陆续开印《自己的园地》《雨天的书》各种，印到《秉烛谈》戛然而止，至今又过去了三十年。俟河之清，人寿几何，真堪浩叹。

但我却还能够乐观，因为通过编书，我看到了文字的生命力，知道好书会比人活得精彩，活得久长。

《知堂书话》初版印行三年十个月之后，台北百川书局便出版了繁体字直排本，它便有了第二个版本。

第三个版本则是海南出版社一九九七年七月印行的。它增收了不少集外文，又把《知堂序跋》合在一起，篇幅大为扩充，装帧也讲究了；但书本太厚太重，却是美中不足。

二千零四年九月，中国人民大学出版社又出了《书话》和《序跋》分开的第四种版本。它印过不止一次，二〇一一年还续约又印了一次；可惜校对不精，初印颇有错字，后来的印本才改正了一些，也没能改干净。

岳麓书社这一回，是它的第五个版本，也是我编的最后一个版本了。

书是供人阅读的，没有人读，书就死了。《知堂书话》三十年中印了五版，说明它一直有人要读，有强的生命力。这生命力，完全来自知堂的文字。知堂这些谈古今中外的书、谈人们读书生活的文章，确实能引人入胜，确实有撼动读者思想的力量，总使我读之不厌，编之忘倦。

知堂的文章明摆在这里，编者所做的不过是将其编辑起来供人阅览，实不足道。但编辑也得敬谨将事，认真进行。《书话》各版，编法均有所不同；最后这一版，面貌变化更大。这样做，无非是想把书编印得更好读一些，只怕事与愿违，端赖高明指教。止庵《知堂与“书话”》、赵普光《〈知堂书话〉的四种版本及其他》等大作中惠予的指教，本书多有受益，在此深表谢意。

人难活过三个三十年。周作人的父亲便只享年三十七岁，早已无人记得光绪时的绍兴秀才周凤仪了。周作人也只活了八十三岁，但只要《安得森的十之九》《阿丽思漫游奇境记》诸文还有人读，还在印行，知堂的名字便不会被忘记。此即是文字和书的一点为帝力所不及的力量，也是我八十五岁还能够乐观的原因。

至于《书话》编得如何，好还是不好，比起来实在无关弘旨吧。

二〇一五年六月二十日乙未端午于长沙。

知堂书话原序

钟叔河

我一直还算喜欢读书的，然读书于我亦大不易：一是不易有闲，二是不易到手，三是不易读懂。有时便只好找点书话书评之类的文章来看看，舔眼救馋，掬水降火，不免为三百年前的陶庵所笑了。

使我感到不满足的是，这类文字虽不算少，真正值得读和经得读的却不算多。奉命来骂或者来捧某一种书的，为了交情或者交易来作宣传、做广告的，自以为掌握了文昌帝君的秤砣或砝码来大声宣布权衡结果的，我都不大想看。我所想看的，只是那些平平实实的文章，它们像朋友闲谈一样向我介绍，这是一本什么样的书，叙述了哪些我们想要知道的或者感到兴趣的事物，传达了哪些对人生和社会、对历史和文化的见解。这样的文章，无论是客观地谈书，或是带点主观色彩谈他自己读书的体会，只要自具手眼，不人云亦云，都一样的为我所爱读。如果文章的内涵和笔墨，还足以表现出本文和原书作者的学养和性情，那就更为佳妙了。虽然鸠摩罗什大师早已说过，嚼饭哺人，反致哕吐，明白昭示这是一件多么不易讨好的事情，但在被哺的方面，若得像薛蛟和刘海哥那样，一口吞下狐狸精吐出的红珠，五百年道行便能归我所有，亦不可谓非人生难得之遭逢也。

在我所读过的这类文字中，周作人的作品我以为可算是达到了上乘的标准。今从其一生所著三十几部文集中，把以书为题的文章选辑起来，编成这部《知堂书话》，以飨与我有同嗜的读者。周氏的序跋文本来也属于此类，但因是为自己或友人而写，更多感情的分子，而且数量也不少，故拟另做一集，作为书话的续编。所录各文，悉依原本，不加改削。惟明显的排印错误，则就力所能及，酌予改正。如《俞理初的诙谐》一文，《秉烛后谈》印本第四十七面第二行“悃幅无华”，“幅”当作“愊”；“癸巳存类”，“类”当作“稿”；第五行“缺少温柔敦或澹泊宁静之趣”，“敦”字下脱“厚”字；第九行“蔡子民先生”，“子”当作“孑”；第十一行“习苦齐笔记有一侧云”，“齐”当作“斋”，“侧”当作“则”：这些便都一一改正了。最有意思的是第四十八面第九行，印本作：

说文，亡从入从乚 非乛 乚 之乚，为有亡，亦为亡失。

“非乛 乚 之乚”显然是作者对排字工人的交代，怕工人把“从入从乚”的“乚”当成标点符号“乛 乚”的“乚”；殊不知竟被工人误认为正文，排到了字里行间，而且连“从入从乚”的“乚”也排成了标点符号乚。岂明老人当日拿到新出版的书，恐怕也只能像我们今天这样，苦笑几声了罢。这句现在也改正为：

说文，亡从入从ㄴ，为有亡，亦为亡失。

这才纠正了一九四四年北京新民印书馆“手民”的错误。

至于周作人其人和他整个的学问文章，我是没有资格来谈的，因为知道得实在太少了，虽然他在晚年也跟我有过一些接触。张宗子《〈一卷冰雪文〉后序》末节云：

昔张公凤翼刻《文选纂注》，一士夫诘之曰：“既云文选，何故有诗？”张曰：“昭明太子所集，于仆何与？”曰：“昭明太子安在？”张曰：“已死。”曰：“既死不必究也。”张曰：“便不死亦难究。”曰：“何故？”张曰：“他读得书多。”

我所确确实实明白无误晓得的，也就只有这两点：第一，周作人已死；第二，他读得书多。至于别的方面，还是留待能够说和愿意说的人去说罢！

一九八五年十月二十七日于长沙。

编辑说明

[一] 本书收书话三百二十篇，分为五册，第一、二、三、四册皆集内文（从著作集内辑出的），第五册为集外文（从著作集外辑得的），均依写作时间先后编次。其著作（含译作）以知堂生前正式出版者为限，凡此后印行的著作均视为集外文。

[二] 每篇的写作时间，于题目右边以阿拉伯数字注出，必要时并在校记中补充说明。如第一册《安得森的十之九》注 1918. 6，即作于一九一八年六月。同册《圣书与中国文学》注 1920. 11，即作于一九二〇年十一月，再看校

记“1920.11.30在燕京大学文学会的讲演”，便更明白了。

［三］每篇的出处，亦于题目右边以小字注出，集内文注出原书名（重复入集者只注出编校用书名），集外文注明“集外文”，并均于校记中作必要的补充。如第一册《爱的成年》注“谈龙集”，校记即补充说明了“1918.10.15刊《新青年》5卷4号”。又如第五册《见店头监狱书所感》注“集外文”，校记即补充说明它“1907.11刊《天义报》11、12期”，此亦即是其出处。

［四］校记的内容除上述两项外，主要是编者校改原本错讹的记录。《见店头监狱书所感》原本“特狱之为物不详”一语，编者改为“特狱之为物不祥”，即出校记④云：“‘特狱之为物不祥’，‘祥’原作‘详’。”读者如认为改错了，可以知道是编者的责任；认为改得对，也可以知道原文错在何处。

［五］校记还记述了编者校订时处理某些问题的根据和理由。第五册《关于清少纳言》校记①："清少纳言《枕草子》译事开始甚早，但至1988.9始由北京人民文学出版社以《日本古代随笔选》（与王以铸译《徒然草》合称）书名出版。周氏日记1961.1.3曾记云，'上午写《关于清少纳言》小文'，但印本末署（一九六五年十月）。"这便是将其注明"集外文"和1965.10作的理由和根据。

［六］作者注文一律保留，并标明"原注"。

［七］与本篇相关的其他篇目，同册者可从目录中检索，不同册者在题目下用小字注明。如第一册《汉译古事记神代卷引言》，题目下即注明"第二册有《古事记引言》"。

［八］题目、目录和小字说明（校记除外）中的书名，均依知堂之例，不加书名号。

［九］今后如再辑得佚文，均作为“补遗”，编于相关分册之末，以入书时间先后为序，并列入本册目录。

第一册目录

安得森的十之九

◇1918.6

◇谈龙集

◇第三册有《安徒生的四篇童话》

凡外国文人，著作被翻译到中国的，多是不幸。其中第一不幸的要算丹麦诗人“英国安得森”。

中国用单音整个的字，翻译原极为难：即使十分仔细，也止能保存原意，不能传本来的调子。又遇见翻译名家用古文一挥，那更要不得了。他们的弊病，就止在“有自己无别人”，抱定老本领旧思想，丝毫不肯融通：所以把外国异教的著作，都变作班马文章，孔孟道德。这种优待，就是哈葛得诸公也当不住，到了安得森更是绝对的不幸。为什么呢？因为他独一无二的特色，就止在小儿一样的文章，同野蛮一般的思想上。

日前在书铺里看见一本小说，名叫《十之九》，觉得名称很别致，买来一看，却是一卷童话，后面写道“著作者英国安得森”，内分《火绒箱》[①]《飞箱》《大小克劳思》《翰思之良伴》《国王之新服》《牧童》六篇。我自认是中国的安党，见了大为高兴；但略一检查，却全是用古文来讲大道理，于是不禁代为著作者叫屈，又断定他是世界文人中最不幸——在中国——的一个人。

我们初读外国文时，大抵先遇见格林（Grimm）兄弟同安得森（Hans Christian Andersen）的童话。当时觉得这幼稚荒唐的故事没甚趣味；不过因为怕自己见识不够，不敢菲薄，却究竟不晓得他好处在那里。后来涉猎民俗学（Folklore）一类的书，才知道《格林童话集》的价值：他们兄弟是学者，采录民间传说，毫无增减，可以供学术上的研究。至于安得森的价值，到见了诺威波耶生（Boyesen）丹麦勃阑特思（Brandes）英国戈斯（Gosse）诸家评传，方才明白：他是个诗人，又是个老孩子（即 Henry James 所说 Perpetual boy），所以他能用诗人的观察，小儿的言语，写出原人——文明国的小儿，便是系统发生上的小野蛮——的思想。格林兄弟的长处在于“述”；安得森的长处，就全在于“作”。

原来童话（Märchen）纯是原始社会的产物。宗教的神话，变为历史的世说，又转为艺术的童话，这是传说变迁的大略。所以要是“作”真的童话，须得原始社会的人民才能胜任。但这原始云云，并不限定时代，单是论知识程度，拜物思想的乡人和小儿，也就具这样资格。原人或乡人的著作，经学者编集，便是格林兄弟等的书；小儿自作的童话，却从来不曾有过。倘要说有，那便是安得森一人作的一百五十五篇 Historier 了。他活了七十岁，仍是一个小孩子；他因此生了几多误解，却也成全了他，成就一个古今无双的童话作家。除中国以外，他的著作价值，几乎没有一国不是已经明白承认。

上面说安得森童话的特色：一是言语，二是思想。——他自己说："我著这书，就照着对小儿说话一样写下来。"勃阑特思著《丹麦诗人论》中，说他的书出版之初，世人多反对他，说没有这样著书的。"人的确不是这样著书，却的确是这样说话的。"这用"说话一样的"言语著书，就是他第一特色。勃阑特思最佩服他《邻家》一篇的起头：

> 人家必定想，鸭池里面有重要事件起来了；但其实没有事。所有静睡在水上的，或将头放在水中倒立着——他们能够这样立——的鸭，忽然都游上岸去了。你能看见湿泥上的许多脚印。他们的叫声，远远近近的都响遍了。刚才清澈光明同镜一般的水，现在已全然扰乱了。……

又如《一荚五颗豆》的起头说：

> 五颗豆在一个荚里：他们是绿的，荚也是绿的，

所以他们以为世间一切都是绿的：这也正是如此。荚长起来，豆也长起来，他们随时自己安排，一排的坐着。……

又如《火绒箱》也是勃阑特思所佩服的：

一个兵沿着大路走来——一，二！一，二！他背上有个背包，腰边有把腰刀；他从前出征，现在要回家去了。他在路上遇见一个老巫：她狠是丑恶，她的下唇一直挂到胸前。她说："兵啊，晚上好！你有真好刀，真大背包！你真是个好兵！你现在可来拿钱，随你要多少。"

再看《十之九》中，这一节的译文：

一退伍之兵。在大道上经过。步法整齐。背负行李。腰挂短刀。战事已息。资遣归家。于道侧邂逅一老巫。面目可怖。未易形容。下唇既厚且长。直拖至颏下。见兵至。乃谀之曰。汝真英武。汝之刀何其利。汝之行李何其重。吾授汝一诀。可以立地化为富豪。取携甚便。……

误译与否，是别一问题，姑且不论；但勃阑特思所最佩服，最合儿童心理的"一二一二"，却不见了。把小儿的言语，变了八大家[2]的古文，安得森的特色，就"不幸"因此完全抹杀。

安得森童话第二特色，就是野蛮的思想；——原人和小儿，本是一般见识，——戈斯论他著作，有一节说得极好：

> 安得森特殊的想象，使他格外和儿童心思相亲近。小儿像个野蛮，于一切不调和的思想分子，毫不介意，容易承受下去。安得森的技术，大半就在这一事：他能狠巧妙的，把几种毫不相干的思想，联结在一起。例如他把基督教的印象，与原始宗教的迷信相溷和，这技艺可称无二。……
>
> 还有一件相像的道德上的不调和，倘若我们执定成见，觉得极不容易解说。《火绒箱》中的兵，割了老妇的头，偷了他的宝物，忘恩负义极了，却毫无惩罚；他的好运，结局还从他的罪里出来。《飞箱》中商人的儿子，对于土耳其公主的行为，也不正当；但安得森不以为意。克劳思对于大克劳思的行为，也不能说是合于现今的道德标准。但这都是儿童本能的特色；儿童看人生像是影戏：忘恩负义，虏掠杀人，单是并非实质的人形，当着火光跳舞时映出来的有趣的影。安得森于此等处，不是装腔作势的讲道理，又敢亲自反抗教室里的修身格言，就是他的魔力的所在。他的野蛮思想，使他和育儿室里的天真漫烂的小野蛮相亲近。

这末一句话，真可谓“一语破的”，不必多加说明了。《火绒箱》中叙兵杀老巫，止有两句：

于是他割去她的头。她在那里躺着！

写一件杀人的事，如此直捷爽快，又残酷，又天真漫烂，真可称无二的技术。《十之九》中译云：

忍哉此兵。举刀一挥。老巫之头已落。

其实小儿看此“影戏”中的杀人，未必见得忍；所以安得森也不说忍哉。此外译者依据了“教室里的修身格言”，删改原作之处颇多，真是不胜枚举；《小克劳思与大克劳思》一篇里，尤为厉害。例如硬教农妇和助祭做了姊弟，不使大克劳思杀他的祖母去卖钱；不把看牛的老人放在袋里，沉到水里上天去，都不知是谁的主意；至于小克劳思骗来的牛，乃是“西牛贺洲之牛”！《翰思之良伴》（本名《旅行同伴》）中，山灵（Trold）对公主说：“汝即以汝之弓鞋为念！”这岂不是拿著作者任意开玩笑么？《牧童》中镬边的铃所唱德文小曲：

Ach，du lieber Augustin

Alles isf weg，weg.

（唉，你可爱的奥古斯丁

一切都失掉，失掉，失掉了。）

也不见了。安得森的一切特色，“不幸”也都失掉。

安得森声名，已遍满文明各国，单在中国不能得到正确理解，本也不关重要。但他是个老孩子，他不能十分知道轻重：所以有个小儿在路上叫他一声大安得森，他便非常欢喜，同得了一座“北极星勋章”一样；没价值的小报上说他一句笑话，——关于他的相貌！——他看了就几乎要哭。如今被中国把他的杰作译成一种没意思的巴德文丛著，岂不也要伤心么？我也代他不舒服，就写这几行，不能算是新著批评，不过为这丹麦诗人说几句公道话[3]罢了。

［附记］　安得森（即安徒生）生于一八零五年，一八七五年卒。著有小说数种，《即兴诗人》（*Improvrsitoren*）最有名；但童话要算是他独擅的著作。《无画的画帖》（*Billedbog uden Billeder*）记“月”自述所见，凡三十三夜，也是童话的一种，又特别美妙。他的童话全集译本，据我所晓得的，有英国 Graigie 本，最为确实可靠。　（一九一八年六月）

【钟校】

①“火绒箱”，原作“火绒箧”，从后文改。

②“八大家”，原无“八”字，今增。

③“说几句公道话”，原无“道”字，今增。

爱的成年①

◇1918.10

◇谈龙集

近来读英国凯本德（Edward Carpenter）著的《爱的成年》（*Love's Coming of Age*），关于两性问题，得了许多好教训，好指导。女子解放问题，久经世界识者讨论，认为必要；实行这事，必须以女子经济独立为基础，也是一定的道理。但有一件根本上的难题，能妨害女子经济的独立，把这问题完全推翻：那就是生产。瑞典斯忒林特堡（Strindberg）著《结婚》中有"改革"及"自然的障碍"诸篇，即说此事；但他是厌恶女性的人，不免怀有恶意，笑"改革"之终于失败。凯本德却别有"改革"的方法，第四章论女子的自由，有两句说得最好：

> 我们不可忘记：如无社会上的大改革，女子的解放，也不能完成。如不把我们商贩制度——将人类的力作，人类的爱情，去交易卖买的制度，——完全去掉，别定出一种新理想新习俗

时，女子不能得到真的自由。（五十四页）

他又加上一段小注，意思更为明了：

女子的自由，到底须以社会的共产制度为基础；只有那种制度，能在女子为母的时候供给养活她，免得去倚靠男子专制的意思过活。现在女子力求经济独立，原是好景象，也是现时必要的事；可是单靠这一件，解决不了那个问题，因为在为母的时候，最需帮助；女子在那时，却正不能自己去做活赚钱。（同上）

英国蔼理斯（Havelock Ellis）著《性的进化》(*Evolution in Sex*)，关于这事也有一节说：——

民种的生殖，是社会的职务（a social function）。所以我们断定说：女子生产，因为尽她社会的职务，不能自己养活，社会应该供养她。女子为社会生一新分子，于将来全群利害，极有关系，全群的人对于她，自应起一种最深的注意；古时孕妇有特权，可以随意进园圃去摘食蔬果，这是一种极健全美丽的本能的表现。（十五页）

以上所说的话，都十分切要，女子问题的根本解决，就在这中间；此外方法，如画师的“改革”，不能彻底，遇着“自然的障碍”，终要失败。——但在中国，连画师夫妇那样见识的人，怕还不多。

《爱的成年》第一章论性欲，极多精义。他先肯定人生，承认人类的身体和一切本能欲求，无一不美善洁净；他所最恨的，便是那“卖买人类一切物事的商贩主义，与隐藏遮盖的宗教的伪善”（十九页）。他说明：“对于人身那种不洁的思想，如不去掉，难望世间有自由优美的公共生活。”（同上）从前的人，也曾经说过相似的话，斯柏勤女士（Spurgeon）著《英文学上的玄秘主义》中论勃来克（William Blake）的一节里说：

人的欲求，如方向正时，以满足为佳。勃来克诗云：“红的肢体，火焰般的头发上，禁戒（Abstinence）播满了沙；但满足的欲求，种起生命与美的果实。”（案此系格言诗第十，原题《柔雪》的第二章。）世上唯有极端纯洁，或是极端放纵的心，才能宣布出这样危险的宗旨来。在勃来克的教义上，正如斯温朋（Swimburne）所说，“世间唯一不洁的物，便只是那相信不洁的念”。

（百七三页）

蔼理斯又著有《新精神》（*The New Spirit*）一书，其中评论美国诗人惠德曼（Walter Whitman），称述他对于肉体及爱的意见，随后说：

宗教政治上，我们经过了大争斗，才算得到了无价的自由与诚实。但在性的地界内，正同我们道德的和社会的生活上一样，还不能得这幸福；现在还有那种野蛮的传说，经中世教会竭力宣传，流传在世间：把女子当作性的象征，说物事经他接触，就要污秽，布列纽思（Plinius）说，“世上无物比月经更丑”，到现在这句话还有势力。为什么不放科学的光到这地方，使我们也得自由与信实呢？因我们对于这一部分的意见如此，就使我们对于人生全体的态度上，也很发生影响。

（百二六至七页）

勃来克承认“力（Energy）是唯一的生命，从肉体出；理（Reason）便是力的外界。力是永久的悦乐”。惠德曼能“把下腹部与头部胸部同一看待”。凯本德的意见，就同他们相似，却更说得明白，又注重实际的一面。他的希望，是在将来社会上，成立一种新理想新生活，能够以自由与诚实为本，改良两性的关系。第八章论自由社会，就是议论这件事。

《爱的成年》系一八九六年出版，在本国销行甚广。别国也多已译出。（一九一八年十月）

【钟校】

① 1918. 10. 15 刊《新青年》5卷4号。

圣书与中国文学[1]

◇1920.11

◇艺术与生活

我对于宗教从来没有什么研究，现在要讲这个题目，觉得实在不大适当。但我的意思只偏重在文学的一方面，不是教义上的批评，如改换一个更为明了的标题，可以说是古代希伯来文学的精神及形式与中国新文学的关系。新旧约的内容，正和中国的四书五经相似，在教义上是经典，一面也是国民的文学；中国现在虽然还没有将经书作文学研究的专书，圣书[2]之文学的研究在欧洲却很普通，英国《万人丛书》（*Everyman's Library*）里的一部《旧约》，便题作《古代希伯来文学》。我现在便想在这方面，将我的意见略略说明。

我们说《旧约》是希伯来的文学，但我们一面也承认希伯来人是宗教的国民，他的文学里多含宗教的气味，这是当然的事实。我想文学与宗教的关系本来很是密切，不过希伯来思想里宗教分子比别国更多一点罢了。我们知道艺术起源大半从宗教的仪式出来，如希腊的诗（Melê = Songs）赋（Epê = Epics）戏曲都可以证明这个变化，就是雕刻绘画上也可以看出许多踪迹。一切艺术都是表现各人或一团体的感情的东西；《诗序》里说：“情动于中而形于言；言之不足，故咏歌之；咏歌之不足，故嗟叹之；嗟叹之不足，故不知手之舞之，足之蹈之。”这所说虽然止于歌舞，引申起来，也可以作雕刻绘画的起源的说明。原始社会的人，唱歌，跳舞，雕刻绘画，都为什么呢？他们因为情动于中，不能自已，所以用了种种形式将他表现出来，仿佛也是一种生理上的满足。最初的时候，表现感情并不就此完事；他是怀着一种期望，想因了言动将他传达于超自然的或物，能够得到满足：这不但是歌舞的目的如此，便是别的艺术也是一样，与祠墓祭祀相关的美术可以不必说了，即如野蛮人刀柄上的大鹿与杖头上的女人象征，也是一种符咒作用的，他的希求的具体的表现。后来这祈祷的意义逐渐淡薄，作者一样的表现感情，但是并不期望有什么感应，这便变了艺术，与仪式分离了。又凡举行仪式的时候，全部落全宗派的人都加在里边，专心赞助，没有赏鉴的馀暇；后来有旁观的人用了赏鉴的态度来看他，并不夹在仪式中间去发表同一的期望，只是看看接受仪式的印象，分享举行仪式者的感情；于是仪式也便转为艺术了。从表面上看来，变成艺术之后便与仪式完全不同，但是根本上有一个共通点，永久没有改变的，这是神人合一，物我无间的体验。原始仪式里的入神（Enthousiasmos）忘我（Ekstasis），就是这个境地；此外如希腊的新柏拉图派，印度的婆罗门教，波斯的“毛衣外道”（Sufi）等的求神者，目的也在于此；基督教《福音书》内便说的明白：“使他们合而为一；正如你父在我里面，我在你里面，使他们也在我们里面。”（《约翰福音》第十八章二十七节）这可以说是文学与宗教的共通点的所在。托尔斯泰著的《什么是艺术》，专说明这个道理，虽然也有不免稍偏的地方，经克鲁泡特金加以修正，（见《克鲁泡特金的思想》内第二章《文学观》）但根本上很是正确。他说艺术家的目的，是将他见了自然或人生的时候所经验的感情，传给别人，因这传染的力量的薄厚合这感情的好坏，可以判断这艺术的高下。人类所有最高的感情便是宗教的感情；所以艺术必须是宗教的，才是最高上的艺术。

> 基督教思想的精义在于各人的神子的资格，与神人的合一及人们相互的合一，如《福音书》上所说。因此基督教艺术的内容便是使人与神合一及人们互相合一的感情。……但基督教的所谓人们的合一，并非只是几个人的部分的独占的合一，

> 乃是包括一切，没有例外。一切的艺术都有这个特性，——使人们合一。各种的艺术都使感染着艺术家的感情的人，精神上与艺术家合一，又与感受着同一印象的人合一。非基督教的艺术虽然一面联合了几个人，但这联合却成了合一的人们与别人中间的分离的原因；这不但是分离，而且还是对于别人的敌视的原因。（《什么是艺术》第十六章）

同样的话，在近代文学家里面也可以寻到不少。俄国安特来夫（Leonid-Andrejev）说："我们的不幸，便是在大家对于别人的心灵、生命、苦痛、习惯、意向、愿望，都很少理解，而且几于全无。我是治文学的，我之所以觉得文学的可尊，便因其最高上的事业，是在拭去一切的界限与距离。"英国康剌特（Joseph Conrad，本波兰人）说："对于同类的存在的强固的认知，自然的具备了想像的形质，比事实更要明了，这便是小说。"福勒忒解说道："小说的比事实更要明了的美，是他的艺术价值；但有更重要的地方，人道主义派所据以判断他的价值的，却是他的能使人认知同类的存在的那种力量。总之，艺术之所以可贵，因为他是一切骄傲偏见憎恨的否定，因为他是社会化的。"这几节话都可以说明宗教与文学的共通的所在，圣书与文学的第一层的关系，差不多也可以明了了。宗教上的圣书即使不当作文学看待，但与真正的文学里的宗教的感情，根本上有一致的地方，这就是所谓第一层的关系。

以上单就文学与宗教的普通的关系略略一说，现在想在圣书与中国文学的特别的关系上，再略加说明。我们所注意的原在新的一方面，便是说圣书的精神与形式，在中国新文学的研究及创造上，可以有如何的影响；但旧的一方面，现今欧洲的圣书之文学的考据的研究，也有许多地方可以作中国整理国故的方法的参考，所以顺便也将他说及。我刚才提及新旧约的内容正和中国的经书相似：《新约》是《四书》，《旧约》是《五经》——《创世记》等纪事书类与《书经》《春秋》，《利未记》与《易经》及《礼记》的一部分，《申命记》与《书经》的一部分，《诗篇》《哀歌》《雅歌》与《诗经》，都很有类似的地方；但欧洲对于圣书，不仅是神学的，还有史学与文学的研究，成了实证的有统系的批评，不像是中国的经学不大能够离开了微言大义的。即如《家庭大学丛书》（*Home University Library*）里的《旧约之文学》，便是美国的神学博士谟尔（George F. Moore）做的。他在第二章里说明《旧约》当作国民文学的价值，曾说道："这《旧约》在犹太及基督教会的宗教的价值之外，又便是国民文学的残馀，尽有独立研究的价值。这里边的杰作，即使不管著作的年代与情状，随便取读，也很是愉快而且有益；但如明了他的时代与在全体文学中的位置，我们将更能赏鉴与理解他了。希伯来人民的政治史，他们文明及宗教史的资源，也都在这文学里面。"他便照现代的分类，将《创世记》等列为史传，《预言书》等列为抒情诗，《路得记》《以斯帖记》及《约拿书》列为故事，《约伯记》——希伯来文学的最大著作，世界文学的伟大的诗之一，——差不多是希腊爱斯吉洛思（Aiskhylos）式的一篇悲剧了。对于《雅歌》，他这样说："世俗的歌大约在当时与颂歌同样的流行，但是我们几乎不能得到他的样本了，倘若没有一部恋爱歌集题了所罗门王的名字，因了神秘的解释，将他归入宗教，得以保存。"又说：

> 这书中反复申说的一个题旨，是男女间的热烈的官能的恋爱。……在一世纪时，这书虽然题着所罗门的名字，在严正的宗派看起来不是圣经；后来等到他们发见——或者不如说加上——了一个譬喻的意义，说他是借了夫妇的爱情在那里咏叹神与以色列的关系，这才将他收到正经里去。古代的神甫们将这譬喻取了过来，不过把爱人指基

> 督，所爱指教会（钦定译本的节目上还是如此）或灵魂。中古的教会却是在新妇里看出处女马理亚。……譬喻的恋爱诗——普通说神与灵魂之爱——在各种教义与神秘派里并非少见的事；极端的精神诗人时常喜用情欲及会合之感觉的比喻，但在《雅歌》里看不出这样的起源，而且在那几世纪中，我们也不曾知道犹太有这样的恋爱派的神秘主义。

所以他归结说：“那些歌是民间歌谣的好例，带着传统的题材、形式及想象。这歌自然不是一个人的著作，我们相信当是一部恋爱歌集，不必都是为嫁娶的宴会而作，但都适用于这样的情景。”这《雅歌》的性质正与希腊的催妆诗（Epithalamia）之类相近，在托尔斯泰派的严正批评里，即使算不到宗教的艺术，也不愧为普通的艺术了。我们从《雅歌》问题上，便可以看出欧洲关于圣书研究的历史批评如何发达与完成。中国的经学却是怎样？我们单以《诗经》为例；《雅》《颂》的性质约略与《哀歌》及《诗篇》相似，现在也暂且不论，只就《国风》里的恋爱诗拿来比较，觉得这一方面的研究没有什么满足的结果。这个最大原因大抵便由于尊守古训，没有独立实证的批判；譬如近代龚橙的《诗本谊》（一八八九出版，但系一八四〇年作）反对毛传，但一面又尊守三家遗说，便是一例。他说：“古者劳人思妇，怨女旷夫，贞淫邪正，好恶是非，自达其情而已，不问他人也。”又说，“有作诗之谊，有读诗之谊，有太师采诗瞽矇讽诵之谊，”都很正确，但他自己的解说还不能全然独立。他说，“关雎，思得淑女配君子也”；《郑风》里“女曰鸡鸣，淫女思有家也”。实际上这两篇诗的性质相差不很远，大约只是一种恋爱诗，分不出什么“美刺”，著者却据了《易林》的“鸡鸣同兴，思配无家”这几句话，说他“为淫女之思明甚”，仍不免拘于“郑声淫”这类的成见。我们现在并不是要非难龚氏的议论，不过说明便是他这样大胆的人，也还不能完全摆脱束缚；倘若离开了正经古说训这些观念，用纯粹的历史批评的方法，将他当作国民文学去研究，一定可以得到更为满足的结果。这是圣书研究可以给予中国治理旧文学的一个极大的教训与帮助。

说到圣书与中国新文学的关系，可以分作精神和形式的两面。近代欧洲文明的源泉，大家都知道是起于“二希”就是希腊及希伯来的思想，实在只是一物的两面，但普通称作“人性的二元”，将他对立起来；这个区别，便是希腊思想是肉的，希伯来思想是灵的；希腊是现世的，希伯来是永生的③。希腊以人体为最美，所以神人同形，又同生活，神便是完全具足的人，神性便是理想的充实的人生。希伯来以为人是照着上帝的形像造成，所以偏重人类所分得的神性，要将他扩充起来，与神接近以至合一。这两种思想当初分立，互相撑拒，造成近代的文明，到得现代渐有融合的现象。其实希腊的现世主义里仍重中和（Sophrosyne），希伯来也有热烈的恋爱诗，我们所说两派的名称，不过各代表其特殊的一面，并非真是完全隔绝，所以在希腊的新柏拉图主义及基督教的神秘主义已有了融合的端绪，只是在现今更为显明罢了。我们要知道文艺思想的变迁的情形，这圣书便是一种极重要的参考书，因为希伯来思想的基本可以说都在这里边了。其次现代文学上的人道主义思想，差不多也都从基督教精神出来，又是很可注意的事。《旧约》里古代的几种纪事及预言书，思想还稍严厉；略迟的著作如《约拿书》便更明了的显出高大宽博的精神；这篇故事虽然集中于巨鱼吞约拿，但篇末耶和华所说，“这蓖麻[④]……一夜发生，一夜干死，你尚且爱惜；何况这尼尼微大城，其中不能分辨左手右手的有十二万多人，并有许多牲畜，我岂能不爱惜呢?”这一节才是本意的所在。谟尔说：“他不但将《以西结书》中神所说[⑤]‘我断不喜悦恶人死亡，惟喜悦恶人转离所行的道而活’的话，推广到全人类，而且更表明神的拥抱一切的慈悲。这神是以色列及异邦人的同一的创造者，他的慈惠在一切所造者之上。”在《新约》里这思想更加显著，《马太福音》中登山训众的话，便是适切的例。耶稣说明是来成全律法和先知的道，所以他对于古训加以多少修正，使神的对于选民的约变成对于各个人的约了。“你们听见有话说，‘以眼还眼，以牙还牙。’只是我告诉你们，不要与恶人作对。”（第五章三十八至三十九）“你们听见有话说，‘当爱你的邻舍，恨你的仇敌。’只是我告诉你们，要爱你们的仇敌[6]，为那逼迫你们的祷告。”（同上四三至四四）这是何等博大的精神！近代文艺上人道主义思想的源泉，一半便在这里，我们要想理解托尔斯泰、陀思妥也夫斯奇等的爱的福音之文学，不得不从这源泉上来注意考察。“你们中间谁是没有罪的，谁就可以先拿石头打他。”（约第八章七）“父啊，赦免他们，因为他们所作的[7]，他们不晓得。”（路第二三章三四）耶稣的这两种言行上的表现，便是爱的福音的基调。“爱是永不止息。先知讲道之能，终必归于无有；说方言之能，终必停止，知识也终必归于无有。”（林前第十三章八）“上帝就是爱；住在爱里面的，就是住在上帝里面，上帝也住在他里面。”（约壹

第四章十六）这是说明爱之所以最大的理由，希伯来思想的精神大抵完成了；但是“不爱他所看见的兄弟，就不能爱没有看见的上帝”（同上二十）。正同柏拉图派所说不爱美形就无由爱美之自体（Auto to kalon）一样；再进一步，便可以归结说，不知道爱他自己，就不能爱他的兄弟：这样又和希腊思想相接触，可以归入人道主义的那一半的源泉里去了。

其次讲到形式的一方面，圣书与中国文学有一种特别重要的关系，这便因他有中国语译本的缘故。本来两国文学的接触，形质上自然的发生多少变化，不但思想丰富起来，就是文体也大受影响，譬如现在的新诗及短篇小说，都是因了外国文学的感化而发生的，倘照中国文学的自然发达的程序，还不知要到何时才能有呢。希伯来古文学里的那些优美的牧歌（Eidyllia=Idylls）及恋爱诗等，在中国本很少见，当然可以希望他帮助中国的新兴文学，衍出一种新体。《预言书》派的抒情诗，虽然在现今未必有发达的机会，但拿来和《离骚》等比较，也有许多可以参照发明的地方。这是从外国文学可以得来的共通的利益，并不限于圣书；至于中国语的全文译本，是他所独有的，因此便发生一种特别重要的关系了。我们看出欧洲圣书的翻译，都于他本国文艺的发展很有关系，如英国的微克列夫（Wyclif）德国的路得（Luther）的译本皆是。所以现今在中国也有同一的希望。欧洲圣书的译本助成各国国语的统一与发展，这动因原是宗教的，也是无意的。圣书在中国，时地及位置都与欧洲不同，当然不能有完全一致的结果，但在中国语及文学的改造上也必然可以得到许多帮助与便利，这是我所深信的不疑的，这个动因当是文学的，又是有意的。两三年来文学革命的主张在社会上已经占了优势，破坏之后应该建设了；但是这一方面成绩几乎没有；这是什么原故呢？思想未成熟，固然是一个原因，没有适当的言词可以表现思想，也是一个重大的障害。前代虽有几种语录说部杂剧流传到今，也可以备参考，但想用了来表现稍为优美精密的思想，还是不足。有人主张“文学的国语”，或主张欧化的白话，所说都很有理；只是这种理想的言语不是急切能够造成的，须经过多少研究与试验，才能约略成就一个基础。求“三年之艾”去救“七年之病”，本来也还算不得晚，不过我们总还想他好的快点。这个疗法，我近来在圣书译本里寻到，因为他真是经过多少研究与试验的欧化的文学的国语，可以供我们的参考与取法。十四五年前复古思想的时候，我对于《新约》的文言译本觉得不大满足，曾想将《四福音》重译一遍，不但改正钦定本的错处，还要使文章古雅，可以和佛经抗衡，这才适当。但是这件事终于还未着手；过了几年，看看文言及白话的译本，觉得也就可以适用了，不过想照《百喻经》的例，将耶稣的譬喻从新翻译，提出来单行，在四五年前还有过这样的一个计划。到得现在，又觉得白话的译本实在很好，在文学上也有很大的价值；我们虽然不能说怎样是最好[⑧]，指定一种尽美的模范，但可以说在现今是少见的好的白话文。这译本的目的本在宗教的一面，文学上未必有意的注意，然而因了他慎重诚实的译法，原作的文学趣味保存的很多，所以也使译文的文学价值增高了。我们且随便引几个例：

> 我必向以色列如甘露，他必如百合花开放，如利巴嫩的树木扎根；他的枝条必延长，他的荣华如橄榄树，他的香气如利巴嫩的香柏树。（《何西阿书》第十四章[⑨]五至六节）
>
> 要给我们擒拿狐狸，就是毁坏葡萄园的小狐狸，因为我们的葡萄正在开花。（《雅歌》第二章十五）
>
> 天使对我说：“你为什么希奇呢？我要将这女人和驮着他的那七头十角兽的奥秘告诉你。你所看见的兽，先前有，如今没有；将要从无底坑

里上来，又要归于沉沦。……”（《启示录》第十七章七至八）

这几节都不是用了纯粹的说部的白话可以译得好的，现在能够译成这样信达的文章，实在已经很不容易了。还有一件，是标点符号的应用：人地名的单复线，句读的尖点圆点及小圈，在中国总算是原有的东西；引证话前后的双钩的引号，申明话前后的括弓的解号，都是新加入的记号。至于字旁小点的用法，那便更可佩服；他的用处据圣书的凡例上说，“是指明原文没有此字，必须加上才清楚，这都是要叫原文的意思更显明。”我们译书的时候，原不必同经典考释的那样的严密，使艺术的自由发展太受拘束，但是不可没有这样的慎重诚实的精神；在这一点上，我们可以从圣书译本得到一个极大的教训。我记得从前有人反对新文学，说这些文章并不能算新，因为都是从《马太福音》出来的；当时觉得他的话很是可笑，现在想起来反要佩服他的先觉：《马太福音》的确是中国最早的欧化的文学的国语，我又预计他与中国新文学的前途有极大极深的关系。

以上将我对于圣书与中国文学的意见，约略一说。实在据理讲来，凡是[10]各国的思想，在中国都应该介绍研究，与希伯来对立的希腊思想，与中国关系极深的印度思想等，尤为重要。现在因为有圣书译本的一层关系，所以我先将他提出来讲，希望引起研究的兴味，并不是因为看轻别种的思想。中国旧思想的弊病，在于有一个固定的中心，所以文化不能自由的发展；现在我们用了多种表面不同而于人生都是必要的思想，调剂下去，或可以得到一个中和的结果。希伯来思想与文艺，便是这多种思想中间，我们所期望的一种主要坚实的改造的势力。（一九二〇年）

【钟校】

① 1920.11.30 在燕京大学文学会的讲演，讲稿载 1921.1.10《小说月报》12 卷 1 号，即本文。

②“圣书”一词原来或加或不加书名号，今概不加。

③“希伯来是永生的”，原无“是”字，今增。

④“蓖麻”，“蓖”原作“篦”。

⑤“他不但将《以西结书》中神所说”，原无“将”字，今增。

⑥“爱你们的仇敌”，原无“们”字，今增。

⑦ 此处原衍“事”字，已删。

⑧“不能说怎样是最好”，“说”原作“诀”。

⑨“第十四章”，“十四”原作“四”。

⑩“凡是”，原作“凡有”。

旧约与恋爱诗[①]

◇1920. 12
◇谈龙集

《旧约》是犹太教与基督教的经典，但一面也是古代希伯来的国民文学，正同中国的五经一样。《诗经》中间有许多情诗，小学生在书房里高声背诵；《旧约》的《雅歌》更是热烈奔放，神甫们也说是表神之爱的。但这是旧事重提，欧洲现今的情形便已不然了：美国神学博士谟尔（G. F. Moore）在所著《旧约的文学》第二十四章内说：

> 这书（指《雅歌》）中反复申说的一个题旨，是男女间的热烈的官能的恋爱。……在一世纪时，这书虽然题着所罗门的名字，在严正的宗派看来不是圣经；后来等到他们发见——或者不如说加上——了一个譬喻的意义，说他是借了夫妇的爱情在那里咏叹神与以色列的关系，这才将他收到经文里去。

这几句话说的很是明了，可见《雅歌》的价值全是文学上的，因为他本是恋爱歌集；那些宗教的解释，都是后人附加上去的了。

但我看见《新佛教》的“基督教批评号”里，有一篇短评，名《基督教与妇人》，却说“《雅歌》一章虽寄意不在妇人，然而他把妇人的人格实在看得太轻漂了”。又引了第八章第六节作证据，说“是极不好的状妇人之词”。其实这节只是形容爱与妒的猛烈；我们不承认男女关系是不洁的事，所以也不承认爱与妒为不好。

爱情如死之坚强，嫉恨如阴间之残忍。

这真是极好的句，是真挚的男女关系的极致，并没有什么不好的地方。若说男女的不平等，那在古代是无怪的，在东方为尤甚；即如印度的撒提也是一例，但他们基督教徒也未必能引了这个例，便将佛教骂倒，毁损他的价值②。

中国从前有一个“韩文公”，他不看佛教的书，却做了什么《原道》，攻击佛教，留下很大的笑话。我们所以应该注意，不要做新韩文公才好。

（一九二一年一月）

【钟校】

① 1921. 1. 1 刊《新青年》8 卷 5 号，故本文应作于 1920. 12。

②“价值”,“值”原作“价”。

阿丽思漫游奇境记[①]

◇1922.3

◇自己的园地

近来看到一本很好的书，便是赵元任先生所译的《阿丽思漫游奇境记》。这是“一部给小孩子看的书”，但正如金圣叹所说又是一部“绝世妙文”，就是大人——曾经做过小孩子的大人，也不可不看，看了必定使他得到一种快乐的。世上太多的大人虽然都亲自做过小孩子，却早失了“赤子之心”，好像“毛毛虫”的变了胡蝶，前后完全是两种情状：这是很不幸的。他们忘却了自己的儿童时代的心情，对于正在儿童时代的儿童的心情于是不独不能理解，与以相当的保育调护，而且反要加以妨害；儿童倘若不幸有这种的人做他的父母师长，他的一部分的生活便被损坏，后来的影响更不必说了。我们不要误会这只有顽固的塾师及道学家才如此，其实那些不懂感情教育的价值而专讲实用的新教育家，所种的恶因也并不小，即使没有比他们更大。我对于少数的还保有一点儿童的心情的大人们，郑重的介绍这本名著请他们一读，并且给他们的小孩子读。

这部书的特色，正如译者序里所说，是在于他的有意味的“没有意思”。英国政治家辟忒（Pitt）曾说，“你不要告诉我说一个人能够讲得有意思；各人都能够讲得有意思。但是他能够讲得没有意思么?”文学家特坤西（De Quincey）也说，只是有异常的才能的人，才能写没有意思的作品。儿童大抵是天才的诗人，所以他们独能赏鉴这些东西。最初是那些近于“无意味不通的好例”的抉择歌，如《古今风谣》里的“脚驴斑斑”，以及“夹雨夹雪冻死老鳖”一类的趁韵歌，再进一步便是那些滑稽的叙事歌了。英国儿歌中《赫巴特老母和她的奇怪的狗》与《黎的威更斯太太和她的七只奇怪的猫》，都是这派的代表著作，专以天真而奇妙的“没有意思”娱乐儿童的。这《威更斯太太》是夏普夫人原作，经了拉斯庚的增订，所以可以说是文学的滑稽儿歌的代表，后来利亚（Lear）做有“没有意思的诗”的专集，于是更其完成了。散文的一面，始于高尔斯密的《二鞋老婆子的历史》，到了加乐尔而完成，于是文学的滑稽童话也侵入英国文学史里了。欧洲大陆的作家，如丹麦的安徒生在《伊达的花》与《阿来锁眼》里，荷兰的蔼覃在他的《小约翰》里，也有这类的写法，不过他们较为有点意思，所以在“没有意思”这一点上，似乎很少有人能够赶得上加乐尔的了。然而这没有意思决不是无意义，他这著作是实在有哲学的意义的。麦格那思在《十九世纪英国文学论》上说：

> 利亚的没有意思的诗与加乐尔的阿丽思的冒险，都非常分明的表示超越主义观点的滑稽。他们似乎是说：“你们到这世界里来住罢，在这里物质是一个消融的梦，现实是在幕后。”阿丽思走到镜子的后面，于是进奇境去。在他们的图案上，正经的（分子）都删去，矛盾的事情很使儿童喜悦；但是觉着他自己的限量的大人中之永久的儿童的喜悦，却比（普通的）儿童的喜悦为更高了。

我的本意在推举他在儿童文学上的价值，这些评论本是题外的话，但我想表明他在（成人的）文学上也有价值，所以抄来作个引证。译者在序里说：“我相信这书的文学的价值，比莎士比亚最正经的书亦比得上，不过又是一派罢了。”这大胆而公平的批评，实在很使我佩服。普通的人常常相信文学只有一派是正宗，而在西洋文学上又只有莎士比亚是正宗，给小孩子看的书既然不是这一派，当然不是文学了。或者又相信给小孩子的书必须本于实在或是可能的经验，才算是文学，如《国语月刊》上勃朗的译文所主张，因此排斥空想的作品，以为不切实用，欧洲大战时候科学能够发明战具，神话与民间故事毫无益处，即是证据。两者之中，第一种拟古主义的意见虽然偏执，只要给他说明文学中本来可以有多派的，如译者那样的声明，这问题也可以解决了；第二种军国主义的实用教育的意见却更为有害。我们姑且不论任何不可能的奇妙的空想，原只是集合实在的事物的经验的分子综错而成，但就儿童本身上说，在他想象力发展的时代确有这种空想作品的需要，我们大人无论凭了什么神呀皇帝呀国家呀的神圣之名，都没有剥夺他们的这需要的权利，正如我们没有剥夺他们衣食的权利一样。人间所同具的智与情应该平匀发达才是，否则便是精神的畸形。刘伯明先生在《学衡》第二期上攻击毫无人性人情的"化学化"的学者，我很是同意。我相信对于精神的中毒，空想——体会与同情之母——的文学正是一服对症的解药。所以我推举这部《漫游奇境记》给心情没有完全化学化的大人们，特别请已为或将为人们的父母师长的大人们看，——若是看了觉得有趣，我便庆贺他有了给人家做这些人的资格了。

对于赵先生的译法，正如对于他的选译这部书的眼力一般，我表示非常的佩服：他的纯白话的翻译，注音字母的实用，原本图画的选入，都足以表见忠实于他的工作的态度。我深望那一部姊妹书《镜里世界》能够早日出版。——译者序文里的意见，上面已经提及，很有可以佩服的地方，但就文章的全体看来，却不免是失败了。因为加乐尔式的滑稽实在是不易模拟的，赵先生给加乐尔的书做序，当然不妨模拟他，但是写的太巧了，因此也就未免稍拙了。……妄言多罪。

【钟校】

① 1922. 3. 12 刊《晨报副镌》。

沉沦[1]

◇1922.3

◇自己的园地

我在要谈到郁达夫先生所作的小说集《沉沦》之先，不得不对于"不道德的文学"这一问题讲几句话，因为现在颇有人认他是不道德的小说。

据美国莫台耳（Mordell）在《文学上的色情》里所说，所谓不道德的文学共有三种，其一不必定与色情相关的，其馀两种都是关于性的事情的。第一种的不道德的文学实在是反因袭思想的文学，也就可以说是新道德的文学。例如易卜生或托尔斯泰的著作，对于社会上各种名分的规律加以攻击，要重新估定价值，建立更为合理的生活，在他的本意原是"道德的"，然而从因袭的社会看来，却觉得是"离经叛道"，所以加上一个不道德的名称。这正是一切革命思想的共通的运命，耶稣，哥白尼，达尔文，尼采，克鲁泡金都是如此；关于性的问题如惠忒曼、凯本特等的思想，在当时也被斥为不道德，但在现代看来却正是最醇净的道德的思想了。

第二种的不道德的文学应该称作不端方的文学，其中可以分作三类。（一）是自然的，在古代社会上的礼仪不很整饬的时候，言语很是率直放任，在文学里也就留下痕迹，正如现在乡下人的粗鄙的话在他的背景里实在只是放诞，并没有什么故意的挑拨。（二）是反动的，禁欲主义或伪善的清净思想盛行之后，常有反动的趋势，大抵倾向于裸露的描写，因以反抗旧潮流的威严，如文艺复兴期的法意各国的一派小说，英国王政复古时代的戏曲，可以算作这类的代表。（三）是非意识的，这一类文学的发生并不限于时代及境地，乃出于人性的本然。虽不是端方的而也并非不严肃的，虽不是劝善的而也并非诲淫的；所有自然派的小说与颓废派的著作，大抵属于此类。据“精神分析”的学说，人间的精神活动无不以（广义的）性欲为中心，即在婴孩时代，也有他的性的生活，其中主动的重要分子，便是他苦（Sadistic）自苦（Masochistic）展览（Exhibitionistic）与窥觑（Voyeuritic）的本能。这些本能得到相当的发达与满足，便造成平常的幸福的性的生活之基础，又因了升华作用而成为艺术与学问的根本；倘若因迫压而致蕴积不发，便会变成病的性欲，即所谓色情狂了。这色情在艺术上的表现，本来也是由于迫压，因为这些要求在现代文明——或好或坏——底下，常难得十分满足的机会，所以非意识的喷发出来，无论是高尚优美的抒情诗，或是不端方的（即猥亵的）小说，其动机仍是一样；讲到这里我们不得不承认那色情狂的著作也同属在这一类，但我们要辨明他是病的，与平常的文学不同，正如狂人与常人的不同，虽然这交界点的区画是很难的。莫台耳说：

> 亚普刘思（Apuleius）彼得洛纽思（Petronius）戈谛亚（Gautiar）或左拉（Zola）等人的展览性，不但不损伤而且有时反增加他们著作的艺术的价值。

我们可以说《红楼梦》也如此，但有些中国的淫书却都是色情狂的了。猥亵只是端方的对面，并不妨害艺术的价值。天才的精神状态也本是异常的，然而在变态心理的中线以外的人与著作则不能不以狂论。但是色情狂的文学也只是狂的病的，不是不道德的，至于不端方的非即不道德，那自然是不必说了。

第三种的不道德的文学才是真正的不道德文学，

因为这是破坏人间的和平，为罪恶作辩护的，如赞扬强暴诱拐的行为，或性的人身卖买者皆是。严格的说，非人道的名分思想的文章也是这一类的不道德的文学。

照上边说来，只有第三种文学是不道德的，其馀的都不是；《沉沦》是显然属于第二种的非意识的不端方的文学，虽然有猥亵的分子而并无不道德的性质。著者在自序里说：

> 第一篇《沉沦》是描写着一个病的青年的心理，也可以说是青年忧郁病的解剖，里边也带叙着现代人的苦闷，——便是性的要求与灵肉的冲突。……第二篇是描写一个无为的理想主义者的没落。

虽然他也说明“这两篇是一类的东西，就把他们作连续的小说看，也未始不可的，”但我想还不如综括的说，这集内所描写是青年的现代的苦闷，似乎更为确实。生的意志与现实之冲突，是这一切苦闷的基本；人不满足于现实，而复不肯遁于空虚，仍就这坚冷的现实之中，寻求其不可得的快乐与幸福。现代人的悲哀与传奇时代的不同者即在于此。理想与实社会的冲突当然也是苦闷之一，但我相信他未必能完全独立，所以《南归》的主人公的没落与《沉沦》的主人公的忧郁病终究还是一物，著者在这个描写上实在是很成功了。所谓灵肉的冲突原只是说情欲与迫压的对抗，并不含有批判的意思，以为灵优而肉劣；老实说来超凡入圣的思想倒反于我们凡夫觉得稍远了，难得十分理解，譬如中古诗里的“柏拉图的爱”，我们如不将他解作性的崇拜，便不免要疑是自欺的饰词。我们赏鉴这部小说的艺术地写出这个冲突，并不要他指点出那一面的胜利与其寓意。他的价值在于非意识的展览自己，艺术地写出升化的色情，这也就是真挚与普遍的所在。至于所谓猥亵部分，未必损伤文学的价值；即使或者有人说不免太有东方气，但我以为倘在著者觉得非如此不能表现他的气分，那么当然没有可以反对的地方。但在《留东外史》，其价值本来只足与《九尾龟》相比，却不能援这个例，因为那些描写显然是附属的，没有重要的意义，而且态度也是不诚实的。《留东外史》终是一部“说书”，而《沉沦》却是一件艺术的作品。

我临末要郑重的声明，《沉沦》是一件艺术的作品，但他是“受戒者的文学”（Literature for the initiated），而非一般人的读物。有人批评波特来耳的诗说：

他的幻景是黑而可怖的。他的著作的大部分颇不适合于少年与蒙昧者的诵读，但是明智的读者却能从这诗里得到真正希有的力。

这几句话正可以移用在这里。在已经受过人生的密戒，有他的光与影的性的生活的人，自能从这些书里得到希有的力，但是对于正需要性的教育的“儿童”们却是极不适合的。还有那些不知道人生的严肃的人们也没有诵读的资格，他们会把阿片去当饭吃的。关于这一层区别，我愿读者特别注意。

著者曾说：“不曾在日本住过的人，未必能知这书的真价。对于文艺无真挚的态度的人，没有批评这书的价值。”我这些空泛的闲话当然算不得批评，不过我不愿意人家凭了道德的名来批判文艺，所以略述个人的意见以供参考，至于这书的真价，大家知道的大约很多，也不必再要我来多说了。

【钟校】

① 1922.3.26 刊《晨报副镌》。郁达夫著短篇小说集《沉沦》，1921.10 上海泰东书局初版。

王尔德童话[①]

◇1922.3

◇自己的园地

近来见到穆木天先生选译的《王尔德童话》，因此想就“文学的童话”略说几句。

普通的童话是“原始社会的文学”。我在答赵景深先生童话的讨论书上说：

> 原始社会的故事普通分作神话传说童话三种。神话是创世以及神的故事，可以说是宗教的。传说是英雄的战争与冒险的故事，可以说是历史的。童话的实质也有许多与神话传说共通，但是有一个不同点：便是童话没有时与地的明确的指定，又其重心不在人物而在事件，因此可以说是文学的。

但是这种民间童话虽然也是文学，却与所谓文学的童话很有区别：前者是民众的，传述的，天然的；后者是个人的，创作的，人为的；前者是“小说的童年”，后者是小说的化身，抒情与叙事的合体。记录民间童话的人是民俗学者，德国的格林（Grimm）兄弟是最著名的例；创作文学的童话的是文人，王尔德便是其中之一人。英国安特路兰在《文学的童话论》里说：

> 童话是文学的一种形式，原始地古旧，而又有回复他的少年的无限的力。老婆子的故事，关于一个男孩子与一个女孩子，以及一个凶狠的继母，关于三个冒险的兄弟，关于友谊的或者被禁厌的兽，关于魔法的兵器与指环，关于巨人与吃人的种族的故事，是传奇的小说的最古的形式。开化的民族把这些小孩子气的说话修饰成重要的传奇的神话，如（取金羊毛的）亚尔戈船，以及赫拉克来思与阿迭修思的传说。未开化的种族如阿及贝威，爱思吉摩与萨摩亚人，保存这老婆子的故事，形式没有那样高雅，或者因此却更与原来的形式相近。欧洲的乡里人保留这故事的形式，近于野蛮民族的而与希腊相差更多；到后来文人随从民间传述中采用了这种故事，正如他们的采用寓言一般。

婆罗门教与佛教的经典，中古基督教的传道书里，早已利用了民间传说去载他们的教义，但其本意只是宗教的教训的，并没有将他当作文学看待。这种新的倾向起于十七世纪之末，法国的贝洛尔（Perrault）可以说是这派的一个开创者。他于一六九七年刊行他的《鹅母亲的故事》，在童话文学上辟了一个新纪元；但是他这几篇小杰作虽然经过他的艺术的剪裁，却仍是依据孩儿房的传统，所以他的位置还是在格林兄弟这一边，纯粹的文学的童话界的女王却不得不让给陀耳诺夫人（Madam d'Aulnoy）了。她的四十一册的《仙灵的宫廷》真可以说是仙灵故事的大成，虽然流行于后世的只有《白猫》等若干篇，她只要得到传说里的一点提示，便能造出鲜明快活的故事，充满着十八世纪的宫廷的机智。以后这派童话更加发达，确定为文学的一支，在十九世纪里出了许多佳作，如英国庚斯来的《水孩儿》，拉斯庚的《金河之王》，麦陀那耳特的《梦幻家》，加乐耳的《阿丽思》等都是。丹麦的安徒生更是不消说了，“他在想象上与原始的民间的幻想如此相似，与童年的心的秘密如此相近”。戈斯说：“安徒生的特殊的想象使他格外和儿童的心思相亲近。小儿正如野蛮人，于一切不调和的思想分子，毫不介意，容易承受下去；安徒生的技术大半就在这里，他能很巧妙的把几种毫不相干的思想，联结在一起。”因为他是诗人，又是一个“永久的孩子”，所以在文学的童话上是没有人能够及得上的：正如兰氏所说，他的《锡兵》和《丑小鸭》等才是真正的童话。王尔德的《石榴之家》与《幸福王子》两卷书却与安徒生的不同，纯粹是诗人的诗，在这一点上颇与法国孟代的《纺轮的故事》相似。王尔德和孟代一样，是颓废的唯美主义的人，但孟代在他的故事里明显的表示出快乐主义的思想，王尔德的又有点不同。这九篇都是“空想的童话，中间贯穿着敏感而美的社会的哀怜，恰如几幅锦绣镶嵌的织物，用一条深红的线坚固地缀成一帖”（据亨特生著《人生与现代精神的解释者》）。王尔德的文艺上的特色，据我想来是在于他的丰丽的辞藻和精炼的机智，他的喜剧的价值便在这里，童话也是如此；所以安徒生童话的特点倘若是在“小儿说话一样的文体”，那么王尔德的特点可以说是在“非小儿说话一样的文体”了。因此他的童话是诗人的，而非是儿童的文学，因为在近代文艺上童话只是文学的一种形式，内容尽多变化，如王尔德、孟代等的作品便是这文学的童话的最远的变化的一例了。

以上关于王尔德童话的一点意见，译者在序里也已约略说及，我现在只是略加说明罢了。译者在原本九篇里选了《渔夫与他的魂》《莺儿与玫瑰》《幸福王子》《利己的巨人》与《星孩儿》这五篇，对于这个选择我也完全同意。关于译文我没有什么话说，不过觉得地名的译义似乎还有可商的地方。如《利己的巨人》里的“谷墙地方的食人鬼”一句里的“谷墙”，现在虽然是称作康瓦尔（Cornwall），可以作这两个字解，但据贝林戈尔特的《康瓦尔地志》说，这个名称起于十世纪，当时读作科伦威勒思（Cornweales），意云（不列颠的）角上的威尔士人。这本来不过是些小事，但使我最不满意的却是纸张和印工的太坏，在看惯了粗纸错字的中国本来也不足为奇，但看到王尔德的名字，联想起他的主张和文笔，比较摊在眼前的册子，禁不住发生奇异之感。我们并不敢奢望有什么插画或图案，只求在光洁的白纸上印着清楚的黑字便满足了，因为粗纸错字是对于著者和译者——即使不是对于读者——的一种损害与侮辱。

【钟校】

① 1922.4.2 刊《晨报副镌》。

读儿童世界游记[①]

◇1922. 4

◇谈虎集

一个在杭州的小朋友写信给我，末节说，“喔喜喔！（从《儿童世界游记》里学了这句日本话，胡闹用来，似乎有趣。）”我看了也觉得有趣，便去买了一本《儿童世界游记》，翻开一看，不免有点失望，因为这一句话就解释错了。他说：“喔喜喔，其意就是说你们好。”但我却想不出这句话来，只有通用的“阿哈育（Ohayo）”意思说早上好，是早晨相见问询的话。或者是英美人用了十足的英国拼法写作Ohiyo，现在又把他照普通的罗马字拼法读了，所以弄错，也未可知。

日本人的姓名，在中国普通总是仍照汉文原字沿用，书中却都译音，似乎也还可商。“塔罗”当然是

"太郎"，但"海鹿顾胜"想不出相当的人名，只有"花子"是女孩常用的名字，读作 Hanakosan（花姑娘），据中国那拉互易的例，这或者就是"海鹿顾胜"的原文了。

书中说，"木枕大如砖块"，又说"几盏纸灯"，这木枕与纸灯虽然都是事实，但现在已经不通行了。即使"箱枕"勉强可以称作木枕，但也只是旧式的妇女所用，太郎决不用这个东西的。又在拍球的图中，画作一个男小孩穿着女人的衣服，也觉得很奇怪。我想这些材料大约是从西洋书里采来，但是西洋人对于我们斜眼睛的东方人的事情，往往不大看得清楚，所以他们所记所画的东西，不免有点错误，我们读谦本图的地理读本的时候，便可约略觉得。这本游记又从他们采取材料，自然不免发生错误了。

但是另外有一件事情，西洋人大约不能负责的，便是游记里说："有人说，日本人是秦朝时候徐福的子孙，这句话从前日本人也承认的，想来是不差。"一民族的始祖是谁，不容易断定的，以前虽然有种种推测，到后来研究愈深，结论还是缺疑。譬如汉族的问题，有人说是从巴比伦来的，有人说是从犹太来的，现代德国最有名的中国学者希尔德著《周代以前的古史》只说是不可考，实在是最聪明的见识。中国的家谱式的估定人家的始祖，未免太是附会，而且对于别人也要算是失礼的。

游记第一册的后半是讲菲列滨的，我不能说他讲的对不对。但是末了记述“村落中举行吃父典礼”，我想我们如不是确知菲列滨人现在真是“你一块我一块”的还在那里吃父，这一节就不应该有。

（十一年四月）

【钟校】

① 1922. 4. 10 刊《晨报副镌》。

你往何处去[①]

◇1922. 8

◇自己的园地

波兰显克微支的名作《你往何处去》，已由徐炳昶、乔曾劬二君译成中国语了，这是一件很可喜的事。

显克微支在本国的声名，第一是革命家，第二是小说家；小说中的声名，又以短篇居第一，历史小说居第二。但在外国恰是相反，大家只知道他是小说家，是历史小说家，而且历史小说之中又最推赏这部“描写当希腊罗马文明衰颓时候的社会状况和基督教的真精神”的《你往何处去》，至于描写波兰人的真精神的《火与剑》等三部作却在其次了。就艺术上讲，那三部作要较为优胜，因为他做《你往何处去》虽然也用该博精密的文化史知识作基本，但他描写里边的任何人，都不能像在三部曲里描写故国先人的样子，将自己和书中人物合一了去表现他，其次则因为寄托教训，于艺术便不免稍损了。但大体上总是历史小说中难得的佳作，波兰以外的国民把这部书认为显克微支的最大的著作，却也是当然的了。

这部书是表扬基督教的真精神的，但书中基督教徒的描写都不很出色，黎基与维尼胥的精神的恋爱是一件重要的插话，可是黎基的性格便很朦胧的几乎没有独立的个性，克洛福特在《外国文学之研究》上说，“黎基是小说里的一个定型的基督教处女，她的命运是从狮子圈里被救出来，”可以算是确当的评语。在全书里写得最好，又最能引起我们的同情的，还是那个“丰仪的盟主”俾东。他是一个历史上有名人物，据挞实图的历史里说：

> 他白天睡觉，夜里办事及行乐。别人因了他们的勤勉得成伟大，他却游惰而成名，因为他不像别的浪子一样，被人当作放荡的无赖子，但是一个奢华之专门学者（Erudito Luxu）。

挞实图生于奈龙朝，所说应该可信的。就俾东的生活及著作（现存的《嘲笑录》的一部分）看来，他确是近代的所谓颓废派诗人的祖师，这是使现代人对于他觉得有一种同情的缘故。其实那时罗马朝野上多是颓废派气味的人，便是奈龙自己也是，不过他们走到极端去了，正如教徒之走向那一个极端，所以发生那样的冲突。在或一意义上两方都可以说是幸福者，只有在这中间感到灵肉的冲突，美之终生的崇拜者，而又感知基督教的神秘之力的，如俾东那样的人，才是最可同情，因为这也是现代人所同感的情况了。显克微支自己大约也就多少如此，只是心里深固的根蒂牵挽他稍偏于这一面，正如俾东的终于偏在异教那一面罢了。

《你往何处去》中有几段有名的描写，如第一篇第一章记俾东在浴室里的情形，使我们可以想见他的生活；第三篇第十一章（译本）的写教徒的被虐杀，第十七章的虞端斯拗折牛颈，救出黎基，很有传奇的惊心动魄的力量；至于卷末彼得见基督的半神话的神秘，俾东和哀尼斯情死的悲哀而且旖旎，正是极好的对比。

显克微支的历史小说，本来源出司各得，但其手法决不下于司各得，这便是在《你往何处去》中也可以看出来的。徐、乔二君的译本据序里所说是以直译为主的；我们平常也主张直译，但是世间怀疑的还很多，现在能有这样的好成绩，可以证明直译的适用，实在是很可尊重的。卷首有一篇深切著明的序言，也是难得的；俗语说，会看书的先看序，现在[2]可以照样的说，要知道书的好否，只须先看序。译著上边，有一篇好的序言，这是我们所长久期待而难得遇到的事。

对于这个译本，要说美中不足，觉得人名音译都从法国读法，似乎不尽适当。譬如 Petronius 译作彼得罗纽思或者未免稍烦，但译作俾东，也太省略。我想依了译本文体的精神，也应用全译的人名才觉相称。希腊罗马人名本来欧洲各国都照本国习惯去写读，德国一部分的学者提倡改正，大家多以为迂远，但我个人意见却以为至有道理。其次，则原书所据法国译本，似有节略。据说英译显克微支著作，以美国寇丁（Curtin）的足译本为最善，两相比较，英译还更多一点，第三篇分章也不相同，计有三十一章。在外国普通译本，对于冗长之作加以节略，似亦常有，无伤大体，或者于普及上还可以有点效用，不过我们的奢望，不免得了陇又要望蜀罢了。

【钟校】

① 1922.9.2 刊《晨报副镌》。

②“现在”，原无“现”字，今增。

魔侠传[①]

◇1922.8

◇自己的园地

我好久没有读古文译本的小说了，但是这回听说林纾、陈家麟二君所译的《魔侠传》是西班牙西万提司的原作，不禁起了好奇心，搜求来一读，原来真是那部世界名著 *Don Quixote*（《吉诃德先生》）的第一分，原本五十二章，现在却分做四段了。

西万提司（Miguel de Cervantes，一五四七至一六一六）生于西班牙的文艺复兴时代，本是一个军人，在土耳其战争里左手受伤成了残废，归途中又为海贼所掳，带往非洲做了五年苦工；后来在本国做了几年的收税官，但是官俸拖欠拿不到手，反因税银亏折，下狱追比，到了晚年，不得不靠那馀留的右手著书度日了。他的著作，各有相当的价值，但其中却以《吉诃德先生》为最佳，最有意义。据俄国都盖涅夫在《吉诃德与汉列忒》一篇论文里说，这两大名著的人物实足以包举永久的二元的人间性，为一切文化思想的本源；吉诃德代表信仰与理想，汉列忒（Hamlet）代表怀疑与分析；其一任了他的热诚，勇往直前，以就所自信之真理，虽牺牲一切而不惜；其一则凭了他的理知，批评万物，终于归到只有自己，但是对于这唯一的自己也不能深信。这两种性格虽是相反，但正因为有他们在那里互相撑拒，文化才有进步，《吉诃德先生》书内便把积极这一面的分子整个的刻画出来了。在本书里边，吉诃德先生（译本作当块克苏替）与从卒山差邦札（译本作山差邦）又是一副绝好的对照；吉诃德是理想的化身，山差便是经验的化身了。山差是富于常识的人，他的跟了主人出来冒险，并不想得什么游侠的荣名，所念念不忘者只是做海岛的总督罢了；当那武士力战的时候，他每每利用机会去喝一口酒，或是把"敌人"的粮食装到自己的口袋里去。他也知道主人有点风颠，知道自己做了武士的从卒的命运除了被捶以外是不会有什么好处的，但是他终于遍历患难，一直到吉诃德回家病死为止。都盖涅夫说，"本来民众常为运命所导引，无意的跟着曾为他们所嘲笑、所诅咒、所迫害的人而前去，"或者可以作一种说明。至于全书的精义，著者在第二分七十二章里说得很是明白。主仆末次回来的时候，山差望见村庄便跪下祝道：

> 我所怀慕的故乡，请你张开眼睛看他回到你这里来了，——你的儿子山差邦札，他身上满是鞭痕，倘若不是金子。请你又张了两臂，接受你的儿子吉诃德先生，他来了，虽然被别人所败，却是胜了自己了。据他告诉我，这是一切胜利中人们所最欲得的（大）胜利了……

这一句话不但是好极的格言，也就可以用作墓碑，纪念西班牙与其大著作家的辛苦而光荣的生活了。

《吉诃德先生》是一部“拟作”（Parody），讽刺当时盛行的游侠小说的，但在现今这只是文学史上的一件史实，和普通赏鉴文艺的没有什么关系了。全书凡一百八章，在现时的背景里演荒唐的事迹，用轻妙的笔致写真实的性格，又以快活健全的滑稽贯通其间，所以有永久的生命，成为世界的名著。他在第二分的序信上（一六一六年，当明朝万历末年），游戏的说道，中国皇帝有信给他，叫他把这一部小说寄去，以便作北京学校里西班牙语教科书用。他这笑话后来成为预言，中国居然也有了译本，但是因为我们的期望太大，对于译本的失望也就更甚，——倘若原来是“白髭拜”（Guy Boothby）一流人的著作，自然没有什么可惜。全部原有两分，但正如《鲁滨孙漂流记》一样，世间往往只取其上半部（虽然下半部也是同样的好），所以这一节倒还可以谅解。林君的古文颇有能传达滑稽味的力量，这是不易得的，但有时也大失败，如欧文的《拊掌录》的译文，有许多竟是恶札了。在这《魔侠传》里也不免如此，第十六章（译本第二段第二章）中云：

骡夫在客店主人的灯光下看见他的情人是怎样的情形（案指马理多纳思被山差所打），便舍了吉诃德，跑过去帮助她。客店主人也跑过去，虽然是怀着不同的意思，因为他想去惩罚那个女人，相信她是这些和谐②的唯一的原因。正如老话（案指一种儿童的复叠故事）里所说，猫向老鼠，老鼠向绳，绳向棍子，于是骡夫打山差，山差打女人，女人打他，客店主人打她，大家打得如此活泼，中间不容一刹那的停顿。

汉译本上却是这几句话：

而肆主人方以灯至。驴夫见其情人为山差邦所殴。则舍奎沙达。奔助马累托。奎沙达见驴夫击其弟子。亦欲力疾相助。顾不能起。肆主人见状。知衅由马累托。则力蹴马累托。而驴夫则殴山差邦。而山差邦亦助殴马累托。四人纷纠。声至杂乱。

至于形容马理多纳思（即马累托）的一节，两本也颇有异同，今并举于下：

这客店里唯一的仆役是一个亚斯都利亚地方的姑娘，有一个宽阔的脸，平扁的后颅，塌鼻子，一只眼斜视，那一只也不平正，虽然她的身体的柔软可以盖过这些缺点，因为她的身长不过七掌（案约四尺半），两肩颇肥，使她不由的不常看着地面。　　（以上并据斯密士一九一四版英译本）

× ×

此外尚有一老妪。广额而丰颐。眇其一目。然颇趫捷。盖自顶及踵。不及三尺。肩博而厚。似有肉疾自累其身。　　（林译本一之二）

这一类的例，举起来还很多，但是我想这个责任，口译者还须担负大半，因为译文之不信当然是口译者之过，正如译文之不达不雅——或太雅——是笔述者之过一样。他们所用的原本似乎也不很好，大约是一种普通删改本。英译本自十七世纪以来虽然种类颇多，但好的也少，十九世纪末的阿姆斯比（Ormsby）的四卷本，华支（Watts）的五卷本，和近来的斯密士（Smith）的一卷本，算是最为可靠，只可惜不能兼有陀勒（Dore）的插画罢了。

爱西万提司的人，会外国文的都可以去得到适当的译本（日本也有全译），不会的只得去读这《魔侠传》，却也可以略见一斑，因为原作的趣味太丰厚了，正如华支在《西万提司评传》中所说，即使在不堪的译文如莫妥（Motteux）的杂译本里，他的好处还不曾完全失掉。所以我说《魔侠传》也并非全然无用，虽然我希望中国将来会有一部不辱没原作者的全译出现。

本文以外，还有几句闲话。原本三十一章（林译本三之四）中，安特勒思叫吉诃德不要再管闲事，省得使他反多吃苦，末了说："我愿神使你老爷和生在世上的所有的侠客都倒了霉。"林君却译作："似此等侠客在法宜骈首而诛，不留一人以害社会。"底下还加上两行小注道："吾于党人亦然。"这种译文，这种批注，我真觉得可惊，此外再也没有什么可说了。

【钟校】

① 1922.9.4 刊《晨报副镌》。

②"和谐"，杨绛译本作"大合奏"，傅东华译本作"麻烦"。

情诗[①]

◇1922.10

◇自己的园地

读汪静之君的诗集《蕙的风》，便想到了“情诗”这一个题目。

这所谓情，当然是指两性间的恋慕。古人论诗本来也不抹杀情字，有所谓“发乎情止乎礼义”之说；照道理上说来，礼义原是本于人情的，但是现在社会上所说的礼义却并不然，只是旧习惯的一种不自然的遗留，处处阻碍人性的自由活动，所以在他范围里，情也就没有生长的馀地了。我的意见以为只应“发乎情，止乎情”，就是以恋爱之自然的范围为范围；在这个范围以内我承认一切的情诗。倘若过了这界限，流于玩世或溺惑，那便是变态的病理的，在诗的价值上就有点疑问了。

我先将“学究的”说明对于性爱的意见。《爱之成年》的作者凯本德说，“性是自然界里的爱之譬喻”，这是一句似乎玄妙而很是确实的说明。生殖崇拜（Phallicism）这句话用到现今已经变成全坏的名字，专属于猥俗的仪式，但是我们未始不可把他回复到庄严的地位，用作现代性爱的思想的名称，而一切的情歌也就不妨仍加以古昔的 Asmata Phallika（原意生殖颂歌）的徽号。凯本德在《爱与死之戏剧》内，根据近代细胞学的研究，声言“恋爱最初（或者毕竟）大抵只是两方元质的互换，”爱伦凯的《恋爱与结婚》上也说：“恋爱要求结合，不但为了别一新生命的创造，还因为两个人互相因缘的成为一个新的而且比独自存在更大的生命。”所以性爱是生的无差别与绝对的结合的欲求之表现，这就是宇宙间的爱的目的。凯本德有《婴儿》一诗，末尾这么说：

完全的三品：男，女，与婴儿：
在这里是一切的创造了。

× ×

……不知爱曾旅行到什么地方
他带这个回来，——这最甜美的意义的话：
两个生命作成一个，看似一个，
在这里是一切的创造了。

恋爱因此可以说是宇宙的意义，个体与种族的完成与继续。我们不信有人格的神，但因了恋爱而能了解“求神者”的心情，领会“入神”（Enthousiasmos）与“忘我”（Ekstasia）的幸福的境地。我们不愿意把《雅歌》一类的诗加以精神的解释，但也承认恋爱的神秘主义②的存在，对于波斯“毛衣派”诗人表示尊重。我相信这二者很有关系，实在恋爱可以说是一种宗教感情。爱慕，配偶与生产：这是极平凡极自然，但也是极神秘的事情。凡是愈平凡愈自然的，便愈神秘，所以在现代科学上的性的知识日渐明了，性爱的价值也益增高，正因为知道了微妙重大的意义，自然兴起严肃的感情，更没有从前那戏弄的态度了。

诗本是人情迸发的声音，所以情诗占着其中的极大地位，正是当然的，但是社会上还流行着半开化时代的不自然的意见，以为性爱只是消遣的娱乐而非生活的经历，所以富有年老的人尽可耽溺，若是少年的男女在文字上质直的表示本怀，便算是犯了道德的律。还有一层，性爱是不可免的罪恶与污秽，虽然公许，但是说不得的，至少也不得见诸文学。在别一方面却又可惊的宽纵，曾见一个老道学家的公刊的笔记，卷首高谈理气，在后半的记载里含有许多不愉快的关于性的暗示的话。正如老人容易有变态性欲一样，旧社会的意见也多是不健全的。路易士（E. Lewis）在《凯本德传》里说：

> 社会把恋爱关在门里，从街上驱逐他去，说他无耻；扪住他的嘴，遏止他的狂喜的歌；用了卑猥的礼法将他围住；又因了经济状况，使健全的少年人们不得在父母的创造之欢喜里成就了爱的目的：这样的社会在内部已经腐烂，已受了死刑的宣告了。

在这社会里不能理解情诗的意义，原是当然的，所以我们要说情诗，非先把这种大多数的公意完全排斥不可。

我们对于情诗，当先看其性质如何，再论其艺术如何。情诗可以艳冶，但不可涉于轻薄；可以亲密，但不可流于狎亵；质言之，可以一切，只要不及于乱。这所谓乱，与从来的意思有点不同，因为这是指过分，——过了情的分限，即是性的游戏的态度，不以对手当做对等的人，自己之半的态度。简单的举一个例，私情不能算乱，而蓄妾是乱；私情的俗歌是情诗，而咏“金莲”的词曲是淫诗。在艺术上，同是情诗也可以分出优劣，在别一方面淫诗中也未尝没有以技工胜者，这是应该承认的，虽然我不想把他邀到艺术之宫里去。照这样看来，静之的情诗即使艺术的价值不一样，（如胡序里所详说，）但是可以相信没有“不道德的嫌疑”。不过这个道德是依照我自己的定义，倘若由传统的权威看去，不特是有嫌疑，确实是不道德的了。这旧道德上的不道德，正是情诗的精神，用不着我的什么辩解。静之因为年岁与境遇的关系，还未有热烈之作，但在他那缠绵宛转的情诗里却尽有许多佳句。我对于这些诗的印象，仿佛是散在太空里的宇宙之爱的霞彩，被静之用了捉胡蝶的网兜住了多少，在放射微细的电光。所以见了《蕙的风》里的“放情地唱”，我们应该认为诗坛解放的一种呼声，期望他精进成就，倘若大惊小怪，以为“革命也不能革到这个地步”，那有如见了小象还怪他比牛大，未免眼光太短了。

【钟校】

① 1922.10.12 刊《晨报副镌》。《蕙的风》，汪静之诗集，1922.8 初版。

② 原注：神秘只是说不可思议，并不是神怪，二者区别自明，如生殖的事是神秘，说生殖由神灵主持是神怪了。

镡百姿[1]

◇1923. 1. 20

◇自己的园地

近来所见最有趣味的书物之一，是日本大熊喜邦所编的《镡百姿》，选择古剑镡图案，用玻璃板照原形影印，凡百张，各加以说明。

镡古训剑鼻，徐谐注云人握处之下也，相传为剑柄末端，惟日本用作刃下柄上护手铁盘之称。《庄子》说剑凡五事，曰锋锷脊镡夹，未曾说及这一项；大约古时没有护手，否则所谓剑鼻即指此物，也未可知，因为盾鼻印鼻瓜鼻都是譬喻，指隆起之处，不必有始末之意思，执了“鼻犹初也”的话去做解释，未免有点穿凿。中国近代刀剑的护手，至少据我们所见，都没有什么装饰，日本的却大不相同，大抵用金属镶嵌，或是雕镂。《镡百姿》中所收的都是透雕铁镡，可以代表其中最重要的一部分。镡作圆形，径约二寸五分。正中寸许名切羽台，中开口容剑刃，左右又有二小孔曰柜穴；图案便以切羽台为中心，在圆周之中巧为安排，颇与镜背花纹相似。唯镜纹多用几何形图案，又出于铸造，镡则率用自然物，使图案化，亦有颇近于写实者，意匠尤为奇拔，而且都是手工雕刻，更有一种特别的风致。我反复的看过几遍，觉得有不尽的趣味。这种小工艺美术品最足以代表国民的艺术能力，所以更可注意。他的特色，正如编者所说，在能于极小的范围中满装丰富的意匠，这的确是难能可贵的事。

中国讲艺术，每每牵联到道德上去，仿佛艺术的价值须得用道德，——而且是最偏隘的旧道德的标准去判定才对。有人曾说只有忠臣孝子的书画是好美术，凡不曾殉难或割股的人所写的便都没有价值。照这个学说讲来，那么镡的雕刻确是不道德的艺术品，因为他是刀剑上的附属品，而刀剑乃是杀人的凶器，——要说是有什么用处，那只可以用作杀伐的武士道的赃证罢了。不过这是“忠臣美术”的学说，在中国虽然有人主张，其实原是不值一驳的笑话，引来只是“以供一笑”。人的心理无论如何微妙，看着镡的雕刻的时候，大约总不会离开了雕刻，想到有镡的剑以至剑之杀人而起了义愤，回过来再恨那镡的雕刻。在大反动时代，这样的事本来也常遇见，对于某一种制度或阶级的怨恨往往酿成艺术的大残毁，如卫道者之烧书毁像，革命党之毁王朝旧迹，见于中外历史；他们的热狂虽然也情有可原，但总是人类还未进步的证据。罗素说："教育的目的在使心地宽广，不在使心地狭隘。"（据一月十五日《学灯》译文）人只为心地狭隘，才有这些谬误；倘若宽广了，便知道镡不是杀伐，经像宫殿[2]不是迷信和专制的本体了。我看了《镡百姿》而推想到别人的误会，也可谓未免以小人之心度人了，但恐中国未必缺乏这派的批评家，所以多写了这一节。

【钟校】

① 1923. 1. 25 刊《晨报副镌》。

②"经像宫殿"，原作"已经像宫殿"。

法布耳昆虫记[①]

◇1923.1

◇自己的园地

法国法布耳所著的《昆虫记》共有十一册，我只见到英译《本能之惊异》《昆虫的恋爱与生活》《蟓虫的生活》和从全书中摘辑给学生读的《昆虫的奇事》，日本译《自然科学故事》《蜘蛛的生活》以及全译《昆虫记》第一卷罢了。在中国要买外国书物实在不很容易，我又不是专门家，积极的去收罗这些书，只是偶然的遇见买来，所以看见的不过这一点，但是已经尽够使我十分佩服这"科学的诗人"了。

法布耳的书中所讲的是昆虫的生活，但我们读了却觉得比看那些无聊的小说戏剧更有趣味，更有意义。他不去做解剖和分类的工夫（普通的昆虫学里已经说的够了），却用了观察与试验的方法，实地的纪录昆虫的生活现象，本能和习性之不可思议的神妙与愚蒙。我们看了小说戏剧中所描写的同类的运命，受得深切的铭感，现在见了昆虫界的这些悲喜剧，仿佛是听说远亲——的确是很远的远亲——的消息，正是一样迫切的动心，令人想起种种事情来。他的叙述，又特别有文艺的趣味，更使他不愧有昆虫的史诗之称。戏剧家罗斯丹（Rostand）批评他说，“这个大科学家像哲学者一般的想，美术家一般的看，文学家一般的感受而且抒写，”实在可以说是最确切的评语。默忒林克（Maeterlinck）称他为“昆虫的荷马”[②]，也是极简明的一个别号。

法布耳（Jean Henri Fabre，一八二三至一九一四）的少年生活，在他的一篇《爱昆虫的小孩》中说的很清楚，他的学业完全是独习得来的。他在乡间学校里当理化随后是博物的教师，过了一世贫困的生活。他的特别的研究后来使他得了大名，但在本地不特没有好处，反造成许多不愉快的事情。同僚因为他的博物讲义太有趣味，都妒忌他，叫他做“苍蝇”，又运动他的房东，是两个老姑娘，说他的讲义里含有非宗教的分子，把他赶了出去。许多学者又非难他的著作太浅显了，缺少科学的价值。法布耳在《荒地》一篇论文里说：

> 别的人非难我的文体，以为没有教室里的庄严，不，还不如说是干燥。他们恐怕一页书读了不疲倦的，未必含着真理。据他们说，我们的说话要晦涩，这才算是思想深奥。你们都来，你们带刺者，你们蓄翼着甲者，都来帮助我，替我作见证。告诉他们，我的对于你们的密切的交情，观察的忍耐，记录的仔细。你们的证据是一致的：是的，我的书册，虽然不曾满装着空虚的方式与博学的胡诌，却是观察得来的事实之精确的叙述，一点不多，也一点不少；凡想去考查你们事情的人，都能得到同一的答案。

他又直接的对着反对他的人们说：

> 倘若我为了学者，哲学家，将来想去解决本能这个难问题的人而著述，我也为了而且特别为了少年而著述；我想使他们爱那自然史，这就是你们使得他们如此厌恶的：因此，我一面仍旧严密的守着真实，却不用你们的那科学的散文，因为那种文章有时似乎是从伊罗瓜族[③]的方言借用来的！

我们固然不能菲薄纯学术的文体，但读了他的诗与科学两相调和的文章，自然不得不更表敬爱之意了。

小孩子没有不爱生物的。幼时玩弄小动物，随后翻阅《花镜》《格致镜原》和《事类赋》等书找寻故事，至今还约略记得。见到这个布罗凡斯（Provence）的科学的诗人的著作，不禁引起旧事，羡慕有这样好书看的别国的少年，也希望中国有人来做这翻译编纂的事业，即使在现在的混乱秽恶之中。

【钟校】

① 1923. 1. 26刊《晨报副镌》。

② 原注：荷马即Homēros的旧译，相传是希腊二大史诗的作者。

③ 原注：伊罗瓜（Iroquois）是北美土人的一族。

北京的外国书价[①]

◇1923.1

◇谈虎集

听说庚子的时候有人拿着一本地图，就要被指为二毛子，有性命之忧，即使烧表时偶有幸免，也就够受惊吓了。到了现在不过二十多年，情形却大不同，不但是地图之类，便是有原版外国书的人也是很多，不可不说是一个极大进步：这个事实，只要看北京贩卖外国书的店铺逐年增加，就可以明白。我六年前初到北京，只知道灯市口台吉厂和琉璃厂有卖英文书的地方，但是现在至少已有十二处，此外不曾知道的大约还有。

但是书店的数目虽多，却有两个共通的缺点。其一是货色缺乏：大抵店里的书可以分作两类，一是供给学生用的教科书，一是供给旅京商人看的通俗小说，此外想找一点学问艺术上的名著便很不容易。其二是价钱太贵：一先令的定价算作银洋七角，一圆美金算作二元半，都是普通的行市，先前金价较贱的时候也是如此，现在更不必说了。虽然上海伊文思书店的定价并不比这里为廉，不能单独非难北京的商人，但在我们买书的人总是一件不平而且颇感苦痛的事。

就北京的这几家书店说来，东交民巷的万国图书公司比较的稍为公道，譬如美金二元的《哥德传》卖价四元，美金一元七五的黑人小说《巴托华拉》（*Batouala*）卖价三元七角，还不能算贵，虽然在那里卖的《现代丛书》和"叨息尼支（Tauihnitz）版"的书比别处要更贵一点。我曾经在台吉厂用两元七角买过一本三先令半的契诃夫小说集，可以说是最高纪录，别的同价的书籍大抵算作两元一角以至五角罢了。各书店既然这样的算了，却又似乎觉得有点惭愧，往往将书面包皮上的价目用橡皮擦去，或者用剪刀挖去，这种办法固然近于欺骗，不很正当，但总比强硬主张的稍好，因为那种态度更令人不快了。我在灯市口西头的一家书店里见到一本塞利著的《儿童时代的研究》，问要多少钱，答说八元四角六分。我看见书上写着定价美金二元半，便问他为什么折算得这样的贵，他答得极妙："我们不知道这些事，票上写着要卖多少钱，就要卖多少。”又有一回，在灯市口的别一家里，问摩尔敦著的《世界文学》卖价若干，我明明看见标着照伊文思定价加一的四元一角三分，他却当面把他用铅笔改作五元的整数。在这些时候我们要同他据理力争是无效的，只有两条路可行，倘若不是回过头来就走，便只好忍一口气（并多少损失）买了回来。那一本儿童研究的书[②]因为实在看了喜欢，终于买了，但是一圆美金要算到三元四角弱，恐怕是自有美金以来的未曾有过的高价了。我的一个朋友到一家大公司（非书店）去买东西（眼镜?），问他有没有稍廉的，公司里的伙计说“那边有哩”，便开门指挥他出去。在没有商业道德的中国，这些事或者算不得什么也未可知，现在不过举出来当作谈资罢了。

在现今想同新的学问艺术接触，不得不去看外国文书，但是因为在中国不容易买到，而且价钱又异常的贵，读书界很受一种障碍，这是自明的事实。要补救这个缺点，我希望教育界有热诚的人们出来合资组织一个书店，贩卖各国的好书，以灌输文化，便利读者为第一目的，营利放在第二。这种事业决不是可以轻视的，他的效力实在要比五分钟的文化运动更大而且坚实，很值得去做。北京卖外国书的店铺是否都是商人，或有教育界的分子在内，我全不明了，但是照他们的很贵的卖价看来，都不是以灌输文化便利读者为第一目的，那是总可以断言了。我们虽然感谢他能够接济一点救急的口粮，但是日常的供给，不能不望有别的来源，丰富而且公平的分配给我们精神的粮食。

（十二年一月）

【钟校】

① 1923. 1. 30 刊《晨报副镌》。

②“那一本儿童研究的书”，原脱“究”字，今增。

歌咏儿童的文学[①]

◇1923.2

◇自己的园地

◇第五册有《关于清少纳言》

高岛平三郎编，竹久梦二画的《歌咏儿童的文学》，在一九一〇年出版，插在书架上已经有十年以上了，近日取出翻阅，觉得仍有新鲜的趣味。全书分作六编，从日本的短歌俳句川柳俗谣俚谚随笔中辑录关于儿童的文章，一方面正如编者的本意，足以考见古今人对于儿童的心情，一方面也是一卷极好的儿童诗选集。梦二的十六页着色插画，照例用那梦二式的柔软的笔致写儿童生活的小景，虽没有梦二画集的那种艳冶，却另外加上一种天真，也是书中的特彩之一。

编者在序里颇叹息日本儿童诗的缺乏，虽然六编中包含着不少的诗文，比中国已经很多了。如歌人大隈言道在《草径集》，俳人小林一茶在句集[②]及《俺的春天》里多有很好的儿童诗，中国就很难寻到适例，我们平常记忆所及的诗句里不过“闲看儿童捉柳花”或“稚子敲针作钓钩”之类罢了；陶渊明的《责子诗》要算是最好，因为最是真情流露，虽然戴着一个达观的面具。高岛氏说：

> 我想我国之缺乏西洋风的儿童文学，与支那之所以缺乏，其理由不同。在支那不重视儿童，又因诗歌的性质上只以风流为主，所以歌咏儿童的事便很稀少，但在我国则因为过于爱儿童，所以要把他从实感里抽象出来也就不容易了。支那文学于我国甚有影响，因了支那风的思想及诗歌的性质上，缺少歌咏儿童的事当然也是有的；但是这个影响在和歌与俳句上觉得并不很大。

我想这一节话颇有道理，中国缺乏儿童的诗，由于对于儿童及文学的观念的陈旧，非改变态度以后不会有这种文学发生，即使现在似乎也还不是这个时候。据何德兰在《孺子歌图》序上说北京歌谣中《小宝贝》和《小胖子》诸篇可以算是表现对于儿童之爱的佳作，但是意识的文艺作品就极少了。

日本歌咏儿童的文章不但在和歌俳句中很多，便是散文的随笔里也不少这一类的东西。其中最早的是清少纳言所著的《枕之草纸》，原书成于十世纪末，大约在中国宋太宗末年，共分一百六十馀段，列举胜地名物及可喜可憎之事，略似李义山《杂纂》，但叙述较详，又多记宫廷琐事，而且在机警之中仍留存着女性的优婉纤细的情趣，所以独具一种特色。第七十二段系记“可爱的事物”者，其中几行说及儿童之美，是歌咏儿童的文学的标本，今将原文全译于后。

瓜子脸的小孩。(案此句意义依注释本)

人们咮咮的叫唤起来，小雀儿便一跳一跳的走来；又（在他的嘴上）戏涂上胭脂[3]，老雀儿拿了虫来给他放在嘴里，看了很是可爱。

三岁左右的小孩急急忙忙的走来，路上有极小的尘埃，被他很明敏的看见，用了可爱的手指撮着，拿来给大人们看，也是极可爱的。

留着沙弥发的小孩，头发披在眼睛上边来了也并不拂开，只微微的侧着头去看东西，很是可爱。

交叉系着的裳带的上部，白而且美丽，看了也觉得可爱。又还不很大的殿上童，装束着在那里行走，也是可爱的。

可爱的小孩暂时抱来戏弄，却驯习了，随即睡着，这是极可爱的。

雏祭的器具。

从池中拿起极小的荷叶来看，又葵叶之极小者，也很可爱。——无论什么，凡是细小的都可爱。

肥壮的两岁左右的小孩，白而且美丽，穿着二蓝的罗衣，衣服很长，用带子束高了，爬着出来，极是可爱。

八九岁的男孩用了幼稚的声音念书，很可爱。

长脚，白色美丽的鸡雏，仿佛穿着短衣的样子，喈喈的很喧扰的叫着，跟在人家的后面，或是同着母亲走路，看了都很可爱。

鸭蛋。(依注释本)

舍利瓶。

瞿麦花。

关于清少纳言的事，《大日本史》里有一篇简略的列传，今抄在后边，原文系古汉文体，亦仍其旧。

清少纳言为肥后守清原元辅之女，有才学，与紫式部齐名。一条帝时，仕于皇后定子，甚受眷遇。皇后雪后顾左右曰，香炉峰之雪当如何？少纳言即起搴帘，时人叹其敏捷。皇后特嘉其才华，欲奏请为内侍，会藤原伊周（案即皇后之兄）等被流窜，不果。老而家居，屋宇甚陋。郎署年少见其贫窭而悯笑之，少纳自帘中呼曰，不闻有买骏马之骨者，笑者惭而去。著《枕之草纸》，行于世。

【钟校】

① 本文 1923. 2. 11 刊《晨报副镌》。

② 此处之“句”即“俳句”,“句集”即“俳句集”。

③“戏涂上胭脂”,“戏”（北新本）原作“截”。

俺的春天[①]

◇1923.2

◇自己的园地

我在《歌咏儿童的文学》里，最初见到小林一茶的俳文集《俺的春天》，但是那里所选的文章只是关于儿童的几节，并非全本，后来在中村编的《一茶选集》里才看见没有缺字的全文。第一节的末尾说：

我们埋在俗尘里碌碌度日，却说些吉祥话庆祝新年，大似唱发财的乞人的口吻，觉得很是无聊。强风吹来就会飞去的陋室还不如仍他陋室的面目，不插门松，也不扫尘埃，一任着雪山路的曲折，今年的正月也只信托着你[②]去迎接新春罢。（后附俳句，下同。）

恭喜也只是中通罢了，俺的春天。

本书的题名即从这里出来的，下署文政二年，当公历一八一九年顷，是年夏间所记最有名的两节文章，都是关于他的女儿聪女的，今摘译其一部分。

> 去年夏天种竹日左右，诞生到这多忧患的浮世来的女儿，愚鲁而望其聪敏，因命名曰聪。今年周岁以来，玩着点窝螺，打哇哇，摇头的把戏，见了别的小孩，拿着风车，喧闹着也要，拿来给她的时候，便即放在嘴里吮过舍去，丝毫没有顾惜，随即去看别的东西，把近旁的饭碗打破，但又立刻厌倦，嗤嗤的撕纸障上的薄纸，大人称赞说乖呀乖呀，她就信以为真，哈哈的笑着更是竭力的去撕。心里没有一点尘翳，如满月之清光皎洁，见了正如看幼稚的俳优，很能令人心舒畅。人家走来，问汪汪那里，便指着狗；问呀呀那里，便指着乌鸦：这些模样，真是从口边到足尖，满是娇媚，非常可爱，可以说是比胡蝶之戏春草更觉得柔美了。……

但是不久这聪女患天然痘，忽然的死了，一茶在《俺的春天》里记着一节很悲哀的文章，其末尾云：

> ……她遂于六月二十一日与蕣花同谢此世。母亲抱着死儿的脸荷荷的大哭，这也是当然的了。到了此刻虽然明知逝水不归，落花不再返枝，但无论怎样达观，终于难以断念的，正是这恩爱的

羁绊。

露水的世，虽然是露水的世，虽然是这样。

书中还有许多佳篇，可以见作者的性情及境遇者，今译录几节于后。

没有母亲的小孩，随处可以看出来：衔着指头，站在大门口！这样的被小孩们歌唱，我那时觉得非常胆怯，不大去和人们接近，只是躲在后园里叠着的柴草堆下，过那长的日子，虽然是自己的事情，也觉得很是可哀。

同我来游嬉罢，没有母亲的雀儿！

——六岁时作。

× ×

为男子所嫌弃，住在母家的女人，想一见自己儿子的初次五月节[3]，但是在白昼因为看见的人太多，如诗中所说（作诗的女人名姓不详）：

被休的门外，夜间眺望的鲤帜！

父母思子的真情，听了煞是可哀。能柔和那犷猛的武士之心者，大约就是这样的真心罢，即使是怎样无情的男子，倘若偶尔听到，也或者再叫她回去罢。

× ×

紫之里附近，或捕得一窠同炭团一样黑的小鸟，关在笼里，这天晚间有母鸟整夜的在屋上啼叫，作此哀之。

思子之情呵，暗夜里“可爱可爱”地，声音叫哑了彻夜的啼着！

这一首是仿和歌体的“狂歌”，大抵多含滑稽或双关的字句，这里“可爱可爱”兼关鸦的叫声；叫哑一字兼关乌鸦，现在用哑鸦同音，姑且敷衍过去，但是原来的妙趣总不免失掉了。

二十七日晴。老妻早起烧饭，便听得东邻的园右卫门在那里舂年糕，心想大约是照例要送来的，冷了不好吃，须等他勃勃地发热气的时候赏鉴才好，来了罢来了罢的等了好久，饭同冰一样的冷掉了，年糕终于不来。

我家的门口，像煞是要来的样子，那分送的年糕。

一茶的俳句在日本文学史是独一无二的作品，可以说是前无古人，大约也不妨说后无来者的。他的特色是在于他的所谓小孩子气。这在他的行事和文章上一样明显的表示出来，一方面是天真烂漫的稚气，一方面却又是倔强皮赖，容易闹脾气的：因为这两者本是小孩的性情，不足为奇，而且他又是一个继子，这更使他的同情与反感愈加深厚了。关于他的事情，我有一篇文章登在年前的《小说月报》上，现在不复多说；本篇里译文第三四节系从那里取来的，但是根据完善的原本有两处新加订正了。

【钟校】

① 1923.2.14 刊《晨报副镌》。

② 原注："你"系指释迦。

③ 原注：古俗，端午前有男孩的家庭在院中立高竿，悬鲤鱼帜，以为庆祝，称五月节句，此风至此犹存。

读童谣大观[①]

◇1923.3

◇谈龙集

一

现在研究童谣的人，大约可以分作三派，从三个不同的方面着眼。其一是民俗学的，认定歌谣是民族心理的表现，含蓄着许多古代制度仪式的遗迹，我们可以从这里边得到考证的资料。其二是教育的，既然知道歌吟是儿童的一种天然的需要，便顺应这个要求供给他们整理的适用的材料，能够收到更好的效果。其三是文艺的，“晓得俗歌里有许多可以供我们取法的风格与方法”，把那些特别有文学意味的“风诗”选录出来，“供大家的赏玩，供诗人的吟咏取材”。这三派的观点尽有不同，方法也迥异，——前者是全收的，后二者是选择的，——但是各有用处，又都凭了清明的理性及深厚的趣味去主持评判，所以一样的可以信赖尊重的。

上边所说的三派，都是现代对于童谣的态度，但在古时，却有一派别的极有势力的意见，那便是五行志派。《左传》庄五年杜注云："童龀之子，未有念虑之感，而会成嬉戏之言，似或有冯者。其言或中或否，博览之士，能惧思之人，兼而志之，以为鉴戒，以为将来之验，有益于世教。"《晋书·天文志》又云："凡五星盈缩失位，其星降于地为人。荧惑降为童儿，歌谣游戏，吉凶之应随其众告。"这两节话，可以总括这派学说的精义，虽然因为可"以为鉴戒"的缘故，有好些歌谣得以侥幸的保存在史书里，但在现代，其理论之不合原是很了然的了。我在民国二年所作的《儿歌之研究》里，曾有一节说及这个问题：

> 占验之童谣实亦儿歌一种，但其属词兴咏，皆在一时事实，而非自然流露，泛咏物情，学者称之曰历史的儿歌。日本中根淑著《歌谣字数考》，于子守歌以外别立童谣一项，其释曰："……其歌皆咏当时事实，寄兴他物，隐晦其词，后世之人鲜能会解。故童谣云者，殆当世有心人之作，流行于世，驯至为童子所歌者耳。"中国童谣当

> 亦如是。儿歌起源约有二端，或其歌词为儿童所自造，或本大人所作而儿童歌之者。若古之童谣，即属于后者，以其有关史实，故得附传至于今日，不与寻常之歌同就湮没也。

童谣并不是荧惑星所编，教给儿童唱的，这件极简单的事，本来也不值得反复申说。但是我看见民国十一年出版的《童谣大观》里还说着五行志一派的话，所以不禁又想起来了。该书的编辑概要里说：

> 童谣随便从儿童嘴里唱出，自然能够应着气运；所以古来大事变，往往先有一种奇怪的童谣，起始大家莫名其妙，后来方才知道事有先机，竟被他说着了。这不是儿童先见之明，实在是一时间跟着气运走的东西。现在把近时的各地童谣录出，有识见的人也许看得出几分将来的国运，到底是怎样？

在篇末又引了明末“朱家面，李家磨”的童谣来作例证，说“后来都一一应了”。这样的解说，不能不算是奇事怪事。什么是先机？什么是一时间跟着气运走的东西？真是莫名其妙。虽然不曾明说有荧惑星来口授，但也确已说出“似或有凭者”一类的意思，而且足“以为将来之验”了。在杜预注《左传》还不妨这样说，现代童谣集的序文里，便决不应有。《推背图》《烧饼歌》和“断梦秘书”之类，未尝不堆在店头，但那只应归入“占卜奇书类”中，却不能说是“新时代儿童游戏之一”了。

我对于《童谣大观》第一表示不满的，便是这五行志派的意见，因为这不但不能正当理解儿歌的价值，而且更要引老实的读者入于邪道。

二

《童谣大观》中共收各县歌谣四百馀首，谜语六十五则。所录四十县排列无序，又各县之歌亦多随便抄撮，了无组织，如浙江一二县既已前出，而象山永康复见卷末，象山的六首又尽是占日月风雨者，这都是编辑粗疏的地方，（篇中北方歌谣极少，只是囿于见闻，还不足为病，）但是总可算作歌谣的一种长编，足以供我们的参考。

不过这里有一个疑问，便是这里边所收的歌词是否都可信赖。别处的我不知道，只就绍兴一县的来检查一下罢，《大观》中所收二十篇内，除《狸》《客人》及《曹阿狗》三首外，其馀均见范啸风所辑的《越谚》中，注解和用字也都仍范氏之旧。范氏辑此书时，在光绪初年，买圆糖炒豆招集邻近小儿，请他们唱歌给他听，所以他所录的五十几首都是可信的儿歌，虽然他所用的奇字未免有穿凿的地方。《曹阿狗》和《客人》未见著录，《客人》当系“喜鹊叫，媒人到”的一种变体。我所搜集的儿歌中有这一章，与《曹阿狗》同属于“火荧虫夜夜红”一系者。

爹杀猪吊酒，
娘上绷落绣。
买得个溇，
上种红菱下种藕，
四边插杨柳，
杨柳底下种葱韭。

末三句二本几乎相同，所以这或者可以说是《曹阿狗》的一种略本，但在艺术上却更占优胜了。

《狸》这一篇并不是现代绍兴的儿歌。原文如下：

狸狸斑斑，跳过南山。
南山北斗，猎回界口。
界口北面，二十弓箭！

据《古谣谚》引此歌，并《静志居诗话》中文云：“此余童稚日偕间巷小儿联臂踏足而歌者，不详何义，亦未有验。”又《古今风谣》载元至正中燕京童谣云：

脚驴斑斑，脚踏南山。
南山北斗，养活家狗。
家狗磨面，三十弓箭。

可知此歌自北而南，由元至清，尚在流行，但形式逐渐不同了。绍兴现在的确有这样的一首歌，不过文句大有变更，不说“狸狸斑斑”了。《儿歌之研究》中说：“越中小儿列坐，一人独立作歌，轮数至末字，中者即起立代之。歌曰：

铁脚斑斑，斑过南山。

南山里曲，里曲弯弯。

新官上任，旧官请出。

此本决择歌（Counting-out rhyme），但已失其意而成为寻常游戏者。凡竞争游戏需一人为对手，即以歌决择，以末字所中者为定。其歌词率隐晦难喻，大抵趁韵而成。”所以把这一首“狸狸斑斑”当作现代绍兴的儿歌，实在是不妥当的。照上边所说的看来，他的材料未尝不可供我们参考之用，但是因为编辑很是粗疏，所以非先经过一番审慎的厘订，不能轻易采用。

此外关于印刷上，当然还有许多缺点，如抄写的疏忽，（在两页书上脱落了两处，）纸墨的恶劣，在有光纸的石印书原是必备的条件，或者可以不必说了。我所看了最不愉快的是那绣像式的插画，这不如没有倒还清爽些。说起这样插画的起源也很早了，许多小学教科书里都插着这样不中不西，毫无生气的傀儡画，还有许多的“教育画”也是如此。这真是好的美育哩！易卜生说："全或无。"我对于中国的这些教育的插画也要说同样的话。

《绘图童谣大观》于我们或者不无用处，但是看了那样的纸墨图画，——即使没有那篇序文，总之也不是我们所愿放在儿童手里的一本插画的儿歌集。

（一九二三年三月）

【钟校】

① 本文1923.3.18刊《歌谣》10号。《童谣大观》，1922年上海书局初版。

镜花缘[1]

◇1923.3

◇自己的园地

我的祖父是光绪初年的翰林，在二十年前已经故去了，他不曾听到国语文学这些名称，但是他的教育法却很特别。他当然仍教子弟学做时文[2]，唯第一步的方法是教人自由读书，尤其是奖励读小说，以为最能使人“通”，等到通了之后，再弄别的东西便无所不可了。他所保举的小说，是《西游记》《镜花缘》《儒林外史》这几种，这也就是我最初所读的书。(以前也曾念过《四子全书》，不过那只是“念”罢了。)

我幼年时候所最喜欢的是《镜花缘》。林之洋的冒险，大家都是赏识的，但是我所爱的是多九公，因为他能识得一切的奇事和异物。对于神异故事之原始的要求，长在我们的血脉里，所以《山海经》《十洲记》《博物志》之类千馀年前的著作，在现代人的心里仍有一种新鲜的引力：九头的鸟，一足的牛，实在是荒唐无稽的话，但又是怎样的愉快呵。《镜花缘》中飘海的一部分，就是这些分子的近代化，我想凡是能够理解荷马史诗《阿迭绥亚》的趣味的，当能赏识这荒唐的故事。

有人要说，这些荒唐的话即是诳话。我当然承认。但我要说明，以欺诈的目的而为不实之陈述者才算是可责，单纯的——为说诳而说的诳话，至少在艺术上面，没有是非之可言。向来大家都说小孩喜说诳话，是作贼的始基，现代的研究才知道并不如此。小孩的诳话大都是空想的表现，可以说是艺术的创造；他说我今天看见一条有角的红蛇，决不是想因此行诈得到什么利益，实在只是创作力的活动，用了平常的材料，组成特异的事物，以自娱乐。叙述自己想象的产物，与叙述现世的实生活是同一的真实，因为经验并不限于官能的一方面。我们要小孩诚实，但这当推广到使他并诚实于自己的空想。诳话的坏处在于欺蒙他人，单纯的诳话则只是欺蒙自己，他人也可以被其欺蒙——不过被欺蒙到梦幻的美里去，这当然不能算是什么坏处了。

王尔德有一篇对话，名 *The Decay of Lying*（《说谎的衰颓》），很叹息于艺术的堕落。《狱中记》译者的序论里把“Lying”译作“架空”，仿佛是忌避说谎这一个字，（日本也是如此，）其实有什么要紧。王尔德那里会有忌讳呢？他说文艺上所重要者是“讲美的而实际上又没有的事”，这就是说谎。但是他虽然这样说，实行上却还不及他的同乡丹绥尼：“这世界在歌者看来，是为了梦想者而造的”，正是极妙的赞语。科伦（P. Colum）在丹绥尼的《梦想者的故事》的序上说：

> 他正如这样的一个人，走到猎人的寓居里，说道，你们看这月亮很奇怪。我将告诉你，月亮是怎样做的，又为什么而做的。既然告诉他们月亮的事情之后，他又接续着讲在树林那边的奇异的都市，和在独角兽的角里的珍宝。倘若别人责他专讲梦想与空想给人听，他将回答说，我是在养活他们的惊异的精神，惊异在人是神圣的。
>
> 我们在他的著作里几乎不能发见一点社会的思想。但是，却有一个在那里，这便是一种对于减缩人们想象力的一切事物，——对于凡俗的都市，对于商业的实利，对于从物质的组织所发生的文化之严厉的敌视。

梦想是永远不死的。在恋爱中的青年与在黄昏下的老人都有他的梦想，虽然她们的颜色不同。人之子有时或者要反叛她，但终究还回到她的怀中来。我们读王尔德的童话，赏识他种种好处，但是《幸福的王子》和《渔夫与其魂》里的叙述异景总要算是最美之一了。我对于《镜花缘》，因此很爱他那飘洋的记述。我也爱《呆子伊凡》或《麦加尔的梦》，然而我或者更幼稚地爱希腊神话。

记得《聊斋志异》卷头有一句诗道，“姑妄言之姑听之”，这是极妙的话。《西游记》《封神传》以及别的荒唐的话（无聊的模拟除外），在这一点上自有特别的趣味，不过这也是对于所谓受戒者（The Initiated）而言，不是一般的说法，更非所论于那些心思已入了牛角弯的人们。他们非用纪限仪显微镜来测看艺术，便对着画钟馗供香华灯烛；在他们看来，则《镜花缘》若不是可恶的妄语必是一部信史了。

【钟校】

①《镜花缘》，清人李汝珍所著长篇小说。本文 1923. 3. 31 刊《晨报副镌》，先后收入《自己的园地》《泽泻集》。

②“他当然仍教子弟学做时文”，“时” 在《泽泻集》 中作 “诗”。

吕坤的演小儿语[①]

◇1923.3
◇谈龙集

中国向来缺少为儿童的文学。就是有了一点编纂的著述，也以教训为主，很少艺术的价值。吕新吾的这一卷《演小儿语》，虽然标语也在“蒙以养正”，但是知道利用儿童的歌词，能够趣味与教训并重，确是不可多得的，而且于现在的歌谣研究也不无用处，所以特地把他介绍一下。

原书一册，总称《小儿语》，内计吕得胜（近溪渔隐）的《小儿语》一卷，《女小儿语》一卷，吕坤（抱独居士）的《续小儿语》三卷，《演小儿语》一卷。前面的五卷书，都是自作的格言，仿佛《三字经》的一部分，也有以谚语为本而改作的，虽然足为国语的资料，于我们却没有什么用处。末一卷性质有点不同，据小引里说，系采取直隶河南山西陕西的童谣加以修改，为训蒙之用者。在我们看来，把好好的歌谣改成箴言，觉得很是可惜，但是怪不得三百年以前的古人，而且亏得这本小书，使我们能够知道在明朝有怎样的儿歌，可以去留心搜集类似的例，我们实在还应感谢的。

书的前面有嘉靖戊午（一五五八）吕得胜的序，末有万历癸巳（一五九三）吕坤的书后，说明他们对于歌谣的意见。序云：

> 儿之有知而能言也，皆有歌谣以遂其乐，群相习，代相传，不知作者所自，如梁宋间《盘脚盘》《东屋点灯西屋明》之类。学焉而于童子无补，余每笑之。夫蒙以养正，有知识时便是养正时也。是俚语者固无害，胡为乎习哉？……

书后云：

> 小儿皆有语，语皆成章，然无谓。先君谓无谓也，更之；又谓所更之未备也，命余续之，既成刻矣；余又借小儿原语而演之。语云，教之婴孩。是书也诚鄙俚，庶几乎婴孩一正传哉！……

他们看不起儿童的歌谣，只因为“固无害”而“无谓”，——没有用处，这实在是绊倒许多古今人的一个石头。童谣用在教育上只要无害便好，至于在学术研究上，那就是有害的也很重要了。序里说仿作小儿语，“如其鄙俚，使童子乐闻而易晓焉，”却颇有见地，与现在教育家反对儿童读“白话浅文”不同，至于书后自谦说：“言各有体，为诸生家言则患其不文，为儿曹家言则患其不俗。余为儿语而文，殊不近体；然刻意求为俗，弗能。”更说得真切。他的词句其实也颇明显，不过寄托太深罢了。

《演小儿语》共四十六首，虽说经过改作，但据我看去有几首似乎还是“小儿之旧语”，或者删改的地方很少。今举出数篇为例。

九

鹦哥乐，檐前挂，
为甚过潼关，
终日不说话。

二五

讨小狗，要好的。
我家狗大却生痴，
不咬贼，只咬鸡。

三八

孩儿哭，哭恁痛。
那个打你，我与对命。
宁可打我我不嗔，
你打我儿我怎禁。

四一

老王卖瓜，腊腊巴巴。
不怕担子重，

只要脊梁硬。

我说这些似是原来的儿歌，本来只是猜想；从文句上推测，又看他解释得太迂远了的时候，便觉得其中当含着不少的原有分子，因为如果大经改作，表示意思必定更要晓畅。大约著者想要讲那“理义身心之学”，而对于这些儿童诗之美却无意的起了欣赏，所以抄下原诗而加上附会的教训，也未可知。我读那篇书后，觉得这并非全是幻想。

我们现在把那四十六首《演小儿语》，转录在北大《歌谣周刊》上面，或者于研究歌谣的人不无用处，并希望直隶河南山西陕西各处的人见了书中的歌，记起本地类似的各种歌谣，随时录寄。《演小儿语》虽经过改作，但是上半，至少是最初两句，都是原语，所以还可以看出原来是什么歌，如“风来了，雨来了”也在里面，只是下半改作过了。从这书里选择一点作儿童唱歌用，也是好的，只要拣取文词圆润自然的，不要用那头巾气太重的便好了。

（一九二三年三②月）

【钟校】

① 1923.4.1刊《歌谣周刊》12号。

② “一九二三年三月”，“三月”原作“四月”。

结婚的爱[①]

◇1923. 4
◇自己的园地

《结婚的爱》（*Married Love*）是我近来所见最好的书籍之一。著者斯妥布思女士（Marie Stopes）是理学及哲学博士，又是皇家文学会及植物学会员，所著书在植物学方面最多，文学方面有剧本数种，最后是关于两性问题的书：《结婚的爱》讲夫妇间的纠葛，《聪明的父母》讲生产限制，《光辉的母性》讲育儿。《结婚的爱》出版于一九一八年，我所见到的去年六月新版，已是第一百八十一千里的一本了。

“性的教育”的重要，现在更无须重说了。但是只明白了性的现象，而不了解性的法则，其结果也只足以免避性的错误，至于结婚后的种种纠葛仍无可免。半开化的社会的两性关系是男子本位的，所以在这样社会里，正如晏殊君曾在《妇女杂志》（三月号）上所说，女子“被看做没有性欲的”，这个错误当然不言而喻了。文明社会既然是男女平等的，又有了性的知识，理论应该是对了，但是却又将女性的性欲看做同男性一样的，——这能说是合于事理么？据《结婚的爱》的著者说，这不但不合，而且反是许多不幸的根源。性的牵引本来多在于二者之差异，但这当初牵引的差异后来却即为失调的原因。异性的要求不全一致，恋爱的配合往往也为此而生破裂，其馀的更不必说了。《结婚的爱》便是想去解决这个纠葛的一篇论文，他的意见，简单的说来是主张两性关系应是女子本位的。

本书的重要的话，都在第四五两章里。现在有许多学者都已知道两性的性欲的差异，男子是平衡的，女性是间歇的。第四章名《根本的冲动》，便是专研究这个问题的，根据精密的调查，发见了一种定期律，却与以前学者们所说的全然不同。第五章名《相互的调节》，是最切要的一章，写的非常大胆严肃。篇首引圣保罗《与罗马人书》的一句，“爱是不加害与人的”，可以说是最深切的标语。有些人知道两性要求的差异，以为不能两全，只好牺牲了一方面，“而为社会计，还不如把女子牺牲了”，大多数的男子大约赞成这话。但若如此，这决不是爱了，因为在爱里只有完成，决没有牺牲的。要实现这个结婚的爱，便只有这相互的调节一法，即改正两性关系，以女性为本位。这虽然在男子是一种束缚，但并非牺牲，或者倒是祝福。我们不喜那宗教的禁欲主义，至于合理的禁欲原是可能，不但因此可以养活纯爱，而且又能孕育梦想，成文艺的种子。我想，欲是本能，爱不是本能，却是艺术，即本于本能而加以调节者。向来的男子多是本能的人；向来的爱只有“骑士的爱”才是爱，一落在家庭里，便多被欲所害了。凯沙诺伐是十八世纪欧洲的一个有名的荡子，但蔼理斯称他“以所爱妇女的悦乐为悦乐而不耽于她们的供养”，所以他是知爱的人。这“爱之术”（Art-amatoria）以前几乎只存在草野间了，《结婚的爱》可以说是家庭的爱之术的提倡传授者。

《结婚的爱》是一本“给结婚的男女看的书”，所以我不多抄录他的本文了。《不列颠医学杂志》批评他说，“在已结婚或将要结婚的人，只要他们在精神身体上都是正则的，而且不怕去面事实，这是一部极有益的书。”因此我也将他介绍给有上面所说的资格的人们。不过我还有一句废话，便是要请他们在翻开书面之前，先自检查自己的心眼干净与否。圣保罗说："凡物本来没有不洁净的，唯独人以为不洁净的，在他就不洁净了。"蔼理斯在《圣芳济及其他论》中说，"我们现在直视一切，觉得没有一件事实太卑贱或太神圣不适于研究的。但是直视某种事实却是有害的，倘若你不能洁净地看。"以上也就是我的忠告。（我很怕那些大言破坏一切而自己不知负责，加害与人的，所谓自由恋爱家的男子。）

《结婚的爱》布面的价三元馀，纸面的二元，以英国版为佳，因为我的一本《光辉的母性》系美国版，其中有删节的地方，所以推想美国版的《结婚的爱》一定要删节的更多了。（听说因为他们有一种什么猥亵条例。）英国诗人凯本德（Edward Carpenter）的《爱的成年》（*Love's Coming of Age*）前回曾连带的说起过，也是有益的书。原本英国出版，美国《现代丛书》（*Modern Library*）里也收着，价一元馀。曾经郭须静君译出，收在《晨报社丛书》内。但是已经绝版了；听说不久拟校订重印，希望他早日成功，并且能够更多有力的传达那优美纯洁的思想到青年男女中间去。

【钟校】

① 1923.4.18 刊《晨报副镌》。

读各省童谣集[①]

◇1923.5

◇谈龙集

《各省童谣集》第一集，朱天民编，商务印书馆发行，本年二月出版，共录歌谣二〇三首，代表十六省。中国出版界的习惯，专会趁时风，每遇一种新题目发现，大家还在着手研究的时候，上海滩上却产出了许多书本，东一部大观，西一部全书，名目未始不好看，其实多是杜撰杂凑的东西，不必说他的见解，便是其中材料也还不能尽信。在歌谣搜集这一件事上，当然也逃不出这个公例，我们前回介绍过的《童谣大观》，即是一例。《各省童谣集》比那些投机的"有光纸本"要胜一筹了，因为不但印刷更为上等，材料也较为确实，还没有抄引古书当作现代儿歌的情事，虽然异同繁简是不能免的。即如五十五页的《拜菩萨》，据我所知道，末尾还有五句，范啸风的《越谚》里也是如此，现在却没有，倘若不是编者故意删去，那必定所录的是不完全本了，（虽然全文与范氏本是一样的。）其中还有“松香扇骨”原系扇坠，“竹榻”原是竹踏。因为我不知道绍兴向来有松香骨的扇，而田庄船里也决放不下竹榻。又五十四页的《新年》云，

新年来到，糖糕祭灶。姑娘要花，小子要炮，老头子要戴新呢帽，老婆子要吃大花糕。

我们据文字上判断起来，当是华北的儿歌，但这里却说是浙江奉化；或者在浙东也有同样歌谣，我不敢妄断，但总有点怀疑，希望有奉化的朋友来给我们一个解答。

其次，我觉得歌谣上也颇有修改过的痕迹。本来纪录方言是很困难的事情，在非拼音的汉字里自当更是困难，然而修改也不能算是正当的办法。上边所说《拜菩萨》一首里，便改了好几处，如“这样小官人”原来是“ㄍㄚㄍㄛ小官人”——范氏写作“概个”，意云这样的一个童男，经集里改作国语，口气上就很不同了。又七十五页浙江新昌歌谣云，“明朝给你一个冷饭团”，新昌的事情我不十分明白，但是同属一府，所以也知道一点，我想新昌大约不用

“给”字的，疑系改本。大凡一种搜集运动初起，大家没有了解他的学术上的意义，只着眼于通俗这一点，常常随意动笔，胡乱“校订”，这些事在外国也曾有过，如十八世纪英国伯西主教（Bishop Percy）所编的《古诗遗珍》，即是一例。虽然说这些书或者原为公众或儿童而编的，未始不可以作为辩解，但在学术的搜集者看来不能不说是缺点，因为他们不能成为完整的材料，只可同《演小儿语》仿佛，供检查比较的备考罢了。

以上说的是歌谣本身，现在关于注解一方面说几句话。这第一集二百首歌的后面，都有一条注解，足以见编辑者的苦心，但是其价值很不一律，大略可以分作三类。第一类是应有的，如注释字义，说明歌唱时的动作等，为读者所很需要的小注。第二类是不必有的，如题目标明“秃子”，而还要加注“这是嘲笑秃子的意思”，未免重复了。但这还是无害的。第三类是有不如无的注，看了反要叫人糊涂起来。其中又可分为两种，其一是望文生义，找出意思；其二是附会穿凿，加上教训。至于有几处咬文嚼字，讲他章法如何奇妙，那种贯华堂式的批语，自从悟痴生的《天籁》以来已经数见不鲜，可以不算在里边了。

野麻雀，就地滚。打的丈夫去买粉。买上粉来她不搽，打的丈夫去买麻。买上麻来她不搓，打的丈夫去买锅。买上锅来她嫌小，打的丈夫去买枣。买上枣来她嫌红，打的丈夫去买绳。买上绳来她上吊，急的丈夫双脚跳。

这明明是一首滑稽的趁韵歌，不必更加什么说明，集中却注云，“形容不贤的妇女，不知道自己不好，对于别人，总不满意”，不知是从哪里看出来的。

乌鹊叫，客人到。有得端来哈哈笑，无得端来嘴唇翘。

注云，“使小孩知道接待宾客，须要十分周到。”

小老鼠，上灯台。偷油吃，下不来。吱吱，叫奶奶，抱下来。

注云，“将老鼠作比，意思要儆戒小儿不可爬得很高。”

鹞儿放得高，回去吃年糕，鹞儿放得低，回去叫爹爹。

注云，“这首歌谣，大约是鼓励儿童竞争心。”

哏哏哏，骑马到底塘。底塘一头冲[②]，直落到花龙。花龙一条堰，转过天医殿。

注云，“鼓励小儿骑马，有尚武的精神。”

泥水匠，烂肚肠。前讨老婆后讨娘，还要烧汤洗爷爷。

注云，“这首歌谣都是颠倒话，实在要教小儿知道尊卑的辈分。”

> 大姑娘，乘风凉，一乘乘到海中央。和尚捞起做师娘，麻筛米筛抽肚肠。

注云，“劝年少女子不可无事出外游玩。”

我本不预备多引原文去占篇幅，但是因为实在妙语太多，极力节省，还引了七节。大抵“教育家”的头脑容易填满格式，成为呆板的，对于一切事物不能自然的看去，必定要牵强的加上一层做作，这种情形在中国议论或著作儿童文学的教育家里很明白的可以看得出来。他们相信儿歌的片词只字里都含有一种作用，智识与教训；所以处处用心穿凿，便处处发见深意出来，于是一本儿童的歌词成为三百篇的续编了。我真不解“哴哴哴，骑马到底塘”何以有尚武的精神，而“泥水匠烂肚肠”会“教小儿知道尊卑的辈分”，如不是太神妙便是太滑稽了。中国家庭旧教育的弊病在于不能理解儿童，以为他们是矮小的成人，同成人一样的教练，其结果是一大班的“少年老成”，——早熟半僵的果子，只适于做遗少的材料。到了现代，改了学校了，那些“少年老成”主义也就侵入里面去。在那里依法炮制，便是一首歌谣也还不让好好的唱，一定要撒上什么应爱国保种的胡椒末，花样是时式的，但在那些儿童可是够受了。

总之这童谣集的材料是可取的，不过用在学术方面，还须加以审慎的别择；用在儿童方面，则上面所说的注释都非抹去不可，不然我怕是得不偿失的。

集后有吴研因君的一篇序文，据他说是在那里“丑诋新诗”，颇多奇妙话，本来也想加以批评，但是因为系别一问题，所以在这里就不多说了。

（一九二三年五月）

【钟校】

① 1923. 5. 27 刊《歌谣》20 号。《各省童谣集》，1923. 2 商务印书馆初版。

②“底塘一头冲”,“冲”（衝）原作“撞”。

世界语读本①

◇1923. 5. 25
◇自己的园地

《世界语读本》是冯省三君所编的。他起手编著的时候，我答应给他做一篇序，现在这部书将由商务印书馆刊行了，于是我不得不赶紧来做。但是我是不会做切题的文字的，想不出什么话来，只能就我所知道的事情，关于编者这个人略讲几句，因为他颇为人们所误会——虽然世界语也未尝不为中国人所误会，本来也还需要说明。

我初次看见省三是在去年四月，当时在北京的世界语朋友在北大第二院开会，商议组织世界语学会的事。省三是爱罗先珂君在中国所教成的三个学生之一，很热心于世界语运动，发言最多，非常率直而且粗鲁，在初听的人或者没有很好的印象。但是后来因为学会事务以及来访爱罗君的机会，我常会见着他，觉得渐渐的有点理解，知道他是一个大孩子，他因此常要得罪人，但我以为可爱的地方也就在这里。这是我个人的观察，或者也还不十分谬误。

省三虽然现在自称京兆人，但实在是山东人，据他说家里是务农的，父亲却读过经书，是个道学家，而且又在五岁时替他订了婚，所以他跑了出来，在北京苦学。他陆续做过各种访员，其间还在饭店里管过账，——后来人家便拿来做破坏他恋爱的资料。他在北大预科法文班，去年应当毕业，但是因为付不出学费，所以试验册上没有他的分数。十月新学年开始后，他照常去听讲，有一天来同我商量想请愿补试，我也答应他去代访教务长。到了第二天遇着“讲义风潮”，不曾访得；随后再往学校，省三却已为了这事件而除名了。这在我听了也是意外的事，因为虽然知道他容易闯祸，却不相信会去做这些事的主谋。当日第三时他还在第三层楼听张凤举先生讲英文戏曲，下课后去探询楼下的喧扰，也就加入在内，后来真主谋者都溜走了，只剩了他在那里代表这群乌合之众，其结果便做了群众的罪羊。在学校方面大约也只能这样的办，但那些主谋的人躲的无影无踪，睁着眼看别人去做牺牲，实在很可慨叹的。到了今日这件事已成陈迹，他们也都将毕业荣进了，本来不必旧事重提，但是我总觉得不能忘记，因为虽然未必因此增加省三的价值，却总足以估定人们的没价值了。省三曾问我对于他的批评如何，我答说他的人太好，——这也是一个很大的缺点，——太相信性善之说，对于人们缺少防备。虽然这不是 Esperantisto（世界语学者）所应主张的，但仍不失为很是确实的话罢。

省三虽专学法文，但我猜想他法文的程度未必有世界语那样高。他的热心于世界语实在是很可佩服的，去年世界语学会开办两级暑假讲习班，他都非常出力，今年又在几个学校教授，所以他编这本书颇是适宜，因为有过好些经验；其次，他很有点趣味性，这也是一种特色。他的言行很是率直，或者近于粗鲁，但有地方又很细腻熨帖，这是在他的稿件上可以看出来的：他所写的字比印刷还要整齐，头字星点符号等也多加上藻饰，就是写信也是如此。这些稚气在他似乎不很相称，仔细想来却很有道理，因为这样的趣味也正是小孩子所应有的，不过大多数的人都汩没[②]了罢了。省三独能保存住他，应用在编书上面，使读本的内容丰富而有趣味，学了不但知道世界语，还可养成读书的兴趣，这实在是一件不可看轻的好处。

最后还想略一提及“世界语主义”（Esperantismo）。现在大家知道有世界语，却很少有人知道世界语里含有一种主义；世界语不单是一种人为的言语，供各国人办外交做买卖之用，乃是世界主义（能实现与否是别一问题）的出产物，离开[3]了这主义，世界语便是一个无生命的木偶了。中国提倡世界语，却少有人了解他的精神。这读本特别注意于此，把创始者的意思揭在卷头。本文中又处处留意，务求不背他的原旨，可以说是一部真的世界语的书。这册书里或者也还有许多缺点，但我总望他的一种风趣能够把他掩护过去，正如他能掩护人的缺点一样。

（一九二三年五月二十五日）

【钟校】

① 1923.6.5刊《晨报副镌》。

②“汩没”，原作“汩没”。

③“离开”，原作“虽开”。

儿童的书[1]

◇1923.6

◇自己的园地

美国斯喀德（Scudder）在《学校里的儿童文学》一篇文里曾说，“大多数的儿童经过了小学时期，完全不曾和文学接触。他们学会念书，但没有东西读。他们不曾知道应该读什么书。”凡被强迫念那书贾所编的教科书的儿童，大都免不掉这个不幸，但外国究竟要比中国较好，因为他们还有给儿童的书，中国则一点没有，即使儿童要读也找不到。

据我自己的经验讲来，我幼时念的是“圣贤之书”，却也完全不曾和文学接触，正和念过一套书店的教科书的人一样。后来因为别的机缘，发见在那些念过的东西以外还有可看的书，实在是偶然的幸运。因为念那圣贤之书，到十四岁时才看得懂“白话浅文”，虽然也看《纲鉴易知录》当日课的一部分，但最喜欢的却是《镜花缘》。此外也当然爱看绣像书，只是绣的太是呆板了，所以由《三国志演义》的绘图转到《尔雅图》和诗中画一类那里去了。中国向来以为儿童只应该念那经书的，以外并不给预备一点东西，让他们自己去挣扎，止那精神上的饥饿；机会好一点的，偶然从文字堆中——正如在秽土堆中检煤核的一样——掘出一点什么来，聊以充腹，实在是很可怜的。这儿童所需要的是什么呢？我从经验上代答一句，便是故事与画本。

二十馀年后的今日，教育文艺比那时发达得多了，但这个要求曾否满足，有多少适宜的儿童的书了么？我们先看画本罢。美术界的一方面因为情形不熟，姑且不说绘画的成绩如何，只就儿童用的画本的范围而言，我可以说不曾见到[②]一本略好的书。不必说克路轩克（Cruikshank）或比利平（Bilibin）等人的作品，就是如竹久梦二的那些插画也难得遇见。中国现在的画，失了古人的神韵，又并没有新的技工，我见许多杂志及教科书上的图都不合情理，如阶石倾斜，或者母亲送四个小孩去上学，却是一样的大小。这样日常生活的景物还画不好，更不必说纯凭想象的童话绘了，——然这童话绘却正是儿童画本的中心，我至今还很喜欢看鲁滨孙等人的奇妙的插画，觉得比历史绘更为有趣。但在中国却一册也找不到。幸而中国没有买画本给小儿做生日或过节的风气，否则真是使人十分为难了。儿童所喜欢的大抵是线画，中国那种的写意画法不很适宜，所以即使往古美术里去找也得不到什么东西，偶然有些织女钟馗等画略有趣味，也稍缺少变化；如焦秉贞的《耕织图》却颇适用，把他翻印出来，可以供少年男女的翻阅。

儿童的歌谣故事书，在量上是很多了，但在质上未免还是疑问。我以前曾说过：

> 大抵在儿童文学上有两种方向不同的错误：一是太教育的，即偏于教训；一是太艺术的，即偏于玄美：教育家的主张多属于前者，诗人多属于后者。其实两者都不对，因为他们不承认儿童的世界。

中国现在的倾向自然多属于前派，因为诗人还不曾着手于这件事业。向来中国教育重在所谓经济，后来又中了实用主义的毒，对儿童讲一句话，睒一睒眼，都非含有意义不可，到了现在这种势力依然存在，有许多人还把儿童故事当作法句譬喻看待。我们看那《伊索寓言》后面的格言，已经觉得多事，更何必去模仿他。其实艺术里未尝不可寓意，不过须得如做果汁冰酪一样，要把果子味混透在酪里，决不可只把一块果子皮放在上面就算了事。但是这种作品在儿童文学里，据我想来本来还不能算是最上乘，因为我觉得最有趣的是有那无意思之意思的作品。安徒生的《丑小鸭》，大家承认他是一篇佳作，但《小伊达的花》似乎更佳；这并不因为他讲花的跳舞会，灌输泛神的思想，实在只因他那非教训的无意思，空灵的幻想与快活的嬉笑，比那些老成的文字更与儿童的世界接近了。我说无意思之意思，因为这无意思原自有他的作用，儿童空想正旺盛的时候，能够得到他们的要求，让他们愉快的活动，这便是最大的实益，至于其馀观察记忆，言语练习等好处即使不说也罢。总之儿童的文学只是儿童本位的，此外更没有什么标准。中国还未曾发见了儿童，——其实连个人与女子也还未发见，所以真的为儿童的文学也自然没有，虽市场上摊着不少的卖给儿童的书本。

艺术是人人的需要，没有什么阶级性别等等差异。我们不能指定这是工人的，那是女子所专有的文艺，更不应说这是为某种人而作的；但我相信有一个例外，便是“为儿童的”。儿童同成人一样的需要文艺，而自己不能造作，不得不要求成人的供给。古代流传下来的神话传说，现代野蛮民族里以及乡民及小儿社会里通行的歌谣故事，都是很好的材料，但是这些材料还不能就成为“儿童的书”，须得加以编订才能适用。这是现在很切要的事业，也是值得努力的工作。凡是对儿童有爱与理解的人都可以着手去做，但在特别富于这种性质而且少有个人的野心之女子们，我觉得最为适宜。本于温柔的母性，加上学理的知识与艺术的修养，便能比男子更为胜任。我固然尊重人家的创作，但如见到一本为儿童的美的画本或故事书，我觉得不但尊重而且喜欢，至少也把他看得同创作一样的可贵。

【钟校】

① 1923. 6. 21 刊《晨报·文学旬刊》3 号。

②“不曾见到”，原作“不会见到”。

爱的创作

◇1923.7

◇自己的园地

《爱的创作》是与谢野晶子《感想集》的第十一册。与谢野夫人（她本姓凤）曾作过好些小说和新诗，但最有名的还是她的短歌，在现代歌坛上仍占据着第一流的位置。十一卷的《感想集》，是十年来所做的文化批评的工作的成绩，总计不下七八百篇，论及人生各方面，范围也很广大，但是都很精彩，充满着她自己所主张的"博大的爱与公明的理性"，此外还有一种思想及文章上的温雅（Okuyukashisa），这三者合起来差不多可以表出她的感想文的特色。我们看日本今人的"杂感"类文章，觉得内田鲁庵的议论最为中正，与她相仿，唯其文章虽然更为轻妙，温雅的度却似乎要减少一点了。

《爱的创作》凡七十一篇，都是近两年内的著作。其中用作书名的一篇关于恋爱问题的论文，我觉得很有趣味，因为在这微妙的问题上她也能显出独立而高尚的判断来。普通的青年都希望一劳永逸的不变的爱，著者却以为爱原是移动的，爱人各须不断的创作，时时刻刻共相推移，这才是养爱的正道。她说：

人的心在移动是常态，不移动是病理。幼少而不移动是为痴呆，成长而不移动则为老衰的征候。

在花的趣味上，在饮食的嗜好上，在衣服的选择上，从少年少女的时代起，一生不知要变化多少回。正是因为如此，人的生活所以精神的和物质的都有进步。……世人的俗见常以为夫妇亲子的情爱是不变动的。但是在花与衣服上会变化的心，怎么会对于与自己更直接有关系的生活倒反不敏感地移动呢？

就我自己的经验上说，这二十年间我们夫妇的爱情不知经过多大的变化来了。我们的爱，决不是以最初的爱一贯继续下去，始终没有变动的，固定的静的夫妇关系。我们不断的努力，将新的生命吹进两人的爱情里去，破坏了重又建起，锻使坚固，使他加深，使他醇化。……我们每日努力重新播种，每日建筑起以前所无的新的爱之生活。

我们不愿把昨日的爱就此静止了，再把他涂饰起来，称作永久不变的爱：我们并不依赖这样的爱。我们常在祈望两人的爱长是进化移动而无止息。

倘若不然，那恋爱只是心的化石，不能不感到困倦与苦痛了罢。

我们曾把这意见告诉生田长江君，他很表同意，答说，“理想的夫妇是每日在互换爱的新证书的。”我却想这样的说，更适切的表出我们的实感，便是说夫妇是每日在为爱的创作的。

凯本德在《爱与死之戏剧》上引用爱伦凯的话说：

贞义决不能约束的，只可以每日重新地去赢得。

又说：

在古代所谓恋爱法庭上，武士气质的人明白了解的这条真理，到了现今还必须力说，实在是可悲的事。恋爱法庭所说明的，恋爱与结婚不能相容的理由之一，便是说妻决不能从丈夫那边得到情人所有的那种殷勤，因为在情人当作恩惠而承受者，丈夫便直取去视若自己的权利。

理想的结婚便是在夫妇间实行情人们每日赢得交互的恩惠之办法。凯本德归结的说：

要使恋爱年年保存这周围的浪漫的圆光，以及这侍奉的深情，便是每日自由给与的恩惠，这实在是一个大艺术。这是大而且难的，但是的确值得去做的艺术。

这个爱之术到了现代已成为切要的研究，许多学者都着手于此，所谓爱的创作就是从艺术见地的一个名称罢了。

中国关于这方面的文章，我只见到张竞生君的一篇《爱情的定则》。无论他的文句有怎样不妥的地方，但我相信他所说的“凡要讲真正完全爱情的人，不可不对于所欢的时时刻刻改善提高彼此相爱的条件，一可得了爱情上时时进化的快感，一可杜绝敌手的竞争”这一节话，总是十分确实的。但是道学家见了都着了忙，以为爱应该是永久不变的，所以这是有害于世道人心的邪说。道学家本来多是“神经变质的”(Neurotic)，他的特征是自己觉得下劣脆弱；他们反对两性的解放，便因为自知如没有传统的迫压他必要放纵不能自制，如恋爱上有了自由竞争他必没有侥幸的希望。他们所希冀的是异性一时不慎上了他的钩，于是便可凭了永久不变的恋爱的神圣之名把她占有专利，更不怕再会逃脱。这好像是“出店不认货”的店铺，专卖次货，生怕买主后来看出破绽要来退还，所以立下这样规则，强迫不慎的买主收纳有破绽的次货。真正用爱者当如园丁，想培养出好花，先须用上相当的精力，这些道学家却只是性的渔人罢了。大抵神经变质者最怕听于自己不利的学说，如生存竞争之说很为中国人所反对，这便因为自己没有生存力的缘故，并不是中国人真是酷爱和平；现在反对爱之移动说也正是同样的理由。但是事实是最大的威吓者，他们粉红色的梦能够继续到几时呢。

爱是给与，不是酬报。中国的结婚却还是贸易，这其间真差得太远了。

［附记］　近来阅蔼理斯的《性的心理研究》第五卷《色情的象征》，第六章中引法国泰耳特（G. Tarde）的论文《病的恋爱》，有这几句话：“我们在和一个女人恋爱以前，要费许多时光；我们必须等候，看出那些节目，使我们注意，喜悦，而且使我们因此掩过别的不快之点。不过在正则的恋爱上，那些节目很多而且常变。恋爱的贞义无非是一种环绕着情人的航行，一种探险的航行而永远得着新的发见。最诚实的爱人，不会两天接续的同样的爱着一个女人。”他的话虽似新奇，却与《爱的创作》之说可以互相参证。编订时追记。

【钟校】

① 1923. 7. 15 刊《晨报副镌》。

梦[1]

◇1923.7.15

◇自己的园地

须莱纳尔女士（Olive Schreiner）于一八五九年生在南非，父亲是德国教士，母亲是英国人。一八八二年她到伦敦去，接续的把《非洲田家的故事》（*Story of an African Farm*）和《梦》（*Dreams*）两部著作付刊，在读书界上得到不少的声名。一八九四年她和克朗拉德（S. G. Cronwight）结婚，以后就住在南非。她的丈夫和长兄都是政治家，她也参与政治问题，尽力消弭英非两者之间的恶感。一八九九年她在一篇论文里说，“我们千百的男女都爱英国的，原都愿意把生命献给他；但是如去打倒一个为自由而战的南非人民，我们宁可把右手放到火里去，直至他只剩了一支焦黑的骨。”但这一年里，战争终于发生了，她在回家去的路上为英军所捕，监禁在一个小村里，这时候她家所在的约翰堡被英军攻落，家财抢劫一空，她费了十二年工夫写成的一部女性问题研究的稿本也被英兵烧毁了。她在幽囚中，把书中《寄生论》这部分，就所记忆的陆续写下，共成六章，这就是一九一一年所发刊，世间尊为妇女问题之圣书的《妇女与劳动》（*Woman and Labour*）的原稿。此书出后，她的声名遂遍于全世界，与美国纪尔曼（Gilman）夫人齐名，成为最进步的妇女经济论者之一人了。

《梦》是一八八三年所刊行的小说集，共十一篇，都是比喻（Allegoria）体，仿佛《天路历程》一流，文体很是简朴，是仿《新旧约书》的：这些地方在现代读者看来，或者要嫌他陈旧也未可知。但是形式即使似乎陈旧，其思想却是现在还是再新不过的。我们对于文学的要求，在能解释人生，一切流别统是枝叶：所以写人生的全体，如莫泊商（Maupassant）的《一生》之写实，或如安特来夫（Andreiev）的《人的一生》之神秘，均无不可；又或如蔼覃（F. van Eeden）的《小约翰》及穆德林克（Maeterlinck）的《青鸟》之象征譬喻，也是可以的。还有一层，文章的风格与著者的心情有密切的关系，出于自然的要求，容不得一点勉强。须莱纳尔在《妇女与劳动》的序上说：

在原本平常的议论之外，（按这是说那烧失的一部原稿，）每章里我都加入一篇以上的比喻；因为用了议论体的散文去明瞭的说出抽象思想，虽然很是容易，但是要表现因这些思想而引起的情绪，我却非用了别的形式不能恰好的表出了。

小说集里的一篇《沙漠间的三个梦》据说即是从那原稿中抽出的，是那部大著的唯一的幸存的鳞片。我们把《妇女与劳动》里的文章与《梦》比较的读起来，也可以看出许多类似。头两章描写历代妇女生活的变迁，饶有小说趣味。全书结末处说：

我们常在梦中听见那关闭最后一个娼楼的锁声，购买女人身体灵魂的最后一个金钱的丁当声，人为地圈禁女人的活动，使她与男子分开的最后一堵墙壁的坍倒声；我们常想像两性的爱最初是一条鲁钝缓慢爬行的虫，其次是一个昏沉泥土似的蛹，末后是一匹翅膀完具的飞虫，在未来之阳光中辉耀。

我们今日溯着人生的急流努力扳桨的时候，远望河上，在不辨边际的地方，通过了从河岸起来的烟雾中间，见有一缕明亮的黄金色之光，那岂只是我们盼望久的眼睛昏花所致，使我们见这样的景象么？这岂只是眼的错觉，使我们更轻松的握住我们的桨，更低曲的弯我们的背，虽然我们熟知在船到那里之前，当早已有别人的手来替握这桨，代把这舵了。这岂只是一个梦么？

古代迦勒底的先知曾经见过远在过去的伊甸乐园的幻景。所梦见的是，直到女人吃了智慧之果并且也给男子吃了为止，女人与男人曾经共同生活在欢喜与友爱之中；后来两人被驱逐出来，在世上漂泊，在悲苦之中辛劳，因为他们吃了果子了。

我们也有我们之乐园的梦，但是这却是远在将来。我们梦见女人将与男人同吃智慧之果，相并而行，互握着手，经过许多辛苦与劳作的岁月以后，他们将在自己的周围建起一坐比那迦勒底人所梦见的更为华贵的伊甸，用了他们自己的劳力所建造，用了他们自己的友爱所美化的伊甸。

在他的默示里，有一个人曾经见了新的天与新的地。我们正看见一个新的地，但在其中是充满着同伴之爱与同工之爱。

这一节话很足以供读《梦》的人的参证。著者写这两种书，似乎其间没有截然不同的态度，抒情之中常含义理，说理的时候又常见感情迸跃发而为诗。她在

《妇女与劳动》序里声明艺术的缺乏，以为“这些没有什么关系”，但她的著作实在没有一篇不具艺术。正如惠林顿女士（Amy Wellington）所说：

> 通观她著作全体，包含政治或论辩的文章在内，在她感动了的时候，她便画出思想来；同她的《艺术家的秘密》里的艺术家一样，她从人生的跳着的心里取到她脑中图画的灼热的色彩。

她这文艺的价值或者还未为职业的批评家所公认，唯据法国洛理蔼（F. Loliee）在《比较文学史》说：

> 诃耳士（W. D. Howells）与詹谟思（Henry James）都是十九世纪末二十世纪初最好的英文小说的作者；我们又加上南非洲有才能的小说家，专为被虐的人民奋斗的选手须莱纳尔，新时代的光荣的题名录就完全了。

我们从这里，可以大约知道这女著作家应得的荣誉了。

（一九二三年七月十五日）

【钟校】

① 1923. 7. 21 刊《晨报副镌》。

关于儿童的书[①]

◇1923.8

◇谈虎集

我的一个男孩，从第一号起阅看《儿童世界》和《小朋友》，不曾间断。我曾问他喜欢那一样，他说更喜欢《小朋友》，因为去年内《儿童世界》的倾向稍近于文学的，《小朋友》却稍近于儿童的。

到了今年这些书似乎都衰弱了，不过我以为小孩看了即使得不到好处，总还不至于有害。但是近来见到《小朋友》第七十期“提倡国货号”，便忍不住要说一句话，——我觉得这不是儿童的书了。无论这种议论怎样时髦，怎样得庸众的欢迎，我以儿童的父兄的资格，总反对把一时的政治意见注入到幼稚的头脑里去。

我们对于教育的希望是把儿童养成一个正当的“人”，而现在的教育却想把他做成一个忠顺的国民，这是极大的谬误。罗素在《教育自由主义》一文上，说得很是透彻；威尔士之改编世界历史，也是这个意思，想矫正自己中心的历史观念。日本文学家秋田雨雀曾说，日本学校的历史地理尤其是修身的教训都是颠倒的，所以他的一个女儿只在家里受教育，因为没有可进的正当的学校。画家木村君也说他幼年在学校所受的偏谬的思想，到二十岁后费了许多苦功才得把他洗净。其实，中国也何尝不如此，只是少有人出来明白的反对罢了。去年为什么事对外“示威运动”，许多小学生在大雨中拖泥带水的走，虽然不是自己的小孩，我看了不禁伤心，想到那些主任教员真可以当得“贼夫人之子”的评语。小孩长大时，因了自主的判断，要去冒险舍生，别人没有什么话说，但是这样的糟蹋[②]，可以说是惨无人道了。我因此想起中古的儿童十字军来；在我的心里，这卫道的“儿童杀戮”实在与希律王治下的“婴儿杀戮”没有什么差别。这是我所遇见的最不愉快的情景之一。三年前，我在《晨报》上看见傅孟真君欧洲通信《疯狂的法兰西》后，曾发表一篇杂感叫《国荣与国耻》，其第五节似乎在现今也还有意义，重录于下：

> 中国正在提倡国耻教育，我以小学生的父兄的资格，正式的表示反对。我们期望教育者授与学生

> 智识的根本，启发他们活动的能力，至于政治上的主义，让他们知力完足的时候自己去选择。我们期望教育者能够替我们造就各个完成的个人，同时也就是世界社会的好分子，不期望他为贩猪仔的人，将我们子弟贩去做那颇仑们的忠臣，葬到凯旋门下去！国家主义的教育者乘小孩们脑力柔弱没有主意的时候，用各种手段牢笼他们，使变成他的喽啰，这实在是诈欺与诱拐，与老鸨之教练幼妓何异。……

总之我很反对学校把政治上的偏见注入于小学儿童，我更反对儿童文学的书报也来提倡这些事。以前见北京的《儿童报》有过什么国耻号，我就觉得有点疑惑，现在《小朋友》又大吹大擂的出国货号，我读了那篇宣言，真不解**这些既非儿童的复非文学的东西在什么地方有给小朋友看的价值**。在我不知道编辑的甘苦的人看来，可以讲给儿童听的故事真是无穷无尽，就是一千一夜也说不完，不过须用理知与想象串合起来，不是只凭空的说几句感情话便可成文罢了。鹿豹的颈子为什么这样长，可以讲一篇事物起原的童话，也可以讲一篇进化论的自然故事；火从那里来，可以讲神话上的燧人，也可以讲人类学上的火食起原。说到文化史里的材料，几乎与自然史同样的丰富，只等人去采用。我相信精魂信仰（Animism）与王帝起源等事尽可做成上好的故事，使儿童得到趣味与实益，比讲那些政治外交经济上的无用的话不知道要好几十倍。这并不是武断的话，只要问小孩自己便好：我曾问小孩这些书好不好看，他说，“我不很要看，——因为题目看不懂，没趣味。譬如题目是‘熊和老鼠’或‘公鸡偷鸡蛋’，我就欢喜看。现在这些多不知说的是什么！”编者或者要归咎于父师之没有爱国的教练，也未尝不可，但我相信普通的小孩当然对于国货仇货没有什么趣味，却是喜欢管“公鸡偷鸡卵”等闲事的。要提倡那些大道理，我们本来也不好怎么反对，但须登在“国民世界”或“小爱国者”上面，不能说这是儿童的书了。

在儿童不被承认，更不被理解的中国，期望有什么为儿童的文学，原是很无把握的事情，失望倒是当然的。儿童的身体还没有安全的保障，那里说得到精神？不过我们总空想能够替小朋友们尽一点力，给他们应得的权利的一小部分。我希望有十个弄科学，哲学，文学，美术，人类学，儿童心理，精神分析诸学，理解而又爱儿童的人，合办一种为儿童的定期刊，那么儿童即使难得正当的学校，也还有适宜的花园可以逍遥。大抵做这样事，书铺和学会不如私人集合更有希望；这是我的推想，但相信也是实在的情形，因为少数人比较的能够保持理性的清明，不至于容易的被裹到群众运动的涡卷里去。我要说明一句，群众运动有时在实际上无论怎样重要，但于儿童的文学没有什么价值，不但无益而且还是有害。

在理想的儿童的书未曾出世的期间，我的第二个希望是现在的儿童杂志一年里请少出几个政治外交经济的专号。（一九二三年八月）

【钟校】

① 1923. 8. 17 刊《晨报副镌》，题《儿童的书二》。

②“糟蹋”，原作“糟塌”。

读纺轮的故事[①]

◇1923. 11

◇雨天的书

孟代（Catulle Mendes）是法国高蹈派的一个诗人。据汤谟孙说：

> 他有长的金发，黄胡须，好像一个少年犹太博士。他有青春与美与奇才。……他写珍异的诗，恍忽的，逸乐的，昏呓地恶的，——因为在他那里有着元始的罪的斑痕。他用了从朗赛尔集里采来的异调古韵做诗，他写交错叶韵的萨福式的歌，他预示今日诗人的暧昧而且异教的神秘主义，他歌亲嘴，与乳，——总是亲嘴，正如人可以不吃食而尽读食单。

颓废派大师波特来耳见他说道，“我爱这个少年，——他有着所有的缺点。”圣白甫且惊且喜，批评他道，“蜜与毒。”

这样的就是《纺轮的故事》的著者。——有许多字面，在法里赛人觉得是很坏的贬辞，在现代思想上有时正是相反，所以就上文看来可以想到孟代是近来的一个很有意思的诗人了。《纺轮的故事》虽然不是他的代表著作，却也很有他的特色。我们看到孟代的这部书，不禁联想起王尔德的那两卷童话。我们虽然也爱好《石榴之家》，但觉得还不及这册书的有趣味，因为王尔德在那里有时还要野狐禅的说法，孟代却是老实的说他的撒但的格言。这种例颇多，我所最喜欢的是那《两枝雏菊》，他写冷德莱的享乐生活道：

> 的确，他生活的目的是在找一个尝遍人生的趣味的方法。他看见什么便要，他要什么便有。每日，每时，雏菊失却一片花瓣；那和风没有时间去吹拂玫瑰的枝儿，他所有的功夫都用在飘散仙子送与冷德莱的花瓣上去了。

这是对于生之快乐的怎样热烈的寻求，正如王尔德的“把灵魂底真珠投进酒杯中，在笛音里踏着莲馨花的花径”一样，不过王尔德童话里不曾表出；两者的文章都很美妙，但孟代的教训更是老实，不是为儿童而是“为青年男女”（Virginibus Pueisqne）的，这是他的所以别有趣味的地方。

孟代当初与玩蜥蜴念汉文的戈谛亚结婚，不久分离了，以后便是他的无穷的恋爱的冒险。他“也许将花瓣掷得太快了”，毫不经心地将他的青春耗废，原是不足为训的。但是，比较“完全不曾有过青春期的回想”，他的生活却是好的多了。本来生活之艺术并不在禁欲也不在耽溺，在于二者之互相支拄，欲取复拒，欲拒复取，造成旋律的人生，决不以一直线的进行为贵。耽溺是生活的基本，不是可以蔑视的，只是需要一种节制；这便是禁欲主义的用处，唯其功用在于因此而能得到更完全的满足；离开了这个目的，他自身就别无价值。在葡萄熟的时候，我们应该拿葡萄来吃，只不可吃的太多至于恶心，我们有时停止，使得下次吃时更为——或者至少也同样的甘美。但是在葡萄时节，不必强要禁戒，留到后日吃干葡萄，那是很了然的了。

我怕敢提倡孟代的主张，因为中国有人把雏菊珍藏成灰，或者整朵的踏碎，却绝少知道一片片的利用花瓣的人，所以不容易得人的欢迎，然而因此也就没有什么危险。孟代的甜味里或是确有点毒性，不过于现代的青年不会发生什么效果，因为传统的抗毒质已经太深了，虽然我是还希望这毒能有一点反应。

（十二年十一月[②]）

【钟校】

① 1923. 11. 10 刊《晨报副镌》。

②“十二年十一月”，“十一月”原作“十二月”。

读欲海回狂[1]

◇1924.2

◇雨天的书

我读《欲海回狂》的历史真是说来话长。第一次见这本书是在民国元年，在浙江教育司里范古农先生的案头。我坐在范先生的背后，虽然每日望见写着许多墨笔题词的部面，却总不曾起什么好奇心，想借来一看。第二次是三年前的春天，在西城的医院里养病，因为与经典流通处相距不远，便买了些小乘经和杂书来消遣，其中一本是那《欲海回狂》。第三次的因缘是最奇了，去年甘肃杨汉公因高张结婚事件大肆攻击，其中说及某公寄《欲海回狂》与高君，令其忏悔。我想到那些谬人的思想根据或者便在这本善书内，所以想拿出来检查一番，但因别的事情终于搁下了，直到现在才能做到，不过对于前回事件已经没有什么兴趣，所以只是略说我的感想罢了。

我常想，做戒淫书的人与做淫书的人都多少有点色情狂。这句话当然要为信奉“《安士全书》的人生观”的人们所骂，其实却是真的。即如书中“总劝”一节里的四六文云，“遇娇姿于道左[②]，目注千番；逢丽色于闺帘，肠回百转”，就是艳词，可以放进《游仙窟》里去。平心而论，周安士居士的这部书总可以算是戒淫书中之“白眉”，因为他能够说的彻底。卷一中云，“芙蓉白面，须知带肉骷髅；美貌红妆，不过蒙衣漏厕”，即是他的中心要义，虽然这并非他的新发见，但根据这个来说戒淫总是他的创见了。所以三卷书中最精粹的是中卷“受持篇”里“经要门”以下的几章，而尤以“不净观”一章为最要。我读了最感趣味的，也便是这一部分。

我要干脆的声明，我是极反对“不净观”的。为什么现在却对于它这样的感着趣味呢？这便因为我觉得“不净观”是古代的性教育。虽然他所走的是倒路，但到底是一种性教育，与儒教之密藏与严禁的办法不同。下卷“决疑论”中云：

男女之道，人之大欲存焉。欲火动时，勃然难遏，纵刀锯在前，鼎镬随后，犹图侥幸于万一，若独藉往圣微词，令彼一片淫心冰消雪解，此万万不可得之数也。且夫理之可以劝导世人助扬王化者，莫如因果之说矣；独至淫心乍发，虽目击现在因果，终不能断其爱根，唯有不净二字可以绝之，所谓禁得十分不如淡得一分也。论戒淫者，断以不净观为宗矣。

很能明白的说出它的性质。印度人的思想似乎处处要比中国空灵奇特，所以能在科学不发达的时代发明一种特殊的性教育，想从根本上除掉爱欲，虽然今日看来原是倒行逆施，但是总值得佩服的了。

现在的性教育的正宗却是“净观”，正是“不净观”的反面。我们真不懂为什么一个人要把自己看做一袋粪，把自己的汗唾精血看的很是污秽？倘若真是这样想，实在应当用一把净火将自身焚化了才对。既然要生存在世间，对于这个肉体当然不能不先是认，此外关于这肉体的现象与需要自然也就不能有什么拒绝。周安士知道人之大欲不是圣贤教训或因果劝戒所能防止，于是想用“不净观”来抵御它；“不净观”虽以生理为本，但是太挠曲了，几乎与事实相背，其结果亦只成为一种教训，务阻塞而非疏通：凡是人欲，如不事疏通而妄去阻塞，终于是不行的。净观的性教育则是认人生，是认生之一切欲求，使人关于两性的事实有正确的知识，再加以高尚的趣味之修养，庶几可以有效。但这疏导的正路只能为顺遂的人生作一种预备，仍不能使人厌弃爱欲，因为这是人生不可能的事。

《欲海回狂》——佛教的“不净观”的通俗教科书[③]——在有常识的人看了是很有趣味的书，但当作劝世的书却是有害的。象杨汉公辈可以不必论矣，即是平常的青年，倘若受了这种禁欲思想的影响，于他的生活上难免种下不好的因，因为性的不净思想是两性关系的最大的敌，而“不净观”实为这种思想的基本。儒教轻蔑女子，还只是根据经验，佛教则根据生理而加以宗教的解释，更为无理，与道教之以女子为鼎器相比，其流弊不相上下。我想尊重出家的和尚，但是见了主张“有生即是错误”而贪恋名利，标榜良知而肆意胡说的居士儒者，不禁发生不快之感，对于他们的圣典也不免怀有反感，这或者是我之所以不能公平的评估这本善书的原因罢。（十三年二月）

【钟校】

① 1924.2.16 刊《晨报副镌》。《欲海回狂》，清代周安士著。

②“遇娇姿于道左”，“娇”原作“骄”。

③ 原注：佛教本来只是婆罗门教的改良，这种不净观大约也是从外道取来，如萨克谛教徒的观念女根瑜尼，似即可转变为《禅秘要经》中的诸法。不过这单是外行人的一种推测，顺便说及罢了。

读京华碧血录[①]

◇1924.4

◇雨天的书

《京华碧血录》是我所见林琴南先生最新刊的小说。我久不读林先生的古文译本，他的所有“创作”却都见过。这本书序上写的是“壬子长至”，但出版在于十二年后，我看见时又在出版后两三个月了。书中写邴生刘女的因缘，不脱才子佳人的旧套。梅儿是一个三从四德的木偶人，倒也算了，邴仲光文武全才，亦儒亦侠，乃是文素臣铁公子一流人物，看了更觉得有点难过。不过我在这里并不想来攻击这书的缺点，因为林先生的著作本是旧派，这些缺点可以说是当然的；现在我所要说的是此书中的好处。

《碧血录》全书五十三章，我所觉得好的是第十九至第廿四这五章记述庚子拳匪在京城杀人的文章。

我向来是神经衰弱的，怕听那些凶残的故事，但有时却又病理地想去打听，找些战乱的纪载来看。最初见到的是明季稗史里的《扬州十日记》，其次是李小池[②]的《思痛记》，使我知道清初及洪杨时情形的一斑。《寄园寄所寄》中故事大抵都已忘却，唯张勋战败的那年秋天，伏处寓中，借《知不足斋丛书》消遣，见到《曲洧旧闻》（?）里一条因子巷缘起的传说，还是记得，正如安特来夫的《小人物的自白》里的恶梦，使人长久不得宁贴。关于拳匪的事我也极想知道一点，可惜不易找到，只有在阑陀的《在北京的联军》两卷中看见一部分，但中国的记载终于没有。《驴背集》等书记的大略，没有什么用处。专门研究庚子史实的人当然有些材料，我只是随便看看，所以见闻如此浅陋。林先生在这寥寥十五页里记了好些义和拳的轶事，颇能写出他们的愚蠢与凶残来。外国人的所见自然偏重自己的一方面，中国人又多“家丑不可外扬”的意思，不大愿意记自相残杀的情形。林先生的思想虽然旧，在这一点上却很明白，他知道拳匪的两样坏处，所以他写的虽然简略，却能抉出这次国民运动的真相来了。

以上是两个月前所写，到了现在，又找了出来，想续写下去，时势却已大变，再要批评拳匪似乎不免有点不稳便，因为他们的义民的称号不久将由国民给他恢复了。本来在现今的世界排外不能算是什么恶德，“以直报怨”我觉得原是可以的，不过就是盗亦有道，所以排外也自有正当的方法，像凯末尔的击破外敌改组政府的办法即是好例。中国人如图自卫，提倡军国主义，预备练成义勇的军队与外国抵抗，我虽不代为鼓吹，却也还可以赞同，因为这还不失为一种办法。至如拳匪那样，想借符咒的力量灭尽洋人，一面对于本国人大加残杀，终是匪的行为，够不上排外的资格。记心不好的中国人忘了他们残民以逞的事情，只同情于“扶清灭洋”的旗号，于是把他们的名誉逐渐提高，不久恐要在太平天国之上。现在的青年正不妨“卧薪尝胆”地修炼武功，练习机关枪准备对打，发明“死光”准备对照，似大可不必回首去寻大师兄的法宝。我不相信中国会起第二次的义和拳，如帝国主义的狂徒所说；但我觉得精神上的义和拳是可以有的，如没有具体的办法，只在纸上写些“杀妖杀妖”或“赶走直脚鬼”等语聊以快意，即是“口中念念有词”的变相；又对于异己者加以许多“洋狗洋奴”的称号，痛加骂詈，即是搜杀二毛子的老法子；他的结果是于“夷人”并无重大的损害，只落得一场骚扰，使这奄奄一息的中国的元气更加损伤。我不承认若何重大的赔款足以阻止国民正当的自卫抵抗心之发达，但是愚蠢与凶残之一时的横行乃是最酷烈的果报，其贻害于后世者比敌国的任何种惩创尤为重大。我之反对拳匪以此，赞成六年前陈独秀先生的反对拆毁克林德碑与林琴南先生的《碧血录》里的意见者亦以此，——现在陈林二先生的态度，不知有无变化，我则还是如此。

虽然时常有青年说我的意见太是偏激，我自己却觉得很有顽固的倾向，似乎对于林琴南辜汤生诸先生的意思比对于现代青年的还理解得多一点，这足以表明我们的思想已是所谓属于过去的了。但是我又有时觉得现代青年们似乎比我们更多有传统的精神，更是完全的中国人，到底不知道是怎么一回事。上边所说的话，我仔细看过，仿佛比他们旧，然而仿佛也比他们新，——其实这正是难怪，因为在这一点上陈独秀林琴南两先生恰巧是同意也。　　　（甲子四月下旬）

【钟校】

① 1924.6.2 刊《晨报副镌》。《京华碧血录》，林纾著，1913 年北京平报社印行。

②“李小池”，原作“李小圭”。

文法之趣味[1]

◇1925. 3. 31

◇雨天的书

我对于文法书有一种特殊的趣味。有一时曾拿了文法消遣，仿佛是小说一样，并不想得到什么实益，不过觉得有趣罢了。名学家培因（Alexander Bain）曾说，文法是名学的一部分，于学者极有好处，能使他头脑清晰，理解明敏，这很足以说明文法在教育上的价值。变化与结构的两部，养成分析综合的能力，声义变迁的叙说又可以引起考证的兴趣，倘若附会一点，说是学问艺术的始基也未始不可，因此我常觉得欧洲古时教育之重古典文字不是无意义的。不过那私刑似的强迫学习也很可怕，其弊害等于中国的读经；若在青年自动地于实用之上进而为学问的研究，裨益当非浅鲜，如或从别一方面为趣味的涉猎，那也是我所非常赞同的。

我的对于文法书的趣味，有一半是被严几道的《英文汉诂》所引起的。在印度读本流行的时候，他这一本书的确是旷野上的呼声，那许多页“析辞”的详细解说，同时受读者的轻蔑或惊叹。在我却受了他不少的影响，学校里发给的一本一九〇一年第四十版的“马孙”英文法，二十年来还保存在书架上，虽然别的什么机器书都已不知去向了。其次，“摩利思”的文法也购求到手：这两者都是原序中说及，他所根据的参考书。以后也还随时掇拾一两种，随意翻阅。斯威忒（Henry Sweet）的大著《新英文法》两卷虽是高深，却也给与好些快乐，至于惠忒尼（Whitney）威斯忒（West）巴斯克威耳（Baskerville）诸家学校用文法书也各有好处；他们使我过了多少愉快的时间，这是我所不能忘记的。纳思菲耳（Nesfield）的一套虽然风行一时，几乎成为英语学者的枕中鸿宝，我却一点都感不到什么趣味。他只辑录多少实用的条例，任意地解说一下，教属地的土人学话或者适用的，但是在“文化教育”上的价值可以说几乎等于零了。

这是我两年前所说的话，里边所述的有些也是二十年前的事了。但是我在现今也还没有什么大改变，我总觉得有些文法书要比本国的任何新刊小说更为有趣。我想还可以和人家赌十块钱的输赢，给我在西山租一间屋，我去住在那里，只带一本（让我们假定）英译西威耳（Siever）博士的《古英文法》去，我可以很愉快地消遣一个长夏，——虽然到下山来时自然一句都不记得了。这原是极端举例的话，若是并不赌着东道，我当然还要拣一本浅易的书。近来因为重复地患感冒，长久躲在家里觉得无聊，从书架背后抓出几册旧书来消遣，如德伦支主教（Archbishop Trench）的《文字之研究》，威克勒教授（Ernest Weekley）的《文字的故事》《姓名的故事》，斯密士（L. P. Smith）的《英国言语》（*The English Lauguage*）等，都极有兴味，很愉快地消磨了几天病里的光阴。文法的三方面中，讲字义的一部分比讲声与形的更多趣味，在“素人”看去也是更好的闲书，我愿意介绍给青年们，请他们留下第十遍看《红楼梦》的工夫翻阅这类的小书，我想可以有五成五的把握不至于使他们失望。

这几册小书里我想特别地介绍斯密士的著作。德伦支的或者出版年月未免太早一点了，威克勒的征引稍博，只有斯密士的单讲英语的发达变迁，内容简要，又价廉易得，所以似最适宜。这是《家庭大学丛书》（*Home Univ. Lib.*）之一，就是美国版也售价不出二元，英国版尤廉，不过欧战后装订很坏了。全书共小版二百五十页，内分九章，首三章述英语之起源以至成立，第四五章说造字，六至八章说言语与历史，九章说言语与思想。第五章“造字之人”里边历举好些文人制用新字或使废语复活，司各得亦其中之一，他从古民歌中采用那个“浪漫的名词 glamour（魔力，迷魂的美），此字出于 grammerye，在中古义云文法学，拉丁文研究，于是同哲学这字一样，在愚民心目中不久转变含有魔术的意味了。”（P. 120）《文字的故事》第一及十章中均有相同的记述。这虽是一件小事，但能使我们知道在一个字里会隐藏着怎样奇妙的故事。言语与历史三章述黑暗时代以后英语的发达，至于现代。末章则专论言语与思想之关系，表示文词之发生与意义之变迁皆与时代相关，以文化为背景，如读文化人类学的一部分。斯密士的书原是通俗的小册，但尽足供我们入门之用，以后尚欲研究，自有他的书目可以遵循，不是我们这样外行所能说，我的意思不过当作一本闲书介绍给读者罢了。

德伦支引爱默生（Emerson）的话说“字是化石之诗”。我想这的确是不错的，所以说字义部分的通俗文法书可以当文艺作品去读，讲声与形的方面的又可以供给稍倾于理知的人去消遣，与无事闲读《几何原本》聊以自娱一样。现在暑假不久就到，青年们拿一两本这样的书在山坳水边去读，——或与爱人共读，或与《红楼梦》夹读，也都无不可，——倒是一种消夏的妙法。有兴味的人除《文字的故事》等以外，再买ㄙㄎ一ㄊ（Skeat）或威克勒的一册小本《英语语源字典》，随便翻翻也好，可以领解一种读字典的快乐。

临了我还要表一表我的奢望，希望中国也出一本这类的小书，略说汉字的变迁，特别注重于某字最初见于何时何人何书，本意什么，到了何时变了什么意思：这不但足以引起对于文字学的兴趣，于学术前途有益，实在我们个人也想知道这种有趣味的事实。

（十四年三月末日）

【钟校】

① 1925.5 刊《语丝》25 期。

古书可读否的问题①

◇1925. 4
◇谈虎集

我以为古书绝对的可读，只要读的人是“通”的；我以为古书绝对的不可读，倘若是强迫的令读。

读思想的书如听讼，要读者去判分事理的曲直；读文艺的书如喝酒，要读者去辨别味道的清浊：这责任都在我不在它。人如没有这样判分事理辨别味道的力量，以致曲直颠倒清浊混淆，那么这毛病在他自己，便是他的智识趣味都有欠缺，还没有“通”，（广义的，并不单指文字上的作法，）不是书的不好。这样未通的人便是叫他去专看新书，——列宁，马克思，斯妥布思，爱罗先珂……也要弄出毛病来的。我们第一要紧是把自己弄“通”，随后什么书都可以读，不但不会上它的当，还可以随处得到益处。古人云，“开卷有益”，良不我欺。

或以为古书是传统的结晶，一看就要入迷，正如某君反对淫书说“一见《金瓶梅》三字就要手淫”一样，所以非深闭固拒不可。诚然，旧书或者会引起旧念，有如淫书之引起淫念，但是把这个责任推给无知的书本，未免如蔼里斯所说“把自己客观化”了，因跌倒而打石头吧？恨古书之叫人守旧，与恨淫书之败坏风化与共产社会主义之扰乱治安，都是一样的原始思想。禁书，无论禁的是那一种的什么书，总是最愚劣的办法，是小孩子，疯人，野蛮人所想的办法。

然而把人教“通”的教育，此刻在中国有么？大约大家都不敢说有。

据某君公表的通信里引《群强报》的一节新闻，说某地施行新学制，其法系废去论理心理博物英语等科目，改读四书五经。某地去此不过一天的路程，不知怎的在北京的大报上都还不见纪载，但《群强》是市民第一爱读的有信用的报，所说一定不会错的。那么，大家奉宪谕读古书的时候将到来了。然而，在这时候，我主张，大家正应该绝对地反对读古书了。

（十四年四月）

【钟校】

① 1925. 4. 5 刊《京报副刊》。

一部英国文选①

◇1925.7

◇谈龙集

《鉴赏周刊》第四期上刘真如君有一篇文章，介绍“勃洛克的《英国文学初步》”，这是应该感谢的，于中国学子很有裨益。唯刘君劝告大家“和 Palgrave 的 *Golden Treasury* 并读”，我觉得这部名诗选固然大有诵读之价值，但和《文学初步》并读还有一本更适宜的书，现在想介绍他一下：这便是华伦女士（Kate M. Warren）所编的《英文学宝库》（*A Treasury of English Literature*）。

华伦女士是伦顿大学的一个英文教师，精通古英文，勃路克在《古代英文学史序》上曾谢她为译《玛尔顿之战》（*Battle of Maldon*）这篇古诗，并编参考书目及检目。她的这部《英文学宝库》即专为《文学初步》而编的，虽然也可以分用，当作普通的文选去读。据勃路克在序论中说，有许多人希望他编这样的一部文选，与《文学初步》互相发明，但他没有工夫来做这个繁重的工作，后来由华伦女士代编，经了五年的编订试验，遂于一九〇六年出版，其中共分六编，次年又为便利学生起见，分出六册，每册价一先令。我在一九〇八年所买，就是这种版本，因为一卷本定价七先令半，这种可以分买，我便逐渐把他购来。这部书选择固佳，多收古代诗文尤为可贵，这些原本都很难得或是高价，学生不易买到，——尤其是在中国的学生，现在可以略窥一斑，实在非常便利。其第一二编专收古代及中古文学，第三编为伊里查白时代，第四编为培根至弥尔顿，第五编为德来登及颇普的古典时代，第六编为近代，唯至朋斯而止，好在十九世纪的文选佳本并不缺乏，所以她就不再编下去了。平常谈英文学的人大抵至早从绰塞（Chaucer）起首，其实现代英文虽从他发生，英文学却是继续的有千二百年的历史，前六百年的文学与后六百年的[2]可以说是同样的重要，而且因为稀见的缘故在我看来似乎更有趣味。因了勃路克的《古代英文学史》，引起我对于《贝奥武尔夫》（Beowulf 意云蜂狼，即熊，为史诗中主人公名）的兴味，好奇的去找哈利孙校订的原本。我还不能忘记七世纪的一篇收蜜蜂的咒语，其文曰（见宝库第一编第五页）：

取泥土，用你右手撒在你的右脚下，说道：

我从脚下拿来，我找到他了。

喳，土克一切物，

克恶意，克怨恨，

克人们的长舌。

用土撒蜜蜂，在他们群飞的时候，又说道：

坐下，王女，落在地上！

勿再乱飞往树林中！

你当记得我的好意，

如人们之记得食物与家。

这样的符咒或者不是什么好文学也未可知，但是我很喜欢，所以把他抄在这里。

勃路克（Stopfold A. Brooke）原是爱尔兰人，生于一八三二年，所著文学评论几种都有名。《英国文学初步》系一八七六年由伦顿麦美伦公司出版，距今已五十年，但仍是一种文学史要的佳本。华伦女士在序上这样称赞他说："二十多年以前安诺德为此特作一篇评论（见一八七九年出版《杂论集》），但即使没有这个荣誉，他也能成名，因为他能特别地混和有用与美这两种特质。"此外所著古代英文学史两种，近代英诗人评论三四种，皆是权威的论著，唯刘君所举《十八世纪英国文学》我未曾见过。

（一九二五年七月）

【钟校】

① 1925.7 刊《语丝》36 期。

②“后六百年的”,“的”原作“前”。

明译伊索寓言[①]

◇1925. 10. 4

◇自己的园地

◇第四册有《关于伊索寓言》

◇第五册有《伊索寓言》

中国翻译外国文学书不知始于何时。就我们所知道，“冷红生”的《巴黎茶花女遗事》之前曾有什么《昕夕闲谈》，当时是每期一张附在瀛寰什么的里面。这是一种铅字竹纸印的定期刊，我只见到一期，所载《昕夕闲谈》正说到乔治（?）同他的妻往什么人家去，路上她骂乔治走得太快，说“你不知道老娘脚下有鸡眼，走不快么?”这一节我很清楚的记得；那时大概是甲午（一八九四）左右，推想原本杂志的出版至少还要早十年罢。后来在东京上野图书馆见到一八四〇年在广东出版的《意拾蒙引》，才知道还有更早的文学书译本。这《意拾蒙引》就是《伊索寓言》四个字的别译，当时看过作有一个简要的解题，可惜这本笔记于移家时失落，现在只记得这是一本英汉对照的洋装书，至于左边的一面究竟还是英文或罗马字拼的汉音，也已经记不清了。

据新村出氏《南蛮广记》所说，明末也有一种伊索汉译本，特巴克耳（De Bakker）的《耶稣会士著述书志》内金尼阁（Nicoias Trlgault）项上有这样一条：

> 《况义》（伊索寓言选），西安府，一六二五年，一卷。

这一部书当时似曾通行于中国日本，但现已无存，新村氏只在巴黎图书馆见到两本抄本，详细地记在《南蛮广记》里边。金尼阁是比利时人，著书甚多，有《西儒耳目资》一书讲中国言语，东京大学曾得一本。他又为第一个见到景教碑的西洋人，时在一六二五年，与《况义》成书之年相同，而笔述的张赓似亦即发见景教碑的保罗张赓虞，觉得非常巧合。唯译文殊不高明，今将新村氏所录《况义》二则（原本共二十二则）及跋文转录于下，以见古译书面目之一斑。

> ［**《况义》一**］　一日形体交疑乱也，相告语曰，我何繁劳不休？首主思虑，察以目，听以耳，论宣以舌，吃啐以齿，挥握奔走以手足：如是，各

司形役，但彼腹中脾肚，受享晏如，胡为乎宜？遂与誓盟，勿再奉之，绝其饮食。不日肢体渐惫，莫觉其故也：首运，目瞀耳聩，舌槁齿摇，手颤足痿[②]。于是腹乃吁曰：慎勿乖哉[③]，谓予无用。夫脾源也[④]，血脉流派，全体一家；抑脾庖也，尔饔尔餐，和合饱满，具咸宁矣。

义曰：天下一体，君元首，臣为腹，其五司四肢皆民也。君疑臣曰，尔靡大官俸；愚民亦曰，厉我为。不思相养相安，物各有酬，不则相伤，无民之国无腹之体而已。

[**《况义》六**][⑤] 一犬噬肉而跑，缘木梁渡河，下顾水中肉影，又复云肉也，急贪属啖，口不能噤，而噬者倏坠。河上群儿为之拍掌大笑。

义曰：其欲逐逐，丧所怀来，尨也可使忘影哉！

[**跋《况义》后**] 余既得读张先生《况义》矣，问先生曰，况之为况何取？先生曰，盖言比也。余乃规然若失，知先生之善立言焉。凡立言者，其言粹然，其言凛然，莫不归之于中，至于多方诱劝，则比之为用居多：是故或和而庄，或宽而

密，或罕譬而喻，能使读之者迁善远罪而不自知。是故宜吾耳者十九，宜吾心者十九，且宜耳宜心者十九，至于宜耳不宜心者十不二三焉。张先生悯世人之懵懵也，西海金公口授之旨，而讽切之，须直指其意义之所在，多方开陈之，颜之曰《况义》，所称宽而密，罕譬而喻者则非耶。且夫义者宜也，义者意也，师其意矣，须知其宜，虽偶比一事，触一物，皆可得悟，况于讽说之昭昭者乎？然则余之与先生之与世人，其于所谓义一也，何必况义，何必不况义哉！后有读者取其意而悟之，其于先生立言之旨思过半矣。鹫山谢懋明跋。

［附记］　上文展转传抄，错误颇多，但无从校正，今但改正一二处明瞭笔误，此他文字句读悉仍其旧，唯换用新式标点罢了。　　（一九二五年十月四日）

【钟校】

① 1925. 10. 19 刊《语丝》49 期。

②“手颤足蹇”，“颤”原作“氈”。

③“慎勿乖哉”，“慎”字下原衍“局”字，已删。

④“夫脾源也”，“夫”原作“大”。

⑤“《况义》六”，原作“同六”。

遵主圣范①

◇1925. 10

◇自己的园地

前几天在东安市场旧书摊上见到一册洋装小本的书，名曰《遵主圣范》，拿起来一看，原来乃是 Imitatio Christi 的译本。这是一九一二年的有光纸重印本，系北京救世堂（西什库北堂）出版，前有一八七五年主教类斯田的序文。

这部《遵主圣范》是我所喜欢的一种书，（我所见的是两种英译，）虽然我不是天主教徒。我听说这是中世纪基督教思想的一部代表的著作，却没有道学家的那种严厉气，而且它的宗旨又近于神秘主义，使我们觉得很有趣味。从文学方面讲，它也是很有价值的书。据说这是妥玛肯比斯（Thomas Kempis，一三七九至一四七一）做的，他与波加屈（Giovanni Boccaccio，一三一三至一三七五）虽是生的时地不同，思想不同，但同是时代的先驱，他代表宗教改革，正如波加屈代表文艺复兴的潮流。英国人玛格纳思（Laurie Magnus）在《欧洲文学大纲》卷一上说：

> 出世主义是《遵主圣范》的最显著的特色，犹如现世主义是《十日谈》（*Decameron*）的特色。我们回顾过去，望见宗教改革已隐现在那精神的要求里，这就是引导妥玛往共生宗的僧院的原因。我们又回顾过去，从波加屈的花园里，可以望见文艺复兴已隐现在那花市情人们的决心里，在立意不屈服于黑暗与绝望，却想用尽了官能的方法[②]去反抗那一般的阴暗之计划里了。无论在南欧在北欧，目的是一样的，虽然所选的手段不同。共同的目的是忘却与修复，忘却世上一切的罪恶，修复中古人的破损心，凭了种种内面的方法。《十日谈》里的一个贵女辩解她们躲到乡间去的理由道："在那里我们可以听到鸟的歌声，看见绿的山野，海水似地动着的稻田，各色各样的树木。在那里我们又可以更广远地看见天空，这虽然对我们很是严厉，但仍有它的那永久的美；我们可以见到各种美的东西，远过于我们的那个荒凉的城墙。"正是一样，妥玛想忘却他的心的荒凉，凭了与天主的神交修复他精神的破损。

这一部中世纪的名著中国早有了汉译，这是我所很欣喜的。据类斯田主教序上所说，“其缁入中国文字者，已经数家，但非文太简奥，难使人人尽解，即语太繁俗，且多散漫，往往有晦作者之意。”可见狠早就有译本，可惜我们都不知道。单就这一八七五年本来说，也就很可珍重，计那时正是清光绪元年，距今不过整五十年，但是文学翻译的工作还未起头，就是最早的冷红生也还要在二十年后，而《遵主圣范》[4]新译已出，并且还是用“平文”写的，更是难得了。自然，《新旧约》的官话译本还要在前，译时都从宗教着眼，并不论它文艺的价值，这也是的确的，但我们无妨当它作世界文学古译本之一，加以把玩。《遵主圣范》的译文虽不能说是十分满意，然在五十年前有这样的白话文（即平文），也就很可佩服了。今抄录卷一第五章的译文于下，以见一斑。

> [论看圣书] 看圣书，不是看里头的文章，是求里头的真道；是欲得其中的益处，不是看文词的华美。看书之意与作书之意相合，方好。要把浅近热心的书与那文理高妙的书一样平心观看。你莫管作书者学问高低，只该因爱真实道理，才看这部书。不必查问是谁说的，只该留神说的是什么。

人能死，天主的真道常存[④]。不论何等人，天主皆按人施训。只因我们看书的时候，于那该轻轻放过的节目偏要多事追究，是以阻我们得其益处。要取圣书之益，该谦逊，诚实，信服，总不要想讨个博学的虚名。你该情愿领圣人们的教，缄口静听。切莫轻慢先圣之言，因为那些训言不是无缘无故就说出来的。

又如卷二第十一章《论十字圣架之御路》十四节中有这几句话：

你须真知灼见，度此暂生，当是刻刻赴死。人越死于自己，则愈活于天主。

这译语用得如何大胆而又如何苦心，虽然非支及拉耳特（Fitzgerald）的徒弟决不佩服，我却相信就是叫我们来译也想不出别的办法来的了。

末了，我又想起来了，倘若有人肯费光阴与气力，给我们编一本明以来的译书史，——不，就是一册表也好，——那是怎么可以感谢的工作呀。

［附录一］再论《遵主圣范》译本（陈垣）

阅《语丝周刊》第五十期，有《遵主圣范》一则，特将敝处所藏[⑤]此书汉译诸本，介绍于众：

（一）《轻世金书》：一六四〇年阳玛诺译，一八四八年上海重刊本。阳玛诺葡萄牙国人，一六一〇年至中国，传教北京、江南等处，后驻浙江。一六五九年卒，墓在杭州方井南。其所译著，尚有《圣经直解》《十诫直诠》《景教碑颂正诠》《天问略》等。《天问略》曾刻于《艺海珠尘》中。

此书用尚书谟诰体，与所著《圣经直解》同，其文至艰深，盖鄞人朱宗元所与润色者也。宗元为天主教信徒，顺治五年举人，康熙《鄞县志》称其博学善文[6]，所著有《拯世略说》《答客问》等，文笔酣畅，与此书体裁绝异。宗元之意，以为翻译圣经贤传，与寻常著述不同，非用尚书谟诰体不足以显其高古也，结果遂有此号称难读之《轻世金书》译本。兹录其小引如左，亦可见其译笔之一斑：

客瞥书额，讶曰："世热谫劣，人匪晻暧，佥知，先生译兹，毋乃虚营？"答曰："世谫诚然，克振拔者几！圣经云，众人竟败，灵目悉眯，鲜哉冀明厥行，讵云虚营！"几欲操觚，获笃玛大贤书，观缕厥理。若玩兹书，明悟顿启，爱欲翛发。洞世丑，曰"轻世"，且读贵若宝矿，亦曰"金书"。玩而弗斁，贫儿暴富，无庸蒐广籍也。统括四卷，若针南指，示人游世弗舛。初导兴程，冀人改愆，却旧徙新识己。次导继程，弃俗幻乐，饫道真滋，始肄默工。次又导终程，示以悟入默想，已精求精。末则论主圣体，若庀丰宴福，善士竟程，为程工报。兹四帙大意也。书理而夷奇，咀而愈味。但人攻饤餖，或宏遵诫，或强希圣，虽趣志人殊，然知玩佥裨，是书奚可少哉！昔贤历回回邦，王延观国宝，既阅群书藏，出兹书曰：“知是书耶？”贤曰：“兹乃圣教神书，王不从，焉用？”王曰：“寡人宝聚皆贵，兹书厥极，盖宝外饰，是书内饰，钦哉。”西士钻厥益曰：“人或撄疑，或罹患，罔策决脱，若应手揽书，即获决脱，厥效神哉！”又拟曰：经记昔主自空命降滋味，谓玛纳，因字教众，奇矣。其奇味虽惟一，公含诸味，人贪某味，玛纳即应，书惟一。诸德之集，自逞之抑，自诿之勖，失心之望，怠食之策，妄豫之禁，虚恐之释，恶德之阻，善德之进，灵病之神剂也。自天降临玛纳，信乎，诸会士日览，贽若神粻，是故译之。友法兹探验，灵健，蒙裨奢矣。极西阳玛诺识。

（二）《轻世金书便览》：一八四八年[⑦]吕若翰撰，一九〇五年广东重刊本。吕若翰，粤之顺德人，天主教士，以阳玛诺《轻世金书》难读，特仿《日讲书经解义》体，为之注解，词旨条达，可为阳译功臣。

（三）《遵主圣范》：一八七四年田类斯重译，一九一二年北京救世堂本。此即《语丝》第五十期所介绍之本。田类斯为味增爵会北京主教。观其自序，似《遵主圣范》译名并不始于田类斯，田不过据旧译重为删订而已。余见重庆圣家堂书目，有《遵主圣范》一种，未识为何本。此本纯用语体，比《轻世金书》易晓，故颇通行。又田序言旧译尚有《神慰奇编》，余求之十馀年，未之见。

（四）《遵主圣范》：一八九五年柏亨理重译，一九〇四年上海美华书馆本。柏亨理[8]为耶稣教士。此本即据田类斯本[9]，改语体为文体，凡田本“的”“这”“我们”等字，均易以“之”“此”“我等”。凡称天主处，均易以上帝。其自序言：

> 著此书者乃根比斯之笃玛，德国人，生于一千三百八十年，十九岁入修士院，在彼七十馀年，至九十二岁而卒。其书乃其六十一岁时所著，原文用拉低尼语，至今翻译已经六十馀种话语。今特将天主教会主教田类斯[10]所删定之本，略改数处；免门徒见之，或生阻碍。其字面有更换者，乃为使其尤易通行云。

柏亨理之意，盖以文体为比语体通行，然细审其书，文笔平凡，似无谓多此一举。

（五）《师主编》：一九〇一年蒋升译，一九〇七年上海慈母堂本。蒋升为天主教耶稣会士，其凡例称：“是书译本已有数种，或简故奇倔，难索解人；或散漫晦涩，领略为难；或辞取方言，限于一隅；今本措词清浅，冀人一目了然。”又云：“各译本题额不同，或名《轻世金书》，或名《神慰奇编》，或名《遵主圣范》，似与原本颜名不甚符合，故区而别之，颜之曰《师主编》云。”《神慰奇编》余未见，此书所讥简故奇倔似指《轻世金书》，辞取方言似指《遵主圣范》，然则散漫晦涩当指《神慰奇编》也。此译纯用文言，词句比较浅达，似视柏本为优矣，河间献县亦有刊本。

（六）《遵主圣范新编》：一九〇五年香港纳匝肋静院本。此本无译者姓名，似系将田本改译，其用语比田本更俗。重庆圣家堂书目，亦有《遵主圣范新编》，未识与此本同否。今特以《语丝》第五十期所举田译之卷一第五章译文为例，将阳译《轻世金书》、蒋译《师主编》与此本译文，并录如左，比类而观，亦可见诸家之优劣矣。

《轻世金书》译文——恒诵圣经善书

诵圣经等书，求实勿求文。主并诸圣以圣意

敷书，吾亦可以圣意诵之。图裨灵明，毋图悦听。章句或雅或俚，吾惟坦心以诵，勿曰作者何士。行文浅深，惟视其书之旨。

作者骨虽已朽，其精意偕主真训，恒留书内。主冀吾聆，不判彼此，奈人喜察超理，卒莫承裨。夫欲承之，则宜逊矣。勿怙己睿，勿以言俚而逆意，勿以理在而加损，以沽儒者名。或时值理有不决，可虚衷以问，勿遽轻古贤喻；古之贤者皆有为也，敢不钦哉。

× ×

《师主编》译文——论读圣经

人于圣经宜求者，真实也，非词章也。阅诸圣经者，宜体作者之心。吾侪于圣经，宁求实益，毋求言词之高妙。书之平易热心者，吾宜乐诵之，如诵高深者。著书者之才力或小或大[11]，无干于汝，惟爱真理之心引汝诵阅耳。汝毋究言此者何人，惟留意于所言者何理。

人固往焉，而主之真实永存。天主以多式训我，无分人之彼此。吾侪好异之心屡阻我诵阅圣经，盖当阙疑之处亦欲深知推究也。汝若欲收其益，宜谦逊纯朴忠诚而诵之，终不愿有博知之名。汝宜甘于请问，默听圣德之言，勿厌古人所设之喻，盖决非无故而设此喻也。

× ×

《遵主圣范新编》译文——读圣经看善书的正法

看圣书不要贪高妙的文法，只要想真实的道理；看圣经的意思，该当体会[12]造圣经的志向才是。总是咱们不该在圣经上找细微的言词，只该专务有益的教训。若圣经以外能彀动心的善书，不论是美妙深奥的，或是朴素无文的，都该要一样的爱看。你别误工夫，搜寻做书的是何等人，他的学问高低何如，引着你看书的只要有一个爱慕纯实道理的心才好。你也别问这话是谁说的，你只管在那话的意思留神。

人再没有个不死的，只有天主的真理，是永远不会变的。天主不论是何等人，千方百计都一齐要教诲的。但屡屡的有肯察访，肯穷究的毛病，耽搁了看圣经读书的神益。因为有该老实信从的道理，我们反倒尽力[13]要推论要细究。你要看圣书取个神益，该谦逊，该老实着信服看才是[14]，总不要图一个博学的虚名。你该情愿领圣人们的教，嘿嘿的留神听他的话[15]。就是古圣贤的俗语，你也不要嫌他，因为这些训言，都不是无缘故的说给你听的。

又《语丝》第五十期所举卷二第十二章十四节之文，今亦将诸本译文列下：

[阳译] 自视如殂，遗世伪乐，灵性始生。

[蒋译] 汝宜需死以度生，当知为确实之理；凡愈死于己者，始愈活于天主。

[新编] 你还要知道你在世上的暂生，该是一个常死；一个人越死于自己，他越活于天主。

（七）《轻世金书直解》：一九〇七年王保禄撰，一九〇九年北京刊本。王保禄为北京味增爵会士。原序不著姓名，余从《经书目录》知为王保禄撰。唯《经书目录》称此书为一九〇三年重印，而原序则末署光绪丁未秋，丁未为一九〇七年，疑目录误耳。序称此书仿《南华发覆》作[16]，《南华发覆》者，坊间《庄子》注本，本文大字，而以疏解之文作小字，纳入本文中，俾读者联贯而读之，其能免续凫断鹤削趾适屦之讥者鲜矣。然观其自序，可见田译《遵主圣范》之不能尽满人意，而后人兴反古之思。其序有曰：

《轻世金书》乃圣教神修之妙书也。明末极西耶稣会士阳玛诺译入汉文，甬上朱子宗元订正之，而字句简古，文义玄奥，非兼通西文者往往难得真解。今之浅文《遵主圣范》，即同一书也。然虽有《遵主圣范》，而人多以能读《轻世金书》为快，求为讲解者甚夥。

即其证也。又云，《遵主圣范》与现今通行之西文本相同，而《轻世金书》则与现今通行之西文本繁简迥异，疑当时所据者另为一本。今《遵主圣范》《师主编》卷三，均五十九章，而《轻世金书》卷三则六十四章。细相比勘，知第三第十五第二十七各章之下，《轻世金书》均多一章，第二十三章之下，《轻世金书》则多二章。其篇章分合不同，抑词句多寡有别，非得三百年前蜡顶文原本校之不可，是在好学君子。　　　　（一九二五年十月三十一日北京）

［附录二］三论《遵主圣范》译本（张若谷）

前读《语丝》第五十期《茶话》中《遵主圣范》一则后，我很想把别种译本也同时给诸君介绍出来，前天见《语丝》第五十三期上，陈援庵君已先我而发，做了一篇《再论〈遵主圣范〉译本》，历举《轻世金书》《师主编》等七种译本，也可以见到陈君家藏书籍的丰富了。但是，我觉得还有几种译本，为陈君等所遗漏的，现在补录在下面。

（八）[17]《遵主圣范》：此书无译者姓名，亦无印行的年代和地名，共有四本，用连史纸铅印。吾曾见其甲乙二种，（甲）卷头有“遵主圣范并言”六字，（乙）无“并言”二字，此种刻本，疑即陈君见于重庆圣字堂书目[18]的一种。惟已经再版翻印过，故微有不同处耳。译文纯用文言体裁，现录其《论善读圣经书籍》一章，以见一斑：

论善读圣经书籍（失名《遵主圣范》本）

人于圣经，宜求真理，不求华文也。看圣经者，宜体贴纪录圣经之至意也，宁求圣经益己之灵，不务言词高妙也。平易之书而能动心者，宜乐玩之便如看高妙之书也。勿厌著书者系何等人，或博学，或庸常，但汝看书宜慕其纯实之理为指引也。不宜问是何人所说，宜问所说是何理而细想之。

人易过往不能久留，惟主真实之言常在也。主可教示于人以多术，并亦不分所用以教于人者为何等人也。看圣经时每有爱查究之心，则此心能阻己受圣经之益。其经文未解之处，宜补看过[19]，定要明辨尽究者则不可得也。若欲善书有益于汝，看时宜谦宜诚宜纯朴，再不可有心求博之虚名也。汝宜欢心问人所未知之理，人宜默听圣人之言，勿厌古人之谚。盖古人之谚必有所谓，非无故而言也。

（九）《师主篇》：此书与陈君所举蒋升译本，同名异文，一九〇四年天主教耶稣会士李友兰重译，一九〇五年河间府胜世堂重印。我曾见其一九〇四年印本，“并言”后不记姓名，一九〇五年本，则“并言”后有光绪三十一年冬耶稣会后学李友兰谨识字样。译文用燕北官话，其论读圣经一章[20]如下：

论读圣经（李译《师主篇》）

一，在圣经上当求的是真理，不是文词。天主作圣经的心神，就是念圣经理当求的心神。所以我们念圣经，当求益处，不求文法。别的圣书，或话浅情深的，或辞高意奥的[21]，我们当一样念法。念圣书，但为贪求真理，至于书是谁做的，他的学问或大或小，不当介意。总而言之，这话是谁说的，你不必问；这话的意思，你当留神。

二，一总的人都有死，天主的道理常存。不论我们[22]尊卑富穷，天主用许多法子教训我们。为善念圣书，我们好事之心是一个阻当，有地方本当轻轻读过，我们反要深思明辨[23]。你愿意得益处，念圣书当谦逊，当老实，又当有信德，总不当有求名的意见。不懂得的字句，你当甘心就正，圣贤的讲解又当静听，长者的比喻更不可轻忽，因为那些比喻不是无缘无故的说出来的。

（十）《师主吟》：一八九八年蒋升（?）撰，一八九八年上海土山湾印书馆印本，一九一一年重印。此书的体裁，是“按《师主》之道，不辞不文，而为吟者也。”——见序文。吟诵经一首㉔如下：

诵经书，贵实理，毋求词采夸虚靡。耶稣群圣敷圣意，吾人诵读当如此。图裨灵明非悦听，章句罔判精与俚。作者何意莫辨别，行文浅深不之訾。奈人喜察起性旨，抛却精华取糠粃。时逢书中理未明，不肯虚衷启问齿，卒至书是书吾是吾而已！

【钟校】

① 1925.10.26刊《语丝》50期。

②“方法”,“方”原作“新”。

③《遵主圣范》,“圣”原作“义”。

④“真道常存”,“存”原作“有”，据《语丝》改。

⑤“敝处所藏”原作“敝藏所藏”。

⑥“称其博学善文”,“其”原作“有”。

⑦“一八四八年”,“一”原作“了”。

⑧“柏亨理”,“理”原作“识”。

⑨“此本即据田类斯本”,“本”原作“欲”。

⑩“田类斯”，原作“类斯田”。

⑪“或大”,“或”原作“成”。

⑫“体会”,“会”原作“合”。

⑬“尽力”,“力”原作“子”。

⑭“该谦逊，该老实着信服看才是”，原作“该谦逊老实着信服看才是”，据《语丝》改。

⑮“听他的话”，原无“的”字，今增。

⑯“此书仿《南华发覆》作”，“此书仿”原作“此仿书”。

⑰此（八）与后文中的（九）和（十），均为编者所加。

⑱“重庆圣字堂书目”，陈垣文中两处皆作“重庆圣家堂书目”。

⑲“宜补看过”，“补”原作“朴”。

⑳“其论读圣经一章”，原无“读”字，今增。

㉑“或辞高意奥的”六字据《语丝》补入。

㉒“我们”，原无“们”，今增。

㉓“深思明辨”,“辨”原作“辩”。

㉔“吟诵经一首如下”,“诵”原作“论”。

保越录①

◇1925. 10

◇自己的园地

元至正中，朱元璋麾下大将胡大海率兵攻绍兴，吕珍守城抵御，次年围解，徐勉之纪其事为《保越录》一卷。所记明兵暴行，虽出自敌人之口，当非全无根据：胡大海与杨琏真伽觉得没有什么区别。

> 敌军发掘冢墓，自理宗慈献夫人以下至官庶坟墓无不发，金玉宝器，捆载而去。其尸或贯之以水银，面皆如生，被斩戮污辱者尤甚。
>
> 城外霖雨不止，水涝泛溢敌寨，溽暑郁蒸，疫疠大作。敌军首将祈祷禹庙，南镇，不应，乃毁其像，仆窆石。

但是最有趣味的乃是这一条，记至正十九年（一三五九，是年英国文学之父 Chaucer 方二十岁）二月里一次战争的情形的。

> 庚午，敌军攻常禧门……纵横驰突，诟詈施侮。总管焦德昭、倪昶等分部接战。公（吕珍）跃马向敌军，一骑来迎。公叱曰："汝是谁？"曰："我舍命王也。"语未毕，公挥梲杈已中其颐，遂擒以还。敌军披靡。

我们读《三国志演义》《说唐》《说岳》，常看见这种情形，岂知在明初还是如此，而且又是事实。我们如说十四世纪，觉得这是中古时代，单枪匹马大战数十合是武士的常事，但说到元明便仿佛是不很远，要算是近代了，所以不免觉得有点希奇。其实这种情形在火器通行以前大约继续存在，我想在洪杨时代恐怕也还是如此罢。（个人斗殴时至今存着这个遗迹。）

【钟校】

① 1925.11.12 刊《语丝》52 期。

关于市本①

◇1925. 11. 18

◇谈龙集

《语丝》五十三期印出后，我看《小五哥的故事》的案语里“市本”二字误作“布本”，因此想到关于“市本”，想略加申说。

案语里的“市本”系用作 Chapbook 一字的译语，但市本这个名称在故乡是“古已有之”的。越中闺秀，识得些字而没有看《列女传》的力量或兴趣者，大都以读市本为消遣，《天雨花》《再生缘》《义妖传》之类均是。有喜庆的时候，古风的人家常招瞽女来“话市”，大抵是二女一男，弹琵琶洋琴，唱《双珠凤》等故事。照乡间读音称作 Woazyr，所以我写作“话市”。那些故事原本称作“市本”，但是这实在都是弹词，所以或者应作“词本”，而话市也应作“话词”，或更为合理也未可知。

Chapbook一语据说义云小贩所卖的，译作市本，字面尚可牵就，但实际上与中国的很不相同。他有韵文散文两种，内容上有历史传说故事笑话种种，而以含有滑稽分子者为最多。我所见的十八世纪散文市本集，一八八九年编印，凡一册，内计二十五种，举其有名的几种于后，可以想见其大略。

一、《杀巨人的甲克》（*Jack the Giantkiller*）

二、《惠丁顿与其猫》（*Whittington and His Cat*）

三、《蓝胡子》（*The Blue Beard*）

四、《洛宾荷德》（*Robin Hood*）

五、《浮斯德博士》（*Dr. Faustus*）

六、《倍根长老》（*Friar Bacon*）

滑稽的一类，除《王与皮匠》等有结构的故事外，有些集合而成的东西，如《徐文长》，或《呆女婿》的故事者，有这几种可为代表：

七、《脚夫汤姆朗》（*Tom Long the Carrier*）

八、《戈丹的聪明人》（*Wise Men of Gotham*）

九、《傻西门的灾难》（*Simple Simon's Misfortunes*）

这些故事的题目大抵很长，颇有古风，也颇有趣味，如第九的全题乃是——

傻西门的灾难以及他的妻玛格利的凶恶这是从结

婚后的第二天清早起头的

喔，喔，这个题目就值一个本尼，不要说里边的故事了。不过，这真是平民的文学，即使是在绅士的英国，平民的趣味总是粗俗、壮健一点，所以里边尽多违碍字样，是涉及犯禁的圈子内的，至于教人为非(照法律上是怎么说的呀?) 如《徐文长》者更是很多，而政府也并不禁止，仍让人将二十五篇编印一本，定价三先令出卖。呜呼，礼教振兴，殆终不能不推我们的华土了罢。市本中有一篇，系问答体，其名如下：

十、从壳克来的，衣服扣在背后的，爱尔兰人的妙语，系是英国汤姆与爱尔兰谛格二人的雅谈，附有谛格的教理问答，以及为山上水手时的告帮启。

今将该启译出，以见一斑，好在这个小周刊并不是专供歇私的里性的太太小姐们看的，讲话不谨慎一点，或者还不大要紧。但是倘若译得不能恰好，那么“恕我删去”二三十个字也是说不定的，大家千万原谅，因为这也是执笔政者之威权呀。

告帮启　　诸位仁人君子，请看我这个人，从一个奇异的世界，满是苦难的地狱里经过了来的，受过许多海上的，陆上的危险，现在却还活着；

你看我的手，弯曲的像鸡爪一样了，你只想一想我的那些苦辛与忧患，就知道这是没有什么奇怪了。喔，喔，喔，诸位仁人君子，我当初也是一个像样的人，有许多金，银，衣服，许多黄油，啤酒，牛肉，以及饼干。现在我什么都没有了：因为被土耳其人所掳，为西班牙人所放，在及布拉太守城六十六天，一点东西都没得吃，除了海上漂来的杂物及生的淡菜；乘船出发以后，搁浅在蛮邦海岸，落在凶恶的非洲回回的手中，我们于是被捕，被缚，用了绳，索，马锁，牛链。随后他们割，阉，把桅杆和弹丸去个净尽；你伸进手去摸一摸看，同坤造一样地光，在那杈骨旁边，除了那天然的以外什么也不见的。后来我们逃出走到亚拉伯的荒野大沙漠，我们和野驴一同生活，吃风，沙，和没有汁的菱角过日子。以后我们坐在一间破屋子里开始飘洋，在云的上头和下头乱滚，被那猛风，粗风，静风，逆风吹着，通过许多大小树林，一直到末了搁浅在沙利伯里平原，撞在一棵白菜根上把屋船碰得粉碎。现在我请求你们，诸位仁人君子，以仁济为怀，布施给我一百方牛肉，一百块黄油，以及干酪，一箱饼干，一大桶啤酒，一小桶甜酒，一桶蒲陶酒，

一块金子，一片银子，几枚一分或半分的铜元，
一瓶牛乳，一双旧裤子，袜，或皮鞋，或者一服
旱烟也好。

译完之后，叹了一口气，觉得安心不少，因为看起来还不十分违碍，而且又想到北京有些公开的图像，也都是阉割过的，大家看了绝不以为奇，（从前《改造》上的表纸图案却引起不少非议，）那么这《告帮启》里的话自然也很平常，而或者还有点官学的（academical）正派气味呢。

这篇东西写了的第二天，万羽君来谈，说及故乡的周敦夫的“平调”，潘秀女的“花调”等，便记起那些瞽女大都聚居城内的马梧桥一带，招牌上写着“三品词调”四字，因此觉得“话词”一语必须这样写，而《天雨花》等的总名也当作“词本”。上文云“市本”的名称古已有之，理当撤消，但这两个字留作Chapbook的译语，似乎也还可以用。

（一九二五年十一月十八日追记一节）

【钟校】

① 1925. 11 刊《语丝》55 期。

谈谈谈诗经

◇1925. 12

◇谈龙集

古往今来，谈《诗经》的最旧的见解大约要算《毛传》，最新的自然是当今的胡适博士了。近来偶见《艺林》第二十期，得读胡先生在武昌大学所讲的《谈谈诗经》的下半，觉得有些地方太新了，正同太旧了一样的有点不自然，这是很可惜的。我们且来谈它一谈看。

《野有死麕》胡先生说是男子勾引女子的诗，自然是对的，但他以为吉士真是打死了鹿以献女子，却未免可笑。第一章的死麕既系写实，那么第二章也应是写实，为什么“白茅纯束，有女如玉”会连在一起去“描写女子的美”呢？我想这两章的上半只是想像林野，以及鹿与白茅，顺便借了白茅的洁与美说出女子来，这种说法在原始的诗上恐怕是平常的。我们要指实一点，也只能说这是猎人家的女儿，其实已经稍嫌穿凿，似乎不能说真有白茅包裹一只鹿，是男子亲自抗来送给他的情人的。若是送礼，照中国古代以及现代野蛮的风习，也是送给他将来的丈人的。然而这篇诗里“因家庭社会环境不良”而至于使“那个怀春的女子对吉士附耳轻轻细语”，叫他慢慢来嘘[1]，则老头子之不答应已极了然，倘若男子抗了一只鹿来，那只好让她藏在绣房里独自啃了吃。喔，虽说是初民社会，这也未免不大雅观吧？

胡先生说，“《葛覃》诗是描写女工人放假急忙要归的情景”。我猜想这里胡先生是在讲笑话，不然恐怕这与“初民社会”有点不合。这首诗至迟是孔仲尼先生在世时发生的，照年月计算，当在距今二千四百几十年以前，那时恐未必有像南通州土王张四状元这样的实业家，在山东纠集股本设立工厂，制造圆丝夏布。照胡先生用社会学说诗的方法，我们所能想到的只是这样一种情状：妇女都关在家里，于家事之暇，织些布匹，以备自用或是卖钱。她们都是在家里的，所以更无所归。她们是终年劳碌的，所以没有什么放假。胡先生只见汉口有些纱厂的女工的情形，却忘记这是二千年前的诗了。倘若那时也有女工，那么我也可以说太史坐了火车采风，孔子拿着红蓝铅笔删诗了。

《嘒彼小星》一诗，胡先生说“是妓女星夜求欢的描写”，引《老残游记》里山东有窑子送铺盖上店为证。我把《小星》二章读过好几遍，终于觉不出这是送铺盖上店，虽然也不能说这是一定描写什么的。有许多东西为我所不能完全明了的，只好阙疑。我想读诗也不定要篇篇咬实这是讲什么，譬如《古诗十九首》，我们读时何尝穿求，为何对于《诗经》特别不肯放松，这岂不是还中着传统之毒么？胡先生很明白的说，《国风》中多数可以说“是男女爱情中流出来的结晶”，这就很好了，其馀有些诗意不妨由读者自己去领会，只要有一本很精确的《诗经注释》出世，给他们做帮助。“不求甚解”四字，在读文学作品有时倒还很适用的，因为甚解多不免是穿凿呵。

一人的专制与多数的专制等是一专制。守旧的固然是武断，过于求新者也容易流为别的武断。我愿引英国民间故事中“狐先生”（Mr. Fox）榜门的一行文句，以警世人：

要大胆，要大胆，但是不可太大胆！

（“狐先生”见哈忒阑著《英国童话集》第二十五页，引一八二一年 Malone 编《莎士比亚集》卷七中所述当时故事。）

（一九二五年十二月）

【钟校】

①“叫他慢慢来嚯”，“来”字上原衍“能”字，已删。

和魂汉才[①]

◇1926.1

◇自己的园地

近日又因伤风卧病，不能作事，只好看书消遣。其一是 Francis Espinasse 的《服尔德传》一本小册子，看了很有兴趣；其一是加藤咄堂的《民间信仰史》，虽有五百页，却也愉快地读完了。第六章里讲到“文化之民族化”的地方，有一节很妙的话，即儒学大家菅原道真（八四五—九〇三）曾说，“凡神国一世无穷之神妙，非他国之所得而窥知，汉土三代周公之圣经虽然可学，但其革命之国风所当深加思虑。”他曾主张所谓“和魂汉才”，这与张之洞的那个中学为体西学为用正是一样。菅原生当中国唐末，十一岁即能诗，事君尽忠，为同僚所谗毁，谪死筑紫，后人崇祀为天满神，犹中国之文昌帝君。

同书又引《桂林漫录》，云中国经典中《孟子》一书，或因主张民贵的关系，与日本神道之御意不合。故船中如载有此书，必遭覆没。明谢在杭的《五杂组[2]》亦云，“倭土亦重儒书，信佛书。凡中国之经皆以重价购之，独无《孟子》。有携此书往者，舟辄覆溺。”这自然只是一个传说，但其意义很是重大。日本的“中学为体西学为用”的主张实在要比中国更是久远强固，张之洞的格言日本在一千年前早已有了。至于以后这主张能够维持得多久，还须看将来。不过中国的国风是革命的，倘若所谓为体的中学不是革命的性质的，当然不能存立，这一点还不难解决。谜之国或者倒还是在日本。

【钟校】

① 1926. 1. 25 刊《语丝》63 期。

②“五杂组”，原作“五杂俎”。

忆的装订[1]

◇1926. 2. 14

◇谈龙集

从春台借了《忆》来看的第二天，便跑到青云阁去买了一本来，因为我很喜欢这本小诗集。现在且来谈谈他的装帧，印刷及纸张。

《忆》的内容我姑且不谈。——或者有人要疑心，这是不是对于著者有点不敬，好像客对主人说“这茶热得好”一样。但是我有我的几种理由：

第一，我不会批评，不必说早已不挂牌了；

第二，我来夸奖平伯，别人总以为是后台喝采，未必信用。

如对于平伯个人表示意见，则“我很喜欢”一句话尽够，他就已能了解我了。因此，我还是来谈装订。

这部诗集的第一点特色是，全部的诗都是著者手写的。我到底不是“问星处”，并不真是想讲相法或笔迹判断，但我觉得著者的图像及笔迹都是很能帮助了解或增加兴趣的东西。以我近来的“车旁军”的见解来讲，我还希望能用木刻才好，倘若现在还有人会刻。石印总是有点浮光掠影，墨色也总是浮薄，好像是一个个地摆在纸上，用手去一摸就要掉下来似的。我对于《忆》也不免觉得这里有点美中不足，虽然比铅印自然要有趣得多了。

第二点特色是，里边有丰子恺君的插画十八幅，这种插画在中国也是不常见的。我当初看见平伯所持画稿，觉得很有点竹久梦二的气味，虽然除另碎插绘外我只见过一本《梦二画集·春之卷》。后来见佩弦的文章，大约是丰君漫画集的题词吧，显明地说出梦二的影响。日本的漫画由鸟羽僧正（《今昔物语》著者的儿子）开山，经过锹形蕙斋，耳鸟斋，发达到现在。梦二所作除去了讽刺的意味，保留着飘逸的笔致，又特别加上艳冶的情调，所以自成一路，那种大眼睛软腰支的少女恐怕至今还蛊惑住许多人心。德法的罗忒勒克（Lautrec）与海纳（Heine）自然也有他们的精采，但我总是觉得这些人的挥洒更中我的意。中国有没有这种漫画，我们外行人不能乱说，在我却未曾见到过，因此对于丰君的画不能不感到多大的兴趣了。

第三点特色是，用的中国连史纸。中国人现在对于用纸真太不考究了，仿佛觉得只要是纸便都可以印书，无论是还魂纸或是草纸。有光纸都当做宝贝，更不必说是洋连史，这大约已经要算是 Edition de Luxe（美装本）了。我想凡平常的书用洋纸铅印，也就够了，好一点的至少非用连史纸不可，或日本的半纸，虽然我也特别喜欢那质朴坚韧的杜仲纸。但那订法[②]我觉得还不如用中国式的线装为佳，因为原来的绢线结我不知怎的觉得有点像女学生的日记本，——自然这只是我一个人的偏见罢了。

总之这诗集的装订都是很好的。小缺点也有，但不关紧要，如全部本文都没有注页数。

（十五年二月十四日，于沟沿之东）

【钟校】

① 1926.2.19 刊《京报副刊》。《忆》，俞平伯著，1925.12 朴社初版。

② “那订法”，“订”原作“钉”。

艳歌选[①]

◇1926.3

◇自己的园地

《艳歌选》初编一卷，乌有子著，日本安永五年（一七七六）刻板，现藏东京上野图书馆中。原书未得见，仅在汤朝竹山人编《小呗选》中见其一部分计二十六首，首列俗歌原本，后加汉译。凭虚氏序言云：

> 乌有先生尝游酒肆，每闻妓歌，便援笔诗之，断章别句，纵横变化，翻得而妙矣。（原系汉文，间有不妥处，今仍其旧，不加更正。）

又例言云：

> 和华相去辽远，异言殊音，翻此歌以成彼诗，斟酌增减，各适其宜，要在通情取意，不必句句而翻之，字字而译之。
>
> 　　里巷歌谣，率出于流俗儿女之口，而翻之以

成诗，自不得浑雅矣，间亦有翻难翻者，殆不免牵强焉。总是杯酒馀兴，聊自玩耳，而或人刊行于世，盖欲使幼学之徒悦而诵之，习熟通晓，乃至于诗道也。固非近时狡儿辈侏离之言[②]，自以为诗为文，锲诸梨枣，但供和俗顾笑，假使华人见之，则不知何言之比也，世人幸详焉。

日本十七八世纪是尊重汉学的时代，所以翻译俗歌也要说是诗道的梯阶，其实这位乌有先生的意思似乎不过在表示他的诗才，挖苦那些“狡儿辈”罢了。他的译诗，看上边的例言可以知道是不很“信”的，但是有几首却还译得不坏，今录于下，不过他是学绝句和子夜歌的，所以他的好处也只是汉诗的好处，至于日本俗歌的趣味则几乎不大有了。

(其一) 纵不遇良人，但愿得尺素。尺素如可得，良人似还遇。

(其二) 浓艳花满枝，枝高不可折；徒羡双飞鸟，妾心独断绝。

(其三) 春宵君不见，独对落花风：伊昔情无尽，只今欢已空。

(其四) 昔时未相值，得含眷恋情，更堪今夕别，暗淡听钟声。

(其五) 凄凉独酌酒，聊欲忘忧思；忧思不可忘，独酌难成醉[3]。

（其六）歌送东关人，舞迎西海客：为月还为花，春朝复秋夕。

（其七）门前樱正发，何事系君驹？君驹嘶且跃，花飞满庭衢。

（其八）郎意欲迎妾，妾身宁得行？行程五百里，风浪转相惊。

（其九）闺里通宵卧，拥欢何限情，任他窗外月，此夜自阴晴。

【钟校】

① 本文 1926.3.8 刊《语丝》第 69 期。

②“侏离之言”，“侏”原作“佚”。

③“独酌难成醉”，“醉”原作“酵”。

再关于伊索[①]

◇1926.3

◇自己的园地

◇第四册有《关于伊索寓言》

◇第五册有《伊索寓言》

以前在讲明译《伊索寓言》这一条里说起在一八四〇年出版的《意拾蒙引》，近阅英国约瑟雅各（Joseph Jacobs）的《伊索寓言小史》，知道关于那本《蒙引》还有一件小故事。据他引摩理斯（R. Morris）在《现代评论》（*Contemporary Review*）第三十九卷中发表的文章，云《意拾蒙引》出版后风行一时，大家都津津乐道，后来为一个大官所知，他说道，“这里一定是说着我们！”遂命令将这部寓言列入违碍书目中。这个故事颇有趣味，虽然看去好像不是事实。《意拾蒙引》是一本中英（?）合璧的洋装小册，总是什么教会的附属机关发行，我们参照现在广学会的那种推销法，可以想见他的销行一定不会很广的，因此也就不容易为大官所知道，倘若不是由著者自己送上去，如凯乐思博士（Paul Carus）之进呈《支那哲学》一样。至于说官吏都爱读《意拾蒙引》，更是不能相信。西洋人看中国，总当他是《天方夜谈》中的一角土地，所以有时看得太离奇了。但这件故事里最重要的还是《意拾蒙引》曾否真被禁止这一节，可惜我们现在无从去查考。

【钟校】

① 1926.3.8 刊《语丝》69 期。

马琴日记抄[①]

◇1926.5

◇自己的园地

马琴（Bakin，一七六七至一八四八）是日本有名的旧小说家，所著小说有二百六十种，其中《南总里见八犬传》一书，共九集一百六卷，计历时二十八年始成，称为马琴最大杰作。但是我不知怎地总是不很喜欢。这个原因大约很复杂，因为我自己知道养成这个偏见的缘由就有好几种。第一，我对于历史小说没有多大敬意，虽然知道人生总有一个浪漫的时期，所以浪漫的故事也自有其生命，永远不愁没有读者。第二，马琴的教训主义令我不满意。他曾这样替他的著作辩解：

余著无用之书，将以购有用之书也。夫大声不入俚耳，稗史虽无益，寓以劝善惩恶之意则于妇孺无害，且售小说者及书画印刷装订诸工皆得以此为衣食，岂非亦属太平之馀泽耶。

这很足以代表当时流行的儒教思想，但在我看来却还不如那些“戏作者”的洒落本与滑稽本更能显出真的日本国民的豁达愉快的精神。第三，马琴自己说“余多读华人之稗史小说，择其文之巧致者而仿为之，”所以这些作品于我们华人都没有什么趣味。讲到日本的伟大小说，自有那世界无比的十世纪时的《源氏物语》。第四，以前读外骨的《山东京传》，见所记马琴背其师京传，即送葬亦不至，且为文对于京传多所诋毁，因此遂不喜马琴之为人。有这四个原因，我的反马琴热便根深蒂固地成立了。

近来在旧书店的目录上见到一本《马琴日记抄》，就写信去要了来，因为日记类是我所喜欢看的。这是飨庭篁村所编，从一八三一年以后的十四五年的日记中分类抄录，约有一百二十项，马琴晚年的生活与性情大抵可以想见，但是我仍旧觉得不能佩服，因为他是这样的一位道学家[②]。称赞他的人都说他是谨严不苟，这或者是的。随便引几条，都可以为例。

天保五年（一八三四）三月二十六日，昼饭后九半时（今午后一时）家人诣深光寺扫墓，余因长发不能参与。

按日本以前剃顶发，发长则为不祥不敬，不便外出或参与典礼。

> 天保九年闰四月十日，入夜阿百（其妻名）又对余怨怼，云将舍身。余徐谕之，七年以来吾家不治毕竟由吾不德所致，不能怨尤他人。夫妇已至七十馀岁，馀命几何，勿因无益之事多劳心力，又谕以万事皆因吾之不德所致。但彼未肯甘服，唯怨怒稍缓，旋止。女子与小人为难养，圣人且然，况吾辈凡夫，实堪愧恧。

> 天保十五年五月六日，令阿路（其寡媳名，马琴时已失明，一切著述都由她代笔）读昨夜兼次郎所留置之为永春水著《大学笑句》，玩弄经书，不堪听闻，即弃去。

《大学笑句》盖模拟《大学章句》之名，日本读音相近。

> 天保十五年六月十日，土屋桂助、岩井政之助来，致暑中问候。政之助不着裳，失礼也。

但是我的偏见觉得这种谨严殊不愉快，很有点像法利赛人的模样。从世俗的礼法说来，马琴大约不愧为严谨守礼的君子，是国家的良民，但如要当文艺道中的骑士，似乎坚定的德性而外还不可不有深厚的情与广大的心。我们读诗人一茶的日记在这些方面能够更感到满足。《七番日记》中有这样一条，照原文抄录于下，这是文化十一年（一八一四）五月的记事。

四晴，夕小雨，夜大雨，处处川出水。今夜关之契下女，于草庵欲为同枕，有障残书，关之归野尻而下女不来。

一茶在野尻村有门人关之，不能和情人相见，一茶便让他们到自己家里来会，后来关之因为有事，留下一封信，先回家去了，她却终于没有来，大约是因为大雨河水泛滥的缘故罢。一茶这种办法或者不足为训，但是寥寥几行文字怎样地能表出乖僻而富于人情味的特性来呵。岛崎藤村在《一茶旅日记》的序中说，与芭蕉、芜村等相比，一茶是和我们的时代更相近的人物，的确不错。这样说来，马琴也可以说是和我们的时代比较相远的人物，虽然他比一茶还要小四岁。

马琴本名泷泽解（Takizawa Kai），是士族出身。

【钟校】

① 本文 1926. 5. 17 刊《语丝》79 期。

②“原来他是这样的一位道学家”,“位”原作“切”。

读孟子[①]

◇1927.3
◇谈虎集

奉直隶省长教育厅令开学校着即读经，中（?）学校应读《孟子》等因，鄙人并不在直省治下，而且年长失学，并非学生，似可不必遵从功令，唯听大人先生们鼓吹圣道，表章圣经，窃思其中必有道理，故僭援中学生之例开首读孟子之书焉。其实我在私塾读《四子全书》的时候这也曾经背过，而且还能成本的背的，不过三十年来都忘记完了。现在重读，字句是旧的，意义却是新的，不，以前读时实在是不曾有意义。子舆氏到底是亚圣，他所说的话有几句的确不差，例如：

> 贼仁者谓之贼，贼义者谓之残，残贼之人谓之一夫。闻诛一夫纣矣，未闻弑君也。
>
> 君之视臣如草芥，则臣视君如寇仇。

这两句话在现今民主的中国还很有意思，不必说在君主专制时代了，虽然孟子因此在东亚未免吃了一点小小苦头，中国有一回把他老人家逐出孔庙，日本神道则禁止他的书进口，凡载有孟轲七篇的商舶便要中途覆没。现在，日本的学者们也要谈什么民本主义了，又有了夷人的汽船，不再怕海龙王了，所以《孟子》之禁也就自然解除，至于中国则他又早已回到孔庙里去了，我却忘记了这是那一朝那一年的事。

孟子又喜欢引了古书来教训当时的诸侯，不但是大胆可佩服，他的教训还是永久有价值的，至少在中华还没有变成一个像样的民国的时候。

> 《汤誓》曰，时日害丧，予及女偕亡！民欲与之偕亡，虽有台池鸟兽，岂能独乐哉？
>
> 东面而征西夷怨，南面而征北狄怨，曰，奚为后我！民望之，若大旱之望云霓也，归市者不止，耕者不变。……

这实在是现代军阀的一个最好的劝戒：孙传芳若能懂得此意，便不至于为南昌上海之许多冤鬼所挤倒了。现值当道提倡圣道，若得因此使军人政客多有读《孟子》之机会，不特功德无量，即于人民幸福国家前途亦大有裨益[②]，诚极大善举也。　　（十六年三月）

【钟校】

① 1927.3.19 刊《语丝》123 期。

② “裨益”，“裨”原作“稗”。

读本拔萃[①]

◇1927. 3. 21

◇谈龙集

阅美国亚伦教授的《第一年希腊文》，是一本很好的大学用教科书，从字母讲起，但末了便可接读克什诺封（Xenophon）的《行军记》。书中引用的文章，除文学历史外，还有欧克勒得思的三四课几何！第七十课中引美勒亚格罗思（Meleagros）诗云，

Ixon ekheis to philema，ta d'ommata，

Timarion，pur：

En esides，Kaieis；en de thiges，dedekas。

你的亲吻是黐粘，

荣子呵，你的眼睛是火：

你看过的都点着了，

你触着的都粘住了。

这是一首很好的情诗，是我所很喜欢的，虽然是亚力山大府时代的东西，不免有点纤丽。七十一课里却又有古希腊的军歌，在爱斯屈洛思（Aiskhulos = Aeschylus）的悲剧《波斯人》中，说耶稣前四百八十年时希腊人在撒拉米思海战，唱着这个军歌，原文今只录其首行：

Opaides Hellenon ite!
呵，希腊的儿郎们，去罢，
救你的祖国，
救你的妻儿，——
你父亲的诸神的住宅，
你祖先的坟墓，
奋斗，为大家奋斗！

这一篇我也以为是好的。最后我还抄一句“定理”：

Ta tou autou isa kai allelois estin isa.

据民国新教科书《几何学》第二页，现今通用译语为“等于同量之量互等。”（丁卯春分日）

【钟校】

① 1927.3.25 刊《语丝》124 期。收入《谈龙集》为《希腊的小诗二》之三。

牛山诗

◇1927.3
◇谈虎集

志明和尚作打油诗一卷，题曰《牛山四十屁》，这是我早就知道的，但是书却总未有见到，只在《履园丛话》卷二十一中看见所录的一首。

近来翻检石成金的《传家宝》，在第四集中发见了一卷《放屁诗》，原来就是志明的原本，不过经了删订，只剩了四分之三，那《履园丛话》里的一首也被删去，找不着了。我细看这一卷诗，也并不怎么古怪，只是所谓“寒山诗”之流，说些乐天的话罢了。里边也有几首做得还有意思，但据我看来总都不及《履园丛话》的一首，——其词曰：

> 春叫猫儿猫叫春，听他越叫越精神。老僧亦有猫儿意，不敢人前叫一声。

我因此想到，石成金的选择实在不大可靠，恐怕他选了一番倒反把较好的十首都删削去了。

（十六年三月）

巡礼行记[1]

◇1927. 4

◇谈龙集

得到东洋文库影印的《入唐求法巡礼行记》一部，共四卷，系日本僧圆仁撰，用汉文记唐开成会昌间（八三八——八四七）在中国时事。圆仁上人（七九四——八六四）为传教大师弟子，入唐求法，经历现今之苏皖直鲁豫秦晋七省，归国后专力于宣教行化，确立天台宗派，殁后赐谥慈觉大师。《巡礼行记》历记十年内所见闻阅历之事，其价值可与玄奘法师之印度纪行相埒，读之不特可知当时社会情形，颇有趣味，亦多可以补史乘之缺，如会昌灭法事在正史上所记均简略，今据此记可稍知其详。本书有活字本，在《佛教全书》等丛刻中，唯系大部，殊不易得，此本系据古写本影印，卷末署云：

正应四年（一二九一，元至元二十八年[②]）十月二十六日，于长乐寺坊拭老眼书写毕。……法印大和尚位遍照金刚兼胤（七十二）记之。

字体古朴，有唐人写经意，颇可喜，唯系老年之笔，故有时笔画模胡，不易判读。今择取数节转录于后，有显系脱误处已为改正，馀悉仍其旧。

（一）寿宗卿

太子詹事寿宗卿撰《涅槃经注疏》二十卷进，今上览已，焚烧经疏，敕中书门下令就宅追索草本烧焚。其敕文如左：

敕银青光禄大夫守太子詹事上柱国范阴县开国男食邑三百户寿宗卿，忝列崇班，合遵儒业，溺于邪说，是扇妖风，既开眩惑之端，全废典坟之旨，簪缨之内，颓靡何深；况非圣之言，尚宜禁斥，外方之教，安可流传；虽欲包容，恐伤风俗，宜从左官，犹谓宽恩，可任成都府尹，驰驿发遣。

太子詹事宗卿进佛教《涅槃经》中撰成《三德》廿卷，奉敕：

《大圆伊字镜略》二十卷，具已详览。佛本西戎之人，教张不生之说，孔乃中土之圣，经闻利益之言，而寿宗卿素侪士林，衣冠望族，不能敷扬孔墨，翻乃溺信浮屠，妄撰胡书，辄有轻进，况中国黎庶久染此风，诚宜共遏迷聋，使其反朴，而乃集妖妄，转惑愚人，位列朝行，岂宜自愧？其所进经，内中已焚烧讫，其草本委中书门下追索焚烧，不得传之于外。会昌三年（八四三）六月十三日下。（《巡礼行记》卷四）

（二）赵归真

道士赵归真等奏云，佛生西戎，教说不生，夫不生者只是死也，化人令归涅槃，涅槃者死也；感谈无常苦空，殊是妖怪，未涉无为长生之理。太上老君闻生中国，家乎太罗之天，逍遥无为，自然为化，飞炼仙丹[3]，服乃长生，广列神府，利益无疆。请于内禁筑起仙台，练身登霞，逍遥九天，鹿福圣寿，永保长生之乐，云云。皇帝宣依，敕令两军于内里筑仙台，高百五十尺，十月起首（案此是会昌四年），每日使左右神策军健三千人般土筑造。皇帝意切，欲得早成，每日有敕催筑。两军都虞侯把棒检校。皇帝因行见问内长官曰："把棒者何人？"长官奏曰："护军都虞侯勾当筑台。"皇帝宣曰："不要你把棒勾当，须自担土！"便□船去。后时又驾筑台所，皇帝自索弓，

无故射杀虞侯一人，无道之极也。（同上）

（三）乞粮食

从登州文登县至此，青州三四年来，蝗虫灾起，吃却五谷，官私饥穷，登州界专吃橡子为饭，客僧等经此险处，粮食难得，粟米一斗八十文，粳米一斗一百文，无粮可吃，便修状进节度制使张员外乞粮食：

日本国求法僧圆仁　请施斋粮

右圆仁等，远辞本国，访寻尺教，为请公验，未有东西，到处为家，饥情难忍，缘言音别，不能专乞，伏望仁恩，舍香积之馀供，赐异蕃之贫僧，生赐一中，今更恼乱，伏涂悚愧。谨遣弟子惟正状，谨疏。

开成五年（八四〇）三月二十五日日本国求法僧圆仁状上员外阁下，谨宣。

员外施给粳米三斗，面三斗，粟米三斗，便修状谢。

日本国求法僧圆仁谨谢

员外仁造给米面，不胜感戴，难以销谢，下情无任感愧之诚，谨奉状陈谢，不宣，谨状。

开成五年三月二十五日日本国求法僧圆仁状上员外阁下，谨宣。（同卷二）

（四）吃人

打潞府兵入他界不得，但在界首，频有敕催，怪无消息，征兵多时，都不闻征罚者何？彼兵众惊惧，捉界首牧牛儿耕田夫等送入京，妄称捉叛人来，敕赐对刀于街衢而斩三段，两军兵马围着杀之。如此送来相续不绝，兵马寻常，街里被斩尸骸满路，血流湿土为泥，看人满于道路，天子时时看来，旗枪交横辽乱。见说被送来者，不是唐叛人，但是界首牧牛耕种百姓，枉被捉来，国家兵马元来不入他界，恐王怪无事，妄捉无罪人送入京也。两军健儿每斩人了，割其眼肉吃，诸坊人皆云，今年长安人吃人。

（同卷四，案此系会昌四年事）

一九二七年四月抄。

【钟校】

① 1927. 4 刊《语丝》128 期。

②“一二九一，元至元二十八年”，“至元”原作“至正”，“二十八”原作“二十九”。

③“飞炼仙丹”，“炼”原作“练”。

香园[1]

◇1927.4

◇谈龙集

理查白登（Sir Richard Burton，一八二一——九〇）是英国近代的大旅行家，做过几任领事，后授勋爵，但他的大胆不羁却完全超出道学的绅士社会之外。据说有一回格兰斯敦讲演，大谈东方事情，大家屏息谨听，白登独起来说道，“格兰斯敦先生，我告诉你，你所说的话，都完全绝对与事实相反。”邻坐的人便将一张纸片塞在他的手里，上边写道，“勿反对格兰斯敦先生，此为从来所无。”但白登的名誉（在别方面说也可以算是不名誉）据我们看起来却更伟大地建筑在他的《一千一夜》全译与笺注上，只可惜没有钱买一部旧书来看，单是闻名罢了。亚拉伯有这一部奇书，是世界故事的大观；波斯另有一部东西，也不愧为奇书，这就是蔼理斯在他的大著里时常说起的《香园》。据美国加耳佛顿著《文学上之性的表现》（*Calverton*，*Sex expression in literature*，一九二六）说：

白登尽力于《香园》之翻译，自己说是文学工作中的最上成绩，死后却被他的妻毁掉了，她辩护这种风狂的行为说，她希望他的名誉永远无疵瑕地存在[②]。她又把白登的罗马诗人加都路思的未完译本，日记笔记一切稿件，都同《香园》烧掉，以为这是尽她贤妻的责任。白登的妻这样凶猛地毁灭贵重的文稿，其动机是以中产阶级道德为根据，而使白登去翻译像《香园》这种淫书的动机，当然是非中产阶级的了。

我在这里不禁联想到刻《素女经》等书的故叶德辉先生了。这些书，自然都是道士造出来的，里边有许多荒谬的话，但也未必没有好的部分，总不失为性学的好资料，叶氏肯大胆地公表出来，也是很可佩服的，——所可怪的是，他却是本来“翼教”的，当然是遵守中产阶级道德，这是一个很大的矛盾。不过这个谜或者也还不难明瞭，叶氏对于这些书的趣味大约只在于采补一方面，并不在于坦白地谈性的现象与爱之艺术，有如现代常识的人们所见。据京津报上所载，叶氏已在湖南被枪毙了。为什么缘故呢，我们不知道。我希望总不会是为了刻那些书的缘故罢？中国有最奇怪的现象，崇奉圣道的绅士，常有公妻（自然是公人家的）之行为，平时无人敢说，遇有变乱便难免寻仇，这是很常见的。日本的机关报《顺天时报》[3]最喜造谣，说中国某处公妻，却不知中国老百姓是最不愿公妻的，决不会发生这种运动，只有绅士与大兵有时要试他一试，结果常常是可怕的反动，古语所谓民变，前年河南红枪会之屠杀陕军，即是明证，别处地方之迫害绅士也多少与这个有关。在中国的日本报专以造谣为事，本来不值得计较，只是因叶德辉的事连带说及，并非破工夫和他对说，要请读者原谅。

【钟校】

① 1927. 4. 30 刊《语丝》126 期。

②“永远无疵瑕地存在”，“地”字下原衍“的”字，已删。

③“日本的机关报《顺天时报》”，“机关报”原无“报”字，今增。

再谈香园[①]

◇1927.8
◇谈龙集

我前曾说起亚拉伯的奇书《香园》，近日子无意中得到一本。蔼理斯在《性心理之研究》第六册五一三页上说：

> 一经受了基督教底禁欲主义底洗礼以后，爱情便不再是，如同在古代一样，一种急需培养的艺术，而变为一种必须诊治的病症，因此上古尊崇爱底艺术之精神之承继者，不是耶教化的国家，而是回教化的地方了。奈夫苏义（Nefzaoni）底《馥郁的田园》大概是十六世纪在特尼斯（Tunis）城的一位著作家所作的，他底卷首语就很明瞭地表示给我们，爱情并不是一种疾病，感谢神，他把男子底最大的愉快放在女人的身上，

并且使女人能够从男子底身上获得最大的快乐。

（采用汉译《爱底艺术》十三页译文，但文字上略有改动，卷首语查原书说的非常率直，比蔼理斯所引还要直说，现在索性改得含混一点了。）

我所有的这一本书，题名《怡神的香园》，奈夫札威上人（Shaykh Nafzawi）原著，全书凡二十一章，这是三卷中之第一卷，仅有首三章，及序文一百十一页。第一章论女人所珍赏的男子，第二章论男子所爱重的女人，第三章论为女人所轻蔑的男子，各以《一千一夜》式的故事申明之。卷首译者引理查白登语曰："这不是给婴孩看的书。"此书在欧洲出版皆非公开，唯照我们的眼光看去，其故事之描写虽颇直率，在中国旧小说中并非希有，故亦不足惊奇，但与中国淫书有一相差极远的异点，即其态度全然不同。中国的无聊文人做出一部淫书，无论内容怎样恣肆，他在书的首尾一定要说些谎话，说本意在于阐发福善祸淫之旨，即使下意识里仍然是出于纵欲思想，表面总是劝惩，所说的也就更是支离了。奈夫札威上人的意思却在编一部恋爱的教科书，指导人应该如此而不应该如彼，他在开始说不雅驯的话之先，恭恭敬敬地要祷告一番，叫大悲大慈的神加恩于他，这的确是明澈朴实的古典精神，很是可爱的。我又曾见到一本印度讲《爱之术》（*Ars Amatoria*，用中国古语应译作房中术）的书，德人须密特所译，名为 *Das Ratirahasyam*（《欲乐秘旨》），共十五章，首论女人的种类，末列各种药方，与叶德辉所辑《素女经》等很是相像，但与中国也有一个极大的异处，就是这位“博学诗人”壳科加君（Sri Kokkoka）并不是黄帝彭祖之徒，希望白日飞升的，所以他说的只是家庭——至多也是草露间的事，并没有选鼎炼丹这种荒唐思想。我们看过这些书，觉得很有意思，不仅满足了一部分好奇心[②]，比看引用的文字更明白他的真相，又因此感到一件事实，便是中国人在东方民族中特别是落后；在上面的两个比较上可以看出中国人落在礼教与迷信的两重网里（虽然讲到底这二者都出萨满教，其实还是一个），永久跳不出来，如不赶紧加入科学的光与艺术的香去救治一下，极少解脱的希望。其次觉得有趣味的是，这些十五六世纪的亚拉伯印度的古怪书里的主张很有点与现代相合。蔼理斯在他的大著上早已说过，随后经斯妥布思女士的鼓吹，在文明社会（这当作如字讲，我并不含有一点反意）差不多都已了解，性的关系应以女性为主，这一层在那异教徒们所提倡的[③]似乎也是如此。文明社会如能多少做到这样，许多家庭与恋爱的悲剧可以减少，虽然全体的女子问题还须看那普天同愤神人不容的某种社会改革能否实现才能决定，我们此刻无须多嘴的了。

（十六年八月五日，于北京）

【钟校】

① 1927.8.13刊《语丝》144期。收入《谈龙集》时，放在《香园》篇一起作为“二”。

②“一部分好奇心”，原无“分”字，今增。

③“所提倡的”，“所”原作“他”。

读性的崇拜[①]

◇1927.8

◇谈龙集

性的崇拜之研究给我们的好处平常有两种。其一是说明宗教的起源，生物最大的问题是自己以及种族之保存，这种本能在原始时代便猛烈地表现在宗教上，而以性之具体或抽象的崇拜为中心，逐渐变化而成为各时代的宗教。普通讲性的崇拜的书大抵都注重这一点，但他有更重大的第二种好处，这便是间接地使我们知道在一切文化上性的意义是如何重要。性的迷信造成那种庄严的崇拜，也就是这性的迷信造成现在还存留着的凶狠的礼教，把女子看作天使或是恶魔都是一种感情的作用，我们只要了解性的崇拜的意思，自可举一反三，明瞭礼法之萨满教的本义了。我们宗教学的门外汉对于性的崇拜之研究觉得有趣味，有实益，可以介绍的理由，差不多就在这一点上。

张东民先生的《性的崇拜》读过一遍，觉得颇有意思。我尝想这种著作最好是译述，即如我从前看过的芝加哥医学书局出版诃华德所著的一本，虽然是三十年前的旧作，倒很是简要可读。张先生的书中第三四五这三章声明是取材于瓦尔的著作，材料颇富，但是首尾两篇里的议论有些还可斟酌，未免是美中不足。如第五页上说，“所以古人有言道：‘人之初，性本善，’这明明是说人在原初的时代，对于性之种种，本皆以为善良的。”著者虽在下文力说性质性情都脱不了性的现象之关系，以为这性字就是性交之性，其实这很明瞭地是不对的：我们姑且不论两性字样是从日本来的新名词，严几道的《英文汉诂》上还称曰男体女体，即使是宋代已有这用法，我们也决不能相信那《三字经》的著者会有卢梭似的思想。这样的解释法，正如梁任公改点《论语》，把那两句非民治思想的话点为“民可，使由之；不可，使知之”，未始不很新颖，但去事实却仍是很远的了。又第六十四页上有这一节话：

> 唯自然之律，古今一样，他们既滥用了性交的行为，自该受相当的惩罚，于是疾病流行了，罪恶产生了。为防弊杜乱起见，一辈强有力者便宣布

了种种禁令："不许奸淫"，"不许偷盗"，不许这样，不许那样……而从这些消极的禁令式的规条中，伦理和道德等制度便渐渐演成了。

关于这种制度的演成，我因为不很知道不能批评，但两性关系上的有些限制我却相信未必是这样演成的，这与其说因了"滥用"性的崇拜而发生，还不如说是根据性的崇拜之道理而造成的较为适合。我们对于性的崇拜常有一种误解，以为这崇拜与后代的宗教礼拜相差不远，其实很不一样。弗洛伊德在《图腾与太步》（勉强意译为族徽与禁制）中说及太步的意义，谓现代文明国人已没有这个观念，只有罗马的Sacer与希腊的Hagios二字略可比拟，这都训作神圣，但在原始时代这又兼有不净义，二者混在一处不可分开，大约与现代"危险"的观念有点相像，北京电杆上曾有一种揭示，文曰"摸一下可就死了！"这稍有点儿太步的意味？性的崇拜也就这么一件东西。因为它是如此神异的，所以有不可思议的功用与影响。"马蹄铁"可以辟邪，行经的妇人也就会使酒变酸；夫妇宿田间能使五谷繁茂，男女野合也就要使年成歉收：这道理原是一贯的，虽然结果好坏不同。我说"不许奸淫"不是禁止滥用性的崇拜，乃是适用性的崇拜之原理而制定的，即是为此。我们希望于性的崇拜之研究以外，还有讲性道德与婚姻制度的变迁的历史等书出来，但我也希望这是以译述为宜。又德人 H. Fehlinger 的小册《原始民族的性生活》等亦甚有益，很有可以使我们的道学家反省的地方。

（一九二七年八月）

【钟校】

① 1927. 9. 3 刊《语丝》147 期。《性的崇拜》，张东民著，1927 年北新书局出版。

读游仙窟[1]

◇1928.4

◇看云集

《游仙窟》从唐代流落在日本，过了一千多年才又回到中国来，据我所见的翻印本已经有两种了：其一是川岛标点本，由北新书局出版单行；其二是陈氏慎初堂校印本，为《古佚小说丛刊》初集的第一种。

《游仙窟》在日本有抄本刻本两种。抄本中以醍醐寺本为最古，系康永三年（一三四四）所写，大正十五年（一九二六）曾由古典保存会影印行于世，此外又有真福寺本，写于文和二年（一三五三），比康永本[2]要迟十年了。刻本最古者为庆安五年（一六五二）一卷六十五页本，有注，至元禄三年（一六九〇）翻刻，加入和文详释，析为五卷，名为《游仙窟抄》，今所常见者大抵皆此本或其翻本也。以上各本除真福寺本无印本流传外，我都见过，川岛所印即以元禄本为根据，（所用封面图案即是卷中插画之一，）经我替他用醍醐寺本校过，不过其中错误还不能免。慎初堂本在卷末注云“戊辰四月海宁陈氏依日本刻本校印”，但未说明所依的是庆安本呢还是元禄本。据我看来，陈君所用的大约是元禄本，因为有几处在庆安本都不误，只有元禄本刻错或脱落了，慎初堂本也同样地错误，可以为证。

一页下一行	触事早微	卑
二页上六行	□久更深	夜
十页上九行	谁肯□相磨	重
十一下十三行	到底郎须休	即

慎初堂本还有许多字因为元禄本刻得不甚清楚，校者以意改写，反而致误，可以说是一大缺点，例如：

七页下六行	儿適换作	遞
同	太能□	生
同七行	未敢试望	承
十四下十行	馀事不思望	承
十五下三行	一臂枕头	支(抄本)
同四行	鼻里痠痹	痲

日本刻本承字多写如“樣”字的右边那样子[3]，现在校者在七页改为试字，在十四页又改作思字，有些地方（如四页下五行）又照样模刻而不改，不知有何标

准。九页下二行，男女酬应词中“一生有杏”及“谁能忍㮇”，原系双关字句，校者却直改作有幸及忍耐，未免索然兴尽。至于十三页下十六行，

数个袍袴异种妖媱，

本是四言二句，慎初堂本改作：

数个袍袴异　□种妖媱□

令人有意外之感。八页下七行，叙饮食处有“肉则龙肝凤髓”一句，肉字照例写别字作宍，刻本有点像完字的模样，慎初堂直书曰：“完则龙肝凤髓”，亦未免疏忽。此外校对错误亦复不少，举其一二，如：

二页下三行	水栖出于山头	木
八页上四行	谓性贪多	为
十五下三行	一喫一意快	啮
十六下十三行	联以当奴心	儿
十七上十六行	皆自送张郎	白

此外有些刻本的错字可以据抄本改正的，均已在川岛本照改，读者只须参照一下，即可明白。唯川岛本亦尚有不妥处，如：

三页下九行“相着未相识”：抄本作看，川岛本亦误作“着”。

四页上六行“孰成大礼”：抄本作就，川岛本改作“既”，无所依据，虽然在文义上可以讲得通，亦

应云疑当作“既”才好。

五页下九行“金钗铜镮”：抄本作“钿”，川岛本从之，但原注云女久反，可知系“钮”字之误，应照改。

同十六行“打杀无文”：抄本作“打杀无文书”，末字疑或系“書”字之误，但亦未能断定。

六页下三行“奉命不敢则从娘子不是赋古诗云”：川岛本在“不敢”下着点，疑不甚妥。察抄刻本标记句读，似应读为“敢不从命，则从娘子，不是赋（或有缺字），古诗云”，意思是说，“敢不从命。就请从娘子起头，这并不是做诗，只如古诗（?）云，断章取意，惟须得情。……”这虽然有点武断，但也并不是全无根据，正如陈君在《古佚小说丛刊》总目上所说，“此书以传抄日久之故，误字颇多”，有些还是和文的字法句法也混了进去，上边的“奉命不敢”，即其一。又四页下一行，“见宛河源道行军总管记室”，这宛字也是日本字，意思是委付，交给，不是张文成原文，不过无从替他去改正罢了。

《游仙窟》的文章有稍涉猥亵的地方，其实这也只是描写幽会的小说词曲所共通的，不算什么稀奇，倒是那些“素谜荤猜”的咏物诗等很有点儿特别。我们记起白行简的《交欢大乐赋》，觉得这类不大规矩的分子在当时文学上似乎颇有不小的势力。在中国，普通刊行的文章大都经过色厉内荏的士流之检定，所以这些痕迹在水平线上的作物上很少存留，但我们如把《大乐赋》放在这一边，又拿日本的《本朝文粹》内大江朝纲（八九四—九五七）的《男女婚姻赋》放在那一边，便可以想见这种形势。《本朝文粹》是十一世纪时日本的一部总集，是《文苑英华》似的一种正经书，朝纲还有一篇《为左丞相致吴越王书》也收在这里边。《万叶集》诗人肯引《游仙窟》的话，《文粹》里会收容“窥户无人”云云的文章，这可以说是日本人与其文章之有情味的一点。我相信这并不是什么诡辩的话。《交欢大乐赋》出在敦煌经卷之中，《游仙窟》抄本乃是“法印权大僧都宗算”所写，联想起铁山寺的和尚，我们不禁要发出微笑，但是于江户文明很有影响的五山文学的精神在这里何尝不略露端倪，这样看去我们也就不能轻轻地付之一笑了。

【钟校】

①1928.4.1刊《北新》2卷10号。

②“康永本”，原无“本”，今增。

③“右边那样子”，“右”原作“左”。

神州天子国①

◇1928. 11

◇永日集

十一月六日《读卖新闻》上登载东京万里阁书房的广告，有一册“酒井胜军谨著”的《神州天子国》，很引了我的注意。今将此节广告文译录于下，其文曰：

阐明皇统连绵二千五百八十有馀年万世一系我大日本帝国皇基之源，高唱天孙民族之世界的君临之实现决不在远的未来，本书之出现将震撼全世界欤。此超越哲学宗教科学的未曾有之卓见，深奥之研究，为四十年间前后数十回出入死地之著者之献身的毕生之著述也。际旷古之御大典，八千万同胞必读之国民读本，即此是也。

皇大神宫熊谷宫司，雾岛神宫能势宫司，山口宫中顾问官，佐藤大教正，头山满翁，题字。

本文五六二页。定价二圆五十钱。

同八日报上“批评与介绍”栏内亦有记录，文曰：

此著者说我国建国之由来，以驳现代政治之腐败，叹信仰思想之紊乱，最后痛击德谟克拉西思想之横行，力说皇基之振起之国体编也。

照这上面的文章看来，已可知道这是怎样的一册宝贝书，我虽不看他的全文，也可以学某小说里的一句话作批语：这个人如不被送到疯人院里去，将来或者要做一任文部大臣哩！不过我所奇怪的是，这是先天的，还是后天养成的呢？若是后者，那么这又是怎样养法？能够人为地养成这种奇人的教育家倒真值得褒奖，旌表，与活到一百岁及青年守寡等同样的不容易。但是，他人瓦上霜且莫管罢，现在来试问我国有没有这样的人呢？自然，“神州天子国”的书是不做了，发差不多的奇论的同志或同胞也未必没有罢？归根结底，这种超越哲学宗教科学的卓见恐怕是东亚的共产，而且日本也是从我们老牌神州输入的还说不定呢！懿欤休哉，此所以为东方文明也欤。

【钟校】

① 1928. 11. 26 刊《语丝》4 卷 46 期。

黄蔷薇[①]

◇1928

◇夜读抄

《黄蔷薇》（原文 *A Sarga Rózsa*，英译 *The Yellow Rose*），匈加利育珂摩耳（Jókai Mór）著，我的文言译小说的最后一种，于去年冬天在上海出版了。这是一九一〇年所译，一九二〇年托蔡孑民先生介绍卖给商务印书馆，在八月的日记上有这几项记事：

九日，校阅旧译《黄蔷薇》。

十日，上午往大学，寄蔡先生函，又稿一本。

十六日，晚得蔡先生函附译稿。

十七日，上午寄商务译稿一册。

十月一日，商务分馆送来《黄蔷薇》稿值六十元。

育珂摩耳——欧洲普通称他作 Dr. Maurus Jókai，因为他们看不惯匈加利人的先姓后名，但在我们似乎还是照他本来的叫法为是，——十九世纪的传奇小说大家，著书有二百馀部，由我转译成中文的此外有一部

《匈奴奇士录》，原名《神是一位》（*Egy az Isten*），英译改为 *Mids the wild Carpathians*，——《黄蔷薇》的英译者为丹福特女士（Beatrice Danford），这书的英译者是倍因[2]先生（R. Nisbet Bain）。《匈奴奇士录》上有我的戊申五月的序，大约在一九〇九年出版，是《说部丛书》里的一册。

这些旧译实在已经不值重提，现在所令我不能忘记者却是那位倍因先生，我的对于弱小奇怪的民族文学的兴味差不多全是因了他的译书而唤起的。我不知道他是什么人，但见坎勃列治大学出版的近代史中有一册《北欧》是倍因所著的，可见他是这方面的一个学者，在不列颠博物馆办事，据他的《哥萨克童话集》自序仿佛是个言语学者。这些事都没有什么关系，重要的乃是他的译书。他懂得的语言真多！北欧的三国不必说了，我有一本他所译的《安徒生童话》，他又著有《安徒生传》一巨册，据戈斯（Edmund Gosse）说是英文里唯一可凭的评传，可惜十六年前我去购求时已经绝版，得不到了。俄国的东西他有《托尔斯泰集》两册，《高尔基集》一册，《俄国童话》一册是译伯烈伟（Polevoi）的，《哥萨克童话》一册系选译古理须（Kulish）等三种辑本而成，还有一册《土耳其童话》，则转译古诺思博士（Ignacz Kunos）的匈加利语译本，又从伊思比勒斯古（Ispirescu）辑本选译罗马尼亚童话六篇，附在后面。芬兰哀禾（Juhani Aho）的小说有四篇经他译出，收在 T. Fisher Unwin 书店的《假名丛书》中，名曰《海耳曼老爷及其他》，卷头有一篇论文叙述芬兰小说发达概略，这很使我向往于乞丐诗人沛维林多（Päivärinta），可是英译本至今未见，虽然在德国的 Reclam 丛刊中早就有他小说的全译了。此外倍因翻译最多的书便是育珂摩耳的小说，——倍因在论哀禾的时候很不满意于自然主义的文学，其爱好“匈加利的司各得”之小说正是当然的，虽然这种反左拉热多是出于绅士的偏见，于文学批评上未免不适宜，但给我们介绍许多异书，引起我们的好奇心，这个功劳却也很大。在我个人，这是由于倍因，使我知道文艺上有匈加利，正如由于勃兰特思（Brandes）而知道有波兰。倍因所译育珂的小说都由伦敦书店 Jarrold and Sons 出版，这家书店似乎很热心于刊行这种异书，而且装订十分讲究，我有倍因译的《育珂短篇集》，又长篇《白蔷薇》（原文 *A Fehér Rozsa*，英译改称 *Halil the Pedlar*），及波兰洛什微支女士（Marya Rodziewicz）的小说各一册，都是六先令本，但极为精美，在小说类中殊为少见。匈加利密克扎特（Kálman Mikzsáth）小说《圣彼得的雨伞》译本，有倍因的序，波思尼亚穆拉淑微支女士（Milena Mrazovic）小说集《问讯》，亦是这书店的出版，此外又刊有奥匈人赖希博士（Emil Reich）的《匈加利文学史论》，这在戈斯所编《万国文学史丛书》中理特耳（F. Riedl）教授之译本未出以前，恐怕要算讲匈加利文学的英文书中唯一善本了。好几年前听说这位倍因先生已经死了，Jarrold and Sons 的书店不知道还开着没有，——即使开着，恐怕也不再出那样奇怪而精美可喜的书了罢？但是我总不能忘记他们。倘若教我识字的是我的先生，教我知道读书的也应该是，无论见不见过面，那么 R. Nisbet Bain 就不得不算一位，因为他教我爱好弱小民族的不见经传的作品，使我在文艺里找出一点滋味来，得到一块安息的地方，——倘若不如此，此刻我或者是在什么地方做军法官之流也说不定罢？

【钟校】

①《黄蔷薇》印行于 1927 年，文称其“于去年冬天在上海出版”，可知作文时在 1928 年。

②“倍因”原作“培英”，文中一名两歧，令统作“倍因”。

拥护达生编等[1]

◇1930.6

◇看云集

本月六日《新晨报》上登载一位瑶君先生的大文，责备北京大学的图书馆，分四点说来，洋洋洒洒，骂得极其畅快，这且按下不表。我见第三节中有这一段话，不禁有点异议，想要替那些书叫声冤枉，并且喊出拥护的口号来。原文云：

> 据发表中文方面所买的书籍，竟至有沿街地摊所摆，三小枚人犹不要的大著，赫赫在焉，买书员之不识字可知。姑举一例，如所购者有《达生编》及《戒淫宝训》，以及《太上感应篇》等类，在我个人看来，此等圣谕书籍，实无往图书馆之必要，不知他人以为如何？该书何幸，竟遇无识之徒，一游北大之高阁，斯真天下之大笑

话。有用而最普通者，反不备置，见字纸即拾，诚为善举，其弊当可想见。虽购书之款不大声呼冤，当其差者至少应于众人之前，责其赔偿后，共唾逐之。

我觉得，《达生编》等的价值未必就这样地等于零。诚然《达生编》是专讲产科的，北大既非产婆养成所，那么既非有用而亦并不普通，原也不错，至于《戒淫宝训》与《太上感应篇》乃系所谓善书，只应由道德总会等类机关印刷分送，青年新人即使接到，也就撂在一边，不然还当送进该去的地方去才对罢。但是以我个人的意见说来，却以为这大有价值，不特应该保存，而且还当着实宝重的。为什么呢？

研究中国文化，从代表的最高成绩看去固然是一种方法，但如从全体的平均成绩着眼，所见应比较地更近于真相。关于性的现象，交接，孕娠，生产，哺乳，保育，种种民间的思想与习惯，如能搜集研究，横的从地方上，纵的从年代上编成有统系的一种史志，我相信它能抓住中国文化的一面，会比《九通》之类还要多，还要精确。《达生编》即是关于生产的资料之一，只可惜它的思想太是开通一点了，不及更原始的医书之重要，这个我们还非费钱费力去搜集不可。《戒淫宝训》我未见过，不知是否《不可录》等书中所录的文章。至于《太上感应篇》，则是我素所看重的儒教化的道教之好资料之一，与文昌帝君《阴骘文》关圣帝君《觉世真经》堪称三璧。真正的中国国民思想是道教的，即萨满教的，但也混入儒佛的分子，其经典中的上列三书与《玉历钞传》就是这两派混合的成绩品。把这些成文的混合道教经典与不成文（却更为重要）的风俗礼节，广加采集，深加研究，所得结果也要比单从十三经二十四史研究出来的更能得到国民思想的真相。所以我主张要趁现在沿街地摊上还有的时候，只要能够看到，尽量地多收，留作特种重要研究的资料，如能搜到许多，另辟一个书库藏贮更佳。现在话已说了，让我来发声高呼拥护的口号：

拥护《达生编》!

拥护《戒淫宝训》与《太上感应篇》!

拥护一切圣谕书籍!

【钟校】

① 1930.6.16 刊《骆驼草》6 期。

介绍政治工作大纲[①]

◇1930.6

◇看云集

《政治工作大纲》，何容著，本年四月北平出版。洋纸六开本二四二页，定价大洋八角。

本书内容共计十章，即总理纪念周，党旗与国旗，赞礼，总理遗嘱，标语，口号，演说，军民联欢大会，党务，传单，是也。此外有绪论及后记，附录三种，卷首有“献给王得胜同志”的呈献辞，次为题词，引陈公博先生的文章里一个武装同志的话：“贴标语总要找人罢!”封面图案系“自子恺漫画中偷来”，记得是一张“病的汽车”。至于字呢，据精通掌故的人说，乃自中山先生手书的文章中集出云。

这是一本近来少有的好书，我一拿到手从头至尾看了一遍，没有一行跳过不读。是什么缘故呢？这个我实在说不出。我想，未必因为彼此是同行罢？老实说，我以前曾经有过一个计划，想编一部完全的“宣传大全”，内分天文地理时令人物等门，人物门中按照百家姓，以人为纲，划分拥护打倒两目，将某人的同一事件，依照拥打两种场合，拟成适当文句，分别登录，以备临时应用。这部大全如能编印成功，生意一定不会差，只可惜工程浩大，而且泄尽人天奥妙，恐遭造物之忌，也不很好，所以就搁下了。现在何君的《大纲》出来，略可补此缺恨，自然是很好的，但是中国有句老话，“同行嫉妒”，我既是著者的同行，又被他捷足先登，那么因此而反爱读该书，照中国的道理是不会有的了。

其次，难道是因为意见相近么？恐怕这也不见得。我平常有一种偏见，不大喜欢口号与标语，因为仿佛觉得这是东方文化的把戏，是“古已有之”的东西，玩了没有什么意思。假如相信它有实在的神力，那就有点近于符咒，或者只是根据命令，应时应节地装点，这又有点类似八股了。即使以广告论，我又是很讨厌广告的，其原因当然是一半由于商业广告之撒谎，一半则是被沿路的香烟广告——特别是画广告穷凶极恶地包围，失去了姑妄观之的忍耐性了。反过来说，我因为不喜欢符咒，八股，以及广告，所以对于标语口号也不大喜欢，或者说得更为妥当一点亦未可知。但是，假如因为自己不喜欢，看见人家有类似的意见，便五体投地的赞美他的全部著作，那也未免太感情用事，是我所极想避免的。况且，著者也并未明瞭地表示他反对的意见呢。

我称赞这本书的缘故是很简单的，便是因为它能够将政治工作的大纲简明地说给我们知道。著者是专攻“标语学”（Posterology）的同志，凡读过他批评北大三十一周纪念标语的文章的人无不知道，这回他根据了多年的经验与研究，把以标语口号为中心的各项工作有条不紊地写成一本书，的确如著者所说“自党国成立以来，这类著作似乎还不甚多见”。看官们手里如有八毛钱，想到平安去看有声电影，我劝大家不如买一本这个大纲，拿回公寓去读：你如不赞成喊口号贴标语的，读了也有意思，万一是将来要去做这些政治工作的，读了尤有用处，反正是不会叫你上当的。不过若是手里有一块六毛钱，想两个人去看电影，那么我就不好意思劝你买，因为叫人家牺牲恋爱来研究政治工作，未免有点拂人之性，所以我也只能恕不替著者硬拉买卖了。

【钟校】

① 1930.6.23 刊《骆驼草》7期。《看云集》标题原作“介绍政治工作”，但介绍的书乃是《政治工作大纲》。

杨柳风[1]

◇1930. 8. 4

◇看云集

去年冬天在一个朋友那里见到英国密伦（A. A. Milne）的著作，论文和儿歌，觉得喜欢，便也去定购了一本论文集，名叫《这没有关系》（*Not That Is Matters*，一九二八，九版）。其中有一篇《金鱼》，我拟作了一篇，几乎闯了祸，这固然是晦气，但是从这里得来的益处却也并不是没有。集里又有一篇文章，名《家常书》，乃是介绍格来亨（Kenneth Grahame）所作的《杨柳风》（*The Wind in the Willows*，一九〇八）的。关于格来亨，我简直无所知，除了华克（Hugh Walker）教授在《英国论文及其作者》中说及，"密特耳顿（Richard Middleton）的论文自有它的地位，在那里是差不多没有敌手的，除了格来亨君的几本书之外。"密特耳顿著有论文集《前天》，是讲儿童生活的，所以这里所引的格来亨大约也是他的这一类的书，如《黄金时代》等，但总不是我所想要知道的《杨柳风》，结果还只得回来听密伦的话才能明白。可是，他也不肯说得怎么明白，他说："我不来形容这书，形容是无用的。我只说这句话，这是我所谓家常书的便是。"他在上边又说："近十年来我在保荐它。我初次和生客会见常谈到这书。这是我的开场白，正如你的是关于天气的什么空话。我如起头没有说到，我就把它挤在末尾。"我听了介绍者的话，就信用了他，又去托书店定购一本格来亨的《杨柳风》。

但是我没有信用他到底，我只定了一本三先令半的，虽然明知道有沛恩（Wyndham Payne）的插画本，因为要贵三先令，所以没有要，自己也觉得很小气似的。到了上月中旬，这本书寄来了，我不禁大呼愚人不止，——我真懊悔，不该吝惜这三九两块七的钱，不买那插画本的《杨柳风》。平常或者有人觉得买洋书总是一件奢侈的事，其实我也不能常买，买了也未必全读，有些买了只是备参考用，有些实在并不怎么好，好听不中吃，但也有些是懒——懒于把它读完。这本《杨柳风》我却是一拿来便从头至尾读完了，这是平常不常有的事，虽然忘记了共花了几天工夫。书里边的事情我也不能细说，只记得所讲的是土拨鼠，水老鼠，獾，獭，黄鼠狼，以及"癞施堂的癞施先生”（Mr. Toad of Toad Hall），和他老先生驾汽车，闹事，越狱等事的。无论这给别位看了觉得怎样，在我总是很满意，只可惜没有能够见到插画，那想必也是很好的了。据书页上广告说明这本书，我觉得很是适切，虽然普通广告都是不大可靠：

> 这是一本少年之书，所以因此或者专是给少年看，以及心里还有少年精神活着的人们看的。这是生命，日光，流水，树林，尘土飞扬的路，和冬天的炉边之书。这与《爱丽思漫游奇境记》相并，成为一种古典。

《杨柳风》于一九〇八年出版，我得到的是一九二九年本，已是三十一版了，卷首广告密伦的新著剧本《癞施堂的癞施》，注明即是根据《杨柳风》改编的。恰巧天津有一位小朋友知道我爱那《杨柳风》，便买了这本剧本来送我，省得我再花钱去定，使我非常感激。我得到这剧本后又把它从头至尾读完了，这是根据格来亨的，却仍满是密伦，所以觉得很有意思。序文上有些话说得很好，抄录一点在这里：

> 有好些随便的事，只肯让我们自己去做。你的手和我的手都不见得比别人的手更干净，但是我们所愿要的那捏过一捏的牛油面包，还是放过我们自己的大拇指的那几片。把格来亨先生变成剧

> 本，或者会使得他遍身都印上不大漂亮的指痕，可是我那样的爱他的书，所以我不愿意别人把它来弄糟了。因此我接受了那提示，便是我来改编《杨柳风》为剧本，假如这是别一种书，我就以为太难，只好辞谢了。

关于书中的土拨鼠，他说：

> 有时候我们该把他想作真的土拨鼠，有时候是穿着人的衣服，有时候是同人一样的大，有时候用两只脚走路，有时候是四只脚。他是一个土拨鼠，他不是一个土拨鼠。他是什么？我不知道。而且，因为不是一个认真的人，我并不介意。

这些话我都很佩服，所以乐为介绍，至于剧本（及故事原本）的内容，只好请它自己来说明，我觉得别无办法了，除非来整篇地翻译。

《杨柳风》与《癞施堂的癞施》的确是二十世纪的儿童（一岁到二十五岁！）文学的佳作，值得把它译述出来，只是很不容易罢了。它没有同爱丽思那样好玩，但是另有一种诗趣，如《杨柳风》第七章《黎明的门前之吹箫者》，写得很美，却也就太玄一点了，这个我怀疑是否系西方文人的通病。不过，我们自己既然来不成，那么剩下的可走的路只有翻译了。这个实在难，然而也顾不得它难，——到底还是难，我声明不敢尝试，虽然觉得应当尝试。从前曾说过这样的话："我们没有迎合社会心理去给群众做应制的诗文的义务，但是迎合儿童心理供给他们文艺作品的义务，我们却是有的，正如我们应该拒绝老辈的鸦片烟的供应而不得不供给小孩的乳汁。"这是民国十二年三月里的事，七月二十日在《土之盘筵》一篇后记里说："即使我们已尽了对于一切的义务，然而其中最大的——对于儿童的义务还未曾尽，我们不能不担受了人世一切的苦辛，来给小孩们讲笑话。"也是同样的意思。实行到底不大容易，所以至今还是空话介绍，实在很是惭愧，而儿童文学"这个年头儿"已经似乎就要毕命了。在河南的友人来信说："在中国什么东西都会旧废的，如关税和政治学说都印在初级小学一二年级课本上，那注重儿童个性，切近儿童生活，引起儿童兴趣的话，便是废旧了。"这有什么法子呢？中国的儿童教育法恐怕始终不能跳出"读经"，民国以来实在不读经的日子没有多少。我介绍这两种小书，也只好给有闲的朋友随便读了消遣长夏吧？

（八月四日于北平）

【钟校】

① 1930.8.18 刊《骆驼草》15 期。

古希腊拟曲[①]

◇1930.9

◇看云集

暑假中照例要预定下好些工作，如译述或编著一两部书，但是结果照例是没有东西。论理，在暑假中至少是四个有闲了，应该很有工夫来做这些闲事，然而不然。这是什么理由我也不知道，只是积十多年的经验知道它是这样罢了。今年夏天因此不再去计划大事业，只想写几篇小文章，可以去送给朋友登在周刊上。——可是说到“写”，这件事谈何容易，回过头来还只能又想到译，于是便想到译那古希腊的《拟曲》（*Mimiamboi*）。这是亚力山大时代海罗达思（Herodas）所作，现存七篇，每篇平均二千多字，其中有两篇又已根据英译本重译过，收在《陀螺》里，现在只须再照原文校读一下，加以订正就好，所以工作似乎不很繁重，在两个月内想必可以完成的了。

九月十日已经到来了。侥幸国立各大学大都开学无期，大家还可以逍遥度日，但是日期总是日期，暑假总是已经完毕，以后只可算是纪念放假，不能连上并算了。看看我的工作，却还只译了三篇，——《妒妇》《塾师》《乐户》——虽然就原本说来篇篇都是珠玉，毕竟还只是三篇，还有四篇未曾译出。这有什么法子呢？暑假里的工作是那么靠不住，只好在暑假之后再来从头着手了。

工作的成绩不好，把这个责任完全推给暑假也实在是不公平的，这只能算是三分之一，三分之一还在自己。其中一部分或者是懒吧，一部分却是病，不知道是否因为有闰六月的关系，今年夏天天气有点不正，雨下得少，墙倒得也少，固然是好事，但凉热也不大准，影响到了我的鼻子，很长久地生了鼻加答儿，有两三星期不能执笔。至于其馀的三分之一的原因，还要归在拟曲原文的身上。“难”是当然的，这不过多费工夫力气罢了，重要的还是由于“妙”，这个便费尽心机也有点没法想，有时候只好翻开又放下，大有望洋兴叹之概，《乐户》一篇即是此例，后来根据了丑媳妇免不了见公婆面的哲学，决心把它写了下来，其第六篇《密谈》曾收在《陀螺》里边，也早就想改译，可是一直还没有能实行。这篇里所谈的是关于一件东西，英译本称之曰皮带，实在却如威伯来（Charles Whibley）在所著《坦白之研究》（*Studies in Frankness*）第五章说的那样，乃是一种不名誉的物事，她们叫作 ton kokkinon baubona，考据家说 baubon 即是 Olisbos，古词典上说得很是明白，aidoion sukinonhusteron de ek dermaton eruthron skhema aidoiou ekhontes an-dreiou，别处又申明之曰，hois khrontai hai kherai gunaikes，本来中国也有很好的译名，只是总不好用，所以这篇绝妙的小文我至今还不能动手改译。坎不列治注释本之定价三镑三，这个缘故我也才明了，古典书销路少，固然该贵些，但与这 baubon 总也有点关系吧？

这个年头儿，翻译这种二千年前的古老东西，真可以算是不识时务了。可是，这有什么办法呢？我近来不大喜欢重译，除了万不得已的时候。英文，高明的人很多，日文却是想译，不过不是文艺作品，只有这个拟曲最是合式，所以先译了。而且我也很喜欢古希腊的精神，觉得值得费点力来绍介。英国文人哈士列忒（William Hazlitt）说过：“书同女人不一样，不会老了就不行。”古希腊的书大抵是这样，老而不老。威伯来批评海罗达思说：

他所写的脚色都呼吸着，活着。他所写的简单的

> 情景只用几笔描成，但是笔致那么灵活，情景写得完全逼真。材料是从平凡生活中取来，但是使用得那么实在，所以二千年的光阴不能够损伤那图画的真实。这书是现代的，好像并不是昨天所发现，却是昨天所新写。海罗达思所描写的情绪不是希腊的，但是人类的，要赏识了解这些，极是容易，并无预先吞下去许多考古学知识之必要。

或者可以说，描写的情绪是人类的，这也就是希腊的，因为这种中庸普遍的性质原来是希腊文化之一特色。我真觉得奇怪，我对于从犹太系或印度系的宗教出来的文学有时候很有点隔膜，对于希腊系的要容易理解得多，希腊神话就是最好的例，虽然我们与犹太印度都是属于所谓东方文明底下的。——话似乎说远了，现在应该拉它回来。中国现代需要不需要这些古典文学，我不知道。但是，从历史上看起来，这是不需要的，因为历来最为中国所需要的东西乃是八股之类，而这类东西在古希腊是没有的。不需要也罢，现在还是设法翻译要紧。

【钟校】

① 1930. 9. 15 刊《骆驼草》19 期。

远野物语

◇1931. 11. 17

◇夜读抄

《远野物语》，日本柳田国男著，明治四十三年（一九一〇）出版，共刊行三百五十部，我所有的系二九一号。其自序云：

此中所记悉从远野乡人佐佐木镜石君听来，明治四十二年二月以来，晚间常来过访，说诸故事，因笔记之。镜石君虽非健谈者，乃诚实人也，余亦不加减一句一字，但直书所感而已。窃思远野乡中此类故事当犹有数百件存在，我辈切望能多多听到。国内山村有比远野更幽深者，当又有无数的山神山人之传说，愿有人传述之，使平地的人闻而战栗。如此书者，盖陈胜吴广耳。

去年八月之末余游于远野乡。从花卷行十馀里（案日本一里约当中国六七里），凡有官站三，其他唯青山与原野，人烟稀少甚于北海道石狩之平野，或以新开路故，人民之来就者少乎？远野市中则烟花之巷也。余借马于驿亭主人，独巡郊外各村，其马以黑色海草为荐披身上，虻多故也。猿石之溪谷土甚肥，已开拓完善。路旁多石塔，诸国不知其比。自高处展望，早稻正熟，晚稻花盛开，水悉落而归于川。稻之色因种类而各异，有田或三或四或五相连续，稻色相同者，即属于一家之田，盖所谓名所相同也。小于坐落地名之土名，非田主不之知，唯常见于古旧的卖买让与的田契上。越附马牛之谷，早地峰之山隐约可见，山形如草笠，又似字母之へ字。此谷中稻熟较迟，满目一色青绿。在田间细道上行，有不知名之鸟，率其雏横过，雏色黑中杂白羽，初以为是小鸡，后隐沟草中不复见，乃知是野鸟。天神之山有祭赛，有狮子舞。于兹鞠尘轻扬，有红物飘翻，与一村之绿相映。狮子舞者，鹿之舞也，戴面具上着鹿角，童子五六人，拔剑与之共舞，笛音高而歌声低，虽在侧亦难闻其词。日斜风吹，醉而呼人者之声亦复萧寂，虽女笑儿奔，而旅愁犹复无可奈何。盂兰盆节，有新佛之家率高揭红白之旗以招魂，山头马上东西指点，此旗凡有十许。村人将去其永住之地者，旅人暂来寄宿者，及彼悠悠之灵山，黄昏徐来，悉包容尽之。在远野有观音堂八所，以一木所作也。此日多报赛之徒，冈上见灯火，闻撞钟之音。隔路草丛中有雨风祭之稻草人，恰如倦人之仰卧焉。此为余游远野所得之印象也。

窃惟此类书物至少总非现代之流行，无论印刷如何容易，刊行此书，以自己的狭隘的趣味强迫他人，恐或有人将评为胡乱行为。敢答之曰，闻如此故事，见如此土地来后，而不想转语他人者，果有其人乎？如此沉默而且谨慎的人，至少在我友人中不曾有也。如九百年前之先辈如《今昔物语》者在当时已为古昔之谈，此则与之相反，乃是目前之事情也。即使敬虔之意与诚实之态度或未能声言逾越先哲，唯不曾多经人耳，亦少借他人之口与笔，彼淡泊天真之大纳言君却反值得来听耳。（案平安朝末大纳言源隆国搜集古今传说，成书三十一卷，名《今昔物语集》，行于世。）至于近世御伽百物语之徒，其志既陋，且不能确信其言之非妄，窃耻与之比邻。要之此书系现在之事实，余相信即此已足为其正大的存在理由矣。唯镜石君年仅二十四五，余亦只忝长十岁已耳，生于事业尽多之今世，乃不辨问题之大小，用力失其当，将有如是言者则若之何？如明神山之角鸱，太尖竖其耳，太圆瞪其目，将有如是责者则又若之何？吁，无可奈何矣，此责任则唯余应负之也。（案下一首系短歌，今译其大意。）

老人家似的，不飞亦不鸣的，远方的树林中的猫头鹰，或者要笑罢！

《远野物语》一卷，计一百十九则，凡地势时令，风俗信仰，花木鸟兽，悉有记述，关于家神，山人，狼狐猿猴之怪等事为尤详，在出板当时洵为独一无二之作，即在以后，可与竞爽者亦殊不多，盖昔时笔记以传奇志怪为目的者，大抵有姑妄言之的毛病，缺少学术价值，现代的著述中这一点可以无虞，而能兼有文章之美如柳田氏的却又不能多见。今摘译其第四十九节以下四则：

仙人岭上山十五里，下山十五里。（原注，此系小里，案即等于中国里数。）其间有堂祀仙人，古来习惯，旅客在此山中遇怪异事，辄题记此堂壁上。例如曰，余越后人也，某月某日之夜，在山路上遇见少女被发者，顾我而笑，是也。又或记在此处为猿所戏弄，或遇盗三人等事。

死助山中有郭公花，即在远野亦视为珍异之花也。五月中闲古鸟（案即郭公鸟）啼时，妇人小儿入山采之。浸醋中则成紫色，入口中吹之以为戏，如酸浆然。采取此花，为青年人最大之游乐也。

山中虽有各种鸟栖止，其声最凄寂者恶朵鸟也。夏夜间啼，从海滨大槌来的赶马脚夫云过岭即遥闻其声在深谷中。传闻昔时长者有一女，与又一长者之子相亲，入山游玩而男子忽失踪，探求至暮夜卒不能得，遂化为此鸟。鸣曰恶东恶东者，即云恶朵（案意云夫）也。鸣声末尾微弱，甚为凄惋。

赶马鸟似杜鹃而稍大，羽毛赤而带茶色，肩有条纹如马缰，胸前有斑，似马口网袋。人云此鸟本系某长者家仆人，入山放马，将归家忽失一马，终夜求之不见，遂化为鸟，啼曰阿呵阿呵者，此乡呼野中群马之声也。有时此鸟来村中啼，为饥馑之先兆，平时住深山中，常闻其啼声。

又第一〇九节记雨风祭云：

中元前后有雨风祭，以稻草为人形，大于常人，送至歧路，使立道旁。用纸画面目，以瓜作为阴阳之形附之。虫祭之稻草人无此等事，其形亦较小。雨风祭之时，先在一部落择定头家，乡人聚而饮酒，随以笛鼓同送之至于路歧。笛之中有桐木所制之法螺，高声吹之。其时有歌曰：祭祀二百十日的风雨呵，向那方祭，向北方祭呀。

（案立春后第二百十日为二百十日节，常有风暴，正值稻开花，农家甚以为苦，故祭以禳之。）

《远野物语》给我的印象很深，除文章外，他又指示我民俗学里的丰富的趣味。那时日本虽然大学里有了坪井正五郎的人类学讲座，民间有高木敏雄的神话学研究，但民俗学方面还很销沉，这实在是柳田氏，使这种学问发达起来，虽然不知怎地他不称民俗学而始终称为“乡土研究”。一九一〇年五月柳田氏刊行《石神问答》，系三十四封往复的信，讨论乡村里所奉祀的神道的，六月刊行《远野物语》，这两本书虽说只是民俗学界的陈胜吴广，实际却是奠定了这种学术的基础，因为他不只是文献上的排比推测，乃是从实际的民间生活下手，有一种清新的活力，自然能够鼓舞人的兴趣起来。一九一三年三月柳田氏与高木敏雄共任编辑，发行《乡土研究》月刊，这个运动于是正式开始。其时有石桥卧波联络许多名流学者，组织民俗学会，发行季刊，可是内容似乎不大充实，石桥所著有关于历，镜，厄年，梦，鬼等书，我也都买得，不过终觉得不很得要领，或者这是偏重文献之故也说不定罢。高木一面也参加民俗学会，后来又仿佛有什么意见似地不大管事，所以《乡土研究》差不多可以说是柳田一人的工作，但是这种事业大约也难以久持，据说读者始终只有六百馀名，到了出满四卷，遂于一九一七年春间宣告停刊了。不过月刊虽停，乡土研究社还是存在，仍旧刊行关于这方面的著述，以至今日，据我所知道计有《乡土研究社丛书》五种，《炉边丛书》约四十种。

柳田氏系法学士，东京大学法科出身，所著有关于农政及铜之用途等书。唯其后专心于乡土研究，此类书籍为我所有者有下列十种：

《石神问答》（一九一〇年）

《远野物语》（同）

《山岛民谭集》一（甲寅丛书，一九一四），内计《河童牵马》及《马蹄石》二项，印行五百部，现已绝板，第二集未刊。

《乡土志论》（炉边丛书，一九二二）

《祭礼与世间》（同）

《海南小记》（一九二五）记琉球各岛事。

《山中之人生》（乡土研究社丛书，一九二六），记述山人之传说与事实，拟议山中原有此种住民，以待调查证明。

《雪国之春》（一九二八）记日本东北之游。

《民谣之今昔》（民俗艺术丛书，一九二九）

《蜗牛考》（语言志丛刊，一九二九）

柳田氏治学朴质无华，而文笔精美，令人喜读，同辈中有早川孝太郎差可相拟。早川氏著有《三州横山话》（炉边丛书）《野猪与鹿与狸》（乡土研究社丛书），也都写得很好，因为著者系画家，故观察与描写都甚细密也。

［附记］　以上所说只是我个人的印象，在民俗学的价值上文章别无关系，那是当然的事。英国哈同教授（A. C. Haddon）在《人类学史》末章说："人类的体质方面的研究早由熟练的科学家着手，而文化方面的人类历史乃大都由文人从事考查，他们从各种不同方向研究此问题，又因缺少实验经历，或由于天性信赖文献的证据，故对于其所用的典据常不能选择精密。"这种情形在西洋尚难免，日本可无论了，大抵科学家看不起这类工作，而注意及此的又多是缺少科学训练的文科方面的人，实在也是无可如何。但在日本新兴的乡土研究上，柳田氏的开荒辟地的功的确不小，即此也就足使我们佩服的了。

（二十年十一月十七日）

性的心理

◇1933. 8. 18

◇夜读抄

近来买到一本今年新出版的蔼理斯所著《性的心理》，同时不禁联想起德国卐字党的烧书以及中国舆论界同情的批评。手头有五月十四日《京报》副刊上的一则“烧性书”，兹抄录其上半篇于下：

> 最近有一条耐人寻味的新闻，德国的学生将世界著名的侯施斐尔教授之性学院的图书馆中所有收藏的性书和图画尽搬到柏林大学，定于五月十日焚烧，并高歌欢呼，歌的起句是日耳曼之妇女兮今已予以保护兮。
>
> 从这句歌词我们窥见在极右倾的德国法西斯蒂主义领袖希特勒指导下一班大学生焚烧性书的目的，申言日耳曼之妇女今后已予以保护，当然

足见在以往这些性书对于德国妇女是蒙受了不利，足见性书在德国民族种下了重大的罪恶。

最近世界中的两大潮流——共产主义和法西斯蒂——中，德国似苏联一样与我们[1]一个要解决的谜。步莫索里尼后兴起的怪杰希特勒，他挥着臂，指挥着数千万的褐衫同志，暴风雨似的，谋日耳曼民族的复兴，争拔着德国国家地位增高，最近更对于种族的注意，严定新的优生律和焚烧性书。

下半篇是专说“中国大谈性学”的张竞生博士的，今从略。张竞生博士与 Dr. Magnus Hirschfeld，这两位人物拉在一起，这是多么好玩的事。性书怎样有害于德国妇女，报馆记者与不佞都没有实地调查过，实在也难以确说，不过有一件事我想值得说明的，便是那些褐衫朋友所发的歇私底里的叫喊是大抵不足为凭的。不知怎的，我对于右倾运动不大有同情，特别读了那起头的歌词，觉得青年学生这种无知自大的反动态度尤其可惜，虽然国际的压迫使国民变成风狂原是可能的事，他们的极端国家主义化也很有可以理解的地方。北欧方面的报上传出一件搜书的笑话来，说大学生搜查犹太人著作，有老太婆拿出一本圣书，大家默然不敢接受。这或者是假作的，却能简要的指出这运动的毛病，这还是“十九世纪”的老把戏罢了。在尼采之前法人戈比诺（Arthur de Gobineau）曾有过很激烈的主张，他注重种族，赞美古代日耳曼，排斥犹太文化，虽近偏激却亦言之成理。后来有归化德国的英人张伯伦（H. S. Chamberlain）把这主张借了去加以阉割，赞美日耳曼，即指现代德国，排斥犹太，但是耶稣教除外，这非驴非马的意见做成了那一部著名的《十九世纪之基础》，实即威廉二世的帝国主义的底本。戈比诺的打倒犹太人连耶稣和马丁路得在内，到底是勇敢的彻透的，张伯伦希特勒等所为未免有点卑怯，如勒微（Oscar levy）博士所说，现代的反犹太运动的动机，乃只是畏惧嫉妒与虚弱而已。对于这样子的运动，我们不能有什么期望，至于想以保护解决妇女问题，而且又以中古教会式的焚书为可以保护妇女，恐只有坚信神与该撒的宗教信徒才能承认，然而德国大学生居然行之不疑，此则大可骇异者也。

德国大烧性书之年而蔼理斯的一册本《性的心理》适出版，我觉得这是很有趣的一件事。八月十三日《独立评论》六十三期上有一篇《政府与娱乐》说得很好，其中有云：

因为我们的人生观是违反人生的，所以我们更加作出许多丑事情，虚伪事情，矛盾事情。这类的事各国皆有，拉丁及斯拉夫民族比较最少，盎格鲁撒克逊较多，而孔孟的文化后裔要算最多了。究竟西洋人因其文化有上古希腊，文艺复兴，及近代科学的成分在内，能有比较康健的人生观。

蔼理斯的《性的心理》第一卷出版于一八九八年，就被英国政府所禁止，后来改由美国书局出版才算没事，至一九二八年共出七卷，为世界性学上一大名著，可是大不列颠博物馆不肯收藏，在有些美国图书馆里也都不肯借给人看，而且原书购买又只限于医生和法官律师等，差不多也就成为一种禁书，至少像是一种什么毒药。这是盎格鲁撒克逊的常态罢，本来也不必大惊小怪的。但是到了今年忽然刊行了一册简本《性的心理》，是纽约一家书店的“现代思想的新方面”丛书的第一册，（英国怎么样未详，）价金三元，这回售买并无限制，在书名之下还题一行字云学生用本，虽然显然是说医学生，但是这书总可以公开颁布了。把这件小事拿去与焚书大业相比，仿佛如古人所说，落后的上前，上前的落后了，蔼理斯三十年的苦斗总算略略成功，然而希耳施斐尔特的多年努力却终因一棒喝而归于水泡，这似乎都非偶然，都颇有意义，可以给我们做参考。

《性的心理》六卷完成于一九一〇年，第七卷到了一九二八年才出来，仿佛是补遗的性质的东西。第六卷末尾有一篇跋文，最后两节说的很好，可见他思想的一斑：

我很明白有许多人对于我的评论意见不大能够接受，特别是在末卷里所表示的。有些人将以我的意见为太保守，有些人以为太偏激。世人总常有人很热心的想攀住过去，也常有人热心的想攫得他们所想像的未来。但是明智的人站在二者之间，能同情于他们，却知道我们是永远在于过渡时代。在无论何时，现在只是一个交点，为过去与未来相遇之处，我们对于二者都不能有所怨怼。不能有世界而无传统，亦不能有生命而无活动。正如赫拉克来多思在现代哲学的初期所说，我们不能在同一川流中入浴二次，虽然如我们在今日所知，川流仍是不断的回流着。没有一刻无新的晨光在地上，也没有一刻不见日没。最好是闲静的招呼那熹微的晨光，不必忙乱的奔向前去，也不要对于落日忘记感谢那曾为晨光之垂死的光明。

在道德的世界上，我们自己是那光明使者，那宇宙的历程即实现在我们身上。在一个短时间内，如我们愿意，我们可以用了光明去照我们路程的周围的黑暗。正如在古代火把竞走——这在路克勒丢思看来似是一切生活的象征——里一样，我们手持火把，沿着道路奔向前去。不久就要有人从后面来，追上我们。我们所有的技巧便在怎样的将那光明固定的炬火递在他的手内，那时我们自己就隐没到黑暗里去。

这两节话我顶喜欢，觉得是一种很好的人生观，沉静，坚忍，是自然的，科学的态度。二十年后再来写这一册的《性的心理》，蔼理斯已是七十四岁了，他的根据自然的科学的看法还是仍旧，但是参透了人情物理，知识变了智慧，成就一种明净的观照。试举个例罢，——然而这却很不容易，姑且举来，譬如说啶尼林克妥思（Cunnilinctus）。这在中国应该叫作什么，我虽然从猥亵语和书上也查到两三个名字，可是不知道哪个可用，所以结局还只好用这“学名”。对于这个，平常学者多有微词，有的明言自好者所不为，蔼理斯则以为在动物及原始民族中常有之，亦只是亲吻一类，为兴奋之助，不能算是反自然的，但如以此为终极目的，这才成了性欲的变态。普通的感想这总是非美的，蔼理斯却很幽默的添一句道：

大家似乎忘记了一件事，便是最通行的性交方式

> 大抵也难以称为美的（Aesthetic）罢。他们不知道，在两性关系上，那些科学或是美学的冰冷的抽象的看法是全不适合的，假如没有调和以人情。

他自己可以说是完全能够实践这话的了。其次我们再举一个例，这是关于动物爱（Zoocrastia）的。谢在杭的《文海披沙》卷二有一条“人与物交”，他列举史书上的好些故实，末了批一句道，“宇宙之中何所不有。”中国律例上不知向来如何办理，在西洋古时却很重视，往往连人带物一并烧掉了事。现在看起来这原可以不必，但凡事一牵涉宗教或道德的感情在内，这便有点麻烦。蔼理斯慨叹社会和法律的对于兽交的态度，就是在今日也颇有缺陷，往往忽略这事实：即犯此案件的如非病的变态者，也是近于低能的愚鲁的人。

> 还有一层应该记住的，除了偶然有涉及虐待动物或他虐狂的情节者以外，兽交并不是一件直接的反社会的行为。那么假如这里不含有残虐的分子，正如瑞士福勒耳教授所说，这可以算是性欲的病的变态中之一件顶无害的事了。

我不再多引用原文或举例，怕的会有人嫌他偏激，虽然实在他所说的原极寻常，平易近理。蔼理斯的意见以为性欲的满足有些无论怎样异常以至可厌恶，都无责难或干涉的必要，除了两种情形以外，一是关系医学，一是关系法律的。这就是说，假如这异常的行为要损害他自己的健康，那么他需要医药或精神治疗的处置。其次假如他要损及对方或第三者的健康或权利，那么法律就应加以干涉。这意见我觉得极有道理，既不保守，也不能算怎么激烈，据我看来还是很中庸的罢。要整个的介绍蔼理斯的思想不是微力所能任的事，英文有戈耳特堡（Lsaac Goldberg）与彼得孙（Houston Peterson）的两部评传可以参考，这里只是因为买到一册本的《性的心理》觉得甚是喜欢，想写几句以介绍于读者罢了。

（二十二年八月十八日，于北平）

【钟校】

①“我们”原作“我人”。

猪鹿狸[①]

◇1933. 9
◇夜读抄

《猪鹿狸》，这是很奇妙的一部书名。这在一九二六年出版，是日本的乡土研究社丛书之一，著者早川孝太郎，学人而兼画家，故其文笔甚精妙。所著书现有《三州横山话》《能美郡民谣集》《羽后飞岛图志》《猪鹿狸》《花祭》二卷，有千六百页，为研究地方宗教仪式之巨著。其中我所顶喜欢的还是这《猪鹿狸》，初出时买了一本，后来在北平店头看见还有一本又把他买了来，原想送给友人，可是至今没有送，这也不是为的吝啬，只是因为怕人家没有这种嗜好，正如吃鸦片烟的人有了好大土却不便送与没有瘾的朋友，——我以鸦片作比，觉得实在这是一种嗜好，自己戒除不掉也就罢了，再去劝人似乎也可以不必。

这是讲动物生活的一册小书，但是属于民俗学方面而不是属于动物学的，他所记的并非动物生态的客观纪录，乃是人与兽，乡村及猎人与兽的关系的故事。我从小时候和草木虫鱼仿佛有点情分，《毛诗草木鸟兽虫鱼疏》《南方草木状》以至《本草》《花镜》都是我的爱读书，有一个时候还曾寝馈于《格致镜原》，不过书本子上的知识总是零碎没有生气，比起从老百姓的口里听来的要差得很远了。在三十多年前家里有一个长工，是海边的农夫而兼做竹工，那时他给我们讲的野兽故事是多么有意思，现在虽然大半不记得了，但是那留下的一点儿却是怎么的生动的存在着。头上有角的角鸡，夜里出来偷咬西瓜的獾猪，想起时便仿佛如见沙地一带的情景，正如山乡的角麂和马熊的故事一样，令我时时怀念这些故乡的地方。早川的这册书差不多就是这种故事的集录，即使没有著者所画的那十几张小图也尽足使我喜欢了。

正如书名所示，这书里所收的是关于猪鹿狸三种兽的故事，是一个七十七岁的老猎人所讲的，不是童话似的动物谈，乃是人与兽接触的经验以及感想，共有五十九篇，其中以关于猪和狸的为最有趣味，鹿这一部分比较稍差。这里所谓猪实在是中国的野猪，普通畜养的猪日本称之曰豚。平常如呼人为豚，人家必要大生其气，但猪却是美名，有人姓猪股，德富苏峰的名字叫做猪一郎，都是现在的实例。寺岛安良编《和汉三才图会》卷三十八猪条下云，如为猎人被伤去时人詈谓汝卑怯者盍还乎，则大忿怒，直还进对合，与人决胜负，故譬之强勇士。（原本汉文。）今日本俗语有猪武者一语，以喻知进而不知退者，中国民间称野猪奔铳，亦即指此种性质也。书中说有一猎人打野猪伤而不死，他赶紧逃走，猪却追赶不放，到了一棵大树下像陀螺似的人和猪团团的转了七个圈，后来不知怎的装好了枪，从后面一枪才结果了猪的性命。自己逃着，说是从后面未免有点可笑，其实是绕着树走得快的时候差不多是人在猪屁股后头追着的样子了。书中又说及猪与鹿的比较，也很有意思。鹿在山上逃走的时候，如一枪打中要害，他就如推倒屏风似的直倒下来，很觉得痛快。可是到了野猪就不能如此，无论打中了什么要害，他决不像鹿那样的跌倒，中弹之后总还要走上两三步，然后徐徐的向前蹲伏下去。听着这话好像是眼见刚勇之士的死似的，觉得这真是名实相符的野猪的态度。我对于著者的话也很表同意，与法国诗人诗里的狼一样这猪实在堪为我们的师范。但是很希奇的是，这位刚勇之士的仪表却并不漂亮。据说曾有一个年青妇人在微暗的清早到山里去收干草，看见前面路上有一只小猪模样的灰色的兽，滴沥滴沥的走着。这时候兽似乎未曾觉得后边有人走来，女人也颇胆大，便跟在后面走，刚走了半里多路，兽就岔路走进草丛里去了。回家后讲起这事，老人们告诉她说那就是野猪哩，她不但不出惊，反出于意外似的道，那样的东西是野猪么？据著者的经验说，从幼小时候就听说猪是可怕的东西，强悍的兽，后来有一回看见被猎人们抬了去的死猪的模样，也感到同样的幻灭云。不过我想这或者并不由于野猪的真是长得不漂亮，实在大半还是因为家猪平常的太不争气的缘故罢。

狸的故事差不多是十之八九属于怪异的。中国近世不听见说有什么狸子作怪，但在古时似乎很是普通，而且还曾出过几个了不得的大胆的，敢于同名人去开玩笑的狸妖，他们的故事流传直到今日。《太平广记》四四二所录狸的怪谈有十一篇，《幽明录》里与董仲舒论五经究其微奥的老狸，《集异记》里与张茂先商略三史，探赜百家，谈老庄之奥区，披风雅之绝旨的千年斑狸，可谓俊杰，此外[②]幻化男、妇也很有工夫。日本现今狐狸猫貉四者还都能作怪，民间传说里有《滴沥山》与《文福茶釜》两篇最是有名。狸的恶戏在平时却多是琐屑的，不大有干系人命的大事。《三才图会》里说老狸能变化妖怪与狐同，至其游戏则“或鼓腹自乐，谓之狸腹鼓，或入山家，坐炉边向火乘暖，则阴囊垂延，广大于身也”。《三州横山话》中有一节曰“狸的腹鼓”，其文曰：

据说到山里去作工，狸会来招呼。对面的山上丁丁的砍着树似的，又叫道喊！不注意时答应一声，原来却是狸叫，便只好停了工作回来。（案狸与人呼应不已，如人困惫至不复能应则为狸所食，否则狸自毙云。）

与人声相比那似乎是苦闷的声音，低低的叫道喊！夜间独居的时候，听见狸叫，决不可轻易答应。听过许多故事，说夜里与狸对呼，把挂钩上的开水壶都喝干了，又说用木鱼替代答应，一直敲到天亮。

狸腹鼓原说是月夜为多，但据八名郡七乡村人生田省三的实验谈，则在将要下雨的漆黑的夜里时时听见敲着破鼓似的声音。这本来是在笼里养着的狸，但是这人说一天雨夜在风来寺山中所听到的腹鼓和这声音也正相同。

狸与貉一看似乎难以分别，在冬天看他的脚就可知道，据说狸的脚底上满是皲裂。

狸的肾囊可以化作八张席子的房间，在《猪鹿狸》中也有些故事，现在不及多抄了。乡土研究社丛书中还有一册笠井新也的《阿波的狸之话》，是专讲一地方的狸的故事的。

【钟校】

① 本文 1933. 9. 23 刊《大公报》文艺副刊 1 期。

②“此外”，原作“此他”。

蠕范[1]

◇1933.10

◇夜读抄

偶然在旧书店里买了一部《蠕范》，京山李元著。元系乾隆时人，著有关于声韵的书，为世所知。此书凡八卷，分为物理物匹物生物化等十六章，徐志鼎序云，“大块一蠕境也。……顾同一蠕也，区而别之，不一蠕也，类而范之，归于一蠕也。”这可以说是一部生物概说，以十六项目包罗一切鸟兽虫鱼的生活状态，列举类似的事物为纲，注释各个事物为目，古来格物穷理的概要盖已具于是。有人序《百廿虫吟》云，诚以格物之功通于修齐治平，天下莫载之理即莫破所由推，这样说法未免太言重了，而且也很有点儿帖括的嫌疑，但是大旨我实在是同意的。“我不信世上有一部经典，可以千百年来当做人类的教训的，只有纪载生物的生活现象的 biology[2] 才可供我们参考，定人类行为的标准。”这是民八所写小文《祖先崇拜》里的几句话，至今我却还是这样想。万物之灵的人的生活的基础依旧还是动物的，正如西儒所说过，要想成为健全的人必须先成健全的动物，不幸人们数典忘祖，站直了之后增加了伶俐却损失了健全。鹿和羚羊遇见老虎，跑得快时保住性命，跑不脱便干脆的被吃了，老虎也老实的饱吃一顿而去，决没有什么膺惩以及破邪显正的费话。在交尾期固然要闹上一场，但他们决不借口无后为大而聚麀，更不会衔了一块肉骨头去买母狗的笑，至于鹿活草淫羊藿这种传说自然也并无其事。我们遏塞本性的发露，却耽溺于变态的嗜欲，又依恃智力造出许多玄妙的说明，拿了这样文明人的行为去和禽兽比较，那是多么可惭愧呀。人类变为家畜之后，退化当然是免不掉的，不过夸大狂的人类反以为这是生物的标准生活，实在是太不成话了。要提醒他们的迷梦，最好还是吩咐他们去请教蚂蚁，不，不论任何昆虫鸟兽，均可得到智慧。读一本《昆虫记》，胜过一堆圣经贤传远矣，我之称赞生物学为最有益的青年必读书盖以此也。

《蠕范》是中国十八世纪时的作品，中国博物学向来又原是文人的馀技，除了《诗经》《离骚》《尔雅》《本草》的注疏以外没有什么动植物的学问，所以这部书仍然跳不出这窠臼，一方面虽然可以称之曰生物概说，实在也可以叫作造化奇谈，因为里边满装着变化奇怪的传说和故事。二千多年前亚列士多德著《动物志》，凡经其实验者纪录都很精密，至今学者无异言，所未见者乃以传说为据，有极离奇者。我们著者则专取这些，有的含有哲理，有的富于诗趣，这都很有意思，所缺少的便只是科学的真实。这样说来，《蠕范》的系统还是出于《禽经》，不过更发挥光大罢了。卷六《物知》第十二的起头这一节话便很有趣，其文曰：

物知巫，鸂鶒善敕，蜾蠃善咒，水鸠善写，鹳善符，虎善卜，䴕善禁。

差不多太乙真人的那许多把戏都在这里了。关于啄木原注云，好斫木食虫，以舌钩出食之，善为雷公禁法，曲爪画地为印，则穴塞自开，飞即以翼墁之。这所说大抵即根据《埤雅》，《本草纲目》引《博物志》亦如此说，仿佛记得《阅微草堂笔记》里也曾提及，有奴子某还实验过云，可以想见流传的久远了。我们在北平每年看见啄木鸟在庭树上或爬或笑，或丁丁的啄，并不见他画什么符印，而这种俗信还总隐伏在心里。记起小时候看《万宝全书》之类，颇想一试那些小巫术，但是每个药方除普通药材以外总有一味啄木鸟的舌头或是熊油，只好罢休。啄木鸟舌头的好处何在？假如不全是处方者的故意刁难，那么我想这仍是由于他的知巫的缘故罢。

至于蜾蠃的故事，其由来远矣。《诗·小宛》曰，螟蛉有子，蜾蠃负之。前汉时，《淮南子》中有贞虫之称。扬雄《法言》云：螟蛉之子殪而逢果蠃，祝之曰类我类我，久则肖之矣。这可以算是最早的说明。后汉许慎《说文》云：天地之性，细腰纯雄无子。郑玄《毛诗笺》云：蒲卢取桑虫之子，负持而去，煦妪养之，以成其子。吴陆玑③《草木鸟兽虫鱼疏》说得更为详明，云取桑虫负之于木空中或书简笔筒中，七日而化为其子，里语曰，咒云象我象我。《酉阳杂俎》广动植有蠮螉一项，虽不注重负子，而描写甚有意趣，文云：成式书斋多此虫，盖好窠于书卷也，或在笔管中，祝声可听，有时开卷视之，悉是小蜘蛛，大如蝇虎，旋以泥隔之，时方知不独负桑虫也。以后注《诗经》《尔雅》者大抵固执负子说，不肯轻易变动，别方面《本草》学者到底有点不同，因为不全是文人，所以较为切实了。晋陶弘景在《本草注》里反对旧说道：

> 今一种蜂黑色腰甚细，衔泥于人屋及器物边作房如并竹管者是也。其生子如粟米大置中，乃捕取草上青蜘蛛十馀枚满中，仍塞口，以拟其子大为粮也。其一种入芦管中者，亦取草上青虫。《诗》云，螟蛉有子，蜾蠃负之。言细腰之物无雌，皆取青虫教祝，便变成己子，斯为谬矣。造诗者未

审，而夫子何为因其僻耶？岂圣人有缺，多皆类此？

《本草》学者除一二例外大都从陶说，宋车若水《脚气集》中云，“蜾蠃取螟蛉，产子于其身上，借其膏血以为养，蜾蠃大，螟蛉枯，非变化也”，很说得简要，可以当作此派学说的结束。至于蒲卢的麻醉防腐剂注射手术的巧妙，到了法国法布耳出来始完全了解，所以《昆虫记》的几篇又差不多该算作这问题的新添注脚也。

但是陶隐居的说法在文人看去总觉得太杀风景，有些人即使不是为的卫道，也总愿意回到玄妙的路上去。清道光时钱步曾作《百廿虫吟》，是一部很有意思的诗集，其蒲卢一诗后有两段附记，对于《诗疏》与《脚气集》两说，加以判断曰：

余曾细察之，蜾蠃好窠于书卷笔管中，其所取物或小青虫或小蜘蛛，先练泥作房，积四五虫，再以泥隔之，满而后止。虫被负者悉如醉如痴，能运动而不能行走，一旦启户而出，残泥零落，遗蜕在焉，似乎气感为确。至扬子云类我类我之说则大谬，盖蒲卢于营巢时以口匀泥，嘤嘤切切然，至负子时则默无声息矣。天地自然之化，不待祝辞也。且蒲卢乌能通人语耶，子云乌能通蒲卢语耶，古人粗疏臆断，一何可笑。

其又记云：

壬午秋试侨寓西湖李氏可庄，其地树木丛杂，虫豸最多。一日余在廊下醴面，瞥见一蒲卢较常所见者稍大，拖一臧螂贸贸而来，力稍倦，息片时复衔而走，臧螂亦如中酒的然，逡巡缘柱入孔穴间，乃知蒲卢所负不独蜘蛛青虫也。

钱氏观察颇是细密，所云被负的虫如醉如痴，能运动而不能行走，与李时珍引《解颐新语》云其虫不死不生相同，很能写出麻醉剂的效力，别人多未注意及此，却不知道为什么总喜欢气感之说，一定要叫自青虫以至臧螂都蜕化为雄蜂，岂不是好奇太过之故乎。同治中汪曰桢著《湖雅》九卷，记湖州物产，文理密察，其“记蠮螉”乃取陶说，并批判诸说云：

案陶弘景云云，寇宗奭[4]李时珍及《尔雅翼》并从陶说，是也。邵晋涵《尔雅正义》力辟陶说，王念孙《广雅疏证》既从陶说，又引苏颂谓如粟之子即祝虫所成，游移两可，皆非也。生子时尚未负虫，安得强指为虫所化乎？

汪氏对于好奇的文人又很加以嘲笑，在“记蚊”这一节下云：

道光辛卯，吾友海宁许心如丙鸿与余论近人《山海经图》之诞妄，时适多蚊，因戏仿《山海经》说之云，“虫身而长喙，鸟翼而豹脚”，且曰，设依此为图，必身如大蛹，有长喙，背上有二鸟翼，腹下有四豹脚，成一非虫非禽非兽之形，谁复知为蚊者。余曰，是也，但所仿犹嫌未备，请续之曰，“昼伏夜飞，鸣声如雷，是食人”。相与拊掌。笑言如昨，忽已四十馀年，偶然忆及，附识于此，博览者一笑，亦可为著述家好为诞妄之戒也。

我对于《蠕范》一书很有点好感，所以想写一篇小文讲他，但是写下去的时候不知不觉的变成指摘了。这是怎的呢？我当初读了造化奇谈觉得喜欢，同时又希望他可以当作生物概说，这实在是鱼与熊掌，二者不可得兼，也是没法的事。总之《蠕范》我想是还值得读的，虽然如作生物学读那须得另外去找，然而这在中国旧书里恐怕一时也找不出罢。

（二十二年十月）

【钟校】

① 1933.10.14 刊《大公报》。

②“biology”，原作“biologie”。

③“吴陆玑”，“玑”原作“机”。

④“寇宗奭”，“奭”原作“爽”。

颜氏学记[1]

◇1933.10

◇夜读抄

读《颜氏学记》觉得很有兴趣，颜习斋的思想固然有许多是好的，想起颜李的地位实在是清末民初[2]的康梁，这更令人发生感慨。习斋讲学反对程朱陆王，主张复古，“古人学习六艺以成其德行”，归结于三物，其思想发动的经过当然也颇复杂，但我想明末的文人误国总是其中的一个重大原因。他在《存学编》中批评宋儒说：

> 当日一出，徒以口舌致党祸；流而后世，全以章句误苍生。上者但学先儒讲著，稍涉文义，即欲承先启后；下者但问朝廷科甲，才能揣摩，皆骛富贵利达。

其结果则北来之时虽有多数的圣贤，而终于“拱手以二帝畀金，以汴京与豫”；南渡之后又生了多数的圣贤，而复终于“推手以少帝赴海，以玉玺与元矣。”又《年谱》中记习斋语云：

> 文章之祸，中于心则害心，中于身则害身，中于国家则害国家。陈文达曰，本朝自是文墨世界。当日读之，亦不觉其词之惨而意之悲也。

戴子高述《颜李弟子录》中记汤阴明宗室朱敬所说，意尤明白：

> 明亡天下，以士不务实事而囿虚习，其祸则自成祖之定《四书五经大全》始。三百年来仅一阳明能建事功，而攻者至今未已，皆由科举俗学入人之蔽已深故也。

这里的背景显然与清末甲申以至甲午相同，不过那时没有西学，只有走复古的一条路，这原是革新之一法，正如欧洲的文艺复兴所做的。“兵农钱谷水火工虞”，这就是后来提倡声光化电船坚炮利的意思，虽然比较的平淡，又是根据经典，然而也就足以吓倒陋儒，冲破道学时文的乌烟瘴气了。大约在那时候这类的议论颇盛，如傅青主在《书成化弘治文后》一篇文章里也曾这样说：

> 仔细想来，便此技到绝顶要他何用？文事武备暗暗底吃了他没影子亏，要将此事算接孔孟之脉，

真恶心杀，真恶心杀。

这个道理似乎连皇帝也明白了，康熙二年上谕八股文章与政事无涉，即行停止，但是科举还并不停，到了八年八股却又恢复，直到清末，与国祚先后同绝。民国以来康梁的主张似乎是实行了，实际却并不如此。戊戌前三十年戴子高赵扐叔遍索不得的颜李二家著述，现在有好几种版本了，四存学会也早成立了，而且我们现在读了《颜氏学记》也不禁心服，这是什么缘故呢[③]？从一方面说，因为康梁所说太切近自己，所以找了远一点旧一点的来差可依傍，——其因乡土关系而提倡者又当别论。又从别一方面说，则西学新政又已化为道学时文，故颜李之说成为今日的对症服药，令人警醒，如不佞者盖即属于此项的第二种人也。

颜习斋尝说："为治去四秽，其清明矣乎，时文也，僧也，道也，娼也。"别的且不论，其痛恨时文我觉得总是对的。但在《性理书评》里他又说，"宋儒是圣学之时文也"，则更令我非常佩服。何以道学会是时文呢？他说明道，"盖讲学诸公只好说体面话，非如三代圣贤一身之出处一言之抑扬皆有定见。"傅青主也尝说，"不拘甚事只不要奴，奴了，随他巧妙刁钻，为狗为鼠而已。"这是同一道理的别一说法，朱子批评龟山晚年出处，初说做人苟且，后却比之柳下惠，习斋批得极妙：

> 龟山之就召也，正如燕雀处堂，全不见汴京亡，徽钦虏，直待梁折栋焚而后知金人之入宋也。朱子之论龟山，正如戏局断狱，亦不管圣贤成法，只是随口臧否，驳倒龟山以伸吾识，可也，救出龟山以全讲学体面，亦可也。

末几句说得真可绝倒，是作文的秘诀，却也是士大夫的真相。习斋拈出时文来包括宋儒——及以后的一切思想文章，正是他的极大见识。至于时文的特色则无定见，说体面话二语足以尽之矣，亦即青主所谓奴是也。今人有言，土八股之外加以洋八股，又加以党八股，此亦可谓知言也。关于现今的八股文章兹且不谈，但请读者注意便知，试听每天所发表的文字谈话，有多少不是无定见，不是讲体面话者乎？学理工的谈教育政治与哲学，学文哲的谈军事，军人谈道德宗教与哲学，皆时文也，而时文并不限于儒生，更不限于文童矣，此殆中国八股时文化之大成也。习斋以时文与僧道娼为四秽，我则以八股雅片缠足阉人为中国四病，厥疾不瘳，国命将亡，四者之中时文相同，此则吾与习斋志同道合处也。

《性理书评》中有一节关于尹和靖祭其师伊川文，

习斋所批首数语虽似平常却很有意义，其文曰：

> 吾读《甲申殉难录》，至“愧无半策匡时难，惟馀一死报君恩”，未尝不泣下也，至览和靖祭伊川“不背其师有之，有益于世则未”二语，又不觉废卷浩叹，为生民怆惶久之。

习斋的意思似乎只在慨感儒生之无用，但其严重地责备偏重气节而轻事功的陋习，我觉得别有意义。生命是大事，人能舍生取义是难能可贵的事，这是无可疑的，所以重气节当然决不能算是不好。不过这里就难免有好些流弊，其最大的是什么事都只以一死塞责，虽误国殃民亦属可恕。一己之性命为重，万民之生死为轻，不能不说是极大的谬误。

那种偏激的气节说虽为儒生所唱道，其实原是封建时代遗物之复活，谓为东方道德中之一特色可，谓为一大害亦可。如现时日本之外则不惜与世界为敌，欲吞噬亚东，内则敢于破坏国法，欲用暴烈手段建立法西斯[④]派政权，岂非悉由于此类右倾思想之作祟欤。内田等人明言，即全国化为焦土亦所不惜，但天下事成败难说，如其失败时将以何赔偿之？恐此辈所准备者亦一条老命耳。此种东方道德在政治上如占势力，世界便将大受其害，不得安宁，假如世上有黄祸，吾欲以此当之。虽然，这只是说日本，若在中国则又略有别，至今亦何尝有真气节，今所大唱而特唱者只是气节的八股罢了，自己躲在安全地带，唱高调，叫人家牺牲，此与浸在温泉里一面吆喝“冲上前去”亦何以异哉。清初石天基所著《传家宝》中曾记一则笑话云：

> 有父病延医用药，医曰，病已无救，除非有孝心之子割股感格，或可回生。子曰，这个不难。医去，遂抽刀出，是时夏月，逢一人赤身熟睡门屋，因以刀割其股肉一块。睡者惊起喊痛，子摇手曰，莫喊莫喊，割股救父母你难道不晓得是天地间最好的事么？

此话颇妙，习斋也生在那时候，想当同有此感，只是对于天下大约还有指望，所以正经地责备，但是到了后来，这只好当笑话讲讲，再下来自然就不大有人说了。六月中阅《学记》始写此文，到七月底才了，现在再加笔削成此，却已过了国庆日久矣了。

（二十二年十月）

【钟校】

① 1933. 10. 25 刊《大公报》。

②“清末民初”，原作“明末清初”。

③“什么缘故呢”，“呢”原作“昵”。

④“法西斯”，原无“斯”字，今增。

兰学事始[1]

◇1933.11

◇夜读抄

在十一二年前日本菊池宽发表一篇小说，题名《兰学事始》，叙述杉田玄白与前野良泽苦心译读和兰解剖学书的事，为菊池集中佳作之一。《兰学事始》本来是一部书名，杉田玄白八十三岁时所著，小说里所讲的大抵全以此为根据，明治初年此书虽曾刻木，已不易得，近来收入“岩波文库”中始复行于世，价才金二十钱也。所谓兰学本指和兰传来的医学，但实在等于中国的西学一语，包含西洋的一切新知识在内。十六世纪以来葡西至日本互市传教，日人称之曰南蛮，和兰继之，称曰红毛，及德川幕府实行锁国，严酷的禁止信教，其后只剩下和兰一国继续通商，地点也只限于长崎一处，于是和兰的名号差不多成为西洋的代表了。在长崎出岛地方有一所阿兰陀馆，和兰每年派一位甲必丹来住在那里，仿佛是一种领事，管理交易的事，有官许的几个“通词”居间翻译，在那时候通词便是唯一的西洋语贮藏所，可是这也只能说话，因为文字的学习是犯禁的，有人著了一部《红毛谈》，内里画了字母的形象，便为政府所禁止没收。但是求知识的人总想往这方面求得出路，有些医生由通词间接的去学几个“兰方”，有些学者如青木昆阳跑到长崎去请通词口授，学了五百馀言的和兰话回来。当时社会称此类具眼之士曰豪杰，野上臼川云，元龟天正（一五七〇至九一）的时代持长枪的豪杰横行于天下，享保（一七一六至三五）以后的豪杰则从长崎通词家里秘密的得到 Wordenbook（字典），想凭此以征服不思议的未知世界。青木昆阳即是这豪杰之一，前野良泽乃是昆阳的弟子也。

前野良泽生于一七二三年，世代业医，年四十七始就昆阳学和兰语，次年往长崎，于昆阳所授五百言外又诵习二百馀言，并得字书及《解剖图志》以归。又次年为明和八年（一七七一），三月四日与杉田玄白等至千住骨之原刑场“观脏”，见其一一与图志符合，遂定议起手翻译。杉田亦世医，偶得图志阅之，与汉医旧说大异，及实验后乃大服，提议译述刊行以正缪误，唯不通兰语，推前野为译主，约期集会，时前野年四十九，杉田三十九也。《兰学事始》卷上纪其事曰：

> 次日集于良泽家，互语前日之事，乃共对 Tafel Anatomia（案即 Tabulae Anatomicae）之书，如乘无舵之舟泛于大海，茫洋无可倚托，但觉茫然而已。唯良泽对于此道向曾留意，远赴长崎，略知兰语并章句语脉间事，年长于予者十岁，乃定为盟主，亦即奉为先生。予则即二十五字亦尚未识，今忽然发起此事，乃亦学习文字并诸单语焉。
>
> 译述此书应如何下手，先加以讨论，如从内象起则必难了解，此书最初有俯伏全象之图，此为表部外象之事，其名称皆所熟知，取图说记号并合研究差可着手，遂决定从此处下笔，即《解体新书》之形体名目篇是也。其时对于 de（英文 the）、het（the，又代名词）、als（as）、welk（which）等诸词，虽略有记诵，然不能仔细辨解，故常读之不解所谓。如眉者生于目上之毛也一句，尽春天的长昼终未明瞭，苦思直至日暮，互相睨视，仅只一二寸的文章终于一行不能解。又一日读至鼻者佛耳黑芬特者也，此语亦不可

> 解，众共讨索此应作何解，实无法可通。其时亦无字典之类，唯良泽从长崎购得一简略小册，共检之，在 Verh ffend 一语下注云，树枝断处，其处佛耳黑芬特，又扫院落时，尘土聚集而佛耳黑芬特也。此是何义，又苦思强解如前，亦终未明。予思树枝断处接合则稍高，又扫地时尘土积聚亦成堆，鼻在面上正是堆起之物，然则佛耳黑芬特或即堆积之意。予遂言此语译作堆积何如，众人闻言甚以为然，遂决定如此译。此时喜悦之情无可比喻，大有获得连城之璧之概焉。……然语有之，为事在人，成事在天，如此苦心劳思，辛勤从事，每月凡六七会，每会必集，一无倦怠，相聚译读，所谓不昧者心，凡历一年馀，译语渐增，对于彼国事情亦渐自瞭解，其后如章句疏朗处一日可读十行以上，别无劳苦而能通其意义矣。

福泽谕吉序云：

> 书中纪事字字皆辛苦，其中关于明和八年三月五日在兰化先生宅，对 Tafel Anatomia 之书，如乘无舵之舟泛于大洋，茫洋无可倚托，但觉茫然云云以下一节，我辈读之察先人之苦心，惊其刚勇，感其诚挚，未尝不感极而泣。迂老与故箕作

秋坪氏交最深。当时得其抄本，两人对坐，反复读之，至此一节，每感叹呜咽②无言而终以为常。

此并非夸诞之词，求知识者的先驱的言行十分有悲壮的意味，《兰学事始》不仅是医学史文献上一小册子，在日本现代文化发展上更有重大意义者也正以此。前野宅的翻译事业经过四年的岁月，杉田笔述，凡前后十一易稿，成《解体新书》四卷，于安永三年（一七七四）出版，实为日本西学译书之始。在十五年前即宝历九年（一七五九）山胁东洋看了刑尸的解剖，作《藏志》一卷，凡剥胸腹图、九藏前面图、九藏背面图、脊骨侧面图共四图，中有云“向者获蛮人所作骨节剐剥之书，当时碌碌不辨，今视之胸脊诸藏皆如其所图，履实者万里同符，敢不叹服”（原汉文），可见也曾参照西洋解剖图，不过因为不懂得文字故所知不深罢了。但是在医学史上也是一件重大的事情，疑古与实证的风气总是自此发动了。（据富士川游著《日本医学史纲要》。）

说到这里我们不能不想起中国医学界的“豪杰”玉田王清任先生来了。山胁的《藏志》出版于清乾隆二十四年，杉田的《解体新书》在乾隆三十六年，王清任的《医林改错》则在道光庚寅（一八三〇），比起来要迟了七十或五十多年了。但是他那精神却仍是值得记念，他那境遇也更值得怜悯。《医林改错》脏腑记叙中云：

> 自恨著书不明脏腑，岂不是痴人说梦，治病不明脏腑，何异于盲子夜行，虽竭思区画，无如之何。十年之久，念不少忘。至嘉庆二年丁巳（一七九七）余年三十，四月初旬游于滦州之稻地镇。其时彼处小儿正染瘟疹痢症，十死八九，无力之家多半用代席裹埋，代席者代棺之席也，彼处乡风更不深埋，意在犬食，利于下胎不死，故各义冢中破腹露脏之儿日有百馀。余每日压马过其地，初未尝不掩鼻，后因念及古人所以错论脏腑皆由未尝亲见，遂不避污秽，每日清晨赴其义冢就群儿之露脏者细视之，犬食之馀，大约有肠胃者多，有心肝者少，互相参看，十人之中看全不过三人，连视十日大约看全不下三十馀人。始知医书中所绘脏腑形图与人之脏腑全不相合，即件数多寡亦不相符。唯胸中膈膜一片其薄如纸，最关紧要，及余看时皆已破坏，未能验明在心下心上是斜是正，最为遗憾。

这样的苦心孤诣的确够得上算求知识者的模范了。但是，日本接连的有许多人，中国却只一个。日本的汉法医有到刑场观脏的机会，中国则须得到义冢地去。

日本在《藏志》之后有《解体新书》及其他，中国《医林改错》之后不知道有什么。这是二者之不同。听说杉田玄白用汉文译述《解体新书》，一半理由固然在于汉文是当时的学术语，一半也因为想给中国人看，因为日本文化多受中国的恩惠，现在发见了学术的真理，便想送过去做个报答。中国人自己不曾动手，日本做好了送来的也不曾收到，咸丰年间英国合信（Hudson）医士译了《全体新论》送来，也不知道有没有医生看，——大约只有一个王清任是要看的，不过活着已有八九十岁了，恐怕也不及看见。从这里看来中国在学问上求智识的活动上早已经战败了，直在乾嘉时代，不必等到光绪甲午才知道。然而在现今说这话，恐怕还不大有人相信，亦未可知。

（二十二年十一月）

【钟校】

① 1933. 11. 22 刊《大公报》。

② “感叹呜咽”,“呜” 原作 “鸣”。

听耳草纸[①]

◇1933.12

◇夜读抄

看本月份的日本民俗人类学小杂志 Dolmen（可以暂译作《窆石》罢?）的纪事，才知道佐佐木喜善氏已于九月二十八日病故了。我初次看见佐佐木的名字还是在一九一〇年，《远野物语》刚出版，柳田国男氏在序文里说：

> 此中所记悉从远野乡人佐佐木镜石君听来，明治四十二年二月以来，晚间常来过访，说诸故事，因笔记之。镜石君虽非健谈者，乃诚实人也，余亦不加减一句一字，但直书所感而已。

《远野物语》是在日本乡土研究上有历史意义的书，但在当时尚不易为社会所了解，故只印三百五十部，序中又云：

> 唯镜石君年仅二十四五，余亦只忝长十岁已耳，生于事业尽多之今世，乃不辨问题之大小，用力失其当，将有如是言者则若之何？如明神山之角鸱，太尖竖其耳，太圆瞪其目，将有如是责者则

又若之何？吁，无可奈何矣，此责任则唯余应负之也。

计算起来佐佐木氏的年纪现在也不过四十七八而已，才过了中年不久，所以更是可惜了。这二十年来他孜孜不倦的研究民俗，还是那样悃愊无华的，尽心力于搜集纪录的工作，始终是个不求闻达的田间的学者，这我觉得是顶可佩服的事。他的著作我现在所有的只有下列这几种：

一、《江刺郡昔话》（一九二二年）

二、《紫波郡昔话》（一九二六年）

三、《东奥异闻》（同上）

四、《老媪夜谭》（一九二七年）

五、《听耳草纸》（一九三一年）

末了这一种是六百页的大册，凡一百八十三目，三百三篇的故事，内容既甚丰富，方法尤极精密，可为故事集的模范。柳田氏序中提出两点云：

佐佐木君最初也同许多东北人一样，感觉发达到几乎多梦似的锐敏的程度，对于故事之太下流的部分当然予以割弃，又有依据主观而定取舍的倾向。后来却能差不多按住了自己的脾气，为了那绝无仅有的将来少数的研究者留下这样客观的纪录，那决不是自然的倾向，而是非常努力的结果。

向来讲故乡的事情的人往往容易陷于文饰，现在却能脱去，特别是在这方面趣味本来发达的人而能够如此自制，这实在是很不小的努力罢。这里的问题只在如此特殊的苦心将来的研究者能够怎样的感谢才好呢。我在当初《紫波郡昔话》及《老媪夜谭》成书的时候，一面常同情于这为人家所不知道的辛苦，一面也兼司警戒之役，怕这书不要成为佐佐木君个人的文艺了么。到了现在，我想这个警戒的必要已经没有了。假如可能，只能予这采集者以若干的馀裕，使他能将这样辛苦的集录成的东西自己先来玩味一下。此外则是，不只是有些单纯的共鸣者起于各地，乃是期望渐渐有人出来，用了和他大略相同的态度，把本地的故事尽量集录下来。

柳田氏所说的话实在可以作我们的当头棒喝。近年来中国研究民俗的风气渐渐发达，特别是在南方一带，搜集歌谣故事纪录风俗的书出来的很不少了，可是在方法上大抵还缺少讲究。集录歌谣的因为是韵语的关系，不能随便改写，还得保留原来的形状，若是散文故事那就很有了问题，减缩还要算是好的，拉长即是文饰之一种了，有时候同在话剧台上常要使用出旧戏的小丑或老生的表现法一样，增长故事里排调或方正的分子，这便成了所谓个人的文艺，而且又常常不是上好的一路，于是只好归入俗语的“文不像誉录生武不像救火兵”这类里去，正是画蛇添足点金成铁了。民间传述故事的时候往往因了说者的性质与爱好，一篇故事也略有变化的地方，不过那是自然变化，有如建筑刻石之为气候风雨所影响，是无可如何的事，若是搜集笔录的人不能够如实的记述，却凭了自己的才气去加以修饰，既失了科学的精严，又未能达到文艺的独创，那么岂不是改剜古碑的勾当，反是很可惜的么。还有一层，中国作这些工作的机关和人员都不能长久的继续，这或者是因为这些都属于官立机关的缘故亦未可知，总之像佐佐木那么耐得寂寞，孜孜矻矻的搜集民俗资料，二十年如一日的人，点了灯笼打了锣去找也找不到，这是实在的。民俗学原是田间的学问，想靠官学来支持是不成的，过去便是证明，希望他在中国能够发展须得卷土重来，以田间学者为主干，如佐佐木氏的人便是一个模范值得我们景仰的了。

（二十二年十二月）

【钟校】

① 1933.12.23 刊《大公报》。

习俗与神话[①]

◇1933.12.11

◇夜读抄

一九〇七年即清光绪丁未在日本，始翻译英国哈葛德安度阑二人合著小说，原名《世界欲》（*The World's Desire*），改题曰《红星佚史》，在上海出版。那时哈葛德的神怪冒险各小说经侯官林氏译出，风行一世，我的选择也就逃不出这个范围，但是特别选取这册《世界欲》的原因却又别有所在，这就是那合著者安度阑其人。安度阑即安特路朗（Andrew Lang，一八四四至一九一二），是人类学派的神话学家的祖师。他的著作很多，那时我所有的是《银文库》本的一册《习俗与神话》（*Custom and Myth*）和两册《神话仪式与宗教》（*Myth Ritual and Religion*），还有一小册得阿克利多斯牧歌译本。《世界欲》是一部半埃及半希腊的神怪小说，神怪固然是哈葛德的拿手好戏，其神话及古典文学一方面有了朗氏做顾问，当然很可凭信，因此便决定了我的选择了。“哈氏丛书”以后我渐渐地疏远了，朗氏的著作却还是放在座右，虽然并不是全属于神话的。

十九世纪中间缪勒博士（Max Müller）以言语之病解释神话，一时言语学派的势力甚大，但是里边不无谬误，后经人类学派的指摘随即坍台，人类学派代之而兴，而当初在英国发难者即是朗氏。据路易斯宾思（Lewis Spence）的《神话概论》引朗氏自己的话说，读了缪勒的书发生好些疑惑：

> 重要的理由是，缪勒用了亚利安族的言语，大抵是希腊拉丁斯拉夫与梵文的语源说，来解释希腊神话，可是我却在红印第安人，卡非耳人，爱思吉摩人，萨摩耶特人，卡米拉罗人，玛阿里和卡洛克人中间，都找到与希腊的非常近似的神话。现在假如亚利安神话起源由于亚利安族言语之病，那么这是很奇怪的，为甚在非亚利安族言语通行的地方会有这些如此相像的神话呢。难道是有一种言语上的疹子，同样地传染了一切言语自梵文以至却克多语，到处在宗教与神话上留下同样的难看的疤痕的么？

在语言系统不同的民族里都有类似的神话传说，说这神话的起源都由于言语的传讹，这在事实上是不会有的。不过如言语学派的方法既不能解释神话里的那荒唐不合理的事件，那么怎样才能把他解释过来呢？朗氏在《习俗与神话》的第一篇《论民俗学的方法》中云：

> 对于这些奇异的风俗，民俗学的方法是怎样的呢？这方法是，如在一国见有显是荒唐怪异的习俗，要去找到别一国，在那里也有类似的习俗，但是在那里不特并不荒唐怪异，却与那人民的礼仪思想相合。希腊人在密宗仪式里两手拿了不毒的蛇跳舞，看去完全不可解。但红印第安人做同样的事，用了真的响尾蛇试验勇气，我们懂得红人的动机，而且可以猜想在希腊人的祖先或者也有相类的动机存在。所以我们的方法是以开化民族的似乎无意义的习俗或礼仪去与未开化民族中间所有类似的而仍留存着原来意义的习俗或礼仪相比较。这种比较上那未开化的与开化的民族并不限于同系统的，也不必要证明他们曾经有过接触。类似的心理状态发生类似的行为，在种族的同一或思想礼仪的借用以外。

《神话仪式与宗教》第一章中云：

> 我们主要的事是在寻找历史上的表示人智某一种状态的事实，神话中我们视为荒唐的分子在那时看来很是合理。假如我们能够证明如此心理状态在人间确是广泛的存在，而且曾经存在，那么这

种心理状态可以暂被认为那些神话的源泉，凡是现代的心地明白的人所觉得难懂的神话便都从此而出。又如能证明这心理状态为一切文明种族所曾经过，则此神话创作的心理状态之普遍存在一事将可以说明此类故事的普遍分布的一部分理由。

关于分布说诸家尚有意见，似乎朗氏所说有太泛处，唯神话创作的心理状态作为许多难懂的荒唐故事解释的枢机大致妥当，至今学者多承其说，所见英人讲童话的书亦均如此。同书第三章论野蛮人的心理状态，列举其特色有五，即一万物同等，均有生命与知识，二信法术，三信鬼魂，四好奇，五轻信，并说明如下：

我们第一见到的是那一种渺茫混杂的心境，觉得一切东西，凡有生或无生，凡人，兽，植物或无机物，似乎都有同样的生命情感以及理知。至少在所谓神话创作时期，野蛮人对于自己和世间万物的中间并不划出强固的界线。他老实承认自己与一切动物植物及天体有亲属关系，就是石头岩石也有性别与生殖力，日月星辰与风均有人类的感情和言语，不仅鸟兽鱼类为然。

其次可注意的是他们的相信法术与符咒。这

世界与其中万物仿佛都是有感觉有知识的，所以听从部落中某一种人的命令，如酋长，术士，巫师，或随你说是谁。在他们命令之下，岩石分开，河水干涸，禽兽给他们当奴仆，和他们谈话。术士能致病或医病，还能命令天气，随意下雨或打雷。希腊人所说驱云的宙斯或亚坡罗的形容词殆无不可以加于部落术士之上。因为世间万物与人性质相通之故，正如宙斯或因陀罗一样术士能够随意变化任何兽形，或将他的邻人或仇人变成兽身。

野蛮人信仰之别一特相与上述甚有关系。野蛮人非常相信死人鬼魂之长久的存在。这些鬼魂保存许多他们的旧性，但是他们在死后常比生存在世时性情更为凶恶。他们常听术士的号召，用他们的忠告和法力去帮助他。又如上文所说因为人与兽的密切的关系，死人的鬼魂时常转居于动物身内，或转变为某种生物，各部落自认为与有亲属的或友谊的关系者是也。如普通神话信仰的矛盾的常态，有时讲起鬼魂似住在另一鬼世界里，有时是花的乐园，有时又是幽暗的地方，生人偶然可到，但假如尝了鬼的食物那便再不能逃出来了。

与精灵相关的另有一种野蛮哲理流行甚广。一切东西相信都有鬼魂，无论是有生或无生物，又凡一个人的精神或气力常被视为另一物件，可以寄托在别的东西里，或存在自身的某一地方。人的气力或精神可以住在肾脏脂肪内，在心脏内，在一缕头发内，而且又还可以收藏在别的器具内。时常有人能够使他的灵魂离开身体，放出去游行给他去办事，有时化作一鸟或别的兽形。

好些别的信仰尚可列举，例如普通对于友谊的或保护的兽之信仰，又相信我们所谓自然的死大抵都是非自然的，凡死大抵都是敌对的鬼神或术士之所为。从这意见里便发生那种神话，说人类本来是不会死的，因为一种错误或是过失，死遂被引入人间来了。

野蛮人心理状态还有一特相应当说明。与文明人相像，野蛮人是好奇的。科学精神的最初的微弱激动已经在他脑里发作，他对于他所见的世界急于想找到一种解说。但是，他的好奇心有时并不强于他的轻信。他的智力急于发问，正与儿童的脾气相同，可是他的智力又颇懒惰，碰到一个回答便即满足了。他从旧传里得到问题的答案，或者有一新问题起来的时候，他自己造一个故事来作回答。正如梭格拉底在柏拉图问答篇内理论讲不通时便想起或造出一篇神话来，野蛮人对于他自己所想到的各问题也都有一篇故事当作答案。这些故事所以可以说是科学的，因为想去解决许多宇宙之谜。这又可以说是宗教的，因为这里大抵有一超自然的力，有如戏台上的神道，出来解决问题的纠结。这种故事所以是野蛮人的科学，一方面又是宗教的传说。

朗氏解释神话的根据和方法大概如是，虽然后来各家有更精密或稍殊异的说法，因为最早读朗氏之说，印象最深，故述其略，其他便不多说了。朗氏主要的地位在于人类学及考古学，但一方面也是文人。华扣（Hugh Walker）在所著《英国论文及论文家》第十二章中有一节说得很好，今全抄于后：

安特路朗是这样一个人，他似乎是具备着做一个大论文家所需要的一切材力的。他的知识愈广，论文家也就愈有话说，而朗氏在知识广博上是少有人能够超越过他的了。他是古典学者，他关于历史及文学很是博览，他擅长人类学，他能研究讨论鬼与巫术。他又是猎人，熟悉野外的生活不亚于书房里的生活。在他多方面的智力活动的范围内，超越他过的或者有几个人，却也只有几个人。两三个人读书或更广博，两三个人或者更深的钻到苏格阑历史的小径里去。但是那些有时候纠正他的专门家却多不大能够利用他们优长的知识。而且即使他们的知识在某一点占了优势，但在全体上大抵总很显得不及。朗氏有他们所最缺乏的一件本事，即是流利优雅的文体。他显示出这优胜来无过于最近所著的一本书即《英国文学史》。要把这国文学的故事紧缩起来收在一册不大的书里，而且又写得这样好，每页都漂亮可读，这实在是大胜利。这册书又表明朗氏有幽默的天才，在论文家这是非常重要的。这里到处都可看出，他并不反对，还简直有点喜欢，发表他个人的秘密。读他的书的人不久便即明瞭，他是爱司各得的，还爱司各得的国，这也就是他的故国，他又对于鬼怪出现的事是很有兴趣的。总而言之，朗氏似乎满具了论文家应有的才能了。但是我们却得承认，当作一个论文家来说他是有点缺恨的。题材虽然很多变化，风格很是愉快，可是其间总缺少一点什么东西，不能完全成功。无论我们拿起那一本书来，或《小论文》，或《垂钓漫录》，或《失了的领袖》，或《与故文人书》，读后留下的印象是很愉快的，但是并不深。

这些不是永久生存的文学，在各该方面差不多都有超过他的，虽然作者的才能或反不及朗氏。这一部分的理由的确是因为他做的事情太多。他的心老是忙着别的事情，论文只是他的副产物。这些多是刊物性的，不大是文学性的。恐怕就是兰姆的文章也会得如此，假如他一生继续的在那里弄别的大工作。

英国批评家戈斯在论文集《影画》（*Edmund Gosse Silhouettes*）中论朗氏的诗的一篇文章上也说："他有百十种兴趣，这都轮流的来感发他的诗兴，却并没有一种永久占据他的心思，把别种排除掉，他们各个乃是不断的重复出现。"这所说的与上文意思大旨相同，可知华扣的褒贬是颇中肯的。当作纯粹文人论，他的不精一的缺点诚然是有，不过在我个人的私见上这在一方面也未始不是好处，因为那有多方面的知识的文章别有一种风趣，也非纯粹文人所能作；还有所谓钻到学术的小径里去的笔录，离开纯文艺自然更远一步了，我却也觉得很是喜欢的。朗氏著作中有一卷《历史上的怪事件》（*Historical Mysteries*），一共十六篇，我从前很喜欢看以至于今，这是一种偏好罢，不见得有人赞同[②]，对于日本森鸥外的著作我也如此，他的《山房札记》以及好些医家传也是我所常常翻看的，大约比翻看他的小说的时候还要多一点也未可知。

朗氏的文学成绩我一点都不能介绍，但在《世界欲》的书里共有诗长短约二十首，不知怎么我就认定是他的手笔，虽然并无从证明哈葛德必不能作，现在仍旧依照从前幼稚的推测，抄录一二首于下，以见一斑。这一首在第二篇[3]第五章《厉祠》里，是女神所唱的情歌，翻译用的是古文，因为这是二十六七年前的事了。

婉婉问欢兮，问欢情之向谁，
相思相失兮，惟夫君其有之。
载辞旧欢兮，梦痕溘其都尽，
载离长眠兮，为夫君而终醒。
恶梦袭斯匡床兮，深宵见兹大魅，
曼汝欢以新生兮，兼幽情与古爱。
胡恶梦大魅为兮，惟圣且神，
相思相失兮，忍予死以待君。

又一首见第三篇第七章《阿迭修斯最后之战》中，勒尸多列庚（Laestrygon）蛮族挥巨斧作战歌，此名见于荷马史诗，学者谓即古代北欧人，故歌中云冬无昼云云也。

勒尸多列庚，是我种族名。

吾侪生乡无庐舍，冬来无昼夏无夜。
海边森森有松树，松枝下，好居住。
有时趁风波，还去逐天鹅。
我父希尼号狼人，狼即是我名。
我挐舟，向南泊，满船载琥珀。
行船到处见生客，赢得浪花当财帛。
黄金多，战声好，更有女郎就吾抱。
我语汝，汝莫嗔，会当杀汝堕城人。

[附记][4]　民国二十年冬曾写过一篇《习俗与神话》寄给东方杂志社预备登在三月上旬的报上，不久战事起，原稿付之一炬，这两年来虽然屡次想补写，却总捏不起笔来，而且内容也大半忘记，无从追忆了。这回决心重写，差不多是新作一样，因为上述关系仍列为第三[5]。

（二十二年十二月十一日于北平）

【钟校】

①1934.1刊《青年界》5卷1号。

②“不见得有人赞同”，原无“得”，今增。

③“第二篇”，“篇”原作“编”。

④“附记”为收入《夜读抄》时所加。

⑤“仍列为第三”，指在收入《夜读抄》时列为第三篇。

知堂書話

五

周作人 著文

锺叔河 编订

岳麓書社 · 长沙 · 二〇一六

第五册目录

见店头监狱书所感[①]

◇1907. 11

◇集外文

俄人克罗颇特庚以革命党人下狱二年，遁居法国，又以里昂之狱幽囚五载，尝著《俄法狱中记》十章述其事，多写凶惨之实及西伯利亚萨哈嗹流人诸状，读之惨然令人无欢。书次就所札记综而绎之为《监狱与囚人之道德影响》一章，终结之曰，狱不能化人于善，即云止恶，亦弗可得也。第十章承此设问，研究狱之需否，其言颇繁，今撮大旨于此曰：

罪非罪也，当曰人事之病。治之已往，不若止于未形。学者讨论所得犯罪之故，析其因缘，可为三支：一曰缘于人事者，二曰根于气候者，三曰属于生理者。三者之中，末为最重。顾内因殊常[②]，缘为罪种，神志凌乱，易生杀机，果也。第天壤之间，林林众生，不乏其似，而或勿尔者，是则虽有内因[3]，亦必与外缘相应，而后始发。故惟善处之，顺其外界，使无拂逆以婴之者，则罪自可免。吾闻支那之民，聚族而居，人皆夙稔。道义相切磋，患难相扶持，故罪鲜见焉。（原注：惟山鄙内地为然，非海市比也。）今使诚能推而广之，人合互助，斯非徒图圄可废，虽以致升平可也。

克氏为自然学名家，以互助言无政府，今亦以言监狱，末学罔识，固莫能断其是非，第姑妄言之，则他且无论。特狱之为物不祥[4]，仁人所不乐言，更何必需之有？顾吾适市，乃见有书累累，标志狱务，皆留学生之所为者，则又何耶[5]？国人远适求学，不有大愿，流连荒亡，及于殂落，斯亦已耳，何监狱之足道。且士纵不肖，将假一技博升斗以糊口，虽执鞭犹可为，奚必与伍伯争囚粮之馀粒耶？夫欧西号文明，狴犴之设，托词化善，君子犹或非之；若吾国监牢，更何物耶？不过囚系生人，以备屠宰，笼槛森然，犹屠人之栈豕耳！使涉足其间，联念所及，当立有血泊刀光之景[6]，来袭灵台，令生恶感。而吾学子诸君，胡独津津乐道之？予不知著者执笔，偶尔成章，宁蚩蚩之信无心，抑将一斑自见，愿得备使嗾，以走狗自效，比于伏阙上书者之忠悫乎？未可知也。

嗟夫！庸夫徇利，莫或自惜。饥寒之切身，与性灵之束物，在常人视之，固有彼重于此者矣。吾昔至北京，见一郎子，傅粉熏香，嫣然巧睐者，都人字之曰“像姑”，翩然不自以为愧，此亦人生之最可哀者矣。虽然，哀其遇，故未尝有贱恶之心。极人间至愚，执至贱之业者，其惟助长淫昏，乐事刑辟之诸子乎！即使情实未形，莫定厥忒，然而不根恶见，曷有凶音，诛心之律，其又何以逃焉。

【钟校】

① 1907.11 刊《天义报》11、12 期。

②“顾内因殊常”,“因”原作“景”。

③“虽有内因”,“因”原作“株”。

④“特狱之为物不祥”,“祥”原作“详”。

⑤“则又何耶”,“则”原作“列”。

⑥“血泊刀光之景”,“泊”原作“箔”。

书籍绍介：幼稚用书[①]

◇1913.12
◇集外文

《幼稚唱歌》《幼稚游戏》，并胡君复著，商务印书馆出板，各二册，每册价一角。

当此幼稚教育荒落不讲之时，得见此书，可谓空谷足音矣。且以实质言，亦不失为佳著。但所短者，在著者不知儿童歌谣游戏之性质，又好自造作，如言“儿歌者，纯乎天者也”，而又斥里老村妪之所讴吟，引为大忌，不知其即为“纯乎天”之儿歌。次又以童谣为“非大文学家勿能”，不知其与儿歌二而一也。

且儿歌之用，贵在自然，今率意造作，明著教训，斯失其旨。然其沿用旧词以成者，要自佳胜，如《幼稚游戏》中之“借火”“牵牛”“指纹”“乡女”等，皆妙得自然，胜于文明合群之词远矣。家庭之中，购置一编，审择用之，亦足以怡悦儿童，补“山里[2]果子联联串”之缺也。

【钟校】

① 1913.12.15刊《绍兴县教育会月刊》3号，为分段标点，并于题后加“幼稚用书”四字。

②“山里”原作“山裏”。

书籍绍介：广学会书[①]

◇1914. 6. 20

◇集外文

上海广学会以书籍来展览于承天学校，一往观焉。寄售英文多佳书，但一先令作洋七角，价乃稍贵。馀皆其会中出版，如《进化论》《观物博异》等皆佳。去年所出诸书，改用洋装，尤觉精善。译文达雅，读之大可益知。一外国教会之事业，乃视全中国书肆所为，尤优胜也。

《格物概论》 汤穆森著，原名《科学导言》，价五角，为英国“家庭大学丛书”中首册。内分八章，论科学之观念、目的、规则、分类，及与哲学美术宗教之关系，末章综论其效用，读之可知学术之大意。且吾人平日思想纰缪，观察颠倒，今于此书，可得教训不少。又有《宇宙进化论》，亦译汤氏原著，价三角。

《生命世界》 英国华丽士著。华氏发见进化之理，与达尔文同时，惟其说不专重物质，仍主灵气。虽赫胥黎克洛特一派极攻击之，而华氏持之有故，别自立一帜。此书凡分二十章，通论生物进化之理，仍执守其前说，为千九百十年著，盖其晚年自表其意之作也。价五角。

《托氏宗教小说》 托尔斯多为俄国文人，晚岁笃信宗教，以化世善俗为务，所著短篇小说，多寄此意。兹集译其佳者，虽多含教旨，而文情佳胜，读之可以怡情养性。惟译文少生硬，如圣书体，则译者乃西人，自不足怪。然较文如史汉而颠倒讹错失其本谊者，犹为愈也。价四角。

此外有“家庭大学丛书”译本甚多，如迈尔斯之《史源》，狄克逊之《气象学》，皆佳。

【钟校】

① 1914.6 刊《绍兴县教育会月刊》9 号。

读书论[1]

◇1914.10

◇集外文

中国近来新出书籍，读不胜读，亦读无可读也。见德人淑本好尔《读书论》，有足备省鉴者，采译其言作是篇。

天下文章，是分二道，殊途并进，两不相知，一真而一幻也。真者，贤哲之士为文章学术而生者治之，其进以渐，统欧洲全区，百年之间，仅可[2]得十书，顾皆天下至文，永久传世。幻者，庸众之人以文章学术而生者治之，其进也骤，张皇号召，声动一世，一岁之中，得书千馀，第不阅十稔，更问其书何在，昔日大名今复焉在，则去之已久，亡也忽焉。唯真与幻，一久一暂，正相对待，有如此也。

昔者希腊史家海罗陀多思记言，克塞耳绥思尝阅兵，其数不可计极，乃潸然泣下[③]，念是千万人，不及百年将更无一存也。今若披通行书目，见是中书籍将十年而尽亡，言念及此，更焉得不流涕耶。

文字之域，芜杂不异人间。人若涉足尘世，当见顽愚群众，到处麇集，挠害万物，如夏日青蝇。唯恶书亦然，其在著作林中，若田有蔓草，夺良苗之膏泽而阻其长。是复垄断天下人之财货光阴精神智力，悉聚于己[④]，使无暇以及他书。故庸劣之书，非特无用，且为大害，试观近世著作，十九皆是，推其原旨，第欲得钱耳，文人书估，朋比为奸，以欺世人。更有进者，佣书卖文之徒，不知醇美趣味与时代文明，俨为文苑领袖，教世人以趋时，使读最新之书，以为社交谈助，而己以是得阴售其志。如斯宾特勒、笠顿希和之属，著述浩瀚，有名一时，皆其类也。己则利矣，而读者迫于时尚，强使日诵庸书，不遑休息，斯大可哀悯者耳。著者既皆庸凡，复为金资而动，故其数亦至众。天下之人以读其书故，于古今杰作转致荒废，但知其名而已。

欲救其敝，不读一法最为切要，是在独立主见，不妄读书。无论[⑤]政治宗教诗歌小说，毋以群众欣赏，名震一时，一年而数易板，遂取诵之。须知恶俗之书，为愚人而作者，恒得多数赞美也。但当诵习贤哲著作，其思想感情超越古今，悠久不朽者，斯乃足为教益耳。吾人读书，恒患多逢恶札，鲜见佳本。恶书者，精神之鸩毒，其害及于心思。人欲读佳书，当从不读恶书始。何者？盖人生实短，而时光精力皆有所限也。

【钟校】

① 1914. 11 刊《绍兴教育杂志》1 期，今予分段标点。

②“仅可得十书”,“仅可”二字原倒错，今乙正。

③“潸然泣下”,“潸然”原作“潜然”。

④“悉聚于己”,“己”原均作“已”，下同。

⑤“无论”，原作“无间”。

越中游览记录[①]

◇1916.2

◇集外文

张陶庵作《梦忆》，瓯山金氏本旧序云，兹编载方言巷咏、喜笑琐屑之事，然略经点染，便成至文，读者如历山川，如睹风俗，如瞻宫阙宗庙之丽，殆与《采薇》《麦秀》同其感慨而出之以诙谐者欤？其书杂记江南风物，越中故实不及三之一焉，然以文言道俗情，并冷爽绝伦，如握冰雪。读《龙山放灯》《越俗扫墓》诸篇，每为神往，想见明季奢华之状，令人感慨系之。原书一卷，金氏刻入《砚云甲编》，王纯生所得钞本凡百二十五篇，始厘定为八卷，即粤雅堂本所自出，虑亦已非本来之旧。《谭复堂日记》云，在娱园见王见大所刻《梦忆》，甚工雅，伍氏《粤雅堂丛书》犹有阙失。余幼时数游娱园，惜未得见，今秦氏图书散失都尽，不可[2]究诘矣。

王季重著《文饭小品》，其浙江游览记中有《先后游吾越诸胜记》一篇，记卧龙、炉峰、柯岩、吼山、禹庙、六陵等之游，凡二十六则，语极清妙。其评吼山曰恫疑虚愒，又称柯山石宕为此山川入无间地狱者，皆有识力。唯禅机谐语，时作凡响，是则明人山林习气，谑庵亦未能免俗耳。

《萝庵游赏小志》一卷，李慈铭著，番禺沈氏晨风阁校刊，为《晨风阁甲集》之一，而书目集中不列此种，不知何以析出单行。所记游览，始自道光庚子，终于咸丰己未，于湖塘风物之美尤三致意。自序云，同治壬戌，客居京师，涕泪幽忧中，间取昔来游赏之事一一志之，冀假虚沤以沫枯鱼，设寓食以起饿隶，后有览者，不其[3]悲乎。盖亦陶庵"梦忆""梦寻"之志，读之正自怃然令人起今昔之感也。

祁忠惠公著《越中园亭记》六卷，山阴杜氏编为忠惠集第八卷。末有樊廷绪题识云，此本予得之门人何南湖，南湖得之所亲祁氏。以无刻本故，乾隆间修府志，不之采入，予故宝而藏之，一以见幼文先生之性情，二以备府志之遗忘。案嘉庆《山阴志》书籍门中录有此记，亦正樊君所采访者也。宣统末《绍兴公报》附登此记，为《越中文献辑存》书之九，所据似别一抄本。原记卷六末有城北未游园五处，但文大半残缺，辑存本未列，且雠校亦未尽善，惟卷末缺文稍可互相补正。东海郁蓝生旧序，据杜君按，郁蓝生为馀姚吕天成别号，天成著有《越园纪略》，见孙月峰《居业次编》，是篇当即吕氏自序，忠惠取以附载书中，非为此记而作。闻此记与《寓山注》皆曾刻有单行本，似系安越堂平氏所刊，但亦未得一见之也。

【钟校】

① 1916. 2. 20 刊《绍兴教育杂志》12 期。

② 此处原衍“不”字，已删。

荷马史诗[①]

◇1916.6

◇集外文

希腊诃美洛思，旧译荷马，著有史诗二篇，为欧土最古之诗歌，今人多撮录其本事，以教童蒙。近林琴南从英人包尔温氏本译为华言，曰《秋镫谭屑》。其一云《织锦拒婚》，述阿迭修斯之归家；其二云《木马灵蛟》，即伊里翁隳城之事也[②]。古代异域之书，多以神话为之基本，其意隐晦，不能即憭，则率以神怪二字了之，以为文人好作荒唐之言，本无可稽也。实则神话之作，本自天成，其所依据，乃在民族之信仰及习俗，故神话与宗教相系至密。生民监于自然之神秘，自由畏敬而生拜物思想，生死老病之无常[③]，形影梦幻之不测，而精灵信仰益以完具。当此之时，如为述故事，相告语曰，有神降于庭，鬼哭于野，木石能言，人兽为婚，当无不信者，以与其所信者合也。逮文化渐进，政教改易，而旧说流传，犹仍其故，后世之人，乃至读之莫明其指，此神话之所由多误会也。自英人阑士以人类学法解释神话，乃始了然，其法以当世蛮荒之礼俗[4]，印证上古之情状，而知凡是荒唐之言，皆本根于事实。能得此意，则读神怪之书，自当别有会心，而不以其稚气与妄言为可嫌矣。如史诗言伊里翁太子巴里斯牧羊于伊陀山中，阿迭修斯归时太上皇赖耳台斯方耕田宫外，率尔一读，宁不可笑？要知当时之王，无以胜于今日之酋长，则其躬自耕牧，亦何足怪。更视诗语，非特不觉唐突，且反愈益趣味深长矣。

英国麦恺洛克著《小说之起源》，哈德阑著《童话之科学》，阐陈此谊，至为浅显。欲明古文学中神话传说之意义者，于此求之，有馀师矣。

【钟校】

① 1916.6 刊《叒社丛刊》3 期。

②“隳城之事也”,“隳”原作“堕”。

③“生”字前原衍“先”字，已删。

④“以当世蛮荒之礼俗”,“以”原作“之”。

脂团与人生[①]

◇1917. 8. 28

◇集外文

莫氏最著名之作为《脂团》，为其最初所作，与陶台、淑拉诸家小品同登短篇集《末丹夜话》中。

脂团者，路安之倡女。当普法之战，普占路安，有绅商及家属与二尼一民党及脂团共乘一车，避难他往。晚宿旅次，其地有普鲁士兵官驻守，召脂团侍寝，女拒之，众亦愤激，怒普人之无礼。次晨众欲行，乃为兵官所扣留，次日复然。众渐怨脂团之累己，百计怂恿之，令就兵官，明日车果能行。

及脂团登车，众敛裾避之如恐或浼，隔座贵夫人自庆不与之并也。女乃啜泣，民党不平，高唱自由之歌，众病之而无可如何。车中各人，代表富贵神圣各级，而乃不及一倡。民党虽有以唧筒灭火器之条陈，且于廊下要劫脂团，然在众中已为佼佼者矣。

脂团盖实有其人，本名 Andrcenne Raguet，晚年流落，在今十馀年前，穷困以死。

莫氏又有长篇小说数种，以《人生》为最佳。书纪一女子嫁后，不见所望神圣高洁之爱情，唯有恶俗之人欲。其夫复事游荡，初通侍婢，继复与伯爵夫人相识，一日方会于牧舍（板屋下有轮，可以移转），为伯爵推坠岩下而死。逮其子长，外出，昵一女，向其母索资，母与婢奔往，则已移去，唯留一女婴，母遂将之归。主仆坐车中，冥想人生，不知是苦是乐，读之可深长思。其描写新婚之夕，蜜月旅行之止宿，女欲得子问计于牧师之一节，皆坦然直书，不加讳掩。顾诵其书，如披科学的记载，觉其但以事实示人，不涉遐想。予尝戏称之为"正经淫书"。所见英国译本数种，多将此等处节去，似为未广。然在中国，此书全译能否得正确理解，正亦在未知之数也。

（八，二八）

【钟校】

① 遗稿《小说丛话》之一节。

欧美名家短篇小说丛刊评语[①]

◇1917.11

◇集外文

凡欧美四十七家著作，国别计十有四，其中意、西、瑞典、荷兰、塞尔维亚，在中国皆属创见，所选亦多佳作。又每一篇署著者名氏并附小像略传，用心颇为恳挚，不仅志在娱悦俗人之耳目，足为近来译事之光。惟诸篇似因陆续登载杂志，故体例未能统一。命题造语，又系用本国成语，原本固未尝有此，未免不诚。书中所收，以英国小说为最多，唯短篇小说，在英文学中原少佳制，古尔斯密及兰姆之文系杂著性质，于小说为不类。欧陆著作，则大抵以不易入手，故尚未能为相当之绍介。又况以国分类，而诸国不以种族次第，亦为小失。然当此淫佚文字充塞坊肆时，得此一书，俾读者知所谓哀情惨情之外，尚有更纯洁之作，则固亦昏夜之微光，鸡群之鸣鹤矣。

【钟校】

① 1917.11.30刊《教育公报》4年15期。与鲁迅合拟。《欧美名家短篇小说丛刊》，周瘦鹃译。

读武者小路君所作一个青年的梦[①]

◇1918.5
◇集外文

我平常不大欢喜立论，因为（一）恐怕意见不周密，议论不切实，说出去无价值：就是怕自己的内力不足；（二）觉得问题总是太大，太多，又还太早！这就是对于国人能力的怀疑。

这种怀疑，虽然较胜于夸大狂，究竟是不狠好；前次我看见梁漱溟先生作的《吾曹不出如苍生何》一篇文章，心里是极佩服[②]，但不免又想：这问题太早，又太好了！叫现在的中国商民，自己去求积极的和平，他们懂得么？他们敢么？只要懂得就敢，可是他们那里会懂呢？梁先生这篇文章是白做的了。

这是我当时的意见。近来又读日本武者小路君作的脚本《一个青年的梦》，受了极强的感触；联想起梁先生的文章，起了一个念头，觉得“知其不可而为之”的必要：虽然力量不及，成效难期，也不可不说，不可不做。现在无用，也可播个将来的种子；即使播在石路上，种子不出时，也可聊破当时的沉闷，使人在冰冷的孤独生活中，感到一丝的温味，鼓舞鼓舞他的生意！

我对于战争这件事，本来不大欢喜。从前无论读什么 Mahon 等歌颂战争的论文，或 Tolstoj 等反对战争的小说，总觉得这件事是可怕，是无意义，但是没有想到过应该如何去解决他。

大家总说俄国是欧洲最野蛮，喜侵略的国。他们的皇帝大官和将帅，或者如此；但是世界上反对战争的文学，却要算俄国第一。解决的方法，也是他们想得最早。

克利米亚[③]的战，Tolstoj 亲历战阵，作 *Sebastopolj* 三卷。俄土战争，Tolstoj 的私淑弟子 Garschin，听得他人受苦，烦闷不过，自去投军，情愿一同受苦；可是没有死，受了伤，放回来。作《步兵日记》《四日》（曾经译登《域外小说集》第二册）等短篇，写出战场上所受肉体同精神的苦痛，人类对于生的执着和死的恐怖。日俄战争，Andrejev 并没有去打仗，作了一篇小说叫《红笑》，可是猛烈得狠[④]，读了这书，若不是一点不懂得，便包管头痛心跳起来，夜里做恶梦！

这一次欧洲战争，俄国顶有名的战争小说，或者可算 Kuprin 的《圣母的花园》。

至于解决的方法，他们也不一致：Tolstoj 提倡无抵抗主义，实行当时口号“V Narod!”（到民间去）这一句话；亲自种田斫木，做皮鞋去了。Garschin 想拔去“红花”（一切罪恶的象征），拔不掉，自己从楼上跳下来死了。Andrejev 随后做了一部小说《七个绞罪犯》，看了又是要出冷汗的书。Kuprin 作了半部小说，名叫一个“坑”字，现在不晓得下卷出了没有，其中是讲娼妓生活的。这两个人的意见，大约都是抱定一个“人”字。彼此都是个“人”，此外分别，都是虚伪，如此便没有什么事不可解决，这是最乐观的思想。但是“人类互相理解”，怎样能够做到呢？答语大约也是说“V Narod!”他们两个人本来也是 Tolstoj 派的人。

日本从来也称好战的国。樱井忠温的《肉弹》，是世界闻名的一部赞美战争的小说。但我们想这也只是以前的暂时的现象，不能当作将来的永远的代表。我们看见日本思想言论界上，人道主义[5]的倾向日渐加多，觉得是一件最可贺的事。虽然尚是极少的少数，还被那多数国家主义的人所妨碍，未能发展，但是将来大有希望。武者小路君是这派中的一个健者，《一个青年的梦》，便是新日本的非战论的代表。

《一个青年的梦》最初登在杂志《白桦》上，一九一七年时单行出版，是一部四幕的脚本。一个青年被一个不认识的人引了到各处去看，真心的觉到战争的恐怖和无意义，随后断结到“世人未达到人类的长成时，战争不能灭。照现今的国家行下去时，战争将更盛”。只要“人人都是人类的相待，不是国家的相待”，便可得永久的和平，但这事“非从民众觉醒不可”。第四幕中一段对话说得好：

青年：不使产生战争的东西有活力，国不亡了么？我所想的，是国也不亡，也没有战争。

乞食者：就是这点要紧。但如“国”这思想，还是同现在一样，那怕就为难罢！须得用民众的力量，将国的内容改过才好。世界的民众，变了一团，大家握手时，战争便自消灭。须使民众不要互相恐怖误解，不可不晓得大家重要的关系，平和过日，是大家都有幸福的事。又凡损人利己的人，无论是本国人，是外国人，都是平和的敌，非加制裁不可的。这些事，非真心的懂得不可。假如承认了现在的国家，却反对现在的战争，世上没有这样如意的事。

青年：我也觉得。但如今想更变各国的意旨，又觉得有点做不到。

乞食者：全在根，全在根，全在民众。人再进步一点，就好了。再一步！再两步！

要人民自求积极的平和，先得教他们痛切的感平和的必要。武者小路君的著此书，就是要他们感这必要，也就是自己感得痛切不过，不得不直叫出来。他人感着呢？不感着呢？也全是不得而知，不过希望他们能够感着罢了。自序中说：

国同国的关系，要是照现在这样下去，实在可怕，世界的人想都觉得。单是觉得，也是无益，一点都没法，只是默然罢了。我也晓得说也没用，但若不说，又更觉歉然。我若不从艺术一方面说出来，我终免不得肚胀，我作这书，算是出出气。这戏演不演，不是第一个问题，我只想说出真实的话罢了。战争的恐怖，我也不去夸张他。我止努力写他全体，用人人所不能反对的方法，人人都能同感的方法，写出他的恐怖来。我也觉得自己的程度不足，力量不足；但是因为怕了这些事便不说，又做不到。我不愿如此胆怯，连自己能说真实话也不说。止就我力量所能及的

> 做去，就满足了。
>
> 我自己不晓得这书价值如何。但他人的非难，我能回答他，或者听凭他，我想不久总会明白的。自己的精神，自己的真诚，从内里出来，决不是装上去的。所以我想，靠这个诚，或能在人心中，意外的寻得许多知己。
>
> ………………
>
> 我不专做这样的著作，但也想一面渐渐的动手来做。对于人类运命的忧虑，这不是僭越的忧虑，是人人都应该忧虑的事。我望从这忧虑，生出新世界的秩序来。忽略这忧虑，或者反要生出可怕的结果。我望平和的合理的又自然的，生出这新秩序。血腥的事，能避去时，最好是避去。这并不尽因我胆小的缘故，实因我愿做平和的人民。
>
> 但我觉得现在社会的事情，不像在正路上走，能得平和解决的样子。所以我比别人加倍的害怕。

明知“说也没用”，然而不能不说，因为还有对于人类这“爱”存在。我读了《一个青年的梦》[6]，想起《吾曹不出如苍生何》的文，不觉也引起那“僭越的忧虑”。虽然还怀疑这问题太大太早，然而觉得这样下去，总不是事，所以写这几句，希望青年能够对于这问题，稍稍注意，就满足了。

【钟校】

① 1918. 5. 15 刊《新青年》4 卷 5 号。

②“心里是极佩服”,“心里是”原作“是心里是”。

③“克利米亚”，原作“苦利米亚”。

④“可是”，原作“可见”。

⑤“人道主义”,“主义”原作“义主”。

⑥“我读了《一个青年的梦》”,“读”原作“作”。

评尝试集匡谬①

◇1922.2

◇集外文

南京高师教员所办的《学衡》第一期里，有一篇胡先骕君的《评〈尝试集〉》，是对付胡适之个人而作的。听说这胡君便是胡适之在《新青年》上嘲笑过的“翡翠衾寒，鸳鸯瓦冷，……早丁字檐前，繁霜飞舞”的好词的著者，但现在却异其面目，据了中外古今的大道理，来批评新诗了。评新诗原很好，只可惜他太“聋盲吾国人”了，随意而言，很有几个背谬的处所，不合于“学者之精神”。我因此也不辞“翻呰剔骼”之讥，略加匡正，窃取“不事嫚骂”与“必趋雅音”之二义，题曰“《评〈尝试集〉》匡谬”。

一、梅光迪君在《评提倡新文化者》文中，痛骂“彼等”“言文学则袭晚近之堕落派”，而胡君的文章却劈头就引“辛蒙士”的议论。难道胡君竟不知辛蒙士正是一个大名鼎鼎的“堕落派”么？倘使胡君肯买一本辛蒙士的论文来一查，便不至于被同志的梅君掌嘴了。大约他只购求了 Everyman's Library 里的一本《辜勒律己之文学传记》，一见卷头的序文，便以为定是一位文学正宗的老博士所作，赶忙引用起来，岂料他竟是威尔士的一个堕落派呢？于是便上了这一个老大的当了。像他那样于欧西文化有“广博精粹之研究”的学者，尚且不免“所知既浅。……束书不观，中乃空虚无有。”可见“新文化”之真不易讲了。

二、胡君说，“乔路但时之英德意文，与今日之英德意文较，则与中国之周秦古文，与今日之文字较相若”。今日之“文字”是什么？是指用汉字所写的文言，还是指用汉字所写的白话呢？照道理讲起来，所说的当然是后者。但即使依彼等的“诡辩”，以为所谓今日之文字是指文言，那么正与今日之英德意人的不用乔路但时之英德意文“相若”，今日之中国人也应至少不用周秦古文了。然而《学衡》上《国学摭谭》的序里第一句便说“粤稽我炎夏”，请问这是什么时候的古文？胡君知道这粤字在今日之文字中只用作广东的别称么？

三、胡君说，“今日人提倡以日本文作文学，其谁能指其非。”我真料不到胡君会发这样通达之论，他明明是赞成胡适之的提倡废弃古文而用白话文了。因为日人提倡以日本文作文学，不但是废弃汉文，乃是废弃日本的古文而用日本的白话！这件事实也并非什么僻典，只要稍读日本近代文学史的都知道。胡君倘若预先一查英国阿斯敦的《日本文学史》（美国Appleton书店有翻板），便不至于闹出这场笑话来了。刘伯明君在《学者之精神》上说，“真正学者，不敢自欺欺人，必俟确有把握，而后敢以问世。”这几句话很像是对于好朋友的诤言，看了不禁代为惶愧。我并不如梅君一样，贸贸然断定胡君是伪学者，不过忠告几句，万不可不有“学者之精神”，倘若他有志变成真学者。

四、胡君说，“陀司妥夫士忌戈尔忌之小说，死文学也，不以其轰动一时遂得不死不朽也。”我们倘要捏造一句不堪的话，用栽赃的文法去诬陷他，使他失了人格，再也不能想出比他自己所说的这一句更为厉害的话了。陀司妥夫士忌的文学，正是马相伯先生的所谓良心的结晶，凡是有良心的人都不能不敬爱他，正如人们之对于耶稣和佛陀，即使并不是他们的教徒。世上宣言反对陀司妥夫士忌的，只有俄帝国的“沙”与其检查官军警及法官——然而现在也没有了。

我们对于胡君，觉得实在不忍下什么断语，虽然他自己已经招承了。

其馀还有什么话可说呢！

【钟校】

① 1922. 2. 4 刊《晨报副镌》。

阿Q正传[①]

◇第二册有《阿Q的旧账》

◇1922.3

◇集外文

我同《阿Q正传》的著者是相识的，要想客观的公平的批评这篇小说似乎很不容易，但是因为约略知道这著作的主旨，或者能够加上一点说明，帮助读者去了解他的真相，——无论好坏——也未可知。

《阿Q正传》是一篇讽刺小说。讽刺小说是理智的文学里的一支，是古典的写实的作品。他的主旨是“憎”，他的精神的确是负的。然而这憎并不变成厌世，负的也不尽是破坏。美国福勒忒在《近代小说史论》中说：

> 关于政治宗教无论怎样的说也罢，在文学上这是一条公理：某种的破坏常常即是唯一可能的建设。讽刺在许多时代，如十八世纪的诗里，堕落到因袭的地位去了。……但真正的讽刺实在是理

想主义的一种姿态，对于不可忍受的恶习之正义的愤怒的表示，对于在这混乱的世界里因了邪曲腐败而起的各样侮辱损害之道德意识的自然的反应。……其方法或者是破坏的，但其精神却还在这些之上。

因此在讽刺里的憎也可以说是爱的一种姿态。

摘发一种恶即是扶植相当的一种善；在心正烧的最热，反对明显的邪曲的时候，那时他就最近于融化在那哀怜与恐惧里了，——据亚里士多德说，这两者正是悲剧的有净化力的情绪。即使讽刺是冷的，如平常变为反语的时候大抵如此，然而他仍能使我们为了比私利更大的缘故而憎，而且在嫌恶卑劣的事物里鼓励我们去要求高尚的事物。

所以讽刺小说虽然与理想小说表面相反，其精神却是一致，不过正负不同罢了；在技工上，因为类型描写的缘故，也有一种相似的夸张的倾向，这不能说是好处，但也是不可免的事实。理想家与讽刺家都着眼于人生的善或恶的一方面，将同类的事物积累起来，放大起来，再把他复写在纸上，所以他的结果是一幅人生的善或恶的扩大图。作成人生的“实物大”的绘图，在善人里表出恶的馀烬，在恶人里表出善的微光，只有真正伟大的写实家才能够做到，不是常人所能企及，不然容易流入于感伤主义的小说，正如人家讲中和的容易变为调停派一样。所以不是因袭的讽刺文学也自有其独特的作用，而以在如现代中国一般的昏迷的社会为尤甚。

《阿Q正传》里的讽刺在中国历代文学中最为少见，因为他是反语（Irony），便是所谓冷的讽刺——“冷嘲”。中国近代小说只有《镜花缘》与《儒林外史》的一小部分略略有点相近，《官场现形记》[②]和《怪现状》等多是热骂，性质很是不同，虽然这些也是属于讽刺小说范围之内的。《阿Q正传》的笔法的来源，据我所知道是从外国短篇小说而来的，其中以俄国的戈果理与波兰的显克微支最为显著，日本的夏目漱石森鸥外两人的著作也留下不少的影响。戈果理的《外套》和《疯人日记》，显克微支的《炭画》和《酋长》等，森鸥外的《沉默之塔》，都已经译成汉文，只就这几篇参看起来也可以得到多少痕迹；夏目漱石的影响，则在他的充满反语的杰作《我是猫》。但是国民性真是奇妙的东西，这篇小说里收纳这许多外国的分子，但其结果，对于斯拉夫族有了他的大陆的迫压的气分而没有那“笑中的泪”，对于日本有了他的东方的奇异的花样而没有那“俳味”。这一句话我相信可以当作他的褒词，但一面就当作他的贬词，却也未始不可。多理性而少情热，多憎而少爱，这个结果便造成了 Satyric satire（山灵的讽刺），在这一点上却与“英国狂生”斯威夫德有点相近了。这个倾向在《狂人日记》里，——我在这里不得不顺便声明，著者巴人与鲁迅本来是一个人，——也很明显，不过现在更为浓密罢了。这样的冷空气或者于许多人的蔷薇色的心上给予一种不愉快的接触，但我的私见以为也是不可少的，至少在中国现代社会里。

阿 Q 这人是中国一切的“谱”——新名词称作“传统”——的结晶，没有自己的意志而以社会的因袭的惯例为其意志的人，所以在实社会里是不存在而又到处存在的。沈雁冰先生在《小说月报》上说，“阿 Q 这人要在现社会中去实指出来，是办不到的；但是我读这篇小说的时候，总觉得阿 Q 这人很是面熟，是呵，他是中国人品性的结晶呀！”这话说得很对。戈果理的小说《死灵魂》里的主人公契契珂夫也是如此，我们不能寻到一个旅行着收买死农奴的契契珂夫，但在种种投机的实业家中间可以见到契契珂夫的影子，如克鲁泡金所说。不过其间有一点差别：契契珂夫是“一个不朽的万国的类型”，阿 Q 却是一个民族的类型。他像神话里的“众赐”（Pandora）一样，承受了恶梦似的四千年来的经验所造成的一切“谱”上的规则，包含对于生命幸福名誉道德各种意见，提炼精粹，凝为个体，所以实在是一幅中国人品性的“混合照相”，其中写中国人的缺乏求生意志，不知尊重生命，尤为痛切，因为我相信这是中国人的最大的病根。总之这篇的艺术无论如何幼稚，但著者肯那样老实不客气的表示他的憎恶，一方面对于中国社会也不失为一服苦药，我想他的存在也不是无意义的。只是著者本意似乎想把阿Q痛骂一顿，做到临了却觉得在未庄里阿Q还是唯一可爱的人物，比别人还要正直些，所以终于被“正法”了，正如托尔斯泰批评契珂夫所说，他想撞倒阿Q，将注意力集中于他，却反将他扶起了，这或者可以说是著者的失败的地方。至于或者以为讽刺过分，“有伤真实”，我并不觉得如此，因为世间往往“事实奇于小说”，就是在我的灰色的故乡里，我也亲见到这一类脚色的活模型，其中还有一个缩小的真的可爱的阿桂，虽然他至今还是健在。

【钟校】

① 鲁迅《阿Q正传》，1921.12.4—1922.2.12刊《晨报副镌》。本文1922.3.19刊《晨报副镌》。

②《官场现形记》，原作《官形现形记》。

石川啄木的短歌[①]

◇1922. 5

◇集外文

石川啄木（一八八五——一九一二）本名一，初在乡间当小学教师，月薪仅八元，常苦不足，流转各地为新闻记者，后至东京，与森鸥外、与谢野宽诸人相识，在杂志《昴》的上面发表诗歌小说，稍稍为有识者所知。但是生活仍然非常窘苦，夫妻均患肺病，母亦老病，不特没有医药之资，还至于时常断炊。他的友人土岐哀果给他编歌集《悲哀的玩具》，售得二十元，他才得买他平日所想服用的一种补剂，但半月之内他终于死了，补剂还剩下了半瓶。他死时年二十七，妻节子也于一年后死去了。他的著作经友人土岐金田一等搜集，编为《啄木全集》，分小说诗歌及书简感想等三卷，于一九二〇年出板完成。

啄木的著作里边，小说诗歌都有价值，但是最有价值的还要算是他的短歌。他的歌是所谓生活之歌，不但是内容上注重实生活的表现，脱去旧例的束缚，便是在形式上也起了革命，运用俗语，改变行款，都是平常的新歌人所不敢做的。他在一九一〇年末所做的一篇杂感里，对于这问题说得很清楚，而且他晚年的社会思想也明白的表示出来了。

我一只胳膊靠在书桌上，吸着纸烟，一面将我的写字疲倦了的眼睛休息在摆钟的指针上面。我于是想着这样的事情，——凡一切的事物，倘若在我们感到有什么不便的时候，我们对于这些不便的地方可以不客气的去改革它。而且这样的做正是当然的：我们并不为别人的缘故而生活着，我们乃是为了自己的缘故而生活着的。譬如在短歌里，也是如此。我们对于将一首歌写作一行的办法，已经觉得不便，或者不自然了；那么这便可以依了各首歌的调子，将这首歌写作两行，那首歌写作三行，就是了。即使有人要说，这样的办反要将歌的那调子破坏了，但是以前的调子，他本身如既然和我们的感情并不能翕然相合，那么我们当然可以不要什么客气了。倘若三十一字这个限制有点不便，大可以尽量的去做“增字”的歌。（案日本短歌定例三十一音，例外增加字数通称“字馀”。）至于歌的内容，也不必去听那些任意的拘束，说这不像是歌，或者说这不成为歌；可以别无限制，只管自由的歌出来就好了。只要能够做到这样，如果人们怀着爱惜那在忙碌的生活之中，浮到心头又复随即消去的刹那刹那的感觉之心，在这期间歌这东西是不会灭亡的。即使现在的三十一字变成了四十一字，变成了五十一字，总之歌这东西是不会灭亡的。我们因了这个，也就能够使那爱惜刹那刹那的生命之心得到满足了。

我这样想着，在那秒针正走了一圈的期间，凝然的坐着，我于是觉得我的心渐渐的阴暗起来了。——我所感到不便的，不仅是将一首歌写作一行这一件事情。但是我在现今能够如意的改革，可以如意的改革的，不过是这桌上的摆钟石砚墨水瓶的位置，以及歌的行款之类罢了。说起来，原是无可无不可的那些事情罢了。此外真是使我感到不便，感到苦痛的种种的东西，我岂不是连一个指头都不能触它一下么？不但如此，除却对了它们忍从屈服，继续的过那悲惨的二重生活以外，岂不是更没有别的生于此世的方法么？

我自己也用了种种的话对于自己试为辩解，但是我的生活总是现在的家族制度，阶级制度，资本制度，知识卖买制度的牺牲。

我转过眼睛来，看见像死人似的被抛在席上的一个木偶。歌也是我的“悲哀的玩具”罢了。

啄木的新式的短歌，收在《悲哀的玩具》和《一握的沙》两卷集子里，现在全集第二卷的一部分。《悲哀的玩具》里的歌是他病中所作，尤为我所喜欢，所以译出的以这一卷里的为多，但也不一一注明出处了。啄木的歌原本虽然很好，但是翻译出来便不行了，现在从译稿中选录一半，以见一斑[②]。用了简炼含蓄的字句暗示一种情景，确是日本诗歌的特色，为别国所不能及的。啄木也曾说，“我们有所谓歌的这一种诗形，实在是日本人所有的绝少的幸福之一。”我想这并不是夸语，但因此却使翻译更觉为难了。

【钟校】

① 1922.5.15 刊《诗》1卷5期。

② “以见一斑”，“斑”原作“班”。

介绍小诗集湖畔[①]

◇1922. 5
◇集外文

《湖畔》是汪静之君等四个人自费出版的诗集。这四个人的诗在本附刊上也曾经发表过好些，看过的人大约自然知道，不用我来批评好歹。我在这里只说这一句话：他们的是青年人的诗；许多事物映在他们的眼里，往往结成新鲜的印象，我们过了三十岁的人所承受不到的新的感觉，在诗里流露出来，这是我所时常注目的一点。

我写这几句话，或者似乎有广告的嫌疑，因为他们寄了一百本来，叫我替他们在北京找个寄售的地方，——我现在便托了北大出版部和新知书社寄售，南城方面本来也想找一处，因为没有认得的人，所以只好作罢了。至于广告这一层，我想也没有什么要紧；即使是自己的著作，只要自信还有一点价值，便是自画自赞，在或一范围内也是人情之所容许的罢。

【钟校】

① 1922.5.18 刊《晨报副镌》。《湖畔》为汪静之、潘漠华、应修人、冯雪峰四人的诗歌合集。

关于爱的实现的翻译[①]

◇1922. 8. 26

◇集外文

《小说月报》八月号的“创作批评”里，说及冰心女士的《爱的实现》已由我译为日本文，我想因此趁便稍加说明。

今年春天得到在上海的一个友人的信，里边说起日本的一种什么报上有一篇文章，对于中国的新兴文学大加嘲骂，还把《爱的实现》看作自由恋爱的礼赞，特别加以讥笑。我想中国的新文学诚然还很幼稚，不能同别国的去抗衡，但是这位记者误会了《爱的实现》，却是他自己不懂中国语的缘故。我又常见日本杂志上所译载的白话诗里也多错解的地方，心里便想倘若由中国人自译，即使文章拙劣，意思总不会错了。但我自己知道不是胜任的人，所以并无着手去做之意，只是抱着这样一个空想罢了。到了夏天，有日本的友人[②]在北京刊行杂志，嘱我做点文章，我因为自己发不出什么议论，便改变方向，想来尝试译点小说。这个动机本是由于《爱的实现》的批评，因此便想翻译这一篇，但因别的关系，先译了《隔膜》里的叶绍钧君的《一生》，以后第二篇才是冰心[③]女士的《爱的实现》，第三篇是《新青年》里的鲁迅君的《孔乙己》，第四篇是《创造》季刊里的成仿吾君的《一个流浪人的新年》。

我的选择，差不多是无所依据的，只以自己的趣味为标准，或者觉得他可以代表著者的思想和艺术，也就收入。但是在这上边又有一个限制，便是篇幅的长短。我平日翻译，就有这样的癖气，大抵多取长短适中五六千字的作品，将他写出来，在特别长的如科罗连珂的《麦加尔的梦》，武者小路实笃的《第二的母亲》，须有特别的兴趣，才能使我动手去译他，否则容易懈下了。因为这个缘故，在现代中国的创作里也有我所想译的东西，不过略长一点，以致未曾选入，也要说明一句。中国的新文学或者现在还没有充实到可以介绍到别国去的程度，我又不是有介绍他的能力的人，这个成绩当然是不会好的，但是觉得比自己发空议论总还着实些，所以还没有决心废止，虽然自己知道这些都是徒然的尝试。　　（八月二十六日）

【钟校】

① 1922.8.28 刊《晨报副镌》。

②“日本的友人”，“友”原作“知”。

③ 此处原衍“心”字，已删。

读野鸽的话[①]

◇1922.9

◇集外文

李勖刚君的《野鸽的话》出板了，我重读了一遍，略有一点感想，便写了下来。

这种单行小册子的刊行，我以为是极好的，于新文学的前途很有好处。艺术运动的进行，如只靠性质夹杂或以营业为主的杂志去主持，成绩总不能很好，唯有纯粹的同人杂志最为有望，能够有个杂志固然更好了。我希望这小册子是将来文艺界里许多“孤军”的先锋。

《野鸽的话》诚如友人X君所说是“质胜于文”，因为里边不免稍有不很圆熟的古语掺入，似乎有欠调和的地方，但是从全体上说来这种朴实真切而有重量的文章颇有动人的力，自然的有一种清新的活气。我们自己做文章或看别人著作的时候，常觉得有些衰弱庸熟的文句缠绕笔端，摆脱不去，仿佛感到吃着肥皂的味道，因此见了青年似的文章不由的不生歆羡了。

著者在这一篇里寄寓他的人生哲学，但文学的趣味还不曾被教训所压倒，而且率直的抒写，不假什么矫揉雕琢，没有那些教训文学的缺点。要说是受了伽谛（Gatty）夫人的“自然界里的譬喻”一类的影响或者也无不可，但在中国也可以说是独创，只要[2]后来的作家注意，不要随意的重复模作就好了。

【钟校】

① 1922.10.1 刊《晨报副镌》。

②“只要”，原作“只在”。

读红杂志[1]

◇1922. 10

◇集外文

我今天搜求到一本第一期的《红杂志》，读了一遍之后，心里很是舒服，觉得前回对于“有些反动”的忧虑，未免有点神经过敏了。这班“旧文化的小说家”做的都是白话文，间或有以“国学”自豪的朋友，其国学却又欠亨[2]，只落得留下作为话柄；他们的消闲主义虽然我仍旧认为有害，但比较六七年前，也并不见得更厉害，而且反有点衰弱的形势，这是我所以乐观的原因了。

现在且把书中[3]首尾两篇“国学”的著作拿出来谈谈罢。

头一篇是耐庵君的《红杂志说》，嵌了无数的红字，很是切题。我最爱他中间的十比，尤以首两比为最精彩，亟摘录于后（圈点悉依原本）：

单［ZZ（。］秀才之消闲也携红友以俱来矣而红杂志之能遣兴何须借酒以消愁［ZZ）］

赵［ZZ（。］子固之消闲也执红牙以节曲矣而红杂志之能怡情不必狂歌而长啸［ZZ）］

这实在是极妙的八股文，凡是略知“旧文化”的人无不有目共赏的，虽然未能入仁在之堂，但也可以说是《启悟集》的正宗了。中国科举停了多年，大家以为斯文丧尽了，不图今日还得见这样老牌的八股文章，这不能不感谢《红杂志》的保存国粹的功劳了。

末一篇是惺轩君的《孤城喋血》，记奉直战争中“固城县”（待查）英雄张念椿的事迹。文中有这几句话，很可研究：

城有驻军可百数。力殊单薄。知难操胜。……民众经此一激。心头有血皆沸。不期而会者四千人。一声喊杀。城门大开。贼兵刀不及出鞘。马不及加鞍。……

这一节话里所述，倘若不是后边著者注明“此今年五月事也”，我要疑心是长毛时候的事情了。百数的驻军固然难“操胜”了，但不期而会的四千没有枪械的民众怎么便会这样的有力？著者似乎还不曾知道现在的打仗是用枪炮的，因为他明明的说敌军刀不及出鞘，马不及加鞍，可以推知他的想像中的兵队是骑马而使单刀的了。我们虽然见过单挂[4]着长刀的骑兵，但知道他们营里还有一种马枪哩。据说讲这故事的人“客津沽垂七载，见闻自较确实[5]”，大约总不会不知道兵是拿枪的，（所以称作有枪阶级，）或者因为枪字不大古雅，不见经传，所以用旧文化里的刀和鞍去替代，也未可知。——然而这又未免太“以震其艰深”了罢。

【钟校】

① 1922.10.8 刊《晨报副镌》。

②“欠亨”，原作“贝亨”。

③“且把书中”，“把”原作“纪”。

④“单挂”，原作“单披”。

⑤“见闻自较确实”，原无“确”字，今增。

读笑第三期[1]

◇1922. 10

◇集外文

我看过的《笑》杂志，只有第三期一本，所以现在只就这一本里的东西略略谈谈。

这杂志既名为《笑》，大约是以讲笑话为宗旨的，但看了并不发笑，只觉得皮肤上有点发痒。这倘若不是因为我“看不懂”，便不能不说是他的笑话讲得不好的缘故了。中国本来绝无感情的滑稽，也缺少理性的机智，所有的只是那些感觉的挑拨，听了叫人感到呵痒似的不愉快；这是最下等的诙谐，历来的滑稽文章大都如此，我们原也不能单去非难“笑之撰述者”们的。

这一厚本的中间，我觉得可以注意的还是卓呆君的《万能博士》。他在描写博士住宅的变化里很有许多轻松的想像，但是说板鸭生蛋的一节还要精彩。如那只鸭倒地死后，“看看他的皮肤，有些走油的样子”，可以说是诙谐的好文句。到了篇末，他却用一句俗语双关煞尾，又落了江湖派说书派的恶趣，把前面自然的诙谐都打破了。卓呆君又有一篇《牛前泼水》，那是完全恶趣味的作品，因为他是因了七夕（第三期系七月出板）和马前泼水两句话杂凑而成的“诗钟小说”，而且根本思想也是可叹的堕落，是一种性的游戏主义。文中有这两句话，“夫妇相处在一起。宛如互相在那里吃菜。……天天吃这么一样滋味无变化的菜肴，实在有些厌了。”就可以当作他的代表意见。为什么性爱不是家常的吃饭，却是贪滋味讲新鲜的吃菜？他们谈“国学”，叹“空气腐败，环境恶劣”的旧文化小说家，对于这问题作何解释？我看卷末有一位名叫牛翁的《今昔美人之比较》，最后一条云“昔日美人之脚，柔软尖瘦如春笋。”很足证明他们一派的统一的态度，我们还用什么道德或艺术的标准去说他，实在是太迂阔了。

那些“我们的小说”本来是“消闲”的东西，给那些觉得活着做人很是无聊想用方法把这生命消费过去的人们去看的东西；不想“消闲”的人去看他们，原是他自己的错呵。

【钟校】

① 1922. 10. 13 刊《晨报副镌》。

印度的迷信[①]

◇1922. 10

◇集外文

读英国怀台德所著《南印度的村神》一书，觉得他们真迷信得可怕，中国乡村里的社庙祭祀已经比他们高明得多，至少在仪式上总没有那样的可怕了。

我因此不禁幸灾乐祸的想到一句话：印度的早亡大约不是偶然，中国的似亡非亡的存在也不是偶然。

甘地是“世界四杰”之一，他的专问外交不管内政的精神尤为中国人所爱好，在印度的势力当然也颇不小；但是我总怀疑那些用生血拌饭去饲恶鬼的人民能够建造出合理的社会，即使在真英雄的指导之下。

在中国自然是更有希望了，但是悟善社同善社一流的鬼画符又兴盛起来了，再合上智识阶级的排外倾向，也不能说是好的现象。不必待学者们的保证，我也知道义和团是未必会再起来的了，然而从迷信里总不会生出好事情来，说到这里，令人不能不记起今年春天的非宗教大同盟了。要是他们切实的做去，做到现在，这种迷信总可以少蔓延一点罢。——倘若这是属于别一范围，那么我希望国内另有非迷信大同盟的兴起。

【钟校】

① 1922. 10. 18 刊《晨报副镌》。

什么是不道德的文学[①]

◇1922.10

◇集外文

汪静之君的《蕙的风》发表以后，颇引起旧派的反对，这原是当然的，也没有什么辩解的必要，因为他们的攻击乃是真正的保证，倘若被他们恭维那就要不得了。但是我最憎恶那些躲在老辈的背后，动辄拿了道德的大帽子来压人的朋友，所以对于《学灯》上的胡梦华君的文章禁不住要来说几句话。

胡君批评《蕙的风》的话最重要的是“有不道德的嫌疑”，“故意公布自己兽性冲动”，“变相的提倡淫业”，“应当严格取缔”！我不知道汪君情诗之所以不道德，因为什么缘故：是因为讲性爱呢，还是因为讲的欠含蓄呢？倘若是因为欠含蓄，那么这是技术上的问题，决不能牵涉到道德上去。然则他的不道德，一定是由于讲性爱了。我不明白为什么性爱是如此丑恶，至于不能说起，至于会增加罪恶？我想论者如不是自残支体的禁欲主义者，便没有是认我这个疑问的资格。倘或以为这是做得说不得的，那是可怜的伪善者，还够不上理学家的称号。中国即使性教育一点都不发达，青年的意志也还不至于这样变态的薄弱，见了接吻拥抱字样便会堕落到罪恶里去。世界上有什么地方，在文学上禁用这些字样？英美的勃来克惠德曼的话不去引用也罢，因为他们都是“堕落派”，至于圣书里的诗文，那便是纯正的“批评家”也没有敢于指斥的勇气了罢。（参考《中华新报》双十节增刊中胡君论文。）请看《雅歌》里的这一句话，“你的嘴唇滴蜜，如像蜂房滴蜜”，比“那样的亲吻异样甜蜜”如何？曼殊大师译《留别雅典女郎》第二三节中的“骈首试香腮”（虽然原文意思略异）和“朱唇生异香，偎近侬情切”又如何？莎士比亚现在成了文宗了，但他的 Venus and Adonis（听说）却有被现代绅士抹杀的部分；歌德与雪利都是文豪了，但当时英德传统的批评又何尝不斥他们为“无行文人”呢。倚了传统的威势去压迫异端的文艺，当时可以暂占优势，但在后世看去往往只是自己“献丑”，在文学史上很多这种前车之鉴，不可不注意一点。《波伐理夫人》和《结婚》的公诉事件，在当日岂不是自命为维持风纪的盛举，却只落得留作法利赛人的卑怯的证据罢了。所谓严格取缔是否即用法律的制裁，没有说明，不好任意断定，但是不得不说是同一派路，因为无论凭了道德或法律的神圣的名去干涉艺术，都是法利赛人的行为。

怎么叫作“变相的提倡淫业”，我实在不明白。即使论者怀着最急进的思想，认一切由经济关系而发生的性行为都是卖淫，对于自发的舍身的取予当然认为正当，为超善恶的了。现在却以提倡淫业作为汪君的情诗的判语，真令人不能揣测其真意之所在。至于论者又把“十八摸”与春宫和《蕙的风》牵扯在一起；或者有人听了要觉得骇然，我却并不想去责难他，因为我相信艺术上的确可以有十八摸与春宫的分子，雅歌与《神曲》里 Franaesca 和 Paolo 场面的插画(陀勒所作?)，在法利赛人看去正是春宫一类的东西呀。英诗人斯温朋说，“世间唯一不洁的物便只是相信不洁的念头。”这句话的确不错，十八摸与春宫不在别处，便只在法利赛人的脑子里。

有人对我说，我的话未免太认真了。中国的惯例，凡是同乡同学同业的人，因为接触太近，每容易发生私怨，后来便变成攻击嘲骂，局外人不知此中的关系，很是诧异，其实并不足为奇；譬如《学衡》派之攻击胡适之君即其一例，所以这回我也不必多事，去管别人的闲事[②]。这话虽然说的也有理由，但我不知汪胡二君的关系究竟如何，所以不敢轻信。又有人告诉我，这位胡君便是以前评过《新月集》译本，相信了广告上的话，坚持说这部诗集是给儿童读的诗的批评家；他因为太相信别人的话，前回上了泰谷儿的当，这回所以又上了汪静之的当了。我将八月份的《学灯》查了一遍，果真有那一篇文章，我也就心中释然，觉得上面的话也可以不说了；但是既然写好，而且中国的法利赛人也还多得很，可以给他们看看，所以仍旧把他发表了。

【钟校】

① 1922. 11. 1 刊《晨报副镌》。

② “去管别人的闲事”，原无“事”字，今增。

读草堂[①]

◇1923. 1. 6

◇集外文

中国的新文学，我相信现在已经过了辩论时代，正在创造时代了。理论上无论说的怎样圆满，在事实上如不能证明，便没有成立的希望。四五年前新旧文学上，曾经起过一个很大的争斗，结果是旧文学的势力，渐渐衰颓下去了，但是这并非《新青年》上的嘲骂，或是五四运动的威吓，能够使他站不住的，其实只因新文学不但有理论，还拿得出事实来，即使还是幼稚浅薄，却有古文所决做不到的长处，所以占了优势。古文体的小说戏曲，已经老老实实的死了，口语体的无韵诗因为年青一点，还在那里受人家的冷眼，不过这只是早晚的问题，诗宗的衣钵终是归他的了：古代的旧诗里，诚然有许多比他更好的作品，但是现代更没有人能做，而且也已经“做尽”了。我们的责任，便在依了这条新的道路，努力的做下去，使各种的新兴文艺由幼稚而进于成熟，由淡薄而变为深厚，比和那些缠夹不清的人们去评理要好得多，而且亦更为有效。

年来出版界虽然不很热闹，切实而有活气的同人杂志常有发刊，这是很可喜欢的现象。近来见到成都出版的《草堂》，更使我对于新文学前途增加一层希望。向来从事于文学运动的人，虽然各地方的人都有，但是大抵住在上海或北京，各种文艺的定期刊也在两处发行。这原是自然的事情，艺术中心也当然在于都会，然而地方的文艺活动却是更为必要：其理由不但是因为中国地域广大，须有分散而又联络的机关，才能灵活的运转，实在是因为[2]地方色彩的文学也有很大的价值，为造成伟大的国民文学的原素，所以极为重要。我们理想的中国文学，是有人类共同的性情而又完具民族与地方性的国民生活的表现，不是住在空间没有灵魂阴影的写照。我又相信人地的关系很是密切，对于四川的文艺的未来更有无限的向往。我们不必举古今的事实来作例证，便是直觉的也能觉到有那三峡以上的奇伟的景物的地方当然有奇伟的文学会发生出来。《草堂》的第一集或者还不能当得这个称号；但是既然萌长起来了，发达亦就不远，只等候《草堂》的同人努力了。

一九二三年一月六日在北京。

【钟校】

① 1923. 1. 13 刊《晨报副镌》。

②“因为”，原无“为”字，今增。

评译日文法[1]

◇1923. 1

◇集外文

在南方的一个友人远迢迢的写信给我，叫我代买一本《译日文法》。我买来了之后略一翻阅，却出了一大惊，因为末页上有这样的几句话：

若有妨害著者名誉破坏本书前途侵害本书板权概以法律解决专此声明

我看了这严重的声明，当然决不会再去妄想在老虎头上搔痒，妨害著者名誉或侵害本书版权，自讨苦吃，但是对于书的内容却禁不住要说一两句话。我深望这些闲话不会影响到书的前途，不过这也不能十分顾虑到了。

《译日文法》的内容，与以前的《日文阅书捷诀》十九相同，疑是一人所作，其误谬亦大抵相同。

《译日文法》中有许多例句，都为日本文所无，如第十四页云：

觉悟アリド奋鬥ザリ

又第十三页云：

私モ作クエ爾モ作クエ

倘若只有一处如此，或者可以说是为手民所误，但是《阅书捷诀》的第二十八及二十则里也是如此，可见并不是印刷的错误。这种文章真不知道是什么地方的话，或者在 Chimpun kampun 的“唐人的呓语”里边能够找到罢？又第十八页云：

愿ッ请ケルス

这一句也不成话，倘若是说“勿请愿”，应作“请愿スルス”，因为“请愿”一词本是日本的新名词，训读时亦作 Koinegau，如照《译日文法》请愿作 Negai Q ukeru，意思是说“把愿望赎出来”了：愿望可以押款，未免太是奇怪了。第十七页云：

余ハ汝，行杖ッ借リタイデス

上半是古文，下半是现代语，也不能连用。此外如“将看书”乃作“书ッ看ム”，一本书乃作“一枚”，在何处乃作“ドチラ”，这类的错处还多，不过比较的已经算是小节，可以不必列举了。

总之我对于这一本书有这四种不满意的地方：

一　“三天”成功的办法，在学问上绝对的不行。《和文汉读法》比这些书还要整齐一点，然而近来教日文的人也不再用他了，因为即使读熟了也只能够去把和译的《出师表》之类重译过来罢了。

二　三十二页的书卖大洋二角五分，价钱太贵。

三　谬误太甚。

四　声明太近于恫吓。

当《日文阅书捷诀》出版的时候，我曾做过一篇杂感《三天》，登在《晨报》上，其中有这样的一节，现在再录在下面，以供欲学外国语者之参考。

“在现今奇迹已经绝迹的时代，若要做事，除了自力以外无可依赖，也没有什么秘密真传可以相信，只有坚忍精进这四个字便是一切的捷诀。”

【钟校】

① 1923. 2. 6 刊《晨报副镌》。

日本语典[①]

◇1923.6

◇集外文

我对于文法书有一种特殊的趣味。有一时曾拿了文法消遣，仿佛是小说一样，并不想得到什么实益，不过觉得有趣罢了。亚力山大培因曾说，文法是名学的一部分，于学者极有好处，能使他头脑清晰，理解明敏，这很足以说明文法在教育上的价值。变化与结构的两部，养成分析综合的能力，声义变迁的叙说又可以引起考证的兴趣，倘若附会一点，说是学问艺术的始基也未为过，因此我觉得欧洲古时教育之重古典文法不是无意义的。不过那私刑似的强迫学习也很可怕，其弊害等于中国的读经；若在青年，于实用之上进而为学问的研究，裨益当非浅鲜，如或从别一方面为趣味的涉猎，那更是我所非常赞同的。

我的对于文法书的趣味，有一半是被严几道的《英文汉诂》所引起的。在《印度读本》流行的时候，他这一本书的确是旷野上的呼声，那许多页“析辞”的详细解说，同时受读者的轻蔑或惊叹。在我却受了他不少的影响，学校里发给的一本一九〇一年第四十版的“马孙”英文法，二十年来还保存在书架上，虽然别的什么机器书都已不知去向了。其次，“摩利思”的文法也搜求到手：这两者都是原序中说及，他所根据的参考书。以后也还随时掇拾一二种，随意翻阅，斯威忒（Sweet）的大著《新英文法》，虽是高深，却也给与了好些快乐，至于惠德尼（Whitney）威斯忒（West）巴斯克威尔（Baskerville）诸家学校用文法书也各有好处：他们使我过了多少愉快的时间，这是我所不能忘记的。纳思菲尔（Nesfield）的一套书虽然风行一时，几乎成为英语学者的枕中鸿宝，我却一点都感不到什么趣味：他只辑录实用的条例，任意的解说一下，教属地的土人学话或者是适用的，但是在“文化教育”（Liberal education）上的价值可以说几乎等于零了。

日本文法在本国未必绝无好著，但中国没有一本可以与《英文汉诂》相比的书却是事实。梁任公的《和文汉读法》大约是中国人所著书中最早的一种，即使有些缺点，其趣味与影响原也不可掩没。此外或者还有别人的努力，但大抵重在文章体，未免偏而不全：现在日本的学术文艺界上语体文占了优势，只学了古文便不能了解文化全体的趋势。在这意义上，葛锡祺的《日语汉译读本》可以说是一部适用的书，虽然只足为课本，没有潜藏的趣味，——然而与永嘉松台山人的《日本语典》相比较，别的文法书都要算做佳作了。当初见到上海报上的出版广告，非常钦慕，打听着北京的寄售处，忍着好些冷遇与损失，在一处学生银行的柜头买到了一本，回来一看乃大出意外，原来他太有趣味了，所以也就逸出在文法书的范围之外了。

《日本语典》中的规则及说明都有所凭据，没有什么错误，到了所举的实例里便匪夷所思的奇妙了。我本想引用原文，以昭实在，但因印刷不便，所以只用译语，不过它的绝对信实是可以保证的，如第九页云：

这个更比那个，那一个是高呢？

第二十六页云：

这个月里有除夕么？

除夕当然在十二月里，没有再问的必要。日本称除夕曰大晦日，编者却解为阳历的三十一日，故有此误。

又第二十七页云：

我幼时虽曾读过中国的唐诗的三百首，到现在为止，一点都（不）忘记完了。

× ×

这个病院里有第一号的房间么？

“一点都”（Sukoshi-mo）这一个字，后边必接用否定词，即使独用含着“一点都不……”的意思；用在上边这一句里，简直不成说话了。次句文法上虽无谬误，但也说不过去，因为倘若有房间，至少第一号总是有的了。第六十页著者原译云：“若为学者则学问必优。”而句意乃云：

若做成学者则学问必定工巧。

“为学者”（Bakusha-osuru）这一句话在日本极少听见，我不明白是什么意思，照熟语类推，可以解作“充当学者”，但意义未免有点离奇，至于工巧只用在技能上，不能说学问。但在第一一四页还有更好的一句，文云：

Do naru koto ka?

意云将来怎样呢？而原译云“如何成事乎”，则是字对字的直译，却也居然可以成句，真是凑巧极了。据沧庐山人的序言说，“体例与取材均以国人适用为依归”，所以异于群书，能够“独辟蹊径而发挥其特长”，从上边所引的文句看来可以知道他所说的不错，但是这些独辟蹊径的“洋泾滨”日本语无论怎样的适于国人，只是在日本不能通用，也是徒劳。要学外国语只得自己去迁就他，不能叫别人来遵从我，这是很明瞭而平凡的事实，大家应该都知道的，《日本语典》的著者却得在外国语上来施展独创，于是结果成为一部空前的浪漫的文法书了。

我说空前的，或者有点不正确，因为我以前曾经批评过两种讲日本文法的书。其中也有许多独创的句子，其奇妙处非常相似，几乎令人疑心三者同出于一人的手笔。因为我对于文法的趣味与好事，不幸负了志愿的去批评这三部书的义务，这是我自己所觉得不很愉快的事。

【钟校】

① 1923.6.9 刊《晨报副镌》。

教科书的批评[①]

◇1924.1
◇集外文

近来常在《学灯》上看见大家批评教科书的文章，这原是很好的事，但有时觉得过于拘泥，正合古人的“胶柱鼓瑟”的一句话。发议论时多凭理知，少用感情，固然最好；但若呆板地讲理，不能理解，那又是很可笑的了。《学灯》五卷十二号中有《批评中华书局新小学初级国语读本》一文，有一节云：

（六）早晨

鸡叫了。天明了。
呀！四处的鸟声十分的好听！
太阳呀！请你快些出来罢。
多好看哪！青的草，绿的树叶，
红的白的花。

太阳呀！请你快些出来罢！

这课书我简直“莫名其妙”。开首是叙述语，“呀！……”惊叹的是谁呢？“请太阳出来”的又是谁呢？才说“多好看哪！……青草，绿树，红的白的花，……”明明天已大亮，怎么更要请太阳快些出来呢？

其实据我看来，这课书诚然不能算是好文章，却还不至于“莫名其妙”地难懂。开首是叙述语，“呀！……”惊叹的即是叙述者，也就是读者；“请太阳出来”的又是他。至于明明天已大亮而更请太阳快些出来，则因天明与日出并不是一件事，正如日没与天黑并不是一件事一样。查观象台历书，京兆在冬至时日入四时三十八分，而点灯总在五时后；夏至时日出四时三十一分，但是至少在四时已经看得见青的草等等了。这些事本来只要凭了常识就可了然，我却引了历书来断断争辩，也未免有点“胶柱鼓瑟”罢。

我写到这里，不禁想起十年前的一件故事来。那时我在东南一个府城，——现在因为学生扮演《卓文君》，县议员们要查办女师校长的一个有名誉的地方，——充当教育会长。曾经开过一个初小校长会议，商量采用教科书问题，结果是大家以为中华本较适用，不料因此却触了别家书店之怒，几乎把我捉将官里去。这是过去的事了，但我总是惊弓之鸟，这回又凑巧似乎替中华作辩护，不由地不有几分戒心；记得批评商务本教科书的文里，关于《关在房里没说话》那课书，也有过同样呆板的评论，心想把他引在一起加以反驳聊以表明心迹，无奈《觉悟》上没有总目，我把近三个月的合订本反复找过，终于不曾找到，实在没有法子[②]，只好硬了头皮单独发表了。

【钟校】

① 1924. 1. 9 刊《晨报副镌》。

②“没有法子”，原作“没有性子”。

书名的统一[1]

◇1924.2

◇集外文

张资珙先生在《学灯》上发表一篇文章，主张译名统一，说的很有理由，但他以为必应服从最初的译名，不容后人订正，我觉得有点不妥。他说：

> Charles Dickens 的（David）Copperfield 在《说部丛书》，明明是《块肉馀生述》，谢先生（在《西洋小说发达史》里）又以《大韦考贝菲而》顶替。

在他的意思，似乎只有林琴南的《块肉馀生述》是原书名的正译，而谢六逸的《大韦考贝菲而》却是假冒！那么《莎氏乐府本事》（已经够肉麻了！）还应该改称《吟边燕语》，伊尔文《见闻杂记》也须订正为《拊掌录》才行呢。譬如有人把《伊索寓言》改译作《爱索坡思故事》，就是明白的人或者也要说他多事，其实他却是对的；倘要以先入为主，则林氏的《伊索寓言》以前还有一八四〇年广东出板的《意拾蒙引》，这才可以算是正统，但是现在有谁用这名称呢？厘订音译是可以的，至于意译便不是这样容易规定的东西，如要统一反多麻烦，所以大可不必自扰。在译者方面只要真是以求诚为目的，无论怎样改译都是对的。（或者附注旧译，更便读者。）不过这当然不是粗心的译者所得而借口以文过饰非的罢了。

【钟校】

① 1924. 2. 25 刊《晨报副镌》。

希腊陶器画两幅说明[①]

◇1925. 1. 5

◇集外文

希腊的陶器是世界古物中之珍宝，不但是上古文明研究的好资料，还因它自己的形色之美，它与希腊的诗歌宗教和生活之关系。希腊上古的陶器画都是图案式与几何画式，没有什么特色，到了基督前七世纪时，图案中加入人物的描写，逐渐发达为黑质红质两体画法，产出许多最上的作品。黑质画法系于赤陶上绘黑色人影，以锥划出面目衣纹，女人肌肤则施白色，须髯及一部分的衣服或涂朱。红质画法盛于五世纪时，就赤地上作线画，将身外空隙涂作黑色，废锥用笔，故挥写愈得自由，为希腊陶器画的黄金时代。后又变出一种白质画法，则甚与壁画相近了。希腊陶器种类颇多，常见者为瓶（Amphora）、瓮（Hydria）、盏

（Kylix）、酒注（Oinokhoe）、酒和（Krater）、油壶（Lekythos）等，其中以盏为最适于作画，因其形略如香槟杯而有两耳，外面可画连续的事迹，盏中有一圆形面积，更可描写繁复的场面。红质画多绘神话故事，但亦有画日常生活者，如梳妆用器上的闺阁起居，冢中油壶上的葬仪，盏中则画雅典生活，大抵画题与器的种类略有些关系。

外国讲希腊神话的书里大都插入几张陶器画，所以那些神话画还不难见到，现在所选特地采用两张“浮世绘”。这都是盏，是红质画之佳品，——《陀螺图》是白地的。这两张画都从德国部淑耳（Erust Buschor）的《希腊陶器画》（一九二一年英译本）中选用。《陀螺图》上头有一行希腊文曰赫革息部罗斯作（Hegesibulos epoiesen），但这是陶工的名字，并不是画师。图中一个女子在用鞭子打陀螺，令我们想起“杨柳儿活抽陀螺”的古谚来。《醉酒图》亦署陶工名曰“布吕戈斯”（Brygos），据部淑耳说，布吕戈斯的画师之最圆熟的佳作或者是那吴耳志堡酒盏的里画《醉酒图》。图中一个雅典少年被女子扶着，正在吐他喝得太多了的酒。不但人物与空间之配合适宜，描画身体衣服的运动之手法老练，特别在表情之细腻灵活上，可以看出古期艺术之优点。这两张未必是希腊陶器画的代表作，因为比较的少见而且有趣味，所以选用了，此外别无理由。

我于美术是不很了然的，以上所说，除出自部淑耳著书外，多采取英国加特纳教授（Percy Gardner）所著《希腊美术要义》（*Principles of Greek Art*）中的话，特申明一句。（十四年一月五日，周作人附记）

【钟校】

① 1925.1.19刊《语丝》10期。

青年必读书十部[①]

◇1925.2
◇集外文

(1)《诗经》

(2)《史记》

(3)《西游记)

(4) 汉译《旧约》(文学部分)

(5) 严译《社会通诠》

(6) 威斯德玛克《道德观念之起原与发达》

(7) 凯本德《爱的成年》

(8) 色耳凡德思《吉诃德先生》

(9) 斯威夫德《格里佛旅行记》

(10) 法兰西《伊壁鸠鲁的园》

第六至第十之英文名如下:

(6) Westermarck, *The Origin and Development of Moral Ideas. 2 Vols.*

（7）Carpenter，*Love's Coming-of age*.

（8）Cervantes，*Don Quixote.*

（9）Swift，*Gullivers' Travels.*

（10）France，*Garden of Epicurus.*

［附注］　六至十皆英文本，但别种外国文本自然也可以用。

【钟校】

① 1925. 2. 14 刊《京报副刊》。

大黑狼的消息[1]

◇1925. 10. 10

◇集外文

万川先生：

承录寄大黑狼故事的上半，后来又将下半补抄寄来，很是感谢。我看那故事实在是两篇，是别一种类的。下半在我的乡间叫作“蛇郎”，上半叫作“老虎外婆”，单独流行，不相连属。大黑狼在上半是一个恶人，所以掉下井去了，但在下半却是一个恋人，即使是一个很笨的恋人，他终于找到他的故妻。大约因为都是讲狼的，后人便把这两篇连在一起，其实是脉络不相通的；但现在通行的既是这个形式，我们自然也应当保存它的原相。来稿记录得极好，只因篇幅[2]稍长，要略迟几时才[3]能登出。十月十日，周作人。

【钟校】

① 1925. 11. 9 刊《语丝》52 期。

②“篇幅”，原作“幅篇”。

③ 原无“才”字，今增。

关于何典[①]

◇1926. 6. 6

◇集外文

半农兄：

昨日下午往访掌柜先生，适值《何典》出世，便讨了一本，一口气看了，觉得的是吴老爹之道统，颇有意思。张南庄的历史大可查考一下子，想上海县志中或当言之。你是说《何典》当是《常言道》之老师，现今看来似未必然，因张南庄系“乾嘉时”人，而《常言道》之序为嘉庆甲子（九年——一八〇四），据海上餐毒客《〈何典〉跋》似此书存稿至光绪始刊行。大约当时有这一种风气，以俗语编故事，(张南庄在上海[②]，《常言道》著者在苏州，或此风盛于江浙，观缪莲仙[③]之执《文章游戏》之牛耳可知，)同时有这两种，若论成绩[④]则自然《何典》居上也。

尊校有数处似不尽对，如一五二页黑漆大头鬼……骂海骂，你说“当缺一山字”，我想“骂海骂”当是一成语，只是胡骂，俗云“说海话”，即说大话。又四九页“淀清阳沟水”，上二字亦未必是“靛青”之误，大约是说澄（沉淀）过的水，绍兴语有“淀”字，读若丁去声，本字或即系沉淀之淀软。又九十页“无数铜银子”，恐铜下亦无脱字。本文中有数处变了空格，觉得亦是缺点。阅了后，就所想到字此奉告，再会。

六月六，弟之作。

【钟校】

①《何典》，清代张南庄著，1926.6 刘半农标点重印。本文录自刘半农《关于何典里方方方及其他》，题为编者所加。

②“张南庄在上海”，原无“在”字，今增。

③“观缪莲仙”，“缪”原作“谬”。

④“若论”，原作“若张”。

代表骆驼[1]

◇1926. 7. 15

◇集外文

日前在《中华基督教文社月刊》第七期上见到沈从文君的一篇批评，名叫《北京之文艺刊物及其作者》，其中有这样的一节：

> ［骆驼］　两年前，我们就听见人提起过这个名字了，由《骆驼》社几位骆驼组织，我所知的，只两个骆驼，就是周作人与江绍原，近来，大概他们自己也忘却了，虽然我一个人感到中国出版物缺乏时，还念到这不能出版的东西。

我读了不禁且感且惭，因为这样懒的骆驼还有人记念着他。现在我代表了他对于沈君及其他关心的各位表示感谢，顺便并有所报告及声明。

第一，《骆驼》社里一共只有三个人，即张定璜，徐祖正，周作人是也。此外帮助我们的朋友也有好些，不过那不算是驼员之一，即如江绍原君虽然通晓“骆驼文”，却也不是其中的一只，如沈君所说，至于江君译文中的某地骆驼自然更无关系了。以上是说明我们这个原始驼群的组织，虽然此外也可以另有更大的群。

第二，这两年前所说的《骆驼》，还没有忘却，现在不久就要出现了。出发时还在奉直再战（一九二四）之先，等走到时却已在奉直联军入京之后了，骆驼也未免有沧桑之感罢。这一本册子的印刷当然不必要两年工夫，但是迟延也自有其所以迟延的理由，可以容得辩解，不过现在也无须了吧？当四郊多垒[②]之秋，骆驼被拉往冷口喜峰口一带，一步一步的走去走来，自然是很费日子的。总之，现在他回来了，只是这个是我所愿意报告给诸位听的。

第三，这是关于我个人的事。《骆驼》中我所译的《左拉论》，是英国蔼理斯作的，这篇算作我的论文集《艺术与生活》的一篇，先在这上边发表。《希腊牧歌抄》与《陀螺》中的三篇是相同的，惟《陀螺》十三页有一个很大的脱误，校正时并未发见，实在对不起读者，今据《骆驼》本补入……[③]

关于《骆驼》的出版日期及内容定价等，当由北新的掌柜先生临时别行报告，现在“恕不”了。

（民国十五年七月十五日，于京师西北城）

【钟校】

① 1926. 7. 26 刊《语丝》第 89 期。

② “四郊多垒”，“垒”原作“叠”。

③ 补入的部分已删去。

违碍字样[1]

◇1926. 10

◇集外文

不知怎么的，做书或文章的人总喜欢用“违碍字样”，多的连篇累页，少的也有一句半句，有的扰乱治安，有的则坏乱风俗，更足为人心世道之忧。维持礼教为职的政府，对于这些文书不能不有相当的处置，这是很明了的事。其办法有二，一是全部的禁止，一是部分的删削。禁止，便如南开中学之下令没收《情书一束》等五种“淫书”，是很干脆的，但也就很简单，没有什么花样可说。删削，可就大不相同了。在清朝有所谓抽毁的办法，或者更宽一点，变成存文而除名，我曾见一部尺牍中有几封信的作者是三个方框。“洋务”我本不很熟悉，但看丹麦勃阑台思博士的纪录，觉得俄帝国的方法倒是颇有意思的。勃博士往波兰去，携有好些法文书籍，入境时被该管官厅拿去检查，后来领回一看，有许多地方都被用墨涂得“漆黑一团”了！据说这还算是好的，因为背面的一页都可以看，有些是用剪刀来剪，把背面不违碍的话也附带了去。日本除了在他们眼睛里看去是“赤色”的以外，原文的书籍似乎不很禁止输入，虽然山格与斯妥布思两位女士的大著听说是不准上岸的。文学方面就是所谓“自然主义”的小说也还宽容，可是在译本上就大大的不然了。大约是内务省警保局所管的罢，有专门检阅的官，拿起朱笔来在印刷样本上一抹，这一部分就不行，若想平平安安地出版，便非把他删去不可。有些译本自然就删去完事，有些却不赞成，因为主张忠实于原本起见，乃改用“伏字”，于是读到一处，其文为若干点点点，圈圈圈，或叉叉叉，其数与逸文相等，旁边仍有标点符号。有一个时候忽然神经过敏，连“子宫”都不敢（或准）写（自然不是小说而系纪事或广告），却避讳作“子×”，实在奇怪得很，——中国西医创造新字，称子宫为“子”旁加一“宫”字，原也有同样的奇怪。幸而现在这种怪现象似乎已经没有了。以后或者是轮到中国身上，大家要避起这样的讳来了罢？

英美对于这些事情的谨慎，是由于检阅官的吩咐，还是译者的自动的主持呢，我全不知道，总之，译本的删削是常有的。他们大抵简直地跳过去，并不说一声对不起。至于古典文学，或者因为译者多少有点学究气，对于原本总想忠实，所以多不径自删削而采用伏字的办法。不过这个伏字法与日本的不大相同。我见过一本波加屈（Boccaccio）的《十日谈》，有几节没有译出，保留意大利原文，完全看不懂；还有一回从子威君借来贝忒洛纽思（Petronius，即《你往何处去》里边的俾东）的一卷小说，也是这样，有两三章简直全体是拉丁文。秋节前领到民国十四年四月分薪之六成一，跑到久违的北京饭店去，想买一本书压压这一节的买书账，结果同书店的小掌柜磋商之后，花了五块半钱，买到一册“Loeb 古典丛书”里的《达夫尼思与赫洛蔼》（*Daphnis et Chloe*）。这是希腊英文对译的，卷末还附有巴耳台纽思（Parthenius）的恋爱小说梗概（原名《关于情难》）三十六篇。我原有一本对译的《达夫尼思》，但是中有缺略，大约因为在现代文明绅士听了有点不很雅驯之故罢。查新得本卷三第十四节以下，原文是完全的，但是，——唔，英译呢是没有了，在那里的乃是一行行的拉丁译文，一眼看去倒似乎不大奇异，因为上下都是用的罗马字。这回颇引起了好奇之心，想知道这所隐藏的到底是怎样的话，用了一点苦工把他查了出来，原来是说一个少妇教牧童以性交的姿势及说明，在现代讲性欲的书册里是绝不足奇的。多谢古典语的质素，他的说法总是明白而不陋劣。卷三之十九，少妇吕恺尼恩对达夫尼思说，“你记住，我现在赫洛蔼之先将你做成一个男人了。”这些颇有古牧歌的风味。卷四末节叙二人之结婚云，“达夫尼思与赫洛蔼共卧，互抱接吻，这一夜几乎没有睡觉，像猫头鹰一样。达夫尼思应用了吕恺尼恩所教他的事，赫洛蔼也才知道以前在树林中所玩的只是儿童的游戏。”这在“古典丛书”中是有英译的，但原本在人名底下有一个字曰Gymnoi，系主格复数的形容词，意云裸体，在英译中却没有，我的译文里也觉得放不进去了。这种地方或者可以看出文字之力量有高下，但不见得便能成为译文可以删减或隐藏的证据罢。（一九二六年十月）

【钟校】

① 1926. 10. 2 刊《语丝》99 期。

毛边装订的理由[①]

◇1927. 4. 10

◇集外文

毛边书的理由，据我想来是很简单的，大约与上边所说的第一项相像，但是利益在于读者的方面。

第一，毛边可以使书不大容易脏，——脏总是要脏的，不过比光边的不大容易看得出。

第二，毛边可以使书的“天地头”稍宽阔，好看一点。不但线装书要天地头宽，就是洋装书也总是四周空广一点的好看；这最好自然是用大纸印刷，不过未免太费，所以只好利用毛边使它宽阔一点罢了。

此外在著者及书店有什么用意，我不知道，或者也有罢，或者没有。因为要使得自己的书好看些，用小刀裁一下，在爱书的人似乎也还不是一件十分讨厌的事。至于费工夫，那是没有什么办法，本来读书就是很费工夫的，只能请读者忍耐一下子。在信仰“时即金”（Time is money）的美国，这自然是一个很大的损失，在中国似乎还不十分痛切地感到罢。

（四月十日，于北京）

［附］毛边装订馀论的按语[②]

［岂明案］　有人要毛边，有人不要毛边，这是个人的嗜好问题，不是理论可以解决的，书店的唯一办法便是订成毛边与非毛边的两种，让主顾自由选择。但是似乎因了经验的教训，现在书店大抵多订非毛边的书发售，以致如原先那样想买毛边书的人也无处寻找，实在是很对不起的，虽然这是现代德谟克拉西的规则，少数应该服从多数，不管多数的意见如何。

（八月十三日）

【钟校】

① 1927.4.30 刊《语丝》129 期。

② 1927.9.17 刊《语丝》149 期。

爱的艺术之不良[1]

◇1928. 3
◇集外文

三月十八九日北京《世界日报》"明珠"栏所载云召先生的《小说话》中有一节文章，是论"不良小说"的，其中有这几句话：

> 最近禁止的十一种不良小说，禁止是都值得禁止的；现在我把我所知道关于这几本书的大概，来谈一谈。
>
> 《爱的艺术》……这三种都是研究性欲的书籍。《爱的艺术》是外人蔼里斯著的，有北新书局的翻译本，但卖完后在北京未再翻印，市上普通见的乃是冒充上海光华书局而实是翻印北新的本子。总之，此三书便是好书也该禁止，况且在性教育尚未确定的中国，这些非科学式的科学书

是应该禁止发售的。

云召先生使我能够知道最近禁止十一种不良小说的事情以及这些书的名目，这是我所感谢的，但他的对于《爱的艺术》的批语未免有点不对。《爱的艺术》是《性的心理之研究》第六卷里的一章，该《研究》在学术上的地位世间已有定评，现在却还称之曰非科学式，不知要怎样才能算作科学式呢？蔼里斯的这部书在“文明”国半开化国到处都碰钉子：英国既禁止于先，日本则把它的译本阉割得不成样子，译出一部分到中国，又被官厅认作不良小说，读者斥为非科学式，真可谓命苦了。但是，我们替它辩白有什么用呢？即使辩明白了，蔼里斯实是学者，这部《研究》实是科学书，也岂能救它免于禁止么？“便是好书也该禁止”，说得十分干脆。千不是，万不是，都是做书的不是，谁叫他写出这种违反圣道的东西来，又输入这礼教之邦，以败坏我风化，“非所宜也，大不敬”，不被禁止何待乎？

【钟校】

① 1928.4.16刊《语丝》4卷16期。《爱的艺术》，英国蔼里斯著。

一九三四年我所爱读的书籍[1]

◇1934.12

◇集外文

一，希本著《木匠的家伙箱》

（Thomas Hibben：*Carpenters Tool Chest*，1933）

二，蔼理斯著《我的告白》

（Hevelock Ellis：*My Confessional*，1934）

三，《从文自传》

【钟校】

① 1935.1.8 刊《人世间》19 期。

二十四年我的爱读书[①]

◇1935

◇集外文

一、永井荷风，《冬天的蝇》。

二、谷崎润一郎，《摄阳随笔》。

三、罗素，《闲散礼赞》（*In Praise of Idleness*）。

以上三种均系散文集，一九三五年出版。

【钟校】

① 1936. 1. 1 刊《宇宙风》8 期。

二十五年我的爱读书[①]

◇1936.12

◇集外文

一、H. C. Knapp-Fisher，*The World of Nature*.

二、M. Hirschfeld，*Men and Women*.

三、B. Dawson，*The History of Medicine*.

佳处不及列举，这里只能说，生物，两性，以及医学史等书，读一点也很有趣味，有益处。

【钟校】

① 1937.1.1 刊《宇宙风》32 期。

姑苏杂咏①

◇1937.2.25

◇集外文

偶阅明清人所作地方名胜诗集，看到高青丘的《姑苏杂咏》二卷，乃是黄晦闻先生的遗物。《杂咏》诗凡一百三十一首，已散编入《大全集》，此尚系原本，后有洪武三十一年周傅跋，盖是青丘被害后二十四年也。去年在隆福寺街得此集，卷首有印曰“沈以恭印”②，“敬斋”，又曰“陈天爵印”，“天士”，两册首别有印曰“黄节读书之记”。晦闻卒于民国廿四年一月廿四日，次日撰一联挽之云：

如此江山，渐将日暮途穷，不堪追忆索常侍；

及今归去，等是风流云散，差幸免作顾亭林。

附以小注云：

近来先生常钤一印曰“如此江山”。又在北京大学讲亭林诗，感念今昔，常对诸生慨然言之。

晦闻卒后，藏书多散出，偶在书肆见此册，遂以六元买得之。青丘原书固不多见，无意得到故人手泽，亦可记念也。

查《瓯北诗话》卷八，讲高青丘的一部分中有几句关于他的著作的话云：

> 青丘诗有《吹台集》，《缶鸣集》，《江馆集》，《凤台集》，《娄江吟稿》，《姑苏杂咏》等编，洪武中未敢梓行，景泰时有徐庸字用理者汇而刻之，共一千七百七十馀首，名之曰《大全集》。

所说似不甚确。寒斋所有此《姑苏杂咏》二册，即系洪武年中所刻者也。《静志居诗话》卷三“高启”条下云：“有《凤台》、《吹台》、《江馆》、《青丘》、《南楼》、《槎轩》、《姑苏杂咏》等集，自选为《缶鸣集》。”又《四库全书总目》卷一六九“大全集”条下云：“所著有《吹台集》、《江馆集》、《凤台集》、《娄江吟稿》、《姑苏杂咏》，凡二千馀首，自选定为《缶鸣集》十二卷，凡九百馀首。”朱竹垞[③]纪晓岚二君说《缶鸣集》[④]似亦有待考处。涵芬楼本《大全集》卷首存《缶鸣集》原序三篇，其谢徽的一篇署年月为洪武三年十二月既望，序中有云：“是编也，特以今年庚戌冬而止，后有作当别自为集。”又金氏文瑞楼刻本所录原序，其第三篇为《姑苏杂咏》自序，署年月云洪武四年十二月，案即辛亥年也。照这年代看去，《姑苏杂咏》当然未曾编入《缶鸣集》内，因为《杂咏》之成在《缶鸣集》选定后一年，自当别行，洪武三十一年之单行本即其一证，至徐用理乃复杂糅增益编为一集⑤耳。《杂咏》周傅跋有云："锡山蔡伯庸氏得其全集，谋锲诸梓，虑其传写之讹，属傅编次而校正之，复需言识于简末。"此云全集即指《杂咏》全本，似以前只有传抄，此为初次上木也。书分上下两卷，风俗，古迹，祠庙，冢墓，山川，泉石，园亭，寺宇，桥梁，杂赋等十类，共一百十题，诗百三十一首，自序云一百二十三，跋又云一百三十六，不知何以计数各异。编全集固自有则例，唯鄙见则以为分体不如编年，原来各种小集亦以罗列为宜，胜于拆散分排，特别如《姑苏杂咏》有其个性者，尤不宜鲁莽割裂，如成串的星月菩提子，单个非不可赏玩，但无甚兴味耳。不佞最爱其《临顿里》十首，原本有小序云：

> 在城东，旧为吴中胜地，陆鲁望所居也。皮陆有诗十首咏之，余悉次其韵，盖仿佛昔贤之高致云。

此诗今收在《大全集》卷十三，却无小序，亦是缺恨。

《杂咏》每篇有序，金檀注《青丘诗集》，始重复一一列入题下，称之曰原注，其实在《大全集》中乃原无有也。景泰刻本虽曰名贵，但在读者，还不如看金氏文瑞楼本，古本或粗而今本或精，往往有之。但如或得《缶鸣集》[6]等各原本，加以复印，则亦是佳事，因此可见本来面目，虽未必更佳，亦总是有异，此即值得传播耳。金檀注本例言之二云："《姑苏杂咏》间有旧刻单行，中多脱谬，国朝康熙己卯周氏本锓版亦潦草。"此言原非妄，唯《杂咏》虽有误，总比《大全集》为胜，如《杂咏》"走狗塘"一题在目录上乃误刻作"是狗塘"，可为一例，唯卷下"锦帆泾"一首，末二句下作[7]"穷奢毕竟输渔父，长保秋风一幅蒲"，《大全集》则父刻作交字，渔乃是墨丁。《杂咏》全本皆刻作软体字，殊不潦草，只可惜无青丘自序，或者此当在康熙周氏本中，抑已破损佚去，皆不可知也。

（二十六年二月二十五日记于北平）

［附记］　凡编集，文可分体，诗不可以分体，最好是依年代合刻各原编小集，而别附一分体目录，略如索引，庶几得中。盖依体分编，不但破坏内容的统一，如《姑苏杂咏》是，且亦破坏作风的统一，例如袁中郎的《解脱集》，完全是代表公安派的最高潮，

不特在各篇诗歌之间，即诗与文其间亦有息息相通处，合而读之，便极易了解，真是事半而功倍，如此则文诗且并不宜分编，须一切仍其旧也。各集有原序，亦多有用处，编合集时大抵弃去，甚为可惜，后世作序跋固多泛滥，但单只考查其编印的本末年代，已大有用矣。《大全集》录存序文三数篇，尚有可取，但如周傅跋便无有，即不能知《杂咏》在洪武中曾有刻本了。（六月十九日记）

［再记］　张君索稿，愧无以应，只得以旧作塞责，计前后距离已有三十月，此种陈言，岂复值得一读，思之唯有惶悚。（廿八年九月六日）

【钟校】

①1939.10.1刊《中国文艺》1卷2期，其首节曾单独收入《书房一角》，题云《黄晦闻》。

②“沈以恭印”，“印”原作“叩”。

③“朱竹垞”，“垞”原作“坨”。

④《缶鸣集》，“缶”原作“凤”。

⑤“编为一集”，“编”原作“偏”。

⑥《缶鸣集》，“缶”原作“无”。

⑦“末二句下作”，“下”字下原衍“下”字，已删。

思痛记及其他①

◇第四册有《思痛记》

◇1937.4.13

◇集外文

中国近世的丧乱记事我也曾搜集一点来读，可是所见很不多。如关于道光壬寅（一八四二）“暎夷”犯江南之事，见有上海曹静山的《十三日备尝记》，丹徒法又白的《京口偾城录》，杨羡门的《出围城记》，朱月樵的《草间日记》等。长毛即太平天国时的记载有山阴陈昼卿的《蠡城被寇记》，会稽杨华庭的《夏虫自语》，鲁叔容的《虎口日记》，都是关于绍兴的，李小池著《思痛记》二卷则记江宁句容金坛一带，汪悔翁《乙丙日记》卷一亦记江宁破城事。这里边与我最有情分的要算是《思痛记》了。这一小册书我已买有三本，第一次是在光绪戊戌（一八九八），据日记上所记云：

"十二月十三日，阴。午，至试前看案尚未出，购《思痛记》二卷，江宁李圭小池撰，洋一角。"其次是在北平，今年一月二日买得，价二元四角。复次则在上海，三月中托友人代为买来，价一元二角八分也。我看这本书前后几四十年，大有韦编三绝之概，每看时或不看而想起时辄发生许多感慨，因为太多而且深切了，所以觉得无从说起，只好不说。这回决心想写小文绍介，可是仍旧没法子抄录，我想这书是应该整本子的读下去的。假如有志士仁人肯出资刊印，我想这书应该与孙秀楚的《扬州十日记》，"辛稼轩"的《南渡录》，——不问所说徽钦二帝的事真伪如何，或辛君的名字确系假冒，总之这三部书是值得合刻，给中国人读一遍的。还有一个缘故，单抄出几节残杀的记事也不是好方法，这岂不是与节抄《金瓶梅词话》的淫事相似么？唱经堂《杜诗解》卷四举三绝句的第一首云：

前年渝州杀刺史，今年开州杀刺史，群盗相随剧虎狼，杀人更肯留妻子。

圣叹评云：

杀人句妙于更肯字，本是杀其人而淫其妻，却写得一似蒙其肯留，感出意外者，非是写惨恶事犹用滑稽笔，不尔便恐粗犷不可读也。

金君故是解人，此语说得很好，读了更令我难于选抄，其实只怕抄得不好使文章没有气力，粗犷还是托词而已。我重复的说，这书是须得全读的，部分的选抄不适宜也没有用。吾乡孙子久著《退宜堂诗集》卷二有“严鞠泉广文逸自贼中赋赠”一首，并序云：

城陷，鞠泉虏系，夜将半，贼遍索赂，斫一人颅，衔刀灯下示怖众，寻缚十四人递戮之[②]，既十人，遽止。鞠泉竟免，次三人袁杜姚并得逸。

听谈已事泪交颐，生死须臾命若丝，夜半灯光亮于雪，衔刀提出髑髅时。

还不如引这别一件事的诗聊以填空，若是原书那一定是非全读不可者也。

不过想介绍《思痛记》而一句都不引，似乎也不相宜，所以我这里来弃武就文，撇开太平天国的残杀淫掠而稍谈其文化政策吧。《思痛记》卷上记咸丰庚申（一八六〇）闰三月二十五日在金坛城外时事云：

李贼出坐殿中椅上，语一年约二十馀，发已如辫长，面白身矮瘦贼曰，掌书大人，要备表文敬天父。贼随去，少顷握黄纸一通置桌上，又一贼传人曰，俱来拜上帝。随见长发贼大小十三四人至，分两边挨次立，李贼立正中面向外，复谓一贼曰，可令新傢伙们立廊前观听。馀众至，则李贼首倡，众贼和之，似系四字一句不了了，约二十馀句，唱毕，所谓掌书大人者趋至桌前北向捧黄纸，不知喃喃作何语，读罢就火焚之。闻七日一礼拜，届期必若是，是即贼剿袭西洋天主教以惑众也。

悔翁《乙丙日记》卷一，记咸丰癸丑（一八五三）二月中事有云：

十二日，邻人刘宅有贼于其家打馆夕食，闻诵经声毕则齐声呼杀妖而罢。初闻惊恐，谓其有邪术也。先是传言贼能放青烟以迷人，相去甚远可以忽至人前，有青烟酸入人鼻不可耐云云，其言出于藩署幕友，谓为信然，既闻此益坚信不疑。十三日，见娄宅壁上粘赞美云云，不知何为。既至城外，贼持一单令人人诵读，不熟者将挞之。其词云，“赞美上帝，惟天圣父。赞美耶稣，为救世真主。赞美圣神，夙为神灵。赞美三位，为合一真神。真道岂与，世道相同。能救人灵，享福无穷。智者踊跃，接之为福。愚者省悟，天堂路通。天父宏恩，广大无边。不惜太子，遣降凡间。捐命代赎，吾侪罪孽。人知悔改，魂得升天”云云，即娄宅壁上所粘，又即刘宅贼匪所诵也。时城外谭宅厅事为道州贼，后为歙人，道州贼日食必率其徒诵此，又教歙人率吾辈诵之，乃知其空言恐吓，实无邪术也。

悔翁自己曾经诵过赞美，其后妻亦因诵读不熟将被挞，二女愿代，七月中记云：

十六日，女婆来打，二女代其母受扑五十。

至九月初十日，二女终以不食死，悔翁记之云：

此后日子难过，后母气难受，日甚一日也。

悔翁一节日记及文集中“次女哀辞”均极酸楚，其所记关于女人生活的偏激之论盖亦从此出也。胡光国著《愚园诗话》卷一载周葆濂所作《哀江南》曲，有一节云：

可记得，逢七日，奏章烧。甚赞美，与天条，下凡天父遗新诏。一桩桩胡闹，都是这小儿曹。

盖即指此事。《思痛记》在叙述敬天父后又云：

贼目令众坐，于是踞者蹲者，跷足者，倚肩搭背、舞手动脚，贼相毕露。小贼二三人立贼目后装水烟，呼馀众至问姓名。各报讫，掌书一一注簿。贼目又言，尔众系新来人，宜一心归顺天朝，不可逃走，逃走必死。复问能挑担打先锋者须自言，强壮者咸答曰能。馀五人答皆不能挑担，只会打杂，贼乃派令打杂，心始定。又曰，我是典圣粮官，指各贼曰，他们都是老兄弟。……自明日起逐日随老兄弟们去打粮，不能去者留馆烧火当差。说毕令人带回，贼众亦都散，此又贼中所讲道理也。

陈子庄著《庸闲斋笔记》卷四有一条云：

贼之最无道理者曰讲道理。每遇讲道理之时，必有所为也。凡掳众搜粮则讲道理，行军出令则讲道理，选女色为妃嫔则讲道理，驱蠢夫壮丁为极苦至难之事则讲道理。究其所讲者，其初必称天父造成山海，莫大功德，天王东王操心劳力，安养世人，莫大功德，理应供奉欢喜，娱其心志，畅其体肤，尔等众小安得妄享天父之财禄，骄淫怠情，犯天条律云云。以后则宣扬贼将欲为之事，以一众心，而复引天父之语以证之，如谓孔子为不通秀才，天父前日已将其责打手心等语，闻之令人发指，即在贼中之人听之亦不复信也。

《愚园诗话》又载马寿龄的新乐府一首，题曰“讲道理”，其词云：

锣鼓四声挥令旗，听讲道理鸡鸣时。桌有围，椅有披，五更鹄立拱候之。日午一骑红袍驰，戈矛簇拥萧管吹，从容下马严威仪，升座良久方致辞：我辈金田起义始，谈何容易来至斯。寒暑酷烈，山川险巇[3]，千辛万苦成帝基。尔辈生逢太平日，举足便上天堂梯。夫死自有夫，妻死自有妻，无怨无恶无悲啼。妖魔扫尽享天福，自有天父天兄为提携。听者已倦讲未已，男子命退又女子，女子痴憨笑相语，不讲顺理讲倒理。

陈马二君似未尝被掳，所说或难免传闻异辞，但大体当可信，盖李君所遇或是普通仪式，陈马则属于特殊者，而其中又有分别，即一是政治的宣传，一乃教义的训练是也。

太平天国在反抗满清这一点上总是应当称赞的，虽然他的估价不能高出朱洪武之上。明朝文化恐怕只有八股，假如其间没有一个王伯安出来乱闹一阵子。洪门文化不幸尚未建立成功，他以会党作基础再加上了教会，这个样子很有点蹊跷，至少我是觉得没有多少意思的。至于武化，杀妖是一件事，杀人又是一件事，这里暂且不谈。《思痛记》所记杀人事很可观，自有原书在也。（民国廿六年四月十三日，于北平）

【钟校】

① 1937.5.10 刊《谈风》14 期，未入集。1940.4.18 又作有《思痛记》一篇，收入《书房一角》。

②“戮之”，“戮”原作“戳”。

③“山川险巇”，“巇”原作“巘”。

读晚明小品选注[①]

◇1937. 4. 20

◇集外文

一个月前偶然到琉璃厂去，在店头看见一册《晚明小品选注》，是《学生国学丛书》之一，去年冬天新出版的，我见了喜欢，就买了一册回来。我对于晚明文是颇有好意的，因为那时是一种思想文章的解放时代，大抵自从王阳明把儒门打开，放进禅味来以后，这就发生变化，一个李卓吾与一个徐文长虽然力量大小不同，总之可以表示这方面的发展趋向。小说戏曲的成绩很大，不过我是绝对外行，不敢动一个手指头，只有散文还觉得好念，所以有点喜欢，然而古书又很难得，得有选本新著亦正慰情胜无耳。说到选本往往遇见高明人的白眼，这其实是极应当的，假如作者有全集行世，学者又愿专攻，那么为甚弃全集而取选本，岂不是自甘墙面么。但是话分两面说，也有些全集不易得，而读者又未必想作专家的，那么选本倒也是有用的东西，可以应付这个需要，各图书馆里固然都备有《全唐诗》，即寒斋书架上唐人诗集也有若干部，可是不佞的诗的知识实在还是从《唐诗三百首》来的，此固由懒惰不好学之故，但我自己的经验上诚不敢看轻选本也。我这里只是泛论，至于这一册晚明小品选得如何不在议论之列，请看客各自着眼，盖这里我所注意者乃在注而非选也。

笺注实在不是容易的事。本书选注者在叙例中立例九则，其第八云：

> 本书注释力求简明，然一字之疑必探其本，一句之晦必竟其源，间有考检不获则注明未详二字。……郢书燕说，庶几或免，虽然，松之往矣，孝标不再，博识异闻非所能详，浅陋之诮又乌敢辞。

这话说得很好，可是做到很难。据我所知道只有《骈雅训纂》的著者魏茂林可以佩服，所著有《同馆诗赋解题》,《二家诗钞笺略》均佳。其作注不单呆引出典熟语，却就本诗用意上说明，不但博闻，且有常识，能予读者以不少帮助。如有正味斋咏史诗“殷浩书空”末联云：“西风运笔阵，渺渺羡烟鸿。”别家注释大抵只引《法书要录》“笔阵图”而已，魏君于此外又说明云：“又按此阵字借作雁阵解，盖以雁为书空匠者意关合，见陶穀《清异录》上禽名门。”我曾读梁元帝的《荡妇秋思赋》，查黎经诰所著《六朝文笺注》，题下注有云：“说文曰，秋，禾谷熟也。”看了不禁觉得好笑，不知禾谷熟了为什么荡妇要胡思乱想，恐怕许叔重也说不出道理来吧。黎注据说是李善式的，而魏注则自称以纪氏的《庚辰集》为法，两相比较，我宁取纪大烟斗矣。

《晚明小品》共选文一百五十九篇，篇篇有注，我未及遍读，只挑了袁中郎的几首游记来看，觉得未能满意。如《西湖一》云：“晚同子公渡净寺，觅阿宾旧住僧房。”注云：“阿宾谓唐骆宾王。旧传宾王尝亡命为僧，驻锡西湖②。”案骆宾王虽然传说曾在灵隐寺③遇见宋之问，这里的阿宾却并不是他。《解脱集》及梨云馆本都云阿宾，袁小修所编中郎全集中独改作小修二字，可知阿宾即是小修的小名也。

又《飞来峰》中云：“壁间佛像皆杨秃所为，如美人面上瘢痕，奇丑可厌。”注云：“杨秃谓杨惠之，唐塑像名家。”案《西湖梦寻》卷二“飞来峰”项下云：“深恨杨髡遍体俱凿佛像，罗汉世尊栉比皆是，如西子以花艳之肤，莹白之体，刺作台池鸟兽，乃以黔墨涂之也。”又“岣嵝山房”项下有张宗子自作小记，亦见《陶庵梦忆》卷二，中有云：

> 一日缘溪走看佛像，口口骂杨髡，见一波斯胡坐龙象，蛮女四五献花果，皆裸形，勒石志之，乃真伽像也，余椎落其首，并碎诸蛮女，置溺溲处以报之。寺僧以余为椎佛也，咄咄怪事，及知为杨髡，皆欢喜赞叹。

杨秃杨髡都是一人，即元杨琏真伽。又《天池》中云：

> 因大书简板曰：种阿僧祇善根[4]，亲非亲，怨非怨，阳焰空华，诸法皆如幻；遍阎浮提佛土，去自去，来自来，闲云野鹤，何天不可飞。

选注本首句在僧字下点句，注云：

> 阿，语词，是僧人祇须种善根[5]。

案此系对联，下联阎浮提既系连用，则此处亦自不得断。据《翻译名义集》卷八数量篇三十六云：

> 阿僧祇，或阿僧金耶，此云无央数。《楚辞》云，时犹未央。王逸曰，央，尽也。《大论》云，僧祇秦言数，阿言无。

准此可知原云种无量数的善根，不能如字解说也。

不佞自己不能做选注工夫，却来多说风凉话[6]，自知不该，唯正因看重此种工作有益于人，故愿有所助益，贡其愚得，不然新书多矣，鄙人无暇看更无暇挑眼，想读者当能喻此意耳。

（二十六年四月二十日，于北平）

【钟校】

① 1937.5.6 刊《益世报》。

②“驻锡西湖”，“驻”原作“注”。

③“灵隐寺”，“隐”原作“集”。

④“种阿僧祇善根”，“祇”字原是示（礻）部字，选注者不知“阿僧祇”，将它当成衣（衤）部的“袛”（只）字了。

⑤《晚明小品选注》在这里将“种阿僧袛善根”解释为“是僧人袛（只）须种善根”，完全错误了。

⑥“却来多说风凉话”，“来”原作“未”。

关于南浦秋波录[①]

◇1938. 6. 19

◇集外文

得《南浦秋波录》抄本四册，分为纪由、宅里记、习俗记、岁时记、琐事记、纪人各篇，文笔既佳，亦颇有见解，在此类书中不可多得。题曰华胥大夫著，谢枚如在《赌棋山庄诗集》中有《〈南浦秋波录〉题后》六首，自注云，是录张亨甫所著，盖述台江冶游之事。亨甫又著有《金台残泪记》三卷，今收入《清代燕都梨园史料》[②]第一辑中，据我看去殊不及《秋波录》，盖文情实不足，不尽由于鄙人恶男倡之偏见也。《秋波录》所记习俗琐事多可备考究，文字简洁，又殊有见地，如"习俗记"中所云：

> 诸姬皆不缠足。（原注云，案缠足或以为始于六朝，始于中唐，始于齐东昏，始于李后主，其说不一，然前明被选入宫之女尚解去足纨，别作宫样，可知不缠足原雅装也。）所穿屦，墙纵不过四寸，横不过二寸，底高不过二寸，长不过三寸，前斜后削，行袅娜以自媚，视燕齐吴越缠而不纤，饰为假脚者，觉美观矣。

尝阅崔东壁[3]《读风偶识》，见卷二“伯兮”章下有云：

古之妇女膏沐而已，膏沐以为夫容而已。秦汉以来始有脂粉，唐人尤以为重，宋元之际加以缠足，而天真几不复存矣。

一谈冶游，一讲经学，而此处意见甚相似，觉得很有意思。谢在杭著《文海披沙》卷五有缠足一条，末有云：

乐天但言趺如春妍而不言尖如春笋，谢灵运素足之妇而不及短足之姝，即东昏玉奴步生莲花，亦非以其小也。然女足不缠实佳。

张亨甫对于谢君的话盖亦多佩服，在“琐事记”中曾屡次称引，末一节云：

谢在杭又云，金陵秦淮一带，夹岸楼阁，中流箫鼓日夜不绝，盖其繁华佳丽，自六朝以来已然矣。杜牧诗云，商女不知亡国恨，隔江犹唱后庭花。夫国之兴亡岂关于游人歌伎哉，六朝以声乐亡[4]，而东汉以节义，宋人以理学，亦卒归于亡耳。但使国家承平，管弦之声不绝，亦足妆染太平，良胜悲苦呻吟之声也。

案原文见《五杂组》卷三地部一，在正经人看了或者以为不足为训，我却喜其平易近人情，胜于假道学，虽然歌伎的制度本来也不是我所赞成的。《赌棋山庄词话》卷六云：

> 去省会南门十里，地曰洲边湾里，皆水阁诸姬所居，详张亨甫《南浦秋波录》。……道光辛巳洲边灾时，太守王君楚常禁人扑救，延烧殆尽，后虽屡有兴作，而壮丽终逊从前，非必严禁知敛迹，盖亦一时财力之不及。吾友张任如仁恬尝言，神而五帝则人无不媚之者，人而娼妓则人无弗溺之者，故二处为销金巨壑，至五帝叹寂寞，娼妓多贫窭，则民穷财殚可知矣。乙巳予游连江，填《金缕曲》寄芭川，中云："官府催租声不断，误几家红粉飘零死。乐游曲，犹佳耳。"盖亦本此意也。嗟乎，论治者亦知歌舞为太平之象哉！

这意思与上文相似，谢枚如盖亦知言者也。我们又因此得知太守王某的故事，此人必是道学家，故能有此断然处置，如俞理初所谓虐无告也。《秋波录》"琐事记"中又有一则云：

> 《唐才子传》，西域辛文房所撰，《四库全书》无完本，而日本固有之，其于唐赵光远颇致讥词，以其作《北里志》故也。然光远此书能流传异代，远播绝域，视著书千万言一旦灰飞烟灭，幸而存者又徒供人覆酱瓿，则犹愈矣。

此言盖是作者为自己解嘲，道理却亦不错。——不过远播绝域一语稍有误解，西域人见到《北里志》恐亦还是在中国也。二书同是述青楼红粉之言，正如文房所说，但《秋波录》出于近代，所记琐屑事尤多，都是风俗史上的很好资料，我觉得更有意思。近来想稍收集关于冶游之书，而既不专精，又复吝啬，结果自然是不能大有所得，但就所有的书中看去，则此册要算是很好的一种了。此类书籍的搜集保存责在图书馆，个人力量终是有限，寒斋收藏至今亦总不过二十馀种而已。

孙耀卿编《丛书目录拾遗》卷三云，《华胥大夫杂著》，建宁张际亮撰，光绪庚寅刊，其首二种即为《金台残泪记》与《南浦秋波录》，各三卷。高坐庵主人近从海王村得《秋波录》刊本，较抄本多人表数页，又有自序，计百五十字，末署太岁庚寅送春日。案录中说及道光壬午后八年事，正是庚寅，乃道光十年，距刻书之年已甲子一周矣。　　（六月十九日记）

【钟校】

① 1938.7.20刊《晨报》。

②《清代燕都梨园史料》，“梨园”原作“黎园”。

③“崔东壁”，“壁”原作“璧”。

④“六朝以声乐亡”，“声乐”原作“盘乐”。

买洋书[①]

◇1940.4.13

◇集外文

近来差不多有两三年没有买外国书了。为什么缘故呢？对于西洋文化没有什么兴趣了么，那也未必然。无论我们是怎样地东方的，黄皮肤，黑头发黑眼睛，吃饭用筷子，写字用毛笔直行，到了现在总不能和西方文明没交涉，整天价听着汽车飞机的声响，就是闭了眼睛也是徒然，还是应当知道的吧。最近看见日本诗人萩原朔太郎在杂志上说，中学以及大学出身的人其忠勇每不及农民或只受小学教育者，因为平常教育鼓吹国粹主义，而事实上文事武备悉趋于西洋化，受过中学教育以上便如许敬宗说的解思量了，对照一看，看出教训的虚假，思想就动摇了。别国的事情且慢管他，应用到本国来，道理反正是一样，我们第一不要说谎，犯了五戒还不打紧，恐怕误了后生，好的后来幻灭，归于消极，不好的学得诀窍，依样去说假话[②]欺人。我想我们要紧是率直的表明，西洋文明里的什么是现今所必需，自己所最缺乏，所以应当借用的；什么是异同可资比较，短长可供采择的；什么是自己尽可适用，不必多事改作的。这样分头做去，多借用不算什么羞耻，借用得少也不必是光荣，总之是要诚实，要切实，以民族生存为目标，一般市井之见都暂且搁下。单就学外国语来说，这也是必要之一，如学英文，谈话通信，学习理工各科，固是有裨实用，或借以窥知希腊罗马古文化，通达科学文明之本源，即读小品散文，得挹取亚迪生、阑姆一流的精华，加在中国文学潮流中，亦是大好事也。这样说来，我对于买外国书读这一件事，本是极其赞成的，近来之所以不买，自然并不因为忽然厌倦，却有别的几种理由。这里边最重要的一个理由，说出来平淡无奇，但是极正当，便是因为书价太贵。我们过去买洋书的经验，大抵先令马克值五角，美金值两元，普通六先令的新刊小说只要花三块钱也可买到了。有一个时候北京的中交票不值钱，但最低只有几天，那时一元才抵得十便士而已。可是近时金价大涨，一两至值五百六七十元，在从前的十倍以上，外币的价格随之上升，那么六先令的书恐怕也非三十元不可了吧。这个年头儿，买洋书谈何容易，于是以不买了之，倒似乎是最简便之一法了。

话虽如此，不买也并不是绝对的，不过买得非常之少总是实情，即如去年里一本都没有买，然而在前年却也曾买过几本。其中最值得记忆的是汤姆普生（D'Arcy W. Thompson）的《希腊鸟名汇》（*Glossary of Greek Birds*），一九三六年重订本，价十二先令半。此书系一八九五年初版，一直没有重印，而平常讲到古典文学中的鸟兽总是非参考他不可，在四十多年之后，又是远隔重洋，想要搜求这本偏僻的书，深怕有点近于妄念吧。姑且托东京的丸善书店去一调查，居然在四十年后初次出了增订版，这真是想不到的运气，这本书现在站在我的书橱里，虽然与别的书排在一起，实在要算我洋书中珍本之一了。今年在最近一个月里却又得到了两本好书。第一点是价钱不贵，原价共计美金七元馀，放在北京饭店怕不要一百五十元之谱么，我从丸善买来，连邮费只花了三十元[3]，可谓廉矣。第二，这两部书都是蔼理斯（Havelock Ellis）所做的。蔼理斯在去年以八十高龄去世，听说有自叙传，由波士顿的好顿密弗林书店出版，这回弄到手，即是六百五十页的大册《我的生涯》（*My Life*），看了很是高兴，却还没有工夫细读。此外一册是他讲法国的论文集，名曰《从卢梭到普鲁斯忒》（*From Rousseau to Proust*），还是一九三五年出版的书。往常听说普鲁斯忒难懂，一时不想找评论来读，但是后来觉得缺这一册也不好，终于把他买了来。书中共收论文十七篇，有六篇是涉及卢梭的，此外关于果尔蒙、魏尔伦等四五文人，多据自己直接见闻有所论述，也自别有见地。但是我所最佩服的乃是另外几篇，是谈论人类学家邵可侣，自传作者特帖黎伯爵，《尼可拉先生》的著者勒帖夫（Restif de La Bretonne）诸人的。这末了的一位，所谓“阴沟里的卢梭”。虽然文学史家不大愿意多说他，那《尼可拉先生》总是十八世纪的一部大作，尤为性学者所珍重，我在这里能够见到详细的评论（云即是英译六册本的导言），焉得而不惊喜。这如在《断言》（*Affirmations*）中的《论加沙诺伐》，《论圣芳济及其他》，都不是在别人的书中所能见到的文章，每翻阅时不禁感谢作者，亦并自庆幸英文之未为白学也。我虽少买洋书，唯如在三年中得到三册满意的书，则亦足以自豪矣。（廿九年四月十三日）

【钟校】

①1940.6.1刊《中国文艺》2卷4期。

②“说假话”，“话”原作“活”。

③“连邮费只花了三十元”，“花”原作“化”。

关于燕京岁时记译本[①]

◇1942.8.19

◇集外文

敦崇所著《燕京岁时记》是我所喜欢的书籍之一，自从民国九年初次见到，一直如此以至今日。原书刻于光绪丙午，距今才三十六年，市上尚有新印本发售，并不难得，但是我有一本，纸已旧敝，首页有朱文印二，曰铁狮道人，曰姓富察名敦崇字礼臣，篆刻与印色均不佳，所可重者乃是著者之遗迹耳。寒斋所得此外尚有《紫藤馆诗草》《南行诗草》《都门纪变三十绝句》《画虎集文钞》《芸窗琐记》《湘影历史》等六种，但是最有意思的，还要算这《岁时记》，近七八年中英文日文译本都已出来，即此也可见为有目所共赏了。英译本名 *Annual Customs and Festivals in Peking*，译者 Derk Bodde。一九三五年北京法文书店发行，价十三元半，但是现售加倍了。日译本名《北京年中行事记》，小野胜年译，昭和十六年岩波书店发行，价金六十钱也。

日英译者译注此书，有相当的见识，可以佩服，故略加批评，亦责备贤者之意，若是一般应时投机之物，则自不暇评，实亦并不暇买也。

两译本有一共同的缺点，这便是关于著者生活之道听途说。英译本根据《紫藤馆诗草》卷首《铁狮道人传》的资料，说到著者之死，其文云：

> 传记言在宣统三年七月，他病了，回北京后不久死去，年五十七。

查周承荫著传记原文云：

> 宣统三年七月因病请假就医，甫至京遽遭国变，遂不复出，时或自言自语，时或拍案呼咤，惟遇隆裕皇太后大事，成服而出，缟素二十七日。

案隆裕太后之丧在民国二年癸丑，敦氏尚在，年五十九矣，然则不如译者所说死于辛亥也明甚，是年只是遂不出耳，非是遂不起也。日译本绪言中所说则尤奇，其文云：

> 宣统三年七月因病辞官归北京，十月革命起，自此遂不复出门，宣统帝大婚毕，乃至通州八里桥投水自杀。遗老怀黍离麦秀之叹而死者，王国维

之前，有斯人焉，此桥川时雄氏评彼之言也。时行年五十七。

案宣统大婚典礼在民国十一年壬戌，敦崇年六十八。又查《画虎集文钞》，卷末有碣石逋叟周毓之诗序，毓之即周承荫，序文末署甲子，自称七十老人，可知两年前未曾有跳河之事矣。此序文作于正月元日，又云病中，我们所能知道者止此，即截至尔时止，铁狮道人尚健在耳，若何时逝世，则因现在找不着资料，未能知悉也。

译文误解，在西洋人自属难免，但不知何以无华人为之先一校阅也。英译本“封台”项下，说“什不闲”②以前颇盛，近亦如广陵散矣，译作消散如广陵，注言广陵即扬州，昔繁华而今衰歇。又“端阳”项下，竹筒贮米以祭屈原，以楝叶塞其上，译作荷叶，似误听楝字为莲字音也。日译本自不至再误矣，唯亦偶有疏忽处，略举二三于下：

五十七页“厂甸儿”节，搬指译作指环，按平常指环无加在拇指上者，意有参差，英译本不误。又碧霞玺译作碧霞色玉之印章，按这宝石名称的语源虽未详，但玺字并不如字作印玺解，是无疑的，英译本作柘榴石，虽色彩或不合，似尚较佳。

一四二页“江南城隍庙”节，原文迎赛祀孤，这所祀大抵是孤魂罢，因为期日是中元，清明，十月一日，参考各节亦可明了也。日译本云，迎此城隍神而祀其孤独者。案英译本云，欢迎并祭祀此诸孤独之神们。二本误解处相同，即以孤为孤神，其实这里的神们都不孤独，不但城隍皆有夫人，即从神亦犹官衙之吏胥，徒党甚众也。

但是更大缺点乃是改字的错误。一四四页“金钟儿”节，原文云，金钟之号，非滥予也。日译本注曰，滥予意稍难通，恐是滥竽之误。附录原文便径改作滥竽，卷末校订表中亦并列入。按滥予不误，英译本作 extravagantly conferred，亦尚不错，若云滥竽，反不通顺矣。

又一七九页“蛐蛐儿”节，原文云：或又谓聒聒儿者即蝼蝈也。日译本注曰，原文为聒聒儿，则意味难通，乃以意改为油壶卢。译文云，或者所谓油壶卢者即是蝼蝈。按原文或谓，本来只说或人有此一说，自己全不负责，译文则全是著者的意思，口气全不相同。又聒聒儿亦写作蝈蝈儿，因此蝈而连想到蝼蝈，乃有此或说，油壶卢则连搭不上，至于讲事实，《月令》的蝼蝈郑氏注云是蛙，俗语的蝼蝈蝼蛄，河北亦有土名曰拉拉蛄，只能作蚯蚓鸣，无沿街叫卖之价值[3]也。

以上略举数项，非敢吹毛求疵，只是求全责备，希望此种有意义的译著，减少缺点，进于完善，别无他意也。关于二书的插画等，虽亦稍有意见，兹姑从略。（三十一年八月十九日，在北京）

【钟校】

① 1942.10.1刊《国立华北编译馆馆刊》。

②“什不闲”原作“甚不闲”。

③“价值”原作“值价”。

呐喊索隐[①]

◇1948.7
◇集外文

欠了《子曰》一笔文债，无法偿还，心里老是惦记着。忽然想到《阿Q正传》要制电影上银幕了，关于阿Q的性格想说几句话，目的是凑成一篇文章，可以还债，并不是有什么新的意见发表，可以供制电影片之参考。我以为阿Q的性格不是农民的，在《故乡》中出现的闰土乃是一种农民，别的多是在城里乡下两面混出来的游民之类，其性格多分与士大夫相近，可以说是未蜕化的、地下的士大夫，而阿Q则是这一类人的代表。阿Q性格中最明显的两点是精神的胜利与假革命。士大夫现在称为知识阶级，精神的胜利至今还是他们的最重要的武器，以精神文明去压倒外来的物质文明，以固有道德去镇伏异端的民主思想，以纲常名教风化正气等名词为盾牌，任意的骂倒别人，这类的事情大家见闻得很多，证据已经很是充足了。阿Q的假革命即是投机，而投机又是士大夫擅长的本领，我们不去别处找证据，只就《正传》所记的看去，也就足以为证了。阿Q本来是个正统派，他最厌恶那“假洋鬼子”，又叫他作“里通外国的人”，至于对于革命党，更是“一向是深恶而痛绝之的”，可是一听到城里革命党起事，他就决心去投革命党，因为他可以“要什么就是什么”了。最妙的是阿Q想到第一去革静修庵尼姑的命，走到那里的时候，却已迟了一步，据老尼姑告诉他说，“他们已经来革过了”，那就是秀才和假洋鬼子，他们除打碎了万岁龙牌之外，还革走了一个观音娘娘座前的铜香炉。阿Q到底是未蜕壳的士大夫，所以弄不过他的前辈[2]，但是这里便已可证明他们三位都是一伙儿的同志了。虽然作者后来觉得有点厌烦起来了，赶紧把阿Q枪毙了事，就把《正传》结束起来，其实这于事实不尽相符，不但阿Q本人在民国初期依然健在，依据道理说来，他比起秀才等[3]正牌士大夫来固然相形见绌，难免失败，但既是士大夫的一流，他尽有本事应付环境，不会投进网罗里去的。总而言之，阿Q与秀才假洋鬼子赵太爷等在《正传》里都写得很可笑可气，但我们也要理解他们，这不是他们自己的错，我们不能相信中国人的遗传性不好，错处还是在中国的历史上，这样整千百年的生活专制之下，养成这[④]样的习惯，如阿Q们所表示的，别一方面则如闰土的苟且生存，那是乡下农民的例子，至于原因还是相同，即专制封建的社会所造成者也。

我本来想将上边的意思再拉长一点，写成二千字，也就可以缴卷了。可是我拿起《呐喊》来翻了一遍之后，觉得此外还有好些材料可以谈谈，所以改变方针，动手来写这一篇索隐的[⑤]文章了。我并没有胡老博士的历史癖与考据癖，也没有这能力，但是恰巧我得着了好些材料，不趁这机会利用了，搁着也很可惜，便就记忆所及，零零落落的把它写了下来。这所谓索隐，与《红楼梦索隐》并不相同，只是就小说中所记的事情，有些是有事实的根据的，记录下来，当作轶事看看，对于小说本身并无什么关系。作者运用材料本极自由，无论虚构或是实事，或虚实混和，都无不可，写成小说之后，读者只把它作整个艺术作品看，对于虚实问题没有研究的必要。我这里所以只是讲故事，而且这故事也并不是我所说的，我的责任只在记录罢了。

那么这些故事到底是谁所说的呢？我这里不能不

再费点工夫说明一番，以明责任。我的亲戚里边有一位方女士，她是鲁氏老太太的一个内侄女，又是义女，常在老太太那里居住，她知书识字，和老太太很谈得来，所以知道的事情很不少。有一回我们偶然谈到《呐喊》，她把里边有事实作背境的有些事情告诉我听，后来又说到《彷徨》里的故事，我都摘要记录在日记里，这些大概已是十年以前的事了。关于她的话只说到这里为止，别的个人生活与此无关，便一切不提了。这篇里边我所写的大半以此为依据，但有些也有从别人的文章谈话中得来的，也有的是我自己的意见，前者有如《怀旧》因为方女士不曾见到这篇小说，后者则如关于《狂人日记》的来源她虽然知道，但是这与章太炎先生的关系，却是区区个人的新发见。

现在话还是从《阿Q正传》说起。阿Q本名谢阿桂或阿贵，他的哥哥名叫阿有，这事早已有人说过了。在府城光复的前夕，扬言[6]明天我们就好了，要钱就有钱，要老婆就有老婆，以及对那自称穷朋友的人说，你们总比我有，这都真是阿Q所说的，但此外有些是别人的事，却被搁在他的背上了。第四章《恋爱的悲剧》中对吴妈下跪，主人公原是别一个人，乃是作者的族叔普通称为桐少爷，穷困无聊，又有点低能，几次成为乞丐，被本家找回来，住在门房里，过着箪食瓢饮的生活。有一天，他在一个本家长辈处帮忙作工，忽然对了老妈子跪下道，你给我做老婆吧！这事为长辈所闻，他是个孝廉公，有个大儿子名叫伯文即是所谓文童，性情很是暴躁，便由他奉了孝廉公命，拿一支大竹杠，把他的堂弟大敲了一顿。阿Q与小D的“龙虎斗”，押牌宝的“阿Q的铜钱拿过来”，这些都是城内的“破脚骨”（流氓）的普通现象，并不一定是什么人的故事。赵太爷父子是代表旧士大夫的，但不曾仔细描写，倒不如在民国元年所做的《怀旧》里写得更为痛快。仰圣先生，那个教书的秃先生，是凭空描写的，但其言论却多有所本，大体与那孝廉公相像，所以只算是一个类型。左邻富翁金耀宗则是实有其人，本姓朱，名号从略。辛亥年冬天革命风潮甚急，城内屡有谣言，革命党何日进城，耀宗曾预备在塔子桥唐将军庙里备酒饭犒劳，本坊的人都是知道的。文中插叙王翁追述长毛时事，全家避往海边或山里，只有吴妈留守不去，长毛来，她诉说穷饿，长毛笑曰，“老婆子，给你这个吃吧。”抛给她一件东西，则是看门人的头颅也。鲁氏老太太尝说此事，盖她是从曾祖母听来的，至吴妈则老太太来归时尚健，向她提及往事时，辄以手拊心⑦，犹有馀恐云。长毛败时乡民追赶打宝，亦系实事，老仆潘阿和所说，他自己曾经参预其事。

《狂人日记》是模仿果戈理而作，那是很明显的事，第一节里说赵家的狗何以看我两眼，更与那边的小狗有点关系。但类似只以此为止，至于用意便全不相同了。果戈理自己是也有点精神病的，后来他终于发狂而死，所以那日记是别人难以仿造的。鲁迅的这篇只是借了这个形式来发表他对于历史的反抗，反对人吃人，却叫狂人来说罢了。小引中云："某君昆仲，今隐其名，日前偶闻其一大病，往访，则病者其弟也，然已早愈，所患盖迫害狂之类"。此类序引大抵故作狡狯，不可尽信，但这里所说却是真的。所云某君，今亦仍隐其姓名，乃是作者的姨表兄弟，在西北谋事，忽然精神错乱，疑心有许多人要谋害他，来到北京（那时未改北平），住在西河沿旅馆，也深信楼上及间壁都隐伏着他的怨家，种种暗示明告，叫他知道不能幸免了。他跑去找作者诀别，作者大出一惊，虽然他涉猎义大利伦勃罗左[8]的书，知道一点狂人的事情，可是亲自碰见这还是第一次。他遂留他在会馆里住，找了一个干练的听差，送他回到故乡。说也奇怪，到家以后就好了起来，直至寿终不曾复发。日记以迫害狂为材料，原因便是这样来的，假如不遇到这件事，则作者虽想像丰富，有些地方也未必能想得到。至于主要的思想，则如第三节中所说：

我翻开历史一查，这历史没有年代，歪歪斜斜的每页上都写着仁义道德几个字。我横竖睡不着，仔细看了半夜，才从字缝里看出字，满本都写着两个字，是吃人！

后来有名的所谓礼教吃人这句话，可以说就是从这里出来的。世上有考据癖的先生们一定可以联想到戴东原，以为北大提倡并纪念戴东原，所以他“以理杀人”的话便由道德哲学方面而浸润及于文艺，这是很可能的事，但事实却不尽然。《狂人日记》作于七年四月，胡老博士的《戴东原的哲学》还未曾发表吧，即使发表了也不会影响到，因为作者是不看这类论文的。那么这与戴东原并无关系么？那也不尽然，这很可能与戴东原的话大有关系，不过它的来路乃是别一条罢了。民国前六年丙午，章太炎先生在上海出狱后到了日本东京，五月初八日赴锦辉馆欢迎会，有一篇长演说，后来登在第六期《民报》上，中间说到戴东原，有这样的几句话：

他虽专论儒教，却是不服宋儒，常说法律杀人还是可救，理学杀人便无可救，因为满洲雍正朱批上谕责备臣下，总说你的天良何在，你自己问心可以无愧的么？只这几句宋儒理学的话，就可以任意杀人。世人总说雍正待人最为酷虐，却不晓得是理学助成的。

假如说戴东原的话于《狂人日记》有关系，那么这是它的来源吧。戴东原深恶宋儒之标榜天理，几乎把所有日常的情感行为指为人欲，一概抹杀，故反复言“以理杀人”之可怕，太炎先生直称之理学杀人，鲁迅以后乃转为礼教吃人，只是话更说得具体活现罢了，意思原来还是差不多的。不过我写下了这一节话之后，反复一想又觉得未必如此。太炎先生的话固然是引证的好材料，但在作者写《狂人日记》的时候也不见得意识的有这一节放在心头，他还是从事实上自己去归纳出来的结论，正史野史上食人的纪载，孝子孝女割股的歌咏，食肉寝皮的卫道论，最近是徐伯荪心肝被吃的事[9]，这资料已经够结实的了，就是没有戴章二君的话，从其中去抽出礼教吃人这四字的结论，大概也不是很困难的事情吧。

现在先跳过来说《彷徨》里的几件故事。《在酒楼上》的吕纬甫与《孤独者》的魏连殳，都没有一定的模特儿，也未必是作者自己，但其中所说的事情有几件却是有事实的背景，而且是作者亲历的。如纬甫讲给小兄弟迁葬，那是民国八年的事，小说里说小兄弟是三岁上死掉的，事实则生于清光绪丁亥，戊戌年卒[10]，所以享年六岁。他的病据后来推想大概是急性肺炎吧，假如经西医治疗或者也还可救，可是那时基督教医院还未开设，中医有什么办法呢。老太太一直都忘不了他，当时找写真的叶雨香凭空的画了一个小像，裱成立幅，以后三十六七年间都挂在她的房内，方女士不曾见过小兄弟本人，只说画的很肥白可爱，顶留三仙发，穿了藕色对襟衣，手里拈着一朵兰花。他葬在会稽南门外龟山，因为鲁迅的先德伯宜公的殡宫是在那里，还有丁亥年生至次年以天花殇的一个小妹妹也原来葬在山后，小墓碑题曰亡女端姑之墓，还是伯宜公的手笔，至戊戌年则伯宜公已去世[11]满两年了，那块墓题曰亡弟荫轩处士之墓，乃是经族叔伯文所写，就是上文说过的文章。到了民八，伯宜公在逍遥溇地方安葬，把他们也迁到那里去，如小说上所说那样，小兄弟的坟里"什么也没有"了，那么那小妹妹自然更是不必说[12]，虽然不曾提及。还有一件是纬甫叙及[13]奉母亲之命，买两朵剪绒花去送给旧日东邻船户长富的女儿顺姑，等得找着了时候，才知道她已经病故了。

她患的是肺病，有一次她的伯父长庚又来硬借钱，她不给，长庚就冷笑着说，你不要骄气，你的男人比我还不如呢。这更增加[14]了她的忧闷，不久就死了，因为她想，如果她的男人真比长庚不如，那就真可怕呵，比不上一个偷鸡贼，那是什么东西呢。然而那是贼骨头的诳话，她的未婚夫赶来送殓，衣服很干净，人也体面，顺姑大上了他的当了。（以上依据小说）

剪绒花的一节大概只是虚构，后半却是事实，最妙的是那贼骨头长庚原来即是阿桂，所云长富则是阿有，因为侄女看不起偷鸡的叔父，所以阿桂用比我不如去挖苦她，至于她的病却不是肺痨，实在乃由于伤寒初愈，不小心吃了凉粉石花，以致肠出血而死。她的未婚夫是一个小店伙，来吊时大哭，一半为了情义，一半也是自悼，他当了半世伙计，好容易积下百十块钱，聘定了一个女人，一霎时化为乌有，想要再来聘娶[15]，成家立业，这一辈子很有点不大容易了。

《孤独者》的主人公略为有点像作者的故友范爱农，其实也并不然，其中有两件却是作者自己的事情，借了魏连殳的名义记录出来的。连殳的祖母病故，族长，近房，他的祖母的母家的亲丁，闲人，聚集了一屋子，筹画怎样对付这承重孙，因为逆料他关于一切丧葬仪式是一定要改变新花样的。聚议之后大概商定了三大条件，要他必行，一是穿白，二是跪拜，三是请和尚道士做法事。总而言之，是全都照旧。那里晓得这“吃洋教的新党”听了他们的话，神色也不动，简单的回答道，都可以的。大殓之前，由连殳自己给死者穿衣服：

> 原来他是一个短小瘦削的人，长方脸，蓬松的头发和浓黑的须眉占了一脸的小半，只见两眼在黑气里发光。那穿衣也穿得真好，井井有条，仿佛是一个大殓专家，使旁观者不觉叹服。寒石山老例，当这些时候，无论如何，母家的亲丁是总要挑剔的，他却只默默地，遇见怎么挑剔便怎么改，神色也不动。

入殓的仪式颇为烦重，拜了又拜，女人们都哭着说着，连殳却始终没有落过一滴泪，只坐在草荐上，两眼在黑气里闪闪地发光。大殓完毕，大家都怏怏地，似乎想走散，但连殳还坐在草荐上沉思。

> 忽然，他流下泪来了，接着就失声，立刻又变成长嚎，像一匹受伤的狼，当深夜在旷野中嗥[16]叫，惨伤夹杂着愤怒和悲哀。

这本是小说，大家觉得描写的好，但同时这也是事实，方女士听见老太太讲过两次，一部分或者还是她自己见到的。这位祖老太大姓蒋，是陆放翁故里的鲁墟村人，所以小说里所说的亲丁自然也是姓蒋，方女士还能举其名号，今从略。只是有一件轶事可以附记于此，伯宜公很能喝酒，可是不喜欢人劝，尤其是厌恶强劝，常训诲儿子们说，你们到鲁墟去，如某叔挜酒，一口都不要喝，酒盅满了也让它流在桌子上面。好挜酒的某叔即是此人，至于伯宜公的教训也就是王大将军对付石崇的办法，可是应用不很容易，大概鲁迅还能够发挥这样的一点精神吧。

《头发的故事》与《端午节》两篇里所说的也多是作者自己的事。《弟兄》中所说生疹子的靖甫是指知堂，是民国六年张勋复辟以前的事。《野草》中有一篇讲风筝的，所说的小兄弟乃是三弟高山。《白光》里文童陈士成县考落选，发精神病，大掘其藏，这人本是族叔祖子京，自称看见白光，知道地下有宝，亦是事实，但他的结局不单是落水而死。孔乙己本姓孟，闰土本名闰水，姓章，是会稽海边杜浦村人。《药》一篇大概是纪念秋瑾卿女士而作，秋女士被害于古轩亭口，这是一个丁字街，凡从东南城往大街的必由之路。外行人读小说，觉得这一篇《药》最好，似乎作者自己也颇喜欢。（一九四八年七月）

【钟校】

① 1948. 8. 31 刊《子曰》3 期。

②“前辈”，原作“前辇”。

③ 此处原衍“人”字，已删。

④ 此处原衍“一”字，已删。

⑤ 此处原衍“的”字，已删。

⑥“扬言”，原作“杨言”。

⑦“以手拊心”,“拊”原作“附”。

⑧“伦勃罗左”,“勃”原作“敦”。

⑨“被吃的事”，原作“被的吃事”。

⑩“戊戌”，原作“戊戍”。

⑪“去世”，原作“去年”。

⑫“更是不必说”，原无“不”字，今增。

⑬“叙及”，原作“叙迹”。

⑭“增加”，原作“曾加”。

⑮“想要再来聘娶”,“要”原作“耍”。

⑯“嗥叫”，原作“暤叫”。

漫谈四库全书[①]

◇1949.3

◇集外文

中国读书人说起《四库全书》来，总是五体投地的佩服，这其实是错误的。旧的人不必说了，新的受了欧美人的影响，也都觉得这是一宗了不得的文化遗产，至于它的实在价值却全不大明瞭。《四库》是什么呢？这只是清朝乾隆帝弘历所开办的图书馆，收集的东西虽不少，却都是经过誊写、不讲校勘的抄写本，装潢好看，内容并不可靠，远不及后来诸家各校本之有学术价值，此其一。有些古刊珍本，另存别处，不在《四库》之内，因为《四库全书》是要版本大小一律，都是由举人秀才等手抄而成的。这些科举出身的老爷们本来不懂得什么是学术，抄写编纂只当作差使公事办，而皇帝是天作之圣，君师合一，更是任意妄为，有如乾隆尊崇关羽，改谥法壮缪为忠武，并将陈寿《三国志》里的本文也改掉了。段玉裁《说文解字注》鹿部麋字下注云：

> 乾隆三十一年，纯皇帝目验御园麈角于冬至皆解，而麋角不解，敕改时宪书之麋角解之麋为麈，臣因知今所谓麈正古所谓麋也。

王筠《说文句读》又部爪字下注云：

> 《康熙字典》引云，象其甲指端生形，此乃内府善本，筠未曾见。

段王皆是谨饬的学者，绝不敢以文字贾祸，这里却也忍不住要讽刺一下了。清朝系异族，对于书中说到夷夏问题的地方非常注意，古代泛论的悉加删改，近时直说的则全体抹杀，禁书与文字狱是其结果，可以说是《四库全书》的一个大收获，此其二。我们只举前者，即是删改古书的例来看。《四库》中有一部晋皇侃所著的《论语疏》，是极难得的古书，《知不足斋丛书》内有翻刻本，可是这里发现一件怪事，同是知不足斋所刻的，假如你运气够好，便会得到两样不同的本子。请看《八佾》篇“夷狄之有君”一章，底下的注两本行款字数都是一样，而文句完全不同。为什么呢？这便因为皇氏原注贬斥夷狄，皇帝见了生气，叫翰林们改，也亏得他们辛苦经营，依照原有字数，改作补入。知不足斋也照样挖改，所以与前印本截然不同了。关于这件事，记得鲁迅曾有文章详细讲过，读者可以查考。

康熙乾隆两朝编纂了好些类书，如《康熙字典》《佩文韵府》《渊鉴类函》，至今同《四库全书》一样为读书人所称道不衰，这也是中华民族的一个耻辱。《康熙字典》里引《说文》的话，如上文王筠所举出，是在原书中所没有的，可以见一斑，各种错误虽另有高邮王氏的考证，可是字典因为是钦定的书，至今未加改正，似乎现在钦定的权威也还是存在的，而且现今亦还很通行，实在民国以来并不见有更是便宜适用的书出来，可以替代它的。什么时候中国读书人不再迷信《四库全书》，不再依靠《康熙字典》了，那时中国的国文国学才会有转机，这时期或者很快，或者很慢，都是难说。

【钟校】

① 1949. 3. 31 刊《自由论坛晚报》。

小人书[①]

◇1949. 3

◇集外文

这一种书在北方习惯叫“小人书”，不晓得这里是什么名称，在路上却是时常看见，根本和北方是一样的。马路边上摆设一个摊，放着许多横长的小册子，八分图画，两分文字，租给人看，看的人偶然也有大人，但十九都是小孩，所以称做小人书确是名符其实的。我每次看见时总不免发生感慨，这如演说滥调所说的有两个感想：其一是小孩们这样喜欢看书，很是可喜；其二则是大人们的惭愧，我们不曾有什么好书做出来给他们看。神仙妖怪、英雄强盗、才子佳人的故事，古今来写了不少，自然，不能算好，可是现在没有更好的，他们饥不择食的吞吃，这也怪不得他们，同样的怪不得印造和出租的人们。问题是要有好的替代品，要叫穷人莫吃米糠榆树皮，必须供给棒子面小米才行，空讲卫生的道理是没有用。

说是没有替代品，那也是不合事实的，市面上的儿童书报出版得很不少了，不过那都是面包洋点心，普通人家是吃不起的，而且吃了也不充饥，乃是一个更大的缺点。花了几百几千的金圆买得一册故事漫画等，一翻就翻完了，现在这时候或者不能单怨书价之贵，而价贵却是事实，其内容之廉则又与其价成反比例，也是一样的事实。我直觉的感到，这些书与其说是为儿童所作，无宁说全是为编者出版者自己而作的，更是近于真理。这句话说得很有点傻，商业的出版本来都是如此，何必大惊小怪，自然也是言之成理。不过我总觉得骗小人手里的铜钱似乎不应该，虽然骗大人没有多大关系，因为他们也在那里骗人的。

我看小人书摊上一本本的横长册子，材料虽是陈旧一点，内容总是充实的，结实一厚本，禁得起翻看，同时已赚了钱，总算还对得起主顾的。新的儿童书也要能够这样子，那就好了。可是现今是商业世界，大家讲赚钱愈讲愈精，后来居上，要想劝人赔本或是够本为儿童服务出版，那是道地的梦话，不但听的人要咧了嘴笑，就是自己如不在做梦也是说不出口的。给儿童供给书物，正与整个的儿童教养一样，我想原是国家的责任，应由国立机关大规模的来办，那么大赔其钱可以全不在乎，物美固然难说，而价廉可以做到，至少是货真②，即内容总可更为充实了。不过这也是同样的一个梦，是很渺茫的。自然比较上二者也稍有差别，前者之梦有如一匹骆驼通过针眼，只有在戏法中乃能遇见者也。

【钟校】

① 1949. 4. 2 刊《自由论坛晚报》。

②“至少是货真”,“至少”原作“其实”。

红楼梦[①]

◇1949.12

◇第四册有《小说的回忆》

◇集外文

上月里法捷耶夫在北京某处演讲，提到李太白，有人说那么现在李太白也可以讲了，近来听说有大学里开了一班课，是研究《红楼梦》，那么《红楼梦》岂不是也可以读了么。其实无论什么，没有不可以看的，只要看的得法。看法原来可以有几种，其一是站在外边，研究作品的历史、形式与内容，加以批判，这是批评家的态度。其二是简直钻到里边去，认真体味，弄得不好便会发痴，一心想念林妹妹，中了书中自有颜如玉的毒了[②]。此外有一种常识的看法，一样的赏识他的文章结构，个性事件描写的巧妙，却又多注意所写的人物与世相，于娱乐之外又增加些知识。这是平凡人的读法，我觉得最为适用，批评家我们干不来，投身太虚幻境又未免太傻了。假如用这种读法去看《红楼梦》，以至任何书，大概总是可以有益无损的。

《红楼梦》所着力的地方是描写那些女人的性格行动，这虽是三百年前的模型，在现代也尽存在，有如那样随意的贾母，能干的凤姐，深心的宝钗，娇性的黛玉，刁恶的袭人与率直的晴雯等，随处可以见到一鳞半爪，这非得有社会上的大变动是不容易改变的。就这一点说来，曹雪芹虽是十八世纪的人，他这著作却是说得上是写实主义，应得法捷耶夫的称赞的。我读《红楼梦》前后大约有两三次，心里留下的印象也还相当清楚，我所觉得佩服的只有王凤姐，喜欢的只有晴雯，这两个人虽然原来是在荣国府大观园里，但是假如换上一个背景，放在城市或乡村的平民社会里，还是一样的可以存在，可以发挥她的特色的。曹雪芹生在那时代，只知道描写贵族社会的生活，但是因为是写实的，他不但写出了荣国府的生活，而且还写了好些女人出来，这是别的小说家所不曾能够做到的了。

【钟校】

① 1949. 12. 6 刊《亦报》。

②“书中自有颜如玉”,“颜”原作“人”。

儿女英雄传①

◇1949.12

◇集外文

◇第四册有《儿女英雄传》等

我每提到《红楼梦》的时候，总要想到《儿女英雄传》。这个理由我也不能明白的说明，最显明的或者是在语言上，二者都是用北京话所写，在这一点上是可以与吴语所写的《海上花列传》等相比的。《红楼梦》写时代与地方很是朦胧，至少他不说明是清朝，也不说及什么岁时风俗，显出地方色来，《儿女英雄传》则明白的说是旗下人家，书中纪献唐虽是映射年羹尧，但所写的社会家庭，依照著者的年代推测，当是乾隆嘉庆的时候吧。描写清朝中期的家庭社会，特别是那考试的情形颇为明细，很是难得，不是科举出身的满洲世家子弟没有人能写，就是曹雪芹在这上面也不能不让一步了。书中所写人物，我只觉得安得海与何玉凤即十三妹最好，安老爷是讲道学的，可是他虽有点迂阔而很通人情，我曾戏说，我痛恶道学家，但是像安得海的却还不妨见他一面。十三妹是个任才使气的女孩儿，在现今也还可以见到，自然只得她的一面，像能仁寺的那一场那是戏台上的事情，我们不能希望现世真有这样的大姑娘，虽然中国社会最为欢迎，只看《十三妹》这部戏文的风行可以证明，在全书中却最是软弱部分，因为前有《剑侠传》，后有各种侠义小说，虽描写得很有点幽默之外，说不上有什么特色。这书与《儒林外史》一样，现在恐怕难得青年们的真正的赏识，（我所说的赏识，单赏识十三妹的武艺便不能算是真正。）可是二者的价值却是一样的重要，因为小说中讲到科举的只有这二者，现代的中国人是值得注意的。大学里如要开小说研究班，这两部书作一组，第一应当列入，作为研究资料，正式的八股文的研究自然更好，不过那是严肃的沉重的功课，不能像这个的有兴趣了。

【钟校】

① 1949. 12. 8 刊《亦报》。

水浒传[①]

◇1949.12

◇第四册有《小说的回忆》

◇集外文

《水浒传》的批评向来一直颇好，只有少数卫道的绅士加以非难，称之曰诲盗。这班绅士们的操心也不全是空的，因为一般人的喜欢《水浒》便因为这里边的官逼民反，替天行道，有许多江湖好汉落草避难，表面上仰慕桃园三杰，实际上是学的忠义堂一路，不能不说是这部小说的力量。中国过去政治不良，贪官污吏与土豪劣绅占据全面的社会，人民无法生活，只好铤而走险，不但消极的避难，还可以积极的复仇，一班有心无力的听听也觉得痛快，正如西洋中古时代的罗宾汉故事，其流传与欢迎是无足怪的了。

上梁山泊去的英雄中，因为打不平或受冤曲而去的原也不少，但是主要的人物，有如晁盖[②]、宋江、吴用，却又是另一路，这仿佛是抄的旧文章了，除学究算是自由职业外，保正与押司原是政府下级员司，他们的行为却不是贪污也不是土劣[③]，而终于加入好汉的首班，大成其功者，这是什么缘故？我想，这种事情总是有原因，汉高祖刘邦与鄚侯萧何，可不就是历史上的例子么。这样看来，《水浒传》里不但写了贪污土劣逼人去上梁山，而且也写了他们怎么的去上梁山，这也是一件很有意思的事吧。

《水浒传》描写人物事件的确有许多好的，但从思想上来说他很有些缺点，他说官逼民反，替天行道，可是他对于人民的态度实不见得好，例如李逵劫法场，只拣人多处杀去，这固然也是形容李逵凶猛蠢笨，但著者亦不无痛快的意思，此是其一。其次是对于女人小儿的态度也很不好。武松杀嫂，或者是不得已，但其写杀时不但表示踌躇满志，而且显示快意，近似变态，至于翠屏山的一场，难道真是如金圣叹所说，故意要犯重复而写得两样以见手段么，我觉得还是喜欢那么写，其居心更是不可问了。只是他不曾玩弄小脚，无论这是施耐庵或是李卓吾金圣叹的意思，总之都是好的。

旧小说中写女人的态度显得大方的，还要推《红楼梦》与《儿女英雄传》，这是很难得的，莫非因为著者是旗人的缘故，所以受旧文人的恶习较少么，这我不知道。近代学者平步青博学多识，著《蚬斗薖乐府本事》，改作近人笔记，简炼可读，却喜言金莲，极致倾倒，读之肉麻，良可惜也。

【钟校】

① 1949.12.10 刊《亦报》。

②“晁盖”，原作“晁盖”。

③“也不是土劣”，原无“不”字，今增。

小人书二[1]

◇1949.12

◇集外文

在上海或是北京的马路上行走，常可以见到路旁有些小书摊，却不是卖的，只是借给人看，又不拿回家去，只在摊边翻看。

这在北京名为小人书，但也并不专门只给小孩们看，有好些成年人也在那里看着，而且还很滋滋有味的。这些书都是横长的账簿式的小册子，一页上有图有字，普通称为连环图画，其实还只是每页都有图而已，不大有什么连环的意义。

这种编法，从历史癖上说起来，可以说是古已有之的，宋元的历史评话现今有五六种保存着，原来都是这样，可以说是字画并重，后来逐渐以文字为主，只是一回中有一两张插画，末了则是我们最常见的绣像，卷首画着一个个的人物，这是最后的一阶段了。

这里显然可见，先前的书是给识字不多的人看的，看了图再念说明，可以更懂得清楚，就是不念也能看出大意来，至于后来的主顾则是读书人与中产阶级，内容与形式很是不同了。明朝后半的板画的发达是很可惊异的，但是他全是知识阶级的专有品，不单是人民，就是儿童也得不到他的好处。直至清季才有点转变，先是石印的画报，随后有插画的教科书，这才通俗化起来了，可是吴友如的画风几十年还有影响，至今难得看到好的插画。

儿童书在中国的历史也不算短了，大概总有了四十年以上了吧，至今却不能争取儿童的光顾，眼睁睁地看着他们在爱读摊上的小人书。这里有什么缘故，我们儿童书的作者与画家似乎应该反省一下子，外行人没有别的好意见，但是向儿童去学习，那总是一个要点吧。

【钟校】

① 1949. 12. 12 刊《亦报》。

读旧书[1]

◇1949. 12

◇集外文

中国的书向来是专门供给读书人的，所以普通人民以至妇女小儿都不能得到他的什么好处，那么这于读书人，即是能够懂得他的人，当然是一种很好的享受[2]了吧。是的，也并不是。一口说读书人，里边也很有些差别，即使在专制的古时代还出过些离经叛道的人，何况后世？读了书而仍把书还了的更是常有，他只是偷了一套拳头回来，却不跟着做徒弟，反而看穿了老师傅的把戏，不免要对他表示不敬了。为的分别起见，我们称这新的一派为知识阶级，对于旧的则称之为士大夫，自然现今的知识阶级里有些也还是士大夫，要完全的划分原不是可能的事，这里只说个大略罢了。我说是的，因为士大夫是封建文化的主体，那些旧书都是由他们主稿，由他们审定，再由他们去赏鉴，自然是十分配胃口的了。但是在知识阶级之有点见识的看去，这便并不如此。有如用了现今上海服装的标准去看张园时代的时装，觉得可以通用的成分就很稀少，更因文字有宣传的作用，看去更觉得有点讨厌了。从前大家迷信《四库全书》，其实分量虽多，全是一堆红袍纱帽或马蹄袖蟒袍，说是遗产却毫无用处，况且有许多都经过清朝因忌讳而加以删改，也失了本来的面目了。我们中年以上的人，在书房里以十年萤雪的工夫学会了些古文，如今翻阅旧书，往往看得昏头搭脑，一无所得，只觉可恼，正如出钱买了假古董，空费一日光阴，大呼倒楣不止。有谁肯为人民服务的学者，牺牲时间，把文化遗产加以整理区别，使得后人可以选择利用，功德无量，与造桥铺路的工作不相上下。

【钟校】

①1949.12.14刊《亦报》。

②“享受”，原作“亨受”。

读旧书二[①]

◇1949. 12
◇集外文

再说旧书有什么地方不好，那么看得觉得可恼，这须得略为具体的说明一下才行。笼统的一句话，自然可以说是封建道德，但事实上这倒并不着重在三纲主义上面，最讨厌的还是在别的地方，简单的说乃是卑鄙。古今的诗文都还装点面子，最是赤裸裸的明简的是在散文笔记上，在这里最可以看出著者的思想感情，是研究中国士大夫的很好的资料，若是随喜阅读，却是常要感觉不愉快的。这里边所多的，第一是迷信。假使是民间的俗信，例如什么神什么鬼什么禁忌，那各有社会文化的背景，值得了解与探讨。士大夫的迷信则多是他卑鄙心理的表现，某人捐钱赈饥，固然做的是好事，结果还是中了举人，才算大家满意；某少妇平日为人很好，忽被雷击②，推究原因为了鞋底里衬了字纸，满卷全是乌烟瘴气的祸福观念。其次是势利。人的标准是科名与官职，书里说到某人必须带有称号，自监生以至状元，自典吏以至大学士，在笔记诗话中都要提出，便是没有功名的人也要称他一声布衣，表示现在虽然如此，将来可以有锦衣的希望的，仿佛铭旌上写待赠的样子。我们查西洋的文章，总不见有戈德相国或培根水部的名称，可见这是有科举的历史的中国所特有的习俗，是很值得注意的。以上两种特色在中国旧书中全不能免，大概以宋为中心，古时尚好，自唐以考试取士，渐重科名，宋兴道学，二者结合，至明清而极，其卑鄙也简直达于顶点，民国以后仅存馀波，可以说是革命之功，至于革不能尽，亦或有之，但总之也就不多了吧。

【钟校】

① 1949.12.16 刊《亦报》。

② "雷击"，原作"电击"。

关于章氏丛书[①]

◇1950.1
◇集外文

汪旭初先生在《寄庵谈荟》中答柳君非杞问，关于《章氏丛书》所见说明，今就所知略为补充。《章氏丛书》康氏排印本错字颇多，现今市中亦已难得，浙江图书馆本虽板渐模胡，想尚可买到。

此外《章氏丛书续编》，于民国廿二年在北平刊成，木板四册，共收书七种十七卷，《葑汉昌言》及《体撰录》均在内，新出《三体石经考》系钱玄同手书，写刻精工，似比初编中的《小学答问》更好。此书系由章门弟子中若干人发起，出资刊刻，汪先生也在内，《春秋左氏疑义答问》上且列名校勘，不知何以说《体撰录》始终未刊，是否当时未曾收到刻好的全书？刊校印刷的事闻由吴检斋经理，参加的人各分得三五部，大家愿意将书板寄赠章氏国学讲习会，后来听说未曾实行，吴检斋死后这事更无可考了。虽然据说吴氏经手印过一批，在旧书店中或尚可见到，但总之比较初编要难得多吧。

分载《国华》及《制言》中的文字，经孙世扬编辑，有《太炎文录续编》七卷，各卷多分上下，实有十三卷，于民国十三年在汉口排印出版，共四册，为《章氏丛书三编》之一部分，只印了五百部，末附分送名单，在重庆项下也有汪先生的名字。书虽印的不多，但在西南想应当还可找着，若在北方，则正与续编相反，很不易得，据单上分到[②]的只有五六部而已。以上据所见闻略述一二，以供参考，如承指示增广，至为欣感。

【钟校】

① 1950.1.28 刊《大报》。

② “分到的”，“到”原作“别”。

钱玄同与章氏丛书[①]

◇1950.1
◇集外文

钱玄同从太炎先生听讲，最初是在东京大成中学的国学讲习会，后来在民报社特别听讲《说文》，有时便留下不走，与太炎“抵足而眠”，彻夜谈论文字问题，结果逼得先生承认写字非用篆字不可。太炎给学生的信，托便人带来的，封面上有写篆文的，但是江声老先生的旧办法到底也难实行，于是玄同提出依照小篆用楷字写之一法，写起来倒并不难看，虽然不大好认，圆笔变方了，反而面生，一也，须用本字，一见难认，如認之作仞，二也。经了苦心研究之后，终于写成了四卷《小学答问》，木刻精印，民国后收入《章氏丛书初编》内，但后印本究竟精彩差得多了。民国二十二年在北京编刊《丛书续编》，由玄同与吴检斋[2]主其事，每卷之后均有二人复校的署名，可以算作记号，其中新出《三体石经考》一卷，也是玄同手书，写法却有点改变了，太炎跋云：

> 吴兴钱夏前为余写《小学答问》，字体依附正篆，裁别至严，胜于张力臣之写《音学五书》。忽忽二十馀岁，又为余书是考。时事迁蜕，今兹学者能识正篆者渐希，于是降从《开成石经》，去其泰甚，勒成一编，斯亦酌古准今，得其中道者矣。稿本尚有数事未谛，夏复为余考核，就稿更正，故喜而识之。夏今名玄同云。

续编系文楷斋镌刻，颇为精致，弟子们原意刻成后即举以奉赠，移送苏州，由吴检斋任其事，而迟迟久未办，南方乃另行影印，吴旋去世，原板不知尚存否，如有人得到初印有小像本，应知何如的珍重也。

【钟校】

① 1950. 1. 28 刊《亦报》。

② “吴检斋”，“检”原作“缄”。

聊斋志异[①]

◇1950.3
◇集外文

听说苏联现在翻译中国旧文学，有陶渊明李白白居易等人的诗，这也是平常的事，但是我觉得特别有意思的，是说小说类中有《聊斋志异》。本来《聊斋志异》是中国旧说部中之佳作，与《阅微草堂笔记》并驾齐驱，代表古小说的两派，正如《阅微草堂》是近代化的志怪书，《聊斋》继承唐代的传奇文，集其大成，二百多年来他们在文坛上占着势力，那是并非偶然的。

英国人佳尔斯很早把《聊斋》译成英文，大概读者多觉得比李白杜甫更有兴味，难道洋人真只懂得稗官野史[②]的么，这当然不是的。大家都说《聊斋》专讲狐鬼，这正上了作者的大当，他写的故事里的狐鬼，除了忽然而至，欻然而灭之外，哪里有狐味鬼气？例如《青凤》与《连琐》两篇，可以算作代表，里边所有的还不只是普通痴男怨女，缠绵歌泣的事情么？他也可以当做人事来写，但是那么的讲室女偷情，寡妇夜奔，岂不违反礼教，《西厢记》便是前车，正人君子不及谋害王实甫，只好叫他下地狱，蒲留仙于此能无戒心？他之多替狐鬼讲恋爱，并非他懂得狐鬼的情状，实乃是礼教不准他写人的恋爱之故也，因此在这一点上很有价值，外国重视《聊斋》，与重视《西厢》相同，取其能言情，非取其言狐鬼。所以有人以为《聊斋》是民俗的材料，这也是不正确的，资料当然不是没有，但在其最好的几个长篇中则除了人物是超自然的以外别无什么特殊的东西。学《聊斋》最好的要算王韬的《淞隐漫录》，他喜写男女私情，但那时有妓女可作材料，所以他不必再去借助于狐鬼了。

【钟校】

① 1950.3.4刊《亦报》。

②“稗官野史”，“稗”原作“裨”。

耕织图①

◇1950. 3

◇集外文

中国向来称重农之国，可是农家的书少得很，大概在《四库书目》中只占一卷吧。南北朝时的《齐民要术》是古典书了，自然是可贵，却也只是古罢了，元朝的《农书》与明朝的《农政全书》平常不容易得到，手头只有一册《天工开物》，是上海翻印本，图是石印的，所以也还可以看得。第一卷《乃粒》②，第二卷《乃服》，是分讲农桑两事的，虽然叙述简单，却喜图还不少，关于农功有大小十六图，蚕桑包括棉花③，有二十五图，第三卷《粹精》，继续讲打稻脱壳，又有图二十二，总得六十三图，虽不精工，但尚近真实，如南方的风车，北方的石碾，皆非亲见实物的人不能画得出来。清康熙时敕绘《耕织图》，绘者焦秉贞乃是钦天监一小官，其画法据说有郎世宁的传授，郎系义大利人，自长于西洋画，焦所作则仍是中国画，但布置整齐，比例匀称，无文人画臃肿倒塌的神气，看去觉得细腻可喜，此虽是应制之作，却可算得这一类中的佳作了。

《耕织图》在很久以前看过，记的不很清楚了，但看《天工开物》，觉得有些乃是从此中脱胎，如簸扬一图，与焦氏作极相似，又砻与舂臼亦然，若取两者比较一下，即可知端的。在都市里的文化人要知道农家情状，最好自然是下乡去，其次是看图画，现代尚无好资料时，则此种旧书还不妨利用，比较的可靠。《天工开物》自序末云，“丐大业文人弃掷案头，此书于功名进取毫不相关也”，此公文章与意思都有点乖僻，但现在看来，这实在是很有意思的书，只是于功名之士没有关系而已。

【钟校】

① 1950. 3. 18 刊《亦报》。

②《乃粒》，“粒”原作“拉”。

③“棉花”，“棉”原作“绵”。

北京风俗图[①]

◇1950. 3

◇集外文

陈师曾画《北京风俗图》三十四幅，在姚茫父处，每幅有茫父题词一阕，民国十七年由淳菁阁影印出版，大本两册，今淳菁阁早已关门，此书绝版久矣。顷从友人处借看一过，觉得很有意思。师曾为清季诗人散原老人的长子，曾留学日本，书画篆刻皆佳妙，在教育部任编审，后因侍父病，传染肠热症，遂以不起。

画师图风俗者不多见，师曾此卷，已极难得，其图皆漫画风，而笔能抒情，与浅率之作一览无馀的绝不相同，如送香火、执事夫、拾穷人、烤蕃薯、吹鼓手、丧门鼓等，都有一种悲哀气，若是用时式的话来说，道地写出民众的劳动生活，虽是尚在三十多年前，却已经颇有新时代的空气了。此外又有几幅，写的很有趣味，如压轿嬷嬷，据程穆庵题诗注云：“北京风俗，凡遇婚事，必于亲友家择一寿考多福之妪，先乘花轿诣女家迎新妇，谓之压轿，右幅正挟扶[②]上轿之状，画者尤能毕尽其神思[③]也。”又夫赶驴，茫父题词注云：“一妇骑驴抱子，声得得，从者夫也，京东人上京多如此[④]。”一幅本是茶馆说书，作者自题曰“墙有耳”，茫父词注云：“此原题也，画则二人窃听于门前，有招曰雨前。”茫父题词长短三十四阕，为切题面，遣词运典亦多佳处，惟我觉得未能与画面的空气恰合，今录其题“墙有耳”《浣溪沙》，以见一斑，词云：

啼笑犹能感路旁，闲来窃听话偏长，几人身后蔡中郎。　暂许属垣教悦耳，不烦钻穴待逾墙，茶前一样耐思量。

【钟校】

① 1950.3.18刊《大报》。

②“挟扶”原作“扶持”，据程穆庵手迹改。

③“神思”原作“神态”，据程穆庵手迹改。

④“上京多如此”，原脱“京”字，据姚茫父手迹增。

◇1950.3

◇集外文

伊索寓言[①]

◇第一册有《明译伊索寓言》等

《伊索寓言》世界各国都有译本，中国译的很迟，大概已是二十世纪了吧，因为是用古文译的，小孩看不懂，大人们看不起，所以流行不广。但这以前有过另一译本，名曰《意拾蒙引》，英汉对照，共四十则，一八四〇年出版，四十年前在外国图书馆里看过一回，忘记何处印刷，其时香港上海都还未开辟，或者是在澳门吧。年代早了，内容的古老是必然的，不会得比后来的好，但是关于这书有一种传说，倒是很有趣的。

据摩利思在《英国现代评论》上说，当时《意拾蒙引》出版之后，中国官吏非常爱读，后来有一个大官说道，这显然是在说咱们，于是命令把这书列为禁书云。这故事说得很有意思，只可惜是太不合事实，第一是中国官僚不会看这种书，第二照时间讲，其时正是鸦片战争，一八三九年英人犯广州，后攻取江浙各地，至四二年南京条约成，五口通商，香港割让，在这时候官吏读洋书是不可能的事。至于大官说，这显然是在说咱们，却是形容得好，中国向来多文字的禁忌，所以假如读了《伊索寓言》，那一定会立即感觉到的。

我们猜想那一篇顶犯忌讳，这自然不容易说，大概那《有两个妾的男人》总是其一吧。年青的女人拔他的白头发，年老的一个又拔黑的，不久那男人就成了秃子。这故事老爷们听了便要很生气，他们不怕说是贪污无能，却只恨私事被人知道，读《孟子》里齐人一章已经有点心虚，哪能更忍得外国书里的挖苦呢。摩利思的故事不可靠，但其揣摩清朝大官心理的话却是十分有道理的。

【钟校】

① 1950.3.25 刊《亦报》。

垃圾书[①]

◇1950. 4

◇集外文

德国有名的性学者勃洛赫在所著《我们时代的性生活》中，论诲淫的书画一章里，讲到抑制的唯一方法云：

> 这是在于发达真正的人民文化，增加受教育的机会，和减低书籍的价格。有如赖曼的那种事业，出版他的《德意志小丛书》，每本一角半，搜集精选的作品，不但是最好的小说，还有许多科学大家所写的通俗科学书和文人的随笔，单是这样一个事业，在禁止垃圾文学上要比所有进德联合会的努力更为有效。

原书于一九〇七年出版，所以至少也已是四十年以前的话了，在现今却还是有意义。他所说的垃圾文学并不单指淫书，包括那些滑稽、犯罪各样黄色出版物，这在资本主义社会串同低级电影，教唆强盗杀人和变态的性欲[②]更为有害，解放未久的中国也一样的受着这害，抵制的方法正是极其重要的。普通禁止只是治标，单从“供”这一边着想，假如“求”那一边存在，禁亦无用，而且禁止可以成为一种广告，有如前清同治年间江苏巡抚丁日昌的应禁书目一样，至今还供搜书者的参考。最好的方法是供应别一批东西，来替代他，这从根本下手，那些垃圾书便再不能生存了。这里有三部工作，勃洛赫已经说明了，我所觉得最有意思的却是在末一节，人民文化与普及教育固极重要，若是书价太高，也是等于叫饥民吃肉粥，还是无用的。这须得由政府来出手，像从前赈饥似的，尽量将价廉物美的书发下乡去，在现今人民政府的时代，这大概不是什么难事。

【钟校】

① 1950.4.5 刊《亦报》。

②“变态的性欲”，“变态”原作“恋态”。

美国小说[①]

◇1950. 4

◇集外文

同乡友人翻译了一本美国萨罗央的小说《人间喜剧》，送给一家大书店去看，回答说是已有人译过了，是别的书店出版的。我不看美国小说，但这一册是看过的，因为作者原是亚耳美尼亚人，那朋友便将他的译本和已出版的别本都借给我，让我比较一下。译文的达与雅且不谈，单说信这一点，后译的乙本是完全的，先出的甲本只有三分之二，而且把作者发挥他的理想的地方都给删掉了。萨罗央虽是当过兵，但他是反战的，只是不好说明，他的祖国是亚耳美尼亚，历来受难，那里原始的基督教又有一种东方的神秘空气，所以他说“他跟我们是一体”，又云，“世界的人是等于一个人”，这诚然难免有点过于空灵，但是在战争贩子当路的美国社会里有似一阵清风，总是好的。现在把他借了主要的人物的嘴里说出来的这些话全部削去，大有买椟还珠的意味，而且又将有些很好玩的场面，例如荷马遇见从前养过兔的老人，由利斯跟了小孩们去偷杏子，也整个节省了，这真是很可惜的事。听说这书里的故事曾编作电影，假如有人看了电影再去读这译本②，一定要觉得更可惜吧。

萨罗央③的别一本小说集，由吕叔湘君译出，名为《石榴树》，那是译得很好的，很可一读，里边的人物也很特别，不知是不是亚耳美尼亚的特色，但总之与美国人不一样。杨潮所译克拉伦斯戴的《我的爸爸》也很好，那老头子很有意思，可是那还是美国人罢了。

【钟校】

① 1950. 4. 7 刊《亦报》。

②"译本"原作"课本"。

③"萨罗央"原作"萨马央"。

看花书[①]

◇1950. 4

◇集外文

小时候爱看花书，但是现在不忘记的只有一部《毛诗品物图考》。说起花书来，那时并没有连环图画这一类的书，要看只好找小说弹词绣像来“看菩萨”，通俗用书中有《对相杂字》，与《看图识字》的编法相像，就只是品类太杂，图也太小。高等的有《尔雅图》与《山海经图》，《本草》里图也不少，但那是大部书，不容易碰到。《诗经》里的草木虫鸟很多，给他画出图来的只有乾隆时徐鼎的《毛诗名物图说》，一七七一年出版，一八〇八年日本有翻刻，此外又接连出了两部书，即一七七八年渊在宽的《陆氏诗疏图解》，一七八四年冈元凤的《毛诗品物图考》。这三种书现在都不很好找了。

但是碰巧在六十年前的时候，上海有一家书局把这图考拿来石印，虽然缩小，却还印得不错，白纸两册，只要二百文钱便可买到。渊冈二人都是世代医官，于本草学有根柢，他们的书比徐鼎更为切实，但渊徐二人的图都是小块，不及图考整幅大图，画的很是精良，书局特别选中，原是不为无见的。其中如谁谓雀无牙、流离之子、五月鸣蜩诸图，至今看了还觉得好，草木一部分尤为逼真，如芣苢、匏、蒲柳、竹、笋等，此外好些植物看图也就认识，可是在乡下时没有记得俗名，见了书上的古名也还是合不起来。卷七的鼍差不多已解作鳄鱼了，图形也比徐渊二书为佳，可是叫他蟠了身子，装在大口玻璃瓶，上面包了一块布，未免有点滑稽，鳄鱼即使能够屈身，这瓶也非有六七尺高不可了。鳢本是乌鱼，图中画作鳜鱼[2]，要说缺点，也就是这一两处吧。

【钟校】

① 1950. 4. 23 刊《亦报》。

②“图中画作鳜鱼”，原作“图中图作鳜鱼”。

折狱龟鉴[1]

◇1950.5
◇集外文

看见《梅边琐记》里讲到许珊林的刻书，手头适值剩有两种，便拿出来翻看。其一是《六朝文絜》，这书我最喜欢，里边的文章选的好，书尤其刻得可爱，朱墨套印，有些翻印本，最后是读有用书斋本，也都不错，但与原本比较，却分出高下来了。

其二是《折狱龟鉴》，原是替他的老师李宗昉所刻，是李氏的《致用丛书》之一，虽不用朱墨二色，刻印也很精工，我重看了一遍，却把《文絜》搁下了，因为我觉得这更有用处，有意义。著者郑克的意思主于从宽，对于书中所举稍过于严峻的事例，于论中加以批评纠正，其严明的界说云，谨持法理，深察人情，真说得好。但是我更觉得有意义的，乃是从这些故事中看到当时礼教法律的一点滴，满是封建的气味，看了也觉得可怕。如唐李杰为河南尹，有寡妇告其子不孝，罪至死。又宋任布知越州，民有被酒骂其祖者，法当死。张咏知益州，民有负贩者，翁役其妇，妇违之，翁怒剪其发曰，我作婢使汝。王琪知复州，有新制下，凡主人殴佃客死者，听以减死论。这简单的几句话，便显明的现出家长与地主的威权和皇帝差不多，而且这是事实，比文学上所说的更要确实得多了。

古韵阁刻的《刑部比较加减》可惜我没有。向来本不值钱，现在称斤了或者要稍贵一点也未可知的《律例》和《刑案汇览》之类，似乎大可以去找一点来，不但大部书可消遣多日，实在中间也有许多材料可得，岂不是一举两得的事么。

【钟校】

① 1950. 5. 15 刊《亦报》。

动物园①

◇1950. 5

◇集外文

小孩们有几册连环图画，其中之一是《动物园》，我拿来看过之后，深觉得图画的力量之大，远过于文字②。假如一个野猪，我们要用文字来形容，只得说其状如猪，这话说的不算错，可是他与家猪顶不相同的那精悍之气却是没法子说，就是那獠牙要怎么说才表示恰好，不与老虎和象相混呢。我看古代的书里形容一种生物便吃力得很。如李时珍在《本草》上说虾蟆子云，科斗状如河豚，头圆，身上黑色，始出有尾无足，稍大则足生尾脱。我们是见惯那“虾膜骨突儿”的，所以一读就认识，否则不吃过河豚，教我们怎么去比拟。可是他那说法却也煞费苦心，很是不容易了。又如海参，说起来大家多知道，古时称海鼠，明朝俗名土笋或沙噀，唐代逸书崔禹《食经》云，海鼠似蛭而大者，也就是俗语所谓马蟥，老百姓在水田里耘草，腿上常要被叮的，这形容也还像，只是大小相差，大概正同河豚似的科斗成个反比例吧。

这方法吃力而又不讨好，弄得不好就像是《山海经图》的拟于不伦[3]，成为怪物。汪谢城著《湖雅》，说到蚊子，曾仿之云，虫身而长喙，鸟翼而豹脚，依此为图，必身如大蛹，有长喙，背上有二鸟翼，腹下有四豹脚，假如再续之曰，昼伏夜飞，鸣声如雷，是食人，那就整个是妖怪了。文字不及图画，这是没有办法的事，关于这一方面，还是利用图谱为宜。只可惜“动物园”里都是四只脚的，如能推广开去，把蚊子等也关了进去，那就要更为有益有趣吧。

【钟校】

① 1950.6.1 刊《亦报》。

② “远过于文字”，“字”原作“学”。

③ “拟于不伦”，原作“拟不于伦”。

艳史丛编[1]

◇1950. 7

◇集外文

张次溪编印《清代梨园资料》，出过正续两编，所收材料的确不少。关于青楼的只有王紫诠的《艳史丛编》，出得很早，内容也不多，大概只有十种左右吧。丛刊固然便于翻检，但原本别有好处，究竟更为正确而且完全，至于有些不曾收录的，自然更是有价值了。青楼资料我曾经搜集过好些，就中最好的仍旧要算余怀的《板桥杂记》与张际亮的《南浦秋波录》[2]，不过这也是矮子队里的长子，其好处还是文章多而文献少的。固然六经皆史，就是那些矮子何尝无文献的价值，只是差得多，因为那是属于嫖客一方面的，可以说是乙类，例如他们如何享乐倚翠偎红，如何夸称艳福，都是士大夫的一面相，可是更有价值的文献该属于妓女方面的，这便算是甲类了。这甲类又可以有上下两部分，普通常见的多是甲下，即是妓女生活的表面部分为嫖客所见到的，在书中常有记录，但因为是通过小金边茶晶眼镜所看见的，还是士大夫的观点，有历史的科学的价值的资料，那就几乎没有什么。

二十年前曾见一册日本书，名曰《隐里考》，是研究妓院的，著者是一个医药博士，里面有一部分是关于妓女身价的研究，某年代卖身价若干至若干，又注明当时米价一石若干，以资比较。这种材料不知是哪里得来的，中国书里总不曾见过，这种书本来应该一面是艳史一面也是痛史，在中国却仍不免终是片面的，于此亦可以见士大夫的势力之大了。

【钟校】

① 1950. 7. 2 刊《亦报》。

②《南浦秋波录》，“浦”原作“波”。

天京录①

◇1950.7

◇集外文

卢冀野先生寄赠所著《天京录》一册，是《金陵秘笈》之一，木刻竹纸印，至为可喜。书有前年十二月自序，共三卷，分宫城建置，朝野逸闻，大事年表三项，记太平天国时南京旧事，极有历史价值，我们只作笔记看也很有意思。卷二云："天京风俗人死不用棺殓，殓以棺者是为妖，谓死为升天，喜事也，不当哭。"升天云云本是基督教的话，无甚道理，唯葬不用棺一事极好，可惜不知道他们的葬法是怎样的。

中国的厚葬是封建的遗风，弊害很多，近见《山西文艺》中一篇《新文人周小发》，说因葬父向地主赊了一口价值十元的棺木，须终年给服役以代利息，等于长期为奴，亦其一例。蒋超伯笔记中集录六朝人遗令数篇，都主张薄葬，但仍用棺，唯前汉杨王孙遗令裸葬，明末李卓吾令用芦席垫盖，又宋时张角派信徒用白布袋盛尸，见于记载而已。太平天国虽有禁令，恐民间亦未通行。闻父老说余春生为书吏，“长毛”时颇见宠任，“小长毛”忌之，乘首领外出，令余枕门槛上而斫其颈，昏厥而未殊，首领归叹惋，命予以厚葬，乃从人家舁大寿材来，顿放于地，一震而余苏，遂复活，唯自此头遂歪云。风俗之改革至不易，如要薄葬须由公家主办，有如管理秽土下水似的，简单的举行土葬和火葬，实在这也可以说是公用与卫生事业的一项呀。

【钟校】

① 1950. 7. 26 刊《亦报》。

四库全书与康熙字典[1]

◇1950.8

◇集外文

乾隆编纂《四库全书》的目的假如一半真是为的要收书，那么至少一半也是为的检查并销灭中国人民的反抗思想。收到的犯忌的书，老实不客气的禁毁了（没有送来的，奖励人来告密），古书则叫翰林改过，如皇侃《论语疏》夷狄之有君一节的话，知不足斋初印本里是原文，后印本则是别一番话，乃是依四库本改正，是假冒的了。关羽原谥壮缪，乾隆要改叫他忠武，上谕命将《三国志》中原文改掉，蜀汉的事实，陈寿的文章，也可以由皇帝随意变动的。有一年（据说是一七六六年），他在御园看见麈角于冬至皆解而麋角不解，命将书中麋角解均改为麈字，段玉裁在《说文解字注》中记其事于麈字下，不敢明言他的谬误，只婉委其词云，臣因知今所谓麈正古所谓麋也，岂不即是说他误叫麋为麈，却要妄改古文么？王筠在《说文句读》中便更不客气，在一个什么字底下说《康熙字典》引《说文》云云，为原书所无，颇为荒唐，乃云筠案此盖内府秘本，外人所不能见者，挖苦而又俏皮，实属大不敬，如在乾隆时必将为人所告发而捉将官里去了。

康熙比较乾隆学问稍好，因为他还肯同几个西洋人搞天文数学，但敕撰的官书都由些翰林们胡乱去弄，与坊本一样的糟，却顶着皇帝的招牌，没有人敢说话。到了民国以后，皇帝的这些纸老虎才渐渐戳穿，可以希望不大有人再相信它们了。

【钟校】

① 1950.8.6 刊《亦报》。

绿珠坠楼[1]

◇1950. 8

◇集外文

在报上看见齐甘君发牢骚[2]，说小人书编者的烦恼[3]，接着又是牙齿痛，很是同情，便去问小孩们借了一册《绿珠坠楼》来看。这回我不想来捧，因为如齐君所说，六十四条说明缩成了三十四幅图画，其不得要领是不可免的了。我看了一遍之后，对于编者的同情却渐渐转到画者方面去了。画上有好些缺点[4]，而这并非全是他的错误，不是他个人所能克服的。编者照《晋书》写成白话文，这办法很是高明，也是容易，但在画家却碰着许多没法解决的难问题了，房屋、器具、服饰，那时候是怎样的，这如无有实物或图样可参考，单凭想像是无论如何画不出来的。

多谢古来的正人君子和学者来讲礼教和道学，建立玩物丧志的圣训，对于历代古物不加保存，也不研究，历史有了四千年之久，考古学到了民国以来才有，至今差不多写了且夫两个字而已。作历史画的人只好向戏台看齐，士大夫一律戴幞头，还够得明朝模样，房屋器具都是近代的，石崇家厨房里有铁纱罩，未免太是现代化，但这只是时代差误，若是囚车里的鳗似的一股头发，戏剧气太重，大概古时也只是科头吧。学问艺术都靠通力合作，要画家自己来考古，有如做甜馒头的先要自种甘蔗，如何能行，这须得由科学院和博物院来努力，做好考古工作，历史画才能发达，到那时候连环图画的画家也就得到帮助，可以不愁画不好了。

【钟校】

① 1950.9.1刊《亦报》。

②“发牢骚”，“牢”原作“劳”。

③“小人书编者”，原脱“人”字，今增。

④“好些缺点”，原作“好点缺点”。

绿珠的时代[①]

◇1950.8

◇集外文

绿珠的时代是在西晋之末，约当西历三世纪末，在现今一千六百五十年前。中国文化没有中断过，人民的生活古今都有一些[②]共通处，但在这样长的时期中间，有些地方总要变化，看去很不一样了。

其一如桌椅，这是后起的东西，大概在宋朝才通行，古时只有几榻，榻也是坐的，但这里是盘膝而坐，汉代还是跪坐，六朝时当已杂用胡坐了吧，至于现在的坐法那时还不作兴，史称侯景僭位，垂脚而坐，特地记了当作洋鬼子的怪相讲，可以知道。这榻大抵如无靠背的太史椅，人坐在上面，几个人可以扛了走，与卧榻有别，反过来说，也可以说太史椅即是加了靠背的榻吧。

其二是车马，中国古时马只备骑乘，《秦风》中所说战车当是用马的，平常拉车都是用牛，《世说》记王导惧内，或戏言将进九锡，有长柄麈尾，短辕犊车，可以为证，又日本朝仪悉用唐制，至今皇帝出丧仍用牛车，亦其一例。

这样枝枝节节的事情查明的渐多，拼凑起来，于衣食住行方面了解的差不多了，这才可以有用。若是单知道一点一滴，例如图中牛车可以改正，但是房屋服饰，以及生活方式不清楚，要画一个宴会的场面便不能成功，榻上虽坐得不错，也是没有用处的。埋头于古器物、古书古画里，专做考古工作的人，看去似无实用，可是没有他们的工作，历史画画不好，历史剧也演不成，关系着实不小，只可惜这冷门一时热闹不起来。

【钟校】

① 1950. 9. 2 刊《亦报》。

②“一些”原作“一点”。

◇1950. 9

◇集外文

西游记[①]

◇第四册有《小说的回忆》

我有一个长辈是前清翰林，他的学问大概与一般的太史公无甚差别，也没有留下诗文著作，只在上海盛行诗社时[②]，什么“几生修得到客”等人轮流主社征诗，他也做过些《惜花四律》《水月电灯曲》之类，又编了若干笑话，发表在社刊上，那时代大约是庚子前后吧。他却有一种奇怪的意见，说小孩专读经书八股，容易变成呆子，必须先教他看小说，思想灵活了，有了看书的兴趣，再引他回过去用功，才能前进，至少也可免于淤塞不通[③]。小说中间他说是《西游记》最好，小孩喜欢看，书也做得巧妙，举的例不知道是哪一回，说孙猴打败逃至一处，变成一座庙，只苦于尾巴没法安顿，只好化作一根旗竿竖在那里，可是追的人来到了立即看破，因为世界上没有过在庙后边单竖一根旗竿的。《西游记》虽是说取经的故事，却极少佛教的空气，玄奘[4]成了一个无用的和尚，读者的注意完全集中在妖怪身上，八十一难的故事差不多都是童话的分子，其为儿童所爱好正是当然的事。印度是故事的源泉，自是例外，此外各国恐怕没有这样的长篇童话小说，只有俗称《天方夜谈》的《一千一夜》，或者可以相比。《一千一夜》因为是从市场出来，讲得很是圆熟也紧凑了，《西游》则成书后才讲说[5]，书本显得简单，假如能够找到说《西游》的名人，照他所讲的笔记下来，那一定可以成为一部大著，为八岁至八十岁的人同样所爱读吧。

【钟校】

① 1950.9.11 刊《亦报》。

② 原无“时”字，今增。

③“淤塞不通”，“淤”原作“污”。

④“玄奘”，原作“玄藏”。

⑤“成书后才讲说”，“才”原作“在”。

对相杂字[①]

◇1950. 10

◇集外文

在前清末年，我看见过好些小书，名叫《对相杂字》，或《日用杂字》，木刻中本，大概每半页两行，每行若干格，每格字画各占其半，如字曰白菜，便画作一颗白菜，所谓对相就是说文字与图像相对吧。这差不多是一种图解小字汇，有些厨房等人要上账的时候，可以翻翻，一定也得过不少的帮助。民国以来这种书不见了，市上有《看图识字》之类出现过一二，可是价格高了，或者实用上的用处也并没有那么大。我又见过一部名叫《河工器具图说》的旧书，是一个做过河道总督的人所编，把与治河有关的东西大大小小的都收在一起，图颇精工，说亦简要，我看过后也认识了好些特殊的器物。

现在归结起来说，这是不是可以应用到知识连环图画上来，也来出些这一类的图说呢？譬如说菜蔬，一页页的把萝卜白菜举出来，萝卜白菜中又有种种差别，罗列在一页中，或是各自分列，自可由编者酌定，总之这于增加我们的知识是很有效的。假如有关于菜蔬果品等的这样连环图画出版，我预定在先，一定要买一本。日前曾将此意供献于我们专家齐公，不知他怎样的批答。

【钟校】

① 1950.10.29 刊《亦报》。

开卷有益[1]

◇1950.11

◇集外文

古人云，开卷有益。在封建社会里思想一统的时代，这话是对的，反正大家都奉的是三纲学说，一个说少说话，一个说多磕头，总归都于处世有益的，看了可以多得教训。现在社会彻底改变了，政治思想完全不同，科学知识也大有进步，一切须得从新学习，旧书只是一种研究资料，有常识的成人可以参考，也很有价值，若是青年随便翻看，容易上当，说不上能有什么益处了。

现在只就知识方面来说，如关于生物一部分的，古来传说几乎无一不是错误，有如雀入大水为蛤[2]、腐草化为萤、啄木鸟[3]画符、种羊种蚶、鳗出鲤鱼背、龟与蛇交、鳖与苋菜同吃则腹中生小鳖等，一看就可以知道是不会有的事。就是说象怕老鼠，似乎别无怪异之处，但无征不信，也与希腊人相信狮子怕公鸡叫一样，是属于空想的。

生物的有些生活状态，极是真实，却十分奇怪，过于空想，现在何妨拿来替代。从前有人编《谈史志奇》，从二十一史中集录奇谈奇事，劝爱讲《三国》的人来读这书，更奇而确，这意思是很对的，虽然那运动不曾成功。

【钟校】

① 1950. 11. 15 刊《亦报》。

②“雀入大水为蛤”，“水”原作“海”。

②“啄木鸟”，“啄”原作“豚”。

黑奴吁天录[1]

◇1950.11

◇集外文

林译小说有一个时期很是贪看，大概自一九零一至一零年这十年间，以后便不大看了。早期林译的确很不错。原因是译的比较用心，原本也有些是名著，如《茶花女》《鲁滨逊》等，中国本来应该有译本的。但是现在我想说的却是别一种，即是美国斯土活女士的小说《汤姆叔的木屋》，林译叫作《黑奴吁天录》。这有两种特色，其一是木刻线装本，有光绪辛丑序，于今已是五十年了。其二书中有序跋，都很有政治的意义，现在看来更有意思，因为这都是对美国酷待华工而发的。如林序中云：

迩又寖迁其处黑奴者以处黄人矣。夫蝮之不竟伸其毒，必别啮草木以舒愤，后人来触死茎亦靡不死[2]，吾黄人殆触其死茎乎。

又例言之五曰：

是书描写白人役奴情状，似全无心肝者，实则彼中仇视异种，如波兰、埃及、印度，惨状或不止此。

此虽仅就黑奴一事说话，实际上已将手指戳着美国文化的最大的疮孔了。林肯以前的黑奴制度有这小说略加描写，林肯以后的三开党与私刑等，我们听惯了可是不知其详，现今也有林琴南、魏聪叔这样热心的人，供给我们一点材料者乎。

不知道是一九零二还是零三年了，中国为了美国虐待并禁止华工问题，发起了一个很大的反美运动，那时学校还不多，虽然学生教员也相当努力，可是力量不大，运动的重心大概在于商界，在上海最为热烈，领头的有一个曾少卿，这名字我还记得很清楚，知道他是福建人，至于是那一行的商人，则已经弄不明白了。中国其时没有实力，结果只是抵制美货，坚持得也不能很久，但那是第一次的人民的对外抗争，（义和团的方法太缺知识了，姑且不算。）是最有意义的事。演说和报章的话全记不得了，但《黑奴吁天录》的影响一定会得有，引用也是可能的。

一九零几年春柳社在东京公演，距辛丑总有六七年了吧，所演的还是《黑奴吁天录》，扮哲而治的人在山头上有一段演说，也是鞭策中国人的，这回却不在反美而是排满了。弘一法师其时名叫李哀，也在这社里，我们去看那一回的演戏，差不多就是为他而去的，虽然他在戏里扮的是什么人现在早也忘记了。

【钟校】

① 1950. 11. 17 刊《亦报》。

②“后人来触死茎亦靡不死”，“靡”原作“匪”。

聊斋稿本[①]

◇1950.11

◇集外文

《聊斋志异》的稿本我见过一册石印本，是袁金铠所印，伪满时有人在东北见到他，据说底本还在他那里，不过现在如何那就不知道了。石印本并非完整的一卷，乃是选择若干则品凑起来的，有的是刊本中所无的，有的似是誊清本[②]，与刊本一样，有的则是底稿，上边经过好些删改，这改本便与刊本相同了。末一类不多几篇，看了也很有意思，不过也可能怀疑是伪造的，因为这很巧之中便有点疑窦，虽然袁氏是绝对相信他的真实的。假如袁氏所信不错，而这底本还存在，那么这改的笔迹当然是蒲留仙的无疑，要查考对联的真假这是最好的标准了。

世间所说的蒲氏稿本有的是鼓词，后来刊行的已有好几种，有的是《志异》的抄本，大概在乾隆中付刊以前传抄本一定不很少，这便不能说是蒲氏稿本，更不会是他的手笔了。我所见石印本中改笔的字仿佛似欧似柳的一体，不过记忆很是模糊，所以也不能确说了。

【钟校】

① 1950.12.1刊《亦报》。

② “誊清本”，“誊”原作“剩”。

家之宜[1]

◇1950.12

◇集外文

清末民初新学已经大兴，讲妇学的还有如《家之宜》那样特列一章论“妾之宜”的，现代的人听了或者要觉得奇怪也未可知，其实这是古已有之，根深柢固，其随时出现，正是当然。乾隆时徐叶昭女史有《职思斋学文稿》一卷，卷首文十篇，论女道、妇道以至妾道、婢道，正是同一论调。又在《瑶仙闲话记》一篇中述客瑶仙之言曰：“闺门之乐惟纳妾为最，子知之乎？”这里的话说得最是直截了当了。

本来在男子中心的社会，多妻是男子的天经地义，一点都无疑问，若不多妻那才是怪哩。最好的例见于正史，如《魏书》宗室传元孝友上表论“妻妾之礼废则奸淫之兆兴，此臣之所毒恨者也”，所以士大夫均应依法至少一妻二妾，违者免官。孝友虽系胡人，所主张者乃是礼教，故宜为读书人所拥护也。依据夫为妻纲之义，女人乃亦应声说话，诸闺秀能文者所说，就是这样来的。

如今人民解放，妇女当然在内，不会再有这种怪论了，但是在男子心里一时不容易除尽，尽管有教育有文化，我们看重婚案的层见叠出，可以预料这非得有相当的时间还不能转变过来吧。

【钟校】

① 1950.12.4刊《亦报》。

瓦釜集[①]

◇1950. 12

◇集外文

手头有一本书，这是得来全不费工夫，但是假如你要找它，那倒会踏破铁鞋无觅处的，此书非别，即是刘半农的《瓦釜集》，一九二六年出版，可是二一年所写，所以是三十年前的东西了。

刘君的《扬鞭集》我也还有，那是新诗集，很是平常，这里边的二十一首却是用江阴方言做的四句头山歌体的诗，看了觉得特别有意思。序文中云：

我们做文做诗，能够运用到最高等最真挚的一步的，便是我们抱在我们母亲膝上时所学的语言，同时能使我们受深切的感动，觉得比一切别种语言分外的亲密有味的，也就是这种我们的母亲说过的语言。这种语言因为传布的区域很小，而又

> 不能独立，我们叫它方言。从这上面看，可见一种语言传布区域的大小，和它感动力的大小恰恰成了一下反比例，这是文艺上无可奈何的事。

他说方言的力量很是不错，自己来亲自试验，而且成绩也并不差，虽然比起后边附录的真民歌来，自然难免显得缺少浑成一点。

这给想用口语做诗的人一个很好的参考，以纯口语写散文诗我不知道能否写得好，若是利用民歌的式样，成功当是没有问题的。

【钟校】

① 1950.12.6 刊《亦报》。

酋长[1]

◇1950.12

◇集外文

欧洲人侵入北美，与土人有过多次冲突，经过了这些不容情的屠杀之后，红人才屈服了。以这为材料的小说相当不少，我觉得顶有意思的是一个波兰人所写的短篇，名曰《酋长》，说美国帖克萨思省羚羊镇原名却伐多，是黑蛇部落的住所，移民聚众乘夜袭击，“正义完全胜利，却伐多烧成灰烬，住民不分男女老小，都砍杀了。”在这废址上边筑起了文明的都市，日益繁荣发达，十五年之后有马戏团前来演技，末一节目为走索，演者为著名力士黑鹫，为黑蛇部落之孑遗，被杀酋长的孤儿，在索上呐喊着唱起复仇的歌来，吓得看众直抖，转眼间却跳了下来拿着盘子请求赏赐，得了很大的一笔钱。占地杀人妇孺不留，又不知何处找来一个土人，扮作黑蛇遗民，连骗带吓的来刮钱，真能十足写出帝国主义人们丧尽良心的做法。

这篇小说里说这些移民是从德国来的，原因是作者怨恨波兰从前被德奥瓜分，所以那么的说，其实北美的欧洲移民初无多大分别，总之全是美国人，有如现时军人魏德迈、艾森霍华、尼米兹，原也都是德国系统的。

【钟校】

① 1950. 12. 10 刊《亦报》。

租书看[1]

◇1951.1

◇集外文

近地没有小人书摊，小孩们常往街上文具店租连环图画看，一册百元，拿回家来加倍，另要三四千元的押金。这里的问题是没有什么好书，齐公与该管机关虽在努力，出版的不多，在小人书摊上更少见，有的旧的出品如《泰山》《神箭》等简直要不得。不过这办法倒不可厚非，至少也有便宜之处。我们有时想一看某种古书或西文书，若是有地方可以租借，岂不很好，原价百分之五的租金还不能算贵，反正价值百十万的贵重书本来未必会得要借的。

因为向来没有这个办法，想看书的人只好出钱来买，不久要钱用时又复卖去，一转手间损失不少，只便宜了旧书店的掌柜的。很久以前我买过一部《点石斋画报》，一共有四套，每套八厚本，末了是《淞隐漫录》的原文合订本，搁了一个时候又卖掉了，想起来这全部似乎还未看过一遍。买价记得很贵，姑且算是一百元吧，百分之五的租费计算可以看二十天，可是我总保留有几个月，结果仍可以卖若干钱，这样看来又觉得比租了来看还要便宜了。

【钟校】

① 1951. 1. 20 刊《亦报》。

太平欢乐图[1]

◇1951.1

◇集外文

因了吴友如的画，自然就想起《太平欢乐图》来。现在只是一册石印小本，原本却是很讲究的，据说是乾隆中金德舆编了送给皇帝看的，由方兰坻[2]作图，自太平箫以至年画，凡一百种职业。金方二人都是浙西人，所以可以看见百七十年前江浙民间的风俗一斑，也是很有意思的事。所可惜的这是“进呈御览”的东西，免不了有许多封建气，如各色行商人头戴大帽，身穿长衫，与事实太不相符，其着短衣或戴卷边毡帽的不到十分一二。

我自己还并不怎么馋痨，但不知怎的颇关心吃食的事，在这册图里略一检点，却发见卖点心的和卖水果的都只是各有八样，未免不满，大概实在也是行业太多，一百种包罗不下去的缘故。小时候最熟习的馄饨担这里便没有，在《江南铁泪图》中，戏台下画出一担来，觉得很可喜，虽然精工不及此书中的元宵担。吴友如画中或者不少此类小装点，只可惜隔的日子太久，已经记不清楚了。现今上海马路边的摊贩花样大有变化，如有吴友如似的人描写起来，那么百十种也一定不成问题的吧。

【钟校】

① 1951. 1. 22 刊《亦报》。

②“方兰坻”，“坻”原作“抵”。

治家格言[1]

◇1951.2

◇集外文

中国读书人中间从前有两个偶像，一文一武，都很是有害，这便是所谓关公的关羽与朱子的朱熹。若只是《三国演义》里的关云长，那么其弊也止于学桃园结义，成为一群破靴党，横行一时罢了，他们却另有经典，信奉伏魔大帝关圣帝君，于是乌烟瘴气的道士思想与封建的三纲主义相结合，仿佛是砒霜上加了雅片了。朱熹本来是个江湖派，他反对佛教，实际上偷了禅理加入道学中间，一面又非常佩服《参同契》，可见他是与道士思想很有渊源，换句话说，他也正是具有宗教与礼教两种成分的人物，其与关羽同为读书人所信奉原是当然的了。

他们的信徒全是道士派的儒教徒，说得好一点即是乡愿，他们的经典是《阴骘文》《感应篇》与《觉世真经》，比较不明显的一批是《二十四孝》与《朱子治家格言》。《治家格言》本是清初朱柏庐所作，世人却都说是朱熹的，他曾经编过《二十四孝》这种荒唐书，那么现在这么说也不能算辱没了他吧。蒋二秃子部下，特别是特务关系的家伙，都很崇拜《朱子治家格言》，当出于秃子的指示，这也正足以证明这格言的价值是如何了。

【钟校】

① 1951. 2. 12 刊《亦报》。

徐仲可的笔记一[①]

◇1951.2

◇集外文

徐仲可是我佩服的老新党之一，他是蔡孑民的乡试同年，有几分相像，而多写笔记，虽似琐碎，却诚实可喜，自成一种特色。他特别相信西医，又主张火葬，常常说及，我至今还清楚的记得。他的著作我曾有《天苏阁丛刊》一二集，《天足考略》等便收在一集里，二集里有《可言》好些卷，是他的笔记，此外的书都已忘记了。又有几册零本，不知是否三集，其中《大受堂札记》占大部分，内有一则关于戏曲的，我曾抄录下来，出于卷五，今载于此以见一斑。

儿童叟妪皆有历史观念，于何征之，征之于吾家。光绪丙申居萧山，吾子新六方七龄，自塾归，老佣赵馀庆于灯下告以戏剧所演故事，如

《三国志》《水浒传》等，新六闻之手舞足蹈。乙丑春居上海，孙大春八龄，女孙大庆九龄，大庚六龄，皆喜就杨媪王媪听谈话，所语亦戏剧中事。杨京兆人，谓之曰讲古今，王绍兴人，谓之曰说故事，三孙端坐倾听，乐以忘寝。珂于是知戏剧有启牖社会之力，未可以淫盗之事导人入于歧途，且又知力足以延保姆者之尤有益于儿童也。

徐君的书都是用仿宋铅字，毛边纸印，在商务寄售，但在很早以前，都已绝版，我所看见过的也都是从旧书店得来的。

【钟校】

① 1951. 2. 25 刊《亦报》。

徐仲可的笔记二[1]

◇1951.2

◇集外文

徐仲可的《大受堂札记》里只说得小孩们喜欢听讲故事，所谓儿童叟妪皆有历史观念这一点，不曾有什么证明。他的话实在是不错的。清初刘继庄曾说："余观世之小人未有不看小说听说书者，此性天中之《书》与《春秋》也。"在鲁迅小说中出现过的运土，在民国初年更直接的说，现今官府禁止迎会做戏，叫我们更从哪里知道一点前朝的事情呢？

知识分子看小说听说书，只是一种娱乐与消遣，在小孩与人民即是儿童叟妪，却是学习，虽也是娱乐而并非消遣，他们未必一字一句的相信实情如此，但以为其中情节是事实，那总是的确的。证如长坂坡、拦江夺阿斗、气死周瑜、泥马渡康王等，相信都是实在的事，他们看不到《蜀志》和《宋史》，怎么能怪他们，况且史书上不可靠的荒唐话本来也并不少呢。

问题是现在怎么来正当的满足他们这个需要，编印通俗的历史故事书是其一，而利用戏剧说书则是其二，却是更重要，因为这可以事半而功倍。我想这当多采用有意义的史实做题材，一面表彰祖国的可爱，民族的伟大，一面使民众得到悦乐，换句话说，尽可能的要真善美齐备，但要警戒的还是在反面，生怕偏于新奇，有害真实，因为这样便不是历史性的剧本，而只是浪漫主义的个人作品而已。

【钟校】

① 1951. 2. 26 刊《亦报》。

迦因小传[①]

◇1951.3

◇集外文

我知道英国哈葛德的小说，由于林琴南的译书，大概可以分作两类，其一是神怪蛮荒的，如《埃及金塔剖尸记》与《鬼山狼侠传》，其二是言情的，《迦因小传》之外还有《玉雪留痕》《橡湖仙影》等，属于早期译品，都还精致。我当时佩服他，特别是关于《迦因小传》，这并不因为我喜欢言情，乃是别有理由的。在这以前曾经出版过一册同名的小说，大约是文明书局印行的吧，译者名字已不记得，也不知道是否说明是哈葛德所著，顶特别的是从中间说起，说是因为上半已逸，怎么也找不到，所以只好如此。我们读了很是喜欢，可是也很纳闷，为什么这只剩了半部了呢。及至林译的《迦因小传》出来，才知道汉文虽有两册，原文就只是一本，假如不被老鼠咬坏，那是不会得只有半部的，其所以如此[2]，显然是译者所干的事，即是他只翻译了一半。为什么要把上半删除了的呢？我们拿林译的上卷来看，才明白这是因为说迦因与人私通了。想不到中国译书人倒要替外国小说里的女郎保守贞操，虽是好意，却也未免是太多事了。那时林先生毅然决然的将全部补译出来，这种精神实在很可佩服，至今也还是值得表扬的。

【钟校】

① 1951.3.11 刊《亦报》。

② 此处原衍“的”字，已删。

画小人书[①]

◇1951.3

◇集外文

我知道我自己的能力，遇见有些事情，晓得力量不够的时候，虽然有着这勇气，却总不敢动手去做。这样的事情，当时心里不免稍有留恋，但随后也就放下了。只是有一件事，屡次想起，至今还要觉得懊恼的，那便是不曾学画，不会画小人书里图像。

小人书的意义真是重大得很，特别在这时候，小孩们的需求也很大，只可惜没有足够的好书来供给他们。编是自己知道材力不及，没有经验，而且现在有齐公等人在那里，怎么搿得上旁去。倒是画的方面看了时常动念，若是能来画它几张岂不很好，结果自然是力不从心，想过只好放下，不过这放下了还要想起，与别的事情不同。

历史画与风俗画都要预备知识，专来画些小人儿，不要像个缩小的大人，在江湖上经过许多风波，脸上没有多大表情的，却是幼小天真的小男女，眼睛里还没有映射出人世悲哀之光的半超自然的生物，那该是多么好玩呀。这种画虽是少，世间总还是有的，我真真悔不该[2]没好好地学画，不然就是临也可以临几张出来，岂不是于人己都有益的事么[3]。

【钟校】

① 1951.3.15 刊《亦报》。

②“真真悔不该”，原作“有真悔不该”。

③“有益的事么”,“事么”原作“么事”。

康熙字典[①]

◇1951. 3

◇集外文

《大公报》列举中国的天下第一，第四十八项说纪昀等奉令所编《康熙字典》是第一部最完整的词典，削颖先生已查明纪昀生于雍正二年（一七二四），不能够于康熙五十五年（一七一二）去参加编辑字典的事务了。但说这部字典从旧观点说，不论音韵注释，都很完整，诚如所言，那却是不的确的。这字典里的引证一塌胡涂，从前国学家非难很多，只是因为是钦定的，不敢明说，王引之（?）在嘉庆时有过一部补正，说的很是温噋，也未通行，只有同治时王菉友才说过几句挖苦的话。他的《说文句读》手头没有，记不清是什么字了，他引《康熙字典》中《说文》云云，与今本舛异，说道："谨案，此盖是御府秘本，外边所未见者也。”字句错误（或杜撰），书名错误，据说多得很，但这须问专门家，我未能具体的回答。老友东阳仲子曾叹息说，现在[2]还只得查《康熙字典》。他是国学者，办过中学大学，他说这句话乃是痛话恶话，我们到了民国二十年，还只能来用《康熙字典》吗！他因为要骂新的那些辞典，所以称赞《康熙字典》，这话是我亲自听见，所以很是了解的。要称说中国字典之天下第一，为什么不抬出许叔重的《说文解字》来？此书完全成于公历一二一年，可以够得上说世界第一早出的字书了吧。

【钟校】

① 1951. 4. 1 刊《亦报》。

②“现在”，“在”原作“有”。

说四库全书[①]

◇1951.3
◇集外文

鲁迅平常有一个意见，似乎一直不大为人所注意，所了解继承，这便是他看不起《四库全书》以及《康熙字典》等官书的意见。

乾隆开四库馆收书，主要目的是搜查反满清思想，结果几百十种的文史列为禁书，一网打尽。就是古书中“违碍字样”也都涂抹改作，例如皇侃的《论语义疏》，夷狄之有君一节注，知不足斋初印本与后来通行本完全不同，这便因为说夷狄犯了忌讳，由皇帝叫人改过了，奇怪的是字数全然一样，可知那改作的人像是织补匠似的也很费一番工夫哩。初印本收毁不尽，偶有馀留，后来从日本又传来皇侃原本，这把戏就大众周知了。鲁迅曾写些杂文，骂过《四库全书》，把这件事说在内，大概读过的人也还记得。

其次皇帝忽发奇想，就任意改窜古书。乾隆大抵是读《三国演义》入了迷，要赏给关羽好谥法，这本来也没甚关系，他却下令说陈寿《三国志》中壮缪的谥法不对，着改为忠武，于是大家所佩服的四库本和殿板的《三国志·关羽传》里，都是说谥忠武了。这不但变乱古史，而且改了陈寿原文，这忠武的谥法好像是刘阿斗给他的样子了，你想可笑不可笑。

【钟校】

① 1951.4.2 刊《亦报》。

水浒与红楼[①]

◇第四册有《小说的回忆》

◇1951.4

◇集外文

旧小说中间，《水浒》与《红楼梦》是两条大台柱，可是一般人的批评也不能没有轻重，大抵比较的要看重《红楼》一点。在《中国小说史料》中虽然二者分量差不多同样的多，但是《水浒》迷如常智和尚，一心想学鲁智深，“与其侪伍有小忿，遂欲放火烧屋”，或怒目大骂你有几颗头的，只有一个人，而如《庸闲斋笔记》所说的杭州贾人女，《三借庐笔谈》[②]的苏州金姓，迷恋宝黛而生病发痴的，却所在多有，就是一个例证。不过据我看来，这恐怕只是读书人的看法，若是以老百姓的眼光为标准，或者这要倒转过来也未可知。

《红楼梦》的缠绵斐娓的描写，好是不成问题的，但这里边的那些公子小姐们的性情生活，与老百姓颇有距离，大概不大容易感到兴趣，不及梁山泊的男女可以了解，这证据是《水浒》的戏文相当不少，《红楼梦》便绝无仅有，《黛玉葬花》如演起来，也只有知识分子能赏识，这因落花而感叹身世的情绪在农工大众中间是很难得有的。话虽如此，我看《红楼》可以整部看完，《水浒》只是大半部，到得打祝家庄以后，觉得宋江渐有皇帝派头，或者正是金圣叹所说的假仁假义马脚露出来时，也就觉得随时可以放下了。

【钟校】

① 1951.4.6刊《亦报》。

②《三借庐笔谈》,“庐”原作“卢”。

重译书与重出书[①]

◇1951.7

◇集外文

重译书究竟是否多是每况愈下，而不是后来居上，我想这很是一个疑问，还得要加以调查研究。顶重要的一点是，重译书与重出书的区别须得分清楚了。重译书是明知道这书已有译本，决心来从新翻译，这里必定有什么一种原因，如不是发现前译有错误，要来改正它，便自信重译一遍，可以更为达雅，才肯费了时间精力来做这样的工作。假如是有这样用意来动手重译，那么在理论上说总不能比前译更差。重出书则是彼此全不接头，同时或前后译成出版，译文虽有好坏，那完全是偶然的，与翻译先后可以说是没有什么关系。有用意的重译，我以为是值得奖励的，一面加上正确的批评工作，使得读者能够择取比较优良的译本，在译者出版者方面也是一种警惕，不好再随便从事。至于译书的重出，除了目的专为谋利的抢译抢印，系属不好的现象外，似乎没有多大的害处。如要帮助读者免花冤钱，可以加重批评，分出好坏来，再来办好翻译工作者通讯机构，交换消息，也可减少重复的翻译。只要译者出版者不专注重利润，对于文化负点责任，出的东西够得水平线以上，重出的版本也有用处。中国地大人多，文化学习日益发达，书籍需用很多，能够供应都是好的，何必限定一本，只此一家的去发行，反而使效用减少了呢。外国常有许多古典著作，翻译至再至三，那既不是谋利，也不见得因为以前名人译本有什么大错误，大抵只觉得照他的意思这样译法最好，所以来实行一下，与别的各本并行，于流通古典，推广文化上边增加一分力量，这是大家知道的事。中国只要物力人力足够，这样的办也是很好的，目下虽然力不能及，但照这原则说来，书的重出不算坏事，那总是明了的了。

【钟校】

① 1951. 7. 15 刊《翻译通报》3 卷 1 期。

医书的问题[①]

◇1951.7

◇集外文

在上海的友人送给我两册《中国的世界第一》，我很喜欢，这使我增加不少知识。但是第六十节“医书”项下说明云：

> 我们读世界史的时候，知道西洋医学和药石的研究，要推亚历山大里亚医校为最早，它的时间是公元前三二三至三三六之间，比中国医学的发明晚得多了，而在世界医学史上，更找不出来像《黄帝素问》《内经》那样的古医书。

这里，显然有两点可以商榷的地方。

其一，希腊古代医书，现存的有希波革拉第的著作，共有七十二种，现代推断其十分之一为希氏原著，馀为同派著述，均系公元前五世纪中之作。希氏生于公元前四百六十年，医校开始当然在亚历山大里亚市创立后，而该市创立又在亚历山大为王后，他为王的期间是公元前三三六至三二三年，公元计算要用逆减法，假如用了顺加法，那反而弄颠倒了。

其二，中国学者承认黄帝时代没有什么著作留遗，现存的《素问》《灵枢经》不但来源不大可靠，就文字思想说也不会是汉以前物。《汉书②·艺文志》纪录有《内经》，张机皇甫谧都曾引用，称为《素问》，故此名起于汉晋间，见《四库书目提要》。“四库”中无《内经》，《灵枢经》则《提要》已称其为伪书，伪造《灵枢》与注《素问》的是同一个王冰，因此这也使得《素问》的来源稍有问题了。这种干燥的文章写起来没有趣味，但是想到了，所以且写这一回吧。

【钟校】

① 1951.7.23 刊《亦报》。

②“汉书”，原无“书”字，今增。

天方夜谈[①]

◇1951.10

◇集外文

《天方夜谈》是我在学堂里看到的唯一的新书，如读本所说我想我该喜欢它的。在中文书方面，当时看了很喜欢的也有好些，如《饮冰室自由书》等，真可以说是读了不忍释卷，但是后来也就不怎么珍重了。《天方夜谈》的时间却是很长，正如普通常说的，从八岁至八十岁的老小孩子大概都不会忘记它，只要读过它的几篇。在本国这类的东西并不是没有，如《西游记》《封神传》，民间传说的故事如《白蛇》《蛇郎》及《老虎外婆》等，文人写的有《聊斋志异》为代表，这些也为人所爱读，过于"四书""五经"，但是比起《天方夜谈》来总还有点不如。《西游》《封神》的故事里大人物太多，都是什么老祖什么佛，空气有点硬化，而且不免单调，《蛇郎》等童话没有这缺点了，却是还在幼稚期，不曾十分长发。《天方夜谈》原是这一类质料，但从市场上经过了来，由多年说话人的安排与听众的取舍，使它更是丰富纯熟，要拿以前茶馆里的“聊斋演义”相比，多少近似，不过它并无蒲留仙那样的原本，所以可说是真正的民间文学了。我认识了这一本书，觉得在学堂里混过的几年也还不算白费，虽然那时的书早已遗失了，前几年托友人在上海买了一册“现代丛书”本，根据白敦译文最为可靠，可惜中间一叠十六页错订缺少。中文有奚若译四册，大抵系依据雷恩译文选本，因为是古文，所以没有细读。

【钟校】

① 1951. 10. 24 刊《亦报》。

红楼梦的改编问题[①]

◇1951. 12

◇集外文

《红楼梦》在中国文学上的价值大概是不成问题的，现时也仍认定它与《水浒传》同是文学遗产中的重要作品，将来要加以考订，好好的印行的。但是现今如想拿来利用，改编为有教育性质的文娱资料，不论是戏曲弹词，恐怕是不大适宜，至少也是事倍功半的事。

近来讨论《新天河配》《新大名府》的问题，归结到现在言论自由，应当放胆来创作，拿新题材来表现新思想，不必再去依靠古人。有些旧戏剧在民间根柢很深，内容却有害处，那所以非改正不可，这是戏改工作的重要处，至于新编作品我想那尽可自由，无须一定要有出典或根据了。凡是一部著作，或是一种传说故事，在世间历久流传，留下一个印象，一时很不容易变动，若是把这书或故事改得太利害，出到那印象之外，那就成为别的事物，与原来的几乎已无关系了。那么，为什么不索性去另外创作，却要硬拗牛角以致拗死了牛的呢！

红楼二尤以及晴雯的题材的确很好，改编可以成功，但那些本来是突出的事件，别的便很难找，若是在那一群小姐丛中再想找一个出来，就很是为难了。其实这类女性，史传上别处尽有，似乎尽可找得，何必在大观园内，这岂不是已被焦大批评得毫无价值的么。

【钟校】

① 1951. 12. 23 刊《亦报》。

谈康熙字典①

◇1951.12

◇集外文

清朝皇帝统治汉人，有很巧妙而恶辣的方法，除用武力迫压外，更重要的是愚民政策，依照明朝成法，加重提倡八股，此外还有欺骗人的文化工作，即《康熙字典》与《四库全书》。

关于《四库全书》的事，已经有许改先生详细报道了。它的用意固然不正，成绩也并不好，虽然是那么的一大堆。近时上海书店编印《四部丛刊》采访古本，《四部备要》则用校订善本，都没有用《四库》的钦定官抄本，可以谓是中国学界差强人意的一件事情。

《康熙字典》原来是粗制滥造的东西，实际只是根据梅氏《字汇》和吴氏《字汇补》来混合一下，并不比原书好，单靠着专制君主的威权，一直独霸小学界，经师学者看着它谬误百出，都不敢明白说一句话。辛亥革命至今已四十年，可是还有人在佩服它，也还有人使用。佩服自然是很荒谬的，使用却也是不得已，因为近代有了新编的辞典，终于找不到适用的字典，没有可以替代的东西。辞典固然也很要紧，但一般总是太贵，平常查考一个字的音义，需要以字为主的字典，这一类并不是没有，却是不完备，因此不能适用。字典、辞典可说是人人必需的工具书[②]，于文化前途至有关系，必须价廉物美才好，这个编刊的工作便非由国家来担任不可，因为编纂上要赔钱，印刷上不预备赚钱，不是营业本位的店家所做得来的也。

【钟校】

① 1951. 12. 27 刊《亦报》。

②“可说是人人必需的”，“可说是”原作“可是说”。

土卫生法讲话[1]

◇1951. 12

◇集外文

曾经有人说过，将来医学的任务治病第二，第一乃是保健，就是卫生防病。这卫生事业的重要是不成问题的，卫生知识的传播自然也很要紧，现在也正在着手那么做了。但是我想在这同时候，应该来对于土卫生法加以整理，把这清理好了之后，才能灌输得进新的知识去，否则混杂不清，不能有什么效力。

社会上相传的谚语，有些关于卫生的很是错误。例如说“千钱难买三伏泻”，以为夏天腹泻能“败火”，反是好的，这害处便很不小。又如说猪肉上的毛吃在肚里，夏天吞下几个杨梅核去（虽然北方没有这果子），可以带了出去；又说桃子的虫是补的吧，所以最好暗中去吃，让它一总吃下。我们小时候手上稍为受伤出血，就去找“门档灰”来贴，王绍兰的文集里说他也贴过，那大概是清朝乾隆初年了。有些地方小孩脐带剪后，贴上烂泥，结果多患破伤风而死，如河北定县一带称作四六风，因为它四天或六天就发出来了。各处有志者似应把这些调查搜集起来，细细的来加以辨别，有些可用的保留下来，无理以至有害的详加说明，教人勿再信用，印成小本，可以供给宣传人员的资料，就是我也一定要买一套，虽然我没有对人讲演的能力。

戊戌前后中国各处办白话报，也出些小册子，我见过一本《俗语指谬》，抄了好些谚语，一一加以批评纠正，现在假如有人照样来编一册《土卫生法讲话》，那一定也是很有意思的。

【钟校】

① 1951. 12. 29 刊《亦报》。

农具图解[1]

◇1952.1

◇集外文

勤孟先生在近时的一篇文章里说起，他希望有一本农具图解来看看。我听了非常欢喜，因为我多年有此愿望，至今还未能满足，但至少总已经得到一位同志了。我说农具，只是把它当作代表，其实百工的器具都同样的重要，下至我们自己所用的笔墨和纸，也同样的值得知道。我以前见过一本西文的书，名叫《木匠的家伙箱》，他把木工用的各种器具绘图列说的讲述出来，从古代到现代，一种工具有各样大同小异的形状，中间也有些地方的差异，看了很有意思。现在还从农具说起，古代煞费考证，姑且不谈，单把现今各地所用的东西调查记录下来，从原始的耒耜直至进步的拖拉机，对于不在田间的居民，很可以有些教育的作用。我们平常搬弄书本，可是孤陋寡闻，找不出古书上的材料，只在明末徐光启的《农政全书》和宋应星的《天工开物》上看到了一点，这却都是以元王祯的《农书》为根据的。清代乾隆时曾有焦秉贞的《耕织图》，画的很好，但所画是事不是物，不能当作农具图去看。徐宋两书到了民国以后始有翻印本，《耕织图》有过点石斋石印本，但在现今恐怕都已找不到，而且也无多大用处，不完全又太古老了。

现在从新调查，自然不是容易的事，因为需要对于农事不是外行的人和画家合作，还得要包括南北两方的情形才好，不过这事是值得做的，因为这虽是一册小书，但其价值却是颇大而且是长远的。

【钟校】

① 1952. 1. 4 刊《亦报》。

读庚辛[1]

◇1954. 5

◇集外文

《庚辛》这回读的是第三遍了。寄来的时候通读了一遍，以后又翻阅了一回是只挑重点读的，这回也是如此。因为我答应作者给写一篇读后感，前后两次的翻阅便是想要缴卷的准备。

《庚辛》如题目所标示，是写自庚子至辛亥这十二年间中国一部分情形的，但是我用了有点近于“不见舆薪”的看法，却轻朝市而重家庭，所谓重点因此差不多也就集中在“太史第”了。庚子时的白健卿和辛亥时的林凤声都是豪杰之士，但是不知怎地去与一群妇孺相比，因为他们活也值得死也值得，令人没有什么惋惜，不引起一种怃然之感。因此如对作者说，第八章写得不大成功，头两章刚够成功，也还是因了美晴的关系，我想作者不会见怪。他自己也是同意庄子的寓言，赞成尧所说的“嘉孺子而哀妇人”的话，所以对于我重点的挑法当然也可以同意的了。

书中有好些描写风土的地方，这在小说上或者不很重要，但是由我偏爱的缘故觉得很是可喜。从大南门双门底起，直到西门口的叙述，特别是金银巷，那一条屋瓦墙壁都现出凋敝的样子，长块青石铺地，平时也是湿漉漉的，摆着好些鱼肉鸡鸭菜蔬的散摊的巷子，岂不是在谁的南方故乡都是有的么？其次是那城隍庙，判官小鬼，茶店命铺，也都是熟识的，可惜在一般书本上却是那么的少见。但是最叫人感动的乃是太史第本身。关于这大宅门（我们乡下称大台门）作者不曾怎么着力叙述，可是进门去时“一见如故”，那里边的构造组织，人物脚色，纠纷斗争，哪里只是广州旗下人家，其实是中国普通的现象。美晴与阿虾本来占着主要地位，但因为比较开明幸福，所以虽然同样是孤儿寡妇，读者对于她们的关心恐怕有点比不上“七房”，老实说作者写那谢氏母女或者是最成功的。像“十一姑”那种做前妻孤女的女孩子，的确很可同情，书中将她对继母的心理也写得很好，但是更生动的我想还是那谢氏夫人，第六章这一篇以她为中心，配上丫头阿骚和梳头婆阿青，这大幅漫画实在很是不差。八房的莘姐和白秀娟那是另一幅，但是节省掉了。说也奇怪，读者的关心对于美晴不及谢氏，对于阿虾也不及白玉英，一面嘉孺子的成分又转入于哀妇人，而哀悯的心情也多集中于不大高明的人身上了。三房的前途是有光明的，只要等时光过去，阿虾有了出路，美晴虽是牺牲了她的一生也是满意，在谢氏则是阴暗继续着的。文学中这些部分我想该是最有力量，它激动人的情感，叫他心里哀叫道“怎么办?”（古人闻歌呼奈何，恐亦即是此意?）再进一步如想有办法，即是由感情转为实行，不是文艺领域而属于革命行动了。

一九五四年五月十四日，知堂。

【钟校】

① 1989.6 刊香港《明报月刊》。

工具书与旧学者①

◇1957.3

◇集外文

十几年前我写过一篇文章，题曰《大乘的启蒙书》，其第一节云：

钱振锽的《名山小言》卷七中有一则云："文章中有为我兼爱之不同。为我者只取我自家明白，虽无第二人解，亦何伤哉，老子古简，庄生诡诞，皆是也。兼爱者必使我一人之心共喻于天下，语不尽不止，孟子详明，墨子重复，是也。诗亦有之，王孟闲适，意取含蓄，乐天讽谕，不妨尽言。"这一节话说得很好，也可以应用于学问方面，据我的意见还可改称为小乘的与大乘的，意思比较更为明显。大家知道佛教里有这一种区分，小乘的人志在自度，证得阿罗汉果，就算完事；大乘的乃是觉有情的菩萨，众生无边誓愿度，必须度尽众生，自己才入涅槃，弄学问的人精进不懈，自修胜业，到得铁杵磨针，功行已满，豁然贯通，便是证了觉位，可以站得住了，假如就此躲在书斋里，那就是小乘的自了汉，有如有钱人在家安坐纳福，即使未尝为富不仁，总之也是无益于世的东西。理想的学者乃是在他自己修成胜业之后，再来帮助别人，古人所云，以先知觉后知，以先觉觉后觉，就是这个意思；以法施人，在布施度中正是很重要的一种方法。近代中国学者之中也曾有过这样的人，他们不但竭尽心力著成专书，预备藏之名山，传之其人，还要分出好些工夫来，写启蒙用的入门书，例如《说文释例》等书的著者王筠著有《文字蒙求》，《正字略与教童子法》，《说文通训定声》的著者朱骏声著有《六书假借经征》与《尚书古注便读》，此皆是大乘菩萨之用心，至可钦佩者也。

那篇文章的意思，是想请求文史方面的学者们，来给初学编写些入门书和工具书，但是当时社会条件不具备，这种呼吁都是徒然。第一是，学者中间没有这种空气。前清以八股文取士，上去便是做官，有些做的不得意，或是做过高官的人，也会回过头弄学问，做出些成就来，例如戴震，高邮王氏父子，段玉裁，阮元等均是。民国改科举为学校，以学问取士，上去也是做官，可是回过头来弄学问的就很少了。况且这种编写入门书的工作，比起写一篇博士论文来，并不见得容易。因为写专门著述，只要所有专门知识的十分七八安排得好，便可成功，显得富丽堂皇了。写启蒙书类时，只要知识的二三分也就够了，可是你还得准备十足的知识在那里，选择布置，更须多费气力，人家见了却并不看重，既是事倍功半，而且无名少利，不是对于后辈真心关切的人，谁肯来干这些呆事呢。我在过去三十年间，曾经先后对三个中国文字学的专门学者劝过驾，请他们续承了《文字蒙求》之后，写出一本新的著作来，他们都是谨谢不敏。工作艰难，确是原因之一，而出版商人没有眼光，不肯投资出编辑费，个人单干生怕吃力不讨好，耽误了生计，这也是重要原因。在解放以后，政府大力从事文化建设，最近号召向科学进军，我想在这一方面时机条件是具足了。学者方面的事，局外未能详知，但是大家知道为人民服务，学问界的风气也总是大有转变了。只要政府一号召，发动大量人力物力，去从事编著历来缺乏现今切需的这些工具书，这事业就可以顺利完成的。我的陈旧的希望到了现在重复提了出来，理由就是在此。

希望提出，事情本来就已完了，但是依照条陈的通例，似乎还该加上一点略为具体的办法才对。这种办法本来不容易定，我所想得到的只有一条，并不怎么重要，只是有一点，这较为迫切，因为是与时间有关系的。工具书里包括的种类很多，只就文史方面来说，史地也且除外，本国语文一边就希望有一部“牛津”式的历史语源的大字典，一部比《辞源》等更是丰富确实的百科辞典，此外再有一册通用的国语辞典。这可以说是最低的要求，虽然要完成（特别是那大字典）就非得要许多年，以十计数的年月不可。举办这样的大事业，动员新锐力量当然是很重要，但我以为利用老年的旧学者的知识也是必要，而且还不可再缓，因为他们都已经老了。中国从前做学问，没有什么参考的方便，所要资料都须自己收集，必须拚出多少年的岁月去看书，这年月愈多，他所积蓄的知识也比例增加，那末学力也就愈高了。例如一个人看了四十年的书，他的学力便胜过只看了三十年的人，这诚然是光荣，可是翻过来也可以说，这乃是用了四十年的生命换了来的。他正是一只两脚书橱，很可佩服，但他的知识是与寿命相连的，死了便带走了，不能留给子孙或是徒弟。这种旧学者现在还不少，大概收集在各地文史馆内，恐怕大抵不免闲得无聊，如果请他们来帮助，供给搜集资料，无论说为人择事，或是为事择人，我想都是合宜的。编辑的事业可能需要筹备布置，不是一下子能够就绪的事，但总不可拖延得太久，因为“炳烛之光”是有时间的限度的。我知道的几位旧学者，不便失敬的提出姓名来；总之都是博闻强记的人，平常很是佩服，年纪大概已在七八十之间，他们有的退休，有的还担任着职务，但是他们的知识总之没有用处，总之是高搁了。此外这样的人当然很多，为学问计，为本人计，都是很可惜的事情。

【钟校】

① 1957. 3. 23 刊《文汇报》。

农业管窥[①]

◇1957.12

◇集外文

近来读了程鹤西著的《农业管窥》。这是一本专门的书，但于学理与数字之间，仍多有文学兴味存在，有科学小品之趣。略举数例，如第十四章《品种与遗传》中云：

这些品种的名字有些是很有意思的，比起什么“中农二八”来虽然没有那么科学化，却比较生动而实际得多。提起“躲叶粘”来，你就可想像出是一种穗子垂在叶下的稻子；而“叶上飘”则相反的是穗子抽在叶上的。“紫金箍”表示稻节旁边有一道紫箍；“红脚粘”说秧苗的叶鞘是紫红的。“百日早”指这种水稻只要一百天左右就可成熟；“野猪哼”却又是一种有芒的粳稻，为野猪所不喜欢的。“齐头黄”表示成熟时上下都一齐变黄的一种芝麻；而“霸王鞭”则是一种一节结六个荚儿，很少分枝，如像一条粗的鞭子的品种。棉花里的“小白花”是开一朵朵小小的白花；“桠里果”也真在枝桠里多长出一个棉桃。我们甚至觉得以后作物的命名，实不必一定要起什么“二九〇五”或“四八三”这类的名字。一些农家的命名，像“火燎芒”代表红壳有芒的麦子，“白和尚头”代表白壳无芒的，“草鞋板”代表上大下小而有些扁平的，这不也是很科学的么？

第十七章《杂草与害虫病》中，很有些可取的材料，现在只能分别抄下两节来：

杂草的种类虽然很多，普通大概都将它分为三类，即是一年生，二年生和多年生的。一年生的例如稗子，二年生的例如南方一些毛茛科的杂草，多年生的如同莎草和茅草之类。这是作物学或植物学上的分法，农人们对于没有宿根或地下茎的杂草，虽然年年由种子传播的并不少见，他们还是认为这要比多年生的容易对付，北方的农人对于蓟草，南方的农人对于旱地的回头青，水田里的野荸荠，认为是极讨厌的。荒地的草和熟地的草，肥地里的和瘦地里的也都有不同，这些都是很有趣味的，并且对于选择农场很有用处，像“鹅儿肠”、“婆婆纳”长得很茂盛的田，一定种起作物来也会长得很好的，“肥田长猛草，猛草又肥田”的话，一点不错。

肉食的昆虫据我们看来，好像都要灵活一点，虽然也不无例外。瓢虫好像就不十分活当，这也许因为它们专吃不大会动的蚜虫的缘故。瓢虫确是一种好看的昆虫，花样也很多，走起路来很像一位胖太太，所以英文叫它太太甲虫。幼虫和成虫，都吃蚜虫。有一次在柳州羊角山柑橘上生满了白花花的吹绵介壳虫，正是我们没有办法时，忽然一种瓢虫繁殖起来，不多几天就把介壳虫都吃完了。

第十八章论“农业研究”，说到关于天时的农谚，与上墟场买米吃的习惯相关，也很有意思，但解放后这种习惯当已改变，所以现在不抄录在这里了。

【钟校】

① 1957.12.19 刊《新民报晚刊》。

太炎文录的刊行[1]

◇1958.1
◇集外文

据古籍刊行社消息，不久将印行章太炎先生的《检论》《国故论衡》和《太炎文录》。这完全是及时的也正是必要的一件事。太炎先生的著作以前也实在流行的太少了，这和他文字的艰深也多少是有关系的。在清末民初这几位学者中，他的文章实在要算难懂，现在来加以整理出版，所以是很必要但也是很困难的事。

太炎先生的著作，除民国以前，有过零星出版外，计有三次汇刊。第一是浙江图书馆木刻的《章氏丛书》，是他全集的基本，流布得算最广，《检论》等三种都在内。第二是《章氏丛书续编》，只有四册七种，系一九三三年在北京刻板，由其旧日门人醵资而成，印刷甚精。我藏有蓝印者一部，卷首有一张相片，手指间卷烟出烟缕缕可见，照得极好。刻好后原拟将全部木板赠给章氏，终于不果，而抗战发生，这板的行踪遂不可查考了。其中有一卷《新出三体石经考》，由钱玄同手写付刻，太炎先生似甚为满意，手写序文云：

> 吴兴钱夏前为余写《小学答问》，字体依附正篆，裁别至严，胜于张力臣之《音学五书》，忽忽二十馀岁，又为余书是考。时事变蜕，今兹学者能识正篆者渐希，于是降从《开成石经》，去其泰甚，勒成一编，斯亦酌古准今，得其中道者矣。稿本尚有数事未谛，夏复为余考核，就稿更正，故喜而识之。夏今名玄同云。民国二十二年三月，章炳麟记。

第三乃已在太炎先生故后，由章氏国学讲习会在汉口编集铅印，名为《章氏丛书三编》，只刊成《太炎文录续编》七卷四册，时在一九三八年二月。当时计共印五百部，寄赠各处。据赠书单上所开，寄至北京者共六部，此刻除我以外的五个人，都已归道山久矣。此次拟印行的《太炎文录》，不知是否包含续编，这一点似乎值得注意。

太炎先生的文章本有句点，如照样翻印，尚不成问题，倘若要加以整理注解，经验上觉得很不容易。《訄书》（后名为《检论》）不必说了，其不易读是有名的，即如《国故论衡》，也像读秦汉以前的书相似，不能畅快的读下去。“五四”前后，北京大学首先刷新教材，提倡“学术文”，选录注解，里边就有不少《国故论衡》的文章。据当时注解的人说，确实煞费苦心，幸而里边多有旧日的弟子，有的有着先生《论衡》的原稿，打开来看，可以查出改掉的是什么字，知道原来的意思。鲁迅曾说人家做古文的秘诀，先写一篇平平常常的文章，随后仔细将其中字句掉换成古字，这就成为一篇古色古香的了[②]。当然这也有很拙劣的，弄成竹马为“筱骖”，夜梦不祥为“宵寐匪祯”，但就是最上的文人也就用的是这一副本领。《检论》与《国故论衡》文字的艰深，不仅读者难以亲近，连注解者也难得适当的人。唯有《太炎文录》稍为平易，便是照样翻印，也还可以，因为里边多是为《民报》而作，算是他的一种比较通俗的文字。

【钟校】

① 1958. 1. 14 刊《新民报晚刊》。

②“这就成为一篇古色古香的了”，原无“的”字，今增。

漫谈四库全书[①]

◇1958. 3
◇集外文

中国有最迷人的一部古书，不大有人看见过，读过，说起来却是五体投地的佩服，这便是《四库全书》。说起来也怪不得佩服，这样大部的结集，是古来所希有的，而且时间还是在十八世纪，我们提起乾隆、嘉庆，似乎还不很远，其实已经过了二百多年了。十五世纪的《永乐大典》诚然伟大，但那个已经散佚，除了现今留存的一点点，实已无法挽回了。我们现在还有《四库全书》两部，的确是很幸运的，然而它们实用价值已不甚大，说起来也只是可供参考罢了。

为什么呢？因为这是满清政府所编的。《古今图书集成》也是清政府所编，但那只是出于官僚之手，有点马虎而已。这却别有政治作用，加以删削篡改，比马虎要有害得多。大家知道，前清兴起多少次文字狱（从前故宫博物院刊行过一种《文字狱档》，出到第十一册，这须得由史家编一总录，另外还应搜集禁书，出版一册图录。）压伏民族的反抗，以乾隆时为最厉害。这回借此差不多对古今书籍来一次总检查，非思想正统者不能录取。我们只看《论语义疏》乃是晋朝皇侃所作，万不能来反对清朝的了，只因在孔子“夷狄之有君”一节话发挥了几句，便被删改得一塌糊涂，连《知不足斋丛书》里的《义疏》，也得改刻过，原本绝不易得了。后来《四部丛刊》出来，才得看见皇侃的本来面目，原来他不过通论夷狄不好，乾隆皇帝却听了不高兴，要干涉千馀年前古人的说话了。这是最明显的一例。到了宋朝以后的人的著作，因为有辽金元的对峙，说话益发有违碍，于是《四库》的编修官也就忙于笔削，鲁迅从前有些文章揭发过，我这里不再来抄录了。

总之《四库全书》不能称为善本，因为它故意的改变了原来的面貌，来适合皇帝的好恶，所以不值得人民的珍视。其中有外间少有的几种，已经翻印为《四库珍本丛书》，以及有从《永乐大典》辑出的书，有《武英殿聚珍板丛书》，在现今《永乐大典》几乎全然消灭了的时候，也是难得的。清朝的考据学很有进步，有些书是乾隆、嘉庆以来学者校订的。其精审远在《四库》之上，其风气直传至清末，所以我们对于精校的近刊著作也是不可轻视的。既然有了以上三种丛刊，可以说是《四库全书》的精华已经全有了，其他的也就可以随它去，不必再加以什么留恋了吧。

《四库全书》的本身就是这样的一笔表过了，但是那一部《四库书目提要》，虽然也是出于官僚之手，却是还别有价值的。主要的原因由于这总裁其事的乃是纪昀，通称纪晓岚，著有《阅微草堂笔记》五种为世人所知。他也只是皇帝近旁的一个文学弄臣罢了，但是他脾气很特别，不很喜欢那些讲迂腐话的宋儒，这意思很明白的见于他的笔记中，借了好些故事来对于他们加以嘲笑，在《书目提要》中却是正面的来说，以钦定的官书里面能对宋儒不表示敬意，不能不说是难能可贵的了。唯纪晓岚因讨厌宋儒的“二气之良能”这一类的迂话，反而主张有鬼，讲好些半真半假的迷信故事，宣传报应，落入道士派窠臼，实在是很可惜的。《笔记》的文章很是干净利落，自成一家，与《聊斋志异》分道扬镳，《聊斋》是唐传奇一派，《阅微草堂》却是六朝志怪的末裔，只是为劝戒之说所累，所以未免有一股俗气罢了。

【钟校】

①本文前三节刊 1958. 3. 23《新民报晚刊》。全文 1964. 1. 22 刊香港《新晚报》。

唐诗三百首[①]

◇1958.4

◇集外文

《唐诗三百首》是古诗文选本最通行的一种，百馀年来，风行全国。至“五四”以后，说它是“陋”书，似乎一时衰歇了。但平心说来，也还是足供参考的，所以近年又复印行。我看去年七月第四版，已经印行十六万册，以人口比例并不算多，但总是洋洋大观了。这选本的缺点不是没有，凡选本皆有缺点，他有一种主张，这里显明的具体的排列出来，容易有什么倾向。编这《唐诗三百首》的蘅塘退士是前清乾隆时人，他的意见只是那时代的东西，与现代不能相合，那是当然的。他序言选择“脍炙人口”的诗，李杜的长篇，王孟的短什，的确是应有尽有了，要他客观的罗列唐诗历期的好处，初盛中晚四期各有它的特色，这未免强人所难，没有人能够做到。在没有这样一种理想的选本以前，姑且以此补充，也未始不是办法吧。

俗语有一句话道："熟读唐诗三百首，不会吟诗也会吟。"当时我颇疑心是有了这书以后的说话，但是看蘅塘退士的序文中已经引用此语，后边接下去云："请以此编验之。"乃知书名反是从这里出来的。有许多人的确从这里知道诗的形式，而且开始仿作，所以这话是有几分道理。

但诗的格调并不限于"唐诗"，有些宋诗也是脍炙人口，可供参考。而宋人的诗另有意境，也有与唐人不同的地方，是很可贵的。从前看孙扩图的《一松斋集》，见随笔中有一则云：

> 南宋杨与立《幽居》诗："柴门阒寂少人过，尽日观书口自哦。馀地不妨添竹木，放教啼鸟往来多。""溪头石磴坐盘桓，时见修鳞往复还。可是水深鱼极乐，不须妄意要垂竿。"余谓有道之言，自尔可爱，唐人不肯作，殆亦不解作也。

这话说得很有道理，我们不必硬来叫唐宋人比短长，但总之宋诗比唐诗又有一进境，便是可以发议论了。照王渔洋的说法，唐诗之佳在于有神韵，发议论便不韵了，不过这种过时的言论，现在并无拘泥之必要。我记得以前有过一部书，名叫《宋元明诗三百首》，不知系何人所编，似乎不妨找它出来一看，翻印一下，以补其缺，也不必要印几万，还是看这书值得印多少，便印多少可也。这对于学做旧体诗会有些好处，因为我看学做的诗与其说学唐人，还不如说是学宋人[2]倒相像一点。

【钟校】

① 1958.4.1刊《新民晚报》。

②“学宋人”，原无“学”字，今增。

诗人黄公度[1]

◇第三册有《人境庐诗草》

◇1958. 8

◇集外文

清末的诗人中间，有一个人为我所最佩服，这就是黄公度。公度名遵宪，是广东嘉应州人，曾参与戊戌政变，但是他政治上的主张不及文学上的更为出色。不过讲到诗的问题上，我是个外行，我所以佩服他的，还因他的学问与见识，古人所谓“买椟还珠”，我其实是难免这句话的讽刺的。

黄公度的著作有《日本国志》《人境庐诗草》和《日本杂事诗》这三种，都已有刻本。《日本国志》与《日本杂事诗》看似平常，这里却有黄公度的特色。第一是因为他对中国文化有研究，看日本继承中国文化的地方特别清楚，也很有兴趣。第二又因为他懂得新学，知道凡事应当革新，所以他对于改革能够了解。这两种特色若不能具备，一个人的意见便不免于偏。杂事诗定本序有云：

> 余所交多旧学家，微言讽刺，咨嗟太息，充溢于吾耳，虽自守居国不非大夫之义，而新旧同异之见时露于诗中。及阅历日深，闻见日拓，颇悉穷变通久之理，乃信其改从西法，革故取新，卓然能自树立，故所作《日本国志》序论往往与诗意相乖背。

因为定本刊于光绪戊戌（一八九八），已在初版十九年之后，他的对于变法的见解已经大有改进了。如原本卷上七十二论诗云：

> 几人汉魏溯根源，唐宋以还格尚存，难怪鸡林贾争市，白香山外数随园。

定本却改作：

> 岂独斯文有盛衰，旁行字正力横驰，不知近日鸡林贾，谁费黄金更购诗。

日本人学做汉诗，可以来同中国人唱和，这是中国文人所觉得高兴的一件事，这里黄君却简单的加以取消，无丝毫留恋之意，这在当时是不可及的了。

《人境庐诗草》十一卷是他的诗集，其特色在实行他所主张的“我手写我口”，开中国新诗之先河，此外便不是我所能说的了。我以前曾经得到一种抄本，竹纸绿色直格，每半页十三行，中缝刻“人境庐写书”五字，书签篆文《人境庐诗草》，乃用木刻，当是黄君手笔，书高二十三公分，而签长有二十二公分，印红色蜡笺上。书凡四卷，与刊本比较一下，内容大致与前六卷相同，其中有九十四首乃被删去，当系少作的集外诗，但也很值得收罗，只可惜这个抄本今已失去了。其中也有不少好诗，刊本中有《人境庐杂诗》八首，抄本原有十首，所删第九、十两首昔曾抄存，今录于下，也是人境庐的掌故。

扶筇访花柳，偶一过邻家。高芋如人立，疏藤当壁遮。絮谈十年乱，苦问长官衙。春水池塘满，时闻阁阁蛙。

无数杨花落，随波半化萍。未知春去处，先爱子规声。九曲栏回绕，三叉路送迎。猿啼并鹤怨，惭对草堂灵。

【钟校】

① 1958. 8. 14 刊《羊城晚报》。

炭画与黄蔷薇[1]

◇1961.5.30

◇集外文

我这时学日本话，专是为的应用，里边包括应付环境，阅览书报，却并不预备翻译。我从日本语译小说第一次在民国七年戊午（一九一八），译的是江马修著的《小小的一个人》，这以前的翻译还是都从英文转译的。当时[2]我所最为注重的是波兰，其次是匈牙利，因为他们都是亡国之民，尤其值得同情。在《域外小说集》第一二集里，我便把显克微支译出了三篇，就是《乐人扬珂》《天使》和《灯台守》，其所著顶有名的《炭画》，在己酉春天也已译成，不知道为什么缘故不曾登入，大概因为分期登载不很方便吧。但第二集的末尾以后拟译作品的预告上面，记得里边有匈牙利的密克札忒的《神盖记》，即是《圣彼得的伞》，那篇分量还要多，自然更非连续登载不可了。《神盖记》的第一分的文言译稿，近时找了出来，已经经过鲁迅的修改，只是还未誊录，本来大约拟用在第三集的吧。这本小说的英译后来借给康嗣群，由他译出，于一九五三年由平明出版社印行，那也是很有意思的作品，不过是彻头彻尾的明朗的喜剧，与匈牙利的革命问题没有什么关系了。

且说那篇《炭画》是一篇中篇小说，大抵只是三万多字吧，据勃阑兑斯在《波兰印象记》说：

> 显克微支系出高门，天才美富，文情菲恻，而深藏讽刺，所著《炭画》[3]记一农妇欲救其夫于军役，至自卖其身，文字至是，已属绝技，盖写实小说之神品也。

我于民国七年在北京大学，编《欧洲文学史》讲义，里边记述他的作品道：

> 显克微支所作短篇，种类不一，叙事言情，无不佳妙，写民间疾苦诸篇尤胜。事多惨苦，而文特奇诡，能出以轻妙诙谐之笔，弥足增其悲痛，视戈果尔笑中之泪殆有过之，《炭画》即其代表。显克微支旅美洲时著此书，此言记故乡事实，唯托名羊头村而已。村虽称自治，而上下离散，不相扶助，小人遂得因缘为恶，良民又多愚昧，无术自卫，于是悲剧乃成。书中所言，舍来服夫妇外，自官吏议员至于乞丐，殆无一善类，而其为

恶又属人间之常，别无夸饰，虽被以诙谐之词，

而令读者愈觉真实，其技甚神，馀人莫能拟也。

可是译本的运气很坏，归国以后，于民国二年寄给商务印书馆的《小说月报》社，被退了回来，回信里说：

虽未见原本，以意度之，确系对译能不失真相，

因西人面目俱在也，行文生涩，读之如对古书，

颇不通俗，殊为憾事。

这里所说，对于原文的用古文直译的方法，褒贬得宜。后来又寄给中华书局去看，则不赞一词的被退回了。近年人民文学出版社印行《显克微支小说集》，复由我用白话来译了一遍，收在里边。

在这之后，我又翻译了一本《黄蔷薇》，这乃是匈牙利小说家育凯摩耳所著，也是中篇小说，原本很长，经英译者节译成了中篇，一总只有三万字左右，因为后来卖稿给商务印书馆得了六十元，但那时已去译出的十年之后了。原译本有庚戌（一九一〇）十二月的序文，在一九二〇年日记上有卖稿的记事，是托蔡孑民先生介绍的：

八月九日，校阅旧译《黄蔷薇》。

十日，往大学，寄蔡先生函，又稿一本。

十六日，晚得蔡先生函附译稿。

十七日，上午寄商务印书馆译稿一本。

十月一日，商务分馆送来《黄蔷薇》稿值六十元。

时间距《红星佚史》的丁未（一九〇七）已经隔了有十四个年头，但稿费还是一样的二元一千字，又搁了六七年，这才印了出来，那时的广告恰巧尚是保存着，便录于后：

此书体式取法于牧歌，描写乡村生活，自然景物，虽运用理想，而不离现实，实为近世乡土文学之杰作。周君译以简练忠实之文言，所译牧歌，尤臻胜境。

这广告里的话虽是多半从序言里取来，但是他称赞译诗的话，却不是原来所有的。原书的足本当然还要佳胜，听说俄国有足译本，中国近来有孙用君译本，大约据世界语译或者亦是足本，不过我还没有机会看到④，不能确说罢了。

【钟校】

①《知堂回想录》第八八节，据手稿校订。

②“当时”手稿无“时”字，今增。

③《炭画》，手稿作“灰画”。

④“不过我还没有机会看到”，手稿无“没”字，今增。

关于守常全集的一点旧闻[①]

◇1962.8

◇集外文

编辑同志：

晦庵的《书话》中讲到《守常全集》第一册的出版，但是没有讲起这集子编集的事情。据我所知道，这集子是守常先生的侄子李白余所收集的，他本名李兆瑞，是清华大学的学生。在守常先生死难以后，他立意搜编遗稿，在各图书馆勤苦抄录。等得编好了的时候，北京方面已是蒋介石的特务密布，个人行动有点不大自由了。李白余计划逃出华北，乃将抄好的文集四卷原稿一大包，交来托我代为保存，他自己就从此不见了。到了解放之后，这才重复出现，那时已经改名李乐光。可惜他已于好几年前去世了。

一九三三年在下斜街浙寺为守常开吊后的一星

期，即四月二十九日，守常夫人及女儿李星华曾来访，谈出文集事。由此推想，原稿第一二卷寄给北新书局大约也是那时的事情。其时恐怕出版会有困难，所以听说要请蔡孑民写一篇序，但是似乎他也没有写。鲁迅附识里的所谓T先生，可能便是蔡孑民。

文集第三四卷的原稿，连同一张守常在日本留学时的照相，则是一九四九年移交给有关人的。

【钟校】

① 1962.8.31刊《人民日报》。

关于日本之黑雾[①]

◇1963

◇集外文

（一）

松本清张是日本一个著名的小说家，据去年所得税额的调查，最高的是吉川英治，其次便是松本，现今吉川已经去世，那么他应该是第一位了。他所做的都是推理小说，便是从前所谓侦探小说之类，但是他于去年出版一册《日本之黑雾》，乃是记录几年来的实事，都是重大的疑狱，有的已经马虎判决了，有的至今还拖延着，如松川事件便是，这里著者用推理来把它说明白了，很是可以佩服。这些案件都出现在美国占领着日本的期间，便是麦卡瑟打着联合国军总司令部的旗号在日本当着太上皇的那六年（一九四六——一九五一）内，所以都与美国有关系的。因为与美国有关系，所以成为疑狱，本来是有法子可以查得水落石出的，但是中间碰到了总司令部的壁，便无法再查，只得马虎了事，日本官吏也就昧了良心，虽因此陷害些无辜的人民，也就顾不得了。

著者在后边有一篇跋，说明他为什么写这本《日本之黑雾》，起首说道：

> 写《日本之黑雾》，你是什么用意呢？到现在为止我遇见好些人发这个质问了。
>
> 这作为小说家的工作去看，或者给读者以一种奇异之感也说不定。谁都要说，可不是松本有一种反美的用意而写的吧。这里所记的都是些占领中的怪事件，给人家一个印象似乎全是美军的谋略所构成的。
>
> 此外又有人非难说，这种写法既非固有的意味的文学，也不是单纯的报告或评论，不知是什么中间物事，是非驴非马的东西。这也是因为我这人算是小说家而引起来的疑问吧。
>
> 我写这一连串的东西，最初是并没有一点的反美的意图，也从来没有用了占领军的谋略这个定规来分析一切。但是它有这样一个印象，乃是由于追求各事件的内容，归纳起来有了这结果

罢了。

可是这里还有胜于雄辩的事实，在一九五二年构和条约发生效力，占领解除，总司令部取消了那时起，那些离奇的事件就像变戏法似的顿时停止了，这使得有点思想的人们不能不思想左倾，有点赤色的嫌疑。最近他在《中央公论》上登载小说名为《北方诗人》，是讲北朝鲜的事的，里边说到南朝鲜的情报社假钞票事件，似乎也是美军借此用以打击劳动党的一种策略。这引起了南朝鲜官僚的抗议，这人名叫曹在千，曾任京城地方法院检事，当时承办这个案件，后来任张勉时代的法相，经朴正熙上台后打下来，以容共名义免职，现在闲居无聊，想借了这事作为转向表示，希图再起，这是日本报界的一种看法。曹在千的下作的打算与这里所谈的没有什么关系，不过连带的说及就是了。

（二）帝银事件

《日本之黑雾》里边收着六篇文章，我们这里只能就头两篇来加以介绍。第一篇名为《帝银事件之谜》。帝银事件是说昭和二十三年（一九四八）一月二十六日在东京半岛区椎名町帝国银行支店里，有人冒充防疫官，把毒药给行员十六人喝，结果毒死了十二个这一件大量杀人案件。这是一件大案，出现之后东京的警察厅就忙做一气了。因为吃了毒药的人还有四个人没有死，所以在他们的口里得到犯人的面相模样以及服毒的详细情形，可是得不到什么别的证物。犯人在众人服药以前曾经自己示范喝过药，但这只茶杯却已没有，大概因为上边留有指纹及唾沫痕迹，所以带走了。看来是对于医药和犯罪很有经验的人，而且在眼前看着十几个倒下去了，无所动心，也决不是平常的人，疑心是有过些训练的。三月底搜查的目标着重在军关系方面，而且特别提出军关系的办理药品的特殊学校，同研究所以及附属的教导队、防疫给水队或宪兵特务机关在那里曾经服务的嫌疑犯，而且主要是将校级的人。这搜查有点上了轨道了，似乎不久可以得到结果，可是突然的停止了，因为在这里碰到了总司令部的壁，就走不通了。这样的追究下去，势必要涉及旧陆军研究机关[②]细菌毒药战的计划，这倒不是日本政府不愿意暴露，却正是总司令部所忌讳的，因为搞这些犯罪行为的第七三一部队的分子就多为总司令部所留用，第七三一部队的首领石井四郎中将已被重用了，虽然苏联逮捕了他的部属，作为战犯提付审判，但是它的首领终于为美国所包庇，一点都没有受到裁判。于是搜查机关不得不改变方向，不再从这里进行，却只凭了犯人的面相模样去找，于是在八月十日乃从北海道的小樽地方，抓到一个名叫平泽贞通的画家，解到东京来，背上了这个黑锅，锻炼成狱，一直拖延了十年以上，至去年冬天终把他执行了死刑，于是这件疑狱也是冤狱在表面上算是马虎了结了。

我说在表面上马虎了结，就是说实际上这并不了结，因为这帝银事件说平泽是毒杀的凶手，在裁判上有好些漏洞，最明显的是松本所指摘的凶器问题。这凶器在杀人事件上是极其重要的事项，而在这里却没有弄清楚它是什么，在判决书上只笼统的说是氰酸钾[③]。简单的氰酸钾入口即死，这里却经过三四分钟才死亡，比氰酸钾发作稍迟，是一种氰酸的化合物，但是若要分析这是什么化合物[④]，便非得追究下去问特殊研究所不可了。关于毒药来源也只说是平泽从前所有，这两点便都不合法也不合理了。因为要替总司令部隐藏它在研究化学毒药战，包庇些这方面的人物，不惜叫这一案的十二个人白死，而且还抓一个人来顶凶，日本政府之无良也就大可惊异了。但是社会总还有人怀疑，加以揭发，这不能不说是一件差强人意的事，可是人家便有些闲话，有如世间说是“左倾”的女流作家平林泰子去年访问南朝鲜的时候，还说松本的秘书里有共产党员，这也可以算是一种奇闻吧，难怪南朝鲜旧阁员要来和他算账了。

（三）下山事件

第二篇原名《下山国铁总裁谋杀论》，是分析所谓下山事件，断定他是被人谋杀，随后去放在铁道上，假装他是自杀的。这事情是出在昭和二十四年七月六日的早晨。下山定则是当时内阁的运输省次官（铁道部次长），是由技师出身，没有什么政党关系，所以被美国人看中了，叫他当日本国有铁道的第一任总裁，并责成他依照了定员法，要裁员减政，计共须裁去九万五千馀人，而且规定七月三日以前要办妥。可是要裁去这许多人，当然有许多困难，下山自己拟了一个方案，并且预定七月五日实行，可是这件事就引起了总司令部的交通监理部门的官吏的不满，这人叫作谢格囊，是一个十分粗暴的汉子，平时总是挂着手枪，满口“我的铁路”（My railroad），在美国不过是小铁道的课长，却来日本居然横行一气了。他在七月三日因为下山不听他的命令，便跑到他的官邸乘醉肆行咆哮。下山本定五日上午同了副总裁加贺山去总司令部接洽公事，不料在三越百货公司下车就失了踪，到了次日早晨这才发见他在五反野地方为火车所轧死了。可是死得却很奇特，所以加贺山便认定这是他杀，警察方面的意见虽然有他杀自杀两样的看法，但也以他杀为最有力。但是从这条路上搜查下去，结果也是碰了壁，而且是同一的不可抗的总司令的壁，情形也愈是严重了，因为以前的案件或者只是与它有关罢了，这回的说不定还是总司令部里的主供，譬如说就是那谢格囊中校的主意，由好许多人做成功的。我说下山死得很奇特，这是什么情形呢？下山的尸体在铁路上，是给火车轧成好几块，但是全身没有血液，地上也没有什么血痕，上身没有穿衣，洋服和衬衫盖在身上，下身的裤和袜子却全是油渍，而上衣却别无油污，鞋也是好好的，只穿一只，随身带着的打火机、眼镜和领带都没有了。这是怎么一回事呢？难道自杀的人会这个样子么？尸体经过解剖，法医也说轧断面⑤没有生活反应，所以应认为死后才断。这便是先被杀了，再给火车轧断，可是很谨慎的不说是他杀，可知那时的空气是不宜那么说了。其时又有五反野左近的几个人，都证言在七月五日午后遇见像下山模样的人，所以虽然警察厅方面也很主张这是他杀案件，可是后来忽然偏向自杀，就这样的结了案，这里因为不需要顶凶，所以事情更是简单了。这事情一过去就是十五年，似乎不复有人再提起这个怪事件来了。

但是有心的人总还记得，而且还加以分析，使它的真相愈益明白，有如这里松本所做的那样。他以做推理小说的手法，层层解析，似乎即使搜查机关能够放胆进行，所得也不过如此，所不同者只在犯人查不出真姓名以及地点不能确定罢了。但即使这样，这案件是美国人如谢格囊之类所主持，许多日美喽罗帮助实行，那是别无疑问的了。

据推测大略情形如下：下山在三越被人诱拐到美国的一个机关，由暴力劫持之后，失去了知觉，被脱去了上衬衣衫领带以及皮鞋眼镜（一面为的便于叫人扮了下山，到五野车站去徘徊）开始做手术，因为右腕为火车[⑥]所轧，肩头部分碾得粉碎了，所以推测在这部分打开脉管，放血至死。松本说，杀人的方法在刀刃及注射以外，有抽取血液致死的一法，但这在日本人的杀害感觉里似乎没有。其实这是平常的事，我们乡下凡是杀鸡鸭以至猪羊都用放血的方法，从前罗马诗人彼得罗尼乌斯被宜禄王赐自尽，也就是割开脉管的，不过他一面还饮酒奏乐，快乐的死去，不是下山那样被敌人束缚放血而死罢了，这是小说家松本的看法，但是当时解剖在场的古畑博士也是这么说，这是尸体里没有血的最为切实的说明了。

这事大概是在田端地方的一处修械厂进行的，事毕之后把尸体装在一种铁匣内，由军用火车运到五反野左近，而这铁匣乃是原来装油的，所以下山的裤和袜子都浸了许多油，总共有三百克之多，也就是有两合，而这乃是特种机油，不是普通火车机器所用的。至于上衣和衬衫鞋子则因为借给了替身去用，后来这才归还，因为匆促也来不及给尸体穿上，只好盖在上面就算了，弄成铁道总裁赤膊自杀，大有三国里许褚的气魄，给自杀论者造成一个很大的矛盾。可是这在官僚却不在乎，结果还是自杀论占了胜利[7]，反把他杀论搜查最为出力的吉武警部补降调到上野署任职去了。任凭一个日本的高官被美国人拿去给鸡鸭一样的宰了，却回过来给敌人掩盖，这虽说是官僚无良，也似乎太甚了，可是这比起松川事件来，还要算是较好的吧。松本的书里第三篇就是松川事件，这事件中国也略知道个大概，这与上回的三鹰事件相同，都是用了电车火车造成大量死伤事故，却去转假在日共身上，要在日本民众中间造成赤祸的印象，这自然也是政府所愿意的了，因此自动的加以协力，百计罗织成狱，迄今已是第十五个年头了，虽然已经仙台高等法院判决无罪，可是检察厅还在反对，那更是不成话了。已经拉得很长了，关于松川事件及以后白鸟事件、拉斯特伏罗夫事件、谋略朝鲜战争这四篇的介绍，也就暂时停止了。

【钟校】

① 1963. 4. 17 刊香港《文汇报》。

② 此处原有标点断句，已取消。

③“氰酸钾”原均作“青酸钾”。

④“化合物”原无“物”字，今增。

⑤“轧断面”原无“轧”字，今增。

⑥“火车”原作“大车”。

⑦“胜利”原作“势利”。

绿野仙踪①

◇1963. 12

◇集外文

这里还有一部书，我觉得应该提一提，这便是那《绿野仙踪》。什么人所著和什么年代出版我都忘记了，因为我看见这书还在许多年前，大概总有六十多年了吧，鲁迅的《中国小说史略》中也不著录，现今也无法查考。这是一部木版大书，可能有二十册，是我在先母的一个衣柜（普通称作大厨）内发见的，平常乘她往本家妯娌那里谈天去的时候偷看一点，可能没有看完全部，但大体是记得的。书中说冷于冰修仙学道的事，这是书名的所由来，但是又夹杂着温如玉狎娼情形，里边很有些秽亵的描写，其最奇怪的是写冷于冰的女弟子于将得道以前被一个小道士所强奸的故事。不过我所不能忘记的不是这些，乃是说冷于冰遇着一个开私塾教书的老头子，有很好的滑稽和讽刺。这老儒给冷于冰看的一篇“馍馍赋”，真是妙绝了，可惜不能记得，但是又给他讲解两句诗，却幸而完全没有忘记，这便是：

媳钗俏矣儿书废，

哥罐闻焉嫂棒伤。

这里有意思的事，乃是讽刺乾隆皇帝的。我们看他题在《知不足斋丛书》前头的“知不足斋何不足，渴于书籍是贤乎”，和在西山碧云寺的御碑上的“香山适才游白社，越岭便以至碧云[②]”比较起来，实在好不了多少。书里的描写可以说是挖苦透了，不晓得那时何以没有卷进文字狱里去的，或者由于告发的不好措词[③]，因为此外没有确实的证据，假如直说这“哥罐”的诗是模拟“圣制”的，恐怕说的人就要先戴上一顶大不敬的帽子吧。

【钟校】

① 1969.3刊香港《明报月刊》39期，原为《旧小说杂谈》中一节。除了这一节，《旧小说杂谈》与《小说的回忆》完全相同，为免重复，故只取此节，并由编者拟了标题。

②“越岭便以至碧云”，“至”原作“生”。

③“不好措词”，“措词”原作“措施”。

新唐诗选[①]

◇1964.1

◇集外文

《唐诗选》是日本很通行的一种选本，据说是明朝李于鳞所编选，李是“后七子”之一，在当时颇有声名，所以风行一时，为做诗讲格调的人所宗，直到清初这风气才有改变，《四库提要》里也揭穿它不是李于鳞的真本，乃是书贾冒名假造的，这大概是抄袭唐汝询的选本，不过唐也是曾奉七子的格调派的人，所以说是李氏选也不算大错。在乾隆以后这在中国就没有什么势力，代之而起的乃是《唐诗三百首》，这位蘅塘退士孙洙[②]虽然没有什么声名，可是他的影响却着实不小，经得起时代潮流的考验，在现今还是人手一编，有供不应求的趋势。《唐诗选》一共收有古近体诗四百六十五首，比《三百首》还要多一半有馀，可是它有独自的偏见，对于白香山杜牧之的诗绝对不收一篇，而《三百首》里所收更是宽广，有白的七古两首，五七律五绝各一首，杜有五律一首和七绝八首，其他所选的诗也丰富多彩，各具有代表性，所以为历来读者所喜爱，认为一种良好的初等唐诗读本，这原是很有道理的。但是它在日本却一直不为人所知，那边还是尊重那《唐诗选》，因为自从十七世纪后经丰获生徂徕提倡七子以来，日本诗文界很看重这部书，后来他的弟子服部南郭加以训点出版，这书就盛行了，到现在还有各种注解本印行。

但是时代改变了，这种情形也就不能没有变动，第一是明七子的文学运动早已过去，现在日本讲唐诗的人也就有新的看法，所以近时出现了一种所谓《新唐诗选》，可以说是很有意义的事。《新唐诗选》有正续两编，一编里分为两卷，上卷都是吉川幸次郎所编，下卷乃是三好达治和桑原武夫两人分编的[③]，此书出版方有十年，但是销行量实在可观，在最初的三年间已经售出十七万册了。这个数字或者看去不算很大，但是我们想到日本人口至多才有一亿，而且自从明治改革以来，对于汉学不复注重，却不意在这里表现出相反的现象来，在竭力走向西方思想去的当中，露出对于汉文学的新的留恋与爱好，不能不说是新的一条光明了。吉川幸次郎近时和小川环树二人还着手编集一部庞大的《中国诗人选集》，共分二集出版，第一集自《诗经·国风》至李后主，计十八册，第二集是宋元明清，自梅尧臣至黄遵宪，计十五册，这不但是洋洋大观，而且集合日本现代新锐的中国文学研究者的努力而成，不但是在正确的了解汉诗，就在中日文化交流上，也有很大的贡献。

本文的目的是介绍《新唐诗选》，所以且回过去讲那两本书吧。这是《岩波新书》之一，出版时定价一百日圆，只值中国的七角钱罢了。正编上卷吉川讲了杜甫的十五首诗，大都是近体诗，古风只讲了他的《新婚别》与《茅屋为秋风所破歌》，都是旧《唐诗选》里所不收的，这里新选和旧选的差异便已显然了。随后所讲的是李白二十九首，王维十二首，孟浩然王昌龄各一首，常建崔国辅各二首。下卷的著者三好乃是新诗人，他纯从鉴赏方面来对于唐诗做些说明。续编上卷里所讲只是白居易韩愈两个人，白居易的诗分作四节来讲，一是《长恨歌》，二是《琵琶行》，三是新乐府，里边只译了《新丰折臂翁》《卖炭翁》和《盐商妇》三首为例，四是其他的诗，即是集里自题为感伤和闲适的几首诗了。桑原是专门搞法国文学的，但于中国文学也很有了解，他在下卷里所写也几乎是全讲白居易的，因为里边两篇文章，其一是《关于杜甫的赠卫八处士》，其二是《关于白乐天的社会诗》，在这里他讲述了新乐府五十首的梗概，举出第八《胡旋女》，第三十《杜陵叟》来做例子，对于《秦中吟》十首则只引用《重赋》这一篇诗，其馀便都从略了。据桑原看来，虽然他的闲适感伤的杂诗也是做的不错，但是最有价值的乃是他所作的讽喻诗，即是这里所说的社会诗，这个意见是根本与诗人本人相合，也是极不错的。他以为这是从儒家思想出来的诗的本流，从《诗经》以来便是如此，要为社会而作，不可专来“嘲风月，弄花草”，便是杜甫的忧生悯乱，价值也就在此，只是他还没有像白乐天的彻底和自觉罢了。他说他自己也是喜欢杜甫的那一路带点悲伤色彩的，有如“万里悲秋常作客，百年多病此登台”，觉得非常的美，那时铃木虎雄博士的注译《新乐府》和《秦中吟》的《白乐天诗解》刚出版，他翻了一下随即丢开，以为没有什么道理，不知什么时候却改变了，自己来写这篇文章，还介绍读者去看铃木博士的那部书去呢。

说起白乐天来，他与日本的关系真还不浅，大概还在他的生前，《白氏长庆集》编好了不久之后，便有抄本流传到日本，共七十卷，名为《白氏文集》，甚见尊重。在十世纪的才女清少纳言的随笔《枕草子》里，第一七三节列举有名的文，说“文则有文集、文选”，因为说到文这便是《白氏文集》，不须再说什么话了。里边还有一则逸话，也是关于白居易的诗句，据说她在一个天皇的皇后藤原定子那里做女官的时候，有一天下雪，皇后便问：“香炉峰的景致如何?”她就走上前去，把帘子卷起来，大家都夸她的敏捷。这个典故就出于白诗“遗爱寺钟欹枕听，香炉峰雪卷帘看”。当时有两卷《和汉作朗咏集》[4]，收集汉诗和歌的名句五百八十九联，备朗咏之用，其中属于白氏的有一百三十七联之多，这可以想见他的诗句是如何受日本的欢迎了。可惜的是，如铃木博士所说：

> 在我国（日本）的文学上，据说很有白乐天的影响，但是若照白乐天的说法，那是他的诗里可有可无的那部分有些影响罢了，他所以做新乐府那种东西的精神，可不是没有么？如其没有，那真是十分遗憾了。

桑原写此文时才五十岁，他说刚懂得《新乐府》的意义与价值。铃木早已退休，大概现在已有八十岁了吧，在三十六年前能够写出《白乐天诗解》来，他的见识与魄力，实在值得钦佩了。

【钟校】

① 1964.1.10 刊香港《文艺世纪》1月号。

②“蘅塘退士孙洙”，“孙洙”原作“孙沫”。

③“上卷都是吉川幸次郎所编，下卷乃是三好达活和桑原武夫两人分编的”，“编”原均作“写”。

④《和汉作朗咏集》，原作《和汉朗作咏集》。

古文观止[1]

◇1964.1

◇集外文

在“五四”时代，主张打倒封建礼教，造成一种破坏思想，对于古代文化，一笔抹煞。即如《唐诗三百首》《古文观止》这种书，也并不平心估计，只因它从来风行，也看不起它，客气一点也贬称之曰“陋书”。其实仔细一想，我们得以获到一点常识，知道唐诗和古文的大略，何尝不是靠这两部“陋书”呢？当时谁也得不到《全唐诗》和《全上古秦汉三国六朝文》，还只好拿这简本来应用，借此知道一个大概，便是日后能够得到那两部繁本，谁又有工夫真去细心的看呢。所以为常人设法，从古文学中汲取知识，唐诗看了《唐诗三百首》，古文看了《古文观止》，大体便已经够用了。

《唐诗三百首》现在已有陈婉俊补注本，覆刊行世，已可应用，唯《古文观止》还没有适用的本子。记得从前绍兴四有书局印行的一种，虽系有光纸铅印本，用的底本是平步青订本，是颇可信赖的一种本子。他每篇都根据原书，一一校正异同，有错误脱漏的地方都补正好了。这是很可凭信的了，以前说它是“陋”，也就不陋了，拿来看看，可以知道国文里散文的一个大略，也就不错。古人选本，从现代的眼光看去，不免有许多缺点，但在现今急切得不到更好的选本，没有更完善更全面的，那么利用古本中比较为世人所熟识的，也是不得已的事。四有书局本的铅印还是在民国十多年，去今尚不很远，所以印本不难找到，希望在杭州一带地方的人加以留意，如能设法来从新印一下，那就比旧本要好得多了。

说到古文选本的缺点，我们这里不妨略谈一下。这也不只是《古文观止》一书的问题，其实就是《古文析义》或北方盛行的《古文释义》，都是有同样的毛病，就是中了“八大家”的毒，近代的更要不得的是“桐城派”，这乃是古文之八股化。唐宋八大家以韩愈为首魁，他的文章气势轩昂，声调铿锵，很适宜于考试，所以明朝人便以它为程式做[②]八股文，于是选取同样的文章，共得八家，桐城派更加约取，吴闿生名之为“古文范”，几乎要篡取[3]古文之名为八家所专有了。《古文观止》出现在桐城立派之前，还没有这种谬见，其所选自史汉开始，这一部分比较的没有问题，所以更值得读，事实上《古文观止》的编者的意见也是尊重“八大家”的，不过因为唐代以前的文章没有经过“韩文公”的改造，还不大有什么“制义”气，所以较为纯粹罢了。所选唐宋以后的古文，特别是韩愈的著作，仍是八大家的观点，看时须加注意，以免不意的吃下八股调子去，譬如那篇有名的《送孟东野序》，用一个“鸣”字东拉西扯的谄上一大篇，自宋朝洪容斋起识者时有訾议，但是有名如故，直到今日。这就因为八股调与京戏一样，是中国人所喜欢听的缘故吧。

【钟校】

① 1964. 1. 16 刊香港《新晚报》。本文前二段曾刊 1957. 11. 13《新民报晚刊》。

②“做八股文”，“做”原作“的”。

③“篡取”，“取”原作“集”。

亚当的肚脐①

◇1964.2

◇集外文

近来看到一本美国人所写的书，是日本人翻译出来的，名叫《胡说的博物志》，或者也可以直译为《荒唐思想的自然史》。名字起的有点儿刁钻古怪，主意却是很好的，它凭了科学常识，来与现存的许多迷信和偏见作斗争，从动物说起，讲到人类，涉及男女两性和人种的差别看待，有两三章专讲黑人和犹太人问题的。著者名伊文思，是美国西北大学的教授，是个文学博士，因为所讨论的有些是重要问题，不好说的太老实了，所以他的笔锋一扭，也有些说法是刁钻古怪一点了。在自序里他这样的说：

在一百年以前，尊重理性的人们简直是同住在敌国的间谍似的过日子。他们如不是用了反诘或是比喻遮掩着，不能在外边摇摆着走路。假如现出本相来的话，那就是致命伤。

现在他们的立场却好像是游击队员。他们伏在掩蔽物的中间打枪，袭击掉队的敌人，或是扰乱退却中的后卫，截断通信，有时出击孤立的分队。但是他们还没有能够和主力军去开战，因为这样的做是要被歼灭的。他们的生活是在危险底下暴露着，但是很有刺激性的。而且在他们中间，有一种在懒惰人的募兵与正统主义者里边所不能看到的同志的连系存在。

这本书是给那些为了确立常识而战斗的年轻诸君当作一本手册。在这里边，我想指示这无知的大军在于什么地方。对于哪个要塞人手还不够用，哪里反抗的敌兵不多，都用了秘密的暗号指示出来。此外掩蔽物以及拟装的使用方法，侵入或退出的方法，也要讲讲，又遮断道路，地雷敷设的地图和装置法，也写在里边。又关于敌人间谍的活动，或是看出愚人的确实方法，也用暗号写下了。

各位新兵同志如看完了这书，最好隔墙丢进敌人的兵营里去。这样会使得敌军开小差的增加起来，也说不定。

这书是一九五八年出版的，中分十七章，第一章题为《亚当的肚脐》，这便定的很特别。大家都知道他是上帝所造的第一个男人，样子当然同后代的人没有什么两样，自然有一个肚脐的了。但是这在古代却很成为问题，其实这还不是怎样古，不过是十五世纪，在中国已是明朝中间，于谦出场的时代罢了。其时世间还不明白肚脐是怎么一回事，以为是身体上无用的东西，但是文艺复兴期的巨匠的绘画却都是写实的，所写亚当与夏娃刚从乐园被赶了出来，都是赤身裸体的，虽然用无花果的叶子遮盖了前后，仍旧露出了肚脐。这就成了大问题，在宗教家看来。这是为什么呢？因为当时议论，假如亚当没有肚脐，那算做人是不完全的，上帝不能造出不完全的东西来；若是有的，因为那没有用处，上帝造物也不会得没有目的。那么到底是怎么好呢？后来妥玛勃朗这大学者出来总结说，虽然米开阑基罗他们画的亚当是有肚脐，那是错误的，因为创造主不会造出这样毫无用处的多馀的部分。所以画亚当、夏娃如有肚脐，便算是大不敬。米开阑基罗因为与法王要好，给他的礼拜堂画壁，因此就算没有什么问题，得以了事。

这里所说是五百年前的事情，但是在一九四四年，便是现今廿年前，这问题却又发生了。这回是发生在美国众议院，以北卡罗来纳州选出的议员达拉谟为主席的军事委员会小组里。当时有两个哥伦比亚大学教授所著的一册三十二页的小书，名叫《各样的人种》，要印发给军人去看，因为插画里有一张画着有肚脐的亚当，于是这件事便搁了浅了。为什么议员老爷对于始祖的肚脐还是这样的不安呢？所以著者不禁要挖苦他们，是不是因为拼法稍差，认为肚脐问题即是海军问题，——这两个英文字本来只差了一个字母，——所以觉得这是小组的权限以内的事情吗？其实事体不是那么简单，却要严重得多，因为做书的那两个书呆子的教授不明世故的乱说，揭穿了政治家所平常不大愿意人家知道的事情，说什么人种云云多出于偏见，因为我们大多数都是混血，除了肉体的特征以外，所谓人种的特征都不过是环境的产物。而且更可怕的乃是引用了第一次欧战中美国陆军所作的调查，据说美国北部出身的黑人的平均智能要比南部出身的白人为高。这怎么能行呢？于是议员老爷们凭了他们可怜的智能，回头来求救于《旧约》圣书，如著者所说的，就在这最没有防备的肚脐上打它一拳，把这邪说的书送了回去，可以保持白人优胜之说了。

自从一八二〇年法王披奥七世承认了哥白尼的学说以来，已经有一百四十多年了，但是世上仍有不相信地球自转的人，因为这是和圣书上所说的不合。到了一九四二年，有一个住在伊利诺州锡安（圣书上是这样译的，但美国人却读作宰温了）地方的人，名叫格伦婆利伐，却说这地是同糕饼一样的平坦的，很使得有些正信的人高兴。著者曾说：

世上没有比谬误更是强有力的东西了。一种论争决没有解决了就消灭不见了的。即使看去是这样，也只是沉没在学识底下，实在是在人心暗处，不可测知的洞穴里面，很好的生存着。

这是明白的，不是用了暗号，说明敌人的可怕了，这也就是警告做游击队员所要注意的地方。

【钟校】

① 1964.2.2 刊香港《新晚报》。

关于卢奇安[①]

◇1965. 4. 20

◇集外文

卢奇安（Loukianou）又译琉善，可以算是文苑中的一个奇异人物，他是罗马帝国的一个叙利亚人，照那时的说法乃是外夷（barbaros），但是用了希腊六百年前的古典文字写成传世的作品。他的生卒年月的确定时期，已无可考，据推测大约生在公元一一五至一二五这十年里边，死于二世纪的末年，已是一千八百年前的人，当中国后汉，他的文学活动时期盖在桓灵之世。

卢奇安的事迹只在他的作品里边，搜查到一点。据他的自传《关于梦中所见，亦名卢奇安的生平》（*Peritou Enypniou êtoi Bios Loukianou*）所说，他的外祖父与舅父均系石工，这是较高的一种，专门雕造人像的，所以他最初是给他舅父去做徒弟，学习雕刻，因为他在塾中常从习字用的蜡板上[2]将蜂蜡刮了下来，捻造各种物像，颇得好评的缘故。但是这学习只有一天，便告终止了。舅父给他一块大理石叫他试凿，不料他用力太猛，把石头敲成两块了。舅父拿起棍子来教训他，不料一下子就将这徒弟打跑了。他逃回家去，告诉母亲不再做石匠了，由他自己决定，改做了辩士，在那篇文章里说的就是这改行的一件事。这是记一个梦中所见的景象，他看见有两个女人，都来劝他到她那边去，一个是工人模样的，自己报名曰雕像（Hermoglyphikê），一个是很有文化的人，名字则曰教养（Paideia）。结果是他被昨日的棍子所吓慌了，决定走教养的一条路，学习在当时很是时髦的辩士了。

辩士（rhêtôr）专攻的学问便是辩论术（rhêtorikê），考究怎么说话的方法，现在还存留一种功课，叫作“修辞学”者，就是它的具体而微的遗迹了。这种学问在雅典民主时代特别发达，因为它在那时政治上很有实用，最重要的两点是在法庭里，两造曲直所由分，全得需要辩论，其次是在议会里，一场演说苟能抓得人心，立即大见成功。后来政体变更，辩士的职业仿佛成了塾师，他开门授徒，教以语言文字的技术，又兼近代文人的风气，将所写关于各种事物的文章，对众朗诵，据说是一种收入颇好的事。但是关于这一问题，我却是不很清楚，特别是关于卢奇安。他写的一手很好的古典希腊文，与二世纪时的希腊语已经有好些距离，例如基督教的《新约》，便是用所谓“普通话”所写的，那些他写的作品在一般听众会爱听么？有一个时候，他还在他的故乡叙利亚首都做过辩士的职业，那些本地的夷人怎么能懂呢？不过他做辩士乃是事实，早年在小亚细亚、希腊、意大利和法国南方游历，四十岁前后乃定居雅典，改而从事哲学，以得摩那克斯（Dêmônax）为师，所作有名的文章多是这时候所写的。一八〇年罗马皇帝孔摩狄乌斯（Commodius）即位后，据说曾派他为埃及地方的一个检察官，是很好的一个差使，这已经在他晚年的时候，很少写文章了，只有《关于丧事》推测是那时候所作的，但是文笔还很是健朗呢。

从辩论术转而弄哲学，在《渔夫》里虽有“直言人”有那一番理由，可是也不一定实在，因为这两者本是邻近的学问，容易发生接触，不过他的变改却别有意义。因为他把辩论术应用于对话，这本是哲学家的用法，有如柏拉图的著作多采用这种方式[3]，可是在他的对话里所讲的却不是哲理，而是日常小事，这便成了一篇短小的喜剧了。他又采用历代喜剧家，如阿里斯托芬（Aristophanês），墨南德洛斯（Menandros），赫洛达斯（Herôdas），以及墨涅波斯（Menippos）的手法，造成他的特殊的讽刺对话。在一篇《双重起诉》（*Dis Katêgoroumenos*）里，"对话"便诉说他是怎样地受委屈道：

> 而且他将我的像样的悲剧面具拿去了，却换上了一个喜剧的，好像羊人似的，好笑的东西。随后又把我去与玩笑、讥刺、犬儒派、欧波利斯和阿里斯托芬坐在一起，都是些可怕的人，专是讥笑神圣的和正当的事物的人。末了他又掘出了那只老狗来，叫作墨涅波斯的，给我作伴，很能叫喊，张着利齿，真是一条可怕的狗，因为他会不经意地咬你一口，他咬你却是同时笑着。

这所说的便指卢奇安特殊的作品，模仿墨尼波斯的韵文散文夹杂的一种讽刺诗，只可惜原诗既尽散佚，他所仿作的也只留存一篇，那便是《宙斯唱悲剧》。

卢奇安著作共存八十四篇，唯其中尚有十馀，经近世学者审定系他人之作，此集共选二十篇，差不多其菁华已尽在这里了。据法国古典学者克洛塞（M. Croiset）的研究，其著作次序大旨如下，未曾选译者不列：

（甲）公元一六〇年以前，在伊俄尼亚等处旅行时所著：

《苍蝇赞》，论文。

《关于琥珀或天鹅》，讲演引论。

（乙）公元一六五年以后，受新喜剧的影响而作者：

《爱说诳的人》，讽刺迷信的对话。

《妓女对话》，小对话十五则。

（丙）受墨尼波斯讽刺诗的影响而作者：

《死人对话》，小对话三十则。

《诸神对话》，小对话二十六则。

《海神对话》，小对话十五则。

《墨尼波斯》，讽刺哲学。

《伊卡洛墨尼波斯》，讽刺哲学与宗教。

《宙斯被盘问》，讽刺宗教。

《关于祭祀》，讽刺宗教的论文。但有人说，看这篇的语气似与《关于丧事》有关联，那么应当移在后面亦未可知。

《真实的故事》，模仿古代希腊历史家的作风而加以讽刺。

（丁）受古喜剧的影响而作者，讽刺人类欲望的空虚：

《过渡》，讽刺权力的空虚。

《卡戎》，讽刺世事一切的空虚。

《提蒙》，讽刺财富的空虚。

《公鸡》，讽刺财富与权力的空虚。

《宙斯唱悲剧》，讽刺宗教。

《拍卖学派》，讽刺哲学。

《渔夫》，同上，带有自序的性质。

（戊）在晚年所写：

《关于丧事》，论文。

此外还有两篇文章，据说是在公元一八〇年以后所写，那么也是他晚年之作了，其一为《得摩那克斯的生平》（*Dêmônaktos Bios*），其二为《亚力山大或伪先知》（*Alexandros ê Pseudomantis*）。得摩那克斯是他的老师，他写这篇文章用以记念他，他说在他同时也不乏可以佩服的人物，武的有索斯特剌托斯（Sostratos），他吃苦耐劳，除暴安良，修桥铺路，人家叫他赫剌克勒斯，他有一篇记他的事，只可惜今已不传了，文的便是他的哲学老师，文中写老哲人的言行很有风趣，差不多与拉厄耳忒的狄俄革涅斯所著的《哲人列传》（*Sophistôn Bioi*）里的一章可以相比。亚力山大却是个并世无双的大骗子，他用了一只大蛇假装一个人头，说是天医显圣，招摇撞骗无所不为，有极大的权势，经卢奇安揭发了出来，可以看见二世纪时民间风俗的一斑，的确是很有意思的事。这两篇我也很想翻译出来，但是因为性质与别篇迥别，所以踌躇好久之后，终于将它割爱了。不过作者因为揭发伪先知的缘故，因此身后很受到诽谤，在十世纪时苏伊达斯（Souidas）所编的大辞典里，说卢奇安末年是被群犬咬死的，算是他一生非圣无法的报应。这个说法显然是基督教徒所造作的，因为说亚力山大的文章是写明系写给罗马人刻尔苏斯（Celsus）的，据基督教大师俄里革涅斯（Ôrigenês）作文回击一个刻耳苏斯，说他是厄庇库洛斯派人，曾有文章攻击基督教，所以就怀疑他那篇文章[④]也是借亚力山大讥刺基督教的。但这是显然误解的事，不过他是怎么死的，到底是没有人知道。

临了还得将我与卢奇安的关系说一下。这已是五十多年前的事了，那时我还在东京念书，偶然在旧书店里买到一本英国加塞尔（Cassel）书店所出的丛刊，是袖珍平装的小册子，新的时候也不过是两角钱一本，所以这在书摊上找到也不过只是几分钱罢了。书名已经记不大清楚，仿佛是“月界旅行”（*A Trip to Moon*）之类，里边乃是卢奇安讲到月亮里去的文章，是《伊卡洛墨涅波斯》和《真实的故事》，大概是翻印一八二〇年图克（Tooke）的旧译吧。我这才知道卢奇安以及《真实的故事》对于后世文学的影响，文艺复兴时期的法国拉勃来（Rabelais）和十八世纪的英国斯威夫特（Swift），都是我所佩服的人，也都受着他的影响。事隔多年之后，我乃找得了英国福娄（Fowler）兄弟所译文集，这是“奥斯福翻译丛书”的一种，共有四册，差不多译了全体之八了。但是原文总还没有法子去找，只在柏尔书局的“有图的古典教本”中得到一册《真实的故事》，书名用拉丁文写作*Vera Historia*。以后遂陆续依据英文，译出《妓女对话》中的三则，论文《关于丧事》，易名为《论居丧》，又对话《过渡》，易名为《冥土旅行》，相继发表，但因找不到原文，所以这工作未能进行。在二十多年前，戴望舒先生曾经建议，他将根据法文全译本译出《妓女对话》，叫我就原文给他校对一下，当时虽然很愿意，可是也因为找不到原本，所以作罢了。一九一二年美国勒布（Loeb）捐资议办英希对译的古典丛书，自此以后才买得到另种的原文古典，但是卢奇安的著作出得很迟，一九二一年才刊行第一册，预定共有八册，中间经过二次世界大战，所以有那四大对话——就是本书里的第一至第四篇——的一卷，即是原书的第七册，于一九六一年始行出版，在图书馆里找寻不到，是我托了一位在国外大学工作的朋友才给我买得一本。我在这里说起我和卢奇安著作的关系，对于戴君和这位替我买书的朋友的好意，不能不表示谢意。

周作人，一九六五年四月二十日。

【钟校】

①《卢奇安对话集》译本，1991.4人民文学出版社初版。

②“常从习字用的蜡板上”，“从”原作“把”。

③“多采用这种方式”，“多”原作“各”。

④“怀疑他那篇文章”，“他”原作“心”。

关于清少纳言[①]

◇1965.10

◇集外文

《枕草子》的作者通称为“清少纳言”，这却不是她的真姓名，只是在宫中供职时的名称。她是歌人清原元辅的女儿，所以取这一个“清”字做代号，“少纳言”则似乎由于她父兄的官名，但详细不得而知了。她的名字无可考，生卒年月也不知道，但据后人考证，她当诞生于村上天皇的康保二年（九六五）或三年，也就是宋太祖的乾德三四年间。

十七世纪中，日本的水户侯德川光国有志于编修日本国史，曾招集文士，用汉文写了一部《大日本史》，里边有一篇清少纳言传，今抄录于后：

> 清少纳言为肥后守清原元辅之女，有才学，与紫式部齐名。一条帝时，仕于皇后定子，甚受眷遇。雪后皇后顾左右曰：“香炉峰之雪当如何?”少纳言即起搴帘，时人叹其敏捷。皇后特嘉其才华，

欲奏请为内侍，会藤原伊周等流窜，不果。老而家居，屋宇甚陋。郎署年少见其贫窭而悯笑之，少纳言自帘中呼曰："不闻有买骏马之骨者。"笑者惭而去。著《枕之草纸》，行于世。

清原氏家世，历代以文学著名，曾祖深养父为著名歌人，其著作被选入《古今和歌集》及《后撰和歌集》中。父元辅曾参与编选《后撰和歌集》事，为梨壶五歌人之一。少纳言家学渊源，深通歌道，又熟知汉学，于《白氏文集》及《和汉朗咏集》所得尤深。其兄出家比叡山为僧，法名戒秀，少纳言因之亦得有多少关于佛教的知识和修养，但当时所信似以关于密宗为多。

少纳言少时与橘则光结婚，生有一子名则长，则光武勇，但缺少文化教养，遂即离别，嫁于藤原实方，未几亦复离异，实方亦旋即转客陆奥，客死其地。其后则光亦供职宫廷，复与少纳言相遇，复相交往，以兄妹相待云。

正历元年（九九〇）父亲清原元辅去世，二三年后，清少纳言始出仕于中宫藤原定子，诸说殊不一致，大抵以正历四年（九九三）冬天之说为最妥当吧，其时中宫年十七岁，清少纳言则当在十年以长了。自此至长保二年（一〇〇〇），中宫逝世为止，这短短的不到十年的期间，乃是清少纳言一生最幸福的时节，也即是《枕草子》里面所见者是也。

正历元年（九九〇）藤原道隆任为关白，将长女定子进奉一条天皇为女御，旋即册立为中宫，地位略亚于皇后，至五年（九九四）长子伊周任为内大臣，当时关白家的荣华，盖已达到顶点了。至次年长德元年（九九五）三月，道隆得病，四月初十日遂去世了。那关白的职务，照例是应该由伊周承继，却是意外的给了道隆的兄弟道兼，道兼不久谢世，遂为其弟当时的左大臣道长所获得。伊周这人很是漂亮，也很有才艺，可是政治手腕却非他的叔父道长的对手，所以他终于失败了。长德二年春间，伊周和隆家终于因为家人箭射花山法皇，犯了“大不敬”的罪而被捕，左迁为地方官，伊周为太宰府权帅，隆家为出云权守，到次年四月虽然同被召回，但是道隆家运从此不振了。中宫引咎迁出宫外，先后居于二条邸、中宫职院及大进生昌宅，虽然一条天皇的眷爱似乎没甚变更，中宫于是年十二月生皇女修子，于长保元年（九九九）十一月生皇子敦康亲王，次年十二月生第二皇女媄子，而中宫亦遂于产后得疾去世，年二十四岁。是时道长的女儿彰子已进宫来，时方十二岁，初为女御，次年二月即正位为中宫，而以中宫定子为皇后。

这时以后作者的女官生活也就完了。当初有人疑心她依附左大臣道长，她很是愤慨，这时候中宫彰子曾经想竭力拉拢她，到她自己身边来供职，可是她拒绝了。所以虽然有人说，敦康亲王后来归中宫彰子接收养育，作者便以侍奉敦康亲王的名义在宫，但这事没有证据，所以是未可凭信的了。

清少纳言晚年的生活，据说是颇暗淡的。她出宫后嫁给了摄津守藤原栋世，生有一个女儿，可是栋世不久去世了。她回到京都来，寄寓在兄长的家里，但是后来只剩了她一个人，过的很贫困的生活，《古事谈》里所记“买骏骨”的话，恐怕就是那时的故事。女儿名叫“小马命妇”，大约也是供职宫中的女官吧。

清少纳言一生的事情，最好的记录是她所写的《枕草子》。但是书流传至于今日，已经将近千年，所以这原来是如何形式，有点难于知道了。从它的内容来看，大约可以分作下列三类：

其一是类聚的各段。这就是模仿唐朝李义山“杂纂”的写法，列举“不快意”、“煞风景”等各事，以类相从，只是更为扩大，并及山川草木各项，有美的也有丑的，颇为细微。大约在关白家失势的长德二年（九九六）夏秋间开始记录，由其亲友源经房借出，遂渐流布于宫廷内外。

其二是日记的各段。在皇后定子逝世以后，作者离开宫廷以后这几年中，回忆中宫旧事，不胜感念，因加以记述，或者留赠中宫遗儿脩子内亲王的，由是流传出来的也未可知。

其三是感想的各段。在她的晚年，老夫栋世既已死去，自己返回京都，出家为尼，过那老年孤独的生活，这时候对于自然和人生发生些感想，随时加以集录，秘藏于家。后来经了所遗子女橘则长和小马命妇诸人之力，遂流传于后世。

原来是这三种成分，似是各各独立的，后来经编订者混在一起，就变成现在的那个样子了。以上是池田亀鉴氏的一种看法，虽然未必就是那样，但是说得颇得要领，所以抄了过来，用作说明。至于本书的译文系依据池田亀鉴、岸上慎二、秋山虔的校注本，并参考北村季吟的《枕草子春曙抄》（十二卷）的底本，一切分卷分段都依后者。惟字句之间有参照别本，另加解释的地方，随处加以注明。　　　　（一九六五年十月）

【钟校】

① 清少纳言《枕草子》译事开始甚早，但至1988.9始由北京人民文学出版社以《日本古代随笔选》（与王以铸译《徒然草》合称）书名出版。周氏日记1961.1.3曾记云："上午写《关于清少纳言》小文"，但印本文末署（一九六五年十月）。

图书在版编目(CIP)数据

知堂书话/周作人著;锺叔河编. —长沙:岳麓书社,2016.4(2024.3 重印)

ISBN 978-7-5538-0421-7

Ⅰ.①知…　Ⅱ.①周…②锺…　Ⅲ.①书评—中国—现代—选集　Ⅳ.①G236

中国版本图书馆 CIP 数据核字(2015)第 195362 号

ZHITANG SHUHUA

知堂书话(全五册)

著　　文:周作人

编　　订:锺叔河

责任编辑:曾德明　舒　菲

责任校对:舒　舍

封面设计:风格八号

岳麓书社出版发行

地址:湖南省长沙市爱民路 47 号

直销电话:0731-88804152　0731-88885616

邮编:410006

版次:2016 年 4 月第 1 版

印次:2024 年 3 月第 3 次印刷

开本:787×1092　1/32

印张:51.25

字数:826 千字

印数:6 001—10 000

ISBN 978-7-5538-0421-7

定价:298.00 元

承印:长沙超峰印刷有限公司

知堂書話 四

周作人 著文
锺叔河 编订

岳麓書社·长沙·二〇一六

第四册目录

南堂诗抄[①]

◇1937.4.27

◇秉烛后谈

偶然得到两本清初的诗集。我说偶然，因为诗我是不大懂的，平常诗集除了搜集同乡著作之外就不买，所以这两本的确可以说是偶然得来的，虽然亦自各有其因缘。其一是吴景旭的《南山堂自订诗》四卷。吴景旭字旦生，著有《历代诗话》八十卷，刻入嘉业堂的《吴兴先哲遗书》中，是我所喜欢的一种书，这回看见他的诗也想拿来一读。书无序跋，目录也撕去了一半，疑心他不全，查诗话刘承干跋只云“有南山自订诗”，也不说卷数，到后来拆开重订，乃见后书面的里边有字两行，左云：

《南山堂自订诗》，下册七卷至十卷佚阙。

右云：

旦生公遗著，裔孙永敬识。

盖估人作弊，将书面反折改装，假充完全，却不知即使是残本不佞也会要也。但此册实止四卷，或者下册当是五至十，亦未可知。集中所收诗自顺治己丑至康熙甲辰，凡十六年，卷四有五十二偶作，时为壬寅，案当生于明万历三十九年辛亥，刘跋亦称其为明诸生，其诗却极少遗老气，辛丑有《喜光儿得赐探花》一诗可知，唯时有放恣或平易处亦觉得可喜。卷一《罱泥行》上半云：

一溪小雨直如发，尖头艓子长竿揭。凭将两腕翕复张，形模蛤蚧相箝镊。载归取次壅桑间，平铺滑汰孩子跌。

卷三有诗题云：

己亥闻警，雉堞下令荷戈戍城上，家贫无兵械，因销一劚花小锄为刃，作长句伤之。

诗并不佳，故不录，但只此一题也就够有意思了。

其二是方贞观的《南堂诗抄》六卷。这诗集是全的，前有李可淳序，又乾隆戊午汪廷璋序，盖即是刻书的那一年。方贞观是方苞的从弟，方苞的诗极恶劣，谢枚如在《赌棋山庄笔记》中曾大加以贬斥，贞观所作却大不相同，如李序所说，宛转沉痛，言短意长，及后更益造平淡近自然。各卷卷首皆题《方贞观诗集》，唯卷三则曰《方贞观卷葹集》，有小引云：

癸巳之岁，建亥之月，奉诏隶归旗籍。官牒夕至，行人朝发，仓卒北向，吏役驱逐，转徙流离，别入版籍[②]。瞻望乡国，莫知所处，先陇弃遗，亲知永隔，行动羁絷，存没异乡。呜呼哀哉[3]，岂复有言。而景物关会，时序往复，每不能自已，始乎去国，迄于京华，其呜咽不成声者去之，存若干首，命曰卷葹集，庾信所谓其心实伤者也。后之君子尚其读而悲之。康熙五十八年四月望，贞观记。

案《方望溪集》后附苏惇元编年谱，在雍正元年癸卯条下有记事云：

先是《滇游纪闻》案，先生近支族人皆隶汉军，至是肆赦，上曰，朕以方苞故赦其合族，苞功德不细。

自癸巳至癸卯，贞观盖隶旗籍者满十年，《卷葹集》一卷即此十年中所作，所云宛转沉痛的诗多在此中，殆哀而至于伤矣。这是我们说他哀伤，若是从上头说来何尝不是怨怼，那么就情罪甚重了。如卷三第一首《别故山》有云：

衰门自多故，怀璧究何人。

《出宗阳》云：

生逢击壤世，不得守耕桑。

《泊牛渚》云：

生男愿有室，生女愿有家。缅彼尧舜心，岂曰此念奢。我亦忝蒸黎，何至成浮槎。

《欲暮》云：

岂有声名如郭解，自知肥白愧张苍。

《望见京城》云：

独有覆盆盆下客，无缘举目见青天。

《寄家书》云：

馀生不作大刀梦，到死难明破镜由。

但是最重要的还应该举出那第三首《登舟感怀》来，其词云：

山林食人有豺虎，江湖射影多含沙，未闻十年不出户，咄嗟腐蠹成修蛇。吾宗秉道十七世，雕虫奚足矜搜爬，岂知道旁自得罪，城门殃火来无涯。破巢自昔少完卵，焚林岂辨根与芽。举族驱作北飞鸟，弃捐陇墓如浮苴，日暮登舟别亲故，长风飒飒吹芦花。语音渐异故乡远，回头止见江天霞，呜呼赋命合漂泊，磐砧变化成虚槎。杀身只在南山豆，伏机顷刻锄坑瓜，古今祸福非意料，文网何须说永嘉。君不见乌衣巷里屠沽宅，原是当时王谢家。

查《四库全书总目提要》卷一八二《秋笳集》下批语有云："特其自知罪重遣轻，甘心窜谪，但有悲苦之音，而绝无怨怼君上之意，犹为可谅。"今贞观诗怨甚矣，不但坚称冤枉，以杨恽自拟，还拿了秦始皇坑儒来比，岂不是肆口诽谤乎。我取出《禁书总目》来一查，“我找着了！”《南堂诗抄》的的确确收在里边。我很高兴我的眼力不差，假如去做一名检查官大可胜任愉快也。

卷六有一篇诗题云，“乾隆戊午冬中三日，余马齿六十矣”，可以知道方贞观是于康熙十八年己未，三十五岁隶旗籍，四十五岁放免，五十八岁被征博学鸿词，谢老病不赴。关于这件事有一首妙诗，题云：

部牒复至，备见敦迫，终不能赴，再寄孙公：

纁币与安车，吾闻其语矣。书传半真伪，窃恐未必尔。今者符檄来，汹汹吏如鬼。幸不见执缚，几为敦迫死。家无应门童，我病杖乃起。老妇惊踰垣，问祸来所以。敢希稽古荣，奚至捕盗比。寄言谢故人，铭心佩知己。世不乏应刘，樗栎何足齿。偃蹇负弓旌，免蹈虚声耻。

这里有意思的事，第一是博学鸿词敦迫的情形，大有锁拿沈石田的样子，其次是方君仍旧的那样大不敬，他描写吏如鬼之汹汹，还说窃恐未必尔的古代安车之类，真可以说幽默得很。卷一《乡大水》一篇末云：

官家积谷如山丘，立法本为苍生谋。便宜行事汲都尉，流亡愧俸韦苏州。古来书传半真伪，两人未识诚有否。杀人不问梃刃政，屠伯何须在录囚。

这书传半真伪的话，可见早见用了，虽然是苏东坡恐本无扬雄的故典之转化，却用得很有力量。同一篇中又有云：

小民赋命本饿殍，熟也不活奚灾伤。

这也比孟子的乐岁终身苦的话更说得辛辣，其区别盖因一是正言而一是逆说，此正是幽默之力也。方君少年时盖颇有许行之徒的倾向，其《耕织词》云：

贫女不上机，宫中皆草衣。农夫不耕田，侯王都饿死。鸡鸣向田间，采桑朝露新。望望红日高，照见晏眠人。

又《题古战场图》云：

岂不畏锋镝，将军骄欲行。威尊身命贱，法重生死轻。力尽□偏狡，天寒虏益横。谁非人子骨，千载暴边城[④]。

第五句第三字原缺，或者是胡字吧？即此诸诗可以见作者思想之一斑，在清朝桐城派虽有名，不佞以为方氏之荣誉当不在苞而在贞观耳。

诗我都不大懂，上边所谈只是就诗中所有的意思，随意臧否，也不敢自以为是，并不真是谈诗。或恐有朋友疑心我谈诗破例，顺便声明一句。

（廿六年四月廿七日，在北平苦住庵记）

［补记］　《南山堂自订诗》十卷，嘉业堂有新刻本，末有癸亥刘承干跋，中有云，自卷一至卷五为其裔孙渔川观察所藏弆，以畀余[5]，惜已佚半，嗣留心访求，竟获卷六至卷十，遂为完璧。渔川即吴永，然则我所得残书即是其底本，但不知何以又流落在旧书摊头耳。近年又得全书一部，卷首有朱文长方印曰，闽戴成芬芷农图籍，内容与刘刻本悉相同，唯原本有目录三十一页，而刘刻略去，改为总目一页，未免少欠忠实。　（民国癸未冬日编校时记）

【钟校】

①1937.5.20刊《逸经》30期，题《南堂诗抄的禁诗》。

②“别入版籍”，“版”原作“板”。

③“呜呼哀哉”，“呜”原作“鸣”。下一处同。

④“千载暴边城”，“载”原作“戴”。

⑤“以畀余”，“畀”原作“界”。

老年的书[①]

◇1937. 5. 4

◇秉烛后谈

谷崎润一郎的文章是我所喜欢读的，但这大抵只是随笔，小说除最近的《春琴抄》、《芦刈》、《武州公秘话》这几篇外，也就没有多读。昭和八年（一九三三）出版的《青春物语》凡八章，是谷崎前半生的自叙传，后边附有一篇《艺谈》，把文艺与演艺相提并论，觉得很有意思。其一节云：

> 我觉得自己的意见与现代的艺术观根本的不相容，对于一天一天向这边倾过去的自己，略有点觉得可怕。我想这不是动脉硬化的一种证据么，实在也不能确信其不如此。但是转侧的一想，在现代的日本几乎全无大人所读的或是老人所读的文学。日本的政治家大抵被说为缺乏文艺的素

养，暗于文坛的情势，但是这在文坛方面岂不是也有几分责任么。因为就是他们政治家也未必真是对文艺冷淡，如犬养木堂翁可以不必说了，像滨口雄幸那样无趣味似的人，据说也爱诵《碧岩录》，若槻前首相那些人则喜欢玩拙劣的汉诗，此外现居闲地的老政治家里面在读书三昧中度日的人一定也还不很少吧。不过他们所喜欢的多是汉文学，否则是日本的古典类，毫不及于现代的文学。读日本的现代文学，特别是读所谓纯文学的人，都是从十八九至三十前后的文学青年，极端的说来只是作家志望的人们而已。我看见评论家诸君的月评或文艺论使得报纸很热闹的时候，心里总是奇怪，到底除了我们同行以外的读者有几个人去读这些东西呢？在现在文坛占着高位的创作与评论，实在也单是我们同行中人做了互相读互相批评①，此外还有谁来注意。目前日本国内充满着不能得到地位感觉不平的青年，因此文学志愿者的人数势必很多，有些大报也原有登载那些作品的，但是无论如何，文坛这物事是完全以年青人为对手的特别世界，从自然主义的昔日以至现在，这种情形毫无变化。虽是应该对于政治组织社会状态特殊关心的普罗作家，一旦成为文士而加入文坛，被批评家的月评所收容，那么他们的读者也与纯文学的相差不远，限于狭小的范围内，能够广大的从天下的工人农人中获得爱读者的作家真是绝少。在日本的艺术里，这也只是文学才踞蹐于这样局促的天地，演剧不必说了，就是绘画音乐也更有广泛的爱好者，这是大家所知觉的事情。只是大众文学虽为文坛的月评所疏外，却在社会各方面似乎更有广大的读者层，可是这些爱读者的大部分恐怕也都是三十岁内的男女吧。的确，大众文学里没有文学青年的臭味，又多立脚于日本的历史与传统，其中优秀的作品未始没有可以作为大人所读的文学之感，但是对于过了老境的人，能给与以精神的粮食之文学，说是能够从这里生出来，却又未能如此想。要之现时的文学是以年青人为对手的读物，便是在作者方面，他当初也就没有把四十岁以上的大人们算在他的计划中的。老实说，像我这样虽然也是在文坛的角落里占一席地的同行中人，可是看每月杂志即使别栏翻阅一下，创作栏大概总是不读，这是没有虚假的事实。盖无论在那一时代那一国土，爱好文学的多是青春期的人们，所以得他们来做读者实是文艺作家的本怀，那些老人们便随他去，或者本来也不要紧，但是像我这样年纪将近五十了，想起自己所写的东西除年青人以外找不到人读，未始不感到寂寞。又或者把我自己放在读者方面来看，觉得古典之外别无堪读的东西，也总感觉在现代的文学②里一定有什么缺陷存在，为什么呢？因为从青年期到老年期，时时在灯下翻看，求得慰安，当作一生的伴侣永不厌倦的书物，这才可以说是真的文学。人在修养时代固然也读书，到了老来得到闲月日，更是深深的想要有滋味的读物，这正是人情。那时候他们所想读的，是能够慰劳自己半生的辛苦，忘却老后的悔恨，或可以说是清算过去生涯，什么都就是这么样也好，世上的事情有苦有悲也都有意思，就如此给与一种安心与信仰的文学。我以前所云找出心的故乡来的文学，也就是指这个。

我把这一篇小文章译录在这里，并不是全部都想引用，虽然在文学上中的情形原来相近，谷崎所说的话也颇有意思。我现在所想说的，只是看到在缺少给大人和老人读的书物这句话，很有同意，所以抄了过来，再加添一点意思上去。文学的世界总是青年的，然而世界不单只是文学，人生也不常是青年。我见文学青年成为大人，（此语作第二义解亦任便，）主持事务则其修养（或无修养）也与旧人相差无几，盖现时没有书给大人读，正与日本相同，而旧人所读过的书大抵亦不甚高明也。日本老人有爱诵《碧岩录》者，中国信佛的恐只慕净土念真言，非信徒又安肯读二氏之书乎。不佞数年前买《揞黑豆集》，虽觉得有趣而仍不懂，所以也不能算。据我妄测，中国旧人爱读的东西大概不外三类，即香艳，道学，报应，是也。其实香艳也有好诗文，只怕俗与丑，道学也是一种思想，但忌伪与矫，唯报应则无可取。我每想像中年老年的案头供奉《感应篇》《明圣经》，消遣则《池上草堂劝戒近录》，笔墨最好的要算《坐花志果》了，这种情形能不令人短气？这里便与日本的事情不同，我觉得我们所需要的虽然也是找出心的故乡来的文学，却未必是给与安心与信仰的，而是通达人情物理，能使人增益智慧，涵养性情的一种文章。无论什么，谈了于人最有损的是不讲情理的东西，报应与道学以至香艳都不能免这个毛病，不佞无做圣贤或才子的野心，别方面不大注意，近来只找点笔记看，便感到这样的不满，我想这总比被麻醉损害了为好，虽然[3]也已失了原来读书的乐趣。现在似乎未便以老年自居，但总之已过了中年，与青年人的兴趣有点不同了，要求别的好书看看也是应该，却极不容易。《诗经》特别是《国风》，陶诗读了也总是喜欢，但是，读书而非求之于千年前的古典不可，岂不少少觉得寂寞么？大约因为近代的时间短的缘故吧，找书真大难，现代则以二十世纪论亦只有三十七年耳。近日偶读牛空山[4]《诗志》，见《豳风》“东山”后有批语云：

> 情艳之事与军人不相关，慰军人却最妙。虫鸟果蔬之事与情艳不相关，写情艳却最妙。凯旋劳军何等大关目，妙在一字不及公事。一篇悲喜离合，都从室家男女生情。开端敦彼独宿，亦在车下，隐然动劳人久旷之感。后文妇叹于室，其新孔嘉，惓惓于此三致意焉。夫人情所不能已圣人弗禁，东征之士谁无父母，岂鲜兄弟，而夫妇情艳之私尤所缱切。此诗曲体人情，无隐不透，直从三军肺腑扪摅一过，而温挚婉恻，感激动人，悦以使民，民忘其死，信非周公不能作也。

这几节话在牛空山只是读诗时感到的意思批在书眉上，可是说得极好，有情有理，一般儒生经师诗人及批评家都不能到这境地，是很难得的。我引这些话来做一个例，表示有这种见识情趣的可以有写书的资格了，只可惜他们不大肯写，而其更重要的事情是他们这种人实在也太少。供给青年看的文学书充足与否，不佞未敢妄言，若所谓大人看的书则好的实在极少，除若干古典外几于无有，然则中年老年之缺少修养又正何足怪也。

我近来想读书，却深感觉好书之不易得，所以写这篇小文，盖全是站在读者方面立场也。若云你不行，我来做，则岂敢，昨日闻有披发狂夫长跪午门外自称来做皇帝，不佞虽或自大亦何至于此乎。

（民国二十六年五月四日于北平）

【钟校】

①“互相批评”，原无“互”字，今增。

②“现代的文学”，原作“现的代文学”。

③“虽然”,“虽”原作“难”。

④“牛空山”，原作“半空山”。

东莱左氏博议[1]

◇1937.6.7
◇秉烛后谈

近来买到一部书，并不是什么珍本，也不是小品文集，乃是很普通很正经，在我看来是极有意义的书。这只是四册《东莱左氏博议》，却是道光己亥春钱塘[2]瞿氏清吟阁重雕足本，向来坊刻只十二卷八十六篇，这里有百六十篇，凡二十五卷。《东莱博议》在宋时为经生家揣摩之本，流行甚广，我们小时候也还读过，作为做论的课本，今日重见，如与旧友相晤，亦是一种喜悦，何况足本更觉得有意思，但是所谓有意义则别有在也。

《东莱左氏博议》虽然“四库书目”列在“经部春秋类二”，其实与经学不相干，正如东莱自序所说，乃是诸生课试之作也。瞿世瑛道光戊戌年跋文云：

古之世无所谓时文者。自隋始以文辞试士，唐以诗赋，宋以论策，时文之号于是起。而古者立言必务道其所心得，即言有醇有驳，无不本于其中心之诚然，而不肯苟以衒世夸之意，亦于是尽亡矣。盖所谓时文者，至宋南渡后创制之经义，其法视诗赋论策为胜，故承用最久，而要其所以名经义者，非诚欲说经，亦姑妄为说焉以取所求耳。故其为文不必果得于经所以云之意，而又不肯自认以为不知，必率其私臆，凿空附会，粉饰非者以为是，周内是者以为非，有司者亦不谂其所知之在于此，而始命以在彼之所不知，于是微言奥旨不能宿通素悉于经之内，而枝辞赘喻则可暂假猝办于经之外[3]，徒恃所操之机熟，所积之理多，随所命而强赴之，亦莫不斐然可观，以取盈篇幅，以侥幸得当于有司之目。噫，不求得于心则立言之意亡，不求通于经则说经之名戾，时文之蔽类然已。《东莱左氏博议》虽作于其平居暇日，苟以徇诸生之请，然既以资课试为心，故亦不免乎此蔽，其所是非大抵出于方执笔时偶然之见，非必确有所低昂轩轾于其间，及其含意联词，不得不比合义类，引众理以壮其文，而学者遂见以谓定论而不可夺，不知苟欲反其所非以为是，易其所是以为非，亦必有众理从而附会之，而浅见者亦将骇诧之以为定论矣。

关于经义的变迁，吾乡茹敦和著《周易小义》序中说的很简明，今抄引于下：

经义者本古科举之文，其来旧矣。至宋王安石作《三经新义》，用以取士，命其子雱及吕惠卿[4]等著为式颁之，此一变也。元延祐中定科举式，以《论语》《孟子》《大学》《中庸》为书，以《易》《诗》《书》《礼记》《春秋》经文为五经，别之为书义经义，又于破题承题之外增官题原题大讲大结等名，此再变也。明成化中又尽易散体为排偶[5]，束之为八比，此三变也。至嘉隆以后于所谓八比之中稍恢大焉，渐至排中有排[6]，偶中有偶，乃于古今文体中自成一体，然义之名卒不改。

我们从这里可以知道两件事实。其一是八股文原是说经的经义，只是形式上化散为排，配作四对而已。其二是《东莱博议》原是春秋类的经义，不过因为《春秋》是记载史事的书，所以博议成为一种应试体的史论。这两件事看似平常，其实却很重大，即是上边所说的有意义。

我们平常骂八股文[7]，大有天下之恶皆归焉之概，实在这是有点儿冤枉的，至少也总是稍欠公平吧。八股文诚然是不行，如徐大椿的《时文叹》所说：

> 三句承题，两句破题，摆尾摇头，便是圣门高弟。可知道三通四史是何等文章，汉祖唐宗是那朝皇帝。案头放高头讲章，店里买新科利器。读得来肩背高低，口角嘘唏，甘蔗渣儿嚼了又嚼有何滋味，辜负光阴白白昏迷一世。

又如[⑧]我的《论八股文》中讲到中国的奴隶性的地方有云：

> 几千年来的专制养成很顽钝的服从与模仿根性，结果是弄得自己没有思想，没有话说，非等候上头的吩咐不能有所行动，这是一般的现象，而八股文就是这个现象的代表。

不过我们要知道八股乃是应试的经义而用排偶的，因为应试所以遵守功令说应有尽有的话，是经义所以优孟衣冠似的代圣人立言，又因为用排偶，所以填谱按拍那样的做，却也正以此不大容易做得好，至今体魄一死，唯馀精魂，虽然还在出现作祟，而躯壳败坏之后已返生无术矣。《博议》一类论事的文章在经义渐渐排偶化的时候分了出来，自成一种东西，与经义以外的史论相混，他的寿命比八股更长，其毒害亦更甚，有许多我们骂八股文的话实在都应该算在他的账上才对。平常考试总是重在所谓书义，狭义的经义既比较不重要，而且试文排偶化了，规矩益加繁琐，就是做《春秋》题也只有一定的说法，不能随意议论，便索性在这边停止活动，再向别方向去发展，于是归入史论一路去，因为不负责任的发议论是文人所喜欢的事，而宋人似乎也特别有这嗜好。冯班《钝吟杂录》卷一《家戒》上云：

士人读书学古，不免要作文字，切忌勿作论。成败得失，古人自有成论，假令有所不合，阙之可也。古人远矣，目前之事犹有不审，况在百世之下而欲悬言其是非乎。宋人多不审细止，如苏子由论蜀先主云，据蜀非地也，用孔明非将也。考昭烈生平未尝用孔明为将，不据蜀[9]便无地可措足，此论直是不读《三国志》。宋人议论多如此，不可学他。

又卷八《遗言）有云："宋人说话只要说得爽快，都不料前后。"徐时栋《烟屿楼读书志）卷十六《宋文鉴》之十云："宋儒论古人多好为迂刻之言，如苏辙之论光武昭烈，曾巩之论汉文，秦观之论石庆，张耒之论邴吉，多非平情。孔子曰，尔责于人终无已时。大抵皆坐此病。"又蒋超伯《南漘楛语》卷四云："瘯字从无入诗文者，朱直《史论初集》诋胡致堂云：双目如瞽，满腹皆痰。鄙俚极矣，不可为训。”蒋氏原意在于论痰字，又朱直的议论或者也未必高明，反正这种东西是没法作得好的，但总之批评胡致堂的话是很对，而且也可以移作许多史论的评语。史论本来容易为迂刻之言，再加上应试经义的参和[10]，更弄得要不得了，我说比八股文还有害的就是这个物事。盖最初不过是双目如瞽，满腹皆痰，实为天分所限，随口乱说，还是情有可原，应试体的史论乃是舞文弄墨，颠倒黑白，毫无诚意，只图入试官之目，或中看官之意，博得名利而已。此种伎俩在瞿君的跋文中说得非常透彻，无以复加，我们可以不必再来辞费，现在只想结束一句道：八股文死矣，与八股文同出于经义的史论则尚活着[11]，此即清末的策论，民国以来的各种文字[12]是也。

去年我写过一篇小文，说明洋八股即是策论，曾经有这几句话：

> 同是功令文章，但做八股文使人庸腐，做策论则使人谬妄，其一重在模拟服从，其一则重在胡说乱道也。专做八股文的结果只学会按谱填词，应拍起舞，里边全没有思想，其做八股文而能胡说乱道者，仍靠兼做策论之力也。

这个意思我觉得是对的，关于八股文的话与徐灵胎相合，关于策论则[13]与冯钝吟等人相合，古人所说正可与我互作注脚也。

小时候在家读坊刻《东莱博议》，忽忽三十馀年，及今重阅，已不记那几篇读过与否，唯第一篇论郑庄公共叔段，《左传》本文原在卷首，又因金圣叹[14]批点过，特别记得清楚，《博议》文亦尚多记得。如起首一节云：

> 钓者负鱼，鱼何负于钓？猎者负兽，兽何负[15]于猎？庄公负叔段，叔段何负于庄公？且为钩饵以诱鱼者钓也，为陷阱以诱兽者猎也，不责钓者而责鱼之吞饵，不责猎者而责兽之投阱，天下宁有是耶？

又结末云：

> 本欲陷人而卒自陷，是钓者之自吞钩饵，猎者之自投陷阱也，非天下之至拙者讵至此[16]乎？故吾始以庄公为天下之至险[17]，终以庄公为天下之至拙。

读下去都很面善，因为这篇差不多是代表作，大家无有不读的，而且念起来不但声调颇好，也有气势，意思深刻，文字流畅，的确是很漂亮的论，有志写汉高祖或其他的论文的人哪能不奉为圭臬呢。但细看一下，也不必用什么新的眼光，便觉得[18]这确是小试利器，甜熟，浅薄，伶俐，苛刻，好坏都就在这里，当作文章看却是没有希望的，因为这只是一个秀才胚子，他的本领只有去做颂圣诗文或写状子而已。只可惜潜势力太大，至今还有多数的人逃不出他的支配，不论写古文白话都是如此，只要稍为留心，便可随时随地看出新策论来。在这时候如要参考资料以备印证，《东莱博议》自然是最好的，其次才是《古文观止》。试帖诗与八股文不会复活的了，这很可以乐观，策论或史论就实在没有办法，土八股之后有洋八股或者还有什么别的八股出来，我相信一定都是这东西的变种，盖其本根深矣。

我写这篇小文，并不是想对于世道人心有什么裨益，吾力之微正如帝力之为大[19]，如孟德斯鸠所说，实在我是一点没有办法。傅青主《书成弘文后》云："仔细想来，便此技到绝顶，要他何用？文事武备，暗暗底吃了他没影子亏。要将此事算接孔孟之脉，真恶心杀，真恶心杀。"我也只是说恶心而已。

（二十六年六月七日，于北平苦住庵）

【钟校】

① 1937.7.1 刊《宇宙风》44 期，题作《谈东莱博议》。《秉烛后谈》目录作《东莱博议》。

②“钱塘”原作“唐钱”。

③“暂假猝辨于经之外”，“辨”原作“办”。

④“吕惠卿”，“卿”原作“乡”。

⑤“排偶”原作“俳偶”。

⑥“排中有排”原作“俳中有俳”。

⑦“我们平常骂八股文”，原作“论我们平常骂八股文”。

⑧“又如”，“如”原作“为”。

⑨“不据蜀”原衍一“据”字，已删。

⑩“参和”，“和”原作“知”。

⑪“活着”，“活”原作“话”。

⑫“各种文字”，“种”原作“程”。

⑬“则”原作“别”。

⑭“金圣叹”，原阙“叹”字，今增。

⑮“兽何负于猎”，原脱“负”字，今增。

⑯“讵至此乎”，“此”原作“非”。

⑰“为天下之至险”，原脱“为”字，今增。

⑱“便觉得”，“便”原作“这”。

⑲“吾力之微正如帝力之为大”，严复译孟德斯鸠语为“帝力之大正如吾力之为微”。

贺贻孙论诗[1]

◇1937.6.21

◇秉烛后谈

谢枚如著《课馀偶录》卷一有一则云：

永新贺子翼贻孙先生著述颇富，予客江右尝借读其全书，抄存其《激书》十数篇收之箧衍。其《水田居文集》凡五卷，议论笔力不亚魏叔子，且时世相及，而名不甚显，集亦不甚行，殆为易堂诸子所掩耳，要为桑海中一作手，非王于一陈士业辈所能比肩也。有云：遵时养晦[2]，藏用于正人无用之时，著书立说，多事于帖括无事之日(答李谦庵书)。贫能炼骨，骨坚则境不摇，彼无骨者必不能不逢迎纷纭，无怪其居心不静也。无骨之人，富贵尤能乱志，贫贱更难自持(复周畸五书)。有意为闲，其人必忙，有意为韵，其人必村，此不待较量而知也（书补松诗后）。安贫嗜古之意溢于言下，可以觇其所养矣。

《四库全书总目》一八一“别集类存目八”著录文集五卷，评云：

所作皆跌宕自喜，其与艾千子书云，文章贵有妙悟，而能悟者必于古人文集之外别有自得，虽针砭东乡之言，而贻孙所以自命者亦大略可见，特一气挥写过于雄快，亦不免于太尽之患也。

又一二五“杂家类存目二”著录《激书》无卷数，评云：

所述皆愤世嫉俗之谈，多证以近事，或举古事，易其姓名，借以立议，若《太平广记》“贵公子炼炭”之类，或因古语而推阐之，如“苏轼书曹孟德”之类。其文称心而谈，有纵横曼衍之意，而句或伤于冗赘，字或伤于纤丽，盖学《庄子》而不成者，其大旨则黄老家言也。

《四库提要》对于非正宗的思想文章向来是很嫉视的，这里所说还算有点好意。平景孙著《国朝文棷》[③]题辞卷一中也有一则是讲《水田居文集》的，并说及《激书》，文云：

子翼少工时文，与茂先、巨源、石庄诸公齐名，举崇祯丙子副贡生，入国朝隐居不出，顺治丁酉巡按笪江上欲以布衣荐，遂改僧服。据叶擎霄《激书》序，似卒于康熙丙子，年九十一矣。文笔奔放，近苏文忠，集中史论最多，其文意制峭诡[4]，有似柳州、可之、复愚者。《激书》二卷，包慎伯最爱之，谓近《韩非》《吕览》，而世少知者。盖嘉庆中骈体盛而散文衰，桐城派尤易袭取，慎伯与完庵、厚堂、默深、子潇诸子出，以丙部起文集之衰，故有取于是。其风实自阳湖恽李二氏昉，于是古文复盛，至于今不衰。

看了这些批评我就想找《水田居集》来一读，可是诗文集未能买到，只搜得其他五种，即《激书》二卷，《易解》七卷，《诗解》六卷，《骚筏》一卷，《诗筏》一卷，《易经》我所不懂，《诗经》颇有说得好的地方。《四库书目》十七“诗类存目一”著录《诗解》，评有云：

每篇先列小序，次释名物，次发挥诗意，主孟子以意逆志之说，每曲求言外之旨，故颇胜诸儒之拘腐，而其所从入乃在钟惺诗评，故亦往往以后人诗法诂先圣之经，不免失之佻巧，所谓楚既失之齐亦未为得也。盖迂儒解诗患其视与后世之诗太远，贻孙解诗又患其视与后世之诗太近耳。

其实据我看来这正是贺君的好处，能够把《诗经》当作文艺看，开后世读诗的正当门径。此风盖始于钟伯敬，历戴仲甫、万茂先、贺子翼，清朝有姚首源、牛空山、郝兰皋以及陈舜百，此派虽被视为旁门外道，究竟还不落莫。《四库书目》中评万氏《诗经偶笺》云：

其自序有曰，今之君子知《诗》之为经，而不知《诗》之为诗，一蔽也，云云。盖钟惺谭元春诗派盛于明末，流弊所及乃至以其法解经，《诗归》之贻害于学者可谓酷矣。

我想这正该反过来说，《诗归》即使在别方面多缺点，其以诗法读经这一点总是不错的，而且有益于学者亦正以此，所可惜者现今绍述无人，新文艺讲了二十年，还没有一部用新眼光解说的《诗经》，此真公安竟陵派不如矣。我们不必一定去爱古人，但有时难免有薄今人之意耳。

贺君说《诗》仍从序说，虽然只取古序发端一语，以为此外皆汉儒续增不尽足据，其解释《诗》旨难得有新意思也是当然的，唯关于诗词颇多妙语，如《卫风》“氓之蚩蚩”一诗，仍遵《序》云刺时也，解有云：

此篇与《谷风》篇才情悉敌，但《谷风》词正，此诗词曲，《谷风》怨而婉，此诗愿而婉，其旨微异耳。且其列叙事情，如首章幽约，次章私奔，三章自叹，四章被斥，五章反目，六章悲往，明是一本分出传奇，曲白关目悉备，如此丑事却费风人竭力描写，色色逼真，所谓化工，非画工也。今或从注说，谓必淫妇人自作乃能委悉如此，不知今古弃妇吟经曹子建辈锦心绣肠从旁揣摩，比妇人声口尤为酸楚，况抱布贸丝车来贿迁，分明是出像《会真记》，岂有妇人自供之理。

钟伯敬曰，子无良媒，谑之也，奔岂有媒乎。将子无怒，秋以为期，亦谑之也，盖贸丝春时事也，此时已许之矣，故又谑之。古今男女狎昵，情词不甚相达，但口齿蕴藉，后人不解，遂认真耳。

这里所说道理似均极平常，却说得多么好，显得气象平易阔宽，我们如不想听深奥的文艺批评，只要找个有经验人略给指点，待我自己去领解，则此类解说[5]当最为有益了。《诗筏》一卷凡二百则，亦即以此气象来谈古诗，自《十九首》以至明末。其自序云：

二十年前与友人论诗，退而书之，以为如涉之用筏也，故名曰《诗筏》。今取视之，几不知为谁人之语，盖予既已舍之矣。予既舍之，而欲人之用之，可乎？虽然，予固望人之舍也，苟能舍

> 之，斯能用之矣。深则厉，浅则揭，奚以筏为？河桥之鹊，渡则去焉，葛陂之龙，济则掷之，又奚以筏为？君其涉于江而浮于海，望之而不见所极，送君者自涯而返，君自此远矣。是为用筏耶，为舍筏耶，为不用之用不舍之舍耶？夫苟如是而后吾书可传也，亦可烧也。

卷中佳篇甚多，意见通达，倾向公安竟陵而能不偏执，极为难得。略举其数则如云：

> 不为应酬而作则神清，不为谄渎而作则品贵，不为迫胁而作则气沉。

此虽似老生常谈，古今文人却没有几个人担当得起，上二是富贵不能淫，还有许多人做得到，下一是威武不能屈，便不大容易，况威武并不限于王难耶。又云：

> 公宴诗在酒肉场中露出酸馅本色，寒士得贵游残杯冷炙，感恩至此，殊为可笑，而满篇搬数他人富贵，尤见俗态。惟曹子建自露家风，而应瑒侍建章集诗末语不忘儆戒，颇为得体耳。大抵建安诸子稍有才调全无骨力，岂文举正平见杀后，文人垂首丧气，遂软媚取容至此，伤哉。
>
> 《巷伯》之卒章曰，寺人孟子，作为此诗。《节南山》之卒章曰，家父作诵，以究王讻。是

刺人者不讳其名也。《烝民》[6]之卒章曰，吉甫作诵，穆如清风[7]。《崧高》[8]之卒章曰，吉甫作诵，其诗孔硕。是美人者不讳其名也。三代之民直道而行，毁不避怒，誉不求喜，今则为匿名谣帖，连名德政碑矣。偶触褊心则丑语丛生，唯恐其知，忽焉摇尾则谀词泉涌，唯恐其不知也。至于赠答应酬，无非溢词，庆问通贽，皆陈颂语，人心如此，安得有诗乎！

此后举储光羲《张谷田舍》诗杜子美《遭田父泥饮美严中丞》诗二篇为例，以为唐人为之尚能自占地步，若在今人不知如何丑态矣，文繁不能备引。又有云：

凡诗可盗者，非盗者之罪而诲盗者之罪。若彭泽诗诸葛出师文，宁可盗乎？李杜韩欧集中亦难作贼，间有盗者，雅俗杂出，如茅屋补以铜雀瓦，破衲缀以葡萄锦，赃物现露易于捉败。先明七才子诸集，递相剽劫，乃盗窝耳。

徐文长七言古有李贺遗风，七言律虽近晚唐，然其佳者升少陵子瞻之堂，往往自露本色，唯五言律味短，而五言古欠蕴藉，集中诙语俊语学之每能误人，此其所病，然嘉隆间诗人毕竟推为独步。近日持论者贬剥文长几无馀地，盖薄其为诸生耳。谚云，进士好吟诗，信哉。

少陵不喜渊明诗，永叔不喜少陵诗，虽非定评，亦足见古人心眼各异，虽前辈大家不能强其所不好。贬己徇人，不顾所安，古人不为也。

近日吴中山歌挂枝儿[9]语近风谣，无理有情，为近日真诗一线所存。如汉古诗云：容从北方来，欲到到交趾，远行无他货，惟有凤凰子。句似迂鄙，想极荒唐，而一种真朴之气，有张蔡诸人所不能道者。晋宋间子夜曲[10]及清商曲亦尔，安知[11]歌谣中遂无佳诗乎。每欲取吴讴入情者汇为风雅别调，想知诗者不为河汉也。

这几节我觉得都很好，有他自己的见识与性情，虽本是诗话而实是随笔，并不讲某侍御某大令的履历，选录几首样本的诗，却只是就古今现成的资料来发展他的感想，这里自然以关于诗的为限，实在可以看出他对于生活的许多意思，这我以为是最有趣味的事。大约因为他是接近公安竟陵派的缘故吧，他关于山歌也有高明的意见，大有编选吴歌集之意，只可惜没有实行，这个光荣却给龙子犹得了去了。这一点长处，大约比较的顶容易为看官所承认，其馀的难免心眼有异，恐怕会被人看作偏激，不合潮流亦未可知，不过在我个人总以为然，觉得《诗筏》这一卷书是很值得破费工夫去一读的。《骚筏》我也喜欢，现在却不想谈，因为《楚辞》我实在有点生疏，将来还得好好的读了再来看这部书，那时才会得有话可说。

《激书》我读过几篇，这是该属于丙部而且又是杂学类的。长篇大论这一路文章我不大喜欢，总觉得难免文胜于物，弄得不好近于八大家，好也可以近《庄子》吧，可是谁都没有这把握。《激书》里有些意思与部分的文章却也有好的，如《四库提要》所说的证以近事，或举古事易其姓名这一类，看了很好玩。《酌取》篇中维扬巨贾公子炊饭必用炼炭，本《太平广记》，已见《提要》。又《疑阳》篇叙贵州[12]少年入鬼国，被鬼巫用“送夜头”法送之登舟，原注亦云见《广记》中。《求己》[13]篇述其友龙仲房访求王雪湖梅谱，乃得画眉之李四娘与话媒之官媒李娘，盖用近事而文甚诙谐。又《失我》篇引二事，其出典当在《笑府》中欤：

> 献贼掠禾阳时，禾阳之张翁假僧衲笠与之同匿。须臾贼至，踉跄相失，疾呼僧不应，翁哭以为僧遇贼死矣。忽自视其衲笠皆僧物也，复大哭曰，僧则在是矣，我安在哉？
>
> 楚湘有竖善睡，其母命之登棚守瓜。盗夜尽窃其瓜，竖睡正酣，盗戏为竖剃发舁入僧寺。凌

晨母见瓜竖皆失，踪迹至寺，竖尚鼾呼如雷，母怒痛挞之至醒。忽自寻其首无发，诉曰，失瓜者乃寺内沙弥，非我也。

这种作法，说得古可以上接孟子舆的月攘一鸡[14]，说得今也就是张宗子的《夜航船》里和尚伸伸脚之类，要恭维或骂倒任凭自由，都有充足的口实可找，不佞别无所容心，但自己则颇喜此体，惜终是写得不能好耳。讲到意思，也有觉得可取的，如《汰甚》一篇，梅道人评云：

天崇间举朝惯使满帆风，只图一时之快，遂受无穷之伤。贺子尝抱漆室之忧，故其文痛快如此，今读之犹追想其拊膺提笔时也。

文中主意不过是不为已甚，其言曰：

善治天下者无取乎有快心之事也，快心之事生而伤心之事起矣。

此意亦自平常，但绝不易实行，况在天崇间乎，言者之心甚深又甚苦，然而毫无用处，则又是必然也。

二十世纪的人听到天崇间事不禁瞿然，不知为何。陈言更复何用，徒乱人意，故可不必再引，不佞今日所谈似可始终以诗为限，故遂题曰“贺贻孙论诗”云。　　（廿六年六月二十一日，于北平记）

[附记]　见书目有“吴兴丛书”本《诗筏》一册，吴大受著[15]，以为偶同书名耳，今日有书贾携来，便一翻阅，则内容全同，不禁哑然。查卷末附传，大受为吴景旭曾孙，卒于乾隆十八年，年六十九，计当生于康熙二十四年。《诗筏》中云：“余于兵燹后借得唐人残编一帙，其中可笑诗甚多”，当然系指甲申后事，非吴氏所及见。又末一则云：“以此二诗糊名邮送万茂先，定其甲乙。”案万茂先著《诗经偶笺》在崇祯癸酉，尚在吴氏诞生前五十二年，二人恐无相见的可能。况贺氏《诗筏》固自存在，不知何以错误。刘刊本卷首题吴大受删订，或者原来只是抄录贺书，(却亦并未有删订，但缺一小引耳。)后人不察以为即其所著，也未可料。名字虽然错乱，但《诗筏》有了新刻本，于读者不无便利，只须知道这是水田居而非南山堂就好了。　　(七月十六日记于北平之苦住庵)

【钟校】

① 1937. 7. 16 刊《宇宙风》45 期，题作《论诗》。

②“遵时养晦”，原作“遵养时晦”。

③《国朝文棷》，“棷”通“薮”，原作“椰”。

④“其文意制峭诡”，“其”原作“他”。

⑤“解说”，“解”原作“的”。

⑥“烝民”，原作“崧高”。

⑦“穆如清风”，“如”原作“为”。

⑧“崧高”，原作“烝民”。

⑨“挂枝儿”，“枝”原作“技”。

⑩“晋宋间子夜曲”，“曲”字上原衍“读”字，已删。

⑪“安知”，“知”原作“和”。

⑫“贵州”，“贵”原作“责”。

⑬《求己》，“己”原作“已”。

⑭“月攘一鸡”，“月”原作“日”。

⑮“吴大受著”，“著”原作“着”下一处同。

水田居存诗[①]

◇1937.7.6

◇秉烛后谈

贺贻孙《水田居存诗》三卷，凡诗七百首，词四十四首，其友人李陈玉所选，有序，即梅道人也，卷首题同治庚午年新镌，似以前并未有刊本。卷二七律二首，题曰“戊戌僧装诗”，注云，“有序未录”。平景孙《国朝文棷》题辞卷一《水田居文集》项下云：“顺治丁酉巡按笪江上欲以布衣荐，遂改僧服。”诗序即说此事，惜不传。《僧装诗》第一首中一联云：

问腊应高灵隐坐，谈诗又喜浙江潮。

用骆宾王事。第二首中云：

佛汗几回增涕泣，经声一半是离骚。

洛阳平等寺佛汗雨兆尔朱之祸，盖不仅寻常离乱之感。这里令人想起同时的陈章侯来。《宝纶堂集》中有五古一首，题曰：

丙戌夏悔逃命山谷多猿鸟处，便剃发披缁，岂能为僧，借僧活命而已。闻我予安道兄能为僧于秀峰猿鸟路穷处，寻之不可得，丁亥见于商道安珠园，书以识怀。

情事相似，唯早十二年而已。毛西河有报周栎园书，述章侯遗事，有云：

又一诗期以某时过敝里，而以年暮故畏死先期来，其中云，老迟五十二年人。老迟者以甲申后更其名悔迟，故称老迟，非老莲之误也。

沈西雍《匏庐诗话》卷中乃有一则云：

唐刘驾弃妇词云，昨日惜红颜，今日畏老迟。老迟云者，谓垂老而迟暮也，陈章侯自号老迟，当取诸此。

此说未妥，悔迟乃明遗民的口气，与迟暮意不同，盖陈章侯贺子翼方密之屈翁山等人的出家都是同一的意思，章侯序中所谓岂能为僧借僧活命而已也。

《水田居诗》卷二又有七律十二首存八，题曰《戏和梅道人歌馆惜艳诗》，有序云：

艳思已枯，绮语长断，然陶赋闲情，何损白璧，宋说好色，乃见微词。金陵婉娘歌馆翘盼，以身奉人，道人惜之，偶尔赋赠，寄托规讽，别有指陈，索余次韵，遂尔效颦。言外索之，方知道人与余所咏者实非妇人也。

题序殊佳，唯不知此辈为何如人，岂亦牧斋梅村之流亚欤。诗亦有妙句，如云：

每恨情多到妾少，翻因夜短梦君长。

偷筹有意嗔宜怒，掩袖无声笑近俳。

单思一枕游仙梦，许嫁千番捣鬼词。

原注云：捣鬼谓诳词，单思谓痴想，皆娼家方语。案《开卷一笑》卷二有《金陵六院市语》一篇，此注可为补遗也。诸诗妙在只是歌馆惜艳，仿佛所咏者实只是妇人，别有讽刺的地方不大明瞭，我想这或者正是诗人用意处，盖惜妇人入歌馆原来只是贼出关门，若在其前还有点希望，以后就只好描写以身奉人的境况，说以寄规讽可，说以寄惆怅更可也。对于非妇人的委身歌馆也只同样的措词，不更作严刻的谴责，岂必由于诗人之温柔敦厚，殆亦以此为最好的作法耳。

卷三中有《村谣》三十二首，存二十八，写民间疾苦，别出一种手法。有序云：

赤魃方殷，白额尤横，僻邑小民，何辜于天。不可咏也，伊可怀也。

陈章侯有《避乱诗》一百五十三首，其《作饭行》自叙有云：

山中日汲汲三顿，鬻图画之指腕为痛焉，儿子犹悲思一顿饭，悲声时出户庭，予闻之凄然若为不闻也者。商絅思闻之以米见饷，此毋望之福也，犹不与儿子共享毋望之福哉，乃作一顿饭，儿子便欢喜踊跃，歌声亦时出户庭。今小民苦官兵淫杀有日矣，犹不感半古之事功否。感赋。

诗末有二联云："鲁国越官吏，江上逍遥师。避敌甚馁虎，篦民若养狸。"其词可谓严厉矣，所指却是明之义师，而出诸遗民之口，其事大可哀，若《村谣》中乃是记清之文武官吏虐民的事，情形不同，口气亦遂有异，今抄录数首于下：

其八：保甲输钱役未宁，社仓旧籍索逃丁。奸胥倚仗先贤法，枉被穷襜骂考亭。

其九：襁负相牵避远村，饥烟冉冉出柴门。桃源复苦桑麻税，何处仙家不断魂。

其十：邻翁窜去又三年，空室长扃鸟乱喧。废圃无人邀我醉，桃花独自饱春烟。

其十二：紫柰青梨税入城，名园斫遍为朱樱。官府不容栽果树，儿童何处打流莺。

其十四：官司虽苛怨无言，但怨先人旧业存。羡杀东家家破后，催租夜半不惊魂。

其十七[②]：令箭频来小户诃[③]，沿门遍发长官鹾。

村儿不识将军贵，但怪虎牌斩字多。

其十八：役重偏愁有此身[4]，今生髓竭莫辞贫。

鬻儿权作斯须喜，明日朝餐省一人。

其二十五：十年野哭迭相赓，鬼啸悲凄尚有情。

今日死亡都惯见，行人无泪鬼吞声。

其二十六[5]：杨枝入户晓烟迷，绿向前村一树低。

犬吠烟中挨牒到，邻鸡飞上树头啼。

其二十七[6]：羽流缁客走如僵，搜索惊啼恐夕阳。

小尹青牛留不住，普贤白象亦踉跄。

以上共抄了十首，以诗论不必尽佳，只取其诗中有史耳，且语多诙诡，正其特异处，二十八首中尽有语平正而意悲怆者，读之反不见佳，盖由说得容易太尽之故欤，略举一二例如下：

其二十二：娇妻嫁去抵官银，临别牵裾吏尚嗔。

夜梦都忘身在械，枕边犹唤旧时人。

其二十四：催赋健儿势绝伦，儒冠溺后拭红裙。

山歌联唱杯联饮，脂粉含羞不忍闻。

将这两首诗读过一遍，觉得他的力量总不及前面的十首，为什么缘故虽然我不知道，但这却是事实。这十首差不多全是打油诗，论理应该为文坛所不齿，一边的正宗嫌他欠高雅，不能载道，又一边的正宗恨他太幽默，不能革命，其实据我看来却是最有力，至少读过了在心上搁下一点什么东西，未必叫他立刻痛哭流涕，却叫他要想拍桌跳骂，力竭声嘶，这本是很痛快的，但痛快就是满足，有如暑天发闷痧，背上乱扭一番，无论扭出一个王八或是八卦，病就轻松，闷着的时候最是难过，而悲惨事的滑稽写法正是要使人闷使人难过。假如文章的力量在于煽动，那么我觉得这种东西总是颇有力量的吧。从前读显克微支的小说，其《炭画》与《得胜的巴耳德克》两篇都是用这方法写的，使我读了很受感动，至今三十馀年还是不曾忘记。这回看水田居的诗得见那几首村谣，很是佩服，这一半固然由于著者的见识，一半也因为是明末清初在公安竟陵之后，否则亦未必可能也。

贺子翼在《诗筏》卷上有一则云：

> 看诗当设身处地，方见其佳。王仲宣《七哀》诗云：“出门无所见，白骨蔽平原。路有饥妇人，抱子弃草间。顾闻号泣声，挥涕独不还。未知身死处，何能两相完。驱马弃之去，不忍听此言。”昔视之平平耳，及身历乱离，所闻所见殆有甚焉，披卷及此，始觉酸鼻。

此是一则好诗话[7]，却也可应用在他自己的诗上。我不知现今的人看了他这些诗，稍觉得酸鼻乎，抑以为平平乎。我个人的意见不足贡献，还是要请看客各自理会耳。

民国二十六年七月六日，于北平苦茶庵。

【钟校】

① 1937. 10. 1 刊《宇宙风》48 期，题作《贺贻孙〈村谣〉》。

② 贺氏原注云："营将贩盐，和沙发卖。"

③"令箭频来小户诃"，"频" 原作 "颇"。

④"役重偏愁有此身"，"偏" 原作 "编"。

⑤ 贺氏原注云："上官差兵挨查异色。"

⑥ 贺氏原注云："僧道亦以挨查逃去。"

⑦"一则好诗话"，原作 "好一则诗话"。

俞理初的诙谐[1]

◇1937.9.8

◇秉烛后谈

俞理初著《癸巳存稿》卷四有《女》一篇云：

《白虎通》云，女，如也，从如人也。《释名》云，女，如也，青徐州曰婚，婚，忤也，始生时人意不喜，忤忤然也。《史记·外戚世家》褚先生云，武帝时天下歌曰：生男勿喜，生女勿怒。《太平广记·长恨歌传》云，天宝时人歌曰：生男勿喜欢，生女勿悲酸。则忤忤然怒而悲酸，人之常矣。《玉台新咏》傅玄《苦相篇》云：苦相身为女[2]，卑陋难再陈。男儿当门户，堕地自生神，雄心志四海，万里望风尘。生女无欣爱，不为家所珍，长大避深室，藏头羞见人。垂泪适他乡，忽如雨绝云。低头私颜色，素齿结朱唇，跪拜无复数，婢妾如严宾。情合同云汉，葵藿仰阳春。心乖甚水火，有戾集其身。玉颜随年变，丈夫多好新，昔为形与影，今为胡与秦。胡秦时一见，一绝逾参辰。此谚所谓姑恶千辛，夫嫌万苦者也。《后汉书》曹世叔妻传云，女宪曰，得意一人是谓永毕，失意一人是谓永讫，亦贵乎遇人之淑也。白居易《妇人苦》诗云：妇人一丧夫，终身守孤子，有如林中竹，忽被风吹折，一折不重生，枯死犹抱节。男儿若丧妇，能不暂伤情，应似门前柳，逢春易发荣，风吹一枝折，还有一枝生。为君委曲言，愿君再三听，须知妇人苦，从此莫相轻。其言尤蔼然。《庄子·天道篇》云，尧告舜曰，吾不虐无告，不废穷民，苦死者，嘉孺子而哀妇人，此吾所以用心也。《书·梓材》，成王谓康叔，至于敬寡，至于属妇，合由以容。此圣人言也。《天方典礼》引谟罕墨特云，妻暨仆[3]，民之二弱也，衣之食之，勿命以所不能。盖持世之人未有不计及此者。

俞君不是文人，但是我读了上文，觉得这在意思及文章上都很完善，实在是一篇上乘的文字。我虽然想学写文章，至今还不能写出能像这样的一篇来，自己觉得惭愧，却也受到一种激励。近来无事可为，重阅所收的清朝笔记，这一个月中间差不多检查了二十几种共四百馀卷，结果才签出二百三十条，大约平均[4]两卷里取一条的比例。但是更使我觉得奇异的是，笔记的好材料，即是说根据我的常识与趣味的二重标准认为中选的，多不出于有名的文人学士的著述之中，却都在那悃愊无华[5]的学究们的书里，如俞理初的《癸巳存稿》[6]，郝兰皋的《晒书堂笔录》是也。讲到学问与诗文，清初的顾亭林与王渔洋总要算是一个人物了，可是读他们的笔记，便觉得可取的地方没有如预料的那么多。为什么呢？中国文人学士大抵各有他们的道统，或严肃的道学派或风流的才子派，虽自有其系统，而缺少温柔敦厚[7]或淡泊宁静之趣，这在笔记文学中却是必要的，因此无论别的成绩如何，在这方面就难免很差了。这一点小事情却含有大意义，盖这里不但指示出看笔记的途径，同时也教了我写文章的方法也。

俞理初生于乾嘉时，《存稿》[8]成于癸巳，距今已逾百年矣，而其见识乃极明达，甚可佩服，特别是能尊重人权，对于两性问题常有超越前人的公论，蔡孑民[9]先生在《年谱》序中曾列举数例，加以赞扬，如上文所引亦是好例之一也。但是我读《存稿》，觉得另有一种特色，即是议论公平而文章乃多滑稽趣味，这也是很难得的事。戴醇士著《习苦斋笔记》有一则[10]云：

理初先生，黟县人，予识于京师，年六十矣。口所谈者皆游戏语，遇于道则行无所适，南北东西，无可无不可。至人家，谈数语，辄睡于客座。问古今事，诡言不知，或晚间酒后，则原原本本无一字遗。予所识博雅者无出其右。

这是很有价值的一种记录，从日常言行一小节上可以使人得到好资料，去了解他文字思想上的有些特殊问题。《存稿》卷三《鲁二女》一篇中说春秋僖公十四年季姬及鄫子遇于防，公羊谷梁二家释为淫通，据《左传》反驳之，评云：

季姬盖老矣，遭家不造，为古贵妇人之失势者，不料汉人恕己度人，好言古女淫佚也。

又云：

听女淫佚，则春秋之法，公子出境，重至帅师，非君命不书，非告庙不书，淫佚有何喜庆，而命之策命，告之祖宗，固知瞀儒秽言无一可通者。

又卷三《书难字后》有一节云：

《说文》亡从入从ㄴ[11]，为有亡，亦为亡失。唐人《语林》云，“有亡之亡一点一画一乙，亡失之亡中有人，观篆文便知。”不知是何篆文有此二怪字，欲令人观之。

又关于欸乃二字云：

《冷斋夜话》引洪驹父言欸乃音奥，可为怪叹，反讥世人分欸乃为两字。此洪识难字诚多矣，然不似读书人也。

又有云：

又《短书》言宋乩神示古忠恕乃一笔书，退检古名帖，忠恕草书是中心如一四字。是不惟人荒谬，乩神亦荒谬也。

又卷四《师道正义》中云：

《枫窗小牍》言，宋仁宗时开封民众聚童子教之，有因夏楚死者，为其父母所讼，为抵死。此则非人所为。师本以利，诚不爱钱，即谢去一二不合意之人亦非大损，乃苦守聚徒取钱本意而致出钱幼童于死，此其昧良尤不可留于人世也。

又云：

《东京梦华录》云，市学先生，春社秋社重五重九，豫敛诸生钱[12]作会，诸生归时各携花篮果实食物社糕而散。此固生财之道，近人情也。

卷十一《芭蕉》一文中谓南方雪中实有芭蕉，王维山中亦当有之，对于诸家评摩诘画乃神悟不在形迹诸说深不以为然。评曰：

世间此种言语，誉西施[13]之颦耳，西施是日适不曾颦也。

卷十四《古本〈大学〉石刻记》中云：

> 明正德十三年七月王守仁从《礼记》写出《大学》本文，其识甚高。时有张夏者辑《闽洛渊源录》，反极诋守仁倒置经文，盖张夏言道学，不暇料检五经，又所传陈澔《礼记》中无《大学》，疑是守仁伪造。然朱子章句见在，为朱学者多以朱墨涂其章句之语，夏欲自附朱子，亦不全览朱子章句，致不知有旧本，可云奇怪。

后说及丰坊伪作石经本《大学》，周从龙作《遵古编》附和之，语多谬妄，评云：“此数人者慷慨下笔，殆有异人之禀。”又《愚儒莠书》中引宋人所记不近情理事，以为不当有，但因古有类似传说，因仿以为书，不自知其愚也。篇末总结云：“著者含毫吮墨，摇头转目，愚鄙之状见于纸上也。”可谓穷形极相。古今来此类层出不尽，惜无人为一一指出，良由常人难得之故。盖常人者，无特别希奇古怪的宗旨，只有普通的常识，即是向来所谓人情物理，寻常对于一切事物就只公平的看去，所见故较为平正真切，但因此亦遂与大多数的意思相左，有时也有反被称为怪人的可能，如汉孔文举明李宏甫皆是，俞君正是幸而免耳。中国贤哲提倡中庸之道，现在想起来实在也很有道理，盖在中国最缺少的大约就是这个。一般文人学士差不多都有点异人之禀，喜欢高谈阔论，讲他自己所不知道的话，宁过无不及，此莠书之所以多也。如平常的人，有常识与趣味，知道凡不合情理的事既非真实，亦不美善，不肯附和，或更辞而辟之，则更大有益世道人心矣。俞理初可以算是这样一个伟大的常人了，不客气的驳正俗说，而又多以诙谐的态度出之，这最使我佩服，只可惜上下三百年此种人不可多得，深恐只手不能满也。

（民国二十六年九月八日，在北平苦雨斋）

【钟校】

① 1937. 9.1 刊《中国文艺》创刊号。

②“苦相身为女”，原作“苦想身为女”。

③“妻暨仆”，原作“暨妻仆”。

④“平均”，“均”原作“匀”。

⑤“悃愊无华”，“愊”原作“幅”。

⑥《癸巳存稿》，原作“癸巳存类”。

⑦“温柔敦厚”，原脱“厚”字，今增。

⑧《存稿》，原作“类稿”。

⑨“蔡孑民”，“孑”原作“子”。

⑩“习苦斋笔记有一则”原作“习苦齐笔记有一侧”。

⑪“亡从入从乚”，以下原衍“非ㄱ ㄴ之ㄴ”，今删去。

⑫“豫敛诸生钱”，“敛”原作“歛”。

⑬“西施”，“施”原作“旋”。

印书纸[1]

◇1939.1

◇书房一角

闻怡谷老人言，桐城黄君的《论衡校释》已出，前日往琉璃厂，因买得一部。王仲任为吾乡先贤，素所景仰，尝谓与明李卓吾清俞理初同为中国思想界不灭之三灯，《论衡》中九虚三增至今犹有万丈光焰，惜自昔乏善本，常令人感觉不易读耳。黄君此著有功于后学不少，鄙人亦大受惠赐，披读数章，豁然意解。但用纸稍差，质滑而分量重，且甚脆弱，其实以那么的高价发售，似亦不妨用竹纸印矣。

此种纸微黄而光滑，便于印锌版，出于日本，在彼地则不用于印书，只供广告传单之用，不知来中国后何以如此被尊重，称之曰米色纸，用以印精装本[2]，此盖始于开明书店，旋即泛滥全国矣。中国为印书最早之国，至今而尽忘其经验，连一张纸的好坏亦已不能知道，真真奇事也。

【钟校】

① 1939. 1. 5 刊《实报》。

② 此处原衍“用”字，已删。

桥

◇1939. 1. 22

◇书房一角

昨夜拿出废名的《桥》来读，看到第十八节曰《碑》，上篇就完了。不知怎的有点怅然，似乎是觉得缺少什么似的，还不大够。废名在自序中也说过：

> 本来上篇在原来的计划还有三分之一没有写，因为我写到《碑》就跳过去写下篇了，以为留下那一部分将来再补写，现在则似乎就补不成。

这里缺了一部分本来也没有多大关系，而且著者也说过补不成了，但缺少总是缺少，仍是不禁怅然。这册《桥》我是读过一回的，到现在才明了的感觉这缺少的惆怅，可知是不无些少长进，这一岁也还不算白增加。《桥》的文章仿佛是一首一首温李的诗，又像是一幅一幅淡彩的白描画，诗不大懂，画是喜看的，只是恨册页太少一点，虽然这贪多难免有点孩子气，必将为真会诗画的人所笑。可是我所最爱的也就是《桥》里的儿童，上下篇同样的有些仙境的，非人间的空气，而上篇觉得尤为可爱，至于下篇突然隔了十年的光阴，我似乎有点一脚跳不过去。这样说来，《碑》以后的三分之一可见得还是个缺少，假如这个补上了，那么或者也就容易追随得上，我这样想，却还未敢相信。中国写幼年的文章真是太缺乏了，《桥》不是少年文学，实在恐怕还是给中年人看的，但是里边有许多这些描写，总是很可喜的事。

儿女英雄传[①]

◇1939.5

◇书房一角

◇第五册有《儿女英雄传》

《儿女英雄传》还是三十多年前看过的，近来重读一过，觉得实在写得不错。平常批评的人总说笔墨漂亮，思想陈腐。这第一句大抵是众口一辞，没有什么问题，第二句也并未说错，但是我却有点意见。如要说书的来反对科举，自然除《儒林外史》再也无人能及，但志在出将入相，而且还想入圣庙，则亦只好推《野叟曝言》去当选矣。《儿女英雄传》作者的昼梦只是想点翰林，那时候恐怕正是常情，在小说里不见得是顶腐败，又喜讲道学，而安老爷这个脚色在全书中差不多写得最好，我曾玩笑着说，像安学海那样的道学家，我也不怕见见面，虽然我平常所最不喜欢的东西，道学家就是其一。此书作者自称恕道，觉得有几分对，大抵他通达人情物理，所以处处显得大方，就是其陈旧迂谬处也总不使人怎么生厌，这是许多作者都不易及的地方。第三十五回鬼神示兆，说此人当中，这一点我觉得是一个大毛病，全书中本来不谈神怪，此处乃落了《棘闱夺命录》的窠臼，很是可惜。写十三妹除了龙仁寺前后一段稍为奇怪外，大体写得很好，天下自有这一种矜才使气的女孩儿，大约列公也曾遇见一位过[②]，略具一鳞半爪，应知鄙言非妄，不过这里集合起来，畅快的写一番罢了。书中对于女人的态度我觉得颇好，恐怕这或者是旗下的关系，其中只是承认阳奇阴偶的谬说，我们却也难深怪，此外总以一个人相对待，绝无淫虐狂的变态形迹，够得上说是健全的态度。我小时候读《天雨花》，很佩服左维明，但是他在庭前剑斩犯淫的侍女，至今留下[③]一极恶劣的印象，若《水浒传》之特别憎恶女性，为废名所指摘，小说中如能无此等污染，不可谓非难得而可贵也。鄙人所言颇似多捧在旗的人，好在此刻别无用心，止是直抒胸臆，想知者亦自当知之耳。《儿女英雄传》作者文康，据《八旗文经》卷五十九作者考丙云："文康字铁仙，勒保孙，历官理藩院员外郎，安徽徽州府知府，驻藏大臣。"所说较他处为详，所为文有《史梅叔诗选序》一篇，收在《文经》卷十九中，其文亦颇佳，末署道光乙未，逮马从善为评语作序，时为光绪庚寅，相距已有四十三年矣。

【钟校】

① 于1939. 5. 30及1939. 6. 7两次刊《实报》。

②“曾遇见”，原作“会遇见”。

③“留下一极恶劣的印象”，原无“下”字，今增。

品花宝鉴[1]

◇1939.6

◇书房一角

从市场得赵景深君著《小说戏曲新考》，卷上有《品花宝鉴考证》，说及著作年代，根据杨掌生《梦华琐簿》的记录，云《品花宝鉴》的前三十回成于道光十七年，后三十回补足于道光二十九年，也就是十二年后全书方才告成，刊印的年代是咸丰二年。案此处所举年岁稍有错误，寒斋藏有一部，书系原刻，题页后有长方框，隶书三行云，戊申年十月幻中了幻斋开雕，己酉六月工竣。是即道光二十八年至二十九年。《梦华琐簿》原文在丁酉年记事下注云，《品花宝鉴》是年仅成前三十回，及己酉少逸游广西归京，足成六十卷，余壬子乃见其刊本。此书盖实刊成于道光己酉，而杨掌生见到时乃在咸丰壬子，本是两件事，非见书时即刊印时也。又云丁酉年先成三十回，与陈少逸自序校对，亦略有不合。自序言某年秋后着手，是年有顺天乡试，可知是道光丁酉，两月间得十五卷，明年往粤西，稿置敝簏中八年之久，及后北返，自粤至楚舟行七十日，又写得十五卷，是年应顺天乡试，当是丁未，故前三十回之成前后盖十年，不得云成于丁酉也。后三十回则在道光丁未年腊底续写，五阅月而成，已是戊申的夏天，到冬天付刊，次年毕工，是很近情理的事。序中不记干支，但据所说两次在京应秋试的事实来考查，丁酉丁未均适合，可知上文所推算的大旨是不错的了。

写到这里，想起孙子书君的《中国通俗小说书目》来，查卷四中《品花宝鉴》项下注曰，存，清咸丰间刊本未见，光绪己酉刊本，半页八行，行二十二字。原来这里也为杨掌生所误，以为原刊是咸丰间的，无怪其见不到了，因为压根儿就没有这么一回事，没有料到这己酉年的八行本即是原刊，硬把他退下一甲子去，说他是光绪己酉年的翻本。其实光绪并无己酉，那时已是宣统元年了。还有一层，戊申己酉年本明明写着幻中了幻斋开雕，假如该斋初刊于壬子，到己酉重刊，这其间已经隔了五十七年，幻中了幻居士在初刊时如年正二十，至此也已是七十八岁了，恐怕难得再有刻书的雅兴吧。《小说新考》与《书目》二者都是专门著述，而于此点皆不免有小错误，可见人言之难以凭信也。

【钟校】

① 1939. 6. 12-13 刊《实报》。

春在堂杂文[1]

◇1939.11.1

◇药味集

《春在堂全书》十年前购得一部，共一百六十本，堆放书架上，有望洋之叹。不佞不懂经学，全书中精粹部分以是不能了解，以前陆续抽读的只是尺牍随笔杂抄笔记这一类，大都是曲园先生业馀遣兴之作罢了。我向来很佩服曲园先生以一代经师而留心轻文学，对于小说故事做过好些研究，读《右台仙馆笔记》中《黄土老爷》诸篇，觉得是好文字，非一般说部中所有。近来闲居无事，拿出《杂文》来看，有许多文章看得甚喜欢，特别是序文一类，觉得在近代文章中极少有的。平常讲词章的人批评曲园先生的诗文总说是平庸，本来曲园诗自说出于乐天放翁，文也自认文体卑弱，似乎一般的批评也还不错。但是，诗我不大懂今且慢谈，文的好坏说起来颇有问题，因为论文的标准便有好些差异。有喜谈义理者，不但主张言中有物，其物还必须是某一派的正统思想，所以如不是面红耳赤的卫道，或力竭声嘶的辟邪，便不能算是好文字。又有好讲音律者，凡是文章须得好念，有如昔人念韩愈《送董邵南序》，数易其气而后成声，然后铿锵镗鞳，各有腔调，听之陶然。然而在此二派之外还可以有一种看法，即是不把文章当作符咒或是皮黄看，却只算做写在纸上的说话，话里头有意思，而语句又传达得出来，这是普通说话的条件，也正可以拿来论文章。我就是这一派看法的，许多传世的名文在我看去都不过是烂调时髦话，而有些被称为平庸或浅薄的实在倒有可取，因为他自有意思，也能说得好，正如我从前所说有见识与趣味这两种成分，我理想中好文章无非如此而已。《春在堂杂文》现在便可以给我做一个很好的例。

序文极是常见的东西，人们即使不从文集里去找了来读，无论看什么书大抵前面总可见到一两篇序文的。但是平常有谁看了觉得喜欢呢？我近二十年来才学会看书先看序，可是结果多是不满意，难道真如郑板桥所说敷衍的太多么。其实倒还因为照程式做的多了的缘故，这些大都选得进《古文范》里去，在我们想找平庸的说话看的人却也就不免失望了。曲园先生的序文在书上常可见到，这不仅如章太炎先生所微讽，先生好以笔札泛爱人，《杂文》自序中也自己承认性好徇人之求，那么这些序文一定多有敷衍的了。然而我们的经验是，一部书上有几篇序，其中如有曲园先生的在内，则其中最可读的必定就是曲园先生的那一篇。在《天津徵献诗》、《槃薖纪事初稿》、《习古斋画絜》、《眉绿楼词》等诸书中，都是这样。为什么缘故呢？作序即使同是敷衍，因为这多少总是赋得，但敷衍也有不同，有如寒暄，一种是照例的今天天气哈哈哈，一种也是说今天天气好或是冷，不过关于冷稍有发挥，说是早上见了霜，或是阴寒得很萧寂，有些物理人情上的根据，这就觉得有点意味了。曲园先生的序便是关于这事物总有意见要说，说得又有诚意又有风趣，读下去使人总有所得，而所说的却大抵不是什么经天纬地的大道理，此正是难能可贵的地方，近世一般文人所极不易及者也。

现在试举几个实例。《杂文》卷一《逊学斋诗集序》说风与雅的区别，说明后世的诗里也有这两种不同的风格。《荔园词序》论诗词曲三者变迁之迹，即阐明其特色所在。三编卷三《王子安集注序》论骈散文甚有精义，最可佩服，以骈俪为文之正轨，真通文章体例者之言。又云宋人以八代为衰，奉昌黎为鼻祖，自此以往遂有语言而无文字。此与鄙意甚相合。《秦肤雨诗序》引扬子云言，诗人之赋丽以则，论诗中有偏丽偏则两派，《击壤》遗音，《香奁》流弊，均所不取。《玉可庵词序》论词之正宗贵清空不贵饾饤，贵微婉不贵豪放，与《荔园词序》可互相发明。四编卷六《眉绿楼词序》论诗词分类编年之是非，谓诗宜编年，可以考定其生平，词则以分类为宜，盖词之体率婉媚深窈，或言及出处，亦以微言托意，不如诗之显明，依年编录未必足供考证，故不如分类读之，窥见其性情之微，转足以想见其为人。又《槃薖纪事初稿序》对于艰深之文微致讽词，五编卷七《可园诗钞序》自述诗宗香山剑南，亦即是此意。有云：

诗固所以写性情也，雕斫性情而为诗，其犹戕贼杞柳以为杯棬[②]乎。

此语亦甚佳，与上文文崇骈俪之说似两歧，而实俱有至理。曲园先生著作未有专篇论文学者，仅散见于杂文中，序类中为最多，虽只是散金片羽，而言简意赅，往往与现代意见相合，实盖为之先导，此则甚可贵也。

《杂文续编》卷二有文数篇，皆关于金石文字者，如《慕陶轩古砖图录序》、《问礼庵彝器图序》、《两罍轩彝器图释序》、《画馀庵古钱拓本序》、《百砖砚斋砚谱序》，文章议论均可喜。《古砖图录序》有云：

> 余经生也，欲通经训必先明小学，而欲明小学则岂独商周之钟鼎，秦汉之碑碣，足资考证而已，虽砖文亦皆有取焉。

此数语可以包括诸文大意，简单的文句里实具有博大的精神。中国学者向来多病在拘泥，治文字者以《说文解字》为圣经，钟鼎碑碣悉不足取，砖瓦自更不必论矣。太炎先生曾谓古代日用食器且少见，独多钟鼎，大是可疑，龟甲兽骨则是今人伪作，更不可信。曲园先生乃独能有些创见，如在金石学家本亦无奇，以经师而为此言，可谓首开风气者矣。此外文章随便举例如六编卷八《唐栖志序》、《徐淡仙百兰稿序》，卷九《东城记馀序》，并无特殊意见可说，而就题写去，涉笔成趣，不费气力，不落蹊径，自成一篇可读之小文。《杂文补遗》即七编卷二有《外弟姚少泉所著书序》，则又亦庄亦谐，姚君喜谈道与兵与医，曲园先生称其谈道之书明白晓畅，又谓惜余钝根仍茫乎未得其门径，与之论兵则只取其兵贵藏锋一语，“其论医亦多心得，余固执废医之论者，姑勿论也。”微词托讽，而文气仍颇庄重，读之却不觉绝倒。此种文字大不易作，游戏而有节制，与庄重而极自在，是好文章之特色，正如盾之两面，缺一不可者也。寿序与记各类中尚有佳文，兹不具论，只以序文为限，亦不及详举也。

读曲园先生的序文，有时觉得与读欧罗巴文书籍时的感觉有点相似。有些正论学术文艺，有如导言，但少简短耳。有些抒情说理，笔致如随笔小品，虽是七八十年前著作，而气味新鲜，一似墨色未干者，此可异也。我们平日写文章，本来没有一定写法，未必定规要反古，也不见得非学外国不可，总之只是有话要说，话又要说得好，目的如此，方法由各人自己去想，其结果或近欧化，或似古文，故不足异，亦自无妨。《春在堂杂文》中有些与新文学相通即以此故，若我辈写序虽力或未逮，用意则固不谬，今见曲园先生序文有相近者，此又我们之大幸也。朋友相语，常苦没有适宜的文章可以给学生读，《左传》《史记》非无名篇，不过那只可当文学赏鉴，不能作自己写作的参考，若要勉强去学，势必画虎类狗，做成烂调古文而后已。如今看见曲园先生的许多序文，很是喜欢，觉得这颇足供启蒙之用，虽然一时不能指定那几篇最合用，但总之在这中间我相信一定可以找出很好的资料来，使青年学子读了得到益处。近来长久不写文章，觉得荒疏了，夏天读《春在堂杂文》很想写一篇小文，但是不敢下笔，一半也因为怕说得不对，唐突先贤，到现在才决心来写，盖我深信此类杂文甚于学子有益，故仍来饶舌一番，不管文章的好坏，若是为个人计最好还是装痴聋到底，何苦费了工夫与心思来报告自己所读何书乎。　　（二十八年十一月一日）

【钟校】

① 1940.1.15 刊《学文月刊》2期。

②“以为杯棬乎”，“棬”原作“卷”。

读初潭集[①]

◇1940.1.27

◇药堂杂文

久欲得《初潭集》，畏其价贵不敢出手，去冬书贾携一册来，少敝旧而价不出廿元，颇想留之。会玄同来谈，又有生客倏至，乃属玄同且坐苦雨斋北室，即前此听虾蟆跳处，今已铺席矣，可随意偃卧，亦良便利也。比客去，玄同手《初潭集》出曰，此书大佳，如不要勿即退还。——盖自欲得之也。未几全书送来，议打一折扣而购得之，尚未及示玄同，而玄同已殁矣。今日重翻此集，不禁想起往事，感慨系之，于今能与不佞赏识卓吾老子者尚有几人乎。廿八年二月四日夜，知堂记于北平。

此是不佞题所藏《初潭集》的话，于今转眼将一年矣。今日取出书来看，不胜感慨。玄同遇虾蟆事在民国十三年，查旧日记七月廿五日条下云：“阴，上午十一时玄同来谈，至晚十时去。”又八月二日条下云：“下午雨。玄同来访，阻雨，晚留宿客房。”次晨见面时玄同云，夜间室内似有人步声，何耶？我深信必无此事，以为当是幻觉，及客去收拾房间，乃见有大虾蟆一只在床下，盖前此大雨时混入者也。尹默闻之笑曰，玄同大眼，故虾蟆来与晤对耳，遂翻敬亭山诗咏之曰，相看两不厌，虾蟆与玄同。昔日友朋戏笑之言，流传人间，衍为世说，或有传讹，实则只是如此耳。因题记语加以说明，念古人车过腹痛之感，盖有同情也。

玄同和我所谈的范围极广，除政治外几于无不在可谈之列，虽然他所专攻的音韵学我不能懂，敬而远之，称之曰未来派。关于思想的议论大抵多是一致，所不同者只是玄同更信任理想，所以也更是乐观的而已。但是我说中国思想界有三贤，即是汉王充，明李贽，清俞正燮，这个意见玄同甚是赞同。我们生于衰世，犹喜尚友古人[②]，往往乱谈王仲任、李卓吾、俞理初如何如何，好像都是我们的友朋，想起来未免可笑，其实以思想倾向论，不无多少因缘，自然不妨托熟一点。三贤中唯李卓吾以思想得祸，其人似乎很激烈，实在却不尽然，据我看去他的思想倒是颇和平公正的，只是世间历来的意见太歪曲了，所以反而显得奇异，这就成为毁与祸的原因。思想的和平公正有什么凭据呢？这只是有常识罢了，说得更明白一点便是人情物理。懂得人情物理的人说出话来，无论表面上是什么陈旧或新奇，其内容是一样的实在，有如真金不怕火烧，颠扑不破，因为公正所以也就是和平。《礼运》云，饮食男女，人之大欲存焉。这是一句有常识的名言，多么诚实，平常，却又是多么大胆呀。假如这是某甲说的，说不定也会得祸，幸而出于《礼记》，读书人没有办法，故得幸免，不为顾亭林辈所痛骂耳。

我曾说看文人的思想不难，只须看他文中对妇女如何说法即可明了。《越缦堂日记补》辛集上咸丰十一年六月二十日条下记阅俞理初的《癸巳类稿》事，有云：

> 俞君颇好为妇人出脱。其《节妇说》言，《礼》云一与之齐终身不改，男子亦不当再娶。《贞女说》言，后世女子不肯再受聘者谓之贞女，乃贤者未思之过。《妒非女人恶德论》言，夫买妾而妻不妒，是恝心，恝则家道坏矣。语皆偏谲，似谢夫人所谓出于周姥者，一笑。

李君是旧文人，其非薄本不足怪，但能看出此一特点，亦可谓颇有眼力矣。李卓吾[③]的思想好处颇不少，其最明了的亦可在这里看出来。《焚书》卷二《答以女人学道为见短书》中云：

> 谓人有男女则可，谓见有男女可乎？谓见有长短则可，谓男子之见尽长，女人之见尽短，又岂可乎？

《初潭集》卷三列记李夫人、阮嗣宗邻家女、阮仲容姑家鲜卑婢诸事后，加案语云：

> 李温陵曰，甚矣声色之迷人也，破国亡家，丧身失志，伤风败类，无不由此，可不慎欤。然汉武以雄才而拓地万馀里，魏武以英雄而割据有中原，又何尝不自声色中来也，嗣宗仲容流声后世，固以此耳。岂其所破败者自有所在，或在彼而未必在此欤。吾以是观之，若使夏不妹喜，吴不西施[④]，亦必立而败亡也。周之共主，寄食东西，与贫乞何殊，一饭不能自给，又何声色之娱乎。固知成身之理，其道甚大，建业之由，英雄为本，彼琐琐者非恃才妄作[⑤]，果于诛戮，则不才无断，威福在下也。此兴亡之所在也，不可不慎也。

此所言大有见识，非寻常翻案文章可比。又卷四“苦海诸媪”项下记蔡文姬、王昭君事，评云：

> 蔡文姬、王昭君同是上流妇人，身世不幸[6]，皆可悲也。

又记桓元子为其侄女宥庾玉台一门，曹孟德为文姬宥董祀，评云：

> 婿故自急，二氏一律，桓公亲亲，曹公贤贤，呜呼，曹公于是为不可及矣。

书眉上有无名氏墨书曰：

> 上数条卓吾皆以为贤[7]，乃欲裂四维而灭天常耶。

其后别有一人书曰：

> 卓吾毕竟不凡。

李卓吾此种见解盖纯是常识，与《藏书》中之称赞卓文君正是一样，但世俗狂惑，闻之不免骇然，无名氏之批，犹礼科给事中张问达之疏耳，其词虽严，唯实在只是一声吆喝，却无意义者也。天下第一大危险事乃是不肯说诳话，许多思想文字之狱皆从此出。本来附和俗论一声亦非大难事，而狷介者每不屑为，致蹈虎尾之危，可深慨也。二月中题《扪烛脞存》中曾云：

> 卓吾老子有何奇，也只是这一点常识，又加以洁癖，乃更至于以此杀身矣。

但只有常识，虽然白眼看天下读书人，如不多说话，也可括囊无咎，此上又有洁癖，则如饭中有蝇子，必哇出之为快，斯为祸大矣。

《初潭集》三十卷，万历十六年卓吾初落发龙潭即纂此，故曰“初潭”，时年六十二岁。书分五部，曰夫妇、父子、兄弟、师友、君臣，又各分细目，抄集故事，有如《世说》，间附以评论。中国读书人喜评史，往往深文周纳，不近人情，又或论文，则咬文嚼字，如吟味制艺然[8]。卓吾评乃随意插嘴，多有妙趣，又务为解放，即偶有指摘亦具情理，非漫然也。卷十一“儒教下”云：

> 鲁季孙有丧，孔子往吊之，入门而左，从客也。主人以玙璠收。孔子径庭而趋，历阶而上，曰，以宝玉收，譬之犹暴骸中原也。

评曰：“太管闲事，非子言也。”又云：

> 齐大饥，黔敖为食于路，以待饥者。有蒙袂戢履，贸贸而来。曰，嗟，来食，曰，余唯不食嗟来之食，以至于斯也。从而谢之，不食而死。仲尼曰，其嗟也可去，其谢也可食。

评曰：“道学可厌，非夫子语。”

据《檀弓》所说，这里说话的是曾子，不知何以写作仲尼，但这两节所批总之都是不错的。他知道真的儒家通达人情物理，所言说必定平易近人，不涉于琐碎迂曲也。《焚书》卷三《童心说》中说得很妙，他以为经书中有些都只是圣人的迂阔门徒、懵懂弟子记忆师说，有头无尾，得后遗前，随其所见，笔之于书。此语虽近游戏，却也颇有意思，格以儒家忠恕之义，亦自不难辨别出来，如上文所举，虽只是卓吾一家的看法，可以作为一例也。近来介绍李卓吾者有四川吴虞、日本铃木虎雄、福建朱维之、广东容肇祖，其生平行事思想约略可知矣，《焚书》亦已有两三次活字翻印，惜多错误不便读，安得有好事者取原书并续书影印，又抄录遗文为一集，公之于世，以便学者乎。

（廿九年一月廿七日）

【钟校】

①1940刊《中国文艺》1卷5号。

②“犹喜尚友古人”，“犹”原作“欲”。

③“李卓吾”，“吾”原作“君”。

④“西施”，“西”原作“要”。

⑤“恃才妄作”，“恃”原作“持”。

⑥“身世不幸”，“身”原作“生”。

⑦“皆以为贤”，原无“以”字，今增。

⑧“如吟味制艺然”，“然”原作“所”。

扶桑两月记[①]

◇1940.2

◇书房一角

阅罗叔言《扶桑两月记》，所记盖是光绪辛丑冬东游视察教育事，罗君本是读书人，故文多可读，与王韬、王之春等均不同也。有云：

> 于书肆中购得宋闻人耆年《备急灸法》，内载妇人难生，宜灸右脚小指尖三炷，如妇人札脚，则先以盐汤洗脚令温，气脉通疏，然后灸之云云，据此则宋代妇人尚非人人缠足可知。

此一则故是《存拙斋札疏》中材料。又云：

> 毛子晋刻《津逮秘书》，实是用活字。儿时读《毛诗陆疏广要》，见其中有横植之字，始悟毛氏刻字原是活板，特排印精工，与刻板骤不能别耳。

不佞乃取《陆疏广要》考之，在卷上之下第四十六页，“颜如舜华”条下，子晋引《尔雅》“椋木槿”，槿字倒植，稍偏近左下，但非是横植，此外亦并无有，疑罗君所说即指此。但仔细考察，只此一例实不足证明系是活板，盖寻常木板剜改处亦偶或脱落，匠人不谨慎辄颠倒错乱嵌之，正是可有的事，非活字始会有倒植也。曾见《明斋小识》后印本，有多处文字凌乱，意不可通，盖均是此例，不过是绝端的例，亦不可多见者耳。

【钟校】

① 1940. 2. 4 刊《实报》。

如梦录二[1]

◇第二册有《如梦录》

◇1940.3

◇药堂语录

《如梦录》一卷，不著撰人姓名[2]，记明季开封繁华情形，自序云，俾知汴梁无边光景，徒为一场梦境，故以为名。今所见印本有两种，其一为写梦庵铅字印本，其二为河南图书馆木刻本，二者皆成于民国，铅字本似较早出。录中所记颇细致可喜，文亦质朴，惜刊本已经删削，如能觅得原本读之当更多佳处。前有咸丰二年常茂徕序，有云：

> 录中语多鄙俚，类皆委巷秕稗小说，荒诞无稽，为文人学士所吐弃，如言繁塔为龙撮去半截，吹台是一妇人首帕包土一抛所成，北关关王赴临埠集卖泥马[3]，相国寺大门下金刚被咬脐郎缢死臂膊上，唬金刚黑夜逃出北门，诸如此类，偻指难

数，实堪捧腹。

即此可知所删去者是如何有趣味的故事，正是千钱难买的民间传说的好资料，由明末遗老辛苦的录存，抄本流传二百馀年之后，却被假风雅的文人学士一笔勾去，想起来真是十分惋惜也。王阮亭评《梦粱录》，亦谓其文不雅驯，不知其可贵重即在不雅驯处，盖民间生活本不会如文人学士所期望的那么风雅，其不能中意自是难怪，而如实的记叙下来，却又可以别有雅趣，但此则又为他们所不及知者耳。

【钟校】

① 1940. 3. 19 刊《庸报》，后收入《药堂语录》，题《如梦录》，《苦竹杂记 》中另有同名一文，故题作《如梦录二》。

②“不著撰人姓名”，“撰”原作“选”。

③“卖泥马”原作“买泥马”。按所引《如梦录》原文，与《苦竹杂记》同名文中所引有简略处，今只互校改正错漏。

读列女传[1]

◇1940.3

◇药堂杂文

有友人来叫我给杂志写文章。近年来文章不大写，因为没有什么话想说，但也不是全不执笔。假如有朋友的关系，为刊物拉稿，那么有时也写一点聊以应酬，至于文章之写得没意思，那自然是难免的了。既然是友人来说，似乎不好不写，问是哪一种刊物，答说大约是妇女杂志。杂志有特殊的性质，写文章便须得守住范围，选取题材大不容易，这又使我为难起来了，虽然我未始不曾做过些赋得的文章，在学堂里得到汉文老师的好些佳批，写倒也不难，只是这何苦来呢。可是我想了一回之后，终于答应了，关于妇女问题，并不如友人在电话里笑说，你还可以来得几句，实在因为以前曾经留心过，觉得值得考虑，这也是一个机会，可以借此发表一点意见。经过很久的思量，仍旧不能决定来说什么，结果还是写了一个《列女传》的古老题目。

这题目定得不算好，一看就像是所谓赋得体，是其一。其次是，当初就有私意，前年秋天曾写过这样一篇小文，有窗稿可以利用。那篇稿只有二百多字，现在假如拉长了五倍，岂不够用了么。话虽如此，实际并不容易做，旧稿中可以抄来的细看只是一小半罢了，而且这题目到底是枯窘，要想舒展也大费力，题是赋得式的，文章却不想那么做，不喜欢说新奇的或是陈腐的两样假话，此其所以为难也。

寒斋所有《列女传》，计有下列几种：一，“四部丛刊”本影明板《古列女传》，王照圆的《列女传补注》，梁端的《列女传校注》，萧道管的《列女传集解》，本文相同，都是刘向所编撰的原本八卷。二，刘开所纂《广列女传》二十卷。我们平常所说的《列女传》大抵是指的第一种。我最早所有的是梁注本，以后得到王管二家注解本，到手的时候常连正文翻看一过，所以想起来看了也已有好几回了。普通的印象是，如王回所说，奥雅可喜。前年秋天题记中有别的看法，大意云：

《列女传》自昔日为女教经典，至今读之也无甚可厌处，不独“贤明”“仁智”诸人通晓事理，可为良妻贤母之规矩，即“贞顺传”中人亦确然有其个性，异于易损之货物。后世书中为人父者诏子女以孝，为人夫者教妻妾以节，无论措语如何工巧，他人见其肺肝，闻之但可发微笑耳。《列女传》尚少此感，良由古人文情质实，且亦态度不同也。

这个意见，在现今重录的时候，还是一样。《列女传》卷四“贞顺传”中，宋恭伯姬不肯避火，楚昭贞姜不肯下台，死于水与火，如颂所云，其一守礼一意，其一处约持信，之死不二，此古侠士之风，及于闺阃，与匹妇被迫之寻短见者，区以别矣。我们不必发思古之幽情，以为上古定是乐土，但前人质朴，即或粗野较多，而卑劣分子故当较少，丈夫与女子虽气风不同，自宜各有其人格存在，非汉以后人之比也。后世男子自己的地位益落，其视女人亦自更低，如钱塘夏先生所言，盖已非复奴隶而是货物矣，上者才及金丝雀，下者如犬马而已，太平之时多畜置以为玩饰，及至乱世则唯歼绝之，可以轻身自保，并可易得令名，为家门之光，亦有利于前程者也。鄙人读史志文诗，见记妇女死兵死难者一族一邑有若干数，侈陈以为光荣，未尝不为作恶终日，邦国多乱，妇人不幸罹害为最，而男子或反因而得利[②]，思之黯然。《广列女传》[③]本以刘子政书为范，多收原文，卷十三至十六为“烈妇类”，乃有四卷，分量为全书冠，死者固可矜，男子读之更应知此正是生者之耻耳。《列女传》一类书，此时如能虚心读之，颇有好处，但须当作史料，不可奉为教训，古传中的守礼持信固佳，广传中的急迫死难，亦均可供男女两方的参考，促其反省也。

俞正燮《癸巳存稿》卷十四有“谈蒡书”六则，其二曰“愚儒蒡书”，后半云：

王辟之《渑水燕谈录》云，陈尧咨守荆南，宴集以弓矢为乐，母夫人曰，汝父教汝以忠孝辅国家，今汝不务行仁化而专一夫之技，岂汝先人志耶。杖之，碎其金鱼。射为六艺之一，州将习射乃正业，忠孝之行也。受杖当解金鱼，杖碎金鱼，金坚且碎，人骨折矣。衰门贱妇亦不至此，尧咨母不当有此言此事。明方昕《集事诗鉴》引此为贤母，著书者含毫吮墨，摇头转目，愚鄙之状见于纸上也。

案《广列女传》卷七“母仪类下”即载此事[④]，赘以颂曰：

辅国有训，惟忠惟孝。小技自矜，何关政教。怒而惩之，进以大道。

对照读之，大可发笑。曰愚与荛，或未免太言重一点罢，但驳斥得不能说是不对。窃意如有此种见识，则去看古今一切书，无不如扬糠筛米，精粗立辨，随处得益，至可歆羡。俞君为嘉道间杰出的学者之一人，《书目答问》附录“著述诸家姓名略”中列在汉学专门经学家、史学家、经济家三项下，说明中有云，以经学史学兼经济者，其经济成就远大。此评语本亦不错，但我以为俞君之难及处，还在其见识之平实，如上文可见，其关于妇女问题者尤为独绝。李慈铭在《越缦堂日记补》辛集上记阅《癸巳类稿》，有云：

> 俞君颇好为妇人出脱，其《节妇说》言，《礼》云，一与之齐终身不改，男子亦不当再娶。《贞女说》言，后世女子不肯再受聘者谓之贞女，乃贤者未思之过，未同衾而同穴，则又何必亲迎，何必庙见，何必为酒食以召乡党僚友？直无男女之分。《妒非女人恶德论》言，夫买妾而妻不妒，是恝也，恝则家道坏矣。明代律例，民年四十以上无子者方听娶妾，违者笞四十，此使妇女无可妒，法之最善者。语皆偏谲，似谢夫人所谓出于周姥者，一笑。

越缦俗儒，满腹都是男子中心的思想，其以俞君语为偏谲本不足异，唯比拟为出于周姥则极有意思，本是排调却转成赏誉矣。以周公制礼，而能得周姥之意，非忠恕一贯岂能至此，可不谓之大贤乎。有如此平正通达的见识，可以谈妇女问题，无有偏执，亦可以写新列女传，读之益人神智，惜乎未曾下笔，至今无能代者，可为嗟叹也。（廿九年一月廿七日）

【钟校】

①1940.4 刊《新光》1期。

②“男子或反因而得利”，原无“而得”二字，今增。

③《广列女传》，“列”原作“烈”。

④“即载此事”，原无“此”字，今增。

老老恒言[①]

◇1940.3

◇药味集

慈山居士曹庭栋所著书，寒斋只有《逸语》十卷，《永宇溪庄识略》六卷，皆乾隆时原刻。《老老恒言》五卷有两种，其一为光绪己卯孙氏刻本，收在《槜李遗书》内，其二题光绪癸卯偶园刊本。案《槜李遗书》本孙稼亭跋云旧本罕存，金眉生得之私为枕秘，既而刻之乡塾，曾以一册见贻，因重校付梓。今偶园本有同治九年金氏序，文中恬字未避讳，板式行款及中缝上下鱼尾等悉与《永宇溪庄识略》相同，当系所云乡塾原版，后为偶园所得，改刻年代，此类事盖数见不鲜者也。《识略》卷六为《识阅历》，即自撰年谱，记文甚简，而事多有趣味。乾隆十一年丙寅下云：

是岁著《逸语》勿少懈，注及盗泉二字，未考所出，检《水经注》已终卷不得，忽风过几案间，揭开盗泉出处，乃注明之。

与孙渊如的《孔子集语》相比，《逸语》自觉谨严少逊，唯因此亦别有其风趣。注语多通达，如盗泉一节即是好例。《逸语》卷十“州里”第十九引《尸子》云：

孔子至于暮矣而不宿于盗泉，渴矣而不饮，恶其名也。

注云：

盗泉，《水经注》曰：洙水西南流，盗泉水注之，泉出卞城东北卞山之阴。盖盗泉近孔子之居，孔子往来常过之，既不宿其地，亦不饮其水，故记者志之曰，恶其名也。愚谓不宿不饮，必有心恶其名而然，圣人不若是之迂也。盖暮矣可宿而犹可无宿，即不宿，渴矣可饮而犹可无饮，即不饮，行所无事而自出于正，特在记者窥测之，则以为恶其名耳。然学者苟即是说而推焉，亦足为慎微谨小之方也。

曹氏自称慈山居士，《老老恒言》孙跋中云，园有土阜数仞，因家居奉母，命曰慈山，晚岁即以自号，《年谱》乾隆九年甲子下云：

> 邑中有浚河之役，园艮隅馀隙地，令堆积淤泥，人便之，更拆去北廊五架，尽为堆积地，数日间岿然成山，以恰值母寿，名曰慈山。尝赋诗，有"时维二月九，春和气融漾，慈帏敞寿筵，适对兹山爽，兹山讵云高，我乡却无两"之句。

此说慈山原始，更为详尽。跋又云，乾隆丙辰词科再启，君与兄古谦明经庭枢均以鸿博特征。朱序云，己未丙辰两次鸿博，祖子顾少宰尔堪、兄古谦明经庭枢皆就征，此盖为跋语所本，其实却未确。检《年谱》，康熙四十五年丙戌，八岁，十一月古谦弟生。丙辰词科与试未用者二百二人，中有曹庭枢，即慈山之弟，名当作廷而非庭。《识略》卷三《识杂文》中有《慈山居士自叙传》，末云："名庭栋……初名廷，后改为庭，以示终老牖下之意云。"《年谱》乾隆元年丙辰条下云，是岁以孝廉方正荐，敦促验看，自问不敢当此，以病辞。查丙辰不就试者二十五人，其中亦无慈山名，可知所谓以鸿博征亦是传文之误。又《年谱》卷首载祖蓼怀公讳鉴伦，康熙己未进士。曹子顾举顺治壬辰进士，在康熙己未二十七年前，为慈山曾祖子闲之弟，见于《西堂杂组》。朱孙二君与慈山同里闬，而所记均不免有谬误，于此盖可见考证之难矣。

《老老恒言》有序跋，自述著作大意，《年谱》

中所记亦更为实在，乾隆三十七年壬辰，七十四岁下云：

> 自秋入冬薄病缠绵，终日独坐卧室，著《老老恒言》四卷。

三十八年癸巳下云：

> 元旦口占：爆竹声喧日上初，醒犹恋枕起徐徐，衰年自笑曾何补，四卷新编老老书。

又云：

> 夏初发刻《老老恒言》，补著《粥谱》一卷，共五卷，岁暮刻工始竣。

《年谱》记至乾隆四十一年丙申，慈山年七十八岁，据金序称其寿至九十馀，然则尚有十馀年未记，亦可惜也。

我读《老老恒言》，觉得很有意思，可以说是有两个理由。第一，因为他所说多通达事理。著者在卷四之末说明道，总之养生之道惟贵自然，不可纤毫着意，知此思过半矣。卷二《燕居》中云：

> 少年热闹之场，非其类则弗亲，苟不见几知退，取憎而已。至与二三老友相对闲谈，偶关世事，不必论是非，不必较长短，慎尔出话，亦所以定心气。

又同卷《见客》中云：

> 喜谈旧事，爱听新闻，老人之常态，但不可太烦，亦不可太久，少有倦意而止。客即在座，勿用周旋，如张潮诗所云，我醉欲眠卿且去可也。
>
> 大呼大笑，耗人元气，对客时亦须检束。

此等文字一看似亦甚平常，但实在却颇难得，所难即在平常处，中国教训多过高，易言之亦可云偏激，若能平常，便是希有可贵矣。孔子有言，及其老也，戒之在得。得不必一定是钱财，官爵威权以及姬侍等都是，即如不安于老死，希求延年长生，也无不是贪得之表示。《恒言》的著者却没有这种欲望，自序称亦只就起居寝食琐屑求之，《素问》所谓适嗜欲于世俗之常，绝非谈神仙讲丹药之异术也。大抵此派养生宗旨止是啬耳，至多说是吝，却总扯不到贪上去，仿佛是杨朱的安乐派，出于道家而与方士相反，若极其自然之致，到得陶公《神释》所云"纵浪大化中，不喜亦不惧，应尽便须尽，无复独多虑"的境地，那也就与儒家合一，是最和平中正的态度了。

第二的理由，因为这是一部很好的老年的书。三年前我写过一篇小文，很慨叹中国缺少给中年以及老年人看的好书，所谓好书，并不要关于宗教道德虽然给予安心与信仰而令人益硬化的东西，却是通达人情物理，能增益智慧，涵养性情的一类著作。此事谈何容易，慨叹一时无从取消，但是想起《老老恒言》来，觉得他总可以算得好书之一，如有好事人雕板精印，当作六十寿礼，倒是极合适的。说到小毛病当然亦不是没有，最明显的是在卫生上喜谈阴阳五行，不过他引的本来多是古书，就是现在许多名医岂不也是讲的这一套，智识阶级的病人能有几个不再相信的，那么对于慈山居士也觉得不好怎么责备了。孟子说老吾老，又说幼吾幼，今《老老恒言》有书可读，闻有《幼幼集成》，却无意去看，恐怕只是普通的小儿科罢。老人虽衰病，尚能执笔，故可自做书自看，小孩子则话还说不好，难怪无所表见，若父兄忙于功名，亦无暇管闲事也。

此外还有一点意见。我觉得养老乃是孝之精义。从前见书中恭维皇上，或是他自夸，常说以孝治天下，心里总怀疑，这是怎么治法呢？近日翻阅《孟子》，看到这样一节，这才恍然大悟。《离娄上》云：

> 孟子曰，伯夷辟纣，居北海之滨，闻文王作，兴曰，盍归乎来，吾闻西伯善养老者。太公辟纣，居东海之滨，闻文王作，兴曰，盍归乎来，吾闻西伯善养老者。

又《梁惠王上》云：

> 五亩之宅，树之以桑，五十者可以衣帛矣。鸡豚

狗彘之畜，无失其时，七十者可以食肉矣。百亩之田，勿夺其时，数口之家可以无饥矣。谨庠序之教，申之以孝悌之义，颁白者不负戴于道路矣。七十者衣帛食肉，黎民不饥不寒，然而不王者，未之有也。

同样的话，孟子对了梁惠王齐宣王都说了一遍，意思极是郑重，很可见养老之政治的意义。《说文解字》八云：孝，善事父母者，从老省，从子，子承老也。又云：七十曰老，从人毛匕，言须发变白也。由是可知，善事父母亦着重在老年，我想中国言孝之可取即在于此。从前我写过《家之上下四旁》一文，曾说道：父母少壮时能够自己照顾，而且他们那时还要照顾子女呢，所以不成什么问题。成问题的是在老年，这不但衣食等事，重要的还是老年的孤独。只可惜后世言孝者不注重此点，以致愈说愈远，不但渐违物理，亦并近于非人情矣。《老老恒言》在此点上却大有可取，盖足为儒门事亲之一助，岂止可送寿礼而已哉。

（三月）

【钟校】

① 1940.7.1刊《中和月刊》1卷7期。

思痛记[①]

◇1940.4.18

◇书房一角

◇第五册有《思痛记及其他》

李小池著《思痛记》二卷，余于戊戌冬间买得一册，于今已四十馀年矣，时出披阅，有自己鞭尸之痛。李氏别种著作，亦曾着意收罗，见《思痛记》尤欲得之，至今已有三册，新旧稍不同，内容则一，前又得其一，墨暗纸敝，末页墨题一行云，丙申九月筱园读于沪滨，印文曰小园，各本均只有光绪六年高鼎序金遗跋各一，此本乃多有光绪十三年黄思永序一篇，盖后刻加入者，故为早印本所无也。洪杨之事，今世艳称，不知其惨痛乃如此，黄氏自称固身遭大痛而未忍言者，序云，今读是编，语语酸楚入心坎，不觉旧痛触发，涕泣交流，良可悲矣。

往日尝读鲁叔容《虎口日记》，杨德荣《夏虫自语》，李召棠《乱后记所记》，觉得都不甚奇，惟此记所书殆可与《扬州十日记》竞爽，思之尤可畏惧，此意正亦不忍言也。余收集《思痛记》已有四册，本意亦拟分给他人，惟解者不易得，故至今未损一册。前曾借给胡适之君一读，不知其印象如何，当时不愿追问，适之亦是识者，想亦以此不曾给什么回答也。

（民国二十九年四月十八日记）

【钟校】

① 1940. 4. 29 刊《实报》。

读书的经验[①]

◇1940.4

◇药堂杂文

买到一册新刻的《汴宋竹枝词》，李于潢著，卷头有蒋湘南的一篇李李村墓志铭，写得诙诡而又朴实，读了很是喜欢，查《七经楼文钞》里却是没有。我看着这篇文章，想起自己读书的经验，深感到这件事之不容易，摸着门固难，而指点向人亦几乎无用。在书房里我念过《四书》《五经》《唐诗三百首》与《古文析义》，只算是学了识字，后来看书乃是从闲书学来，《西游记》与《水浒传》,《聊斋志异》与《阅微草堂笔记》，可以说是两大类。至于文章的好坏，思想的是非，知道一点别择，那还在其后，也不知道怎样的能够得门径，恐怕其实有些是偶然碰着的吧。即如蒋子潇，我在看见《游艺录》以前，简直不知道有这么一个人，父师的教训向来只说周程张朱，便是我爱杂览，不但道咸后的文章，即使今人著作里，也不曾告诉我蒋子潇的名字，我之因《游艺录》而爱好他，再去找《七经楼文》与《春晖阁诗》来读，想起来真是偶然。可是不料偶然又偶然，我在中国文人中又找出俞理初，袁中郎，李卓吾来，大抵是同样的机缘，虽然今人推重李卓老者不是没有，但是我所取者却非是破坏而在其建设，其可贵处是合理有情，奇辟横肆都只是外貌而已。我从这些人里取出来的也就是这一些些，正如有取于佛菩萨与禹稷之传说，以及保守此传说精神之释子与儒家。这话有点说得远了，总之这些都是点点滴滴地集合拢来，所谓粒粒皆辛苦的，在自己看来觉得很可珍惜，同时却又深知道对于别人无甚好处，而仍不免常要饶舌，岂真敝帚自珍，殆是旧性难改乎。

外国书读得很少，不敢随便说，但取舍也总有的。在这里我也未能领解正统的名著，只是任意挑了几个，别无名人指导，差不多也就是偶然碰着，与读中国书没有什么两样。我所找着的，在文学批判是丹麦勃阑兑思，乡土研究是日本柳田国男，文化人类学是英国弗来则，性的心理是蔼理斯。这都是世界的学术大家，对于那些专门学问我不敢伸一个指头下去，可是拿他们的著作来略为涉猎，未始没有益处，只要能吸收一点进来，使自己的见识增深或推广一分也好，回过去看人生能够多少明白一点，就很满足了。近年来时常听到一种时髦话，慨叹说中国太欧化了，我想这在服用娱乐方面或者还勉强说得，若是思想上哪里有欧化气味，所有的恐怕只是道士气秀才气以及官气而已。想要救治，却正用得着科学精神，这本来是希腊文明的产物，不过至近代而始光大，实在也即是王仲任所谓疾虚妄的精神，也本是儒家所具有者也。我不知怎的觉得西哲如蔼理斯等的思想实在与李俞诸君还是一鼻孔出着气的，所不同的只是后者靠直觉懂得了人情物理，前者则从学理通过了来，事实虽是差不多，但更是确实，盖智慧从知识上来者其根基自深固也。这些洋书并不怎么难于消化，只须有相当的常识与虚心，如中学办得适宜，这与外国文的学力都不难习得，此外如再有读书的兴趣，这件事便已至少有了八分光了。我自己读书一直是暗中摸索，虽然后来找到一点点东西，总是事倍功半，因此常想略有陈述，贡其一得，若野芹蜇口，恐亦未免，唯有惶恐耳。

近来因为渐已懂得文章的好坏，对于自己所写的决不敢自以为好，若是里边所说的话，那又是别一问题。我从民国六年以来写白话文，近五六年写的多是读书随笔，不怪小朋友们的厌恶，我自己也戏称曰文抄公，不过说尽是那么说，写也总是写着，觉得这里边不无有些可取的东西。对于这种文章不以为非的，想起来有两个人，其一是一位外国的朋友，其二是亡友烨斋。烨斋不是他的真名字，乃是我所戏题，可是写信时也曾用过，可以算是受过默许的。他于最后见面的一次还说及，他自己觉得这样的文很有意思，虽然青年未必能解，有如他的小世兄，便以为这些都是小品文，文抄公，总是该死的。那时我说，自己并不以为怎么了不得，但总之要想说自己所能说的话，假如关于某一事物，这些话别人来写也会说的，我便不想来写。有些话自然也是颇无味的，但是如《瓜豆集》的头几篇，关于鬼神，家庭，妇女特别是娼妓问题，都有我自己的意见在，而这些意见有的就是上边所说的读书的结果，我相信这与别人不尽同，就是比我十年前的意见也更是正确。所以人家不理解，于别人不能有好处，虽然我十分承认，且以为当然，然而在同时也相信这仍是值得写，因为我终于只是一个读书人，读书所得就只这一点，如不写点下来，未免可惜。在这里我知道自己稍缺少谦虚，却也是无法。我不喜欢假话，自己不知道的都已除掉，略有所知的就不能不承认，如再谦让也即是说诳了。至于此外许多事情，我实在不大清楚，所以我总是竭诚谦虚的。

【钟校】

① 1940.5 刊《新光》2 期。

鲊话[1]

◇1940.4

◇药味集

近来收到佟世思著《与梅堂遗集》十二卷，附《耳书》、《鲊话》各一卷，系其六弟世畿所编集，有康熙辛巳序，但刻板似在雍正时，王渔洋序文署名已避讳矣。案《八旗文经》卷五十七作者考甲云：佟世思，先世居于佟佳地方，姓佟佳氏，省言以佟为氏，隶汉军镶蓝旗，又言法海介福均其族人，唯集卷十二《先高曾祖三世行略》云，自北燕时远祖讳万讳寿者，俱以文字显，然则其世系远出六朝，与籍隶满洲之佟佳氏如介野园等固自不同也。《熙朝雅颂集》卷十三引《八旗通志》云：

《与梅堂遗集》十二卷，佟世思撰。是集凡诗十卷，词一卷，杂文一卷。其弟世集裒而刻之，末附《耳书》一卷，皆记所闻见荒怪之事，分人物神异四部，《鲊话》一卷，则以公事至恩平而记其风土也。

《四库书目提要》亦如此说，盖为《通志》所本。《雅颂集》选其诗为十三四两卷，计百另二首，《雪桥诗话》卷三谈佺若诗有四则，最称赏其《横林雨夜访邵之莱夫子宅》四首，如其一云：

舟行常苦热，雷雨晚凉生。杨柳一时碧，桔槔忽不鸣。沟田增细响，村鼓应初更。我欲扶筇去，稻花香里行。

不佞虽不懂诗，读此亦觉得可喜。文十八篇多可读者，如《游红螺山记》《思恩县开征记》《与范彦公表叔书》均是，但是我觉得最有兴味的却是那两种附录。《耳书》文字颇简洁，所记事亦普通，可目为笔记中上品，末一则“唵嘛呢叭弥吽”，云是六字真言，传自西域，有谓“唵嘛呢叭弥吽”盖“俺那里把你哄”也。昔曾闻此传说，今知见于著录，亦颇有意思。《鲊话》据自序盖作于康熙乙丑，时至广东访其三弟世男于恩平县，记所见闻得三十九则，其序云，时在安徽同友人饮白酒啖鲟鲊，“昔陶母却鲊[2]，而恩平无鲊可以奉亲，伟夫一官冰冷，仅足供兄弟友生一席鲊话耳。”书名即取此意。记文短者才十馀字，最长者只二三篇，亦不及二百字，读之无不可人意，盖如序中所云，恩平以弹丸黑子，奇凋异敝，不可名状，世传有非山非水非人非鬼之地，殆将近之，其事本奇，而文足以副之，故遂耐读，所谓诚可悲可笑矣也。《鲊话》一序，计二百三十一言，亦诚实，亦波俏，而《八旗文经》则收录一篇俗调的《耳书序》，可知文章鉴别自有不可假借之处，观于《六经》选者之取舍，乃更相信自己见识渐益可靠，凡所取舍常与世俗相违，此即其征也。

《鲊话》中可抄者甚多，今只录其二三于下：

县署无头门二门，勉强向败墙下设门一合，以蔽道路往来者。无大堂，有墙三面，横以竹，覆以草，无栋梁门柱。前令设木屏高五尺，阔二尺有五，以别内外。伟夫孟浪撤而易以门[③]，再八步计步弓四步，即令君妻下榻处也。

士子无城居者，来则跣足骑牛，至城下就河水洗足，着屐而后入。每来谒，伟夫必与饮食，无一人知进退周旋之节者。伟夫多事，必捉襟曳肘而教之。予亲见伟夫以白面微髭之知县教白头诸生，拜揖酬酢，始终不能而罢焉。

堂置木架一座，上置鼓一面，即以乱棕缚云板于下，此伟夫升堂号召胥役之具也。夜间，一老人身不满二尺，蹲鼓下司更，或自三鼓交五鼓，或自四鼓又交二鼓，从来无伦序，但随其兴会耳。闻伟夫曩者怒，命易之，询通邑无可代者，因仍之。

通城无三尺平净地，处处皆瓦砾，生野慈姑于上。予与桀十步城上，小立，谓此地恐多蛇。言未已，一蛇丈许，窜胯下过。

案恩平属肇庆府，距新会不远，不知何以荒秽如此。近人黀良著《野棠轩摭言》卷七《言多》中有一则，言广西思恩府之苦，其文云：

其地谚曰：虎上房，蛇上床，皂隶上墙。侵晨将启户先四望，房上有踞虎则不开门。地卑湿连山，山蛇如蚁，宵中恒为蛇所扰如蚊虻。居民极少，皂隶无应募者，但于大堂两翼墙画衙役，以壮观瞻耳。

案佟世男为恩平县知县，世思记其地风土既极奇怪，而自己又适知思恩县事，真可谓偶然又偶然矣，只可惜不再写一卷《续鲊话》，不然必当有好文章可读也。遗集卷十二杂文中有《重修思恩县堂记》，述由贺县至思恩事云：

再调思恩，水土恶厉更倍于贺，亢则三冬热眩，哑不能言，雨则六月生寒，重裘莫御。

又《思恩县开征记》叙四乡头人来输纳情状，但云：

> 届期果来，老而皤者，少健者，棕帽者，布裹头者，徒行者，乘马者，聚数百十人，率皆衣青短衣，裸膝跣足，佩环刀七尺于胁下。

此盖如下文所云，思恩古属交趾日南，为环州生蛮之恒状，亦并不大奇。文中又有吏白开征有日之语，则固有胥吏，岂画壁者止是皂隶，而吏不在其内耶。《野棠轩摭言》引夏闰庵所见为证，似是近数十年中事，在康熙三十年顷反不若是之甚，亦不可解。唯《重修县堂记》言至广西后，宾客仆从不习于水土死者二年之内[④]一十八人，而佟君自己亦遂是年卒于官，时为康熙辛未，年四十有二，此则与夏闰庵所遇之思恩守志白石运命相同，似前后无甚变化，亦大奇也。

【钟校】

① 1941.1.1 刊《中国文艺》3 卷 5 期。

②“陶母却鲊”，“却”原作“卻”。

③“撤而易以门”，“撤”原作“撒”。

④“二年之内”，“内”原作“外”。

新文字蒙求[1]

◇1940.6

◇药堂杂文

晚清时代的学者里面有好些是我所佩服的人,现在只说某一方面的共有两个,这便是王菉友与张香涛。或者要有人觉得奇怪,此二人有点列举得不伦不类,这批评也颇有理,假如我们认为那是《说文释例》的与《劝学篇》的作者。不过我这里的看法稍有不同,我把他们的《书目答问》《輶轩语》与《文字蒙求》《教童子法》相提并论,其间自然可以有一种连系,共通的特色是肯为后生初学指点说法,我所佩服的便是这一点。两三年前写《看书偶记》曾约略说及,《读輶轩语》中有云:

> 《复堂日记》卷三庚辰年下有一条云,阅《輶轩语》,不必穷高极深,要为一字千金,可谓知言。六十年来世事变更,乃竟不见有更新的学术指南

书，平易诚挚，足与抗衡者，念之增慨。

又《读文字蒙求》中云：

清朝乾嘉以后国学大师辈出，但其所经营者本是名山事业，殆无意为小学生预备入门梯阶，故至今《说文》仍为难读之书，所谓小学，终非大人不能去翻看第一页也。王菉友于文字学上想到童蒙求我，虽是草创之书，历整整百年，还须推独步，思之可尊重，亦令后人愧恧耳。

我常这样想，现代的学者太是小乘的了，平常在研究所埋头用功，苦心著书，本是很好的事，但其目的差不多就是写自己的博士论文，只要有惊人的新发明，即使转入牛角弯去也无妨碍，这正是声闻乘的行为，至多是得到阿罗汉果，还仍是个自了汉罢了。大乘菩萨的众生无边誓愿度固然不容易做到，但是这样态度却是学者所应有的，自己辛苦的得闻半偈，便当想念有些人无缘闻法，要怎样帮助他们才好。学者为青年人设想，宁可耽误了自己的修行，分出点功夫来写入门的书，此正是法施功德，可以与济贫相比，即使只是戋戋小书，而中含大慈悲心则无有殊异。可惜的是这种人太少，好容易有了一个，后边就接不上，我们小时候见到《书目答问》，这是如何的重宝呢，指引我们审择买书，赛过有良师益友，可是眼看四十个年头过去了，还只是那一部书，近来范希曾始有《补正》，未能算是新作，这与《文字蒙求》之后只有蒯礼卿的《广义》一样，王菉友原书本来也是根据《说文》，但其中改变旧说，自出新意的地方亦所在多有，《广义》于此等处却重引前说，或涉及阴阳五行，悉与本文乖违，未免可笑。如月、巾下原文云：

以上二字各有象形，不必谓之从冂也。

《广义》乃一一引《说文》，云“从冂，二其饰也”，又云，“从冂，丨象系也”。卷首第一字为日字，原文云：

日中有黑影，初无定在，即所谓三足乌[②]者也。

是完全以象形解释，《广义》则加以玄学的说明云：

太阳之精不亏，故从冂，一以象形。中央之一，古文乙字之变。阳中有阴，故日中有黑影，如离卦然。

此种说法以谈文字，既未必高明，持予童蒙，更难领受矣。

上文所说张王二君的四种书，现在都很需要，因为是启蒙的或是初学工具书，缺少这些，则学问不易发达，虽有专门家亦只是为学界做装饰而已。不过我们所要的乃是新作，并非单是增订或注疏之类。例如“新书目答问”的内容，应当于《书目答问》之上加上《邵亭知见传本书目》与《贩书偶记》的分子，使读者一检即得，能知是书之刻本异同优劣，可以不合于大师之家法，总须适于学子之实用。至于“新文字蒙求”，也用同样的方针，参加古今中外的材料，不必定想把文字学的精义传授给人，至少能引起青年人对于汉字的一点兴趣，就很好了。王氏自述中云：

雪堂谓筠曰，人之不识字也病于不能分，苟能分一字为数字，则点画必不可以增减，且易记而难忘矣。苟于童蒙时先令知某为象形，某为指事，而会意字即合此二者以成之，形声字即合此三者以成之，岂非执简御繁之法乎。

这个意思本来很对，在西欧言语学上也就是语源的解说，不算什么新鲜，从前学英文时从马孙氏文法上见到一点，觉得很有意思，使我对于文法书颇感兴趣。这是在讲名词之阴阳属的变化，注中说及主人（Lord）这字乃是古英文 hlafweard 之省，意云面包管理者，而主妇（Lady）原语为 hlaefdige，意云制面包者。后来我又知道古英文中有 hlafaeta 一语，意云吃面包者，乃是仆人，更有诙谐之趣矣。此外就偶然记忆的说，如甘草（Liquorice）字一见似是拉丁来源，而实出希腊语 glykorhiza，意云甘根。又蒲公英（Dandlion）雏菊（Daisy），都是常见的草花，其原文一为法文 dent de lion，意云狮子牙齿，一为古英文 daegeseage，意云日之眼。在拼音文字里就只是这些意义的变迁觉得有趣味，英国都已有威克来与斯密士等人写了好许多书，引人入胜，若汉文又有象形指事的花样，更为有趣，自然更容易写成可读的书。本来《文字蒙求》也编得很好，只是一个个字的罗列，兴趣容易分散，尚不宜于初步的读者，此外则因时代关系，甲骨钟鼎文字的材料未能利用，亦是可惜。现在似乎可以像斯密士著那小册英语（*The English Language*）的样子，分几章来讲，或依六书，或照语类，深入显出，触类旁通，迤逦说来便自有佳趣[3]，不要怕损了学者的“纱帽翼子”，但求得童蒙的一顾，此事便不白做矣。《蒙求》中收止字，此本是足趾，只有小篆，已不甚似[4]，此处即应不客气的照甲骨文写一个脚八桠子，以此为本而讲到步，由此而陟而涉，与陟相对的降，辶从彳从止，便牵连到行，及出亦从止，各从倒止，意即是格，而客字也跟了出来，这样的安排，在内行人的手里，运用丰富的材料，大抵可以写成一章通俗而充实的文吧。不过话说到这里，要紧的还是须得人来写，这却又须得不但是专家而且还要肯做这利他的工作[5]的。从前曾经对故友烨斋提过几次，他总是说原则上赞成，因病不能写，现在难道可去电灯柱上贴广告么，也只好这样说说空话，表示一种漠然的希望罢了。或曰，何不自己来动手？庄生说得好，庖人虽不治庖，尸祝不越尊俎而代之矣。

【钟校】

① 1940. 7 刊《新光》4 期。

②“三足乌”，“乌”原作“鸟”。

③“迤逦说来便自有佳趣”，“迤逦”原作“迤迺”，“佳趣”原作“嘉趣”。

④“已不甚似”，“已”原作“巴”。

⑤“利他的工作”，“他”原作“地”。

销夏之书[①]

◇1940.7

◇药堂语录

大暑中从名古屋买到一包旧书，书有三部，都是关于图画的，颇可销夏，但因此也就容易看完。其一是《集雅斋画谱》四册，原板本有六种，这是“图本丛刊”重刻本，只有“五言唐诗画谱”、“木本花鸟谱”、“草本花诗谱”、“梅竹兰菊谱”等四卷，缺少六言七言唐诗，可是刻印均佳，四大册只要三元钱，亦大廉矣。其二是《彩画职人部类》二册，橘珉江画，风俗绘卷图画刊行会重刻。共二十八图，写百工情状，木板着色，甚为精致，阅之唯恐其尽，虽然看完不厌重看，但可惜还是只有这几页耳。其三稍为特别一点，是《和译桐阴论画》一帙四册，本田成之译，大正三年（一九一四）出版。《桐阴论画》原本原来也很容易得到，不过那多是初编罢了，若要三编全部，便多与《画学心印》在一起，于我别无用处。我不懂画，看《桐阴论画》实在只看文章而已，此外则取其注中多举出画家生卒年月或年岁，这在普通书上是极少见的。和译共有三编，价又不过一元馀，得了来也可备参考。但是我立即想起的是原本错字之多，如画字往往作昼，龚芝麓还写作袭方伯呢。我翻开译本来看，果然说顾眉生袭方伯芝麓之妾，而这袭字是译作一个动词了。随后是李因的一节，译文末云："在海宁之光禄葛，没有奇妾。"觉得文句太奇，查原文则云："海宁葛光禄无奇妾"也。此外类例尚多。翻译可见不是易事，像我这样想利用译本不去找原书，也证明是弄巧成拙了。

【钟校】

① 1940. 7. 28 刊《庸报》。

元元唱和集[①]

◇1940.8.24

◇药味集

前回在一篇关于朱舜水的文章里，引用《先哲丛谈》，牵连的说到陈元赟。据芳贺矢一的《日本汉文学史》，今关天彭的《日本流寓之明末诸士》，小畑利三郎的《淮王常清与陈元赟之诸研究》，查出陈氏的生平约略如下：陈元赟，字义都，别号既白山人，又称菊秀轩，浙江杭州人，生于万历十五年，天启元年与沈茂人共随单翔凤至日本京都，持福建总兵公文，来议倭寇事，留三月馀，不得要领而回，曾与林罗由唱和，见罗由集中。归国后应会试不第，崇祯十一年再至日本，遂留住不去，其后为尾张藩主毛利义直客，居于名古屋，与诗僧元政相识，作诗唱酬，著有《元元唱和集》，二人诗各一卷。宽文十一年（清康熙十年）

卒，年八十五年。元赟多才技，能拳术，知建筑及制陶，均传于日本，又名古屋有茶食曰板元赟，亦其所创制也。他在日本的影响，与朱舜水的不同，大抵不在学术方面，我觉得一块点心的流传，实在要比一卷书还有意味，不过这里也还只是且谈谈他的诗文耳。

元赟著有《老子通考》四册，只在图书馆看到，我所有的只是一部两册的《元元唱和集》。集内元政、元赟诗各一卷，二人互为序，题宽文二年，次年刊行，即西历一六六三年。我这一部新从名古屋买来，旧敝多虫蛀，末页有墨笔题记二行云：此书上下二册，以清酒一升，从僧贞中易得。贞中不知是何时人，盖亦是风雅和尚，配得读元政诗者，唯清酒时价一升值至十元，亦已大不廉矣。《先哲丛谈》卷二纪元赟能娴此邦语，故常不用唐语，引元政诗。今案原诗悉见《唱和集》中，其一人无世事交常淡，客惯方言谈每谐，原题云《谢元赟翁来访》，其二为《送元赟老人之尾阳诗》十首之三，全诗凡五韵，今录于下：

> 邂逅遇尾城，至今已四载。今年会洛阳，来往劳孤拐。清谈无点俗，相忘如痴骙。君能言和语，乡音舌尚在。久狎十知九，旁人犹未解。

元赟和诗，其一云公是道安能说法，我非曼倩好诙谐，尚有意趣。其二末四句云：

> 方言不须译，却有颖舌在。坐久笑相视，眉语神自解。

有如角觝，工力便不能相敌。盖元政受五山文学的流派，自有洒脱之趣，元赟则乙榜出身，犹多縶缚，二人虽同是景仰袁中郎者，其造就自不免有异也。《唱和集》中元政《送元赟之尾阳》十诗，有小序云系用袁石公《别陶石篑》韵，文中说明其缘起云：

> 余尝暇日与元赟老人共阅近代文士雷何思、钟伯敬、徐文长等集，特爱袁中郎之灵心巧发，不藉古人，自为诗为文焉。今兹九月之初，既夜正长而风遽冷，寂寂不睡，灯下拥被，独阅石公之集，读至别石篑诗，忽感近日老人将有尾阳之行矣，因效石公韵，缀狂斐十首，以拟阳关曲。

《先哲丛谈》卷二云：

> 元政诗文慕袁中郎，此邦奉袁中郎盖以元政为首，而元政本因元赟知有中郎也。元政书曰：数日之前探市，得袁中郎集，乐府妙绝，不可复言，《广庄》诸篇识地绝高，《瓶史》风流，可想见其人，又赤牍之中言佛法者其见最正，余颇爱之，因足下之言知有此书，今得之读之，实足下之赐也。

元政所著《草山集》前后三十卷，仓卒不得见，《唱和集》中有《和李梁溪戒酒诗》，小序云：

> 余尝答人书漫论文章曰：所谓有德者必有言，有言者不必有德，盖流自性灵者有德之言也，出自模拟者不必有德之言也。流自性灵者或虽不整齐而无痕，出自模拟者虽是整齐未必无痕，余虽不知文章，于此二者暗中摸索亦可知也。何者，言即心之迹也，因迹求心，虽不中不远矣。由此言之，世之好文章者，不本道德，徒拾古人之唾馀，以为得巧，可耻之甚也。

此意亦原本公安，而说得颇妙，以道德与性灵合为一，尤有意义，其时钱受之辈正在力斥袁钟，而深草上人乃能知爱好，大可佩服矣。日本汉文学中一时亦盛行七子派拟古典诗文，山本北山著《作诗志彀》等书，尊中郎而反于鳞，排斥模拟，提唱性灵，开辟一新途径，《志彀》序题天明壬寅，距元政时盖正是甲子一周。元政本名石井吉兵卫，二十六岁出家为日莲宗僧，居深草之瑞光寺，供养父母竭尽孝敬，后两亲同年以八十七岁殁，阅二七日元政亦卒，年四十六。作辞世和歌，意云：深草的元政和尚死了，虽是自家事，也觉得可哀。又遗命不建石塔，但于墓上种竹二三株。元政有《竹叶庵诗》十首为世所称，见《唱和集》中，其一云：

屋前竹叶垂，屋后竹叶隔，屋上竹叶覆，中有爱竹客。

此盖足以为其墓志铭矣。（廿九年八月廿四日）

【钟校】

① 1940.10 刊《中国文艺》3 卷 2 期。

武藏无山[1]

◇1940. 10

◇药堂语录

《日本考》五卷，明李言恭郝杰同著，万历年刊，北京大学图书馆曾有一部，只存一至五卷，北京图书馆有全本，影印收入《善本丛书》第一集中，据谢刚主跋，明末讲日本的书颇不少，惟记日本名物风俗语言文字[2]，则无逾是书之详矣。案卷三有歌谣三十九首，卷五中有山歌十二首，中国介绍日本诗歌恐当以此为最早。原书刊行年未详，若以万历中年计算，正当丰臣秀吉时代，较隆达百首或尚在前也。歌谣首列原文，再注读法即对音，释音即译语，末为切意即是意译，惜多谬误，今录其三十七于后，题曰《武藏无山》：

木索失那外，紫气那一面别纪，阳脉木乃失，骨萨摇里一迭铁，骨萨尼个所一而。（武藏山，无山岛，月出出野草，月入入野草。）

案原意云，武藏野无有月亮可入的山，出从草里出，入便向草里入。卷四分天文等五十四项，列记语言，对音之外并注平假名，亦多不确，颇有《英语入门》之概，阅之亦可发笑，可见古今人情相去不远。卷二记风俗亦未免多耳食，或是根据华商所谈，故非是直接见闻也。

村濑栲亭著《艺苑日涉》卷六“民间岁节上”，凡引用《全浙兵制·日本风俗记》三处，今悉见此书“时令”项下，《全浙兵制》不知何书，或其中风俗记即以此第三卷充之耶。所引第一节云：

新正名曰少完之，以正字呼为少音，完之即月也。朔日贺岁，从尊至卑，礼节如口云红面的倒，乃阳光普照之言，千首万世乃千春万岁，华盖华盖盖长此少年，乃通国俗语也。

栲亭注曰：

熙按，寄译通言，不过影响，明人虽颇通晓我邦事[3]，犹尚讹谬如此，译北狄西竺之言，亦可以类推耳。聊录以备搜览。

此处批评甚是，记述异地风俗者不可不注意，大抵须有科学之真，文学之美，始能有济，必不得已而去，文章或可不讲，惟趣味仍不可少，盖如此则记录乃有品格，说到底亦还是属于美的领分者也。

【钟校】

① 1940. 10. 22 刊《庸报》。

②“名物风俗”,“名” 原作 “民”。

③“通晓”，原作 “通尧”。

如梦记[①]

◇1940.11

◇药堂语录

《如梦记》九篇，约四万馀言，文泉子著，明治四十二年己酉东京民友社刊，菊半截一册，红洋布面，定价金三十五钱。案文泉子本名坂本四方太，明治六年生，三十二年东京帝国大学文科出身，追随正冈子规，为新派有名俳人之一，又与子规提倡写生文，多所写作，单行本有《写生文集》、《帆立贝》、《如梦记》等，大正六年（一九一七）卒，年四十五岁。我于丙午年（一九〇六）到东京，其时子规已卒，杂志《保登登岐须》由高滨虚子编辑，俳句写生文小说正大发达，书架上现存一册九卷七号，夏目漱石的小说《哥将》就发表在这册里边，《我是猫》的第十回也载在卷首，可以想见当时的形势。“哥将”在中国普通译作“哥儿”，但方言中似别有较适合的名词，如越中之“阿官”是也。那时候在东京，遇着写生文与自然主义的潮流，自然主义的理论甚可佩服，写生文则成绩大有可观，我不很懂《保登登岐须》上的俳句，却多读其散文，如漱石、虚子、文泉子以至长冢节的著作，都是最初在那里发现，看出兴会来的。其中文泉子最为特别，他不像别人逐渐的变成小说家，却始终只以写生文为范围，他的《写生文集》与《帆立贝》等，从前也曾搜得，回国时不知怎的遗失了，如今所有的就只是这一小册追忆儿童生活的《如梦记》而已。庚戌年秋日从本乡移居麻布赤羽桥左近，与芝区邻接，芝公园增上寺为往来经由之路，买杂物则往三田庆，应义塾所在地也，《如梦记》即在三田所购得，而此书店又特卑陋，似只以小学儿童为主顾者，于其小书架上乃不意得见此书，殊出意外，以此至今不忘，店头情形犹恍忽如见。三田虽是大街，唯多是晚间去散步，印象总是暗淡萧寂，与本乡不同。辛亥初冬回故乡，作小文记旧游，只写一则而罢，题诗其后，有云，寂寂三田道，衰柳何苍黄，盖慨乎其言之，今亦已是旧梦矣。读文泉子之记，更有云烟之感，文章之不可恃而可恃，殆如此也。

【钟校】

① 1940. 11. 5 刊《庸报》。

日本国志[1]

◇第三册有《日本杂事诗》

◇1940.11

◇药堂语录

廿六年二月我写小文略谈《人境庐诗草》，附记有云：

> 去年秋天听说有我国驻日使馆人员在席上声言，《日本国志》非黄公度所作，乃是姚栋的原著。友人闻之骇怪，来问姚栋其人的事迹，不佞愧无以对。假如所说的是姚文栋，那么我略为知道一点，因为我有他的一部《日本地理兵要》，但可以断定他是写不成《日本国志》那样的书的[2]。

当时所根据的是作者态度之不同，虽然自己相信不会看错，总嫌未免稍倾于主观。近日得到姚文栋的杂文集，可以证明姚黄二家的书名同实异，截不相干。姚集名曰《读海外奇书室杂著》，中缝则题曰《东槎杂著》，共文二十四篇，盖在使馆为随员时所作，有《陈元赟先生事略》尚可读，馀亦多是照例的慷慨论时务而已。卷末有《日本国志凡例》，作于光绪甲申九月，云全书十卷，分记东西两京，畿内、东海道等七道，每道以国为纲，首疆域，继以形势沿革[3]，以至物产，凡二十四门，盖是地志体裁，末有“未备”一条，自言“刑法食货等皆未及记，后之君子尚其补诸”。日人星野、川口、宫原三人皆有跋，见姚氏编《海外同人集》卷上，星野谓“译我群地志书，集其大成”；凡例记采用书籍共九十九部，亦均是旧地志也。由此观之，二书性质不同，显然可知，姚氏所著固自成一种《日本国志》，但若与黄相比，则不可同日而语矣。黄著四十卷，地理才有三卷，刑法食货共得十一卷，若其最有特色、前无古人者，当推学术、礼俗二志，有见识，有风趣，盖惟思想家与诗人合并，乃能有此耳。若说瑜不掩瑕，则文中惜不注出处，如《礼俗志》中多用川濑栲亭之《艺苑日涉》中民间岁时，寺门静轩之《江户繁昌记》，往往一篇一卷全文录入，如能随处注明，体例当更为完善也。

【钟校】

① 1940. 11. 19 刊《庸报》。

② “那样的书的”，原作“那样书的”。

③ 原无“继”字，今增。

玛伽耳人的诗[①]

◇1940.11

◇书房一角

提到洋文旧书，我第一想起来的总是那匈加利育珂摩耳的一本小说，名曰《髑髅所说》。这是我于一九〇六年到东京后在本乡真砂町所买的第一本旧书，因此不但认识了相模屋旧书店，也就与匈加利文学发生了关系。只可惜英国不大喜欢翻译小国的东西，除了贾洛耳特书局所出若干小说外不易搜求，不比德文译本那样的多，可是赖希博士的《匈加利文学论》也于一八九八年在那书局出版，非常可喜，在我看来实在比一九〇六年的利特耳教授著《匈加利文学史》还要觉得有意思。其第二十七章是讲裴象飞的，当时曾译为艰深的古文，题曰《裴象飞诗论》，登在杂志《河南》上，后来登出上半，中途停刊，下半的译稿也就不可考了。但是现在我要想说的不是这些，乃是今年春间所买一本鲍林的《玛伽耳人的诗》。此书出版于一八三〇年，已是一百十年前了，为英国介绍匈加利文学最早的一册书，在参考书目中早闻其名，今于无意中忽然得到，真是偶然之至。集中收诗人二十六，诗九十六，民谣六十四，而不见裴彖飞，这也正是当然的，这位爱国诗人那时他才只有七岁呢，及一八六六年鲍林又刊裴彖飞译诗集约八十首，则已在诗人战死十七年之后矣。余译育珂小说，于戊申成《匈奴奇士录》，庚戌成《黄蔷薇》，惟以未成密克萨德小说为恨，中隔三十年，忽又得鲍林之书读之，则与匈加利文学之缘分似又非偶然也。取育珂密克萨德旧小说，拂尘土，摩挱披阅，仍觉可喜，或者再动笔来译《圣彼得的雨伞》乎？此正不可必也。

【钟校】

① 1940. 12. 2 刊《晨报》。

四鸣蝉[①]

◇1940. 11. 7

◇药味集

近代日本文学作品，由本国人翻为汉文，木刻出板者，在江户时代中期大约不很少，我在北京所见已有三种。其一是《艳歌选》，十四年春间所写的《茶话》中第六则即是介绍这书的，略云：

> 《艳歌选》初编一卷，乌有子著，日本安永五年（一七七六）刻板，现藏东京上野图书馆中，原书未得见，仅有抄录一部分，收在汤朝竹山人所编《小呗选》内，计二十六首，首列俗歌原本，后加汉译。卷首凭虚氏汉文序有云：
>
> “乌有先生尝游酒肆，每闻妓歌，便援笔诗之，断章别句，纵横变化，翻得而妙矣。”

又例言之二云：

> 里巷歌谣，率出于流俗儿女之口，而翻之以成诗，自不得浑雅矣，间亦有翻难翻者，殆不免牵强焉，总是杯酒馀兴，聊自玩耳。而或人刊行于世，盖欲使幼学之徒悦而诵之，习熟通晓，乃至于诗道也。固非近时狡儿辈侏离之言，自以为诗为文，锲诸梨枣，但供和俗顾笑，假使华人见之则不知何言之比也，世人幸详焉。

他的译诗可以知道是不很信的，但是有几首却是实在译得不坏，不过他是学绝句和《子夜歌》的，所以其好处也只是汉诗的好处，至于日本俗歌的趣味则几乎不大有了。当时曾转录九首以为例，今引用其一云：

> 郎意欲迎妾，妾身那得行？
> 行程五百里，风浪转相惊。

其二是《海外奇谈》。此书一名《日本忠臣库》，为《假名手本忠臣藏》之译本，题清鸿蒙陈人重译，有序云：

> 鸿蒙子尝阅市获奇书，题目《忠臣库》，披之则稗史之笔迹，而录海外报仇之事，谓好事家译异域之俳优戏书也，惜哉其文鄙俚错误有不可读者，是以追卓老《水浒》之迹，润色订补，以备游宴之谈柄焉耳。

后署乾隆五十九年，即一七九四年，后来尚有翻本，故不难得，寒斋所有即明治时印本也。《假名手本忠臣藏》为竹田出云等所撰，记元禄十五年赤穗四十七义士报仇事，假设盐冶判官冤死，家臣大星由良之助等共杀怨家高师直，为同类义士剧中之代表作，上台演唱，至今垂二百年不绝。此为净琉璃体，且说且唱，凡十一段，今译本改为十回，又作演义体裁，虽文气不能十分通畅，而模仿颇近似，所用明清小说中语亦有甚妙者，大抵所最难是安放得停当耳。《忠臣藏》本来是音曲，改为说部则但存本事，失去原文的藻饰，犹之莎翁喜剧，一变而为《吟边燕语》，其得失亦自易见也。

其三是《四鸣蝉》。这才是要谈的本题，其实也谈不了许多，只是说说梗概而已。此书一册，明和八年（一七七一）刊，题亭亭亭逸人译，堂堂堂主人训，其时为乾隆三十六年，法梧门正是十九岁，以第二名入学云。堂堂堂有序文，自称白虎居士，印文二，曰姓不唐，曰似园芙蓉。亭亭亭有解说曰《填词引》，则说明日本词曲之种类者也。书中凡收译文四篇，依原目分记于下：

一、雅乐　惜花记

二、同　　扇芝记

三、俗剧　移松记

四、傀儡　曦铠记

首页栏外横题曰才子刊书，卷中各篇起首栏外题曰才子刊书一百十七，以至一百二十。案序文末云：

> 标才子者，聊取其奇也。刊书不刊，多言无益，鸣蜩何异。数其篇，四焉，题曰《四鸣蝉》也，是之取尔。

说明书名，颇有意思，唯所谓刊书不知究竟如何，岂百二十中止刊此四耶，惜无可考究矣。

这里所谓雅乐即是能乐，其词谓之谣曲，所收两篇皆世阿弥元清所作，时在日本南北朝，西历十四世纪也。《惜花记》原名《熊野》，亦作《汤屋》，译文中对音云瑜耶，乃剧中女主人公之名。熊野本为远江池田宿游女之长，为平宗盛所宠，召至京都，欲归省母病，不蒙许可，强令侍从看花，以观音力，使宗盛读诗感悟，因得东归。当时熊野咏诗，如译本云：何弃锦城如绣春，又惜乡里园花散，《惜花记》改题即从此出。《扇芝记》原名《赖政》，亦是主人公之名，是分两场，第一场有僧云游至宇治，源赖政之灵化为老翁，引之游览，至平等院，见青草生作扇形，为僧说过去因缘，赖政战败，于此敷扇草上，坐而自刃，至今留草形如扇，以为纪念，日本读芝云西巴，即青草也。第二场则赖政于僧梦中现形，陈说当年战死之情状。能乐多是两场，中间主角进去更衣，由狂言师扮一二人，略作说白，多近于打诨，使舞台不空虚，此脚色称曰“间”，即中间之意。平常书本止列谣词，而此本则并存间之狂言。《熊野》虽只是一场，而在破之前后场中间，亦有一段，此亦颇有意思。引言中云：“小收分前后，词曲也，有男优，有女优，动有淫态亵语[②]，大不似申乐严正且雅驯。”此即是说间曲，所云申乐即猿乐，谓谣曲之能乐也。《熊野》之“间”乃是使女夕颜与仆人剑持太郎，《赖政》则是土民朽松，所演与本文多少相关，但其风趣则与狂言殊相似也。

以上两篇所译系全文，馀则只是其中的一段而已。《移松记》原名《山崎与次兵卫寿之门松》，为近松巢林子所作净琉璃傀儡剧本之一，后由宫古路半中改为歌舞伎[③]用，称《山崎与次兵卫半中节》，汉译即以此本为依据，故标题曰俗剧。剧中叙与次兵卫恋慕名妓吾妻，中经患难，吾妻与之偕逃，而与次兵卫发狂，各地浪游，后为侠友所助，得以团圆，狂疾亦愈。今本所收为“物狂道行”一段，即叙二人游行事也。《曦铠记》原名《大塔宫曦铠》，竹田出云所作之净琉璃剧本，用于傀儡戏者，本有五卷，今所收为卷三中之“身代音头”一段，为最有名的部分。剧中叙北条氏欲废立，示意斋藤太郎左卫门袭杀王子，永井宣明建言俟王子与群儿歌舞时斩之，而夫妇密谋以其子鹤千代为替代，及视斋藤所斩乃是别一小儿，宣明讶问，始知此是土岐赖员之子，即斋藤外孙也。“身代音头”即指此，译本谓替身踊场，殊难得恰好。斋藤虽尽忠王室，唯以身为北条氏部属，及兵败亦自杀以殉云。戏曲本事，略述难得要领，详说又易烦杂，今止从略，但亦已觉得辞繁而意仍不能达，苦矣。

统观这四篇的内容，不得不说译本的选择很有道理，也很确当。《熊野》是谣曲中之鬘物（女剧），艳丽中有悲哀的气味，《赖政》则是修罗物（战斗剧），行脚僧遇鬼雄化身，后又现身自述，与佛法结缘得度，为照例的结构，而赖政乃是忠勇儒雅的武将，与一般鬼雄不同，剧中所表示者有志士之遗恨而无修罗的烦恼，正自有其特色。《寿之门松》本为净琉璃之世话物（社会剧），大抵以恋爱为葛藤，以死为归结，此剧之团圆正是极少的例，“道行”一段在剧中是精采处，即行道中之歌也。《曦铠》则为时代物（历史剧），斋藤忠义之士，而铁石心肠，人情已锻烧殆尽，为刚毅武士之代表，替身一场又是剧中之代表，其简要有力或可抵得过一部《忠臣藏》也。但是选择好了，翻译就更不容易。容我旁观者来说句风凉话，《曦铠记》绝对不能翻，古人已云画虎不成反类狗也，《移松》与《扇芝》次之，《惜花》则较易设法，因情趣较可传达耳。末尾熊野临行所唱数语译文云：

明日回头京山远，北雁背花向越返，俺便指东去，长袖翻东无馀言。

此可为一例。但此中译得最好的，还是两篇谣曲里的“间”这一部分，殆因散文自较易译，且诙谐之词亦易动人耶。尝闻人言，莎士比亚戏曲极佳，而读一二汉文译本，亦不见佳，可知此事大难，自己不来动手，岂可妄下雌黄，何况此又本用外国文所写者乎。不佞此文，原以介绍此书为目的，偶有评泊，止是笔锋带及，非是本意也，读者谅之。

（廿九年十一月七日）

【钟校】

① 1940.12 刊《中国文艺》3 卷 4 期。

②“淫态亵语”,“亵”原作“艺”。

③“歌舞伎”，原作“舞歌伎”。

童话[1]

◇1940.11.21

◇书房一角

以前曾有一个时候，我颇留意找外国的童话，这也是三十多年前的事了。其实童话我到现在还是有兴味，不过后来渐偏于民俗学的方面，而当初大抵是文学的，所以在从《司各得丛书》中得到哈忒兰以及叶支所编《英伦爱耳兰童话集》的时候，不免有点失望，虽然岩谷小波那样复述的《世界童话集》也觉得不满意。大约那时的意见只承认童话有两大类，一是文艺的，如丹麦安徒生所作，一是自然的，如德国格林兄弟所集录者，是也。但是安徒生那样的天才，世间少有，而德国又不大新奇，因为当时注意的也是西欧以外的文学，所以童话用了同样的看法，最看重的是东北欧方面的出品。这些在英译本中当然不会多，凑巧在十九纪末期出了一个怪人，名为尼斯贝忒培因，他专翻译许多奇怪国语的书，我买到他所译匈加利芬兰丹麦俄国的小说，童话集中最可喜的三种也正都是他的译本。一是俄国，二是哥萨克，三是土耳其，根据匈加利文译出，后附罗马尼亚的一部分。他懂的方言真不少，也肯不辞劳苦的多译，想起来还觉得可以佩服感谢。这三册书各值六先令，本不算贵，当时省节学费买来，也着实不容易，虽然陀耳译的俄国童话有复制的比利平插画，价美金二圆，要高出四分之一，也终于勉力买到，至今并为我书架的镇守。民国以后格林一类的书也要搜集了，觉得哈忒兰的分类编法很有意义，他的《童话之科学》与麦克洛支的《小说之童年》二书成为童话的最好参考书，别方面的安徒生也另行搜集，虽然童话全集英译以克莱格夫妇本为佳，培因却亦有译本，又据说英文《安徒生传》也以培因所著为最，可惜我未曾得到，虽有别的二三本，大率平平，或不及勃兰特斯之长论更能得要领也。

（十一月廿一日）

【钟校】

① 1940. 12. 16 刊《晨报》。

歌谣[①]

◇1940. 11. 23

◇书房一角

民国初年我搜集外国歌谣的书，最初只注意于儿歌，又觉得这东西禁不起重译，所以也只收原文著录的，这就限于英文日文两种了。英文本的儿歌搜了没有多少种，后来也不曾引伸到民歌里去，可是这里有一册书我还是很欢喜，这是安特路朗所编的《儿歌之书》。此书出版于一八九七年，有勃路克的好些插画，分类编排，共十四类，有序言及后记，很有意思。因为朗氏是人类学派的神话学家，又是有苏格阑特色的文人，我的佩服他这里或者有点偏向也未可知。日本方面最记得的是前田林外编的《日本民谣全集》，正续二册，皆明治四十年（一九〇七）刊，正集附有《日本儿童的歌》一篇译文，小泉八云原著，见一九零一年出板的《日本杂记》中，我觉得这是很有意思的事，盖以前不曾有过这种文章也。以后汤朝竹山人著书《俚谣》等有十馀册，藤井乙男藤田德太郎编各歌谣集，高野辰之的《日本歌谣集成》十二大册，陆续出板，寒斋亦大抵收置，近几年来却没有翻过一页，现在想到，只找出故上田敏博士校注的一册《小呗》来，把序文重读了一遍，不禁感慨系之。此书于大正四年（一九一五）由阿兰陀书房刊行，不久绝板，六年后再由阿耳斯重刊，这两种本子我都搜到，再板本的书品不知怎的总有点不如了。书中所收是两种民谣小集，即《山家鸟虫歌》与《小歌总览》各一卷，世间已有复刻，本非珍书，惟上田博士以西洋文学专家而校刊此书，序文中引古今西诗为证，歌中有语不雅驯处去其字，而于小注中加拉丁译语，凡此皆足以见其人平日之风格，每一展观，常不禁微笑者也。此等学人，今已不可再得，若竹山人用力虽勤，但并不是文艺或学问中人也。（十一月二十三日）

【钟校】

① 1940. 12. 23 刊《晨报》。

匈加利小说[①]

◇1940. 11. 25

◇书房一角

民国前在东京所读外国小说差不多全是英文重译本，以斯拉夫及巴耳干各民族为主，这种情形大约直到民十还是如此。这里边最不能忘记的是匈加利的小说。贾洛耳特书店出版的小说不知道为什么印的那么讲究，瓦忒曼似的纸，金顶，布装，朴素优美而且结实，民初在浙东水乡放了几年，有些都长过霉，书面仿佛是白云风[②]的样子了，但是育珂摩耳的短篇集一册，还有波阑洛什微支女士的小说《笨人》，总算幸而免，真是可喜的事。我对于匈加利小说有好感，这是理由之一。其次是当时我们承认匈加利是黄种，虽然在照相上看来，裴象飞还有点像，育西加与育珂等人已显然是亚利安面貌了。但他们的名字与欧人不同，写起来都是先姓后名，如英译称摩理斯育珂，而其自署则必曰育珂摩耳，这一节似乎比印度人还要更是东方的，在三十年前讲民族主义的时代怎能不感到兴趣，而其影响便多少留遗一点下来，到现今还未消灭。现在想起来这匈加利的黄白问题颇是暧昧，也不值得怎么注意，不过从前总有过这么一回事，有如因腹泻而抽了几口鸦片，腹疾早愈而烟枪也已放下，但记忆上这口烟味也还会少少存留的。至于小说有写得好的，那也不会忘记，可是这并不限于那一民族，密克萨德著《圣彼得的雨伞》的确还想翻译，别国的却也还有，如波阑显克微支著《得胜的巴耳德克》，俄国库普林著《阿勒萨》，日本坂本文泉子著《如梦记》皆是，就只可惜无此工夫，其实或是无此决心耳。

（十一月二十五日）

【钟校】

① 1940.12.9刊《晨报》。

②“白云风”疑当作“白癜风”。

医学史[①]

◇1940. 12. 3

◇书房一角

汉文的医药书我所有的只是一部大板的《本草纲目》，有四十本之多，不过他的用处也只等于《群芳谱》或《花镜》，说得高一点也就是《毛诗虫鱼疏》与《尔雅翼》之流罢了。外国文的比较稍多，但那是《六法全书》之类实用备查的书，说不上翻读，若平常放在案边，有时拿出来看看的只有一样医学史。英文的医学史有康斯敦、胜家、陀生的三种，又胜家著《从法术到科学》《希腊医学》诸书，德国玛格奴斯著《医学上的迷信》，日本文的有山崎祐久著《少年医学史》，富士川游著《日本医学史》《日本医学史纲》。这中间我所最喜欢的是胜家的《医学小史》与富士川的《日本医学史纲》，虽然《从法术到科学》中有

《古代英国的法术与医学》《古代本草》诸文，也很可喜。医疗或是生物的本能，如猫犬之自舐其创是也，但是发展为活人之术，无论是用法术或方剂，总之是人类文化之一特色，虽然与梃刃同是发明，而意义迥殊，中国称蚩尤作五兵，而神农尝药辨性，为人皇，可以见矣。医学史上所记便多是这些仁人之用心，不过大小稍有不同。我翻阅二家小史，对于法国巴斯德与日本杉田玄白的事迹，常不禁感叹，我想假如人类要找一点足以自夸的文明证据，大约只可求之于这方面罢。此外特别有意义的便是中西医学的对照，欧洲中古医学上的水火地风四行说以及灵气流通等说，都与中国讲五行等相同，不过欧洲自十七世纪哈耳威的血液循环说出以后全已改革，中国则至今通行罢了。我们夸称一种技术或学问以为世界无双，及查文化史往往在别处也已有之，而且只是路程的一站，早已走过去了，没有什么可夸的。这是一服清凉剂，读医学史常容易感到。我还有一册商务印书馆的《中国医学史》，混在外书房的乱书堆里，一时不易找到，现在也就不谈了。（廿九年十二月三日）

【钟校】

① 1940.12.30刊《晨报》。

画谱[①]

◇1940. 12. 31

◇书房一角

儿童大抵都喜欢花书，这里有两种，一是绣像，一是画谱。最先看见的自然是小说中的绣像，如《三国演义》上的，但是这些多画的不好，木刻又差，一页上站着一个人，不是向左便是向右看，觉得没有多大意思，我还记得貂蝉的眼睛大而且方，深觉得吕布之入迷殊不可解。金射堂的《无双谱》四十图要算画得顶好的了，却也没有什么好看。《百美图咏》小时候也常见，更觉得是单调，大概这方面还要推任渭长所作为最，如《於越先贤像》，剑侠高士、列仙酒牌皆是。画谱中最有名的是芥子园与十竹斋，从前都曾翻过，却已是四十年前的事，不大记得清楚。总之木板的山水画很不容易刻得好，所以看了觉得可喜的还是只是花鸟与草虫而已。说也奇怪，这里我所记得的提起来乃是两部外国书。冈元凤的《毛诗品物图考》出版于天明四年即乾隆四十九年，比徐鼎的《毛诗名物图说》要好的多，但他实是说经的书，不过我们拿来当作画看也并不错。喜多川歌麻吕的《画本虫撰》乃是近来新得的，原本刊于天明八年，极为难得，我所有的只是复制限定板，虽然用珂罗板印，也颇精美，可惜原来的彩色不能再见了。全书凡十五图，每图二虫，配以花草，上记狂歌以虫为题，凡三十首，作者宿屋饭盛等皆为当时有名狂歌师也。歌麻吕亦有名浮世绘师，以美女画著名，而或者乃独称赏此册，其技工与趣味盖均不可及。永井荷风在《日和下驮》第八篇《空地》中云，我对于喜多川所作《画本虫撰》喜爱不已之理由，盖即因此浮世绘师择取南宗与四条派之画家所决不画的极卑俗的草花与昆虫而为之写生也。《虫撰》序言系追踪木下长啸子的《虫之歌合》，其实狂歌竞咏虽是一辙，若论图画则相去甚远，《虫撰》中第八秋蝉蜘蛛与玉蜀黍，第十三络纬蝉与锦荔枝，第十五青蛙金虫与荷叶，皆极可喜，《歌合》所画乃似出儿童手，如或古拙堪取，却是别一路也。

（十二月三十一日灯下）

【钟校】

① 1941.1.6 刊《晨报》。

妖术史[①]

◇1941.1.7

◇书房一角

我对于妖术感到兴趣，其原因未可详考，大概一半由于民俗学，大半却由于宗教审判的历史罢。从文化史上看来，符咒法术即是原始的科学，他所根据者一样的是自然律，不过科学的出于事实，每试皆验，而法术的则根于推想，不一定验罢了，这其间的转变是很有意思的事。别一方面，从法术发生了宗教，而宗教一边敌视科学，同时也敌视法术，结果是于许多妖巫之外也烧死了勃鲁诺等人，总称之曰非圣无法，这也很有意思，虽然是很可怕的事。中国历史上有过许多文字思想的冤狱，罪名大抵是大逆不道，即是对于主权者的不敬，若非圣无法的例案倒不大多，如孔融嵇康李贽等是，在西欧宗教审判里则全是此一类，此正大足供识者之考察者也。我耽读这一类书已是十年以前的事，除一般说及法术者外，我所喜欢的有吉忒勒其教授的《新旧英伦的妖术》，茂来女士的《西欧的巫教》，二者皆是学术的著作，案汤姆生的《魔鬼史》与斯本思的《不列颠之密教》均谓所云妖术乃是古代土著宗教之残留，论旨与茂来女士相同，当可信用。但是最特别的总要算是散茂士的著书了。我所有的只是四种，照出版年代排列，即是《妖术史》《妖术地理》《僵尸》《人狼》，在一九二六至三三年中所刊行，共计六十三先令半，若论时价当在二百五十元之上了。我在这里计较价钱多少，便因为觉得买了有点冤枉，虽然那时的兑换率还没有这样的高。散茂士相信妖术确是撒但的宗派，目的在于破坏耶和华的天国，于人心世道大有关系，非彻底肃清不可，无论用些什么手段与多大牺牲。花钱买书，却听了这些议论，岂不大冤，但在别一方面也不是全无用处，除许多怪意见外也有许多难得的资料，关于妖巫审判的，所以我至今还宝重他。至于《僵尸》与《人狼》二册尤可珍重，其中奇事怪画颇多，如不怕会做噩梦，大可供枕上读书之用也。　　（三十年一月七日）

【钟校】

① 1941. 1. 13 刊《晨报》。

小说[①]

◇1941.1.9

◇书房一角

提到小说，可以回想的事情实在应当不少罢。其实却不尽然。我读小说的历史开始得很迟，大约在十一二岁时，最初所读的记得是《镜花缘》，以后大概是《西游记》,《封神传》,《水浒》,《儒林外史》,《三国演义》,《红楼梦》,《七侠五义》,《品花宝鉴》,《儿女英雄传》，所举都是代表的，其类似模拟者不再列记。这些小说当时读了很有兴趣，后来想起来觉得也得到了好些益处，有如小时候乱吃的糖与水果以及杂拌儿，虽然曾经吃坏了胃或牙齿，但其营养分子也总是不可完全抹杀的。我对于上记各项小说觉得都有可取，但是回想起来时却也不能说出那一部特别有意思，特别有什么地方可以怀念。说也奇怪，我现今提起小说来，自己寻问记得的部分是什么，这大抵不是小说本身而是小说的有些批注。古人云，买椟还珠，这颇有点儿相像，岂不是《笑林》里的材料么。我是想说实话，所以这也是无法。小说的批第一自然要算金圣叹，可是《三国演义》与《红楼梦》也不坏，大约还可以考在一等之内。我读《水浒》，本文与批同样的留意，如吃白木耳和汤同咽才好，《西厢》亦然，王斫山出来时尤其有相声之妙。多少年前上海刊行新标点书，亚东本的《水浒》校订周密，有学问上的价值，但我觉得平常翻看则仍不如唱经堂本为佳，盖批注圈点不独增加兴趣，亦足为初学指导，养成了解赏鉴之力，与明师指点不异。不过话须得说过来，这里条件第一要批注有趣味有见识，不是凡批皆佳，第二是限于章回体旧作，他本来是说书人口吻，旁边有人再插嘴说几句，并不扰乱原来的空气，若是新小说，则上文所云自不能适用也。此外我还读过不少违碍小说，回想比较的容易找，但此等书既系犯禁，也就不便再谈了。

（一月九日）

【钟校】

① 1941.1.20刊《晨报》。

俞理初论莠书①

◇1943.8

◇药堂杂文

从前我屡次说过，在过去二千年中，我所最为佩服的中国思想家共有三人，一是汉王充，二是明李贽，三是清俞正燮。这三个人的言论行事并不怎么相像，但是我佩服他们的理由却是一个，此即是王仲任的疾虚妄的精神，这在其馀的两人也是共通的，虽然表现的方式未必一样。关于俞理初我已经写过好几次文章，现在再来提起，别无何种新的意见，只是就他指斥莠书这一点上，想来略为谈谈罢了。

近几年来常看笔记一类的书，没有详细计算，想起来实在也已不少，其中特别以清朝的为多，可是结果非常的不满意。本来我看笔记原不是什么正经工作，所谓大抵只以代博弈，或当作纸烟，聊以遣时日而已。读一部书了，偶有一部分可喜，便已满足，有时觉得无味，亦不甚嫌憎，对于古人何必苛求，但取其足供我一时披读耳，古人云只图遮眼，我的意思亦止如此。但是有时遇见有些记录，文字未必不佳，主张也似乎很正大，可是根本上不懂得人情物理，看了时觉得遍身不快活，这时候的不满意便已超过了嫌憎，有点近于恐惧了。好比尝药辨性的老祖神农氏，把草根树皮放在口里咀嚼，烁的一下觉得怪辣，他会直觉的感到，这可不是毒？我们未敢以老祖自居，但是从经验上也会有时感觉，这说得有点蹊跷，便很有莠书的嫌疑。笼统的说莠书，似乎有语病，假如这里有点感情用事，那么就与随便评定思想不正确相似，含有很大的危险性。我根据俞理初的例，所说的莠书当然不至于如此，这里所据的标准是简单的人情物理，如在这上面有讲不过去的便有问题，视为莠书也不为过。而且说也奇怪，被归入此类的并不是世间公认的邪说异端，倒反是普通正经的话为多，这是极有意思的事。盖天下多乡愿，其言行皆正经，常人无不佩服，然若准以情理，则其不莠者鲜矣，唯有识与力者始能表而出之，其事之难与其功之大盖远过于孟子之攻异端也。《癸巳存稿》卷十五《胡先生事述》云：

> 正燮记先生事甚多，先生素恶乡愿，因以所记遍求所谓乡愿者下意延问，凡经指示许可之事悉去之，故所存止此，呜呼，此先生之所以贤欤。

寥寥的几句话，差不多把指斥莠书的精神表现得很好，我们也可不必多赘了。

俞理初论莠书的文章共有六篇，收在《癸巳存稿》卷十四内，计《酷儒莠书》《愚儒》《谈玄》《夸诞》《旷达》《悖儒》等莠书是也。其中以一二两篇为最精，可为代表，今先就《酷儒莠书》引例于下，第一节云：

夹谷之会，盖齐以兵来，鲁以兵应之，《史记》齐鲁世家所载是也。《穀梁》又增一事云：齐人使优施舞于鲁君之幕下，孔子曰，“笑君者罪当死”，使司马行法焉，首足异门而出。《史记》“孔子世家”云：倡优侏儒为戏而前，孔子曰，“匹夫荧惑诸侯者罪当诛”，有司加法焉，首足异处，齐侯②惧而动。陆贾《新语》云：优施舞于鲁公之幕下，孔子曰，“君辱臣当死”，使司马行法斩焉，首足异门而出，齐人矍然而恐。《后汉》张升传：守外黄令趋明威戮，曰，“昔孔子暂相，诛齐之侏儒，手足异门而出，故能威震强国，反其侵地”，后升以诛死。此四引孔子之事，乃委巷穷儒，忮鳌之心无所泄，造此莠言，上诬圣人，不可训也。优人笑惑乃其职，于礼宜却之，于法无死罪。且鲁岂当杀齐优？实其说是行不义而杀不幸，齐人怒而鲁君不返也。

末节云：

高欢与长史薛瑕言，使其子洋治乱丝，洋拔刀斩之曰，乱者必斩。夫违命不治丝，独非乱乎？其意盖仿齐君王后以椎解环，不知环破即解，乱丝斩之仍不治也。《汉书》龚遂传云，臣闻治乱臣犹治乱丝，不可急也，缓之然后可治。高氏父子不足论，然欢在，洋之愚憨不至此，其状迂而很，乃无知酷儒之莠言，此《东坡志林》所谓杜默之豪，正京东学究饮私酒，食瘴死牛肉，醉饱后所发者也。

《愚儒莠书》第一节云：

朱弁《曲洧旧闻》云：建隆间竹木务监官患所积材植长短不齐，乞剪截俾齐整，太祖批其状曰，“汝手指能无长短乎，胡不截之使齐，长者任其自长，短者任其自短”。弁亲戚有见此状及批者，其言似可信。邵博《闻见录》则云：“破大为小，何若斩汝之头乎。”言已近妄。王巩《清虚杂著》则云：三司奏截大枋，太祖皇帝批其状曰，“截你爷头，截你娘头”，其爱物如此。周密《齐东野语》则谓手指言文弱无气象，太祖以三司请截模枋大材修寝殿，批曰，截你爷头，截你娘头，别寻将来，真大哉王言也。此何王言气象，盖以《史记》汉高谩骂而仿以为书，其愚如此。

第四节云：

王辟之《渑水燕谈录》又云，陈尧咨守荆南，宴集以弓矢为乐。母夫人曰，“汝父教汝以忠孝辅国家，今汝不务行仁化，而专一夫之技，岂汝先人志耶”，杖之，碎其金鱼。射为六艺之一，州将习射乃正业，忠孝之行也。受杖当解金鱼，杖碎金鱼，金坚且碎，人骨折矣。衰门贱妇亦不至此，尧咨母不当有此言此事。明方昕《集事诗鉴》引此为贤母，著书者含毫吮墨，摇头转目，愚鄙之状见于纸上也。

上边所引已足见其大概，对于向来传为美谈，视为故实，而与情理不合的事，不客气的加以指斥，对于初习读书的学子甚为有益，只恨所举太少，唯望读者自能举一反三[③]耳。同时有马时芳著《朴丽子》，语多通达，其《续朴丽子》卷下中有一则云：

传有之，孟子入室，因袒胸而欲出其妻，听母言而止。此盖周之末季或秦汉间曲儒附会之言也。曲儒以矫情苟难为道，往往将圣贤妆点成怪物。呜呼，若此类者岂可胜道哉。

这一则就可以补入《愚儒莠书》篇里去，其直揭曲儒的心理，不客气处亦与俞氏不相上下。鄙人前读《礼记》中《檀弓》一卷，亦曾有同样的意见，觉得关于原壤的事，《论语》“宪问”所记殊不高明，读《檀弓》文乃极佳，比校之下乃益明显。《檀弓》云：

> 孔子之故人曰原壤，其母死，夫子助之沐椁。原壤登木曰，久矣予之不托于音也。歌曰，狸首之斑然，执女手之卷然。夫子为弗闻也者而过之。从者曰，子未可以已乎[4]？夫子曰，丘闻之，亲者毋失其为亲[5]，故者毋失其为故也。

《论语》则云：

> 原壤夷俟。子曰，幼而不孙弟，长而无述焉，老而不死，是为贼。以杖叩其胫。

看所说的老而不死这句话，可知那时原壤已经老了。据戴望注《论语》，《礼》，六十杖于乡。那么孔子也一定已是六十岁以上了罢。动手就打，圣门中只有子路或者未免，孔子不见得会如此，何况又是已在老年。我们看《檀弓》所记，孔子对待原壤并不如此，可见这以杖叩其胫的事很是靠不住，大约是主张严酷者之所为，亦正是附会之言耳。执女手之卷然下，据孔颖达《正义》云：

> 孔子手执斤斧，如女子之手卷卷然而柔弱，以此欢说仲尼，故注云说人辞也。

假如这里疏家没有将他先祖的事讲错，我们可以相信那时孔子的年纪并不老，因为一是用女子之手比孔子，二是孔子手执斤斧，总不会是六十岁后的事情。把两件故事比较来看，觉得孔子在以前既是那么宽和，到老后反发火性[⑥]，有点不合情理。本来《论语》与《檀弓》里的故事都是后人所记，真假一样的不可知，但是准情酌理来批判，就自然分出曲直来，此间自有区别俨然存在，一见可辨也。此类辩论仿佛有似致堂史论，无非对古人之事[⑦]妄下雌黄，实则不然。史论不必要的褒贬古人，徒养成不负责任的说话之陋习；此则根本物理人情，订正俗传曲说，如为人心世道计，其益当非浅鲜。若能有人多致力于此，更推广之由人事而及于物性，凡逆妇变猪以至雀入大水为蛤之类悉加以辨订，则利益亦益广大，此盖为疾虚妄精神之现代化，当不愧称之为新论衡也。

【钟校】

① 1943.8.25刊《风雨谈》5期。

②“齐侯”，“侯”原作“候”。

③“举一反三”，“三”原作“之”。

④“子未可以已乎”，“已”原作“己”。

⑤“亲者毋失其为亲”，“失”原作“夫”。

⑥“到老后反发火性”，“火”原作“大”。

⑦“古人之事”，“之”原作“己”。

诗经新注[①]

◇1943.9.1

◇书房一角

数年前买得《日本古典丛书》本《万叶集品物图绘》二册，是《毛诗名物图说》一流书，第二册卷首解题追记中说及此外还有山本溪愚的《万叶古今动植正名》，就《万叶集》《古今和歌集》中所有名物加以考订，也是很有价值的书。我便留意搜求，不久也收得一册，乃是著者死后二十三年纪念出版，全书不分卷，但分列草竹木鸟兽鱼虫等十部，共计二百五十二品，附绘图二十九幅。山本溪愚世为儒医，精通本草学，善绘画，所图画动植凡千四百幅三千馀种，皆极精美，又能诗文，著有《对竹斋诗集》及《七经解》，俞曲园先生见之，曾贻书称其能诠明古学，真有志之士也云。动植图惜未得见，惟寒斋有《蠕蠕集》二册，一为《百虫诗》五十五首，山本鸿堂著，即溪愚之犹子，二为《百虫画》，自蚕至蚯蚓凡六十六图，竹山氏模写溪愚原画，本板着色，其他各种虽云将续刻，似未实现，故遍觅不可得。经解只有《诗经新注》一种三卷，铅印三册，明治癸卯出版，著者是时年七十七，即以是年卒。真下氏跋言先生兼精于本草，鸟兽虫鱼草木之名无所不识，辨识名物诚为新注之一特色，其说诗亦时有新意，如绪言末条云：盖尝论之，诗之三体，颂不及雅，雅不及风，以其益文而远于质也。卷端有拟小序，以《野有死麕》《静女》《桑中》《采葛》《大年》《丘中有麻》《山有扶苏》《褰裳》《丰》《东门之墠》《溱洧》《东门之枌》《东门之杨》为淫诗，云孔子所尝删去，再入选中者，盖淫哇之诗常存于口碑，如“玉树后庭花”在盛唐犹存是也。于《静女》注中又云，此盖秦火散佚之馀，学者欲存三百篇之数，所谬混入也。虽孔子删诗之说现已知不可信，惟其解说亦复新颖可喜。自言三世遵奉朱子之学，然及注经，“其所可疑者不敢回避”，此种学者态度甚可佩服。余虽非经生，惟四书五经曾经读过，其中对于《诗经》与《论语》一知半解，时常翻阅，得山本氏《新注》，亦颇有用处。前日偶从东京得真下氏著溪愚山本章夫先生小传，见所载犬樱黄鸡二图及著作目录，因记寒斋所有诸书，由《动植正名》而归结到《诗经新注》，亦是奇缘也。

【钟校】

① 1943. 9. 1 刊《古今》30 期。

两种祭规①

◇1943. 11. 12

◇苦口甘口

案头放着两部书，草草一看似乎是很无聊的东西，但是我却觉得很有意思，翻阅了几回之后，决心来写一篇小文，作为介绍。这是两种祭规。其一，萧山汪氏的《大宗祠祭规》，嘉庆七年刊，为汪辉祖所订定，有序文。其二，山阴平氏的《瀫祭值年祭簿》，约在光绪十六年，为平步青所订定，手写稿本。祭规本来只是宗祠或房派的祭祀规则，想来多是呆板单调的，没有什么可看，但是祭祀是民俗之一重要部分，这祭规正也是其中的一种重要资料，况且汪平二氏都是绍兴大家，又经过两位名人的手定，其文献上的价值自然更是确实无疑的了。

在宗祠或房派之祭祀，除夕与元旦都是同样重要，平常轮值交代大抵在冬至之后，新值年房份便从年末的祭祀办理起头。现在便从汪氏《大宗祠祭规》中值祭条款，将除夕元旦两项抄录于下：

除夕：三日前值祭家至祠，洒扫拂尘，堂室神道等处整理牌位，务使洁净。除夕下午设案菜一桌，内用特杀鸡，共十二味，酒饭杯箸十二副，中座及左右两边并祔祀所各用宵烛一对，大纸一块，足锭三百，爆竹十枚。值祭五房俱至礼拜。

元旦：中座用半通烛一对，线香一股，两边及祔祀所各用门宵一对，线香三枝，以后早晚俱用二枝，至初五日晚止。

平氏祭簿所记如下：

除夕悬像。像前用高香，大门宵烛一对，二两，横溪纸一块，即顶长，大库锭四百个，供菜十大碗，八荤两素，内用特鸡，酒四杯，胡太君茹素，供开水一杯，饭五碗，筷五副，莲子高茶五盅，供果五寸盘五盘，年糕，粽子，水果三色，攒盒一个，供至新正初五日收。各房子孙随到随拜，值年房备茶，不散胙。

元旦像前供汤圆五碗，早晚点香烛，至初五日止。黎明至宗祠，备二两烛一对同点。

这里或者要稍加说明，上文所云宵烛门宵即是二两烛，半通即八两烛，一斤者名斤通，意谓可点通夜，故宵烛或者亦指时间，谓可点至定更也。黄纸相对互切，抖之则拖垂如索，与银锭同焚，俗云以作钱串，名曰烧纸，大块狭长者名横溪，本是造纸地名，大纸亦即指此。煮莲子加糖，名莲子茶，以供宾客，若供祖则用高茶，剪圆纸板上糊红纸，以浆糊粘生莲子成圈，数枚叠置，以次渐小，成圆锥形，装茶盅上，高可三寸，故名，或以生莲子散置盅内，则名懒惰茶，不常用，嫌不敬也。

家祭重二至，祠祭则重二分。《大宗祠祭规》中关于二分祭日所记甚详，今节录之：

> 大宗祠于二分之祭最重。祭先五日，写帖数张，粘示通衢数处，知会统族。祭日黎明鸣锣邀集，至再至三，迟者听其自误，与祭不到，不准饮酒。
>
> 大厅中堂祭品祭器式：汤猪全体，蒸羊二腔，熟鹅二只，肥鸡二只，鲜鱼二尾，馒首二盘，秋分加月饼一盘，减馒首一盘，五事全副，供花一对，桌围三张，面架一座，手巾一条，铜盆三面，水果五碗，高尺三，半通一对，黄香一两，方桌二张，蒲墩拜垫。
>
> 神座前祭筵式：水果五碗，高一尺，案菜两

> 桌，陈酒两壶，宵烛一对，大纸两块，足锭一千，祭文一通，三献每三，酒羹饭，汤饭杯箸廿四副。
>
> 饮福式：每桌十味，五人合席，各人给馒首二枚。猪羊等肉俱照分量，以熟为度。酒用真陈，司酒者当堂开坛，每桌先给酒签两支，酒有定提，每壶两提，不得增减，违者公同议罚。猪肉熟一斤，白切。羊肉熟十两，拌杂。藕，肠肝，装鹅熟八两，鲜鱼生一斤，羊杂，装鸡六两，芽豆，血汤。

案祭桌用香炉一，烛台二，插供花之瓶二，通称五事，如无花瓶则称三事，多以锡为之，间有用古铜者。水果高尺三或一尺者曰高果，与高茶相似，大抵用竹签穿金橘荸荠等，数本直立，插黄土墩上，置特制锡碗中，但以饰观瞻，不中吃也。饮酒每席五人，桌一面悬桌帏，对面一座，由房份长老分占之，上下四座则后辈杂坐矣。

春秋分日祠祭照例有祭文，汪氏祭规所记秋祭祝文较为简明，录之以为一例。文曰：

> 维年月日，主祭裔孙某率各支大小等，谨以刚鬣柔毛，清酌时馐之仪，致祭于始祖考云云，以暨阖堂先灵之神座前曰，祭以时举，孝思是将。懿

惟祖德，源远流长，十世百世，勿愆勿忘。爴歌其获，早稼登场，我稻可荐，我酒可觞。敬修祀事，济济跄跄，我祖顾之，庶几乐康，式饮式食，降福穰穰。尚飨。

平氏祭簿不曾记有冬夏二至祭祀成式，惟诞讳祭祀时却用祝文，今录其一：

维年月日，孝宗孙某等，谨以清酌庶羞之奠，致祭于几世祖考某某府君之神位前曰，呜呼，岁序流易，诞日复临，追远感时，不胜永慕。薄具牲醴，用申奠献，谨奉几世祖妣某太君配享。尚飨。

簿中所记诞讳日期共有十六，祭文则只此一篇，惟改换人名及诞讳字样而已。诞讳祭祀俗称做忌日，用祝文者似不多见，而用法简便，亦复特别，岁序流易等四句朴实可喜，文词简易而意思充足，非凡手所能作，或出于平景孙之手乎。

祭簿中记录最详的是清明扫墓成规，原有娄公、花径、璜山三处，大同小异，今录娄公一篇，取其最完备也。

座船两只，（小注云，向例岁内冬至宗祠内汇齐，写定船票，清明前后为期，每只约船钱银三钱几分不等，临时给船米七升五合，酒十五钓，鱼二尾，鸡蛋二个，折午饭九四钱百文，点心等俱无。后改一切俱包，回城上岸时每只给掸舱酒一升壶。）今改大三棹船一只，酒饭船一只，厨子船一只，吹手船一只，吹手四名。

祀后土神祭品，肉一方，刀盐一盘，腐一盘，太锭一副，烧纸一块，上香，门宵烛一对，酒一壶，祝文。

墓前供菜十大碗，八荤两素，内用特鸡。三牲一副，鹅、鱼、肉。水果三色，百子小首一盘，坟饼一盘，汤饭杯筷均六副。上香，门宵烛一对，横溪纸一块，大库锭六百足，祝文。酒一壶，献杯三只。

在船子孙每房二人。值年房备茶，半路各给双料荤首两个，白糖双酥烧饼两个，粉汤一碗，近改用面。散胙六桌，八荤两素，自同治三年起减为两桌。每桌酒几壶不等，酱油醋各二碟，小桌二桌，三炉十碗。吹手水手半路各给小首二个，烧饼两个，粉汤一碗，近年止改用面一中碗。管坟人给九四钱二百文，酒一升壶。

案酒十五钓即是十五提，普通只写作吊。九四钱以九十四文作一百，当时无足陌钱，至多亦止九八而已。三棹今通称三道船，亦称三明瓦，谓有蛎壳窗三重也。百子小首者小馒首之略，坟饼当是上坟烧饼，双酥烧饼每个二文，此则或是一文两个也。三炉碗系家常用菜碗，较大者名二炉碗，或称斗魁，更大则是海碗矣。

扫墓照例有祝文，祭簿亦载有成式，三处均是同文，今录其一于下。祝后土祝文云：

> 维年月日，信士平某敢昭告于某地后土尊神之位前曰，惟神正直聪明，职司此土。今某等躬修岁事于几世祖考某某府君几世祖妣某氏太君之墓，惟时保佑，实赖神庥，敢以牲醴，用申虔告。尚飨。

墓前祝文云：

> 维年月日，孝宗孙某等，谨以清酌庶羞之奠，致祭于几世祖考某某府君几世祖妣某氏太君之墓前曰，呜呼，岁序流易，节届清明，瞻拜封茔，不胜永慕。薄具牲醴，用申奠献。尚飨。

这两篇文章也都简要得体，祭墓祝文更与忌日所用者相同，尤有意思。大抵祭祀原是仪式，必须庄重，因此仪文言动也有一定规律，乃得见其严肃，这祝文程式的一致，我想即其一端。有些人家用扫墓祝文不是一样，多就各地发挥做去，文词绚烂，声调响朗，容易失却庄严之致，反不合式。因平氏祝文而想到，觉得简单庄重实为祭祀之要点，繁文缛节，仆仆亟拜，均非所宜也。

上述祭规中未记拜法，盖因人人皆知也，惟各处风俗亦不尽同，今就所知补记于此。平常祭祖先，家长上香后以次四跪四拜，拜毕焚纸钱，再各一跪四拜，家长奠酒，一揖，灭烛，再一揖，撤香礼毕。祠墓祭行三献，人多不能参与陪祭者，于献后分排行礼，四跪四拜毕即继以一跪四拜，中间不再间断。此种拜法不知始于何时，惟通行颇广，所谓拜者乃是叩首兼揖，其一跪三叩首则俗称为官拜，惟吊丧时用之。妇女只用肃拜，合两袖当胸，上下数四，跪而伏拜，起立又拜而退，俗语称妇女拜曰时越切，亦须以乡音切之，国语无此音，疑其本字亦只是肃耳。范啸风著《越谚》三卷，为破天荒之书，唯关于祭祀名物亦多缺略，上文所注多记忆所及，述其大概，未能详备。吾家旧有祭簿，悉留越中族人处，未得查考，七世致公祭祭规为曾叔祖一斋公所订，具有条理，大旨与平氏相似，惟记得簿中记有忌日酒菜单，大可备考，今不得见，甚可惜也。（民国癸未十月十五日）

【钟校】

① 1944.2.1 刊《中和月刊》5 卷 2 期。

虎口日记及其他[1]

◇1943.11.17

◇苦口甘口

不佞离乡已久，有二十五年不曾入浙江境了。可是至今还颇有乡曲之见，特别是关于文献一方面，很想搜集一点乡贤著述，以清代为主，宋明的如有自然也收，但如陆放翁，王龙溪，徐文长，陶石匮石梁，王季重，张宗子诸大家而外，有些小诗文集便很难访求了，所得遂以清代为多，这也是自然的结果。一面我又在找寻乱时的纪录，这乃以洪杨时为主，而关于绍兴的更为注意，所得结果很是贫弱，除了陈昼卿的《蠡城被寇记略》，杨德荣的《夏虫自语》一二小篇以外，没有什么好资料，使我大为失望。后来翻阅陈昼卿的《补勤诗存》，在卷十三《还山酬唱》中有一诗题云，《鲁叔容虎口见闻录》，小注云：

> 绍城之陷，鲁叔容陷贼中，蹲踞屋上，倚墙自蔽，昼伏夜动，凡八十日，几死者数，仅以身免，然犹默记贼中事为一书，事后出以示人，不亚《扬州十日记》也。

又见孙子九的《退宜堂诗集》卷二有诗题云《题鲁叔容溅泪日记》并序。序云，“叔容陷贼中阅八十日，排日书闻见成编，余取少陵诗语名之，并题两绝句。”同卷中又有题云《严菊泉广文逸自贼中赋赠》并序。兹录其序与诗于下：

> 城陷，菊泉虏系，夜将半，贼遍索赂，斫一人颃，衔刀灯下示怖众。寻缚十四人递戮之，既十人遽止，菊泉竟免，次三人袁杜姚并得逸。
>
> 听谈已事泪交颐，生死须臾命若丝。夜半灯光亮于雪，衔刀提出髑髅时。

于是我记住了鲁叔容的名字，却不知道其日记是否尚存，其次是严菊泉，也不知道他有否著述。这样荏苒的过了二十年之后，于民国癸酉元旦，在厂甸土地庙的书摊上，忽然见到一本陶心云题签的《虎口日记》，内署于越遁安子述，可是陈元瑜序中明明说叔容，孙子九陈昼卿的题词亦皆在，而且还有严菊泉的诗两首，署会稽严嘉荣菊泉。其诗云：

> 锦绣蠡城付劫灰，一编野史出新裁，懔然变色思

谈虎，我亦曾从虎穴来。

杀人如草血风腥，咋舌谁疑语不经，天遣才人遭厄运，从教魑魅写真形。

《虎口日记》题页后书光绪丙申季春锓于福州，不知为何人所刊，别无记录，陈元瑜序署同治壬戌，序中称《虎口日记》，似其原名如此。孙氏题诗在癸亥，陈氏则在丙寅，书名皆不同，岂最初实为见闻录，其后又改为日记欤。鲁叔容不知其名，绍兴县志局资料长编引补过老人《乡隅纪闻》，记鲁叔容事，大旨亦只是根据日记，惟云山阴人，年七十卒，今假定辛酉遭难时年三十，则至丙申才六十六岁，计刻日记时其人当尚存也。

严菊泉的著作虽不可见，但是其履历却容易查得多多了。据光绪甲午科浙江乡试同年齿录，中式第六十一名严弼，即是菊泉的次子，不过日记题词署会稽，而这里写的是山阴，恐应以此为准。上栏开列父嘉荣，注云：

字怀庆，号菊泉，府学增广生，道光乙未恩科举人，甲辰会试荐卷，乙巳恩科会试堂备。大挑二等，选授平湖县[②]学教谕，内阁中书衔，推升嘉兴府学教授，保举卓异，候选知县，宦绩详《平湖县志》。京都山会邑馆设栗主，配飨先贤。著有《见闻录》，遭难已佚，《铎鉴》《越中忠义录》《逸香斋诗文集》，试帖诗，待梓。

再查《平湖县志》云：

严嘉荣，字菊泉，山阴人，道光乙未举人，同治癸亥任教谕。其时值粤匪初平，文教衰息，乃举行月课，优给膏火，丹铅笔削，士皆争自濯磨。又以文庙礼乐缺如，筹置祭器，选取乐舞，豆笾籥翟，讲肄时勤。朔望率诸生洒扫庙庭，先师诞日行释奠礼[③]，春秋丁祭，尽敬尽诚，声容之盛，观者叹明备焉。复捐赀田三十馀亩，为礼乐公产及祭胙之需，通详立案，以垂永久。壬申铨升本府教授，兴废举坠，亦有政声，年七十三卒。

严菊泉的著作据齿录所记也有好些，但现今已不可考，只从杭州书店见到他一册日记，起同治九年庚午四月朔日，讫十二年癸酉八月二十九日，正是在平湖做县学教谕，升转嘉兴府学教授这一时期，虽然记有朔望洒扫课文，行香差贺，以及彩蛋香肉等的送礼，可以知道一点七十年前的教官生涯，但是这总还不能满足我的期望。此外还有一册，没有书名，看笔迹是严氏手稿，列记辛酉绍兴死难男女的事迹，大约是《越中忠义录》的底稿，卷首夹入一纸，题曰“采访殉义士女启”，末署同治癸亥春三月，山会同人公具，后有凡例五条，其五云，“殉难以御贼为上，骂贼次之，寻常为贼所戕，似不胜纪，但无罪而死，情亦堪悯，未忍就删。”这里所说很有情理，盖严氏曾从虎穴来过，对于此等事不但谈之色变，亦且思之神伤，其著此书殆出于悲悯之心，与一般高谈人心世道者要自不同。全本凡五十页，如以每页八人计，所录亦才及四百人，固不能云详备，惟其意则自大可感耳。看稿中删改之迹，言语动作上不无藻饰之处，例以钼麑触槐，或亦古已有之，信史本难得，亦可不必深求，录中记男子部分之末有一则云：

山阴王英康居水澄巷，业儒，工时文，为童试翘楚。咸丰辛酉九月廿九日被掠入贼馆，系于门外。俄一贼来问向习何业，答以读书，贼干笑谓其党曰，此人无用处。拽至大善寺木鱼下，遂加刃焉，年十九。

《虎口日记》十月二十七日项下有云，“有冯氏妇者，为余言，贼重读书人，称先生，有加礼。”贼固不必一致，但即此可见乱世秀才之苦，几于无路可走矣。录中又一则云：

山阴张柳堂居下和坊，贩书自给，事父以孝闻，积资为弟完姻，终身不自娶。辛酉城陷不出，十月五日掠赴萧山，将启行，贼见其面有愁色，曰，此人中途必逸，不如杀之。遂被戕于江桥南岸，年三十七。张吉生述。

观此乃又叹盗亦有道，阴鸷坚决，狠心辣手，世所谓英雄豪杰者非耶，古之名将如曹彬或胡大海，盖无不如此，或者不如此亦不能胜利，惟成则为王，败则为贼，非真是《虎口日记》之周文嘉不及《保越录》之胡大海也。儒家主忠恕，重中庸，识者辨孔子无杀少正卯之事，正是当然，但亦由此可知其敌不过桓魋柳跖之流，此事想起来很有意义，只有稍有点阴冷，令人觉得有如感寒耳。（民国癸未十月二十日）

【钟校】

① 1944. 1. 2 刊《风雨谈》9 期。

②“平湖县”，原无“县”字，今增。

③“先师诞日行释奠礼”，“礼”原作“体”。

俞理初的著作[①]

◇1943. 11. 20

◇苦口甘口

我与俞理初颇有缘。他的著作我得到了不少，虽然刊行的就只有三种，其各种刊本我却都已收得了，计有《癸巳类稿》四部，《癸巳存稿》三部，《四养斋诗集》一部。寒斋旧有《类稿》《存稿》各一部，皆系通行本，《类稿》刻于道光十三年，《存稿》则是光绪十年重刊者也。后来在北京得《类稿》巾箱本，乃光绪中会稽章氏式训堂所刻，及“安徽丛书”第三期书出，又于其中得影印《类稿》，乃经俞君晚年手订，多所增益，书于书眉者。《类稿》各本大抵已尽于此，但我又有一部，仍是道光求日益斋刻本，经过李越缦收藏批注，亦有可取，故复另列。原书系后印，纸墨俱劣，目录后空白有题字六行云：

咸丰十年庚申八月，元和顾河之孝廉持赠越缦学人。此书见闻极博，自经史以及诙谐小说[2]，无不赅综，甘石岐黄之书尤所留意，惟好自炫鬻，繁征博引，笔舌迂冗[3]，转晦本义。又如《节妇贞妇说》《妒非女人恶德论》[4]《佛经论》《红教黄教论》等，持论偏颇，引用不根，皆其所短，而淹洽贯串，终不可没也。是月二十一日，莼客记于都城宣南困学侨斋。

案《越缦堂日记》咸丰十年庚申八月十一日条下云：

河之来告明日行，以凌廷堪次仲《校礼堂集》，俞正燮理初《癸巳类稿》为别。

顾河之名瑞清，为涧蘋之孙，日记中称其年四十馀，粥粥笃谨学问人也，听其谈古籍源流甚悉，固有得于家学者。查二十一日条下则并无记录，只言英法联军和战事，盖其时正军逼都城，在焚圆明园前二日也。书上批注凡十七处，大抵皆示不满，唯据上文所题，虽学风不同，而亦仍不能不表示佩服耳。咸丰十一年六月二十日条下云：

新安经学最盛，能兼通史学者惟凌次仲氏及俞君。其书引证太繁，笔舌冗漫[5]，而浩博殊不易得。

同治元年十月二十三日条下云：

理初博综九流，而文繁无择，故不能卓然成一家言，盖经学之士多拙于文章，康成冲远尚有此恨，况其下乎。

由此可见在此三年中越缦常阅《类稿》，佩服之意与年渐进，末了则于笔舌迂冗一事，亦有恕词矣。

《癸巳存稿》最初有道光二十八年灵石杨氏刊本，但据同治八年胡澍跋云，《存稿》十五卷，灵石杨氏刻入《连筠簃丛书》，而流传甚少。又光绪十年重刊本姚清祺序云，购诸书肆杳不可得，缘其书刊自山右，兵燹后板之存否未可知也。可见此本颇不易得，胡甘伯题记已距今八十年矣，寒斋乃能偶然得到一部，虽或未能如连筠簃刻本桂氏《说文义证》之难有，总之亦殊可喜矣。此外又有一部，原来亦仍是光绪重刊本，但经过平景孙收藏批注，每卷有朱文安越堂藏本方印，目录下有印二，白文曰曾经沧海，朱文曰上下今古。全书有墨笔圈点，卷中改正增注者凡七处，总目之后题字二行云："甲申九月二十一日校，时湿注臂臑，捉笔不定，涂鸦殊可憎也。"盖即是刻书之年也。卷末又有题字三行云：

理初先生叙述文字，无一字拾古人牙后慧，谋篇制局，亦绝不似八家，细按之无不自左史出，泽古深者宜善是也，世徒以考订推先生，失先生矣。七夕。

白文印曰栋山。后又题曰，七月廿八再校一周，蒲明子。此二项不纪年，或是甲申之次年欤。此处平氏所言与李氏正相反，鄙人虽未能完全赞同自左史出之说，但亦觉得俞君之文朴质可喜，殆因不似八家之故，与鄙见有相合者也。

《四养斋诗稿》三卷，咸丰二年夏校刊，程鸿诏跋，共三十六页，计诗百五十五首。余所得一本系竹纸印，卷首有方印朱文曰，江氏云荪校读图书，末尾白文印曰，平阳汪氏藏书。余有题识书于卷头别纸，文曰：

俞理初诗自称甚不佳，亦正不必以诗重，唯诗以人重，后世自当珍惜也。《四养斋诗稿》刻板去今才九十年，而今已甚少见，盖中经太平天国之乱，久已毁灭，吾乡蔡孑民先生为俞君作年谱，求此稿终不可得，乃从皖人借读之。寒斋于不意中能得此一册，大可欣幸，正宜珍重护持之也。

中华民国三十一年八月三日雨中，知堂记。

案据程跋谓俞君自记有云："诗甚不佳，已付惜字篓，忽见诗中世上尽多善悟人句，因复存之。"今查原诗在卷三中，题曰"个中"，今全录于下，以见一斑。

豪竹哀丝动画尘，等闲笑傲亦前因。个中无限难圆梦，世上尽多善悟人。车马劳身抛素业，莺花过眼惜青春。围炉我亦酣歌者，落拓游踪难重陈。

以下共有三十首，多似无题之作，其中唯有七言四句者一首题曰“古意”而已。（民国癸未十一月二十日）

【钟校】

① 1944.1.1刊《古今》38期。《苦口甘口》题作《俞理初的著书》，从《古今》及《苦口甘口》目录改作《俞理初的著作》。

②“诙谐小说”，“诙”原作“谈”。

③“笔舌迂冗”，“冗”原作“宂”。

④“妒非女人恶德论”，“德”原作“得”。

⑤“笔舌冗漫”，“冗”原作“尣”。

陶集小记[①]

◇1943.11.26

◇苦口甘口

我平常很喜欢陶渊明的诗。说到陶诗，差不多不大有人不喜欢的，这难道确是雷同附和么？也未必然。陶诗大概真有其好处，由我个人看来，当由于意诚而辞达乎。陶集版本甚多，桥川既醉、郭绍虞诸君已有专篇著录，我辈见之只有望洋兴叹，但愿案头有一两部纸墨明净的本子，可供朝夕披诵，也就满意了。日前为得查考形夭无千岁[②]的问题，把架上所有的陶集拿来一翻，实在贫弱得很，不但没有善本，种类也并不多。但是关于两三种觉得有点闲话可说，所以记了下来，依照《买墨小记》之例，定名如上。

寒斋所有的陶集不过才二十种，其中木刻铅字石印都有，殊不足登大雅之堂，不过这都没有关系，反正供常人翻阅，也大抵可以够用了。今列记于下：

（甲）《笺注陶渊明集》十卷，四册[③]，李公焕集录，贵池刘氏“玉海堂影宋丛书”之十一，民国二年刻成。

（乙）同上，二册，“四部丛刊”初集本，民国十年顷上海涵芬楼影印。

（丙）《陶渊明诗》不分卷，一册，曾集编，“续古逸丛书”之三四，民国戊辰涵芬楼据绍熙本影印。

（丁）《陶靖节先生诗》四卷，二册，汤汉注，嘉庆元年吴氏拜经楼刊本。又同上一册，光绪中会稽章氏重刊。

（戊）《陶诗集注》四卷，四册，詹夔锡纂辑，康熙甲戌刊，附《东坡和陶诗》一卷。

（己）《陶靖节集》六卷，二册，方熊诵说，侑静斋刊本。案侑静斋所刊有《文章缘起注》，方氏跋署康熙甲戌，可以推知陶集刊行时代当相去不远也。

（庚）《陶靖节集》六卷，二册，康熙甲戌[④]胡氏谷园刊本，民国戊午上海中华书局影印。

（辛）《陶公诗注初学读本》二卷，一册，孙人龙纂辑，乾隆戊辰一经代授山房刊。

（壬）《陶诗本义》四卷，抄本一册，马墣辑注，乾隆庚寅序，此书有刊本未见。

（癸）《靖节先生集》十卷，四册，陶澍集注，道光庚子刊本，又江苏官书局有重刊本。

（子）《陶渊明集》十卷，二册，光绪二年徐椒岑仿缩刻宋本，前有莫友芝题字，世俗所谓莫刻本也。

(丑)《陶靖节诗笺》四卷，一册，古直著，“隅楼丛书”之一，民国十五年铅字排印本。

(寅)《陶渊明诗笺注》四卷，一册，丁福保编纂，民国十六年铅字排印本。

(卯)《陶渊明文集》十卷，四册，世称苏东坡写本，汲古阁用钱梅仙摹本付刊，嘉庆十二年丹徒鲁氏重刊本。

(辰)同上，二册，同治癸亥何氏笃庆堂用姚铨卿临本重刊者。

(巳)同上，三册，光绪己卯陈澧题记，据胡伯蓟临本重刊于广东。

(午)同上，二册，光绪五年会稽章氏用汲古阁影宋本刊，无题跋，盖是章石卿也。

(未)同上，二册，即是章氏原板，而改题光绪十四年九月稷山楼藏。渊明小像后添刻四言赞十八句，署光绪庚寅七月四十五世孙浚宣敬赞，卷末有跋二首，文云：

> 仿苏体书[⑤]《陶靖节集》传自南宋，波磔戈点，具法眉山。尝谓靖节之诗天怀简至，纯任自然，流水白云，神行无迹。东坡兴寄亮特，遇物超

然，其所为诗风格虽殊，性源则一，惠州所和，几同笙磬，即论心画，亦本天真，如云在天，如水行地，故写靖节诗者惟苏书为宜。吾乡郡东陶氏，系本柴桑，代传竹帛，吾友文冲同年邃精坟典，著述斐然，八法之工追迹汉魏，今得此本，墨而传之，踵企先芬，模范高躅，不特此集增一善本，而银钩璀粲，冠家集之珍雕，翠墨风流，补稽山之韵事矣。光绪庚寅夏五，越缦李慈铭书。

刻有三印，朱文曰湖唐林馆山民，白文曰慈铭私印。又朱文四行印曰，道光庚戌秀才，咸丰庚申明经，同治庚午举人，光绪庚辰进士。

予家旧藏陶集汤注大字本，纸墨安雅，非必宋椠，然出汲古本以前，献童幼未能校读，旋复散佚。近时会稽章氏刻吴骞本陶诗，即汤注也。汲古主人毛扆尝得旧写本征士集，相传为东坡书，卷中避讳阙笔审为宋本，"鬻及借人为不孝"则元以后印记。毛氏钩刻之本传世甚稀，殆如星凤，迩者人间取传本上木，点黼丰蔚，神采不远，抑亦老成典刑已。刻成板归同年友陶君文冲，弆诸稷山草堂，所以述祖德，寄古怀，乃模印分贻同学，献得之触手光发，顿还旧观。念魏晋以来别集专行绝少，往往掇拾窜乱，亡复真本，独靖节集卷第目录尚为昭明太子叙次之书，此本出宋贤手迹，首尾完具，垂垂六七百年，传诸好事，展转铅椠，辉映艺林，今又归诸好学笃信之云仍，尊若鼎彝，世守弗坠，后有考证艺文如王伯厚者，增成故实也已。光绪己丑冬十月，杭州谭献仲仪跋。

后刻白文印曰“浚宣长寿”，又朱文曰“会稽陶氏稷山楼藏书”，此跋审字迹盖是陶氏所书也。

案会稽章氏翻汲古阁影宋本虽著录于《书目答问补正》，而流传甚少，其后原板归于陶氏，模印分贻，亦大是好事，但须明著来源，不唯大方，亦见盛德，乃读李谭二跋，均隐约其辞，似从道旁拾得者，此何故耶。谭跋上边已说及章氏刻汤注陶诗，而其后乃泛称之曰人，或者未知此即是章石卿欤。昔尝见有人得杜氏《越中金石记》刻板，称为新刻，此在市人亦不足异，稷山居士雅人，似不宜如此也。

（申）《靖节先生集抄》不分卷，二册，陶及申较录，手写本。首页总题菊径传书，靖节集，筠庵手录，朱文印曰会稽陶氏家传。陶氏有《各书抄读》，《筠庵文选》中收录其小引二十篇，陶集小引未见，今录于下：

靖节诗非惟不能学，亦不可学。昭明选不多，而选者自佳，东坡讥之太过。晋书宋书南史俱为靖节立传，序靖节诗文者无虑数十家，总无出昭明右者，即白璧微瑕一语，亦缘爱人以德，何可轻诋也。集本多舛谬，诸校刻都自称善，独恨其不多缺疑，则真所谓小儿强解事者耳。原载《群辅录》而不载《搜神后记》，今仍之。庚申桂月，及申谨识。

案其时为康熙三十一年，筠庵五十七岁，所言较以前各文甚为简要，书名为抄而实系全部，与所抄《帝京景物略》同，盖其所喜也。各种抄读寒斋共得五种，其中亦以此二书为最可珍重也。

（酉）《和陶集》不分卷，抄本一册，张岱评。书名和陶，而实则具录渊明原诗，附列东坡和作，其后有张宗子补和者二十五首，前半有张氏评语，其评宗子和作部分或出于王白岳辈之手乎。抄本在东坡和诗末尾有朱笔题记五行云：

张岱号蝶庵，所著小品如《西湖梦寻》《越人三不朽》，已经梓行，其未梓者有《陶庵文集》《石匮全书》《夜行船》《快园道古》数种。兹编予于会稽谢氏案头见之，丹墨犹新，盖其手自评点者也，较订陶集异同各字，视他本最善，因借抄一册，以为行笈秘玩云。戊子仲冬朔有三日，汉阳朱景超识。

宗子和诗后又有三行云：

右蝶庵和陶，如和“规林阻风”及“六月遇火”等作，中间涂抹不一，或注改字另入字，此盖其未必定稿也，姑仍之，以俟获正集时再订。虎亭识。

案抄本中胤字缺笔，所署戊子当是乾隆之三十三年，去今亦已百七十五年矣。

宗子对于东坡殊不客气，评渊明诗固多倾倒，但也有一两处，如《答庞参军》批云，亦是应酬语，又《和胡西曹》批云，陶诗亦复不佳，语甚戆直，陶诗评语中殆不多见，颇有意思。宗子和陶诗有小引云：

子瞻喜彭泽诗，必欲和尽乃已，不知《荣木》等篇何以尚遗什分之二。今余山居无事，借题追和，已尽其数。子瞻云，古人无追和古人者，追和古人自子瞻始。乃今五百年后，又有追和古人者为之拾遗补阙，子瞻见之，得不掀髯一笑乎。

宗子所和诗不知视东坡何如，读去觉得却也还不恶，但我感觉有意味的，乃是于此搜得宗子逸诗多首，又有好些资料，如《和赠长沙公》序中有云：“博闻洽记，余慕吾家茂先，因于读《礼》之暇，作《博物志补》十卷，以续其韵。”可知宗子尚有此种著述。又《归鸟》原本四章相连，和作则分为四首，序云：“会稽土产，日铸茶，破塘笋，谢橘，杨梅，他方罕比，东坡有言，无事而受此诸事之备，惭愧惭愧，因和渊明《归鸟》韵，作诗颂之。”鸽峰草堂周氏抄本《陶庵诗集》中有咏方物五律三十七首，得此四章，可以增补。诗集中有四言《述史》十四章，与此本不同，又五言《和贫士》七章，《和述酒》《和有会而作》《和挽歌辞》三章，此本均无之，盖因东坡已和，故不重复收入欤。

以上各本中惟章石卿陶心云仿苏本有故实可考，陶筠庵抄本与张宗子评本各有意见，又希见可贵，而恰巧都是会稽山阴人，亦颇妙也。鄙人固是真心爱好陶公诗文，此处所言乃似出于乡曲之见，诚哉我犹未免为乡人也，但此亦正是不妨，因其为事实耳。

（民国癸未十一月廿六日）

【钟校】

① 1944.1.16刊《古今》39期。

②“形夭无千岁”，“夭”原作“大”。

③“四册”，原作“四卷”。

④“甲戌”，“戌”原作“戍”。

⑤“仿苏体书”，“仿”原作“放”。

广阳杂记

◇1944. 2. 12

◇立春以前

十多年前听亡友饼斋说刘继庄，极致倾倒之意，云昔曾自号掇献，以志景仰，因求得其所著《广阳杂记》读之，果极有意思。书凡五卷，“功顺堂丛书”本，卷首有王崑绳撰墓表甚佳，胜于全谢山所作传，盖了解较深也。墓表称继庄颖悟绝人，博览，负大志，不仕，不肯为词章之学，又云，生平志在利济天下后世，造就人才，而身家非所计。其气魄[①]颇与顾亭林相似，但据我看来，思想明通，气象阔大处还非顾君所能企及。还有一点特别的，继庄以北人而终老吴中，与亭林正相反。古诗云，胡马嘶北风，越鸟巢南枝，二君所为均有志士苦心存于其中，至今令后人思之亦不禁感奋。传中亦云，“又其栖栖于吴头楚尾间，茫不为枌榆之念，将无近于避人亡命者之所为”，所以也不能说是不了解，但既称继庄之才极矣，又谓其恢张过于彭躬庵，而对于继庄之许可金圣叹一事乃大叹诧，岂非还是与顾亭林骂李卓吾一样，对于恢张之才仍是十分隔膜也。刘继庄的感愤是很明瞭的，如卷一二中记洪承畴为其母及师所不齿之事，至再至三，又记金陵遗老逃而之禅别成心疾的仙人李拗机，卷二三中屡记赐姓遗事，及倒戈而终施行迁海策的黄澄施琅辈，及与杨于两谈赐姓成就人材，杨谓闽向以文胜，今多武勇之士，举林兴珠为例，继庄乃慨然曰，黄金用尽教歌舞，留与他人乐少年，遂投箸而起。此言甚可思，但此并不是继庄的唯一的长处，我觉得可佩服的此外还是其气度之大，见识之深，至少一样的值得称扬，这里文抄公的工作也不是可以太看轻的。首先我们看他自述为学的方法，卷二云：

> 余于甲子初夏在包山沈茂仁家，偶有所见，奋笔书曰，眼光要放在极大处，身体要安在极小处。迄今十年，乃不克践斯言也，甚矣知之易而行之难也。

又卷四云：

> 陈青来执贽于予，问为学之方，予言为学先须开拓其心胸，务令识见广阔，为第一义。次则于古

今兴废沿革、礼乐兵农之故一一淹贯，心知其事，庶不愧于读书。若夫寻章摘句，一技一能，所谓雕虫之技，壮夫耻为者也。

卷二谈岣嵝禹碑文字不可考释，结语云：

大都古今人非自欺则欺人与为人所欺耳，六经诸史暨三藏十二部诸家之书皆然，不止一岣嵝碑已也。

卷三云：

图麟述其前日见里巷邻家有丧，往来杂遝，而已独立门前，萧然无事，援笔书云，世俗之礼不行，世俗之人不交，世俗之论不畏，然后其势孤，势孤然后能中立。予闻其语，亟令图老书于便面，以赠伯筠。

这几节的话都说得极好，但只是理论而已，到底他自己如何运用，我们可以很简要的抄出几则来。卷二有两则云：

余观世之小人，未有不好唱歌看戏者，此性天中之《诗》与《乐》也。未有不看小说听说书者，此性天中之《书》与《春秋》也。未有不信占卜祀鬼神者，此性天中之《易》与《礼》也。圣人六经之教原本人情，而后之儒者乃不能因其势而利导之，百计禁止遏抑，务以成周之刍狗茅塞人心，是何异壅川使之不流，无怪其决裂溃败也。夫今之儒者之心为刍狗之所塞也久矣，而以天下大器使之为之，爰以图治，不亦难乎。

余尝与韩图麟论今世之戏文小说，图老以为败坏人心，莫此为甚，最宜严禁者。余曰，先生莫作此说，戏文小说乃明王转移世界之大枢机，圣人复起，不能舍此而为治也。图麟大骇，余为之痛言其故，反复数千言，图麟拊掌掀髯叹未曾有。彼时只及戏文小说耳，今更悟得卜筮祠祀为《易》《礼》之原，则六经之作果非徒尔已也。

卷四云：

旧春上元在衡山县曾卧听采茶歌，赏其音调，而于辞句懵如也。今又□[②]衡山，于其土音虽不尽解，然十可三四领其意义，因之而叹古今相去不甚远，村妇稚子口中之歌而有十五国之章法，顾左右无与言者，浩叹而止。

大抵明季自李卓吾发难以来，思想渐见解放，大家肯根据物理人情加以考索，在文学方面公安袁氏兄弟说过类似的话，至金圣叹而大放厥词，继庄所说本来也沿着这一条道路，却因为是学者或经世家的立场，所以更为精深，即在现今也是很有意义的，盖恐同意的人还不能很多也。此外有谈琐事者，如卷二云：

> 涵斋言，嘉靖以前世无白糖，闽人所熬皆黑糖也。嘉靖中一糖局偶值屋瓦堕泥于漏斗中，视之糖之在上者色白如霜雪，味甘美异于平日，中则黄糖，下则黑糖也。异之，遂取泥压糖上，百试不爽，白糖自此始见于世。继庄曰，宇宙之中万美毕具，人灵渺小，不能发其蕴，如地圆之说直到利氏西来而始知之，硝硫木炭和合而为火药，方济伯偶试而得之。以此知造化之妙伏而未见者，非算数譬喻所能尽，而世人之所知者特其一二端倪耳，吾知千世而后，必有大圣人者出而发其覆也。

记白糖原始亦是常事，我仿佛曾经见过不止一次，说的与看的人都是这样的过去完事，这里却引起那一段感想，而其见识和态度又是那么的远大厚重，显示出对于知识之期待与信赖，此即在并世亦是不易得的事。又卷一云：

> 大兄云，满洲掳去汉人子女，年幼者习满语纯熟，与真女直无别，至老年乡音渐出矣，虽操满语其音则土，百不遗一云。予谓人至晚年渐归根本，此中有至理，非粗心者所能会也。予十九岁去乡井，寓吴下三十年，饮食起居与吴习，亦自忘其为北产矣。丙辰之秋大病几死，少愈，所思

者皆北味，梦寐中所见境界无非北方幼时熟游之地，以此知汉高之思丰沛，太公之乐新丰，乃人情之至，非诬也。

我以前查考朱舜水遗事，曾见日本原公道著《先哲丛谈》卷三中有一则云："舜水归化历年所，能和语，然及其病革也，遂复乡语，则侍人不能了解。"当时读之怆然有感，今见此文，可用作笺疏，而称其有至理，刘君之情乃尤可感矣。《杂记》原本或是随时札记，亦有从日记录出者，如记叙各地风物小文，似均是其中之一部分，寥寥数十字或百许字，文情俱胜，在古文游记中亦绝不多见。卷四中谈《水经注》，有云：

郦道元博极群书，识周天壤，其注《水经》也，于四渎百川之原委支派，出入分合，莫不定其方向，纪其道里，数千年之往迹故渎，如观掌纹而数家宝，更有馀力，铺写景物，片语只字，妙绝古今，诚宇宙未有之奇书也。

这里赞《水经注》铺写景物的话[③]，正好借了来称赞他，虽然这也只是如文中所说的一点馀力而已。如卷二云：

长沙小西门外，望两岸居人，虽竹篱茅屋，皆清雅淡远，绝无烟火气。远近舟楫上者下者，饱张帆者，泊者，理楫者，大者小者，无不入画，天下绝佳处也。

卷三云：

七里泷山水幽折，非寻常蹊径，称严先生之人，但所谓钓台者远在山半，去江约二里馀，非数千丈之竿不能钓也。二台东西峙，覆以茅亭，其西台即宋谢皋羽痛哭之处也，下有严先生祠，今为营兵牧马地矣，悲哉。

卷四云：

蕲州道士洑在江之西南，山极奇峭，有兰若临江，树木丛茂，大石数十丈踞江边。舟过其下，仰望之，复自看身在舟中，舟在江中，恍如画里，佳绝。

又云：

汉口三元庵后有亭曰快轩。轩后高柳数百株，平野空阔，渺然无际。西望汉阳诸山，苍翠欲滴。江南风景秀丽，然输此平远矣。

汉水之西南，距大别之麓，皆湖渚，茭芦菱芡，弥漫苍莽。江口筑堤，走龟山之首，约里许，自西达东，石甃平整，循堤而东，南望湖渚，有江南风景。

汉阳渡船最小，俗名双飞燕，一人而荡两

桨，左右相交，力均势等，最捷而稳。且其值甚寡，一人不过小钱二文，值银不及一厘，即独买一舟亦不过数文。故谚云，行遍天下路，惟有武昌好过渡。信哉。

末了我辈再来引一段做结束，卷三云：

偶与紫庭论诗，诵魏武观沧海诗，水何澹澹，山岛竦峙，草木丛生，洪波涌起。紫庭曰，只平平写景，而横绝宇宙之胸襟眼界，百世之下犹将见之，汉魏诗皆然也，唐以后人极力作大声壮语以自铺张，不能及其万一也。余深叹服其语，以为发前人未发。紫庭慨然诵十九首曰，不惜歌者苦，但伤知音稀。非但能言人难，听者正自不易也。

这一节话我们刚好拿来作《杂记》的总评，紫庭所说横绝宇宙之胸襟眼界，正是刘继庄所自有的，只可惜在《杂记》中零星的透露出来，没有整个的著作留下，可以使我们更多知道一点。王崑绳在墓表中说，盖其心廓然大公，以天下为己任，使得志行乎时，建立当不在三代下，这意见我是极为赞同的，虽然在满清时根本便不会得志，大概他的用心只在于养成后起的人而已吧。这里就是那十九首的悲哀，乾隆以来大家已是死心塌地的颂圣，若全谢山能知继庄行踪之异，也算是不易得的了。清季风气一转，俞理初蒋子潇龚定庵戴子高辈出，继庄的学问始再见重于世，友人间称扬此书者亦不少。饼斋治文字音韵之学，对继庄这一方面的绝诣固极心折，但其所最为倾倒者当亦在于思想明通气象阔大这一点上，则与鄙人盖相同也。我得《广阳杂记》，阅读数过，蓄意抄录介绍，数年来终不果，至今始能草草写成此文，距饼斋谢世则已五阅春秋矣。（三十三年除夕）

【钟校】

①“气魄”，“魄”原作“魂”。

②原刊如此，经查系刻有阙字。

③“铺写景物的话”，原无“的”，今增。

阳九述略[①]

◇1944.2.18

◇苦口甘口

甲申年又来到了。我们这么说，好像是已经遇见过几回甲申年似的，这当然不是。我也是这回才算遇见第二回的甲申年，虽然精密一点的算，须得等到民国三十四年，我才能那么说，因为六十年前的今日我实在还没有出世也。说到甲申，大家仿佛很是关心，这是什么缘故呢？崇祯十七年甲申是崇祯皇帝殉国明亡的那一年，至今恰是三百年了。这个意义之重大是不必说的。

民国初年我在绍兴，看见大家拜朱天君，据说这所拜的就是崇祯皇帝。朱天君像红脸披发赤足，手执一圈，云即象征缢索，此外是否尚有一手握蛇，此像虽曾见过，因为系三十年前事，也记不清楚了。民间还流行一种《太阳经》，只记得头一句云：

太阳明明朱光佛。

这显然是说明朝皇帝，其中间又有一句云：

太阳三月十九生。

三月十九日正是崇祯皇帝的忌辰，则意义自益明瞭了。年代相隔久远，东南海边的人民尚在那么怀念不忘，可见这一年的印象是多么深刻。现今民国建立，初次遇见甲申之年，抚今追昔，乐少哀多，闻有识者将发起大会，以为纪念，此正是极当然的事也。

中国古来皇帝国亡身殉者并不少，民间并未见得怎么纪念。李自成本来不是好东西，但总也比得过明太祖，若是他做得下去，恐怕这件事或者也就麻胡过下了吧。可是清兵被吴三桂请了进来，定鼎燕京，遗老在东南及西南方面力谋反抗，事虽不成，其影响于人心者实深而且大，末后虽化而为宗教仪式，亦尚历久不灭焉。但是就当年事实而论，崇祯与明朝其时已为人所共弃，不，至少也为北京内臣外臣之所弃了。吴庆坻著《蕉廊脞录》卷五云：

阅《流寇长编》，卷十七纪甲申三月甲辰日一事云，京官凡有公事，必长班传单，以一纸列衔姓，单到写知字。兵部魏提塘，杭州人，是日遇一所识长班亟行，叩其故，于袖出所传单，乃中官及文武大臣公约开门迎贼，皆有知字，首名中官则曹化淳，大臣则张缙彦。此事万斯同面问魏提塘所说。按京师用长班传送知单，三百年来尚沿此习，特此事绝奇，思宗孤立之势已成，至中官宰相倡率开门迎敌，可为痛哭者矣。

京中大小臣工既已如此，人民却是如何？知单开城这种阔绰举动，固然没有他们的分，但是秦晋燕豫这几省当流寇的人虽是为生计所迫，而倒戈相向，也显然是视君如寇仇了。朱舜水著《阳九述略》中第一篇致虏之由云：

中国之有逆虏之难，贻羞万世，固逆虏之负恩，亦中国士大夫之自取之也。语曰，木必朽而后蛀生之，未有不朽之木蛀能生之者也。杨镐养寇卖国，前事不暇渎言，即如崇祯末年缙绅罪恶贯盈，百姓痛入骨髓，莫不有时日曷丧及汝偕亡之心，故流贼至而内外响应，逆虏入而迎刃破竹，惑其邪说流言，竟有前徒倒戈之势，一旦土崩瓦解，不可收拾耳。不然，河北二十四郡岂无坚城，岂无一人义士，而竟令其韬戈服矢，入无人之境至此耶。总之莫大之罪尽在士大夫，而细民无知，徒欲泄一朝之愤，图未获之利，不顾终身及累世之患，不足责也。

下文叙说明朝以制义举士，士人以做文章为手段，做官为目的，不复知读书之义，因此无恶不作，列举现任官与在乡官害民之病，凡七八百言，末了结论云：

> 总之官不得人，百蔽丛集。百姓者黄口孺子也，绝其乳哺，立可饿死，今乃不思长养之方，独工掊克之术，安得而不穷。既被其害，无从表白申诉，而又愁苦无聊，安得不愤懑切齿，为盗为乱，思欲得当，以为出尔反尔之计。……是以逆虏乘流寇之讧而陷北京，遂布散流言，倡为均田均役之说，百姓既以贪利之心，兼欲乘机而伸其抑郁无聊之志，于是合力一心，翘首傒后。彼百姓者，分而听之则愚，合而听之则神，其心既变，川决山崩。以百姓内溃之势，歆之以意外可欲之财，以到处无备之城，怖之以狡虏威约之渐，增虏之气，以相告语，诱我之众，以为前驱，所以逆虏因之，溥天沦丧。非逆虏之兵强将勇，真足无敌也，皆士大夫为之驱除耳。

《阳九述略》收在舜水文集中，作为卷二十七，又有单行本，与卷二十八《安南供役纪事》同作一册，寒斋于全集外亦有此本，封套上有椭圆朱文木印云，全集抄出印本五十部之一。民国初年有重编铅印全集，云校勘出马一浮手，而颇多谬误，今所据仍为日本刻本。此文末署辛丑年六月，盖明亡后十七年，留予其门人安东守约。文经传刻，多有生涩处，或由字误亦未可知，今悉仍其旧。所说官民断送明朝本非新的发见，唯语颇深切，且谓清兵宣传均田，人民悉受其愚，此种传说殊有意义，觉得更值得提出来加以注意者也。

民不聊生，铤而走险，此亦是古已有之，或者如朱君所言，不足责矣。但是士大夫，为什么至于那么不成样子的呢？说是崇祯皇帝刻薄寡恩，却也并没有什么对不起他们的地方，何至与流寇同一鼻孔出气。这个原因一定是有而且很深的。我在小时候看过些明末的野史，至今还不能忘记的是张献忠这一段之外便是魏忠贤的一段，我觉得造生祠是划时代的大事，是士大夫堕落的顶点。看过的书一时找不着了，只就《二申野录》卷七天启六年丙寅项下摘抄本文云："浙江巡抚潘汝桢请俯顺舆情[②]，鼎建厂臣祠宇，赐额以垂不朽，从之。"小注云：

> 礼部阎可升曰，二三年建媚献祠，几半海内，除台臣所劾外，尚有创言建祠者李蕃也。其天津河间真定等处倡率士女，醵金建祠，上梁迎像，行五拜礼，呼九千九百岁，目中真不知有君父矣。创建两祠者李精白也。其迎忠像旗帜上对联有

> 云：至神至圣，中乾坤而立极；多福多寿，同日月以常明。若乃毛一鹭之建祠应天，姚宗文张翼明建祠于湖广、大同，朱蒙童建祠于延绥，刘诏蓟州建祠用冕旒金像，吴淳夫临清祠毁民房万馀间，河南建祠毁民房一万七千馀间[③]，江西建祠毁先贤澹台灭明之祠，诸如此辈不可胜纪。上得罪于名教，下播恶于生民，取百取千，只博泥沙之用，筑愁筑怨，争承尸祝之欢，皆汝桢之疏作之俑也。

至于生祠的名号，据《两朝识小录》说，自永恩祠创始而后，有怀仁、崇仁、隆仁、彰德、显德、怀德、昭德、茂德、戴德、瞻德、崇功、报功、元功、旌功、崇勋、茂勋、表勋、感恩、祝恩、瞻恩、德馨、鸿惠、隆禧，已是应有尽有，就只没有说出圣神这两字来，但杭州的祠建于关岳两祠之间，国子监生陆万龄呈请建祠于太学之侧，则也就是这个意思了。陆监生请以魏忠贤配享孔子疏云，“孔子作《春秋》，厂臣作《要典》，孔子诛少正卯，厂臣诛东林党人，礼宜并尊。”此种功夫原是土八股的本色，唯其有此精神，乃能知单迎贼。舜水列举士大夫的恶迹，而未曾根究到这里，殆只知症候而未明其病根也。

十几年前我曾写过一篇《闭户读书论》，其中有云，我始终相信二十四史是一部好书，他很诚恳地告诉我们过去曾如此，现在是如此，将来也是如此。这话未免太阴沉一点了吧，我愿意改过来附和巴古宁[④]的旧话，说历史的用处是在警告我们不要再如此。明朝甲申之变至少也该给我们一个大的教训。民不聊生，为盗为乱，又受外诱，全体崩溃，是其一。士人堕落，唯知做官，无恶不作，民不聊生，是其二。这两件事断送了明朝，至今已是三百年，引起现在人的追悼，继以嗟叹，末了却须得让我们来希望，如巴古宁所说，以后再没有这些毛病了。《阿房宫赋》云，秦人不暇自哀而后人哀之，后人哀之而不鉴之，亦使后人而复哀后人也。这两句话已经成为老生常谈，却是很有意义的，引来作结，倒也适宜。论史事亦殊危险，容易近于八股，故即此为止，不复多赘。

（中华民国三十三年二月十八日，北京）

【钟校】

① 1944.4.1刊《古今》43期，题作《甲申怀古》。

②“俯顺舆情”，原无“顺”字，今增。

③“一万七千馀间”，“千”原作“十”。

④“巴古宁”，一般均译作“巴枯宁”，下同。

读鬼神论

◇1944. 5. 16

◇苦口甘口

偶然买得《钝砚卮言》一册，有小引署道光戊申元和钱绮自识。案张星鉴《仰萧楼文集》中有《怀旧记》，其第二则即记钱君事，云好左氏传，著《左札》七卷，又熟明季遗事，著《南明书》三十六卷，复治算学，成《苏城日晷表》一卷，咸丰八年卒，年六十一。张君出陈硕甫门下，治汉学，其为文以渊雅为宗，昭明是尚，读其遗集，心甚爱好之。《怀旧记》云，所录记十人，皆文章学行有益于余者也。由此推想，钱君亦当非凡人，乃读《卮言》则四分之三均谈天文地理，三十九篇之中所能了解者才有十篇左右，未免失望。其中有《鬼神论》，却很有意思，娓娓千三百言，情理两备，为不可多得之作。如篇首云：

鬼神生于人心，自为不易之论。人心有所敬，则为天地五祀之鬼神，人心有所爱，则为祖考眷属之鬼神，人心有所畏，则为妖异厉恶之鬼神。盖人与物皆秉阴阳二气以生，及其死而魂气归于阳，形魄归于阴，既散者不可复合，何鬼神之有。然人心至灵，心之所结，无形而若有形，无声而若有声，古圣王因人心而制为祭祀，以作其不忍不敢之心，俾无形无声中犹且致其爱敬与畏，以报生成之德，以严幽独之防。

又云：

自古至今，事鬼物之仪物亦屡变，谁实为之，人为之也。试问今之楮衣冥镪诸物而果可用乎，则金银皆外实中虚，衣服皆有表无里；楮衣冥镪而果无用乎，则何以索衣索镪，或形诸梦寐，或托诸巫言，盖人心以为可用，遂若有用之者耳。古无神仙之说，自秦始皇信方士求不死之药，而有所谓十洲三岛者，有所谓尸解飞升者，以致符箓乩仙诸术，亦时见灵异。古无地狱轮回之说，自天竺法入中国，而或有既死复苏言冥司事者，或有托生他处能记前生事者，或有为活阎罗走无常者。惟因人心而生，故其变幻之端亦随世而增益。……且子女扰杂之地，祠庙不灵，愚贱祷媚之诚，木石著异，凡此之类，莫非人为之也，人为之而鬼神即应之，信乎鬼神之生于人心也。谚云，阴阳只怕懵懂。此言至为孟浪，却至为有理，其人心无鬼神，鬼神亦竟无矣。

其结论云：

总之鬼神生于人心，不可斥以为无，亦不可执以为有。斥以为无，则祭祀不能尽诚；执以为有，则巫妖得以鼓惑。孔子曰，鬼神之为德，其盛矣乎。又曰，务民之义，敬鬼神而远之。此之谓能事鬼神，此之谓知鬼神之情状。

案焦里堂《易馀籥录》卷十，引明王子充撰御史严天祥墓铭，记在傅说祠侧见鬼事，论之曰：

鬼神本与人远，人日近之，则鬼亦近人。故祸福休咎之灵，必出于素信鬼物之人，远之则不灵矣。孔子所谓敬鬼神而远之，非徒不惑于虚而已，故与之亲与与之忤皆不可，此远与敬所以相因也。

此与上文可相发明，祸福休咎之灵，必出于素信鬼物之人，即上文所云，愚贱祷媚之诚，木石著异。俗谚云，阴阳只怕懵懂，说得远之则不灵的这一反面，又云，疑心生暗鬼，亦即是正面的说明矣。与之亲与与之忤皆不可，即上文所云，不可斥以为无，亦不可执以为有，意见正是相同也。

鬼神生于人心，这句话本来也很平常，但是我颇觉得喜欢，因为与我的意思有点相合。在十年前我写过一篇小文，名曰《鬼的生长》，其中有云：

> 我不信鬼，而喜欢知道鬼的事情。此是一大矛盾也。虽然我不信人死为鬼，却相信鬼后有人，我不懂什么是二气之良能，但鬼为生人喜惧愿望之投影则当不谬也。陶公千古旷达人，其《神释》云，应尽便须尽，无复更多虑。在《拟挽歌辞》中则云，欲语口无音，欲视眼无光，昔在高堂寝，今宿荒草乡。陶公于生死岂尚有迷恋，其如此说于文词上固亦大有情致，但以生前的感觉推想死后况味，正亦人情之常，出于自然者也。常人更执着于生存，对于自己及所亲之翳然而灭，不能信亦不愿信其灭也，故种种设想，以为必继续存在，其存在之状况则因人民地方以至各自的好恶而稍稍殊异，无所作为而自然流露，我们听人说鬼，实即等于听其谈心矣。

后来又在《说鬼》的一文中云：

> 我们喜欢知道鬼的情状与生活，从文献从风俗上各方面去搜求，为的可以了解一点平常不易知道的人情，换句话说就是为了鬼里边的人。

所谓鬼里边的人，即是使这些鬼神，以及事鬼神之仪物，神仙之说，地狱轮回之说等等所由生的人心是也。哈理孙女士著《希腊神话论引言》中有一句话，说得很得要领：

诸神乃是人间欲望之表白，因了驱除与招纳之仪式而投射出来的结果。

我所说的只是鬼一边，现在这样便已满足，神的一边也就有了。钱君所列举的敬与爱与畏，说鬼神之所由起，很是圆到，我说的一节也即属于爱的部分，但这只是关于现今的方便说法，实在说最重要的还是畏居第一，末了是爱，敬只介在中间，讲到底如不是敬畏也就是敬爱，单是敬的几乎可以说是没有。人间的大欲望是生与生生，凡对于这个有妨害的必须设法防御，若是有利益的自当竭力奉迎，宗教根本意义只是驱邪降福，所谓驱除与招纳之仪式，即鬼外边，福里边二语尽之矣。在巫师以自力作法的时候，这都好办，到得司祝但凭他力，承令旨取进止时，比较的少把握了，叩头乞恩与供物求宥反正其结果都出于不测之威，所以还是以畏为主。说福进来时仿佛有着一种咒力，若是开大门迎财神爷，他肯光降与否就不一定。又世人虽重财，而敬火神则尤虔诚，这是很有意思的。上边所说由爱而生的鬼神，也即是古人所谓不死其亲的意思，极富于人情，不过很是后起的事，而且爱不胜畏，往往保[1]存于仪式中，盖眷属虽亲，鬼则可恐，乡间诗礼之家丧出犹不忘碎碗，回丧则越火烟而过，皆是对于死者的恐怖之表示。世间高级宗教中对于无形的神之敬与爱，鄙人少信未能知道，若是凡民的俗信却是很有兴趣，倘得有暇多搜集资料，整理细绎之，亦是快心的事也。小时候听念佛老太婆说，阴间豆腐干每块二百文，颇觉得诙诡可喜，虽然当时不曾问她的依据，唯其阴间物价极高的意思则固可以了解。阴间的人尚在吃豆腐干，则他物准是，其情状当与阳世无甚殊异，此又可以推知，至于特别提出豆腐干而不云火腿皮蛋者，乃是念佛老太婆的本色，亦甚有意思者也。这样一件小事，在我觉得比高谈心性还有兴味有意义，值得费点心思来加以考索。古人咏史诗云，不问苍生问鬼神。汉宣帝的事情我们且不管他，但是鬼神原是与苍生有密切关系的，只要谈的适当，这与咨问民间疾苦可以有同样的效应。我们敬鬼神而远之，对于鬼神的问题却当加意考察，因其中盖有人心的机微存在也。　　（民国甲申五月十六日，北京）

【钟校】

①“保存于仪式中”，“保”原作“俌”。

希腊之馀光[①]

◇1944. 5. 31
◇苦口甘口

一个月以前，在日本书店里偶然得到一册长坂雄二郎译的《古代希腊文学史》，引起我好些的感想。这是理查及勃教授的原著，本名《希腊文学初步》，是麦克米兰书店“文学初步丛书”之一。这丛书虽然只是薄薄的小册子，却是很有意思，我所有的四册都很不错，其中两种觉得特别有用，便是这《希腊文学》，以及勃路克牧师所著的《英国文学》。我买到《英国文学初步》还是在民国以前，大概是一九一〇年，距离当初出版的一八七六已是三十四年，算到现在，恰巧又是三十四年了。我很喜欢勃路克的这册小书，心想假如能够翻译出来，再于必要处适宜的加以小注，是极好的一本入门书，比自己胡乱编抄的更有头绪，得要领。对于希腊文学也是如此想，虽然摩利思博士的《英文法初步》我也喜欢，却觉得总还在其次了。光阴荏苒的过去了三十几年，既不能自己来动手，等别人自然是靠不住，偶尔拿出来翻阅一下，还只是那两册蓝布面的原书而已。但是勃路克的书在日本有了石川诚的译本，名曰《英国文学史》，一九二五年初版，我所有的乃是一九四一年的改订再版本，及勃的书则出版于去年冬天，原书著作为一八七七年，盖是著者三十七岁时，去今已有六十七年矣。

我的感想，其一是这《希腊文学初步》在日本也已有了译本了，中国恐怕一时不会有，这是很可惜的事。其二是原书在起头处说过，是写给那不懂希腊文，除译本外不会读希腊书的人看的，因此又觉得在中国此刻也还不什么等用，或者不及翻译与介绍要紧。其三想到自己这边，觉得实在也欠用力，虽然本来并没有多少力量。在十四五年前，适值北京大学三十二周年纪念，发刊纪念册，我曾写过一篇小文，题曰“北大的支路”，意思是说于普通的学问以外，有几方面的文化还当特别注重研究，即是希腊，印度，亚剌伯与日本。大家谈及西方文明，无论是骂是捧，大抵只凭工业革命以后的欧美一两国的现状以立论，总不免是笼统，为得明了真相起见，对于普通称为文明之源的古希腊非详细考察不可，况且他的文学哲学自有其独特的价值，据愚见说来其思想更有与中国很相接近的地方，总是值得萤雪十载去钻研他的，我可以担保。当时我说的有点诙谐，但意思却是诚实的，至今也并没有改变。所可惜的是，中国学问界的情形也是没有改变。但是这有什么办法呢？日本在明治末年也还是很少谈希腊事情的人，但克倍耳教授已在大学里鼓吹有年，近二十年中人材辈出，译书渐多，这是很可羡慕的事。中国从何说起，此刻现在，学艺之不振岂不亦是应该，当暗黑时正当暗黑可也。不过话又说回来，现今假如尚有馀裕容得人家来写文章，谈文学，则希腊的题目似尚有可取，虽然归根到底不免属于清谈之内，在鄙人视之乃觉得颇有意义，固不尽由于敝帚自珍耳。

我曾经写过一篇谈希腊人的好学的文章，引用瑞德著《希腊晚世文学史》里的话，讲《几何原本》作者欧几里特的事。原文大意云：

> 欧几里特，希腊式的原名是欧克莱台斯，约当基督二百九十年前生活于亚力山大城，在那里设立一个学堂，下一代的有些名人多是他的弟子。关于他的生平与性格我们几乎一无所知，虽然有他的两件轶事流传下来，颇能表示出真的科学精

神。其一是说普多勒迈一世问他，可否把他的那学问弄得更容易些，他回答道，大王，往几何学那里去是并没有御道的。又云，有一弟子习过设题后问他道，我学了这些有什么好处呢。他就叫一个家奴来说道，去拿两分钱来给这厮，因为他是一定要用了他所学的东西去赚钱的。后来他的名声愈大，人家提起来时不叫他的名字，只说原本氏就行了。

部丘教授在《希腊之好学》文中云：

自从有史以来，知这件事在希腊人看来似乎他本身就是一件好物事，不问他的所有的结果。他们有一种眼光锐利的，超越利益的好奇心，要知道大自然的事实，人的行为与工作，希腊人与外邦人的事情，别国的法律与制度。他们有那旅人的心，永远注意着观察记录一切人类的发明与发见。

这样为知识而求知识的态度甚可尊重，为纯粹的学问之根源，差不多为古希腊所特有，而在中国又正是缺少，我们读了更特别觉得是有意义的事。

在《希腊的遗产》这册论文集中，列文斯顿论希腊文学的特色，第三是求真，这与上文有可以互相发明的地方。引了史诗与抒情诗的实例之后，讲到都屈迭台斯的史书，叙述希腊内争的一幕。这是基督四百二十四年前的事，即中国春秋时威烈王二年，斯巴达大将勃拉西达斯将攻略安非坡利斯，雅典大将都屈迭台斯在塔索斯，相距是一日半的水程，仓忙往救。勃拉西达斯急与市民议款，特予宽大，市遂降服。史书中云：

> 是日晚，都屈迭台斯与其舟师入蔼翁港，但已在勃拉西达斯占据安非坡利斯之后，若再迟一宿，则彼更将并取蔼翁而有之矣。

此文看似寻常，但我们须知道，雅典大将都屈迭台斯即是记此事实的史家都屈迭台斯，而因了这里那么用了超然中立的态度所记的一件事，乃使他不得不离开祖国，流放在外至二十年之久。列文斯顿评云：

> 都屈迭台斯客观地叙述简单的事实，好像是关系别个人似的，对于他一生中最大的不幸没有一句注释，没有不服，辩解，说明，或恨憎之词。他用第三人身写他自己。现代大将写自己的失败不是用这种写法的，但这正是希腊的写法。都屈迭台斯忘记了他自己和他的感情，他只看见那不幸的一天，他同了他的舟师沿河上驶，却见安非坡利斯的城门已经对他紧闭了。他这样的不顾自己的事，并不曾说这是不幸，虽然这实是不幸，对于他和他的故国。假如我们不知道他是雅典人，那么我们单从他的史书上就很不容易分别，在这

战事上他是偏袒雅典的呢，还是偏袒斯巴达，因为他是那么全然的把他和他的感情隐藏起来了。可是他乃是热烈的爱国者，而他正在记述这战事，在这一回里，他的故国便失掉了主权与霸图。

严正的客观到了这地步，有点超出普通的人力以上，但真足为后世学人的理想模范，正如太史公言，虽不能至，心向往之矣。

谈到希腊事情，大家总不会忘记提及他们的爱美这一节的。列文斯顿也引了所谓荷马颂歌里的一篇《地母颂》，与丁尼孙的诗相比较，他说，丁尼孙虽是美，而希腊乃有更上的美，这并非文字或比喻或雕琢之美，却更为简单，更为天然，更是本能的，仿佛这不是人间却是自然如自己在说话似的。比诗歌尤为显明的例是希腊神话的故事，这正是如诗人济慈所说的希腊的美的神话，同样的出于民间的想像，逐渐造成，而自有其美，非北欧统系的神话所能及。列文斯顿说，就是在干燥无味的神话字典中，如亚塔阑达，那耳吉索斯，辟格玛利恩，阿耳孚斯与欧吕迭开，法伊东，默杜萨各故事，都各自有其魔力。这评语实在是不错的，不过传述既成的故事，也没有多大意思，还不如少为破点工夫，看其转变之迹，意义更为明显。希腊神话故事知道的人不少，一见也似平常，但是其形状并非从头就是如此，几经转变，由希腊天才加以陶融剪裁，乃始成就。希腊人以前的原住民没有神话，据古史家说，他们祀神呼而告之，但他们不给神以称号，亦无名字。罗马人在未曾从希腊借用神话以前情形也是如此，他们有渺茫的非人格的鬼物似的东西，他们并不称之曰诸神，只称之曰诸威力。威力是没有人的特性的，他没有性别，至少其性别是无定的，这只须参考古时的祈祷文便可明了，文中说祷告于精灵，无论是男是女。希腊民族乃是“造像者”，如哈理孙女士在《希腊神话论》引言中所说，他们与别的民族同样的用了宗教的原料起手，对于不可见的力之恐怖，护符的崇拜，未满足的欲望等，从那些渺茫粗糙的材料，他们却造出他们的神人来。我们一面再看埃及印度，也曾造有他们的神人，可是这与希腊的又是多么不同，埃及的鸟头牛首，印度的三头千手，在希腊都是极少见的。其实希腊何尝没有兽形化的神人，以及其他的奇怪事，只是逐渐转变了，不像别国的永远不变，因为有祭司与圣经的制限。哈理孙女士说，希腊民族不是受祭司支配而是受诗人支配的。照诗人这字的原义，这确是所谓造作者，即艺术家的民族。他们不能容忍宗教中之恐怖与恶分子，把他渐益净化，造成特殊的美的神话，这是他们民族的一种成就，也是给予后世的一个恩惠。《希腊神话论》第三章是论山母的，里边详说戈耳共与蔼利女斯的转变，很是明白，也于我们最为有益。戈耳共本来是泰山石敢当似的一个鬼脸，是仪式上的一种面具，竭力做的丑恶，去恐吓人与妖魔的。既然有了头，那么一定有一个戈耳共在那里，或者更好是三数，于是有了三姊妹的传说，默杜萨即是最幼小的一个。戈耳共面普通都拖舌、瞪眼、露出獠牙，是恐怖之具体的形象。可是自从这成为默杜萨的头以后，希腊艺术家逐渐的把她变成了一个可怜的含愁的女人的面貌，虽然头发还是些活蛇，看见她面貌的人也要被变作石头。蔼利女斯如字义所示，是愤怒者，即是怒鬼，要求报复之被杀害的鬼魂。她们形状之可怕是可以想见的，大抵是戈耳共与哈耳普亚二者之合成，在报仇的悲剧中出现，是很惨怆的一种物事。在为报父仇而杀母的阿勒思特斯经雅典那女神被除免罪，与蔼利女斯和解之后，她们转变为慈惠神女，或称庄严神女，完全变换了性格。亚耳戈思地方左近有三方献纳的浮雕，刻出庄严神女的像，她们不再是那悲剧里可厌恶可恐怖的怨鬼，乃是三个镇静的主母似的形像，左手执着花果，即繁殖的记号，右手执蛇，但现在已不是愁苦与报复之象征，乃只是表示地下，食物与财富之源的地下而已。哈理孙女士结语中云，在戈耳共与地母上，尤其是在蔼利女斯上，我们看出净化的进行，我们目睹希腊精神避开了恐怖与愤怒而转向和平与友爱，希腊的礼拜者废除了驱除的仪式而采取侍奉的自由。罗斯金又评论希腊人说，他们心里没有畏惧，只是忧郁，惊愕，时有极深的哀愁与寂寞，但是决无恐怖。这样看来，希腊人的爱美并不是简单的事，这与驱除恐怖相连结，影响于后世者极巨，很值得我们的注意。这里语焉不详，深不自满，只是表示野人献芹之意，芹只一二根，又或苦口，更增惶恐矣。

此次因见日译《古代希腊文学史》出版，稍有感想，便拉杂写了下来。大意只是觉得古希腊的探讨对于中国学艺界甚有用处，希望其渐益发达，原典翻译固然很好，但评论参考用书之编译似尤为简捷切要，只须选择得宜，西欧不乏佳籍，可供学子之利用，亦是事半而功倍。大抵此种工作，语学固是必要，而对于希腊事情之爱好与理解亦是紧要的事，否则选择即不容易，又出力不讨好，难得耐寂寞写下去也。

（民国甲申，五月末日）

【钟校】

① 1944. 8. 1 刊《艺文杂志》7、8 期合刊。

灯下读书论[①]

◇1944.8.2

◇苦口甘口

以前所做的打油诗里边，有这样的两首是说读书的，今并录于后。其辞曰：

饮酒损神茶损气，读书应是最相宜，圣贤已死言空在，手把遗编未忍披。

未必花钱逾黑饭，依然有味是青灯，偶逢一册长恩阁，把卷沉吟过二更。

这是打油诗，本来严格的计较不得。我曾说以看书代吸纸烟，那原是事实，至于茶与酒也还是使用，并未真正戒除。书价现在已经很贵，但比起土膏来当然还便宜得不少。这里稍有问题的，只是青灯之味到底是怎么样。古人诗云，青灯有味似儿时。出典是在这里了，但青灯究竟是怎么一回事呢？同类的字句有红灯，不过那是说红纱灯之流，是用红东西糊的灯，点起火来整个是红色的，青灯则并不如此，普通的说法总是指那灯火的光。苏东坡曾云，纸窗竹屋，灯火青荧，时于此间，得少佳趣。这样情景实在是很有意思的，大抵这灯当是读书灯，用清油注瓦盏中令满，灯芯作炷，点之光甚清寒，有青荧之意，宜于读书，消遣世虑。其次是说鬼，鬼来则灯光绿，亦甚相近也。若蜡烛的火便不相宜，又灯火亦不宜有蔽障，光须裸露，相传东坡夜读佛书，灯花落书上烧却一僧字，可知古来本亦如是也。至于用的是什么油，大概也很有关系，平常多用香油即菜子油，如用别的植物油则光色亦当有殊异，不过这些迂论现在也可以不必多谈了。总之这青灯的趣味在我们曾在菜油灯下看过书的人是颇能了解的，现今改用了电灯，自然便利得多了，可是这味道却全不相同，虽然也可以装上青蓝的磁罩，使灯光变成青色，结果总不是一样。所以青灯这字面在现代的词章里，无论是真诗或是谐诗，都要打个折扣，减去几分颜色，这是无可如何的事，好在我这里只是要说明灯右观书的趣味，那些小问题都没有什么关系，无妨暂且按下不表。

圣贤的遗编自然以孔孟的书为代表，在这上边或者可以加上老庄吧。长恩阁是大兴傅节子的书斋名，他的藏书散出，我也收得了几本，这原是很平常的事，不值得怎么吹嘘[2]，不过这里有一点特别理由。我有的一种是两小册抄本，题曰“明季杂志”。傅氏很留心明末史事，看《华延年室题跋》两卷中所记，多是这一类书，可以知道，今此册只是随手抄录，并未成书，没有多大价值，但是我看了颇有所感。明季的事去今已三百年，并鸦片洪杨义和团诸事变观之，我辈即使不是能惧思之人，亦自不免沉吟，初虽把卷终亦掩卷，所谓过二更者乃是诗文装点语耳。那两首诗说的都是关于读书的事，虽然不是鼓吹读书乐，也总觉得消遣世虑大概以读书为最适宜，可是结果还是不大好，大有越读越懊恼之慨[3]。盖据我多年杂览的经验，从书里看出来的结论只是这两句话，好思想写在书本上，一点儿都未实现过，坏事情在人世间全已做了，书本上记着一小部分。昔者印度贤人不惜种种布施，求得半偈，今我因此而成二偈，则所得不已多乎。至于意思或近于负的方面，既是从真实出来，亦自有理存乎其中，或当再作计较罢。

圣贤教训之无用无力，这是无可如何的事，古今中外无不如此。英国陀生在讲希腊的古代宗教与现代民俗的书中曾这样的说过：

希腊国民看到许多哲学者的升降，但总是只抓住他们世袭的宗教。柏拉图与亚利士多德，什诺与伊壁鸠鲁的学说，在希腊人民上面，正如没有这一回事一般。但是荷马与以前时代的多神教却是活着。

斯宾塞在寄给友人的信札里，也说到现代欧洲的情状：

宣传了爱之宗教将近二千年之后，憎之宗教还是很占势力。欧洲住着二万万的外道，假装着基督教徒，如有人愿望他们照着他们的教旨行事，反要被他们所辱骂。

上边所说是关于希腊哲学家与基督教的，都是人家的事，若是讲到孔孟与老庄，以至佛教，其实也正是一样。在二十年以前写过一篇小文，对于教训之无用深致感慨，末后这样的解说道：

这实在都是真的。希腊有过梭格拉底，印度有过释迦牟尼，中国有过孔子老子，他们都被尊崇为圣人，但是在现今的本国人民中间，他们可以说是等于不曾有过。我想这原是当然的，正不必代为无谓的悼叹。这些伟人倘若真是不曾存在，我们现在当不知怎么的更为寂寞，但是如今既有言行流传，足供有知识与趣味的人欣赏，那也就尽够好了。

这里所说本是聊以解嘲的话，现今又已过了二十春秋，经历增加了不少，却是终未能就此满足，固然也未必真是床头摸索好梦似的，希望这些思想都能实现，总之在浊世中展对遗教，不知怎的很替圣贤感觉得很寂寞似的，此或者亦未免是多事，在我自己却不无珍重之意。前致废名书中曾经说及，以有此种怅惘，故对于人间世未能恝置，此虽亦是一种苦，目下却尚不忍即舍去也。

《闭户读书论》是民国十七年冬所写的文章，写的很有点别扭，不过自己觉得喜欢，因为里边主要的意思是真实的，就是现在也还是这样。这篇论是劝人读史的。要旨云：

> 我始终相信二十四史是一部好书，他很诚恳地告诉我们过去曾如此，现在是如此，将来要如此。历史所告诉我们的，在表面的确只是过去，但现在与将来也就在这里面了。正史好似人家祖先的神像，画得特别庄严点，从这上面却总还看得出子孙的面影，至于野史等更有意思，那是行乐图小照之流，更充足的保存真相，往往令观者拍案叫绝，叹遗传之神妙。

这不知道算是什么史观，叫我自己说明，此中实只有暗黑的新宿命观，想得透彻时亦可得悟，在我却还只是怅惘，即使不真至于懊恼。我们说明季的事，总令人最先想起魏忠贤客氏，想起张献忠李自成，不过那也罢了，反正那些是太监是流寇而已。使人更不能忘记的是国子监生而请以魏忠贤配享孔庙的陆万龄，东林而为阉党又引清兵入闽的阮大铖，特别是记起《咏怀堂诗》与《百子山樵传奇》，更觉得这事的可怕。史书有如医案，历历记着证候与结果，我们看了未必找得出方剂，可以去病除根，但至少总可以自肃自戒，不要犯这种的病，再好一点或者可以从这里看出些卫生保健的方法来也说不定。我自己还说不出读史有何所得，消极的警戒，人不可化为狼，当然是其一，积极的方面也有一二，如政府不可使民不聊生，如士人不可结社，不可讲学，这后边都有过很大的不幸做实证，但是正面说来只是老生常谈，而且也就容易归入圣贤的说话一类里去，永远是空言而已。说到这里，两头的话又碰在一起，所以就算是完了，读史与读经子那么便可以一以贯之，这也是一个很好的读书方法罢。

古人劝人读书，常说他的乐趣，如《四时读书乐》所广说，读书之乐乐陶陶，至今暗诵起几句来，也还觉得有意思。此外的一派是说读书有利益，如云书中自有黄金屋，书中自有颜如玉，是升官发财主义的代表，便是唐朝做《原道》的韩文公教训儿子，也说的这一派的话，在世间势力之大可想而知。我所谈的对于这两派都够不上，如要说明一句，或者可以说是为自己的教养而读书吧。既无什么利益，也没有多大快乐，所得到的只是一点知识，而知识也就是苦，至少知识总是有点苦味的。古希伯来的传道者说：

> 我又专心察明智慧狂妄和愚昧，乃知这也是捕风，因为多有智慧就多有愁烦，加增知识就加增忧伤。

这所说的话是很有道理的。但是苦与忧伤何尝不是教养之一种，就是捕风也并不是没有意思的事。我曾这样的说：

> 察明同类之狂妄和愚昧，与思索个人的老死病苦，一样是伟大的事业。虚空尽由他虚空，知道他是虚空，而又偏去追迹，去察明，那么这是很有意义的，这实在可以当得起说是伟大的捕风。

这样说来，我的读书论也还并不真是如诗的表面上所显示的那么消极。可是无论如何，寂寞总是难免的，唯有能耐寂寞者乃能率由此道耳。

（民国甲申八月二日）

【钟校】

①1944.10刊《风雨谈》15期。

②“吹嘘”，原作“吹听”。

③“懊恼之慨”，“慨”原作“概”。

男人与女人[①]

◇1944. 9. 12

◇立春以前

《男人与女人》是一部游记的名称。德国有名的性学者希耳失菲耳特博士于一九三一年旅行东方，作学术讲演，回国后把考察所得记录下来，结果就是这部游记。我所有的是格林的英译本，一九三五年出版，那时著者已经逃往美洲做难民去了，因为在两年前柏林的研究所被一班如醉如痴的青年所毁，书籍资料焚烧净尽。民国二十二年五月十四日《京报》上载有“焚性书”的纪事，说德国的学生将所有图书尽搬到柏林大学，定于五月十日焚烧，并高歌欢呼，歌的起句是“日耳曼之妇女兮，今已予以保护兮。”青年一时的迷妄本是可以原恕的，如《路加福音》上所记的耶稣的话，因为他们所作的他们不晓得，所可惜的是学术上的损失。我因此想到，希博士这次旅行的收获自然也在内，如游记中所说日本友人所赠的枕绘本，爪哇土王所赠的雕像，当亦已被焚毁了吧。——且说这部游记共分为四部分，即远东、南洋、印度、近东，是也。第一分中所记是关于日本与中国的事情，其中自第十二至二十九各节都说的是中国，今抄述几段出来，我觉得都很有意义，不愧为他山之石，值得我们深切的注意。十七节记述在南京与当时的卫生部长刘博士的谈话，有一段云：

部长问，对于登记妓女，尊意如何，你或当知道，我们向无什么统制的办法。我答说，没有多大用处，卖淫制度非政府的统制所可打倒，我从经验上知道，你也只能制止它的一小部分，而且登记并不就能够防止花柳病。从别方面说，你标示出一群人来，最不公平的侮辱她们，因为卖淫的女人大抵是不幸的境遇之牺牲者，也是使用她们的男子，或是如中国人所常有的为了几块银圆卖了她们的父母之牺牲者也。部长又问，还有什么别的方法可以遏止卖淫呢？我答说，什么事都不成功，若不是有更广远的、更深入于社会学的与性学的方面之若干改革。

二十五节说到多妻制度，有一个简单的统计云：

据计算说，现在中国人中，有百分之约三十只有一个妻子，百分之约五十，包括许多苦力在内，有两个妻子，百分之十娶有三个以至六个女人，百分之五左右有六个以上，其中有的多至三十个妻子，或者更多。关于张宗昌将军，据说他有八十个妻妾，在他战败移居日本之前，他只留下一个，其馀的都给钱遣散了。我在香港，有人指一个乞丐告诉我，他在正妻之外还养着两房正妾云。

关于鸦片也时常说及，二十八节云：

鸦片在中国每年的使用量，以人口摊派，每人有三十一公厘（案约合一钱弱）之多，每人每日用量自半公厘以至三十公厘。德国每年使用量以人口计为每人十分之一公厘，美国所用鸦片颇多，其位置在中国之次，使用量亦只是二公厘又十分之三公厘。

第四分九十八节中叙述埃及人服用大麻烟的情形，说到第一次欧战后麻醉品服用的增加，有一节云：

凡鸦片，吗啡，科加因等麻醉药品，供全世界人口作医疗之用，每年总数只需六千公斤即已充足，但是现今中国一处使用四千五百万公斤，印度一千万公斤，合众国四百万公斤，埃及小亚细亚以及欧洲共五百万公斤，云云。

二十四节中说中国旅馆的吵闹，他的经验很有意思，里边又与赌博有关系，可以抄译在这里：

> 中国旅馆在整夜里像是一个蜜蜂排衙的蜂房。差不多从各个房间里发出打麻将的人们的高声的谈话，咳嗽，狂笑。一百三十几张的骨牌碰在一起，哗喇哗喇的响，反复不已。索要茶水，怪声报告房间号数。书寓的姑娘以及他种妓女，叫来，遣走，另换别人，一个客人时常叫上十几回，随后才留下一个住宿。女人们唱歌，弹琵琶。房门猛关，砰訇作响。按铃呼唤，茶房奔走，就是廊下的那些仆役也那么兴高采烈。不懂中国情形的人见了，一定会得猜疑有什么旅馆革命将要勃发了吧。
>
> 我接二连三地派遣房间里的一个仆役出去，到邻近各房去求情，请略为安静一点，说有一位老绅士身体欠安，想要睡一会儿。那些中国人那时很客气的道歉，暂时不作声，随后低声说话，再过三分钟之后，谈笑得比以前更是响亮了。我拿棉花塞了耳朵，只好降服了，醒到天明，那时候这一切非人间的声响才暂时停止了。

著者对于中国是很有同情的，但是遇见这种情形也似乎看不下去，不免有许多不快之感。他结论说中国人的耳神经一定是与西洋人构造不同。老绅士的这种幽默的话，听了很是可悲。他在本书中屡次表明他的意见，关于性学考察的结果，个体的差异常比种族的差异更为有力，因此是不很愿意来着重于人种与色的分别的，这一回大约很为麻将客所苦，不得已乃去耳朵上设法，这实在是大可同情的事。不过我们希望这吵闹以及嫖赌烟种种恶行，只是从习惯上来，不是出于何种构造的不同，庶几我们还有将来可以救拔的希望耳。第十四节讲到中国与他国殊异之点，其一云：

> 其次不同是，在中国之以人力代马力。一头牛马或者一架机器都要比一个人更为贵重，所以无论走到哪里都可以看见中国人在背着或拉着不可信的重荷。就是在上海那样一个巨大的商业中心，载重汽车还是少见的东西。我曾见一座极大的压马路的汽辗，由两打的中国男人和女人拉了走动着。
>
> 由此可见人在中国是多么不值钱。所以这是不足为奇的，不知道有多少千数的人在三十至四十岁之间都死于肺结核症。一直并没有什么医药的处理，有一天正在热闹地方劳作的中间，忽然狂吐起血来，于是他们的生命就完结了。

著者决不是有心要毁谤中国，如上边说过他还是很同情于中国的，其原因一大半是由于同病相怜，因此见了这些不堪的情形，深有爱莫能助之感，发此愤慨，盖不足怪，这与幸灾乐祸的说法是大不相同的。还有一层，妇女问题复杂难解决，有些地方与社会问题有关连，在性学者看去这自然也很是关心的。但是这样一来，使我们读者更加惶悚，重大疑难的问题一个个来提出在面前，结果有点弄得无可如何，岂不是读书自找苦吃，真是何苦来呢。幸而此一十八节文章中并非全是说的丧气的话，有的地方也颇有光明，如十四节中竭力非难外国的霸道，后边批评中国云：

> 在中国的现代青年拿去与别国的相比，有许多方面都比较的少受传统的障碍。第一，他们没有宗教上的成见。在欧洲方面似乎不大知道，中国的至少四百兆的人民向来没有宗教，也一点的没有什么不好。他们坚守着从前孔夫子以及别的先哲所定下来的习惯性，但并不对了他们（案即孔夫子及别的一班人）祷告，只是专心于保存面子。他们看重在此地与此时的实在，并不在于幻想的时与地之外。

著者原是外国人，对于中国只凭了十星期的观察，所下的判断自然未必能全正确，这里又是重译出来的，差误恐亦难免。但是总起来看，这所说的不能说是不对，也可以增加我们不少的勇气。诚然如著者所说，中国没有宗教上的种种成见，又没有像印度的那种阶级，的确有许多好处，有利于改革运动。可是具体的说，也还很不能乐观。别的不谈，只就上边所有几件事看去，便觉得如不肯说没法子，也总要说这怎么办，——但是，怎么办总已经比没法子进了一步了，我们姑且即以此为乐观之根据可乎。

（民国三十三年九月十二日，在北京风雨中记）

【钟校】

① 1945. 8. 1 刊《风雨谈》21 期。

寄龛四志

◇1944. 11. 10

◇立春以前

数年前写过一篇小文谈《右台仙馆笔记》，引《艺风堂文续集》卷二中《俞曲园先生行状》云：

> 古来小说，《燕丹子》传奇体也，《西京杂记》小说体也，至《太平广记》，以博采为宗旨，合两体为一帙，后人遂不能分。先生《右台笔记》，以晋人之清谈，写宋人之名理，劝善惩恶，使人观感于不自知，前之者《阅微草堂五种》，后之者《寄龛四志》，皆有功世道之文，非私逞才华者所可比也。

后边加以案语云：

> 缪君不愧为目录学专家，又是《书目答问》的著者，故所说甚得要领，以纪晓岚孙彦清二家笔记

与曲园相比，亦有识见，但其实铢两不能悉称，盖纪孙二君皆不免用心太过，即是希望有功于世道，坐此落入恶趣，成为宣传之书，唯以文笔尚简洁，聊可一读，差不至令人嗷弃耳。

《寄龛全集》见于《丛书目录拾遗》卷十，甲乙丙丁四志各四卷即在其中，光绪年间所刻，市上多有，不为世人所重，艺风老人独注意及之，觉得可佩服，鄙人则以乡曲之见，收集山会两邑人著作，于无意中得来者也。据薛炳所撰家传，孙德祖字彦清，会稽县人，同治丁卯举人，光绪庚辰任长兴县学教谕，戊申卒于家，年六十九，盖生于道光二十年庚子，即西历千八百四十年。洪杨乱后居于小皋部，薛传云，与皋中诸子联诗社相唱和，一时文宴之盛，为泊鸥言社所未有，世所称皋社是也。皋社设在秦氏娱园，社中同人除主人秦树铦秋伊外，有孙垓子久，李慈铭爱伯，王诒寿眉叔，马赓良幼眉，陶方琦子珍，曹寿铭文孺，沈宝森晓湖，以及孙德祖彦清，诸人诗文集恰巧都多少收罗到了，不过这里不想研究皋社诗人，所以不必细表，所要说的只是孙君的著作而已。《寄龛全集》的内容，据寒斋所有者是《寄龛文存》四卷，《诗质》十二卷，《词问》六卷，甲乙丙丁志十六卷，《长兴县学文牍》二卷，《学斋庸训》一卷，《若溪课艺》一卷。诗是不大懂得，文则并不想谈，剩下来的所以只有那《寄龛四志》了。昔者陆放翁作《老学庵笔记》，至今甚见珍重，后来越人却不善著书，未曾留下什么好的笔记，寒斋所有清朝著作十五种中可取才及二三，平步青的《霞外捃屑》乃是容斋之流，其《蚬斗乐府本事》一卷六十则，可以算是传奇体之佳者，小说体则只得以此四志充数矣。孙君文笔颇佳，系清道桥许仲卿刻板，未必精好，而字体多拟古，亦不尽从《说文》，却亦复可喜，其缺点在于好言报应轮回，记落雷或桥坏伤人，必归诸冥罚或前生事以至劫数，嫌其有道士气，此为读书人之大病，纪晓岚之短处亦正相同。但是四志有一特色，即附带说及的民俗资料颇不少，普通文人著作一心在于载道翼教，对于社会间琐屑事情都觉得不值得[②]记录，孙君却时时谈及绍兴民间的风俗名物，虽多极简略，亦是难得而可贵也。今抄出数则，大抵可以分为两类，一是关系鬼事的，二是关于俗语的。《丙志》卷二云：

俗传妇女以不良死者，其鬼所至常有脂粉气。

《甲志》卷四云：

《续新齐谐》云，溺鬼必带羊臊气，信然；然以为带羊臊者不能祟人，必五年后无此气乃能为祟，则非也。余故居半塘桥，宅后园有大池，与邻茹氏共之，茹氏凡溺三人，一婢之死先余生数年，其后一米铺学徒，一佣媪，则余皆目击，惟时皆闻水有羊膻，不出三日果溺人，平时未尝有也。

《丁志》卷一云：

余邻村大皋部有王氏子二人死于溺，是同堂兄弟，兄已浴矣，弟强之再浴，拍浮间兄见中流有物，如豕涉波，泅而趁之，为所持，不胜，呼弟为助，遂并没。其时别有幼弟与偕，惧而逸得免，述所睹如此。

《甲志》卷一云：

凤姑者以鬻鸦片烟为业，居昌安门外之芝凤桥，与余故居乐安堂隔一水，迤南不及半里，一夕火作，一家七人同尽，余年已十馀，望见之。业此者越人谓之开烟盘，大率置联榻，多设烟具，以便游手无籍之徒，灯火青荧，往往达旦。焚后比邻连夕闻叩关乞油声，或开户洒之，次旦审视地上亦绝无油渍。相传死于火者鬼常苦灼，得油则解。

又云：

越人信鬼，病则以为祟于鬼，宜送客。送客以人，定一人捧米筛盛酒食，一人捻纸燃火导之大门外，焚楮钱已，送者即其处馂焉，谓之摸螺蛳，则不解其所由来，又何所取义也。皋坪村人孙忠尝佣于小皋部秦氏，为之送客，与其侣摸螺蛳，各尽一杯酒，再斟即不复得，以食饭，已而视壶中固未罄也，复饮则化为浆，稠粘而酸，不可沾唇矣。舒丈芙峤亦言，少时读书山寺，司爨老人能视鬼，性好酒，每酤得酒，辄有鬼来窃饮，与之争不胜，为所嗅，酒故在而味淡于水。

案，送客又通称送夜头，摸螺蛳之名或起于诙谐，乡间有爬螺蛳船，以竹器沿河沿兜之，可抄得螺属甚多，送客者两手端米筛，状颇相似。《乙志》卷四云：

越中病者将死，则必市佛经焚之，以黄纸包其灰，置逝者掌中，谓之三十六包，以为入冥打点官司之用。或仓卒未及购致，有忍死以待者，设不及待而死，指伸不得握，得而焚与之乃握，所闻如是者比比，俗益神其事。

又卷二云：

归煞见《颜氏家训》，越人谓之转煞，读去声，尤笃信之。余家嘉德质库友张某殁后，有所司帐目未得明白，于其转煞夕姑置纸笔坐隅，居然启椟磨墨濡笔，作数行字，然萦绕如蛇蚓，卒无一字可辨识。段柯古《支诺皋》云，鬼书不久即漫灭，及晓纸上若煤污，无复字也。虽其迹不同，鬼之能书则较然可见，不知鬼无形质，何以能运用器物如此。

《丁志》卷一云：

鲁哀公祖载其父。孔子曰，设五谷囊乎。公曰，五谷囊者起伯夷叔齐，不食周粟，饿死首阳，恐魂之饥，故作五谷囊，吾父食味含哺而死，何用此为。见《艺文类聚》引《丧服要记》。此殆《颜氏家训》所谓粮罂，今越俗送葬犹用之，取陶器有盖者，子妇率孙曾男女凡有服者各于祖筵夹品物实其中，严盖讫，各以绵线绕其外，或积之数十百层，既窆而纳诸圹。

案，此种陶器出自特制，约可容一升，俗名盎打头瓶，不知字当如何写，范寅《越谚》中亦未收。《丙志》卷三记慈谿事，云邻人有作夜牌头者，注云，此称越亦有之，盖生人之役于冥者。宁波绍兴语多相通，夜牌头正是其一，唯《越谚》亦失载。又卷二云：

越俗有所谓关肚仙者，能摄逝者魂灵入腹中，与生人对语，小说家多有记其事者，或冤魂所附，或灵鬼凭之以求食，但与今异其名尔。余曾于亲串见女巫为之，语含胡不甚可辨，间从问者口中消息钩距之，盖鼓气伪为者居多。慈谿谓之讲肚仙。

以上各节涉及鬼事，虽语焉不详，但向来少见纪录，而学老师著书志本在资劝惩，文字又务雅正，却记述及此，虽是零星资料，亦足珍矣。其次关于俗语者亦复不少，今略抄数则，《甲志》卷四云：

道光中萧山有王阿二者以妒奸杀女尼十一人，谳定磔之省城。至今萧山人赌牌九者，得丁八一，辄目以“王阿二起解”。盖此戏数牌之点数，以多寡为胜负，又分文武，三点为丁，八点有二六三五两牌，皆武也，以丁侣八，除十成数只馀一点，莫少于是。他牌虽同为一点，有文牌者，如重四之八为人牌，重二为长二，重幺为地牌，重三为长三，幺三为和牌，幺五为短六，幺六为短七，皆属文，可侣他牌成一点，皆足以胜之，极言其无幸免也。

案，骨牌名称除计点者外，民间尚有俗名，如重二为板凳，幺五为拳头，或曰铜锤，幺六为划楫，重五为梅花，皆取象形，唯五六称为胡子，则义不可晓。幺二称钉子，二四转讹或称臭女婿，盖因其为武牌，唯与幺二配成至尊，若侣他牌则遇同点数之文牌无不败者，世轻之为臭，平常亦称为二四。《乙志》卷二云：

《宋书·乐志》载晋咸康中散骑侍郎顾臻表云，末世之伎，设礼外之观，足以蹈天，头以行地，云云。今越中亦有此戏，谓之竖蜻蜓。龙舟竞渡，或于小艇子上为之，艇狭而长，画鳞为龙形，两舷各施画楫十馀，激水如飞，一人倒植鷁首，屹然如建铁柱，谓之竖老龙头，可以经数时之久。

又卷四云：

货郎担越中谓之袋络担，是货杂碎布帛及丝线之属，其初盖以络索担囊橐炫且鬻，故云。小皋部邻沈媪有二子，曰袋络阿八袋络阿九，并以其业名。

《丙志》卷四云：

越俗患顽童之好狎畜狗若狸奴或为所爪啮也，曰骑猫狗者娶妇日必雨，患其好张盖而敝之也，曰非暑若雨及屋下张盖者躯不复长，皆投其所忌，缪为之说以惧之，然寻常鞭挞所不能止者，无勿帖然不敢犯。

上边所记未见于他书，均颇有意思，拣择出来，也是民俗研究的好材料。中国古来是那么一派学风，文人学者力守正宗，唯于不经意中稍或出轨，有所记述，及今视之甚可珍异，前人之绩业只止于此，我们应知欣感，岂得再有所责求耶。自己反省虽途径能知，而缺少努力，且离乡村已久，留滞都会中，见闻日隘，不能有所成就，偶读茹三樵《越言释》，范啸风《越谚》，平景孙《玉雨淙释谚》诸书，但有感叹，今抄《四志》亦复如是也。

三十三年十一月十日，东郭生记。

【钟校】

①“不值得记录”，原无“得”字，今增。

和纸之美[1]

◇1944.12.1

◇立春以前

风雨谈社来信问我一年中的爱读书，这是什么书呢，我自己也一时想不起来。虽然我曾说看旧书以消闲，有如吸纸烟，可是老实说，老看线装书也渐感觉气闷，对于古人本来何必计较，但是话不投机，何苦硬着头皮静听下去，掩卷放下，等于端茶送客，也是正当。在思想上我觉得可佩服的还只是那几个人，一直没有添加。别一方面有些类书，反正不关思想的事，偶然翻看也还可喜，如冯梦龙的《古今笑》与《智囊》，周亮工的《同书》与福申的《续同书》，王初桐的《奁史》，翟灏的《通俗编》等。这些书大都是从前所得，并不在这一年内，而且实际上原只是翻阅消遣，即使觉得他有意思，也总不能算是爱读。至于外国书，英文书是买不起也无从去买，日本书价目公道，可是其无从去买则是一样。在《读卖新闻》[2]上看到出版消息或广告，赶紧写信去定购，大抵十不得一，这种情形差不多在去年已是如此，所以只好知难而退，看看书名就算满足了。

据朋友们说，在北京想买日文书籍，只有这一法，最好隔日到各书店去一转，也不可存心一定要买什么书，但看店头有什么新到的，见到可买的书便即下手，假如这样一月中去看十五回，必定可以稍有所得。要这么办呢，我既无此时光，无此方便，也并无此决心，那么唯有放弃买书的机会，姑且用酸葡萄主义来作解说，聊以自宽而已。不过话虽如此，我查本年度日记，收到的日本出版的书也有六十五册，其中一部分是别人见赠，一部分是居留东京的友人替我代搜集的，有的原是我所委托，有的却是友人看见此书，觉得于我当有点用处，因此给我寄来的，这一类书在数量上实在比我托买的还要多，这位友人的好意很可感谢。这里边有一册书，是柳宗悦氏著的《和纸之美》，日记上记着于四月三十日收到，我看了日记便想起来了，要说我一年中的爱读书，这册《和纸之美》可以说是的。本年夏天写《我的杂学》这篇文章，在第十四节中曾说及云："柳氏近著《和纸之美》，中附样本二十二种，阅之使人对于佳纸增贪惜之念。”我说近刊，因为此书不是现今出版，其时还在一年前，不过直至今春才能入手罢了。末尾题记云：

昭和十八年九月二十五日刊行，系私家版，不鬻于市，只颁布于亲友之间，本文用纸为武州小川出产，刊行部数计二百册，每册有著者署名。

书本高八寸，宽五寸半，首列和纸样本凡二十二枚，本文三篇，曰《和纸之美》《和纸之教训》《和纸十年》，连后记共计三十六半页。

我对于纸本来有点爱着，以前曾写过一篇小文曰《关于纸》。说起来也觉得寒伧，中国虽说是造纸的祖师国，我们却不曾见过什么好纸，平常只知道连四毛六，总有脆弱之感，棉连最有雅致，印书拓字均佳，而裁尺幅可以供赏玩者却不多见。日本纸均用木皮所制，特多朴茂之趣，宣纸本亦用楮，殆因质太细色太白之故，于书画虽特别相宜，但与日本之楮纸迥殊，无其刚劲之气也。雁皮与三椏等各自有其雅味，不一一具详，唯纸衣纸朱蓝两种则不能忘记，不特可用于装帧，尤令人怀想俳人之行脚，持此类纸衣纸帐而出发，其风趣可想也。柳氏文章三篇，照例是文情俱胜，无庸赘说，前曾得其所著《茶与美》，共文十二篇，亦是特制本，有图二十馀，以陶器为主，亦颇可喜，可与此书相比，唯陶器是照相而纸乃实物，又鄙人知纸之美亦过于陶器，故二者相比，终不能不舍陶器而取纸耳。（民国甲申十二月一日，东郭十堂）

【钟校】

①《立春以前·几篇题跋》之七。

②“读卖新闻”，“卖”原作“书”。

佛经[①]

◇1944. 12. 29

◇立春以前

在这个时候，假如劝青年来念佛经，不但人家要骂，就是说话的自己也觉得不大妥当。不过我这里所说的是读佛经，并不是念佛诵经，当然没有什么问题，因为经固然是教中的圣典，同时也是一部书，我们把他当作书来看看，这也会于我们很有益的。旧约是犹太教基督教各派的圣书，我们无缘的人似乎可以不必看的了，可是也并不然。卷头《创世纪》里说上帝创造天地，有云：

> 上帝说，地要发生青草，和结种子的菜蔬，并结果子的树木，各从其类，果子都包着核。事就这样成了。于是地发生青草，和结种子的菜蔬，各从其类，并结果子的树木，各从其类，果子都包

着核。上帝看着是好的。

这一节话如说他是事实，大概有科学常识的人未必承认，但是我们当作传说看时，这却很有意思，文章也写得不错。中国讲盘古的故事，仿佛是拿着斧凿在开矿，还有女娲炼石补天的事，无论怎么听总只像童话，但因此也就令人舍不得，所以虽然缙绅先生难言之，却总是留传着，有人爱听，也有人不厌重复的说。佛经里的故事也正是如此，他比旧约更少宗教气味，比中国的讲得更好，更多文学趣味，我劝人可以读点佛经，就是为这个缘故。中国文人著作，据私见说来，唐以前的其文章思想都有本色，其气象多可喜，自宋以后便觉得不佳，虽然别有其他好处亦不能抹煞。总之我对于两晋六朝人的作品很有点儿喜欢，只是这一段落三百年间著作不算多，那么把佛经的一部分归到里边去，可以热闹不少，也是合理的事。我曾赞扬这些译文，多有文情俱胜者，鸠摩罗什为最著，那种骈散合用的文体当然是因新的需要而兴起的，但是恰好的利用旧文字能力去表出新意思，实在是很有意义的一种成就。至于经中所有的思想，当然是佛教精神，一眼看去这是外来的宗教，和我们没甚关系，但是离开凡人所不易领解的甚深义谛，只看取大乘菩萨救世济人的弘愿景行，觉得其伟大处与儒家所说的尧禹稷的精神根本相同，读了令人感激，其力量似乎比经书还要大些。《六度集经》中云：

众生扰扰，其苦无量，吾当为地。为旱作润，为湿作筏。饥食渴浆，寒衣热凉。为病作医，为冥作光。若有浊世颠倒之时[②]，吾当于中作佛，度彼众生矣。

此处说理而能与美和合在一起，说得那么好，真是难得。又有把意思寄托在故事里的，虽是容易堕入劝戒的窠臼，却也是写得质朴而美，只觉得可喜，即或重复类似，亦不生厌，有如读唐以前的志怪，唐代的传奇文只有少数可以相比。这一类书本来不少，不过长篇或是全体用偈时也不大相宜，大抵以《百喻经》一类的譬喻经，《杂宝藏经》《贤愚因缘经》《六度集经》等最适于翻读，我也未能保证看了一定有什么益处，总之比读命理初所谓愚儒的愚书要好得多。根据个人的经验来说，在四十年前读了《菩萨投身饲饿虎经》，至今还时时想起，不曾忘记。从前杂览的时候，曾读柏拉图记梭格拉底之死，忒洛亚的女人们的悲剧，以及近代人的有些著作，经过类似的感动有好些回，可是这一次总是特别的深而且久，却又是平静的，不是兴奋而是近于安慰的一种影响。这是宗教文学的力量吧，虽然我是不懂宗教的。我记起《投身饲饿虎经》来的时候，往往连带想到《中山狼传》。这传不著撰人名氏，我在《程氏墨苑》中见到，题宋谢枋得，又见《八公游戏丛谈》中题唐姚合，恐怕都是假托，只是文章却写得有意思。看了这篇文章不会得安慰，但也是很有用的，这与上边的经正是两面，我们连在一处想起来，有如服下一帖配搭好的药，虽苦而或利于病也。　　（二十九日）

【钟校】

①《十堂笔谈》之八，1945. 1. 13 刊《新民声》。

②“颠倒”，原作“颠到”。

大乘的启蒙书[①]

◇1945. 1. 17

◇立春以前

钱振锽著《名山小言》卷七中有一则云：

> 文章有为我兼爱之不同。为我者只取我自家明白，虽无第二人解，亦何伤哉，老子古简，庄生诡诞，皆是也。兼爱者必使我一人之心共喻于天下，语不尽不止，孟子详明，墨子重复，是也。《论语》多弟子所记，故语意亦简，孔子诲人不倦，其语必不止此。或怪孔明文采不艳而过于丁宁周至，陈寿以为亮所言尽众人凡士云云，要之皆文之近于兼爱者也。诗亦有之，王孟闲适，意取含蓄，乐天讽谕，不妨尽言。

这一节话说得很好，也可以应用于学问方面，据我的意见还可以改称为小乘的与大乘的，意思比较更为显明。大家知道佛教里有这一种区分，小乘的人志存自度，证得阿罗汉果，就算完事，大乘的乃是觉有情的菩萨，众生无边誓愿度，必须度尽众生自己才入涅槃。弄学问的人精进不懈，自修胜业，到得铁杵磨针，功行已满，豁然贯通，便是证了声闻缘觉地位②，可以站得住了，假如就此躲在书斋里，那就是小乘的自了汉，有如富翁在家安坐纳福，即使未尝为富不仁，总之也是无益于世的东西。理想的学者乃是在他自己修成胜业之后，再来帮助别人，古人所云，以先知觉后知，以先觉觉后觉就是这个意思，以法施人，在布施度中正是很重要的一种方法。近代中国学者之中也曾有过这样的人，他们不但竭尽心力著成专书，预备藏之名山，传之其人，还要分出好些工夫来，写启蒙用的入门书，例如《说文释例》等书的著者王筠著有《文字蒙求》《正字略》与《教童子法》，《说文通训定声》的著者朱骏声著有《六书假借经征》与《尚书古注便读》，此皆是大乘菩萨之用心，至可佩服者也。

前清以八股文取士，士子在家读经书习文字，只当作敲门之砖，考取后则专令做官，以多碰头少说语为原则，在此时代似乎学问是难望发达的了，可是事实上倒也还并不尽然。极少数的人高尚其志，不求闻达，以治学为事的也不是没有，此其一。秀才举人不能再上进，或以教职知县用，不很得意，拂袖归去，重理旧业，遂成专门之学，此其二。又或官高望重，无可再升，转而读书，炳烛之明，亦可得一二十年，宾客众多，资料易集，其成绩往往有可观者，此其三。在八股猖獗之世，整理国故的事业居然有相当成就，此在言近三百年来文化者无不予以承认，虽然别的方面成绩就都没有这样的好。民国成立以后，已经经过了三十多年，科举制度代以学校，学问艺文应该大有进步了吧，然而不然。不，也不能说不发达，大概是学风改变了，据我看来似乎并不一定向着好的方面转。从前是先弄几年的经书文字，拿来弋官，做了官自然就与学问远离了，但如上文所说，也有一部分人从八股与官那边退回来的，即使是从中年或老年再弄起头，他却是切实的做下去，至于年寿尽为止。后来则是把弄学问放在前头，先进十五六年的学校，再在研究院提出论文，随后放到社会里去，大半还是做官，与民国以前没有什么两样，可是这样一去之后大抵不再回来的了。以经书文字做敲门砖，本来很是可笑，现在也还是敲门砖，不过是用各科学问与博士论文，这其间大概也说不出有什么高下，所不同的是以前以时文作砖，后来还或有机会回来做学问，现今则以学问作砖，放下之后便难得再拾起来了吧。本来只要学问能够发达，就是暂作敲门砖也无甚妨碍，可是比较起来不大上算，因为昔人后半生弄学问时间颇长，今人移在青年时代这几年里，不大充分。还有一层很重要的事，中年晚年所做的是自己的事业，少有名利的关系，完成胜业固是好事，能够于人有益也是很好的，若是青年写博士研究论文，自然不能这么超然，其态度便难免是小乘的，实在也是莫怪的事。

民国以来整理国故的成绩不能说不好，但其大部分恐怕多是博士论文的性质，要新奇可喜的主张或发现大抵不难，若是大部著作如《说文释例》的既不易得，至于《文字蒙求》似的启蒙小书，那是更难得有人肯做了。为什么呢，写这种小册可以说完全是利人的事，如写专门论著，只要所有知识的十分七八安排得好，便可成功，显得富丽堂皇，写启蒙书只有二分就够了，可是你还得准备十足的知识在那里，选择布置，更须多费气力，人家见了却并不看重。既是事倍功半，而且无名少利，不是对于后辈真心关切的人，谁肯来干这些呆事呢。据鄙人的私见说来，这些新的研究自然也都是很好的，但在现今国故整理尚未成功，古典不曾疏解明白，国学常识还未普及，只靠几位博士先生互相传观他们的新主张与发现，那还是不大够的，此外对于一般后辈的启蒙工作也实不可少，原典的校订注解，入门与工具书的编纂，都是极紧要的事，从前的事也就不算了吧，以后总不能再是这样懈怠下去了。但是，这事期待谁来做呢？我想这也并不太难。大乘的佛教岂不即是从小乘出来的么？这只在态度的一转变间罢了，正如主张为我的人，假如想到“己亦在人中”，或者感到“吾与尔犹彼也”，那么就会得把为我兼爱一以贯之，证了阿罗汉果，再去修菩萨行，不但不是难事，且亦恰是正道也。

说到这里，差不多我所想说的话已经完了，我的希望只是有人在学问方面做点兼爱的工作，于编排自己的大著作之外，再费点工夫替后辈写些适用的小书，虽未免稍为损己，却是大大的利人，功德无量也。这些是什么书呢，我也一时回答不来，还要请各部门的学者自己去斟酌，我所想到的觉得国学常识总是必要的一种吧。这个名称恐怕定得有点不大恰当，难免有人误会以为与国粹有关，其实并不如此。我的意思只是说本国文化学术的大要，青年学生所应当知道的，简要的说一遍，算作常识的一部分，将来必要时会得有用，即使不然，本国的事情多知道一点也总是好的。其次，国史常识我也觉得很重要，这有如自己以及家里的过去的事情，好歹都须得知道个概要。

各种古典与各项学问能够多方面介绍给青年知道都是好的，要紧的事是设法引他入门，于他有益同时也要觉得有兴味。世间常有读经的呼声，鄙人未曾注意，亦思避免说话，现在谈到这些问题，似乎不无牵连，因此也不得不有所说明。鄙人的意思是大概以知为主，希望青年增进知识，修养情意，对于民族与人生多得理解，于持身涉世可以有用而已，若是宗教式的行事，则非少信的鄙人[③]所知矣。窃观昔人论六经，最好者莫过于清初的刘继庄，在所著《广阳杂记》卷二中有一则云：

> 余观世之小人未有不好唱歌看戏者，此性天中之《诗》与《乐》也，未有不看小说听说书者，此性天中之《书》与《春秋》也，未有不信占卜祀鬼神者，此性天中之《易》与《礼》也。圣人六经之教原本人情，而后之儒者乃不能因其势而利导之，百计禁止遏抑，务以成周之刍狗茅塞人心，是何异壅川使之不流，无怪其决裂溃败也。夫今之儒者之心为刍狗之所塞也久矣，而以天下大器使之为之，爰以图治，不亦难乎？

刘君此论极为明通，可谓能深知圣人之用心，此事原难能可贵，但说出却亦平常，无非是本于人情耳。如依据此意，欲使圣人六经之教宣明于世，办法亦殊简单，即照所说的那样，从唱歌看戏小说说书占卜祭祀各端下手，溯流寻源，切实的做去，即是民生问题得了端绪，更不必再抱住刍狗不放了。刘继庄又说，戏文小说乃明王转移世界之大枢机，圣人复起，不能舍此而为治也。他能这样的了解，无怪其深许可金圣叹。圣叹还只是文人，以经书当文学看，与《水浒》《西厢》相并，继庄则更是经世家，以戏文小说当经书看，此深与鄙见相合，觉得须有此见识乃能与之谈经也。若如世俗之说，唯读经乃可以正人心，鄙人既不好辩，且尤畏祸，不想多说，但拟一问题甲曰，中国的老百姓大都心是好的，又问题乙曰，中国的老百姓十九不大识字。这两个问题的答案我想总是一个"是"字，可是这里有一个矛盾。如乙说，老百姓既不识字，即稍识字也总不曾读过经，那么他们的心照例应该不正的，至少要比读书识字的士大夫坏得多，然而又如甲说，老百姓的行为也总未必不及士大夫，或者有人说还要胜过士大夫亦未可知。那么可见必读经而后人心乃正之说不见得是正确，无宁说是中国的人心本来就正，这从老百姓上边可以证明，因其性天中本有经或与经相合的道理，故能与圣人心心相印，不待外力而自然发动，无不中节。如此说法虽似未免稍近理想，却能使我们对于自己民族增加自信，奋发前进，比自认是一群猪猡须俟呼喝鞭策始能挨挤前行者要好得多，且无人以呼喝鞭策者自居[④]，此于世道人心乃更有裨益也。中国现今切要的事，还是如孔子遗训所说，乃是庶、富、教这三段，教与养算来是一与二之比，后之儒者舍养而言教，是犹褓母对于婴孩绝乳糜去襁褓，专以夏楚从事，如俞理初言，非酷则愚矣。鄙人亦知读经如念佛，简单易行，世所尊敬，为自身计，提倡此道，最为得策，但无论如何，即使并无欺世愚民种种心计，亦总之是小乘法，不足听从。我们所期望者乃是舍己为人的法施，此事固未可性急，急亦无用，但是语有之，十室之内必有忠信，百步之内必有芳草，吾安知不旦暮遇之也。

（民国三十四年一月十七日）

【钟校】

① 1945.3.30刊《求是月刊》1卷8期。

②“证了声闻缘觉地位”，“闻”原作“问”。

③“少信的鄙人”，“少信”原作“小信”。

④“以呼喝鞭策者自居”，原无“鞭”字，今增。

笑赞[1]

◇1945. 1. 20

◇立春以前

十几年前我编过一册笑话选，专就近代有撰人姓氏的笑话书中选取，计有三种，一为《笑府》，冯梦龙撰，二为《笑倒》，小引署咄咄夫题于半庵，案《半庵笑政》一卷收在《檀几丛书》[2]馀集中，署陈皋谟字献可，当是其真姓名。三为《笑得好》，石天基撰。此外还有《笑赞》一卷，题清都散客述，清都散客又著有《芳茹园乐府》，即明赵南星，故此书亦特别有意思，惜传本木板漫漶，不能据录。星云堂书店曾有刊本，张寿林校录，字句多缺，读之闷损，其后中华书局将《乐府》《笑赞》合刊，名曰《清都散客二种》，有卢前吴梅序跋，而文中残缺如故。似此书至今尚多流传，而皆是板坏后所印，故缺文无法校补，每一翻阅，常感觉可惜。近时偶尔见到一部，印似较早，虽亦漫漶而尚多可辨识，因借校一过，《乐府》中只有两个字缺其半边，《笑赞》则《推官》条中缺一字，《南风诗赞》中缺一行十三字而已。卢跋称原书为明活字本，世罕流传，其实乃不然。寒斋所有一本，字甚多残缺，而纸墨均新，其第四十四页且系近时补刊，看来至早是光宣年物，如此外五十来板系明活字，恐不能排着保存下来。还有可笑的是，补刊的一页中缝有四字曰《笑赞题词》，书面贴签亦如是写，可知主其事者并非内行，但见第一页有题词，以为即是书名，疑是祠堂管事人之类所为，唯印刷所用尚非是有光纸，故推定定系民国前之物，原板或系明末所刊，至于字迹可辨的一本大概亦是百年内所印，未必能很早也。

《清都散客二种》的序跋中，卢冀野的小引写得算最好，其文云：

> 清都散客者，高邑赵南星之别署。南星字梦白，号侪鹤，万历二年举进士，除汝宁判官，寻迁户部主事，调吏部考功，历文选员外郎，以疏陈四大害触时忌乞归。万历中再起为考功郎中，主京察，要路私人贬斥殆尽，遂被严旨落职。光宗立，起为太常少卿，继迁左都御史。天启初任吏

部尚书，终以进贤嫉恶，忤魏忠贤，削籍戍代州，天启七年卒。南星籍东林，与邹元标顾宪成世称三君。所作有《笑赞》《芳茹园乐府》。尤侗云，高邑赵侪鹤冢宰一代正人也，予于梁宗伯处见其所作填歌曲，乃杂取村谣俚谚，耍弄打诨，以泄其肮脏不平之气。所谓杂取村谣里谚者，《乐府》如是，《笑赞》亦如是，此其所以不重于士夫而转流播于里巷欤。爰合二种，刊以行世。甲戌正月，卢前引。

《笑赞》跋中又云：

《笑赞》之作，非所以供谐谑之资，而赞者故刺之谓也。所录共七十二则，原书为明活字本，都五十二页，页十六行，行十四字，世罕流传。见者往往亦以短书少之，不知其言外之义，抑可惜已。

案著者作《笑赞》的原意，在题词中本已说明白，其文云：

书传之所纪，目前之所见，不乏可笑者，世所传笑谈乃其影子耳，时或忆及，为之解颐，此孤居无闷之一助也。然亦可以谈名理，可以通世故，染翰舒文者能知其解，其为机锋之助良非浅鲜。漫录七十二则，各为之赞，名《笑赞》云。

嬉笑怒骂本是相连，所不同者怒骂大有欲打之意，嬉笑则情迹少轻又或陋劣，鄙夷不屑耳，其或有情的嘲弄，由于机智迸出，有如操刀之必割，《诗》所云善戏谑兮，不为虐兮者，当然可以不算在内。若是把笑话只看作谐谑之资，不知其有讽刺之意，那是道地的道学家[③]看法，压根儿就没法同他说得通了。我在《苦茶庵笑话选》中曾经简单的说明笑话的用处，略云：

其一，说理论事，空言无补，举例以明，和以调笑，则自然解颐，心悦意服，古人多有取之者，比于寓言。其二，群居会饮，说鬼谈天，诙谐小话亦其一种，可以破闷，可以解忧，至今能说笑话者犹得与弹琵琶唱小曲者同例，免于罚酒焉。其三，当作文学看，这是故事之一类，是滑稽小说的萌芽，也或是其枝叶，研究与赏鉴者均可于此取资，唯中国滑稽小说不知为何不发达，笑话遂有孤苦伶仃之感耳。其四，与歌谣故事谚语相同，笑话是人民所感的表示，凡生活情形，风土习惯，性情好恶，皆自然流露，而尤为直截彻透，此正是民俗学中第三类的好资料也。

又在别的一篇小文里说过：

秋风渐凉，王母暴已过，我年例常患枯草热，也

> 就复发，不能做什么事，只好拿几种小话选本消遣。日本的小话译成中国语当云笑话，笑话当然是消闲的最好材料，实际也不尽然，特别是外国的，因为风俗人情的差异，想要领解往往须用相当的气力。可是笑话的好处就在这里，这点劳力我们岂能可惜。我想笑话的作用固然在于使人笑，但一笑之后还该有什么馀留，那么这对于风俗人情之理解或反省大约就是吧。笑话，寓言与俗谚，是同样的好资料，不问本国或外国，其意味原无不同。

这里所谓对于风俗人情之理解即是上文的其四，而其反省的则是其一，也就是卢君所说的言外之意。这一类的笑话古人著书有利用的，其例颇多。幼时读圣贤书，见孟子述宋人揠苗助长芒芒然归情状，不禁失笑，孔夫子说月攘一鸡，至今传诵，若韩非子所记种种宋人故事，简直是后来呆女婿的流亚了。古来贤哲常用这种手法，见于圣经贤传中，赵梦白东林贤者，继作《笑赞》，正是当然，而且即此更可以见得他明朗通达，与平常道学家不同。他说明古今不少可笑可气的事，世间所传笑谈乃其影子，他指影给我们看，正要我们自己去找那形出来，这或者是别人，或者就是读者自己也说不定。《笑赞》第四十三则云：

唐朝山人殷安尝谓人曰，自古圣人数不过五④，伏羲，神农，周公，孔子，（乃屈四指，）自此之后无屈得指者。其人曰，老先生是一个。乃屈五指曰，不敢。

赞曰，殷安自负是大圣人，而唐朝至今无知之者，想是不会装圣人，若会装时，即非圣人，亦成个名儒。

又第五十一则云：

郡人赵世杰半夜睡醒，语其妻曰，我梦中与他家妇女交接，不知妇女亦有此梦否。其妻曰，男子妇人有甚差别。世杰遂将其妻打了一顿。至今留下俗语云，赵世杰半夜起来打差别。

赞曰，道学家守不妄语为良知，此人夫妻半夜论心，似非妄语，然在夫则可，在妻则不可，何也。此事若问李卓吾，定有奇解。

这里面的人有名有姓，已是真形了，但此类事甚多，所以又可以转借过来作影子，至于赞语甚为透彻，此等本领已非冯子犹所及，唯有金圣叹李卓吾才能如此，赵君也已说及，此是他的大不可及处。一般小心小胆的人，守住既得的道德上的权利，一点不敢动，听见金李诸人的话便大感不安，起来嚷嚷，此正是赵世杰之打差别，其不为清都散客之所笑者几希矣。

《芳茹园乐府》中所收的是散套与小令，我们本来可以不谈了，但是其中也有与《笑赞》相关的地方。《笑赞》第十二则云：

> 辽东一武职素不识字，被论，使人念劾本，至所当革任回卫者也，痛哭曰，革任回卫也罢了，这者也两个字怎么当得起。
>
> 赞曰，至公至明，乃可以劾人，不然，者也二字断送了多少好人，真是难当也。

《乐府》中有《慰张巩昌罢官》一首，有二语云，容易的所当者也，断送的归去来兮，就用这个典故。本来这是散曲，不好拿了什么义法去范围，可是正经朋友往往不能了解，觉得刚正与诙谐难以并存，便有种种的议论。吴瞿安题记云：

> 梦白正人，游戏声歌，本无妨碍，而集中多市井谑浪之言，如《银纽丝》《一口气》《山坡羊》《喜连声》《劈破玉》诸曲，再读一过，疑是伪托。

又卢冀野跋尾云：

> 世传刘煇以词诬六一，堂上簸钱，遂成罪语，日月之明故无伤也。侪鹤填词，见西堂《百末词》跋。案此小集瑕瑜参半，谑浪之言或更掺入。当其遁迹，不平之气溢于辞表，绝恶佯狂，唯疑可

案，既归林泉，偶有吟咏，好事传之，岂容尽信，披沙拣金，是在读者。顾继散词，厥维小曲，兹集所传，小曲为多，风气使然，虽贤者未能免耳。

二跋对于作者备致爱护，其意固可感，而语则甚为纰缪，必如海瑞霍韬乃为正人，此非不佞之所领教也。以文字罪人，最是中国史上污点之一，刘煇之诬六一，舒亶之劾东坡，世所共弃，岂可阳违阴奉，斤斤以此裁量人。昔梁简文帝《诫子当阳公书》有云，“立身之道与文章异，立身先须谨重，文章且须放荡。”吾深叹服此言，以为文人的理想应当如此，今见赵梦白，乃知此处有一人在，大可喜也。吴君所说《劈破玉》乃是卷末一章，今录于后：

俏冤家，我咬你个牙厮对。平空里撞着你，引的我魂飞，无颠无倒，如痴如醉。往常时心似铁，到而今着了迷，舍死忘生只为你。

这是很好的情歌，无论他是在什么时代所作，都觉得是有意思的事。又有一首题为“折桂令后带急三枪”，小注云与诸弟同冯生酒集，其词云：

一丢丢些小亭中，花似唇香，竹爱人情。喜煞潘安，吟穷杜甫，醉坏刘伶。谣词儿气气声声，新酒儿淡淡浓浓。怪友狂丁，瓦钵磁钟。见放着平地神仙，又何须白日飞升。

咱们咱们胡海混，就地儿圆着圈。咱们流杯，咱们吃个流杯会。咱们撒会村，笑特特喜坏了咱们，咱们咱们打个滚。

这真是近于天籁的好文章，想见作者的性情与气象，海阔天空，天真烂漫，自有其伟大处。《阅微草堂笔记》卷二记高邑赵忠毅“东方未明之砚”，背有铭曰：

残月荧荧，太白睒睒，鸡三号，更五点。此时拜疏击大奄，事成策汝功，不成同汝贬。

忠义之气如见，亦可佩服，但实只是一种类型，不及读此两册短书，从富有人情处更能看见其所特有的平凡之伟大也。（民国三十四年，一月二十日）

【钟校】

① 1945.3 刊《杂志》14 卷 6 期。《笑赞》，明人赵南星撰。

②《檀几丛书》，“檀”原作“台”。

③“道学家”，原作“学道家”。

④“自古圣人数不过五”，“五”原作“三”。

焦里堂的笔记

◇1945. 4. 15

◇过去的工作

清朝后半的学者中间，我最佩服俞理初与郝兰皋，思想通达，又颇有风趣，就是在现代也很难得。但是在此二人之外，还可以加上一个，这便是焦里堂。《雕菰楼集》以及《焦氏遗书》还是去年才买来的，《易馀籥录》二十卷却早已见到了，最初是木犀轩刻板的单印本，随后在“木犀轩丛书”全部中，其中还有焦君的《论语通释》一卷。《籥录》本是随笔，自经史政教诗文历律医卜以至动植无不说及，其中我所最喜欢的是卷十二的一节，曾经引用过好几次，现在不禁又要重抄一遍，其文曰：

先君子尝曰，人生不过饮食男女，非饮食无以生，非男女无以生生。惟我欲生，人亦欲生，我欲生生，人亦欲生生，孟子好货好色之说尽之矣。不必屏去我之所生，我之所生生，但不可忘人之所生，人之所生生。循学《易》三十年，乃知先人此言，圣人不易。

焦君这里自述其家学，本来出于《礼记》，而发挥得特为深切著明，称为圣人不易，确实不虚。戴东原《孟子字义疏证》卷下论权第五条，反对释教化的儒生绝欲存理之主张，以为天下必无舍生养之道而得存者，君子亦无私而已矣，不贵无欲，后又申明之曰："夫尧舜之忧四海困穷，文王之视民如伤，何一非为民谋其人欲之事，惟顺而导之，使归于善。"戴氏此项意见可以说是与古圣人多相合，清末革命思想发生的时候，此书与《原善》均有翻印，与《明夷待访录》同为知识阶级所尊重。焦里堂著《论语通释》及集中《性善解》等十数篇，很受戴氏的影响，上文所引的话也即是一例。本是很简单的道理，而说出来不容易，能了解也不容易，我之所以屡次引用，盖有感于此，不仅为的我田引水已也。

但是这里我想抄录介绍的却并非这些关于义理的话，乃是知人论世，实事求是的部分，这是于后人最有益的东西。如卷八有一则云：

《汉书》霍光传，光废昌邑王，太后被珠襦，盛服坐武帐中。如淳曰，以珠饰襦也。晋灼曰，贯以为襦，形若今革襦矣。按此太后即昭帝上官皇后也，外戚传言六岁入宫立为皇后，昭帝崩时后年十四五，当昌邑王废时去昭帝崩未远，然则太后仅年十四五耳，故衣珠襦。读诏至中，太后遽曰止，全是描摩童稚光景，说者以为班氏效左氏“魏绛和戎”篇后羿何如之笔法，尚影响之见也。晋灵公立于文公六年，穆嬴常抱之，至宣公二年亦仅十四五耳，从台上弹人而观其辟丸，熊蹯不熟，杀宰夫置诸畚，皆童稚所为。故读史必旁览博证，其事乃见。仅就一处观之，则珠襦之太后以为老妇人，嗾獒之灵公且以为长君，以老妇而着珠襦，以长君而弃人用犬，遂出情理之外矣。

此则所说可谓读书的良法，做学问的人若能如此用心，一隅三反，自然读书得间，能够切实的了解。这一方面是求真实，在别方面即是疾虚妄，《籥录》卷二十中实例很多，都很有意思，今依次序抄录数则于后：

《鹤林玉露》言，陆象山在临安市肆观棋，如是者累日，乃买棋局一副，归而悬之室中，卧而仰视之者两日，忽悟曰，此河图数也，遂往与棋对，棋工连负二局，乃起谢曰：某是临安第一手棋，凡来着者俱饶一先，今官人之棋反饶得某一先，天下无敌手矣。此妄说也。天下事一技之微非习之不能精，未有一蹴便臻其极者，至云河图数尤妄，河图与棋局绝不相涉，且河图当时传自陈希夷者无甚深奥，以此悟之于棋，遂无敌天下，尤妄说也。此等不经之谈，最足误人，所关非细故也。

《酉阳杂俎》记一行事，言幼时家贫，邻母济之。后邻母儿有罪，求救于一行，一行徙大瓮于空室，授奴以布囊，属以从午至昏有物入来其数七，可尽掩之。奴如言往，有豕至，悉获置瓮中。诘朝中使叩门急，召至便殿，玄宗[1]问曰，太史奏昨夜北斗不见，何祥也？一行请大赦天下，从之，其夕太史奏北斗一星见，凡七日而复。按一行精于天算，所撰《大衍术》最精，然非迂怪之士也，当时不学之徒不知天算之术，妄为此言耳。近时婺源江慎修通西术，撰《翼梅》等书，亦一行之俦也，有造作《新齐谐》[2]者称其以筒寄音于人，以口向筒言，远寄其处，受者以耳承之，尚闻其声。又称其一日自沉于水，或救之起，曰，吾以代吾子也，是日其子果溺死。此傅会诬蔑，真令人发指。嘉庆庚申六月阮抚部在浙拒洋盗于松门，有神风神火事（余别有记记之，在《雕菰集》），遂有传李尚之借风者。尚之精天算，为一行之学者也，余时在浙署，与尚之同处诚本堂，尚之实未从至松门。大抵街谈巷议，本属无稽，而不学者道听涂说，因成怪妄耳。

《宋史》，庞安常治已绝妇人，用针针其腹，腹中子下而妇苏，子下，子手背有针迹。旧《扬州府志》乃以此事属诸仪征医士殷榘，而牵合更过其实，前年余修《府志》，乃芟去而明辨之。又有一事与此相类，相传高邮老医袁体庵家有一仆病咳喘，袁为诊视，曰不起矣，宜急归。其仆丹徒人，归而求治于何澹庵，何令每日食梨，竟愈。明年复到袁所，袁大惊异，云云。按此事见于《北梦琐言》，亦如庞安常事傅会于殷也。（案：原本录有《北梦琐言》原文，今略。）所传袁何之事，正是从此傅会。余每听人传说官吏断狱之事，或妖鬼，大抵皆从古事中转贩而出，久之忘其所从来。偶举此一端，以告世之轻信传闻者[③]。

张世南《游宦纪闻》记僧张锄柄事云，张一日游白面村，有少妇随众往谒，张命至前，痛嘬其颈。妇号呼，观者哄堂大哂。妇语其夫，夫怒奋臂勇往诟骂。僧笑曰，子毋怒，公案未了，宜令再来。骂者不听，居无何，妇以他恚投缳以死。此即世所传僧济颠事，大约街谈巷议，转相贩易，不可究诘。乾隆己酉庚戌间，郡城西方寺有游僧名兰谷者，出外数十年归，共传其异，举国若狂，余亦往视之，但语言不伦，无他异，未几即死。至今传其事者尚籍籍人口，大抵张冠李戴，要之济颠嘬颈之事贩自张锄柄，而张锄柄之嘬颈不知又贩自何人，俗人耳食，多张世南“往往传诸口笔”之书，遂成故事矣。宋牧仲《筠廊偶笔》记扬州水月庵杉木上俨然白衣大士像，鹦鹉竹树善才皆具，费滋衡亲验此木，但节间虫蠹影响略似人形，作文辨其讹。

这几则的性质都很相近，对于世俗妄语轻信的恶习痛下针砭，却又说的很好，比普通做订讹正误工作的文章更有兴趣。我们只翻看周栎园的《同书》和禹门福申的《续同书》，便可看见许多相同的事，有的可以说是偶合，有的出于转贩，或甲有此事，而张冠李戴，转展属于乙丙，或本无其事，而道听涂说，流传渐广，不学者乃信以为真。最近的例如十年前上海报上说叶某受处决，作绝命诗云：黄泉无客店，今夜宿谁家。案此诗见于《玉剑尊闻》，云是孙蕡作，又见于《五代史补》，云是江为作，而日本古诗集《怀风藻》中亦载之，云是大津皇子作，《怀风藻》编成在中国唐天宝之初，盖距今将千二百年矣。此种辨证很足以养成读书力，遇见一部书一篇文或一件事，渐能辨别其虚实是非，决定取舍，都有好处，如古人所云，开卷有益，即是指此，非谓一般的滥读妄信也。

焦里堂的这些笔记可以说是绣出鸳鸯以金针度人，虽然在著者本无成心，但在后人读之[4]对于他的老婆心不能不致感谢之意。焦君的学问渊博固然是很重要的原因，但是见识通达尤为难得，有了学问而又了解物理人情，这才能有独自的正当的见解，回过去说，此又与上文所云义理相关，根本还是思想的问题，假如这一关打不通，虽是有学问能文章，也总还济不得事也。

关于焦里堂的生平，有阮云台所作的传可以参考，他的儿子廷琥所作《先府君事略》，共八十八则，纪录一生大小事迹，更有意思。其中一则云：

> 湖村二八月间赛神演剧，铙鼓喧阗，府君每携诸孙观之，或乘驾小舟，或扶杖徐步，群坐柳阴豆棚之间。花部演唱，村人每就府君询问故事，府君略为解说，莫不鼓掌解颐。府君有《花部农

谈》一卷。

案焦君又著有《剧说》六卷，其为学并不废词曲，可见其气象博大，清末学者如俞曲园谭复堂平景孙[5]诸君亦均如此，盖是同一统系也。焦君所著《忆书》卷六云：

余生平最善容人，每于人之欺诈不肯即发，而人遂视为可欺可诈，每积而至于不可忍，遂猝以相报。或见余之猝以相报也，以余为性情卞急，不知余之病不在卞急而正坐姑息。故思曰容，容作圣，必合作肃作乂作哲作谋，否则徒容而转至于不能容矣。自知其病，乃至今未能改。

此一节又足以见其性情之一斑，极有价值。昔日读郝兰皋的《晒书堂诗抄》，卷下有七律一首，题曰："余家居有模糊之名，年将及壮，志业未成，自嘲又复自励。"又《晒书堂笔录》卷六中有"模糊"一则，叙述为奴仆所侮，多置不问，由是家人被以模糊之名，笑而颔之。焦郝二君在这一点上也有相似之处，觉得颇有意思。

照我的说法，郝君的模糊可以说是道家的，他是模糊到底，心里自然是很明白的。焦君乃是儒家的，他也模糊，但是有个限度，过了这限度就不能再容忍。这个办法可以说是最合理，却也最难，容易失败，如《忆书》所记说的很明白。前者有如佛教的羼提，已近于理想境，虽心向往之而不能至，若后者虽不免多有尤悔，而究竟在人情中，吾辈凡人对之自觉更有同感耳。（一九四五年四月十五日）

【钟校】

①“玄宗”，“宗”原作“中”。

②《新齐谐》，“谐”原作“锴”。

③“告世之轻信传闻者”，“世”原作“史”。

④“后人读之”，“之”原作“者”。

⑤“谭复堂平景孙”，原作“谭堂平景复孙”。

读书疑

◇1945.5.25

◇过去的工作

《读书疑》甲集四卷，刘家龙著，道光丙午年刊，至今刚是一百年，著者履历未详，但知其为山东章丘人，此书汇录壬寅至乙巳四年前读书札记，刊刻与纸墨均极劣，而其意见多有可取者。如卷四云：

> 通天地人谓之儒，通天地而不通人谓之术。或问通人而不通天地则何如，余曰：此非儒所能，必尧舜孔子也。尧不自作历而以命羲和，孔子不自耕而曰吾不如老农，然则儒之止于儒者，正以兼通天地也。

此言似奇而实正，兼通天地未必有害，但总之或以此故而于人事未能尽心力，便是缺点。从来儒者所学大抵只是为臣之事，所谓内圣外王不过是一句口头禅，及科举制度确立，经书与时文表里相附而行，于是学问与教育更是混乱了。卷四云：

> 孔子雅言，《诗》《书》执礼而已。《易》则三代以前之书，《春秋》则三代末所用，故皆缓之也。

场屋之序，考试之体，非为学之序也。

卷二云：

> 周礼以诗书礼乐教士，孔子以《诗》《礼》训子，而雅言亦只添一书。程子曰：《大学》入德之门，亦未言童子当读也。朱子作《小学》，恐人先读《大学》也。自有明以制义取士，三岁孩子即读《大学》，明新至善为启蒙之说矣，遂皆安排作状元宰相矣。

又卷一云：

> 灵台本游观之所，而于中置辟雍；泮林亦游观之地，而于中置泮宫。孔子设教于杏坛，曾子亦曰无伤我薪木，书房之栽花木，其来远矣。今则科场用五经，无暇及此，亦时为之也。

卷二讲到以经书教子弟，有一节云：

> 金圣叹曰：子弟到十馀岁，必不能禁其见淫书，不如使读《西厢》，则好文而恶色矣。或曰：曲终奏雅，曲未半心已荡，奈何？不如勤课以诗书。然吾见勤课者非成书呆即叛而去耳，要之教子一事难言哉，惟身教为善耳。父所交皆正人，则在其所者皆薛居州也，谁与为不善。

末了说的有些迂阔[1]，大意却是不错的，他说教子一事难言哉确是老实话，这件事至今也还没有想出好办法，现代只有性教育这一种主张，其实根本原与金圣叹相同，不过有文与实之分而已。前者凭借文人的词章，本意想教读者好文而恶色，实在也不无反要引人入胜之虞；后者使用自然的事实，说的明白，也可以看得平淡，比较的多有效力。刘君对于圣叹的话虽然不能完全赞同，但他觉得子弟或不必给《西厢》读，而在成人这却是有用的。如卷四云：

何谓圣人？费解之书爱之而不读，难行之书爱之而不读，是圣人也。食粪土，食珠玉，其为愚人一也。邪淫之书却不可不读，蔬食菜羹之味不可不知也。故圣人不删《郑风》。

又卷一云：

余喜作山歌俗唱梆子腔姑娘柳鼓儿词，而不喜作古近体诗，尤不喜作试帖。孔子言思无邪，又曰兴观群怨，皆指风言。山歌俗唱，风也。古近体，雅也。试帖，颂也。今不读山歌俗唱梆子腔梆子戏者，想皆翻孔子案，别撰尧舜二诗置于《关雎》前者也。若此之人，宜其胸罗万卷之书，谙练历代之典，而于人情物理一毫不达也。

这个意思本是古已有之，袁中郎在所撰《叙小修诗》中云：

故吾谓今之诗文不传矣，其万一传者，或今闾阎妇人孺子所唱擘破玉打草竿之类，犹是无闻无识真人所作，故多真声，不效颦于汉魏，不学步于盛唐，任性而发，尚能通于人之喜怒哀乐嗜好情欲，是可喜也。

此种意见看似稍偏激，其实很有道理，但是世人仍然多做雅颂，绝少有写山歌者，乃是因为真声不容易写，文情不能缺一，不如假古董好仿做也。卷三有一则云：

杨墨佛老皆非真邪教也，由学术之偏而极其甚者也。《吕刑》曰：乃命重黎绝地天通。“地天通”不知何人所作，不知成书几卷，乃千古邪教之祖也，其书虽不传，以其字义揣之，殆今之《阴骘文》《功过格》也。尧舜于“地天通”则禁绝之，今之富民于《阴骘文》《功过格》则刻之传之，可谓贤于尧舜矣。

案《尚书》注云：“使民神不扰，各得其序，是谓绝地天通。”今谓是邪教经典似无典据，惟其排斥《阴骘文》《功过格》的意见我极为赞同，中国思想之弄得乌烟瘴气，一半由于此类三教混合的教义，如俞理初所言，正可谓之愚儒莠书也。刘君深恶富民之传刻邪教之书，不知儒生的关系更大，近代秀才几乎无不兼道士者，惠定宇尚不能免，即方苞亦说骂朱子者必绝后，迷信惨刻，与巫道无异，若一般求富贵者，非奔走权门则唯有乞灵于神鬼，此类莠书之制作宣扬传布皆是秀才们所为，富民不过附和，其责任并不重大。鄙人不反对民间种种祷祀，希求得福而免祸，惟一切出于儒生造作之莠书曲说至为憎恶，往见张香涛等二三人言论，力斥扶乩及谈《阴骘文》等为魔道，今又得刘君，深喜不乏同调，但前后百年，如《笑赞》中所说，圣人数不过五，则亦大是可笑耳。

书中多有不关重要问题，随笔纪录者，自具见解，颇有风趣，虽或未必尽当，亦复清新可喜。如卷一云：

> 古者以萧为烛，如今之火把，故须人执之也。六代时已有木奴，代人执烛。杜诗，何时秉银烛，银已是蜡台[②]矣，何用人执之耶？而韩忠献在军中阅文书，执烛之卒爇其须，则何故耶？谀墓者空中楼阁[③]，修史者依样壶卢，类如此。

又卷三云：

> 古人祭祀纳金示情，唐明皇东封金不足用，张说请以楮代之，此纸钱之始也。吴谷人《墦间乞食》诗云，归路纸钱风，可谓趣矣。若据为纸钱之考证则呆矣。

又云：

《聊斋》者不得第之人故作唱本以娱人耳，后人尊之太过，反失其实矣。即如其首篇《考城隍》云：堂上官十人，惟识关壮缪。夫红脸长须者戏台之壮缪耳，其本来面目亦如此乎？乡人入朝房，谓千官皆忠臣，问何以知之，曰奸臣皆满脸抹粉也。《聊斋》之言与此何异？又如有心为善，善亦不赏，岂复成说话乎？

此处批评蒲君，似乎太认真，但亦言之成理。古语云，先知不见重于故乡，《聊斋》恐亦难免此例。若武松之在清河，张飞之在涿州，则又是别一例，盖英雄豪杰唯从唱本中钻出来的乃为群众所拥戴。放翁诗云，身后是非谁管得，满村听唱蔡中郎，即其反面也。

颜路请子之车，是时孔子之年七十二矣，是孔颜老而贫也。孟子后丧逾前丧，是老而富也。其故何也？春秋之君不养士，故郑有青衿，刺学校废也。战国之国争养客，故鸡鸣狗盗皆上客也。士即筮仕，亦止为小官，而所任则府史之职，但作文章而已。故孔子主颜雠由，而其告哀公曰，尊贤不惑，敬大臣乃不眩也。客则直达于君，而受虚职焉。故孟子馆于雪宫，又馆于上宫，且为客卿而出吊也。是则春秋无客，战国无士矣。古之人君不甚贵，臣不甚贱，故不分流品，春秋尚然，至战国则君骄臣谄，臣不敢任事，亦不能任事，而有才者皆为客矣。此书院之膏火所以廉，而称知县曰父师，幕客之束脩所以重，而称知县曰东家也。孔子必闻其政，则子禽以为奇事，孟子传食诸侯，而景春谓其不急于求仕，皆此之由也。

这一则在第四卷之末，说孔孟贫富的原因很是详细，说得像煞有介事的，觉得很有意思，中间书院膏火与幕友束脩的比较更为巧妙，著者的深刻尖新的作风很可以看得出来。但是，在上边所引的文章里边，这一则似乎最漂亮，一面说起来却也是比较的差，因为这样的推究容易出毛病，假如材料不大确实，假设太奇突，心粗手滑，便成谬说。我们这里引了来看他怎么说，并不要一定学他说，重要的还是在前边的那几节，其特点在通达人情物理，总是平实无弊者也。

（乙酉年五月二十五日）

【钟校】

①“有些迂阔”，“些”原作“了”。

②“蜡台”，原作“腊烛”。

③“谀墓者空中楼阁”，“墓”原作“基”。

北京的风俗诗

◇1945. 6. 15

◇知堂乙酉文编

竹枝词在文学史上自有其源流变迁，兹不具详。这本来是诗，照例应属于集部，宋朝人[①]的郴江嘉禾各种百咏在四库总目里都收入别集内，而提要中又称其于地志考据不为无助，可见以内容论这也可以属于史部，而且或者更为适切亦未可知。但是这一类诗的性质也不完全统一，大抵可以分作三样来说。一是所咏差不多全属历史地理的性质的，较早的一部分如宋元的各种百咏，虽说是歌咏其土风之胜，实际上只是山川古迹，往往与平常怀古之诗相似，如李太白诗云，宫女如花满春殿，至今唯有鹧鸪飞，作为越中百咏之一也是绝好的作品。二是如四库提要所云，踵前例而稍变其面目者，朱竹垞的《鸳鸯湖棹歌》一百首是最好的例，所谓诗情温丽固是特色，因此极为世人所重，经谭舟石陆和仲张文鱼诸人赓续和作，共约四百首，蔚为大观，所咏范围亦益扩大，使读者兴趣随以增加。如《棹歌》之十八云，白花满把蒸成露，紫椹盈筐不取钱。又五十二云，不待上元灯火夜，徐王庙下鼓冬冬。这里加入岁时风物的分子，都是从来所少的，这不但是好诗料，也使竹枝词扩充了领域，更是很好的事。寒斋所有又是看了觉得喜欢的，乾嘉以来有钱沃臣《蓬岛樵歌》，正续各百首，所咏事物甚众而注亦详备，蔡云《吴歈百绝》，厉秀芳《真州竹枝词》四百首，前有引万二千馀言，皆专咏年中行事者，《武林新年杂咏》系吴谷人等六人合著，又用五言律诗，体例少异，却亦是此类的佳作。三是以风俗人情为主者，此种竹枝词我平常最喜欢，可是很不可多得，好的更少。这是风俗诗，平铺直叙不能讨好[②]，拉扯故典陪衬，尤其显得陈腐，馀下来的办法便只有加点滑稽味，即漫画法是也。所以这一类竹枝词说大抵是讽刺诗并无不可，不过这里要不得那酷儒莠书的一路，须得有诙谐的风趣贯串其中，这才辛辣而仍有点蜜味。可惜中国历来滑稽的文字与思想不很发达，漫诗的成绩与漫画的一样不佳，实在是无可如何的。我想道家思想本来是还博大的，他有发生这种艺术的可能，但是后来派生出来的儒法两家却很讲正经，所以结果如此也未可知。汉武帝时柏梁台联句，东方朔和郭舍人都那么开玩笑，可见其时还有这样风气，看东方朔的诫子诗，可以知道他原是道家的人。《史记滑稽列传》中云，太史公曰，天道恢恢，岂不大哉，谈言微中，亦可以解纷。这两句话说得很好，与鄙见大抵相同。滑稽——或如近时所谓幽默的话，固然会有解纷之功用，就是在谈言微中上也自有价值，可以存在，此正是天道恢恢所以为大也。太史公所记，淳于髡与二优人皆周秦时人，褚先生所补六章中除王先生与西门豹并非滑稽外，郭舍人东方朔即联句者，与东郭先生皆汉武时人物，此后惜无复有纪录[③]。佛教新兴，以至禅宗成立，思想界得一解放的机缘，又以译经的便利，文章上发生一种偈体，这与语录的散文相对，都很有新的意义。在韵文方面，韵这一关终于难以打破，受了偈的影响而创造出来的还只是王梵志和寒山子的五言诗，以至牛山的志明和尚的七言绝句。正如语录文被宋朝的道学家拿了去应用一样，这种诗体也被他们拿了过去，大做其他们的说理诗，最明显的是《击壤集》[④]著者鼎鼎大名的邵尧夫，其实就是程朱也还是脱不了这一路的影响。本来文字或思想的通用别无妨碍，不过我们这里是说滑稽的文诗，所必要的是具有博大的人情，现在却遇见这样的话，如朱晦庵骂胡澹庵的诗云，世路无如人欲险，几人到此误平生，能不令人索然兴尽，掷卷不欲再观。大概在这方面儒生的成绩不能及和尚，不但是创始与追随之差，实在也恐怕是人物之不相及。志明的《牛山四十屁》中有云：

秦时寺院汉时墙，破破衣衫破破床，感激开坛新长老，常将语录赐糊窗。

又云：

闲看乡人着矢棋，新兴象有过河时，马儿蹩脚由他走，我只装呆总不知。

这些诗虽不能说怎样了不得的好，总之谐诗的风格确已具备，可以作讽刺诗了，拉过来说则作风俗诗也正是恰好，问题只是在于时机而已。明朝因王阳明李卓吾的影响，文学思想上又来了一次解放的风潮，公安派着重性灵，把道学家的劝世歌似的说理诗挽救了过来，可是他们还是抓住诗的系统，虽是口里说着擘破玉打草竿是真人之诗，却仍不能像和尚们摔下头巾，坦率干脆的做了异端。这风气传到清朝，在康熙的李笠翁，乾隆的郑板桥诸人上面可以看出，我曾见一册《哑然绝句诗》，是曾子六十七世孙曾衍东所作，全是板桥一派而更为彻底一点，所以也是难得。等到《文章游戏》四集的编者缪莲仙，《岂有此理》二集的作者周竹君出现，老实承认是异端，同牛山志明长老的态度一样，自做他的打油诗，不想来抢夺诗坛的交椅，这样表明之后谐诗独自的地位也可以算是立定了。单行的著作我只看到郭尧臣的《捧腹集诗抄》一卷，蔡铭周的《怪吟杂录》二卷，别的不知道还有些什么，此外则我所想说的歌咏北京风俗的竹枝词也可以算在这里边。本来各地方的竹枝词很不少，可是多自附于著作之林，大抵追随竹垞的一路，上焉者也能做到温丽地步，成为一首好绝句，其次则难免渐入于平庸窘迫，觉得还是小注较有趣味了。清代的北京竹枝词如樊文卿的《燕都杂咏》，计五言绝句三百六十馀首，材料不为不丰富，可是仍用正宗的诗体咏史地的故实，正是上边的一个好例，与咏风俗的讽刺诗相去很远。可以称是风俗诗的，就鄙人所知就没有多少种。大概可以分列如左：

甲，杨米人著《都门竹枝》一百首，未见，只在乙的小引中提及，大约是乾嘉间之作吧。

乙，无名氏著《都门竹枝词》八十首，嘉庆癸酉年刊，小引中说本有一百首，其二十首删去不存云。

丙，得硕亭著《京都竹枝词》一百八首，题曰《草珠一串》[5]，序文不记年月，惟中云甲戌见竹枝词八十首，案即癸酉之次年，为嘉庆十九年也[6]。

丁，杨静亭著《都门杂咏》一百首，序署道光二十五年即乙巳岁，原附《都门纪略》后，今所见只同治元年甲子徐永年改订本，所收除静亭原作外，又增入盛子振王乐山金建侯张鹤泉四人分咏，总共二百十七首，计静亭诗有一百首，可知未曾删削，惟散编在内而已。光绪三年丁巳改出单行本，易名为《都门竹枝词》，增加三十五首，不著撰人名字，且并原本五人题名亦删去之，殊为不当，至十三年丁酉《都门纪略》改编为《朝市丛载》，照样收入，又增二十馀首，则文词且欠妥适，更不足取矣。光绪后亦有新作，今不多赘。照上边所记看来，大概以乙丙两种为优。因为讽刺多轻妙，能发挥风俗诗的本领，《草珠一串》序云，《京都竹枝词》八十首不知出自谁手，大半讥刺时人时事者多，虽云讽刺，未寓箴规，匪独有伤忠厚之心，且恐蹈诽谤之罪，友人啧啧称善，余漫应之而未敢附和也。可见在癸酉甲戌当时，这讽刺觉得很锐利，作者不署名或者也由于此，到了今日已是百馀年后，无从得知本事，可是感觉说得刻薄，总是真的，而这刻薄的某种程度在讽刺诗上却也是必要，所以不能一定说他不对。平心而论，此无名氏的著作比较硕亭得老夫子或者还是高出一分，也正难说。说到这里我连想起日本的讽刺诗或风俗诗来，这叫做川柳，在民国十二年夏天我在燕京文学会讲演过一回，其中有一节云：

> 川柳的讽刺大都是类型的，如荡子、迂儒、出奔、负债之类，都是所谓柳人的好资料，但其所讽刺者并不限于特殊事项，即极平常的习惯言动，也因了奇警的着眼与造句，可以变成极妙的漫画。好的川柳，其妙处全在确实地抓住情景的要点，毫不客气而又含蓄的抛掷出去，使读者感到一种小的针刺，似痛似痒的，又如吃到一点芥末，辣得眼泪要出来，却刹时过去了，并不像青辣椒那么粘缠。川柳揭穿人情之机微，根本上没有什么恶意，我们看了那里所写的世相，不禁点头微笑，但一面因了这些人情弱点，或者反使人觉得人间之更为可爱，所以他的讽刺乃是乐天家的一种玩世不恭的态度，而并不是厌世者的诅咒[7]。

上边提到东方朔，现在可以知道凡滑稽家他们原是一伙儿的。中国风俗诗或谐诗未曾像川柳[8]似的有过一段发达的历史，要那么理想的好自然也不容易，但原则上我想总是一致的，至少我们的看法可以如此。要举出充分的例来，有点可惜珍贵的纸，姑且把别家割爱了，只引用无名氏的词本，而且只以关于书生生活为限[9]，这就是上文所谓迂儒的一类。如《考试》十首之一云：

水陆交驰应试来，桥头门外索钱财，乡谈一怒人难懂，被套衣包已割开。

其二云：

惯向街头雇贵车，上车两手一齐爬，主人拱手时辰久，靠着门旁叫腿麻。

又其三云：

短袍长褂着镶鞋，摇摆逢人便问街[10]，扇络不知何处去，昂头犹自看招牌。

这里把南来的考相公写得神气活现，虽然牛山和尚曾有老僧望见遍身酥之咏，对于游山相公大开玩笑，现今一比较却是后来居上多多了。又《教馆》十首亦多佳作，今录其三首云[11]：

一月三金笑口开，择期启馆托人催，关书聘礼何曾见，自雇驴车搬进来。

又其八云[12]：

偶尔宾东不合宜，顿思逐客事离奇，一天不送先生饭[13]，始解东君馆已辞。

其十云：

谋得馆时盼馆开，未周一月已搬回，通称本是教书匠，随便都能雇得来。

这诗[14]真是到现在还有生命，凡是做过书房或学堂的先生的人谁看了都觉得难过。近年坊间颇盛行的四大便宜的俚语云，挤电车，吃大盐，贴邮票，雇教员。教书匠的名号至今存在，那么受雇解雇的事自然也是极寻常的事，这条原理不料在一百三十年前已经定下了。替塾师诉苦的打油诗向来不少，如《捧腹集》中就有《青毡生随口曲》七绝十四首，《蒙师叹》七律十四首，可是无论处境怎样窘迫，也还不过是“栗爆偶然攒一个，内东顷刻噪如鸦”之类而已，不至于绝食示意，立刻打发走路。《随口曲》有云：

一岁脩金十二千，节仪在内订从前，适来有件开心事，代笔叨光夹百钱。

原注云，市语以二百为夹百。

乡馆从来礼数宽，短衫单裤算衣冠，燥脾第一新凉候，赤脚蓬头用午餐。

最难得是口头肥，青菜千张又粉皮，闻说明朝将厍漤，可能晚膳有鳑鲏。

这样看来，塾师生活里也还有点有趣的地方，不似都门教馆的一味暗淡，岂海宁州的境况固较佳乎，理或有之，却亦未敢断言也。　（民国乙酉年六月十五日）

【钟校】

①“宋朝人”，“宋”原作“宗”。

②“讨好”，“讨”原作“诗”。

③“此后惜无复有纪录”，“惜”原作“昔”。

④《击壤集》，“壤”原作“坏”。

⑤《草珠一串》，“珠”原作“枝”。

⑥“嘉庆十九年”，原无“庆”字，今增。

⑦“厌世者的诅咒”，原无“的”字，今增。

⑧“川柳”，原作“柳川”。

⑨“只以关于书生生活为限”，“只”原作“可”。

⑩“摇摆逢人便问街”，“问”原作“向”。

⑪“今录其三首云”，“三”原作“二”。

⑫“又其八云”，“八”原作“人”。

⑬“一天不送先生饭”，“饭”原作“饮”。

⑭“这诗”，“诗”原作“时”。

小说的回忆[1]

◇1945

◇知尝乙酉文编

◇第五册有《红楼梦》等

小说我在小时候实在看了不少，虽则经书读得不多。本来看小说或者也不能算多，不过与经书比较起来，便显得要多出几倍，而且我的国文读通差不多全靠了看小说，经书实在并没有给了什么帮助，所以我对于耽读小说的事正是非感谢不可的。十三经之中，自从叠起书包，作揖出了书房门之后，只有《诗经》《论语》《孟子》《礼记》《尔雅》（这还是因了郝懿行的义疏的关系），曾经翻阅过一两遍，别的便都久已束之高阁，至于内容也已全部还给了先生了。小说原是中外古今好坏都有，种类杂乱得很，现在想起来，无论是什么，总带有多少好感，因为这是当初自己要看而看的，有如小孩手头有了几文钱，跑去买了些粽糖炒豆花生米之属，东西虽粗，却吃得滋滋有味，与大人们揪住耳朵硬灌下去的汤药不同，即使那些药不无一点效用，（这里姑且这么说，）后来也总不会再想去吃的。

关于这些小说，头绪太纷繁了，现在只就民国以前的记忆来说，一则事情较为简单，二则可以不包括新文学在内，省得说及时要得罪作者，——他们的著作，我读到的就难免要乱说，不曾读到又似乎有点渺视，都不是办法，现在有这时间的限制，这种困难[②]当然可以免除了。

我学国文，能够看书及略写文字，都是从看小说得来，这种经验大约也颇普通，前清嘉庆的人郑守庭的《燕窗闲话》中有着相似的纪录，其一节云：

> 予少时读书易于解悟，乃自旁门入。忆十岁随祖母祝寿于西乡顾宅，阴雨兼旬，几上有《列国志》一部，翻阅之，仅解数语，阅三四本解者渐多，复从头翻阅，解者大半。归家后即借说部之易解者阅之，解有八九。除夕侍祖母守岁，竟夕阅《封神传》半部，《三国志》半部，所有细评无暇详览也。后读《左传》，其事迹已知，但于字句有不明者，讲解时尽心谛听，由是阅他书益易解矣。

我十岁时候正在本家的一个文童那里读《大学》，开始看小说还一直在后，大抵在两三年之后吧，但记得清楚的是十五岁时在看《阅微草堂笔记》。我的经验大概可以这样综结的说，由《镜花缘》《儒林外史》《西游记》《水浒传》等渐至《三国演义》，转到《聊斋志异》，这是从白话转入文言的径路，教我懂文言，并略知文言的趣味者，实在是这《聊斋》，并非什么经书或是古文读本。《聊斋志异》之后，自然是那些《夜谈随录》《淞隐漫录》等的假聊斋，一变而转入《阅微草堂笔记》，这样，旧派文言小说的两派都已入门，便自然而然的跑到《唐代丛书》里边去了。这里说的很简单轻便，事实上自然也要自有主宰，能够"得鱼忘筌"，乃能通过小说的阵地，获得[3]些语文以及人事上的知识，而不至长久迷困在里面。现在说是回忆，也并不是追述故事，单只就比较记得的几种小说略为谈谈，也只是一点儿意见和印象，读者若是要看客观的批评的话，那只可请去求之于文学史中了。

首先要说的自然是《三国演义》。这并不是我最先看的，也不是最好的小说，它之所以重要是由于影响之大，而这影响又多是不良的。关于这书，我近时说过一节话，可以就抄在这里：

前几时借《三国演义》，重看一遍。从前还是在小时候看过的，现在觉得印象很不相同，真有点奇怪它的好处是在哪里，这些年中意见有些变动，第一对于关羽，不但是伏魔大帝妖异的话，就是汉寿亭侯的忠义，也都怀疑了，觉得他不过是帮会里的一个英雄，其影响及于后代的只是桃园结义这一件事罢了。刘玄德我并不以为他一定应该做皇帝，无论中山靖王谱系的真伪如何，中国古来的皇帝本来谁都可以做的，并非必须姓刘的才行，以人物论实在也还不及孙曹，只是比曹瞒少杀人，这是他唯一的长处。诸葛孔明我也看不出他好在什么地方，演义里的那一套诡计，才比得《水浒》里的吴学究，若说读书人所称道的鞠躬尽瘁死而后已的精神，又可惜那《后出师表》是后人假造，我们要成人之美，或者承认他治蜀之遗爱可能多有，不过这些在演义里没有说及。掩卷以后仔细回想，这书里的人物有谁值得佩服，很不容易说出来，末了终于只记起了一个孔融，他的故事在书里是没有什么，但这确是[4]一个杰出的人，从前所见木板《三国演义》的绣像中，孔北海头上好像戴了一顶披肩帽，侧面画着，飘飘的长须吹在一边，这个样子也还不错。他是被曹瞒所杀的一人，我对于曹的这一点正是极不以为然的。

其次讲到《水浒》，这部书比《三国》要有意思得多了。民国以后，我还看过几遍，其一是日本铜版小本，其二是有胡适之考证的新标点本，其三是刘半农影印的贯华堂评本，看时仍觉有趣味。《水浒》的人物中间，我始终最喜欢鲁智深，他是一个纯乎赤子之心的人，一生好打不平，都是事不干己的，对于女人毫无兴趣，却为了她们一再闹出事来，到处闯祸，而很少杀人，算来只有郑屠一人，也是因为他自己禁不起而打死的。这在《水浒》作者意中，不管他是否施耐庵，大概也是理想的人物之一吧。李逵我却不喜欢，虽然与宋江对比的时候也觉得痛快，他就只是好胡乱杀人，如江州救宋江时，不寻官兵厮杀，却只向人多处砍过去，可以说正是一只野猫，只有以兽道论是对的吧。——设计赚朱仝[⑤]上山的那时，李逵在林子里杀了小衙内，把他梳着双丫角的头劈作两半，这件事我是始终觉得不能饶恕的。武松与石秀都是可怕的人，两人自然也分个上下，武松的可怕是煞辣，而石秀则是凶险，可怕已至可憎了。武松杀嫂以及飞云楼的一场，都是为报仇，石秀的逼杨雄杀潘巧云，为的要自己表白，完全是假公济私，这些情形向来都瞒不过看官们的眼，本来可以不必赘说。但是可以注意的是，前头武松杀了亲嫂，后面石秀又杀盟嫂，据金圣叹说来，固然可以说是由于作者故意要显他的手段，写出同而不同的两个场面来，可是事实上根本相同的则是两处都惨杀女人，在这上面作者似乎无意中露出了一点羊脚，即是他的女人憎恶的程度。《水浒》中杀人的事情也不少，而写杀潘金莲杀潘巧云迎儿处却是特别细致残忍，或有点欣赏的意思，在这里又显出淫虐狂的痕迹来了。十多年前，莫须有先生在报上写过小文章，对于水浒的憎女家态度很加非难，所以上边的意见也可以说是起源于他的。语云，饱暖思淫欲，似应读之曰，淫欲思暴虐。一夫多妻的东方古国，最容易有此变态，在文艺上都会得显示出来，上边所说只是最明显的一例罢了。

《封神传》《西游记》《镜花缘》，我把这三部书归在一起，或者有人以为不伦不类[6]，不过我的这样排列法是有理由的。本来《封神传》是《东周列国》之流，大概从《武王伐纣书》转变出来的，原是历史演义，却着重在使役鬼神这一点上敷衍成那么一部怪书，见神见鬼的那么说怪话的书大约是无出其右的了。《西游记》因为是记唐僧取经的事，有人以为隐藏着什么教理，（却又说是道教的，“先生每”又何苦来要借和尚的光呢！）这里我不想讨论，虽然我自己原是不相信的，我只觉得他写孙行者和妖精的变化百出，很是好玩，与《封神》也是一类。《镜花缘》前后实在是两部分，那些考女状元等等的女权说或者也有意义，我所喜欢的乃是那前半，即唐敖多九公漂洋的故事。这三种小说的性质如何不同且不管他，我只合在一处，在古来缺少童话的中国当作这一类的作品看，亦是慰情胜无的事情。《封神传》乡下人称为“纣鹿台”，虽然差不多已成为荒唐无稽的代名词，但是“姜太公神位在此”的红纸到处点着，他手执杏黄旗骑着四不相的模样也是永久活在人的空想里，因为一切幻术都是童话世界的应有的陈设，缺少了便要感觉贫乏的。它的缺点只是没有个性，近似，单调，不过这也是童话或民话的特征[7]，他每一则大抵都只是用了若干形式凑拼而成的，有如七巧图一般，摆得好的虽然也可以很好。孙猴子的描写要好得多了，虽则猪八戒或者也不在他之下，其他的精怪则和阐截两教之神道差不多，也正是童话剧中的木头人而已，不过作者有许多地方都很用些幽默，所以更显示得有意思。儿童与老百姓是颇有幽默感的，所以好的童话和民话都含有滑稽趣味。我的祖父常喜欢讲，孙行者有一回战败逃走无处躲藏，只得摇身一变，变成一座古庙，剩下一根尾巴，苦于无处安顿，只好权作旗杆，放在后面。妖怪赶来一看，庙倒是不错，但是一根旗竿竖在庙背后，这种庙宇世上少有，一定是孙猴变的，于是终被看破了。这件故事看似寻常，却实在是儿童的想头，小孩听了一定要高兴发笑的，这便是价值的所在。几年前写过一篇五言十二韵，上去声通押的“诗”，是说《西游记》的，现在附录于下，作为补充的资料。

儿时读西游，最喜孙行者。此猴有本领，言动近儒雅。变化无穷尽，童心最歆讶。亦有猪八戒，妙处在粗野。偷懒说谎话，时被师兄骂。却复近自然，读过亦难舍。虽是上西天，一路尽作耍。只苦老和尚，落难无假借。却令小读者，展卷忘昼夜。著书赠后人，于兹见真价。即使谈玄理，亦应如此写。买椟而还珠，一样致感谢。

《镜花缘》的海外冒险部分，利用《山海经》《神异》《十洲》等的材料，在中国小说家可以说是唯一的尝试，虽然奇怪比不上水手辛八的《航海述奇》（《天方夜谈》中的一篇有名故事，民国前有单行译本，即用这个名字），但也是在无鸟树林里的蝙蝠，值得称赏，君子国白民国女人国的记事，富于诙谐与讽刺，即使比较英国的《格里佛游记》，不免如见大巫，却也总是个小巫，可以说是具体而微的一种杰作了。这三部书我觉得它都好，虽则已有多年不看，不过我至今还是如此想，这里可以有一个证明。还是在当学生的时代，得到了一本无编译者姓名的英文选本《天方夜谈》，如今事隔多年，又买得了英国理查白顿译文的选本[8]，翻译的信实是天下有名的，从新翻阅一遍，渔人与瓶里的妖神，女人和她的两只黑母狗，阿拉丁的神灯，阿利巴巴与四十个强盗和胡麻开门的故事都记了起来，这八百多页的书就耽读完了，把别的书物都暂时搁在一边。我相信假如现在再拿《西游》或《封神》来读，一定也会得将翻看着的唐诗搁下，专心去看那些妖怪神道的。——但是《天方夜谈》在中国，至今只有光绪年间金石的一种古文译本，好像是专供给我们老辈而不预备给小人们看似的，这真是一件很可惜的事。

《红楼梦》自然也不得不一谈，虽然关于这书谈的人太多了，多谈不但没用，而且也近于无聊，我只一说对于大观园里的女人意见如何。正册的二十四钗中，当然秋菊春兰各有其美，但我细细想过，觉得曹雪芹描写[9]得最成功也最用力的乃是王熙凤，她的缺点和长处是不可分的，《红楼梦》里的人物好些固然像是实在有过的人一样，而凤姐则是最活现的一个，也自然最可喜。副册中我觉得晴雯很好，而袭人也不错，别人恐怕要说这是老子韩非同传，其实她有可取，不管好坏怎么地不一样。《红楼梦》的描写和语言是顶漂亮的[10]，《儿女英雄传》在用语这一点上可以相比，我想拿来放在一起，二者运用北京话都很纯熟，因为原来作者都是旗人，《红楼梦》虽是清朝的书，但大观园中犹如桃源似的，时代的空气很是稀薄，起居服色写得极为朦胧，始终似在锦绣的戏台布景中，《儿女英雄传》则相反地表现得很是明确。前清科举考试的情形，世家家庭间的礼节辞令，都有详细的描写，这是一种难得的特色。从前我说过几句批评，现在意见还是如此，可以再应用在这里：

《儿女英雄传》还是三十多年前看过的，近来重读一过，觉得实在写得不错。平常批评的人总说笔墨漂亮，思想陈腐。这第一句大抵是众口一词，没有什么问题，第二句也并未说错，但是我却有点意见。如要说书的来反对科举，自然除《儒林外史》再也无人能及，但志在出将入相，而且还想入圣庙，则亦只好推《野叟曝言》去当选了。《儿女英雄传》作者的昼梦只是想点翰林，那时候恐怕正是常情，在小说里不见得是顶腐败，又喜讲道学，而安老爷这个脚色在全书中差不多写得最好，我曾说过玩笑话，像安学海那样的道学家，我也不怕见见面，虽然我平常所最不喜欢的东西道学家就是其一。此书作者自称恕道，觉得有几分对，大抵他通达人情物理，所以处处显得大方，就是其陈旧迂谬处也总不教人怎么生厌，这是许多作者都不易及的地方。写十三妹除了龙仁寺前后一段稍为奇怪外，大体写得很好，天下自有这一种矜才使气的女孩儿，大约列公也曾遇见一位过来，略具一鳞半爪，应知鄙言非妄，不过这里集合起来，畅快的写一番罢了。书中对于女人的态度我觉得颇好，恐怕这或者是旗下的关系，其中只是承认阳奇阴偶的谬论，我们却也难深怪，此外总以[11]一个人相对待，绝无淫虐狂的变态形迹，够得上说是健全的态度。小时候读弹词《天雨花》，很佩服左维明，但是他在阶前剑斩犯淫的侍女，至今留下一极恶劣[12]的印象，若《水浒》之特别憎恶女性，曾为废名所指摘，小说中如能无此渲染，不可谓非难得而可贵也。

我们顺便地就讲到《儒林外史》。他对于前清的读书社会整个的加以讽刺，不但是高翰林卫举人严贡生等人荒谬可笑，就是此外许多人，即使作者并无嘲弄的意思，而写了出来也是那个无聊社会的一分子，其无聊正是一样的。程鱼门在作者的传中说此书[13]“穷极文士情态”，正是说得极对，而这又差不多以南方为对象的，与作者同时代的高南阜曾评南方士人多文俗，也可以给《儒林外史》中人物作一个总评。这书的缺陷[14]是专讲儒林，如今事隔百馀年，教育制度有些变化了，读者恐要觉得疏远，比较的减少兴味，亦未可知，但是科举虽废，士大夫的传统还是俨存，诚如识者所说，青年人原是老头儿的儿子，读书人现在改称知识阶级，仍旧一代如一代，所以《儒林外史》的讽刺在这个时期还是长久有生命的。中国向来缺少讽刺滑稽的作品，这部书是唯一的好成绩，不过如喝一口酸辣的酒[15]，里边多含一点苦味，这也实在是难怪的，水土本来有点儿苦，米与水自然也如此，虽有好酿手者奈之何。后来写这类谴责小说的也有人，但没有赶得上的，《二十年目睹之怪现状》是一部笔记，虽有人恭维，我却未能佩服，吴研人的老新党的思想往往不及前朝的人（例如吴敬梓），他始终是个成功的上海的报人罢了。

《品花宝鉴》与《儒林外史》《儿女英雄传》同是前清嘉道时代的作品，虽然是以北京的相公生活为主题，实在也是一部好的社会小说。书中除所写主要的几个人物过于修饰之外，其馀次要的也就近于下流的各色人等，却都写得不错。有人曾说他写的脏，不知那里正是他的特色，那些人与事本来就是那么脏的，要写也就只有那么的不怕脏。这诚如理查白顿关于《香园》一书所说，这不是小孩子的书。中国有些书的确不是小孩子可以看的，但是有教育的成年人却应当一看，正如关于人生的黑暗面与比较的光明面他都该知道一样。有许多坏小说，在这里也不能说没有用处，不过第一要看的人有成人的心眼，也就是有主宰，知道怎么看。但是我老实说不一定有这里所需要的忍耐力，往往成见的好恶先出来了，明知《野叟曝言》里文素臣是内圣外王思想的代表，书中的思想极正统，极谬妄，极荒淫，很值得一读，可是我从前借得学堂同班的半部石印小字本，终于未曾看完而还了他了。这部江阴夏老先生的大作，我竭诚推荐给研究中国文士思想和心理分析的朋友，是上好的资料，虽则我自己还未通读一过。

以上所说以民国以前为标准，所以《醒世因缘传》与《歧路灯》都没有说及。前者据胡博士考证，定为《聊斋》作者蒲留仙之作，我于五四以后才在北京得到一部，后者为河南人的大部著作，民国十四五年顷始有铅字本，第一册只有原本的四分之一，其馀可惜未曾续出。《聊斋志异》与《阅微草堂笔记》系是短篇，与上边所谈的说部不同，虽然也还有什么可谈之处，却只可从略。《茶花女遗事》以下的翻译小说以及杂览的外国小说等，或因零星散佚，或在时期限制以外，也都不赘及。但是末了却还有一部书要提一下，虽然不是小说而是一种弹词。这即是《白蛇传》，通称《义妖传》，还有别的名称，我是看过那部弹词的，但是琐碎的描写都忘记了，所还记得的也只是那老太婆们所知道的水漫金山等等罢了。后来在北平友人家里，看见滦州影戏演这一出戏，又记忆了起来，曾写了一首诗，题曰《白蛇传》，现在转录于此，看似游戏[16]，意思则照例原是很正经的。其诗云：

顷与友人语，谈及白蛇传。缅怀白娘娘，同声发嗟叹。许仙凡庸姿，艳福却非浅。蛇女虽异类，素衣何轻倩。相夫教儿子，妇德亦无间。称之曰义妖，存诚亦善善。何处来妖僧，打散双飞燕。禁闭雷峰塔，千年不复旦。滦州有影戏，此卷特哀艳。美眷终悲剧，儿女所怀念。想见合钵时，泪眼不忍看。女为释所憎，复为儒所贱。礼教与宗教，交织成偏见。弱者不敢言，中心怀怨恨。幼时翻弹词，文句未能念。绝恶法海像，指爪掐其面[17]。前后掐者多，面目不可辨。迩来廿年前，塔倒经自现。白氏已得出，法海应照办。请师入钵中，永埋西湖畔。

【钟校】

① 作于1945（乙酉）。

②“困难”，原作“固难”。

③“获得”，原作“献得”。

④“但这确是一个杰出的人”,“是”原作“实”。

⑤“朱仝”，原作“朱同”。

⑥“不伦不类”,“伦”原作“偏”。

⑦“童话或民话的特征”,“或”原作“成”。

⑧“又买得了”,“买”原作“甚”。

⑨“描写得最成功”，原无“写”字，今增。

⑩“描写和语言是顶漂亮的”,“和”原作“而”。

⑪“总以一个人相对待”,“以”原作“是”。

⑫“极恶劣”，原无“劣”字，今增。

⑬“程鱼门在作者的传中说此书”，原无“中”字，今增。

⑭“缺陷”，原作“缺恨”。

⑮“喝一口”,“喝”原作“渴”。

⑯“看似游戏”,“看”原作“捏”。

⑰“指爪掐其面”,“掐”原作“捏”。

关于伊索寓言①

◇1954. 12

◇伊索寓言

◇第一册有《明译伊索寓言》等

◇第五册有《伊索寓言》

“伊索寓言”这名称在中国大概起于十九世纪末，林琴南翻译此书选本，用这四个字。一八四〇年教会出版的英汉对照本则名为《意拾蒙引》。“意拾”与“伊索”都是原名的拉丁文排法，再用英文读法译成的，原来应读作“埃索坡斯”（Aisopos）才对。“寓言”这名称也是好古的人从庄子书里引来的，并不很好，虽然比“蒙引”是现成些。这种故事中国向来称作“譬喻”，如先秦时代的“狐假虎威”，“鹬蚌相争”，都是这一类。佛经中多有杂譬喻经，《百喻经》可以算是其中的代表。在希腊古代这只称为故事，有“洛果斯”（logos），“缪朵斯”（mythos）以及“埃诺斯”（ainos）几种说法，原意都是“说话”。第三少见，在本书中常用第一第二，别无区分。虽然后世以

"缪朵斯"为神话的故事，"洛果斯"为历史的故事，当时则似"洛果斯"一语通用最广，如伊索本人即被称为"故事作者"（logopoios），与小说家一样称法。

伊索一派的故事不被称为寓言，或是譬喻，这是很有意义的。这本来只是一种故事，说得详细一点，是动物故事，被用作譬喻来寄托教训乃是后来的事情。这种故事在各民族中间都有，他们在原始生活中与生物的接触很多，看了他们各色形状，各种习性，构成故事，好像是山洞石壁上的动物画，能够简要地抓到特点，表示出来。内容是一类的，用处却可以有各样不同，有些民族的神话差不多就是动物故事，创造宇宙，制作文明的神或英雄多是啄木鸟和老鼠，有的拿去作宗教上政治上之用，宣传教义，说服民众，这就成为譬喻，再则只当故事讲讲，口耳相传，没有多大变化，多保留着原来的性质，始终还是动物故事，是以故事为主体的。

世界上最能利用动物故事的有两个民族，第一是印度，第二是希腊。希伯来文学收集在《旧约》内，分量很不少，只在《士师记》第九章里约但说有一个故事，是很好的寓言，即本书的"树木与橄榄树"（一三三页）。可是独木不成林，算不得数。《四福音书》中有几个譬喻，那恐怕有了希腊的影响，以故事论也并不好。中国有那些“狐假虎威”等故事在《战国策》内，以后却无嗣响，便是孔子、庄子、韩非等人引用故事的手法也很少见，趋于纯粹的说理了。印度的动物故事很是丰富，利用在宗教上，举世不见其匹。菩萨的“本生故事”（Jataka）中这种分子极多，汉译经典中也随处可见，最有名的可以说是“月兔”这一件。《西域记》卷七云，“有狐，猿，兔三兽供养菩萨。兔无所得肉，舍身火中。帝释愍之，取其焦兔，置于月内，令未来众生举目瞻之，知是菩萨行慈之身。”本出《未曾有经》，流传中国，以至今日。希腊则因政治关系，动物故事乃自民间而进入市场学校，利用于政治与事理之论争，其事始于“霸王”（tyrannos）时代，自由言论殊有危险，故多以譬喻出之。情形虽不尽同，但其方法盖与战国策士相类。及共和制行，言论已可自由，而演说中用寓言的习惯继续存在，文士哲人亦提倡使用，故流行甚广。动物故事起源于民间，文人加以利用，或亦有临时创作者，随地随时本无一定，也难有作者的主名，但照例故事积聚，自然终多归着于一处一人，这事既非实，此人或有或无，亦无可考，唯由分而合总是事实，寓言的著作遂归于伊索即埃索坡斯一人的名下了。

关于伊索的事，比较可信任的只在希罗多德（Herodotos）的《史书》第二卷中有一节。他辩说妓女罗陀披斯（Rhodopis）不曾建造埃及金字塔，因为她是女诗人萨波（Sapphō）的兄弟的情人，不是埃及皇后，时代也不合，他说：

> 罗陀披斯生在亚玛西斯（Amasis）王的时代，是得拉开地方的人，是萨摩斯人赫拜恩妥坡利斯子雅特蒙（Iadmon）的家奴。那故事作者埃索坡斯是她同僚家奴之一。埃索坡斯也是属于雅特蒙家的这事有好些证据，其一是得耳福人遵了乩示，声明如有人对于埃索坡斯的被害要求赔偿，可以去领，末了出头来的乃是雅特蒙，即故雅特蒙的孙子，他领了赔偿金去。因此可知埃索坡斯确是雅特蒙家从前的家奴了。

我们尊重这“历史之父”的话，也只能至此为止。至于伊索为什么在得耳福被害，那就无从知道，虽然后来的传说也有说及。据说他被老雅特蒙解放，成了自由人，为吕狄亚王克洛伊索斯所信任，被派遣往得耳福，发给市民每人金四“木那”。因有争论，中止不发，市人愤怒，被投岩下而死，后发生大疫，往求乩示，命赔偿赎罪乃已。这一节话已经无征不信，后来更说他相貌丑陋，头尖，鼻塌，颈短，嘴唇突出，色黑，足弯，腹大彭亨，舌短，言语不清，那更是信口胡柴，只图形容得他奇怪，与常人不同，却是全不足信了。

希腊的寓言虽然写着伊索的名字，可是没有一篇可以指得出来确是他的作品，不但这里边分子复杂，而且纪录的年代较迟，与他本人也相差很远了。伊索生存的时代据计算当在基督前五百七十年时，比孔子要长一辈，最早的寓言集则成于基督前三百年顷，中间有二百多年的间隔，这书名为《埃索坡斯故事集成》(*Logon Aisopeion Synagogai*)，是法勒隆的得墨特里俄斯（Demetrios Phalereus）所编，他是亚里斯多德的再传弟子，著过好些书，曾任雅典长官十年，晚年在亚力山大，帮助那里大图书馆的成立。原书收有故事约二百则，今已散失，但当时风行一世。在一世纪初期，有希腊人在罗马为奴者名拜特路斯（Phaedrus)，后被解放，以拉丁韵文写寓言五卷，共九十七则，附录三十二则，大抵取材于此，可以说是间接留存了不少。同时有拔勃利乌斯（Babrius）以希腊韵文写寓言共百二十二则，其抄本至一八四四年始被发见。四世纪时罗马人亚微亚奴斯（Avianus）又以拉丁韵文写寓言，得四十二首。以上韵文本三种均存。寓言原本自系散文，文人或改写为诗，据柏拉图说，苏格拉底以大逆不道判处死刑，未服毒人参之前，亦曾就记忆所及，将伊索寓言翻为韵文。但奇怪的是散文原本今悉无存，后人复从韵文改写为散文，并杂采各种故事，混为一编，虽冠以伊索之名，其中多有印度亚剌伯的成分，有些是基督教的，经中古时代的编者写为希腊文，插入中间，如上文所说约但的故事是最显著的例。佛教的“本生故事”相传为迦叶佛所撰，在印度古代很是流行，基督二四一年顷流入锡兰岛，三百年之后由一锡兰使臣带至东罗马，旋即译文，名为“吕皮亚故事”（*Logoi Lybikoi*）共约一百则，末准伽陀之例，有数言指示教戒，后来寓言遂沿此习，在古时盖本无有，有时下语拙滞，或反减少效力。这样看来，希腊寓言受了印度的影响很不浅，不但是内容有些由于借用，形式上尤有迹象留存，而伊索那时的式样乃不复可见，这也是一件很可惜的事吧。

寓言中历史最古的要算本书中《莺与鹞子》（五页），这已见于前八世纪中的赫西俄多斯（Hesiodos）的诗里，其次是《鹰与狐狸》（二页），见于前七世纪中的亚耳吉洛科斯（Arkhilokhos）诗里，又《（被箭射的）鹰》（五页），见于前六世纪中的埃斯库罗斯（Aiskhylos）的悲剧断片中。迟的便是有些基督教影响的，这自然当在四世纪中君士坦丁大帝承认基督教之后，虽然如《说马幸福的驴子》（一四一页）中云，以贫穷为满足，又《秃头的骑手》（一七九页）中云，我们是裸体而来，也是裸体而去，可能是晚期希腊诗人的思想，不一定与基督教相关，但文字有好些实例，都是《新约》以后的用语，那总是实在的。这所表现的前后时间不算不长，社会情状也有改变，可是人民的生活还是差不多一样，一样地辛苦，暗淡，不安定，因此不但故事的空气是一致，就是在后世若干年间，这些故事与教训还是为世人所理解尊重，实在是不足怪的。《伊索寓言》向来被认为启蒙用书，以为这里边故事简单有趣，教训切实有用。其实这是不对的。于儿童相宜的自是一般动物故事，并不一定要是寓言，而寓言中的教训反是累赘，所说的都是奴隶的道德，更是不足为训。现在《伊索寓言》对于我们乃是世界的古典文学遗产之动物故事，像一切民间文艺一样，经了时代的淘汰而留存下来，又在所含的教训上可以想见那时苦辛的人生的影子，也是一种很有价值的贵重的资料。

【钟校】

①《伊索寓言》，周启明译，1963年人民文学出版社初版。

知堂書話 三

周作人 著文
锺叔河 编订

岳麓書社·长沙·二〇一六

第三册目录

毛氏说诗①

◇1936. 1. 4

◇风雨谈

◇第二册有《郝氏说诗》

民国二十五年元日，阴寒而无风，不免到厂甸去走一趟，结果只买到吾乡潘素心的诗集《不栉吟》正续七卷，此外有若干本丛书的零种。这里边有一本是《西河合集》内的《白鹭洲主客说诗》一卷与《续诗传鸟名卷》三卷。我是在搜集同乡的著作，但是《西河合集》却并没有，说理由呢，其一他是萧山人，不在小同乡的范围内，其二则因为太贵，这种价近百元的大书还没有买过。所以我所有的便只有些零种残本，如尺牍诗词话连厢之类，这本《说诗》也是我所想要的，无意中得来觉得很可喜，虽然这有如乞儿拾得蚌壳可以当饭瓢，在收藏家看来是不值一笑的。

毛氏说话总有一种“英气”，这很害事，原是很有理的一件事，这样地说便有棱角，虽间有谐趣而缺少重量，算来还是不上算，至于不讨人欢喜尚在其次。提起毛西河恐怕大家总有点厌他善骂，被骂的人不免要回敬一两句，这也是自然的，不过特别奇怪的是全谢山，他那种的骂法又说明是他老太爷的话，真是出奇得很。这很有点难懂，但是也可以找到相类的例。姚际恒著《诗经通论》卷前“论旨”中论列自汉至明诸诗解，关于丰坊有云：

> 丰氏《鲁诗世学》极骂季本。按季明德《诗学解颐》亦颇平庸，与丰氏在伯仲间，何为骂之，想以仇隙故耶？

毛西河喜骂人，而尤喜骂朱晦庵，《四书改错》是很闻名的一案，虽然《劝戒录》中还没有派他落拔舌地狱或编成别的轮回故事，这实在是他的运气。那说诗的两种恰好也是攻击朱子的，在这一点上与姚首源正是同志，《诗经通论》卷前的这一节话可以做他们共同的声明：

> 《集传》主淫诗之外其谬戾处更自不少，愚于其所关义理之大者必加指出，其馀则从略焉。总以其书为世所共习，宁可获罪前人，不欲遗误后人，此素志也，天地鬼神庶鉴之耳。

姚最反对淫诗之说，有云：

《集传》只是反《序》中诸诗为淫诗一着耳，其他更无胜《序》处。

毛的《说诗》中“说淫诗”十二条，占全书五分之三，“说杂诗”四条都是反朱的。《鸟名卷》虽说是释鸟，目标也在《集传》，第一则“关关雎鸠”便云：

《论语》，小子学诗，可以多识于鸟兽草木之名，而朱氏解《大学》格物，又谓当穷致物理，则凡经中名物何一可忽，况显作诗注，岂有开卷一物而依稀鹘突越数千百年究不能指定为何物者。

姚氏于名物不甚措意，其说见于卷前论旨中，但与《鸟名卷》颇有因缘，这是很有意思的事。《鸟名卷》序云康熙乙酉重理残卷，姚书序亦写于是年，又毛云：

会钱唐姚彦晖携所著《诗识名解》请予为序，其书甚审博，读而有感，予乃踵前事云云。

姚亦云：

作是编讫，侄炳以所作《诗识名解》来就正，其中有关诗旨者间采数条，足辅予所不逮。

此姚彦晖盖即侄炳。《鸟名卷》之一“燕燕于飞”条下云：

乃燕只一字，其曰燕燕者，两燕也。何两燕？一于归者，一送者。

《诗经通论》卷三引《识名解》云：

> 《释鸟》曰，燕燕鳦。又《汉书》童谣云，燕燕尾涎涎。按鳦鸟本名燕燕，不名燕，以其双飞往来，遂以双声名之，若周周蛩蛩猩猩狒狒之类，近古之书凡三见而适合，此经及《尔雅》《汉书》是也。若夫单言燕者乃乌也，《释鸟》曰，燕，白脰乌，可据，孔鲋亦谓之燕乌。故以燕燕为两燕及曲为重言之说者，皆非也。

二人皆反对《集传》重言之说，而所主张又各不同，亦颇有趣。西河既见《诗识名解》，不知何以对于燕燕双名之说不加以辩驳也。《鸟名卷》解说“鹑之奔奔”颇有妙解，奔奔朱注云居有常匹飞则相随之貌，毛纠正之云：

> 按鹑本无居，不巢不穴，每随所过，但偃伏草间，一如上古之茅茨不掩者，故《尸子》曰，尧鹑居，《庄子》亦曰，圣人鹑居，是居且不定[②]，安问居匹？若行则鹑每夜飞，飞亦不一，以窜伏无定之禽而诬以行随，非其实矣。

毛氏非师爷，而关于居飞的挑剔大有刀笔气息，令人想起章实斋，不过朱子不认识鹌鹑，以为是鹊类，奔奔彊彊的解释也多以意为之，其被讥笑亦是难怪也。

又“鹳鸣于垤”，朱注云，“将阴雨则穴处者先知，故蚁出垤，而鹳就食，遂鸣于其上也。”毛云：

《禽经》，鹳仰鸣则晴，俯鸣则雨。今第鸣垤，不辨俯仰，其为晴为雨不必问也。但鸣垤为蚁穴知雨，雨必出垤而鹳就食之，则不然。禽凡短咮者能啄虫豸，谓之噣食。岂有大鸟长喙而能噣及蚍蚁者，误矣。

长嘴的鹳啄食蚂蚁，的确是笑话，其实就是短嘴鸟也何尝吃蚂蚁呢？大约蚂蚁不是好吃的东西，所以就是嘴最短的铁嘴麻鸟黄脰等，也不曾看见他们啄食过。晴雨不必问，原是妙语，唯上文云“零雨其濛”，则此语失其效力矣，反不如姚云：“又谓将阴雨则穴处先知之，亦凿，诗已言零雨矣，岂特将雨乎。”又《小雅》“鹤鸣于九皋，”朱注，“鹤鸟名，长颈竦身高脚，顶赤身白，颈尾俱黑。毛云：

《集注》凡鸟兽草木尽袭旧注而一往多误，惟此鹤则时所习见，疑翼青尾白为非是，遂奋改曰颈尾黑，以其所见者是立鹤，立则敛翼垂尻，其帔黝然，实未尝揭两翮而见其尾也。明儒陈晦伯作《经典稽疑》，调笑之曰，其黑者尾耶？

又《说诗》末一则亦云：

鹤鸣于九皋，《正义》引陆玑疏谓顶赪翼青身白，而朱氏习见世所畜鹤敛羽而立，皆翼白尾黑者，奋笔改为顶赤颈尾俱黑，公然传之五百年，而不知即此一羽之细已自大误，先生格物安在耶？

姚亦云：

按鹤两翼末端黑，非尾黑也。彼第见立鹤，未见飞鹤，立者常敛其两翼，翼末黑毛垂于后，有似乎尾，故误以为尾黑耳。格物者固如是乎？陈晦叔《经典稽疑》已驳之。

鹤尾本微物，但是这个都不知道，便难乎其为格物君子了。名物之学向来为经学的附庸，其实却不是不重要的，有如中学课程中的博物，学得通时可以明瞭自然的情状，更能够知道世事。若没有这个，只懂得文字，便不大改得过秀才气质也。毛姚二君又有关于“七月在野”四句的解说，亦有新意，但以事关昆虫，抄来又太长，故只得从略，亦可惜也。

（廿五年一月四日，在北平）

【钟校】

① 1936. 1. 16 刊《益世报》。

②“居且不定”，“定”原作“足”。

窦存[1]

◇1936. 1

◇风雨谈

胡式钰的《窦存》四卷从前时常看到，却总没有买，因为不是价贵，就是纸太劣。其实这种书的价钱本来不会怎么贵的，不过我觉得他不能值这些，那就变成贵了，前几天才买了一部，在还不算贵的范围内。这书刻于道光辛丑，距今才九十五年，正是清朝学术中落时期，其时虽然也有俞理初龚定庵魏默深蒋子潇等人来撑撑场面，就一般的知识讲未免下降了。我们读《窦存》时颇有此感，自然就是在乾嘉时也是贤愚不齐，不见得人人都有见识，只是到了衰季更易感到，或者由于主观也不可知。

《窦存》分为书诗事语四类，其《语窦》一卷列举俗语的出典，如《恒言录》之流，而范围较宽，最无可非议。《诗窦》所谈间有可取，《书窦》多卫道之言，可谓最下，《事窦》则平平耳，大抵多讲报应怪异，一般文人的“低级趣味”都如此，不必单责胡氏也。卷一论东坡非武王，阎百诗议子游子夏，钱莘楣议程伊川，卷二论人或嗤昌黎以文为诗，皆大不以为然，其理由则不外“何得轻议大贤人”，其议论可想见了。说诗处却有佳语，如卷二云：

杨升庵谓杜子美滕王亭诗，春日莺啼修竹里，仙家犬吠白云间，予常怪修竹本无莺啼，后见孙绰兰亭诗，啼莺吟修竹，乃知杜老用此也，读书不多未可轻议古人。此升庵薄子美厚孙绰也。子美言之不足信，孙绰言之始足信，孙绰又本何书欤？且诗境贵真，使其时莺非啼竹而强言之，谓前人曾有此说，特因袭而已。前人未有此说而我自目击其境，斯言之正亲切耳。吾且谓子美当日有目中之莺啼修竹，而不必有孙绰之莺啼修竹可也。固哉，升庵之说诗也。

又有云：“予题汤都督《琴隐图》云，碑括前皇篆。一徒请括字来历，予曰，史皇造字即来历，前人经史等载籍岂别有来历耶。”这都说得很好，有自己的见识。但是这自信似乎不很坚，有时又说出别样的话，如云：

宋叶适诗云②，应嫌屐齿印苍苔。按汉杜林高节不仕，居一室，阶有绿苔，甚爱之，辄谓人曰，此可以当铺翠耳。人有蹑屐者，曰，勿印破之。盖叶诗印字本此。

书眉上有读者批曰，“即无本亦好。”此读者不知系何人，唯卷首有一印，白文四字云“咸弼过目”，盖即其名也。又有一条云：

朱庆馀诗云，洞房昨夜停红烛。杜牧诗云，空堂停曙灯。停字当本陆机《演连珠》，兰膏停空，不思衔烛之龙。

批曰，“此等字在作者只知用来稳惬，不必先有所本，乃偶然暗合也。”批语两次纠正，很有道理。胡氏论诗极推重陶公，有云：

东坡曰，吾于诗人无所好，好渊明诗。式钰谓吾于诗人无不好，尤好渊明诗。吾于诗人诗各有好有不好，有好无不好唯渊明诗。

语虽稍笼统，我却颇喜欢，因为能说得出爱陶诗者的整个心情也。

卷三所记有关于民间信仰风俗者，亦颇可取。如记佣工赵土观谈上海二十一保二十七图陈宅鬼仙有云：

去年（己亥）夏其家男女出耕，鬼在田中，予闻往听，鬼称予土观，予笑，鬼云，勿好笑，遂彼此寒暄数语。顷之谓其家人，我回椁，尔等当回家饭也，耕佣无不闻者。往往二三日便回鬼门关，来时声喜，去时声悲，必嘱其家人曰，为善毋恶，阴司有簿记之。

这是很好的关于死后生活的资料，如鬼门关（据云其地甚苦），鬼回椁休息，阴司有簿记善恶，皆是也。又一则云：

世间妇女言灶神每月上天奏人善恶，故与人仇，灶诅之，有求，灶祷之。又岁杪买饧，择谷草之实制焙和之，俟新岁客来佐茶，故买饧于腊。腊月二十四日饯灶神上天，遂用饧，荐时义也，乃谓恐神诉恶，借胶其口，何鄙说之可笑乎。然俗之为恶概可想见。

此一节也记得颇有意思，只是末尾说得太是方巾气，其实未必一定为恶，人总怕被别个去背地里说些什么，此种心理在做媳妇的一定更深切地感到，也自难怪她们想用大麦糖去胶住那要说闲话的人的嘴巴[3]罢。

卷一《书窦》的第一条是讲考证的，虽然讲得很有趣，可是有点不对。其文云：

《晋书》，贾充有儿黎民三岁，乳母抱之当阁，充就而拊之。《世说》云，充就乳母手中鸣之。拊鸣各通，盖谓拊其儿作呜呜声以悦之也，犹《荀子》拊循之唲呕之义，然呜字耐味。杜牧之遣兴诗，浮生长忽忽，儿小且呜呜。

拊呜原是两件事，我想《世说》作呜是对的，《晋书》后出，又是官书，故改作较雅驯的拊字罢了。查世俗顶有势力的《康熙字典》和商务《辞源》，呜字下的确除呜呜等以外没有他训，但欠部里有一个歍字，《字典》引《说文》云，一曰口相就也。案《说文解字》八篇下云：

歍，心有所恶若吐也，从欠，乌声。一曰歍歒，口相就也。（段注，谓口与口相就也。）歒，歍歒也，从欠，鼀声。噈，俗歒，从口从就。

《辞源续编》始出一歍字，引《说文》为训，而噈字始终不见，我把正续编口部从十一画至十三画反复查过，终于没有找到这个字。查《广韵》噈下云，歍噈，口相就也，《玉篇》噈下云，呜噈也。到这里，口旁的呜字已替代了欠旁的字，虽然正式当然是连用，但后来大抵单用也可以了。这里说后来，其实还应该改正，因为单用的例在隋唐之前，《世说新语》下"惑溺第三十五"即其一。佛经律部的《四分律藏》卷四十九云：

时有比丘尼在白衣家内住，见他夫主共妇呜口，扪摸身体，捉捺乳。

这部律是姚秦时佛陀耶舍共竺法念所译，在东晋末年，大约与陶渊明同时，所以这还当列在宋临川王的前面。唐义净译的《根本说一切有部毗奈耶》卷三十八亦有云：

问言少女何意毁篱，女人便笑，时邬波难陀染心遂起，即便捉臂，遍抱女身，鸣咂其口④，舍之而去。

据此可知鸣字当解作亲嘴，今通称接吻，不知何来此文言，大约系接受日本的新名词，其实和文亦本有“口附”（Kuchizuke）一字，胜于此不古不今的汉语也。

（廿五年一月）

【钟校】

① 1936.2 刊《宇宙风》11 期。

②“宋叶适诗云”，“宋”原作“唐”。

③“嘴巴”，原作“嘴吧”。

④“鸣咂其口”，“咂”原作“呞”。

安徒生的四篇童话[①]

◇1936. 1

◇风雨谈

◇第一册有《安得森的十之九》

我和安徒生（H. C. Andersen）的确可以说是久违了。整三十年前我初买到他的小说《即兴诗人》，随后又得到一两本童话，可是并不能了解他，一直到了一九〇九年在东京旧书店买了丹麦波耶生的《北欧文学论集》和勃阑特思的论文集（英译名《十九世纪名人论》）来，读过里边论安徒生的文章，这才眼孔开了，能够懂得并喜欢他的童话。后来收集童话的好些译本，其中有在安徒生生前美国出版的全集本两巨册，一八七〇年以前的童话都收在里边了，但是没有译者名字，觉得不大靠得住。一九一四年奥斯福大学出版部的克莱吉夫妇编订本，收录完备，自初作的《火绒箱》以至绝笔的《牙痛老姆》全都收入，而且次序悉照发表时代排列，译文一一依据原本改正，削繁补缺，可谓善本，得此一册也就可以满足了，虽然勃拉克斯塔特本或培因本还觉得颇喜欢，若要读一两篇时选本也更为简要。但是我虽爱安徒生童话，译却终于不敢，因为这件事实在太难了，知道自己的力量很不够，只可翻开来随意读读或对客谈谈而已，不久也就觉得可以少谈，近年来则自己读了消遣的事也久已没有了。

去年十二月三十日却忽然又买到了一小本安徒生的童话。这件事情说来话长。原来安徒生初次印行童话是在一八三五年，内系《火绒箱》、《大克劳斯与小克劳斯》、《豌豆上的公主》、《小伊达的花》，共四篇，计六十一页。去年一九三五正是百年纪念，坎勃列治大学出版部特刊四篇新译，以为纪念，我就托书店去定购，等得寄到时已经是残年向尽了。本文系开格温（R. P. Keigwin）所译，有拉佛拉忒夫人（Gwen Raverat）所作木板画大小三十五幅，又安徒生小像两个，——这都只有两英寸高，所以觉得不好称幅。安徒生的童话前期所作似更佳，这四篇我都爱读，这回得到新译小册，又重复看了两三遍，不但是多年不见了的缘故，他亦实在自有其好处也。

译者在卷首题句，借以纪念他父母的金刚石结婚，盖结婚在一八七五，正是安徒生去世之年，到了一九三五整整的是六十年了。译者又有小引云：

> 回顾一百年的岁月，又记着安徒生所写童话的数目，我们便要惊异，看这最初所出的第一辑是多么代表的作品，这诗人又多么确实的一跳起来便踏定脚步。在一八三五年的早春他写信给印该曼道，“我动手写一两篇故事，讲给儿童们听的，我自己觉得很是成功。”
>
> 他所复述的故事都是那些儿时在芬岛他自己所喜欢听的，但是那四篇却各有特别显明的一种风格。在《火绒箱》里，那兵显然是安徒生自己，正因为第一篇小说的目前的成功高兴得了不得，那文章的调子是轻快的莽撞的。在《大克劳斯与小克劳斯》那快活的民间喜剧里，他的素朴性能够尽量的发现，但其效力总是健全而兴奋的。这两篇故事里金钱的确是重要的主眼，而这也正是金钱为那时贫穷的安徒生所最需要的东西。或者那时候他所要的还该加上一个公主罢。于是有那篇《豌豆上的公主》，这里有他特别的一股讽刺味，这就使得那篇小故事成为一种感受性的试验品。末了有《小伊达的花》，一篇梦幻故事，像故事里的花那么温和柔脆，在这里又显

示出别一样的安徒生来，带着路易加乐尔（Lewis Carroll）的希微的预兆，——伊达帖蔼勒即是他的阿丽思列特耳。《小伊达》中满是私密的事情，很令我们想起那时代的丹麦京城是多么的偏鄙，这故事虽是一部分来自霍夫曼，但其写法却全是独创的。而且在这里，安徒生又很无心的总结起他对于异性的经验："于是那扫烟囱的便独自跳舞，可是这倒也跳得不坏。"

关于安徒生的文体还须加以说明，因为正是这个，很招了他早期批评家的怒，可是末后却在丹麦散文的将来上发生一种强有力的影响。他在那封给印该曼的信上说，"我写童话，正如我对小孩讲一样。"这就是说，他抛弃了那种所谓文章体，改用口语上的自然的谈话的形式。后年他又写道，"那文体应该使人能够听出讲话的人的口气，所以文字应当努力去与口语相合。"这好像是一篇论广播的英文的话，安徒生实在也可以说是一个最初的广播者。他在几乎一百年前早已实行了那种言语的简单化的技术，这据说正是不列颠广播会（B. B. C.）的重要工作之一。

他在叙述上边加以种种谈话的笔法，如干脆活泼的开场，一下子抓住了听者的注意，又如常用背躬独白或插句，零碎的丹麦京城俗语，好些文法上的自由，还有那些语助辞——言语里的点头和撑肘，这在丹麦文里是与希腊文同样的很丰富的。安徒生在他的童话里那样的保持着谈话的调子，所以偶然碰见一点真的文章笔调的时候你就会大吃一惊的。他又说道，“那些童话是对儿童讲的，但大人们也可以听。”所以其言语也并不以儿童的言语为限，不过是用那一种为儿童所能理解与享受的罢了。（这是很奇异的，安徒生的言语与格林所用的相差有多么远，且不说他的诙谐趣味，这在丹麦人看来是他最为人所爱的一种特色。在英国普通以为他太是感伤的印象，也大抵都是错误的。）

现在只简略的说明安徒生的言语的技术，但是可惜，这常被湮没了，因为译者的想要修饰，于是在原著者的散文上加了好些东西，而这在原本却正是很光荣地没有的。至于其馀的话可以不说了，这里是他最初的四篇童话，自己会得表明，虽然这总使人绝望，不能把真的丹麦风味搬到英文上来。安徒生，丹麦的儿童的发见者，也是各国家的和各国语的儿童的恩人。真是幸福了，如不久以前一个法国人所说，幸福的是他们，自己以为是给儿童写作，却是一般地贡献于人类，盖他们乃是地上的君王也。

上面引用安徒生晚年所写的话，原见丹麦全集第二十七册，美国本亦译载之，系一八六八年所记，说明其写童话的先后经过者也。自叙传《我一生的童话》之第七章中也说及此事，但不详细。一九三二年英国出版《安徒生传》，托克斯微格女士（Signe Toksvig）著，盖是丹麦人而用英文著述者，第十三章关于童话第一辑叙说颇多，今不重述，但有两点可以补充。其一，《豌豆上的公主》本是民间传说，与《火绒箱》等都是从纺纱的女人和采诃布花的人听来的，但这里有一点对于伍尔夫小姐的讽刺，因为她遇见无论什么小事总是太敏感的。其二，扫烟囱的独自跳舞，因为洋娃娃苏菲拒绝了他，不肯同安徒生跳舞的据说也有其人，即是珂林家的路易丝小姐。可是这传里最有益的资料并不是这些，乃是他讲人家批评安徒生的地方。这辑童话出去之后，大杂志自然毫不理会，却有两家很加以严正的教训。传中云：

这是很怪的，安徒生平常总是那么苦痛的想，觉得自己老是恶意的误解与可怕的不公平的受害者，对于这两个批评却似乎不曾流过眼泪。但是我们不妨说，在全世界的文学史上，实在再也没有东西比这更是傲慢而且驴似地蠢的了。

这很值得引用。第一个批评说："虽然批评者并不反对给成人们看的童话，可是他觉得这种文学作品全然不适宜于儿童。他自然也知道儿童容易对于奇异事情感受兴趣，但是他们的读物，即使是在校外，可以单给他们娱乐的么？凡是要给儿童什么东西去读的，应该在单去娱乐他们之上有一个较高的目的。但就事实来说，童话里不能够把自然与人类的有用知识传授给儿童们，至多只有几句格言罢了，所以这是一个问题，是否太是利少害多，因为这会把他们心里都灌满了空想了。"

批评者又列举各篇童话，承认说这的确可以使儿童听了喜欢，不提[②]这不但不能改进他们的心，反而会有很大的害处。"有人承认这可以改进儿童的礼仪观念么，他看这童话里说一个熟睡的公主骑在狗背上跑到兵那里，兵亲了她的嘴，后来她完全清醒了的时候告诉父母这件妙事，说是一个怪梦？"

又，"儿童的羞耻意识可以改进么，他看童话里说一个女人在她丈夫出门的时候独自同那管庙的吃酒饭？"

又，“儿童的人命价值观念可以改进么，他看那《大克劳斯与小克劳斯》里的那些杀人事件?”

至于《豌豆上的公主》，“这在批评者看去似乎不但是粗俗而且还很荒唐，因为儿童看了或者会吸收这种错误观念，以为那些贵妇人真是这么了不得的皮薄的。”

“《小伊达的花》算是比较的没有弊害，但是可惜，这里边也没有道德教训!”

那位先生于是在末尾劝这有才能的著者要记住他的崇高的职务，勿再这样浪费他的光阴。

第二个批评差不多也是同样的口调，但是着力说明这样用口语写文章之无谓，因为这总该把难懂一点的东西去给儿童，那么他们会努力去想懂得。这才是儿童们所尊重的。否则就会使得他们有机会自尊起来，随意批评事情，这于儿童是极有害的事。他劝安徒生不要这样的弄下去，但是那批评家摩耳贝克刚才印行了一本故事集，这是文章作法的模范，而且也指示出教训来，这就是在童话里也还该有的。

一世纪后苏维埃政府阻止学校里读童话，理由是说童话颂扬王子与公主。

在一百年前，这样子的批评其实是不足怪的。可怪的只是有安徒生这种天才，突然地写出破天荒的小故事，把世人吓一跳，然而安徒生自己却也并不知道。他被人家这么教训了之后，也就想回过去做他的小说，这些“劳什子”放弃了本来并不觉得可惜。大家知道欧洲的儿童发见始于卢梭，不过实在那只可算是一半，等到美国史丹来霍耳博士的儿童研究开始，这才整个完成了。十八世纪在文学上本是一个常识教训的时代，受了卢梭影响的儿童教育实在也是同一色彩，给儿童看的书里非有教训不可，这正是当然的道理。举一个极端的例，我在《缢女图考释》中引用法国戴恩的话，说王政复古时的英国人将克林威耳等人的死体挂在绞架上，大家去看，我加以解说道：

> 但是这种景象也有人并不以为可嫌恶，因为这有道德的作用，十八世纪时有些作家都如此想，有儿童文学的作者如谢五德太太（Mrs. Sherwood）便很利用绞架为教科。哲木斯在《昨日之儿童的书》（一九三三年）引论中说，他们诚实的相信，恶人的公平而且可怕的果报之恐吓，应该与棍子和药碗天天给孩子们服用，这在现代儿童心理学的泰斗听了是会很感到不安的。这恐怕是实在的，但在那时却都深信绞架的价值，所以也不

见得一定会错。现在且举出谢五德太太所著的《费厄却耳特家》为例，两个小孩打架，费厄却耳特先生想起气是杀人媒的话，便带领他们到一个地方去，到来看时原来是一座绞架。“架上用了铁索挂着一个男子的身体，这还没有落成碎片，虽然已经挂在那里有好几年了。那身体穿了一件蓝衫，一块丝巾围着脖子，穿鞋着袜，衣服一切都还完全无缺，但是那尸体的脸是那么骇人，孩子们一看都不敢看。”这是一个杀人的凶手，绞死了示众，直到跌落成为碎片而止。费厄却耳特先生讲述他的故事，一阵风吹来摇动绞架上的死人，锁索悉索作响，孩子们吓得要死，费厄却耳特先生还要继续讲这故事，于是圆满结局，两个小孩跪下祷告，请求改心。

这样看来，安徒生的做法确是违反文学正宗的定律的了。可是正宗派虽反对，而儿童却是喜欢听。浪漫主义起来，独创的美的作品被重视了，儿童学成立，童话的认识更明确了，于是出现了新的看法，正宗的批评家反被称为驴似的蠢了。但是，那些批评在中国倒是不会被嫌憎的，因为正宗派在中国始终是占着势力，现今还是大家主张读经读古文，要给儿童有用的教训或难懂的主义，这与那两个批评是大半相合的。

在世界也是思想的轮回，宗教与科学，权威与知识，有如冬夏昼夜之迭代，中国则是一个长夜，至少也是光明微少而黑暗长远。安徒生在西洋的运命将来不知如何，若在中国之不大能站得住脚盖可知矣，今写此文以纪念其四篇亦正是必要也。（二十五年一月）

【钟校】

① 1936.2.10刊《国闻周报》13卷5期。

②“不提”原作“不题”。

郁冈斋笔麈

◇1936.2

◇风雨谈

《宇宙风》新年号“二十四年爱读书”中有王肯堂的《笔麈》一种，系叶遐庵先生所举，原附有说明云：

明朝人的著述虽很有长处，但往往犯了空疏浮诞的通病，把理解和事实通通弄错。王肯堂这一部书，不但见地高超，而且名物象数医工等等，都由实地研究而发生很新颖坚确的论断，且其态度极为忠实。王肯堂生当明末，好与利玛窦等交游，故他的治学方法大有科学家的意味。这是同徐光启李之藻金声等都是应该推为先觉的，所以我亦很喜欢看这部书。

我从前只知道王肯堂是医生，对于他的著作一直不注意，这回经了遐庵先生的介绍，引起我的好奇心，便去找了一部来看。原书有万历壬寅（一六〇二）序文，民国十九年（一九三〇）北平图书馆用铅字排印，四卷两册实价三元，只是粉连还不是机制的，尚觉可喜。《笔麈》的著者的确博学多识，我就只怕这有许多都是我所不懂的。第一，例如医，我虽然略略喜欢涉猎医药史，却完全不懂得中国旧医的医理，我知道一点古希腊的医术情形，这多少与汉医相似，但那个早已蜕化出去，如复育之成为“知了”了。第二是数、历、六壬、奇门、阳宅等，皆所未详。第三是佛教，乃是有志未逮。我曾论清初傅冯二君云：

> 青主为明遗老中之铮铮者，通二氏之学，思想通达，非凡夫所及，钝吟虽儒家而反宋儒，不喜宋人论史及论政事文章的意见，故有时亦颇有见解，能说话。

我们上溯王阳明、李卓吾、袁中郎、钟伯敬、金圣叹，下及蒋子潇、俞理初、龚定庵，觉得也都是如此。所以王君的谈佛原来不是坏事，不过正经地去说教理禅机，便非外行的读者所能领解，虽然略略点缀却很可喜，如卷四引不顺触食说东坡的“饮酒但饮湿”，又引耳以声为食说《赤壁赋》末“所共食”的意思，在笔记中均是佳作。归根结蒂，《笔麈》里我所觉得有兴趣的实在就只是这一部分，即说名物谈诗文发意见的地方，恐怕不是著者特长之所在，因为在普通随笔中这些也多有，但是王君到底自有其见解，与一般随波逐流人不同，此我所以仍有抄录之机会也。卷四有两则云：

> 文字中不得趣者便为文字缚，伸纸濡毫，何异桎梏。得趣者哀愤侘傺皆于文字中销之，而况志满情流，手舞足蹈者哉。
>
> 《品外录》录孙武子《行军篇》，甚讶其不伦，后缀欧阳永叔《醉翁亭记》，以为记之也字章法出于此也。何意眉公弃儒冠二十年，尚脱头巾气不尽。古人弄笔，偶尔兴到，自然成文，不容安排，岂关仿效。王右军《笔阵图帖》谓凝神静思，预想字形，大小偃仰，平直振动，令筋脉相连，意在笔前，然后作字。吾以为必非右军之言。若未作字先有字形，则是死字，岂能造神妙耶。世传右军醉后以退残笔写《兰亭叙》，旦起更写皆不如，故尽废之，独存初本。虽未必实，然的有此理。吁，此可为得趣者道也。夫作字不得趣，书佣胥吏也，作文不得趣，三家村学究下初缀对学生也。

此言很简单而得要领，于此可见王君对于文学亦是大有见识。其后又有云：

四月四日灯下独坐，偶阅袁中郎《锦帆集》，其论诗云，物真则贵，真则我面不能同君面，而况古人之面貌乎。唐自有诗也，不必选体也；初盛中晚自有诗也，不必初盛也；李杜王岑钱刘下逮元白卢郑各自有诗也，不必李杜也。赵宋亦然，陈欧苏黄诸人有一字袭唐者乎，又有一字相袭者乎。至其不能为唐，殆是气运使然，犹唐之不能为选，选之不能为汉魏耳。今之君子乃欲概天下而唐之，又且以不唐病宋。夫既以不唐病宋矣，何不以不选病唐，不汉魏病选，不三百篇病汉，不结绳鸟迹病三百篇耶。读未终篇，不觉击节曰，快哉论也，此论出而世之称诗者皆当赧面咋舌退矣。

案此论见卷四《与丘长孺书》中，与《小修诗序》所说大旨相同，主意在于各抒性灵，实即可为上文所云得趣之解说也。不过这趣与性灵的说法，容易了解也容易误解，不，这或者与解不甚相关，还不如说这容易得人家赞成附和或是“丛诃攒骂”。最好的例是朱彝尊，在《静志居诗话》卷十六“袁宏道”条下云：

《传》有言，琴瑟既敝，必取而更张之，诗文亦然，不容不变也。隆万间王李之遗派充塞，公安昆弟起而非之，以为唐自有古诗，不必选体；中晚皆有诗，不必初盛；欧苏陈黄各有诗，不必唐人。唐诗色泽鲜妍，如旦晚脱笔砚者，今诗才脱笔砚，已是陈言，岂非流自性灵与出自剽拟，所从来异乎。一时闻者涣然神悟，若良药之解散而沉疴之去体也。乃不善学者取其集中俳谐调笑之语……是何异弃苏合之香取蛣蜣之转耶。

这里他很赞同公安派的改革，所引用的一部分也即是《与丘长孺书》中的话。卷十七“钟惺”条下又云：

《礼》云，国家将亡，必有妖孽；非必日蚀星变龙漦鸡祸也，惟诗有然。万历中公安矫历下娄东之弊，倡浅率之调以为浮响，造不根之句以为奇突，用助语之辞以为流转，著一字务求之幽晦，构一题必期于不通，《诗归》出一时纸贵，闽人蔡复一等既降心以相从，吴人张泽华淑等复闻声而遥应，无不奉一言为准的，入二竖于膏肓，取名一时，流毒天下，诗亡而国亦随之矣。

诗亡而国亦随之，可谓妙语。公安竟陵本非一派，却一起混骂，有缠夹二先生之风，至于先后说话不一致还在其次，似乎倒是小事了。朱竹垞本非低能人，何以如此愦愦？岂非由于性灵云云易触喜怒耶。李越缦称其成见未融，似犹存厚道。中国文人本无是非，翻覆褒贬随其所欲，反正不患无辞，朱不过其一耳。后来袁子才提倡性灵，大遭诃骂，反对派的成绩如何，大家也记不起来了。性灵被骂于今已是三次，这虽然与不佞无关，不过因为见闻多故而记忆真，盖在今日此已成为《文料触机》中物，有志作时文者无不取用，殆犹从前做策论之骂管仲焉。在一切都讲正宗道统的时候，汩没性灵当然是最可崇尚的事，如袁君所说，殆是气运使然。我又相信文艺盛衰于世道升降了无关系，所以漠然视之。但就个人的意见来说，则我当然赞成王君的话，觉得一个人应该伸纸濡毫要写就写，不要写就不写，大可不必[②]桎梏而默写圣经耳。

（廿五年二月）

【钟校】

① 1936.3.1 刊《宇宙风》12 期，题作《谈诗文》。

②“大可不必”，原作“大不可必”。

逸语与论语[1]

◇第二册有《论语小记》

◇◇1936.2

◇风雨谈

前日买到北平图书馆的一册《善本书目乙编》，所列都是清代刻本之精善希少者，还有些稿本及批校本。在仿佛[2]被放弃了的北平，几时有看图书馆善本的福气我简直就不知道，看看书目虽不能当屠门大嚼，也可以算是翻食单吧。全书目共百四十五页，一半是方志与赋役书，但其他部分却可阅。我觉得有趣味的，寒斋所藏的居然也有两部在选中，一是曹廷栋的《逸语》十卷，一是陆廷灿的《南村随笔》六卷。我买这些书几乎全是偶然的，陆幔亭本来我就不知道，因为想找点清初的笔记看，于刘献廷、傅青主、王渔洋、宋牧仲、冯钝吟、尤西堂、王山史、刘在园、周栎园等外，又遇见这随笔，已经是雍正年刊本了。序中说他是王、宋的门生，又用《香祖笔记》《筠廊偶笔》来比他的书，我翻看一过，觉得这还比得不大错，与宋牧仲尤相近。虽然这种琐屑的记录我也有点喜欢，不过我尤喜欢有些自己的意见情趣的，如刘傅冯尤，所以陆君的笔记我不很看重，原来只是以备一格而已。

曹慈山有一部《老老恒言》③，我颇爱读，本来七十曰老，现在还差得远哩，但是有许多地方的确写得好，所以很觉得喜欢。这部《逸语》因为也是曹慈山所辑注的，便买了来，价也不大便宜，幸喜是原板初印，那《恒言》的板却很蹩脚，是《槜李丛书》本而又是后印的，《逸语》三大本的外表的确是颇为可观，内容稍过于严肃，盖属于子部儒家，而这一类的书在我平日是不大看者也。

现在又取出《逸语》来一翻，这固然由于书目乙编的提示，一半也因为是“上丁”的缘故吧。曹君从周秦两汉以讫晋宋齐梁诸子百家的书中辑集所记孔子的话，编为十卷二十篇，略如《论语》，而其文则为诸经之所逸，因名曰《逸语》。我刚才说不喜读四库的子部儒家类的书，但是《论语》有时倒也看看，虽然有些玄妙的话，古奥或成疑问的文，都不能懂；其一部分总还可以了解而且也很赞成的。《逸语》集录孔子之言，不是儒教徒的文集，所以也可以作《论语》外篇读。我因为厌恶儒教徒，而将荀况孔鲋等一笔抹杀，也是不对，这个自己本来知道。平常讨厌所谓道学家者流，不免对于儒家类的《逸语》不大表示尊重，但又觉得《论语》还有可看，于是《逸语》就又被拉了出来，实在情形便是如此。老实说，我自己说是儒家，不过不是儒教徒，我又觉得自己可以算是孔子的朋友，远在许多徒孙之上。对于释迦牟尼梭格拉底似乎也略知道，至于耶稣摩罕默德则不敢说懂，或者不如明瞭地说不懂为佳。《逸语》卷十，第十九篇《轶事》引《吕氏春秋》云：

> 文王嗜菖蒲菹，孔子闻而服之，缩頞而食之，三年，然后胜之。

曹注云："此见圣人于饮食之微不务肥甘以悦口，亦取有益于身心，与不撤姜食其旨相同，且事必师古之意，于此亦可见耳。"这件事仿佛有点可笑，有如《乡党》中的好些事一样，我却觉得很有意思。菖蒲根我知道是苦的，小时候端午节用这加在雄黄酒里喝过，所以知道不是好吃的东西，但如盐腌或用别的料理法，我想或者要较好，不必三年才会胜之亦未可知。我们读古书仿佛也是这个情形，缩頞食之——这回却不至三年了，终于也胜之，辨别得他的香，也尝透了他的苦及其他的药性。孔子吃了大有好处，据《孝经纬》云，"菖蒲益聪"，所以后来能编订《易经》，了解作者之忧患，我们也因此而能尚友圣人，懂得儒道法各家的本意。不佞于此事不曾有特别研究，在专门学者面前抬不起头来，唯如对于一般孔教徒则我辈自称是孔圣人的朋友殆可决无愧色也。《逸语》卷一有引《荀子》所记的一节话云：

> 子曰，由，志之，奋于言者华，奋于行者伐，色智而有能者，小人也。故君子知之曰知之，不知曰不知，言之要也。能之曰能之，不能曰不能，行之至也。言要则智，行至则仁，既仁且智，夫恶有不足矣哉。

这话虽然稍繁，却也说得很好。《论语·为政第二》云：

> 子曰，由，诲女知之乎？知之为知之，不知为不知，是知也。

意思正自相像。孔子这样看重知行的诚实，是我所最佩服的一件事。《先进第十一》云：

> 季路问事鬼神，子曰，未能事人，焉能事鬼。曰，敢问事死，曰，未知生，焉知死。

《子路第十三》云：

> 樊迟请学稼，子曰，吾不如老农。请学为圃，子曰，吾不如老圃。

又《卫灵公第十五》记公问陈，孔子也答说“军旅之事未之学也”。这种态度我也觉得很好。虽然樊迟出去之后孔子数说他一顿，归结到“焉用稼”，在别处如《泰伯第八》也说，“笾豆之事则有司存，”可见他老先生难免有君子动口小人动手的意思，觉得有些事不必去做，但这也总比胡说乱道好。我尝说过，要中国好不难，第一是文人不谈武，武人不谈文。盖《大学》难懂，武人不读正是言之要也，大刀难使[4]，文人不耍便是行之至也，此即是智与仁也。《季氏第十六》又有一节云：

孔子曰，求，君子疾夫舍曰欲之而必更为之辞。

下文一大串政治哲学大为时贤所称赏，我这里只要这一句，因为与上面的话多少有点关系。孔子这里所骂的，比以不知为知以不能为能，情节还要重大了，因为这是文过饰非。因为我是儒家思想的，所以我平素很主张人禽之辨，而文过饰非乃是禽以下的勾当。古人说通天地人为儒[5]，这个我实在不敢自承，但是如有一点生物学文化史和历史的常识，平常也勉强足以应用了。我读英国捺布菲修所著《自然之世界》与汉译汤姆生的《动物生活史》，觉得生物的情状约略可以知道，是即所谓禽也。人是一种生物，故其根本的生活实在与禽是一样的，所不同者，他于生活上略加了一点调节，这恐怕未必有百分之一的变动，对于禽却显出明了的不同来了，于是他便自称为人，说他有动物所无的文化。据我想，人之异于禽者就只为有理智吧，因为他知道己之外有人，己亦在人中，于是有两种对外的态度，消极的是恕，积极的是仁。假如人类有什么动物所无的文化，我想这个该是的，至于汽车飞机枪炮之流无论怎么精巧便利，实在还只是爪牙筋肉之用的延长发达，拿去夸示于动物，但能表出量的进展而非是质的差异。我曾说，乞食是人类文明的产物。恐要妨害隔壁的人用功而不在寄宿舍拉胡琴，这虽是小事，却是有人类的特色的。《卫灵公第十五》云：

> 子贡问曰，有一言而可以终身行者乎？子曰，其恕乎，己所不欲勿施于人也。

《公冶长第五》云：

> 子贡曰，我不欲人之加诸我也，吾亦欲无加诸人也。子曰，赐也，非尔所及也。

孔子这种地方的确很有见解。但是人的文化也并不一定都是向上的，人会恶用他的理智去干禽兽所不为的事，如暗杀，买淫，文字思想狱，为文明或王道的侵略，这末了一件正该当孔子所深恶痛疾的，文过饰非自然并不限于对外的暴举，不过这是最重大的一项罢了。

孔子的话确有不少可以作我们东洋各国的当头棒喝者，只可惜虽然有千百人去对他跪拜，却没有人肯听他。真是了解孔子的人大约也不大有了，我辈自认是他的朋友，的确并不是荒唐。大家的主人虽是婢仆众多，知道主人的学问思想的还只有和他平等往来的知友，若是垂手直立，连声称是，但足以供犬马之劳而已。孔子云：

> 益者三友，损者三友。友直，友谅，友多闻，益矣。友便僻，友善柔，友便佞，损矣。

我们岂敢对圣人自居于多闻，曰直曰谅，其或庶几，当勉为孔子之益友而已。

［附记］　文中所引《论语》系据《四部丛刊》影印日本南北朝正平刻本，文字与通行本稍有不同，非误记也。　　　（廿五年二月丁祭后三日记于北平）

【钟校】

① 1936.4.16刊《宇宙风》15期，题作《〈逸语〉与〈论语〉，并说到孔子的益友》。

②“仿佛”，原作“佛仿”。

③《老老恒言》，“恒”原作“琐”。

④“大刀难使”，“使”原作“便”。

⑤“通天地人为儒”，“地”原作“他”。

日本杂事诗[1]

◇第四册有《日本国志》

◇1936. 3. 3

◇风雨谈

今年阴历的厂甸我居然去了三次，所得到的无非都是小书零本罢了，但是其中也有我觉得喜欢的，如两种《日本杂事诗》即是其一。黄公度的著作最知名的是《人境庐诗草》十一卷，辛亥年梁任公在日本付印的原本今虽少见，近年北平有重校印本，其次《日本国志》四十卷，浙江刻板今尚存在。这两卷《日本杂事诗》虽然现在不大流行，在当时却很被人家珍重，看它板本之多就可以知道。我在去年的厂甸买得一种，是光绪十一年十月梧州刻本，有黄君新序。今年所得的其一为天南遁窟活字板本，题曰光绪五年季冬印行，前有王韬序则云光绪六年二月朔日，可知是在次年春天才出版的。又其一是光绪廿四年长沙刻本，有十六年七月的自序，末附戊戌四月的跋。在王韬的《扶桑游记》中卷，光绪五年四月二十二日条下致余元眉中翰书（又见《弢园尺牍》卷十二）中有云：

> 此间黄公度参赞撰有《日本杂事诗》，不日付诸手民，此亦游宦中一段佳话。

又《杂事诗序》云：

> 逮余将行，出示此书，读未终篇，击节者再，此必传之作也，亟宜早付手民，俾世得以先睹为快，因请于公度即以余处活字板排印，公度许之，遂携以归。旋闻是书已刻于京师译馆，洵乎有用之书为众目所共睹也。

案《杂事诗》于光绪五年孟冬由同文馆以聚珍板印行，然则此王氏本当为第二种板本也。黄君戊戌年跋云：

> 此诗光绪己卯上之译署，译署以同文馆聚珍板行之，继而香港循环报馆日本凤文书坊又复印行，继而中华印务局日本东京书肆复争行翻刻，且有附以伊吕波及甲乙丙等字，衍为注释以分句读者。乙酉之秋余归自美国，家大人方榷税梧州，同僚索取者多，又重刻焉。丁酉八月余权臬长沙，见有悬标卖诗者，询之又一刻本，今此本为第九次刊印矣。此乃定稿，有续刻者当依此为

据，其他皆拉杂摧烧之可也。

据这里所说，梧州刻当是第七种板本，长沙刻为第九种亦即是定本。《丛书举要》卷四十五所载“弢园老民手校刊本”中有重订《日本杂事诗》一本，重订云者当系改定之本，唯弢园生于道光戊子，在戊戌年已是七十一岁，不知其尚在人间否，且亦不能料他有如此老兴来重印此书否也。所以现在看来，此定稿似只有长沙的刻本，后来不曾复刻，我于无意中得到，所谓觉得喜欢就是为此。

《杂事诗》原本上卷七十三首，下卷八十一首，共百五十四首，今查定本上卷删二增八，下卷删七增四十七，计共有诗二百首。至其改订的意思，在十六年的自序中很明瞭地说道：

余于丁丑之冬奉使随槎，既居东二年，稍与其士大夫游，读其书，习其事，拟草《日本国志》一书，网罗旧闻，参考新政，辄取其杂事衍为小注，串之以诗，即今所行《杂事诗》是也。时值明治维新之始，百度草创，规模尚未大定，……纷纭无定论，余所交多旧学家，微言刺讥，咨嗟太息，充溢于吾耳，虽自守居国不非大夫之义，而新旧同异之见时露于诗中。及阅历日深，闻见日拓，颇悉穷变通久之理，乃信其改从西法，革故取新，卓然能自树立，故所作《日本国志》序论往往与诗意相乖背。久而游美洲，见欧人，其政治学术竟与日本无大异，今年日本已开议院矣，进步之速为古今万国所未有，时与彼国穹官硕学言及东事，辄敛手推服无异辞。使事多暇，偶翻旧编，颇悔少作，点窜增损，时有改正，共得诗数十首，其不及改者亦姑仍之。嗟夫，中国士夫闻见狭陋，于外事向不措意，今既闻之矣，既见之矣，犹复缘饰古义，足己自封，且疑且信，逮穷年累月，深稽博考，然后乃晓然于是非得失之宜，长短取舍之要，余滋愧矣。

黄君的这见识与态度实在很可佩服，梁任公的《嘉应黄先生墓志铭》里说得好：

当吾国二十年以前未知日本之可畏，而先生此书（案指《日本国志》）则已言日本维新之功成则且霸，而首先受其冲者为吾中国，及后而先生之言尽验，以是人尤服其先见。

不特此也，黄君对于日本知其可畏，但又处处表示其有可敬以至可爱处，此则更难，而《杂事诗》中即可以见到，若改正后自更明瞭了。原本卷上第五十《咏新闻纸》诗云：

一纸新闻出帝城，传来令甲更文明，曝檐父老私相语，未敢雌黄信口评。

定本则云：

欲知古事读旧史，欲知今事看新闻，九流百家无不有，六合之内同此文。

注云：

新闻纸以讲求时务，以周知四国，无不登载，五洲万国如有新事，朝甫飞电，夕既上板，可谓不出户庭而能知天下事矣。其源出于邸报，其体类乎丛书，而体大而用博则远过之也。

此注与原本亦全不同。以诗论，自以原本为佳，稍有讽谏的风味，在言论不自由的时代或更引起读者的共鸣。但在黄君则赞叹自有深意，不特其去旧布新意更精进，且实在以前的新闻亦多偏于启蒙的而少作宣传的运动，故其以丛书（Encyclopedia）相比并不算错误。又原本卷上第七十二《论诗》云：

几人汉魏溯根源，唐宋以还格尚存，难怪鸡林贾争市，白香山外数随园。

注云：

诗初学唐人，于明学李王，于宋学苏陆，后学晚唐，变为四灵，逮乎我朝王袁赵张（船山）四家最著名，大抵皆随我风气以转移也。白香山袁随园尤剧思慕，学之者十八九，《小仓山房随笔》

亦言鸡林贾人争市其稿，盖贩之日本，知不诬耳。七绝最所擅场，近市河子静、大洼天民、柏木昶、菊池五山皆称绝句名家，文酒之会，援毫长吟高唱，往往逼唐宋。余素不能为绝句，此卷意在隶事，乃仿《南宋杂事诗》《滦阳杂咏》之例，排比成之，东人见之不转笑为东施效颦者几希。

日本人做汉诗，可以来同中国人唱和，这是中国文人所觉得顶高兴的一件事，大有吾道东矣之叹。王之春《东游日记》卷上光绪五年十一月初三日纪与黄公度参赞相见，次日有题《日本杂事诗》后四绝句，其四云：

自从长庆购鸡林，香爇随园直到今，他日新诗重谱出，应看纸价贵兼金。

即是承上边这首诗而来，正是这种意思，定本却全改了，诗云：

岂独斯文有盛衰，旁行字正力横驰，不知近日鸡林贾，谁费黄金更购诗。

注仍如旧，唯末尾“往往逼唐宋”之后改云：

近世文人变而购美人诗稿，译英士文集矣。

就上文所举出来的两例，都可以看出作者思想之变换，盖当初犹难免缘饰古义，且信且疑，后来则承认其改从西法革故取新，卓然能自树立也。胡适之先生在《五十年来中国之文学》中叙黄君事云："当戊戌的变法，他也是这运动中的一个人物。他对于诗界革命的动机似乎起得很早。"他在早年的诗中便有"我手写我口"的主张，《日本国志》卷三十三《学术志》论文字处谓中国将有新文体新字体可以发生[2]，末云：

> 周秦以下文体屡变，逮夫近世，章疏移檄告谕批判，明白晓畅，务期达意，其文体绝为古人所无，若小说家言更有直用方言以笔之于书者，则语言文字几几乎复合矣，余又乌知夫他日者不更变一文体为适用于今通行于俗者乎。嗟乎，欲令天下之农工商贾妇女幼稚皆能通文字之用，其不得不于此求一简易之法哉。

黄君对于文字语言很有新意见，对于文化政治各事亦大抵皆然。此甚可佩服，《杂事诗》一编，当作诗看是第二着，我觉得最重要的还是看作者的思想，其次是日本事物的纪录。这末一点从前也早有人注意到，如《小方壶斋舆地丛钞》中曾抄录诗注为《日本杂事》一卷，又王之春著《谈瀛录》卷三四即《东洋琐记》，几乎全是抄袭诗注的，《杂事诗》讲到画法有云：

有边华山椿椿山得恽氏真本，于是又传没骨法。

《东洋琐记》卷下引用而改之曰：

有边华山椿家。山椿得恽氏真本，于是传没骨法。

却不知边华山椿椿山原是两人，椿山就姓椿，华山原姓渡边，因仿中国称为边华山，现代文人佐藤春夫亦尚有印文曰藤春也。王君把他们团作一个人，虽是难怪，却亦颇可笑。定稿编成至今已四十六年，记日本杂事的似乎还没有第二个，此是黄君的不可及处，岂真是今人不及古人欤。

（民国廿五年三月三日，于北平）

［补记］《杂事诗》第一版同文馆聚珍本今日在海王村书店购得，书不必佳，只是喜其足备掌故耳。

（五月廿六日记）

【钟校】

① 1936.4 刊《逸经》3 期。

②“新文体新字体”，原作“新字体新字”。

书法精言[①]

◇1936.3.10

◇风雨谈

偶得《书法精言》二册，首题新昌王滨洲编辑，乾隆辛卯新镌，三树堂藏板。书凡四卷，分执笔与永字八法，统论，分论，临摹，评论法帖等项，本庸陋无聊，我之得此只因系禁书耳。卷首有自序云：

书者，六艺之一也。夫子曰，行有馀力，则以学文。书亦文中一事，是弟子不可以不学也。又曰，游于艺。是成德者不可以不事也。自古明王硕辅，瑰士英流，莫不留心笔迹，其寿于金石者亘千载而如新，孰谓斯道小伎而非士君子亟宜留心哉。故范文正公与苏才翁曰，书法亦要切磋，未是处无惜赐教。况自唐以书判取士，于今为烈，凡掇巍科而擢翰苑者靡不由是而升。士生今日而应科举，求工制艺而不留神书法，抑亦偏矣。但地有悬殊，遇有得失，尝有卓然向上者或不能亲名哲之辉光，指授笔阵，又无奇书秘旨以浚发其心胸，蹉跎有用之岁月，莫窥羲献之藩篱者，不知凡几。噫嘻，书谱之纂岂不贵哉。顾或言焉而不详，详焉而不精，仍无以作墨池之桴筏，以登于岸。近世不少纂录，戈氏为善，然犹未备也。钦惟我国家列圣相承，龙章凤藻，照耀星汉，而佩文书画之纂，搜罗今古，囊括宇内，焕乎若日月之昭回矣，惜下邑不获多见，贫士又艰于觏求。鲰生以庚辰落第，肄业都下，恭求其本，杜门三月，得其言之尤精及夙闻于诸家者，汇为一集，约分四卷，名曰《书法精言》，借以自课也。窃念少壮蹉跎，授受无自，又性好纂录，信手涂鸦，陵迟以至于今日，中实愧恨。然实而课颖底之龙蛇，尚惭池烟之未黑；虚而玩案头之波磔，庶几笔髓之旁融。今虽马齿加长，尤愿孜孜焉日就月将，黾勉翰墨之场，以追袭古人之后尘，斯为快也已。乾隆辛卯年九月廿三日，舟过韩庄闸，豫章滨洲王锡侯书。

王锡侯的《字贯》案，在民国六年出版的《心史丛刊》三集中孟先生有一篇叙述，故宫博物院出版的

《清代文字狱档》已出至第九集，却还没有讲到这案。据《东华录》载乾隆四十二年（一七七七）王泷南告发王锡侯编《字贯》一书，诋斥《字典》，结果查出凡例中将玄烨胤禛弘历字样开列，定为“大逆不法”，照大逆律问拟，以申国法而快人心。王锡侯编著各书不问内容如何，也都一律禁毁。孟先生文中云：

又据《禁书总目》所载应毁王锡侯悖妄书目，有《国朝诗观》前集二集，有《经史镜》，有《字贯》，有《国朝试帖详解》，有《西江文观》，有《书法精言》，有《望都县志》，有小板《佩文诗韵》，有翻板《唐诗试帖详解》，有《故事提要录》，有《神鉴录》，有《王氏源流》，有《感应篇注》。今各书皆未之见，仅见《经史镜》一种，于其序跋见王锡侯之生平，于其义例见锡侯著书之分量，此亦谈故事者之一大快矣。

孟先生根据《经史镜》的跋查出锡侯生于康熙五十二年癸巳（一七一三），《经史镜》刊成于乾隆丙申，即被逮的前一年，年六十四，《书法精言》序云辛卯，盖五十九岁时作也。锡侯之为人，孟先生亦从序跋中略为研究，称其盖一头巾气极重之腐儒，批评极当。《经史镜》所分门目既多可笑，如首以庆殃报复，次以酒色财气四戒，孟先生已称其义例粗鄙，又如所著书有《感应篇注》[2]，书虽未见，内容亦可想而知，总之不出那庸妄的一路罢了。此外如《佩文诗韵》、《试帖详解》等，都是弋取功名的工具，《书法精言》亦是其一，读序文可知，文章既欠通顺，思想尤为卑陋，只似三家村塾师所为，连想起龚定庵的《干禄新书序》来，觉得有天壤之殊，像定公的才真够得上狂悖讪谤的罪名，锡侯那里配呢？孟先生论锡侯的学问人品云：

> 生平以一举乡试为无上之荣，两主司为不世之知己，此皆乡曲小儒气象，决非能有菲薄朝廷之见解者。……观其种种标榜之法，锡侯之为人可知，要于文字获罪，竟以大逆不道伏诛，则去之远矣。陋儒了无大志，乃竟如后世所谓国事之犯，以国家仇此匹夫，亦可见清廷之冤滥矣。

王锡侯实在是清朝的顺民，却正以忠顺而被问成大逆，孟先生谓其以临文不讳之故排列康熙雍正乾隆三帝之名，未免看得太高，其实恐怕还是列举出来叫人家避用，不过老实地排列了，没有后人那样聪明，说上一字是天地某黄之某，所以竟犯了弥天大罪耳。康熙中出版的王弘撰的《山志》凡例中有云：

> 国讳无颁行定字，今亦依唐人例但阙一笔。

可见在清初这种事本不怎么严密规定，又看见康熙时文人的手稿或抄本，玄字亦不全避，盖当时或者就很随便，锡侯习焉不察或不能观察世变，在《南山集》《闲闲录》各案发生之后，犹漫不经心，故有此祸。其实这也不能责备锡侯，专制之世，闭门家里坐，祸从天上来，他自己亦不知道也。孟先生在论《闲闲录》案中云：

> 实则草昧之国无法律之保障，人皆有重足之苦，无怪乾嘉士大夫屏弃百务，专以校勘考据为业，借以消磨其文字之兴，冀免指摘于一时，盖亦扪舌括囊之道矣。

孟先生写此文时在民国六年，慨乎其言之，今日读此亦复令人慨然也。

查北平图书馆《善本书目乙编》四总集类有《国朝诗观》十六卷，清王锡侯编，清乾隆三树堂刻本，盖是初集也。文化南渡，善本恐麇集于上海滩上矣，此《诗观》亦不知何时可以有一见的眼福，孟先生所说的《经史镜》似亦未必在北平，然则我所有的破烂的两册《书法精言》岂非《字贯》案中现在仅存的硕果③乎。书虽不佳却可宝贵，其中含有重大的意义，因为这是古今最可怕的以文字思想杀人的一种蛮俗的遗留品，固足以为历史家的参考，且更将使唯理论者见之而沉思而恐怖也。

（民国廿五年三月十日，于北平知堂）

［附记］　“清代文字狱考”与“禁书书目提要”，都是研究院的好题目，只可惜还没有人做。图书馆也该拚出一笔冤钱，多搜集禁书，不但可以供研究者之用，实在也是珍籍，应当宝重，虽然未必是善本。禁书的内容有些很无聊，如《书法精言》即是，上文云冤钱者意即指此，然而钱虽冤却又是值得花者也。

【钟校】

①1936.5.5刊《逸经》5期，题作《王锡侯书法精言》。

②“所著书有《感应篇注》”，“书”原作“诗”。

③“仅存的硕果”，“存”原作“在”。

王湘客书牍[1]

◇1936. 3. 19

◇风雨谈

今日从旧书店买了一册尺牍残本，只有四十六页，才及原书八分之三，却是用开花纸印的，所以破了一点钞买了回来。书是后半册，只板心题曰《王湘客书牍》，卷尾又云《薄游书牍》，看内容是明临沂王若之所著，自崇祯九年丙子至乙酉，按年编排，共存书牍六十四首，其甲申年三首中有一书完全铲去，连题目共留空白七行，此外说及虏胡等处亦均空白，盖板刻于清初而稍后印者欤。编年干支照例低一格写，乙酉上则尚有二字，今已铲去，小注云："年五十三岁，在南守制，值国大变，(缺四字)弃家而隐。"所列三书皆可抄，《寄张藐山冢宰》云：

> 客冬襄垣叩谒，方知移寓宛陵，向绝鱼鸿，起居应善。自凤麟去国，枭獍当朝，倾覆沦亡，一旦至此。(缺十字)不孝即日弃家，再远匿矣。夜行昼伏，背负衰慈，锋镝荆榛，途欺仆叛，万千

毒苦，始抵湖阳，哀此茕茕，寄栖何所。思近堂翁僦屋安顿，倘蒙委曲，深感㡛幪。

《答友人》云：

不孝忝为士夫，虽不在位，莫效匡扶，正惟草莽之中，当勖从一之节，一心坚定，百折何辞，至于身家，久付之敝屣矣。劝言若爱，实未敢闻，口占附呈，此血墨也。乙酉仲夏书（此五字低一格小字，或系诗题亦未可知）。

腐儒无计挽颓纲，荆棘崎岖但隐藏。见说□□心尽□，故令率土病成狂。抱头掷主周妻子，□□□□预表章。天堑江流空日夜，吞声孤泪与俱长。

诗亦是小字，上有眉批云："狂澜砥柱，一□千钧。"一字底下看意义与痕迹似应是发字，不知何以违碍，岂友人乃来劝剃发者乎。又《答友人》云：

（缺十四字）自古未闻仁者而失天下。一治一乱，其惟时使之乎。

这三封信没有多大重要，不过可以知道他是一位遗老，末了一信乃是亡天下后的感情上的排遣话，其实是未必然，而且他的其他书牍所给予我们的教训也并不是这样说。《薄游书牍》的好处，我觉得与从前读陶路甫《拜环堂集》的尺牍相同，是在告诉我们明末官兵寇虏这四种的事情。照这些文章看来，寇与虏的发展差不多全由于官与兵的腐败，丙子年《答京贵》云：

> 不肖负疴入山深矣，嫠纬不恤而漆室过忧谈天下事乎。明问谆谆，不忍有负虚心之雅；君亲并念，亦何敢作局外之观。窃惟寇蹂躏五六省，虏跳梁十馀年，丧失虔刘，征求饥馑，天下亦甚病矣。以刍荛之愚，急则治标，策虏无攻法，策寇无守法，策财无损下之法。无攻法须守，无守法须攻，无损下之法须上节。

这所说的实在很有见识，但是这样自然就无人赞成，而且实行也有困难，如关于“上节”他的办法里有这几句话：

> 上供岁六百万，倘暂减百万。宗禄岁千万，倘暂减二三百万。上供金花籽粒即不容减，颜料油漆丝缕香蜡稍减一二可委曲也。宗禄中尉以下日用所资亦不议减，藩王郡王将军世子厚禄赡养，报本同仇，十贡二三，捐之一时，正欲享之千世也。如斯递节，以代民输。

此意虽善，明末君臣岂能行哉。书末原有小字批云：“此王少参昔年画议，今局已变，寇果合，兵愈费，财愈绌，虏愈横矣。惜也。”王湘客在南京多管粮饷事，书中常言饷乏，却尤愁民穷，这思想本是平常，但大可佩服，他盖知道饿死事大也。如前书中曾云：

上之节谈何容易，奈至今日下已无可损矣。窃谓止沸不在扬汤，治标必须探本，乱之本因民穷，民穷始盗起，盗起始用兵，用兵始赋重，赋重民益穷，民益穷盗益起，由今之道非策也。

戊寅年上督师书中云：

日前民穷盗起，今也民极盗增，可见此时患无苍赤，不患无兜鍪也。

壬午年《与六部揭，为江左阽危不在巨贼窥伺而在盗臣蠹空事》有云：

军粮欠断六个月，兵饷欠断四个月，盐菜欠断二十个月，荷戈怨怒，夕不谋朝。

庚辰冬答詹侍御书中云，若能得二万两发各营八月之饷，“庶乎各兵相信，尚肯忍饥忍寒从容俟我讲求催讨。”那么这方面也很不成样子，而其原因则如《与六部揭》所云：

躯壳空立，血脉全枯。大老一仕肥家，田庐遂连滇黔两省矣。昔人有言，天下有穷国穷民而无穷士大夫，此之谓也。

眉批四字云，“时之痼疾。”

辛巳年书牍最多，共有二十九首，其中数书述流寇事亦大可参考，今只取答史道邻漕抚书为代表，后半云：

> 贼骑约七八百，妇女五六百，步数百，舁两棺，每棺舁者六十馀人，内皆银也，又抬十三鞘，驴骡负载不计数。累坠骄懈，顿一面坚闭之城下，临一面大淮之水边，咫尺方隅，正是自投死地。计凤镇骑兵千馀，步火三千，向使夜半一鼓，可尽歼此贼，不则两面围蹙，绝其人马之食，三日自毙。古昔军储不靠朝供，率因粮于敌，如剿此幺么一枝，即可坐得饷银十数万，不省四府穷民两年供输乎。乃当事者闭门不惹，反给牌导之过淮，入豫大伙矣，想纵虎养虎，各处皆类此也。语云，两叶不剪，将寻斧柯。百日难收，一时失策，付之浩叹而已。

三百年后人读此书亦不禁浩叹，给牌导之过淮似稍过分，但类似的事则古今盖多有也。中国多文盲，即识字者亦未必读明末稗史，却不知何以先圣后圣其揆若一，《拜环堂尺牍》中所记永平遵化之附虏，《薄游书牍》中所记临淮凤阳之纵寇，真如戏台上的有名戏文，演之不倦，看之亦不厌。不晓得有什么方法，可以使不再扮演，不佞却深愧不能作答也。

书牍中也有些可读的文章。从前我抄陶路甫的尺牍，引他一篇《寄王遂东工部》，这里在丁丑年也有一篇《柬王季重兵宪》，就把他抄在下面：

> 恭惟老先生旷代绝才，千秋作者，文章憎达，早返初衣，固知世上浮云，名山不朽，而有道自许，终在此不在彼耳。若之无似，生于患难，长于困穷，不读不耕，三番苟仕，犹未即抛鸡肋，益羡千仞凤翔为不可企及已。兹也就食白下，奈两人皓首怀乡，雁户无停，浮家难定，抑又苦矣。所幸去居甚近，仰斗尤殷，敬肃八行，用布归往。芜秽之稿，友欲木灾，实是废箧久尘，不敢一示有道，老先生可片言玄宴，使若之感附骥飞扬乎。冒昧奉书，主臣曷已。

这原是寻常通问的信，但说得恰好，不是瞎恭维，我们不好说是文字上的一派，总是声气很相通的，所以要请他做序，只不知道这是什么书，查《谑庵文饭小品》，可惜也不见这些文章，或者是在那六十卷的大《文饭》里罢，这就不可得而知了。戊寅年《柬宋喜公大令》云："客子病，细雨天，知己远移，黯然曷已。"辛巳年《答友人》云："敝乡山中气候，六七月似江南四五月，每岁竟似少一六月而多一腊月。寒犹可御，暑何所施，所以妻孥止觉南中之苦。"眉批云，"话故山令人神往。"但是也只是这两篇稍为闲适，而其中亦仍藏着苦趣，若是别篇便更了然。庚辰年《寄友人》云：

离群之雁，形影自怜，蚊睫之栖，飘摇不定，屋梁云树，我劳如何。伏承道履崇佳，景福茂介。不肖弟烽烟刺目，庚癸煎心，伛偻疲筋，簿书鞅掌，风雅扫地尽矣，尚能蒙濠观化，仿高斋鱼乐笑谈也乎。孤城孤抱，真苦真愁。忽届中秋，流光可讶，缅惟五载东西南北，未能与家人父子一看团圞。仕隐两乖，名实俱谬，重可慨也。

辛巳寄杨云峤书中自称“惟弟日夕自忙自乱自愁自叹而已”，可以知道他的景况，但是忙了愁了多少年，结果只落得以“其惟时使之乎”排遣，此又是可令后人为之浩叹者也。

王湘客的诗似乎不大佳，前引乙酉年作一首可见。辛巳年《答叶瞻山掌道书》后有《元宵邸中》四首，其二云：

回忆来官日，陵京不可支。年荒催窃发，冬暮满流移。列卫寒求纩，团营饥索炊。拮据兼昼夜，寝食几曾知。

如以诗论不能说好，今只取其中间有意思有本事。据书中下半云：

十五日抽签后因借司寇银又趋上元县。一病痢委顿之人，独坐一下湿上漏八面受风无人形影之空堂，候至漏下始兑银，二鼓仍收库，回寓不及门则暴下几绝，实不知宵之为节而节之为佳也。

此即是“上元日坐上元县”的故事，节既不佳，则诗之不能佳可无怪矣。（廿五年三月十九日，在北平）

［附记］　近日在市上又搜得杂著二种，一为《涉志》一卷，前有会稽沈存德序，起乙卯（万历四十三年）仲春，讫戊午季冬，记南北行旅颇有情致，盖二十三至二十六岁时事也。一为《王湘客诗卷》二卷，录五七言律诗各百首，续一卷，五六七言绝句百首。《续诗卷》中有《苦雨十首》，今录其二三四章云：

帡幪得意新，拂试明精舍，乃我照盆看，其颜色都夜。

失日惊通国，双眸视未能，不教欺暗室，白昼欲燃灯。

庑下客衾单，檐前听急雨，无聊怯溜喧，复怪鸡声苦。

诗仍不见得好，不过自有其特色，故举此以见一斑耳。

（四月三日又记）

【钟校】

① 1936. 3. 26 刊《益世报》。

蒿庵闲话[①]

◇1936. 3. 28

◇风雨谈

对于蒿庵张尔岐的笔记，我本来不会有多大期待，因为我知道他是严肃的正统派人。但是我却买了这两卷闲话来看，为什么呢？近来我想看看清初人的笔记，并不能花了财与力去大收罗，只是碰着到手的总找来一看，《蒿庵闲话》也就归入这一类里去了。这是嘉庆时的重刻本，卷末蒋因培的附记中有云：

> 此书自叙谓无关经学不切世务，故命为闲话，然书中教人以说闲话看闲书管闲事为当戒，先生邃于经学，达于世务，凡所札记皆多精义，固非闲话之比。

据我看来，这的确不是闲话，因为里边很有些大道理，如卷一有一则上半云：

明初学者宗尚程朱，文章质实，名儒硕辅，往往辈出，国治民风号为近古。自良知之说起，人于程朱始敢为异论，或以异教之言诠解六经，于是议论日新，文章日丽，浸淫至天启崇祯之间，乡塾有读《集注》者传以为笑，《大全》《性理》诸书束之高阁，或至不蓄其本。庚辰以后，文章猥杂最甚，能缀砌古字经语犹为上驷，俚辞谚语，颂圣祝寿，喧嚣满纸，圣贤微言几扫地尽，而甲申之变至矣。

下文又申明之曰："追究其始，菲薄程朱之一念实渐致之。"《钝吟杂录》卷二"家戒下"斥李卓吾处，何义门批注云："吾尝谓既生一李卓吾，即宜一牛金星继其后矣。"二公语大妙，盖以为明末流寇乃应文运而生，此正可代表中国正统的文学批评家之一派也。但是蒿庵也有些话说得颇好，卷一有一则云：

韩文公《送文畅序》有儒名墨行、墨名儒行之语，盖以学佛者为墨，亦据其普度之说而以此名归之。今观其学，止是摄炼精神，使之不灭，方将弃伦常割恩爱，以求证悟，而谓之兼爱可乎。又其《送文畅北游》诗，大以富贵相夸诱，至云酒场舞闺姝，猎骑围边月，与世俗惑溺人何异。《送高闲序》"为旭有道"一段，亦以"利害必明无遗锱铢情炎于中利欲斗进”为胜于“一死生解外胶”，皆不类儒者。窃计文畅辈亦只是抽丰诗僧，不然必心轻之矣。

那样推尊程朱，对于韩文公却不很客气，这是我所觉得很有兴趣的事。前两天有朋友谈及，韩退之在中国确也有他的好处，唐朝崇奉佛教的确闹得太利害了，他的辟佛正是一种对症药方，我们不能用现今的眼光去看，他的《原道》又是那时的中国本位文化的宣言，不失为有意义的事，因为据那位朋友的意思，印度思想在中国乃是有损无益的，所以不希望他发达，虽然在文学与思想的解放运动上这也不无用处。他这意见我觉得也是对的[②]，不过不知怎的，我总不喜欢韩退之与其思想文章。第一，我怕见小头目。俗语云，大王好见，小鬼难当。我不很怕那大教祖，如孔子与耶稣总比孟子与保罗[③]要好亲近一点，而韩退之又是自称是传孟子的道统的，愈往后传便自然气象愈小而架子愈大，这是很难当的事情。第二，我对于文人向来用两种看法，纯粹的艺术家，立身谨重而文章放荡固然很好，若是立身也有点放荡，亦以为无甚妨碍，至于以教训为事的权威们，我觉得必须先检查其言行，假如这里有了问题，那么其纸糊冠也就戴不成了。中国正统道学家都依附程朱，但是正统文人虽亦标榜道学而所依附的却是韩愈，他们有些还不满意程朱，以为有义理而无文章，如桐城派的人所说。因为这个缘故，我对于韩退之便不免要特别加以调验，看看这位大师究竟是否有此资格，不幸看出好些漏洞来，很丢了这权威的体面。古人也有讲到的，已经抄过了四五次，这回看见蒿庵别一方面的话，觉得也还可取，所以又把他抄下来了。

蒿庵自己虽然是儒者，对于“异端”的态度还不算很坏。卷一记利玛窦事云：

> 要之历象器算是其所长，君子固当节取，若论道术，吾自守家法可耳。

卷二论为学云：

> 杂家及二氏，药饵也，投之有沉疴者立见起色，然过剂则转生他病，或致杀人。

又有一则云：

> 与僧凡夫语次及避乱事，曰，乱固须避，然不可遂失常度，命之所在巧拙莫移，若只思苟免，不顾理义，平生学问何在。又余怒一人，僧移书曰，学者遇不如意事，现前便须为判曲直，处分了即放开心胸，令如青天白日，若事过时移尚自煎萦，此是自生苦恼也。

此僧固佳，但蒿庵能容受，如上节所云：

自恨弱植，得良友一言，耳目加莹，血气加王。

自亦难得。我与凡教徒都是隔教，但是从别一方面说，也可以说都有点接近，只是到了相当的距离就有一种间隔，不能全部相合或相反也。何燕泉本陶集中引《庐阜杂记》云：

远师结白莲社，以书招渊明。陶曰，弟子嗜酒，若许饮即往矣。远许之，遂造焉。因勉令入社，陶攒眉而去。

这件事真假不可知，我读了却很喜欢，觉得甚能写出陶公的神气，而且也是一种很好的态度，我希望能够学到一点，可是实在易似难，太史公曰，虽不能至，心向往之矣。

《闲话》卷一有一则说《诗经》的小文，也很有意思，文云：

《女曰鸡鸣》第二章，琴瑟在御，莫不静好，此诗人拟想点缀之辞，若作女子口中语似觉少味。盖诗人一面叙述，一面点缀，大类后世弦索曲子，三百篇中述语叙景，错杂成文，如此类者甚多，《溱洧》及《鸡鸣》[4]皆是也。溱与洧亦旁人述所闻所见演而成章，说家泥《传》淫奔者自叙之辞一语，不知女曰士曰等字如何安顿。

近世说《诗》，唯姚首源及郝兰皋夫妇颇有思致，关于《女曰鸡鸣》亦均未想到，蒿庵所说算是最好了。关于《溱洧》，姚氏云：

> 序谓淫诗，此刺淫诗也，篇中士女字甚多，非士与女所自作明矣。

郝氏则云：

> 序云，刺乱也。瑞玉曰，郑国之俗，三月上巳修禊溱洧之滨，士女游观，折华相赠，自择昏姻，诗人述其谣俗尔。

王夫人所说新辟而实平妥，胜于姚君，诗人述其谣俗与旁人述所闻所见而成章，大意相同，而蒿庵复以弦索曲子比三百篇，则说得更妙，《闲话》二卷中此小文当推压卷之作了。我举上边评韩退之语，或尚不免略有意气存在，若此番的话大约可以说是大公无私了罢。

（廿五年三月廿八日于北平）

【钟校】

① 1936.5.1刊《宇宙风》16期，题作《文人之行》。

②“我觉得也是对的”，“的”原作“是”。

③“孟子与保罗”，“与”原作“舆”。

④“《溱洧》及《鸡鸣》”，“及”原作“齐”。

鸦片事略[1]

◇1936. 4. 9

◇风雨谈

查旧日记第二册，在戊戌（一八九八）十二月十三日下有一项记事云："至试前[2]，购《思痛记》二卷，江宁李圭小池撰，洋一角。"小池于咸丰庚申被掳，在长毛中凡三十二月，此书即记其事，根据耳闻目睹，甚可凭信，读之令人惊骇，此世间难得的鲜血之书也。我读了这书大约印象甚深，至民国十九年八月拿出来看，在卷头题字数行云：

> 中国民族似有嗜杀性，近三百年张李洪杨以至义和拳诸事即其明徵，书册所记录百不及一二，至今读之令人悚然。今日重翻此记，益深此感，呜呼，后之视今亦犹今之视昔乎。

李小池后来做了外交官，到过西洋，著有游记等书，我未得见。孙彦清《寄龛丙志》卷四云：

> 近阅李小池圭《游览随笔》，载强水棉花，云以强水炼成，有干湿两种，干者得火即发，湿者置火中可以二刻不燃，以电线发之，方三寸，厚寸

许，重不过二两者，百步外能震巨石成齑粉。

所记盖是棉花火药欤。又所著有《鸦片事略》，近日在北平市上获得一部，其价却比《思痛记》要高了三十倍了。书凡两卷，光绪二十一年（一八九五）刻，后于《思痛记》十五年，版式却是一样，很觉得可喜。卷首说明著书的宗旨云：

鸦片为中国漏卮，为百姓鸩毒，固尽人知之，而其于郡县流行之本末，禁令弛张之互用，与夫英人以售鸦片而兴戎乞抚，又以恶鸦片而设会劝禁，三百年来之事，则未必尽人知之。用就见闻所及，或采自他书，或录诸邮报，荟萃成此，附以外国往来文牍，曰《鸦片事略》。

由此可知这是鸦片文献的重要资料，北平图书馆之有翻印本也可以作证，我所留意的却不全在此，只是想看看中国人对于鸦片的态度，其次是稍找民俗的资料而已。这种材料在道光十八年湖广总督林则徐奏中找得一点，乃是关于烟具的：

查吸烟之竹杆谓之枪，其枪头装烟点火之具又须细泥烧成，名曰烟斗。凡新枪新斗皆不适口，且难过瘾，必其素所习用之具，有烟油积乎其中者，愈久而愈宝之。此外零星器具不一而足，然尚可以他具代之，唯枪斗均难替代，而斗比枪尤不可离。

又云：

如烟枪固多用竹，亦间有削木为之，大抵皆烟袋铺所制，其枪头则裹以金银铜锡，枪口亦饰以金玉角牙，又闻闽粤间又有一种甘蔗枪，漆而饰之，尤为若辈所重。其烟斗自广东制者以洋磁为上，在内地制者以宜兴为宝。恐其屡烧易裂也，则亦包以金银，而发蓝点翠，各极其工。恐其屡吸易塞也，则又通以铁条，而矛戟锥刀，不一其状。

在奏折中本来不易详叙，却也已写得不少，很是难得，所云甘蔗枪在小时候曾经看见过，烟斗与烟签子也有种种花样，这倒都是中国的自己创造。《鸦片事略》卷上记罂粟花云：

产土耳基波斯多白花白子，产印度者两种，一亦白花白子，一红花黑子，平原所植俱白花，出喜马拉山俱红花。法国人以其子榨油，香美，颇好之，英人亦用其浆为药材。印人则取干块为饼，嚼食款客，南洋诸岛有生食者，俾路芝以西各部酋皆酷嗜之，亦生食也。明末苏门答腊人变生食为吸食，其法先取浆蒸熟，滤去渣滓复煮，和烟草末为丸，置竹管就火吸食。

又云：

康熙二十三年海禁弛，南洋鸦片列入药材，每斤征税银三分。其时沿海居民得南洋吸食法而益精思之，煮土成膏，镶竹为管，就灯吸食其烟。不数年流行各省，甚至开馆卖烟。

我曾听说鸦片烟的那种吸食法是中国所发明，现在已得到文献的证明了，烟具的美术工艺虽然是在附属的地位，但是其成绩却亦大有可观也。

中国人对于鸦片烟的态度是怎样呢？人民似乎是非吃不可，官厅则时而不许吃时而许吃，即所谓禁令张弛之互用也。雍正中的办法③是：

兴贩鸦片烟者，照收买违禁货物例，枷号一月，发近边充军。私开鸦片烟馆引诱良家子弟者，照邪教惑众律，拟绞监候。

吸食者没有关系。嘉庆中改正如下：

开馆者议绞，贩卖者充军，吸食者杖徒。

道光中议严禁，十九年五月定有章程三十九条，中云：

开设烟馆首犯拟绞立决。一吸烟人犯均予限一年六个月，限满不知悛改，无论官民概拟绞监候。一制卖鸦片烟具者照造卖赌具例分别治罪。

三年后江宁条约签字，香港割让，五口通商，烟禁复弛，至于戊戌。《事略》卷末论禁烟之前途云：

今日印度即不欲禁，风会所至，非人力能强，必有禁之之日，禁之又必自易罂粟而植茶始。中国土烟既收税厘，是禁种罂粟之令大弛，民间种植必因之渐广，或至尽易茶而植罂粟，数十年后中国或无植茶地，印度则广植之，中国无茶以运外洋，印度亦无鸦片以至中国，漏卮塞矣，利源涸矣，而民间嗜食者亦必犹淡巴菰之人人习为固常，则亦不禁之禁，弛而不弛矣。

这一节文章我读了好几遍，不能完全明白他的意思，似讽刺，似慨叹，总之含有不少的幽默味，而亦很合于事实，又不可不谓有先见之明也。现今鸦片已不称洋药而曰土药，在店吸食则云试药，早已与淡巴菰同成为国货矣，中国自种罂粟而印度亦自有茶，正如所言，然则鸦片烟之在中国恐当以此刻现在为理想的止境欤。

一八七五年伦敦劝禁鸦片会禀请议院设法渐令印度减植罂粟，议院以四端批复，其首二条云：

鸦片为东方人性情所好，日所必需，一也。华人自甘吸食，与英何尤，二也。

道光十六年太常寺少卿许乃济上言请弛鸦片之禁，中有云：

究之食鸦片者率皆浮惰无志不足轻重之辈。

这些话都似乎说得有点偏宕，实在却似能说出真情，至少在我个人看去是如此。去年四月里写了一篇《关于命运》，末后有一节话是谈这个问题的，我说：

> 第一，中国人大约特别有一种麻醉享受性，即俗云嗜好。第二，中国人富的闲得无聊，穷的苦得不堪，以麻醉消遣。有友好之劝酬，有贩卖之便利，以麻醉玩耍。卫生不良，多生病痛，医药不备，无法治疗，以麻醉救急。如是乃上瘾，法宽则蔓延，法严则骈诛矣。此事为外国或别的殖民地所无，正以此种癖性与环境亦非别处所有耳。我说麻醉享受性，殊有杜撰生造之嫌，此正亦难免，但非全无根据，如古来的念咒画符读经惜字唱皮黄做八股叫口号贴标语皆是也，或以意，或以字画，或以声音，均是自己麻醉，而以药剂则是他力麻醉耳。

我写此文时大受性急朋友的骂，可是仔细考察亦仍无以易吾说，即使我为息事宁人计删除口号标语二项，其关于鸦片的说法还是可以存在也。至于许君所说，不佞亦有相同的意见，不过以前只与友人谈谈而已，不曾发表过。但是，这里也有不同的地方。许君只说烟民都是浮惰无志不足轻重之辈，所以大可任其胡里胡涂的麻醉到死，社会的事由不吃鸦片的人去做，只消多分担一点子就可以过去了。若照我的看法，麻醉的范围推广了，准烟民的数目未免太多，简直就没有办法。对于真烟民向来一直没有法子，何况又加上准烟民乎，我想大约也只好任其过瘾。写到这里乃知李小池真有见识，我读其《思痛记》将四十年犹不曾忘，今读《鸦片事略》，其将使我再记忆他四十年乎。

（廿五年四月九日，北平）

［附记］　上文写了不久就在《实报》见了王柱宇先生的两篇文章，都很有价值，十一日的一篇是谈烟具的，有许多事情我都不知道，十日的文章题为《土药店一瞥》，记北京樱桃斜街的鸦片烟店情形，更是贵重的资料。今抄录一部分于下：

> 我向柜上说了声，掌柜辛苦。他说：你买什么？我说，借问一声，我买烟买土，没有登记的执照，可以吗？他说，有钱就卖货，不要执照，因为从我们这里买去的烟或是土，纸包上都贴有官发的印花，印花上边印着一条蛇一只虎，纸的四角印有毒蛇猛虎四字，这种意思便表示是官货，不是私售。后来掌柜的又说，你如果愿意在这里抽，里边有房间，每份起码两角。

此即报上所记的“试药”，吾乡俗语谓之开烟盘者是也。王先生记其情景云：

楼上楼下约莫有五六间房，和旅馆相仿佛。我在各房看了一遍，每房之中有两炕的，有三炕的。一炕之上摆着两个枕头，每个枕头算是一号买卖。这种情形又和澡堂里的雅座一样，不过，枕头虽白，卧单却是蓝色的。

我真要感谢作者告诉我们许多事情，特别使我不能忘记的是那毒蛇猛虎的印花，很想得他一张来，这恐怕非花二元四角去买一两绥远货不可吧。代价是值得的，只是这一两土无法处置，所以有点为难。

（四月十二日又记）

［补记］　从来薰阁得李小池著《环游地球新录》四卷，盖光绪丙子（一八七六）往美国费里地费城参观博览会时的纪录，计《美会纪略》一卷，《游览随笔》二卷，《东行日记》一卷。自序称尝承乏浙海关案牍十有馀年，得德君（案税务司德璀琳）相知之雅，非寻常比，于是荐由赫公（案总税务司赫德）派赴会所。查《思痛记》陷洪军中共三十二月，至壬戌（一八六二）秋始得脱，大约此后即在海关办事，《思痛记》刊于光绪六年，则还在《新录》出版二年后了。上文所引强水棉花见于《游览随笔》下《英国伦敦京城》篇中，盖记在坞里治军器局所见也。篇

中又讲到太吾士新报馆，纪载颇详，结论云：

> 窃观西人设新报馆，欲尽知天下事也。人必知天下事，而后乃能处天下事，是报馆之设诚未可曰无益，而其益则尤非浅鲜。

李君思想通达，其推重报纸盖比黄公度为更早，但是后来世间专尚宣传，结果至于多看报愈不知天下事，则非先哲所能料及者矣。《东行日记》五月初一日在横滨所记有云：

> 洋行大小数十家，各货山积，进口多洋货，出口多铜漆器茶叶古玩，而贩运洋药商人如在中华之沙逊洋行者（原注，沙逊英国巨商，专贩洋药）无有也。盖日本烟禁极严，食者立治重法，国人皆不敢犯禁，虽是齐之以刑，亦可见法一而民从。惜我中华不知何时乃能熄此毒焰。

亦慨乎其言之。（五月四日加记）

【钟校】

① 1936.5.16 刊《宇宙风》17 期，题作《谈鸦片》。《风雨谈》目录及标题均作《雅片事略》，从正文改。

②“至试前”原作“至新试前”，据手书日记及《风雨谈·旧日记抄》改。

③“办法”，“办”原作“变”。

梅花草堂笔谈等

◇1936. 4. 11

◇风雨谈

前居绍兴时家中有张大复的《梅花草堂笔谈》四五本，大约缺其十分之二，软体字竹纸印，看了很可喜，所以小时候常拿出来看，虽然内容并不十分中意。移家来北京的时候不知怎地遗失了，以后想买总不容易遇见，而且价目也颇贵，日前看旧书店的目录，不是百元也要六七十。这回《中国文学珍本丛书》本的《笔谈》出版，普及本只需四角五分，我得到一本来看，总算得见全本了，也不记得那几卷是不曾看过的，约略翻阅一遍，就觉得也可以满足了。

《珍本丛书》出版之前，我接到施蛰存先生的来信，说在主编此书，并以目录见示，我觉得这个意思很好，加上了一个赞助的名义，实在却没有尽一点责，就是我的一部《谑庵文饭小品》也并不曾贡献出去。目录中有些书我以为可以缓印的，如《西青散记》、《华阳散稿》、《柳亭诗话》等，因为原书都不大难得，不过我只同施先生说及罢了，书店方面多已编好付印，来不及更改了。但是在别一方面也有好些书很值得重印，特别是晚明文人的著作，在清朝十九都是禁书，如三袁，钟谭，陈继儒，张大复，李卓吾等均是。袁小修的《游居杮录》我所有的缺少两卷，《焚书》和钟谭集都只是借了来看过，如今有了翻印本，足以备检阅之用。句读校对难免多错，但我说备检阅之用，这也只好算了，因为排印本原来不能为典据，五号字密排长行，纸滑墨浮，蹙频疾视，殊少读书之乐，这不过是石印小册子之流，如查得资料，可以再去翻原书，固不能即照抄引用也。所收各本精粗不一，但总没有伪造本，亦尚可取。《杂事秘辛》虽伪造，还可算作杨升庵的文章，若是现今胡乱改窜的那自然更不足道了。

翻印这一类的书也许有人不很赞成，以为这都没有什么文艺或思想上的价值，读了无益。这话说得有点儿对，也不算全对。明朝的文艺与思想本来没有多大的发展，思想上只有王学一派，文艺上是小说一路，略有些创造，却都在正统路线以外，所以在学宗程朱文宗唐宋的正宗派看来毫无足取，正是当然的事。但是假如我们觉得不必一定那么正宗，对于上述二者自当加以相当注意，而这思想与文艺的旁门互相溷合便成为晚明文坛的一种空气，自李卓吾以至金圣叹，以及桐城派所骂的吴越间遗老，虽然面貌不尽相似，走的却是同样路道。那么晚明的这些作品也正是很重要的文献，不过都是旁门而非正统的，但我的偏见以为思想与文艺上的旁门往往要比正统更有意思，因为更有勇气与生命。孔子的思想有些我也是喜欢的，却不幸被奉为正统，大被歪曲了，愈被尊愈不成样子，我真觉得孔子的朋友殆将绝迹，恐怕非由我们一二知道他的起来纠正不可，或者《论语衍义》之作也是必要的吧。这是闲话，暂且按下不表，却说李卓吾以下的文集，我以为也大值得一看，不但是禁书难得，实在也表示明朝文学的一种特色，里边包含着一个新文学运动，与现今的文学也还不是水米无干者也。

现在提起公安竟陵派的文学，大抵只看见两种态度，不是鄙夷不屑便是痛骂。这其实是古已有之的，我们最习见的有《静志居诗话》与《四库书目提要》，朱竹垞的“丛诃攒骂”是有名的了，纪晓岚其实也并未十分胡涂，在节抄《帝京景物略》的小引里可以看出他还是有知识的人。今人学舌已可不必，有些人连公安竟陵的作品未曾见过也来跟着呐喊，怕这亡国之音会断送中原，其意可嘉，其事总不免可笑，现在得书甚易，一读之后再用自己的智力来批评，这结果一定要好一点了。我以为读公安竟陵的书首先要明瞭他们运动的意义，其次是考查成绩如何，最后才用了高的标准来鉴定其艺术的价值。我可以代他们说明，这末一层大概不会有很好的分数的，其原因盖有二。一，在明末思想的新分子不出佛老，文字还只有古文体，革命的理论可以说得很充分，事实上改革不到那里去。我觉得苏东坡也尽有这才情，好些题跋尺牍在公安派中都是好作品，他只是缺少理论，偶然放手写得这些小文，其用心的大作仍是被选入八家的那一部分，此其不同也。反过来说，即是公安作品可以与东坡媲美，更有明确的文学观耳，就是他们自己也本不望超越白苏也。二，后人受唐宋文章的训练太深，就是新知识阶级也难免以八家为标准，来看公安竟陵就觉得种种不合式。我常这样想，假如一个人不是厌恶韩退之的古文的，对于公安等文大抵不会满意，即使不表示厌恶。我觉得公安竟陵的诗都不大好，或者因为我本不懂诗之故亦未可知，其散文颇多佳作，说理的我喜其理多正确，文未必佳，至于叙景或兼抒情的小文则是其擅长，袁中郎刘同人的小记均非常人所有也②。不过这只是个人的妄见，其不能蒙大雅之印可正是当然，故晚明新文学运动的成绩不易得承认，而其旁门的地位亦终难改正，这件事本无甚关系，兹不过说明其事实如此而已。

吾乡陶筠庵就《隐秀轩集》选录诗文百五十首，为《钟伯敬集抄》，小引中载其咏钟谭的一首七言拗体，首四句云：

> 天下不敢唾王李，钟谭便是不犹人，甘心陷为轻薄子，大胆剥尽老头巾。

后又评伯敬的文章云：

> 至若袁不为钟所袭，而钟之隽永似逊于袁，钟不为谭所袭，而谭之简老稍胜于钟，要皆不足为钟病，钟亦不以之自病也。

陶君的见解甚是，我曾引申之云：

> 甘心云云十四字说尽钟谭，也说尽三袁以及其他一切文学革命者的精神，褒贬是非亦悉具足了。向太岁头上动土，既有此大胆，因流弊而落于浅率幽晦，亦所甘心，此真革命家的态度，朱竹垞辈不能领解，从诃攒骂正无足怪也。

现在的白话文学好像是已经成立了，其实是根基仍不稳固，随处都与正统派相对立，我们阅公安竟陵的遗迹自不禁更多感触，不当仅作平常文集看，陶君的评语也正是极好的格言，不但是参与其事者所应服膺，即读者或看客亦宜知此，庶几对于凡此同类的运动不致误解耳。

翻印晚明的文集原是一件好事，但流弊自然也是有的。本来万事都有流弊，食色且然，而且如上文所说，这些指责亦当甘受，不过有些太是违反本意的，也就该加以说明。我想这最重大的是假风雅之流行。这里须得回过去说《梅花草堂笔谈》了。我赞成《笔谈》的翻印，但是这与公安竟陵的不同，只因为是难得罢了，他的文学思想还是李北地一派，其小品之漂亮者亦是山人气味耳。明末清初的文人有好些都是我所不喜欢的，如王稚登、吴从先、张心来、王丹麓辈，盖因其为山人之流也，李笠翁亦是山人而有他的见地，文亦有特色，故我尚喜欢，与傅青主金圣叹等视。若张大复殆只可奉屈坐于王稚登之次，我在数年前偶谈中国新文学的源流，有批评家赐教谓应列入张君，不佞亦前见《笔谈》残本，凭二十年前的记忆不敢以为是，今复阅全书亦仍如此想。世间读者不甚知此种区别，出版者又或夸多争胜，不加别择，势必将《檀几丛书》之类亦重复抄印而后止，出现一新鸳鸯蝴蝶派的局面，此固无关于世道人心，总之也是很无聊的事吧。如张心来的《幽梦影》，本亦无妨一读，但总不可以当饭吃，大抵只是瓜子耳，今乃欲以瓜子为饭，而且许多又不知是何瓜之子，其吃坏肚皮宜矣。所谓假风雅即指此类山人派的笔墨，而又是低级者，故谓之假，其实即是非假者亦不宜多吃，盖风雅或文学都不是粮食也。（廿五年四月十一日，于北平）

【钟校】

① 1936.4.30刊《益世报》。

②“非常人所有也”，原无“常”字，今增。

读戒律[1]

◇1936. 4. 14

◇风雨谈

我读佛经最初还是在三十多年前。查在南京水师学堂时的旧日记，光绪甲辰（一九〇四）十一月下有云：

> 初九日，下午自城南归经延龄巷，购经二卷，黄昏回堂。

又云：

> 十八日，往城南购书，又《西方接引图》四尺一纸。
>
> 十九日，看《起信论》，又《纂注》十四页。

这头一次所买的佛经，我记得一种是《楞严经》，一种是《诸佛要集经》与《投身饲饿虎经》等三经同卷。第二次再到金陵刻经处请求教示，据云顶好修净土宗，而以读《起信论》为入手，那时所买的大抵便是论及注疏，一大张的图或者即是对于西土向往。可是我看了《起信论》不大好懂，净土宗又不怎么喜欢，虽然他的意思我是觉得可以懂的。民国十年在北京自春至秋病了大半年，又买佛经来看了消遣，这回所看的都是些小乘经，随后是大乘律。我读《梵网经》菩萨戒本及其他，很受感动，特别是贤首《疏》，是我所最喜读的书。卷三在“盗戒”下注云：

> 《善见》云，盗空中鸟，左翅至右翅，尾至颠，上下亦尔，俱得重罪。准此戒，纵无主，鸟身自为主，盗皆重也。

我在七月十四日的《山中杂信》四中云：

> 鸟身自为主，这句话的精神何等博大深厚，然而又岂是那些提鸟笼的朋友所能了解的呢？

又举“食肉戒”云：

> 若佛子故食肉，——一切众生肉不得食：夫食肉者断大慈悲佛性种子，一切众生见而舍去。是故一切菩萨不得食一切众生肉，食肉得无量罪。——若故食者，犯轻垢罪。

在《吃菜》小文中我曾说道：

> 我读《旧约·利未记》，再看大小乘律，觉得其中所说的话要合理得多，而上边“食肉戒”的措辞我尤为喜欢，实在明智通达，古今莫及。

这是民国二十年冬天所写，与《山中杂信》相距已有十年，这个意见盖一直没有变更，不过这中间又读了些小乘律，所以对于佛教的戒律更感到兴趣与佩服。小乘律的重要各部差不多都已重刻了，在各经典流通处也有发售，但是书目中在这一部门的前面必定注着一行小字云“在家人勿看”，我觉得不好意思开口去问，并不是怕自己碰钉子，只觉得显明地要人家违反规条是一件失礼的事。末了想到一个方法，我就去找梁漱溟先生，托他替我设法去买，不久果然送来了一部《四分律藏》，共有二十本。可是后来梁先生离开北京了，我于是再去托徐森玉先生，陆续又买到了好些，我自己也在厂甸收集了一点，如《萨婆多部毗尼摩得勒伽》十卷，《大比丘三千威仪》二卷，均明末刊本，就是这样得来的。《书信》中“与俞平伯君书三十五通”之十五云：

> 前日为二女士写字写坏了，昨下午赶往琉璃厂买六吉宣赔写，顺便一看书摊，买得一部《萨婆多部毗尼摩得勒伽》，共二册十卷，系崇祯十七年八月所刻。此书名据说可译为《一切有部律论》[2]，其中所论有极妙者，如卷六有一节云：云何厕？比丘入厕时，先弹指作相，使内人觉知，当正念入，好摄衣，好正当中安身，欲出者

令出，不肯者勿强出。古人之质朴处盖至可爱也。

时为十九年二月八日，即是买书的第二天。其实此外好的文章尚多，如同卷中说类似的事云：

云何下风？下风出时不得作声。

云何小便？比丘不得处处小便，应在一处作坑。

云何唾？唾不得作声。不得在上座前唾。不得唾净地。不得在食前唾③，若不可忍，起避去，莫令馀人得恼。

这莫令馀人得恼一句话我最喜欢，佛教的一种伟大精神的发露，正是中国的恕道也。又有关于齿木的：

云何齿木？齿木不得太大太小，不得太长太短，上者十二指，下者六指。不得上座前嚼齿木。有三事应屏处，谓大小便嚼齿木。不得在净处树下墙边嚼齿木。

《大比丘三千威仪》卷上云：

用杨枝有五事。一者，断当如度。二者，破当如法。三者，嚼头不得过三分。四者，疏齿当中三啮。五者，当汁澡目用。

金圣叹作施耐庵《水浒传序》中云：

朝日初出，苍苍凉凉，澡头面，裹巾帻，进盘飧，嚼杨木。

即从此出，唯义净很反对杨枝之说，在《南海寄归内法传》卷一“朝嚼齿木”项下云：

> 岂容不识齿木，名作杨枝。西国柳树全稀，译者辄传斯号，佛齿木树实非杨柳，那烂陀寺目今亲观，既不取信于他，闻者亦无劳致惑。

净师之言自必无误，大抵如周松霭在《佛尔雅》卷五所云，“此方无竭陀罗木，多用杨枝，”译者遂如此称，虽稍失真，尚取其通俗耳。至今日本俗语犹称牙刷曰杨枝，牙签曰小杨枝，中国则僧俗皆不用此，故其名称在世间也早已不传了。

《摩得勒伽》为宋僧伽跋摩译，《三千威仪》题后汉安世高译，僧祐则云失译人名，但总之是六朝以前的文字罢。卷下有至舍后二十五事亦关于登厕者，文繁不能备录，但如十一不得大咽使面赤，十七不得草画地，十八不得持草画壁作字，都说得很有意思，今抄简短者数则：

> 买肉有五事。一者，设见肉完未断，不应便买。二者，人已断馀乃应买。三者，设见肉少，不得尽买。四者，若肉少不得妄增钱取。五者，设肉已尽，不得言当多买。
>
> 教人破薪有五事。一者，莫当道。二者，先视斧柄令坚。三者，不得使破有青草薪。四者，不得

妄破塔材。五者，积着燥处。

我在《入厕读书》文中曾说：

> 偶读大小乘戒律，觉得印度先贤十分周密地注意于人生各方面，非常佩服。即以入厕一事而论，《三千威仪》下列举至舍后者有二十五事，《摩得勒伽》六自“云何下风”至“云何筹草”凡十三条，《南海寄归内法传》二有第十八“便利之事”一章，都有详细的规定，有的是很严肃而幽默，读了忍不住五体投地。

我又在《谈龙集》里讲到阿剌伯奈夫札威上人的《香园》与印度壳科加师的《欲乐秘旨》，照中国古语说都是房中术的书，却又是很正经的，“他在开始说不雅驯的话之先，恭恭敬敬地要祷告一番，叫大悲大慈的神加恩于他，这的确是明朗朴实有古典精神，很是可爱的。”自两便以至劈柴买肉（小乘律是不戒食肉的），一方面关于性交的事，这虽然属于佛教外的人所做，都说的那么委曲详尽，又合于人情物理，这真是难得可贵的事。中国便很缺少这种精神，到了现在我们同胞恐怕是世间最不知礼的人之一种，虽然满口仁义礼智，不必问他心里如何，只看日常举动很少顾虑到人情物理，就可以知道了。查古书里却也曾有过很好的例，如《礼记》里的两篇《曲礼》，有好些话都可以与戒律相比。凡为长者粪之礼一节，凡进食之礼一节，都很有意思。中云：

毋抟饭，毋放饭，毋流歠，毋咤食，毋啮骨，毋反鱼肉，毋投与狗骨。

这用意差不多全是为得“莫令馀人得恼”，故为可取，僧祇律云：

不得大，不得小，如淫女两粒三粒而食，当可口食。

又是很有趣的别一说法，正可互相补足也。居丧之礼一节也很好，下文有云：

邻有丧，舂不相，里有殡，不巷歌。适墓不歌，哭日不歌。送丧不由径，送葬不辟涂潦。

读这些文章，深觉得古人的神经之纤细与感情之深厚，视今人有过之无不及，《论语》卷四记孔子的事云：

子食于有丧者之侧，未尝饱也。子于是日哭则不歌。

实在也无非是上文的实行罢了。从别一方面发明此意者有陶渊明，在《挽歌诗》第三首中云：

向来相送人，各自还其家，亲戚或馀悲，他人亦已歌。

此并非单是旷达语，实乃善言世情，所谓亦已歌者即是哭日不歌的另一说法，盖送葬回去过了一二日，歌正亦已无妨了。陶公此语与“日暮狐狸眠冢上，夜阑儿女笑灯前”的感情不大相同，他似没有什么对于人家的不满意，只是平实地说这一种情形，是自然的人情，却也稍感寥寂，此是其佳处也。我读陶诗而懂得礼意，又牵连到小乘律上头去，大有缠夹之意，其实我只表示很爱这一流的思想，不论古今中印，都一样地随喜礼赞也。

（民国二十五年四月十四日，于北平苦茶庵）

【钟校】

① 1936.9 刊《青年界》10 卷 2 期。

②“可译为《一切有部律论》”，“译”原作“详”。

③“不得在食前唾”，“唾”原作“睡”。

刘香女[1]

◇1936. 6. 25

◇瓜豆集

离开故乡以后，有十八年不曾回去，一切想必已经大有改变了吧。据说石板路都改了马路，店门往后退缩，因为后门临河，只有缩而无可退，所以有些店面很扁而浅，柜台之后刚容得下一个伙计站立。这倒是很好玩的一种风景，独自想像觉得有点滑稽，或者檐前也多装着蹩脚的广播收音机，吱吱喳喳地发出非人间的怪声吧。不过城郭虽非，人民犹是，莫说一二十年，就是再加上十倍，恐怕也难变化那里的种种琐屑的悲剧与喜剧。木下野太郎诗集《食后之歌》里有一篇《石竹花》，民国十年曾译了出来，收在《陀螺》里，其词云：

走到薄暮的海边，
唱着二上节的时候，
龙钟的盲人跟着说道，
古时人们也这样的唱也！
那么古时也同今日没有变化的
人心的苦辛，怀慕与悲哀。
海边的石墙上，
淡红的石竹花开着了。

近日承友人的好意，寄给我几张《绍兴新闻》看。打开六月十二日的一张来看时，不禁小小的吃一惊，因为上面记着一个少女投井的悲剧。大意云：

城东镇鱼化桥直街陈东海女陈莲香，现年十八岁，以前曾在城南狮子林之南门小学读书，天资聪颖，勤学不倦，唯不久辍学家居，闲处无俚，辄以小说如《三国志》等作为消遣，而尤以《刘香女》一书更百看不倦，其思想因亦为转移。民国二十年间由家长作主许字于严某，素在上海为外国铜匠，莲香对此婚事原表示不满，唯以屈于严命，亦无可如何耳，然因此态度益趋消极，在家常时茹素唪经，已四载于兹。最近闻男家定于阴历十月间迎娶，更觉抑郁，乃于十一日上午潜行写就遗书一通，即赴后园，移开井栏，跃入井中自杀。当赴水前即将其所穿之黑色哔叽鞋脱下，搁于井旁之树枝上，遗书则置于鞋内。书中有云，不愿嫁夫，得能清祸了事，则反对婚姻似为其自杀之主因，遗书中又有今生不能报父母辛劳，只得来生犬马图报之语，至于该遗书原文已由其外祖父任文海携赴东关，坚不愿发表全文云。

这种社会新闻恐怕是很普通的，为什么我看了吃惊的呢？我说小小的，乃是客气的说法，实在却并不小。因为我记起四十年前的旧事来，在故乡邻家里就见过这样的少女，拒绝结婚，茹素诵经，抑郁早卒，而其所信受爱读的也即是《刘香宝卷》。小时候听宣卷，多在这屠家门外，她的老母是发起的会首。此外也见过些灰色的女人，其悲剧的显晦大小虽不一样，但是一样的暗淡阴沉，都抱着一种小乘的佛教人生观，以宝卷为经史，以尼庵为归宿。此种灰色的印象留得很深，虽然为时光所掩盖，不大显现出来了，这回忽然又复遇见，数十年时间恍如一瞬，不禁愕然，有别一意义的今昔之感。此数十年中有甲午戊戌庚子辛亥诸大事，民国以来花样更多，少信的人虽不敢附和谓天国近了，大时代即在明日，也总觉得多少有些改变，聊可慰安，本亦人情，而此区区一小事乃即揭穿此类乐观之虚空者也。

北平未闻有宣卷，宝卷亦遂不易得。凑巧在相识的一家旧书店里见有几种宝卷，《刘香女》亦在其中，便急忙去拿了来，价颇不廉，盖以希为贵欤。书凡两卷，末页云，同治九年十一月吉日晓庵氏等敬刊，板存上海城隍庙内翼化堂善书局，首页刻蟠龙位牌，上书“皇图巩固，帝道遐昌，佛日增辉，法轮常转”四句，与普通佛书相似。全部百二十五页，每半页九行十八字，共计三万馀言，疏行大字，便于诵读，唯流通甚多，故稍后印便有漫漶处，书本亦不阔大，与幼时所见不同，书面题辛亥十月，可以知购置年月。完全的书名为《太华山紫金镇两世修行刘香宝卷》，叙湘州李百倍之女不肯出嫁，在家修行，名唤善果，转生为刘香，持斋念佛，劝化世人，与其父母刘光夫妇，夫状元马玉，二夫人金枝，婢玉梅均寿终后到西方极乐世界，得生上品。文体有说有唱，唱的以七字句为多，间有三三四句，如俗所云攒十字者，体裁大抵与普通弹词相同，性质则盖出于说经，所说修行侧重下列诸事，即敬重佛法僧三宝，装佛贴金，修桥补路，斋僧布施，周济贫穷，戒杀放生，持斋把素，看经念佛，而归结于净土信仰。这些本是低级的佛教思想，但正因此却能深入民间，特别是在一般中流以下的妇女，养成她们一种很可怜的“女人佛教人生观”。十五年前曾在一篇小论文里说过，中国对于女人轻视的话是以经验为本的，只要有反证这就容易改正，若佛教及基督教的意见，把女人看作秽恶，以宗教或迷信为本，那就更可怕了。《刘香女》一卷完全以女人为对象，最能说出她们在礼教以及宗教下的所受一切痛苦，而其解脱的方法则是出家修行，一条往下走的社会主义的路。卷上记刘香的老师真空尼在福田庵说法，开宗明义便立说云：

> 你道男女都一样，谁知贵贱有差分。

先说男子怎样名贵，随后再说女子的情形云：

> 女在娘胎十个月，背娘朝外不相亲。娘若行走胎先动，娘胎落地尽嫌憎。在娘肚里娘受狱，出娘肚外受嫌憎。合家老小都不喜，嫌我女子累娘身。爷娘无奈将身养，长大之时嫁与人。

嫁人的生活还都全是苦辛，很简括的说道：

> 公婆发怒忙陪笑，丈夫怒骂不回声。剪碎绫罗成罪孽，淘箩落米罪非轻。生男育女秽天地，血裙秽洗犯河神。点脂搽粉招人眼，遭刑犯法为佳人。若还堂上公婆好，周年半载见娘亲。如若不中公婆意，娘家不得转回程。

这都直截的刺人心坎，又急下棒喝道：

任你千方并百计，女体原来服侍人。这是前生罪孽重，今生又结孽冤深。

又说明道："男女之别，竟差五百劫之分，男为七宝金身，女为五漏之体。嫁了丈夫，一世被他拘管，百般苦乐，由他做主。既成夫妇，必有生育之苦，难免血水触犯三光之罪。"至于出路则只有这一条：

若是聪明智慧女，持斋念佛早修行。女转男身多富贵，下世重修净土门。

我这里仔细的摘录，因为他能够很简要的说出那种人生观来，如我在卷上所题记，凄惨抑郁，听之令人不欢。本来女子在社会上地位的低尽人皆知，俗语有做人莫做女人身，百年苦乐由他人之语。汪悔翁为清末奇士，甚有识见，其二女出嫁皆不幸，死于长毛时，故对于妇女特有创见。《乙丙日记》卷三录其"生女之害"一条云：

人不忧生女，偏不受生女之害；我忧生女，即受生女之害。自己是求人的，自己是在人教下的。女是依靠人的，女是怕人的。

后又说明其害，有云：

平日婿家若凌虐女，己不敢校，以女究在其家度日也，添无限烦恼。婿家有言不敢校，女受翁姑大伯小叔姊娌小姑等气，己不敢校，遂为众人之下。

此只就“私情”言之，若再从“公义”讲，又别有害：

通筹大局，女多故生人多而生祸乱。

故其所举长治久安之策中有下列诸项：

弛溺女之禁，推广溺女之法，施送断胎冷药。家有两女者倍其赋。严再嫁之律。广清节堂。广女尼寺。立童贞女院。广僧道寺观，唯不塑像。三十而娶，二十五而嫁。妇人服冷药，生一子后服之。

又有云：

民间妇女有丁钱，则贫者不养女而溺女，富者始养女嫁女，而天下之贫者以力相尚者不才者皆不得娶，而人少矣，天下之平可卜。

悔翁以人口多为祸乱之源，不愧为卓识，但其方法侧重于女人少，至主张广溺女之法，则过于偏激，盖有感于二女之事，对于女人的去路只指出两条最好的，即是死与出家，无意中乃与女人佛教人生观适合，正是极有意义的事。悔翁又絮絮于择婿之难，此不独为爱怜儿女，亦足以表其深知女人心事，因爱之切知之深而欲求彻底的解决，唯有此忍心害理的一二下策矣。《刘香女》卷以佛教为基调，与悔翁不同，但其对于妇女的同情则自深厚，惟爱莫能助，只能指引她们往下走去，其态度亦如溺女之父母，害之所以爱之耳。我们思前想后良久之后，但觉得有感慨，未可赞同，却也不能责难，我所不以为然者只是宝卷中女人秽恶之观念，此当排除，此外真觉得别无什么适当的话可说也。

往上走的路亦有之乎？英诗人卡本德云，妇女问题要与工人问题同时解决。若然则中国所云民生主义耳。虽然，中国现时“民生”只作“在勤”解，且俟黄河之清再作计较，我这里只替翼化堂充当义务广告，劝人家买一部《刘香宝卷》与《乙丙日记》来看看，至于两性问题中亦可藏有危险思想，则不佞未敢触及也。（廿五年六月廿五日，于北平）

【钟校】

① 1936.7.16 刊《宇宙风》21 期，题作《女子的去路》。

常言道①

◇1936.7.16

◇瓜豆集

十天前我写一封信给一位朋友，说在日本文化里也有他自己的东西，讲到滑稽小说曾这样说道：

江户时代的平民文学正与明清的俗文学相当，似乎我们可以不必灭自己的威风了，但是我读日本的所谓滑稽本，还不能不承认这是中国所没有的东西。滑稽，——日本音读作 kokkei，显然是从太史公的《滑稽列传》来的，中国近来却多喜欢读若泥滑滑的滑了！据说这是东方民族所缺乏的东西，日本人自己也常常慨叹，惭愧不及英国人。这所说或者不错，因为听说英国人富于"幽默"，其文学亦多含幽默趣味，而此幽默一语在日本常译为滑稽，虽然在中国另造了这两个译音而含别义的字，很招了人家的不喜欢，有人主张改译“西鞅”，亦仍无济于事。且说这滑稽本起于文化文政（一八〇四至二九）年间，全没有受着西洋的影响，中国又并无这种东西，所以那无妨说是日本人自己创作的玩意儿，我们不能说比英国小说家的幽默何如，但这总可证明日本人的幽默趣味要比中国人为多了。我将十返舍一九的《东海道中膝栗毛》（膝栗毛者以脚当马，即徒步旅行也。）、式亭三马的《浮世风吕》与《浮世床》（风吕者澡堂，床者今言理发处。此种汉字和读虽似可笑，世间却多有，如希腊语帐篷今用作剧场的背景，跳舞场今用作乐队是也。）放在旁边，再一一回忆我所读过的中国小说，去找类似的作品，或者一半因为孤陋寡闻的缘故，一时竟想不起来。

当时我所注意的是日本从“气质物”（katagimono，characters）出来的，写实而夸张的讽刺小说，特别是三马的作品，差不多全部利用对话，却能在平凡的闲话里藏着会心的微笑，实在很不容易，所以我举出《西游记》,《儒林外史》，以至《何典》,《常言道》，却又放下，觉得都不很像，不能相比。但若是单拿这几部书来说，自然也各有他们的好处，不可一笔抹杀。

现在单说《何典》与《常言道》，我又想只侧重后者，因为比较不大有人知道。《常言道》有嘉庆甲子（一八〇四）光绪乙亥（一八七五）两刻本，《何典》作者是乾嘉时人，书至光绪戊寅（一八七八）始出版，民国十五年又由刘半农先生重刊一次，并加校注，虽然我所有的一册今已不见，但记得的人当甚不少也。

本来讲起这些东西，至少总得去回顾明季一下，或者从所谓李卓吾编的《开卷一笑》谈起，但是材料还不易多找，所以这里只得以乾嘉之际为限。这一类的书通行的有下列几种，今以刊行年代为序：

一、《岂有此理》四卷，嘉庆己未（一七九九）。

二、《更岂有此理》四卷，嘉庆庚申（一八〇〇）。

三、《常言道》四卷，嘉庆甲子（一八〇四）。

四、《何典》十回，乾嘉时人作。

五、《皆大欢喜》四卷，道光辛巳（一八二一）。

六、《文章游戏》四集，各八卷，初集嘉庆癸亥（一八〇三），四集道光辛巳（一八二一）出版。这里边以《文章游戏》为最有势力，流通最广，可是成绩似乎也最差，这四集刊行的年月前后垂二十年，我想或者就可以代表谐文兴衰的时代吧。《岂有此理》与《更岂有此理》二集，论内容要比《文章游戏》

更佳，很有几篇饶有文学的风味。《皆大欢喜》卷二《韵鹤轩杂著》下有《跋岂有此理》云：

《岂有此理》者吾友周君所著，书一出即脍炙人口，周君殁，其家恐以口过致冥责，遂毁其板，欲购而不可得矣。余于朱君案头见之，惜其庄不胜谐，雅不化俗，务快一时之耳目，而无以取信于异日，然如《谐富论》、《良心说》二作已为《常言道》一书所鼻祖，则知周君者固尚留馀地，犹未穷形极相也。

又《跋梦生草堂纪略后》云：“周子《梦生草堂纪略》述剑南褚钟平弱冠读《西厢记》感双文之事，思而梦，梦而病，病而垂死。……”卷四《韵鹤轩笔谈》下，《觞佐》中有云：“周竹君著《人龟辨》一首，以龟为神灵之物，若寡廉鲜耻之辈，不宜冒此美名，遂以乌龟为污闺之讹，究是臆说。”又云：“《常言道》中以吴中俚语作对，如大妈霍落落，阿姨李菹菹，固属自然，余因仿作数联，以资一笑。”

查《岂有此理》卷二有《人龟辨》，卷三有《梦生草堂纪略》，可知此书作者为周竹君，虽此外无可查考，但此类书署名多极诙诡，今乃能知其姓名，亦已难得了。又据上文得略知《常言道》与《岂有此理》的关系，鼻祖云云虽或未必十分确实，却亦事出有因，《谐富》《良心》二文对于富翁极嬉笑怒骂之致，固与《常言道》之专讲小人国独家村柴主钱士命的故事同一用意，第三回描写钱士命的住宅有云：

堂屋下一口天生井，朝外挂一顶狒轴，狒轴上面画的是一个狒狒，其形与猩猩相似，故名曰假猩猩。两边挂着一副对联，上联写着大姆哈落落，下联写着阿嬔俚沮沮。梁上悬着一个杜漆匾额②，上书梦生草堂四字。

这里梦生草堂的意思虽然不是一样，却正用得相同，似非偶然。下文叙梦生草堂后的自室云："自室中也有小小的一个匾额，题我在这庐四字，两边也挂着一副对联，上联写着青石屎坑板，下联写着黑漆皮灯笼。"第十五回中则云后来对联换去，改为大话小结果，东事西出头二句，《觞佐》所记俚语对百六联，这两副却都写在里头，《更岂有此理》卷三有俗语对，共一百八十四联，这与做俗语诗的风气在当时大约都很盛，而且推广一步看去，谐文亦即是这种集俗语体的散文，《常言道》与《何典》则是小说罢了。这种文章的要素固然一半在于滑稽讽刺，一半却也重在天然凑泊，有行云流水之妙，——这一句滥调用在这里却很新很切贴，因为这就是我从前为《莫须有先生》作序时所说水与风的意思。《常言道》的西土痴人序有云："处世莫不随机应变，作事无非见景生情。"又云：

> 别开生面，止将口头言随意攀谈，屏去陈言，只举眼前事出口乱道。言之无罪，不过巷议街谈，闻者足戒，无不家喻户晓。虽属不可为训，亦复聊以解嘲，所谓常言道俗情也云尔。

《何典》著者过路人自序云：

> 无中生有，萃来海外奇谈，忙里偷闲，架就空中楼阁。全凭插科打诨，用不着子曰诗云，讵能嚼字咬文，又何须之乎者也。不过逢场作戏，随口喷蛆，何妨见景生情，凭空捣鬼。一路顺手牵羊，恰似拾蒲鞋配对，到处搜须捉虱，赛过挖迷露做饼。

这里意思说得很明白。《岂有此理》序后钤二印，一曰逢场作戏，一曰见景生情。《更岂有此理》序云：

> 一时高兴，凑成枝枝节节之文，随意攀谈，做出荒荒唐唐之句。点缀连篇俗语，尽是脱空，推敲几首歪诗，有何来历。付滥调于盲词，自从盘古分天地，换汤头于小说，无非依样画壶卢。嚼字咬文，一相情愿，插科打诨，半句不通。无头无脑，是赶白雀之文章，说去说来，有倒黄霉之意思。纵奇谈于海外，乱坠天花，献丑态于场中，

现成笑话。既相仍乎岂有此理之名，才宽责于更其不堪之处。亦曰逢场作戏，偶尔为之，若云出口伤人，冤哉枉也。

他们都喜欢说逢场作戏云云，可见这是那一派的一种标语，很可注意。普通像新旧官僚似的苟且敷衍，常称曰逢场作戏，盖谓有如戏子登台，做此官行此礼，在后台里还是个滥戏子也。这里却并不同，此乃是诚实的一种游戏态度，有如小孩的玩耍，忽然看见一个土堆，不免要爬了上去，有一根棒，忍不住要拿起来挥舞一回，这是他的快乐的游戏，也即是他诚实的工作，其聚精会神处迥出于职业的劳作之上，更何况职业的敷衍乎。这才是逢场作戏，也可以说就是见景生情，文学上的游戏亦是如此。《常言道》第七回的回目云：

化僧饱暖思行浴，印诡饥寒起道心。

我们看了觉得忍俊不禁，想见作者落魄道人忽然记起这两句成语，正如小孩见了土堆，爬山的心按捺不住了，便这么的来他一下子，“世之人见了以予言为是，无非点头一笑，以予言为非，亦不过摇头一笑，”也就都不管了。这样写法不能有什么好结构，在这一点真是还比不过同路的《何典》，但是那见景生情的意思我们也可以了解，用成语喜双关并不是写文章必然的义法，但偶见亦复可喜，如沙士比亚与兰姆何尝被人嫌憎，不过非其人尤其是非其时的效颦乃是切忌耳。吴中俗语实在太多太好了，难怪他们爱惜想要利用，虽然我读了有些也不懂，要等有研究的笃学的注释。《何典》作者为上海张南庄，《常言道》序作于虎阜，《岂有此理》作者周竹君是吴人，《皆大欢喜》序亦称是苏人所作，《文章游戏》的编者则仁和缪莲仙也，我们想起明末清初的冯梦龙金圣叹李笠翁诸人，觉得这一路真可以有苏杭文学之称，而前后又稍不同，仿佛是日本德川时代小说之京阪与江户两期。因此我又深感到中国这类文学的特色，其漂亮与危险，奉告非苏杭人，学也弗会，苏杭人现在学会了也没意思，所以都无是处。至于看看原本无妨，万一看了也会出毛病，那么看官本身应负其责，究竟看书的都已经不是摇篮里的小宝宝了，咀嚼尝味之力当自有之，若患不消化症便不能再多怪他人也。

（二十五年七月十六日，于北平）

［补记］　沈赤然《寒夜丛谈》卷三有一则云：

文士著述之馀，或陶情笔墨，记所见闻及时事之可悲可喜可惊可怪者，未为不可。自蒲松龄著《聊斋志异》，多借题骂世。于是汩泥扬波之徒踵相接矣。近年《谐铎》一书，已如国狗之瘈，无不噬也，甚至又有《岂有此理》及《更岂有此理》等书名，谩谰秽亵，悖理丧心，非惟为枣梨之灾，实世道人心毒药也。而逐臭诸君子方且家有一编，津津焉以资为谈柄，又何异承人下窍而叹其有如兰之臭耶。

沈梅村著作所见有《五砚斋文》及《寄傲轩读书随笔》三集，其人亦颇有见识者，此乃未免鄙陋，似并未见《岂有此理》等书，只因其题名诙诡，遂尔深恶痛绝，其实二书品位还当在《谐铎》之上，且其性质亦并不相同也。沈君承下窍云云，却颇有《谐铎》之流风，为不佞所不喜，惜乎作者不能自知耳。

（廿五年九月八日记）

【钟校】

① 刊 1936. 8. 16《宇宙风》23 期，标题原作《中国的滑稽文学》。

②“匾额”，原作“扁额”，馀同。

藤花亭镜谱[1]

◇1936. 7. 24

◇瓜豆集

偶然得到梁廷枏《藤花亭镜谱》八卷的木刻本，觉得很是喜欢。我说偶然，因为实在是书贾拿来，偶尔碰见，并不是立志搜求得来的。寒斋所有的古镜，说来说去只有宋石十五郎造照子与明薛晋侯的既虚其中云云这两面，不但着实够不上有玩古董的资格，就是看谱录也恐怕要说尚早，不过虚夸僭越总是人情之常，不敢玩古董的也想看看谱录吧，就难免见了要买一点儿。最先是买了两本排印的《镜谱》，不大能满意，这回遇着木刻本，自然觉得好多了，不怕重复又买了下来，说到这里，于是上边所说的偶然毕竟又变成了非偶然了。

排印本的《藤花亭镜谱》首页后大书云，顺德龙氏中和园印，版心前下每页有《自明诚楼丛书》六字，末有跋，署云甲戌长夏顺德龙官崇。梁氏自序题道光乙巳（一八四五），我们极容易误会以为甲戌当是同治十三年（一八七四），不过那时虽有铅印却并无这种机制粉连，所以这正是民国廿三年无疑，至于写干支那自然是遗老的一种表示吧。我最厌恶洋粉连，在《关于纸》的小文里我曾说："洋连史分量仍重而质地又脆，这简直就是白有光纸罢了。"有光纸固然不好，但他本是不登大雅之堂的东西，拿去印印《施公案》之流，倒也算了，反正不久看破，随即换了"洋取灯儿"。洋粉连则仿佛是一种可以印书之物，由排印以至影印，居然列于著作之林，殆可与湖南的毛头纸比丑矣。龙氏印的《镜谱》既用此纸，而且又都是横纹的，古人云丑女簪花，此则是丑女而蒙不洁了。中国近来似乎用纸对于横直都不甚注意，就是有些在《北平笺谱》上鼎鼎大名的南纸店也全不讲究，圆复道人"蔬果十笺"我数年前买的还是直纹，今年所买便已横了，君子于此可以观世变矣。印工着色之渐趋于粗糙也是当然的。但是信笺虽然横纹，这纸总还是可以写字的单宣或奏本，印书的却是洋粉连，而又横折，看了令人不禁作恶大半日。因为这个缘故，见到有一部木刻本，焉得而不大喜，急忙把他买下。原书每镜皆有图，龙氏印本无，跋中有云：

> 先生举累世珍玩著为谱录，意其初必有拓本，别藏于家，及观序称即拓本摹绘其原形而说以系之，则益信。顾代远年湮，难可再遇，殊堪惋惜。

似龙氏所据本乃并无图，或系原稿本欤。又查龙氏印本前四卷共收有铭识镜六十七品，后四卷收无铭识镜七十品，而印本则前半加添十一品，后半加添三品，共增十四种，书中文字亦有不同处，可知不是同一原本。最明显处是卷四的宋官镜以下十器，龙氏印本释作宋镜，刻本于虎镜后添刻一节云：

曩见王见大文诰藏数柄，云偕梦楼太守文治册封琉球时得于彼国，国人谓赵宋时所铸，意自东洋流至潮郡，爰以次此。

而目录在官镜下又加小注云：

以下十器皆日本制，按中国时代隶此。

盖皆是增订时所为。梁氏此谱共录百五十一器，在清代算是一部大著了，但其考释多有错误，如以宋石十姐为南唐，明薛惠公为宋，均是。我觉得还是他的图最有意思，今如去图存说，真不免是买椟还珠了。梁君释日本各镜，讹误原不足怪，有几处却说错得很滑稽，如虎镜云：

下作土坡，苔点草莎，饶有画意，其上树竹三株，干叶皆作双钩，几个筼筜，萧疏可爱。左驰一虎，张口竖尾，作跑突搏啮状，势绝凶猛。质地空处密布细点如粟，铭凡六字，行书，曰天下一作泪乎，体带草意，第五字户下稍泐，惟左水旁右边一点甚明，若作渡则右无点矣，然文义殊不可晓。意其时有虎患，又或伤于苛政，而愤时嫉俗未敢明著于言，乃假是器以达之，理或然欤。

山水松云镜云：

铭在器右，凡六字，正书，颇歪斜，曰天下一出云守，令人徒费十日思，无缘索解也。

大葵花镜云：

铭在其左，凡六字，行书，曰天下一美人作，语亦过求奇诡，绎揣其意非寓解语之喻，即谓簪戴人非至美莫称矣。天下之不通文义偏好拈弄笔墨者往往如斯，彼固道其所见，而不自知其出语之可哂，从古以来，堪发浩叹者难屈指计矣。

又桃花镜云：

铭在器左，凡五字，行书，曰天下一美作。语与今所收大葵花镜相似，此美下独无人字。予于葵花镜已疑所识为歆羡彼美之词，矧以此之嫣然笑风，尤非樊素巧倩之口不足以当之，两相取证而义益显矣。

这都说得很有风趣，虽然事实上有些不很对。第一，镜上的虎就只是一只老虎，没有什么别的意思。葵花实在乃是带花的桐叶，在日本是一种家族的徽章，俗称五三桐，因其花中五而左右各三也。第二，虎镜题字当读作“天下一佐渡守”，与“天下一出云守”正是一例，大葵花与桃花镜都是“天下一美作”，犹言美作守也。看刻本图上大葵花镜美下也并无人字，不知梁氏何以加入。《日本考古图录大成》第八辑《和镜》八十六图桐竹镜有铭云，“天下一青家次天正十六”，据广濑都巽解说云，天下一的款识盖起于此时，天正十六年（一五八八）即万历戊子，至天和二年（一六八二）即康熙壬戌禁止，故此种有铭的镜当成于明末清初的约一百年中，所云赵宋时代亦不确实。香取秀真著《日本铸工史》卷一《关于镜师》文中有云：

> 镜师虽说署名，当初也只是云天下一而已。天下一者本来并不限于镜师，凡是能面师（制造能乐假面的工人），涂师（漆工），土风炉师，釜师诸工艺家也都通用，意思是说天下第一的匠人。《信长记》十三云，有镜工宗伯者，由村井长门守引见信长公，进呈手镜，镜背铸有天下一字样。公见之曰，去春有某镜工所献之镜背亦铭曰天下一，天下一者只有一人才行，今天下一乃有二人，则是不合理的事也。征诸遗品，只题作天下一的也可以知道是起于信长的时代。

按织田信长专政在天正二至十年顷（一五七四至八二），即万历之初。文又云：

> 镜上有记天下一佐渡，天下一但马，天下一出云，天下一美作，天下一若狭等者，这些都是受领任官的国名，并非在这些地方制成的出品，乃是作者的铭耳。同时又有增一守字，作因幡守、伊贺守等者，也有再添一作字，曰天下一伊贺守作。

自佐渡以至伊贺都是日本的地名，佐渡守等则是官名，但在这里却只是“受领职”，非实缺而是头衔，殆犹陆放翁之渭南伯，不过更为渺小罢了。据《镜师名簿》所录，佐渡守出云守美作守（亦即美作）均属于江户前期，如上文所说天下一的名称本来只在那一时期流行也。看《镜谱》卷四模刻诸图，原画似本不甚精美，而梁君已甚为赞赏，如虎镜项下所记，又有关于山水松云镜的一节云：

> 沿边一围，中作小景山水。斧劈石数叠，清泉绕其下，排缀松株，仅露梢顶，稍高一磴则古松夭矫，仿佛画院中刘松年法。绝顶一浮图突出云际，最后远峰反在其下。有桥横水，渡桥而右复有松石苔点，错落于云水相间中，钩抹细利，倘加以青翠，描以金碧，便居然一小李将军得意

笔。画理家法两得其妙如此，当时必倩名手为之，或缩摹院本，不然工艺匠作之辈即略解八法，亦安能深知画意，为是工力双绝之小品宫扇耶。

梁君两次所说的都是和镜之绘画的文样，与中国之偏重图案者不同，这的确是值得注意的一点。中国镜的文样似乎与瓦当走的是同一条路，而和镜则是与“镡”（tsuba）相近。《藤花亭镜谱》是木刻的，图难免走样罢。近来新出的《小檀栾室镜影》六卷，所收共有三百八十三钮，又以打本上石，“披图无异于揽镜”，自然要好得多了，但是看了还是觉得失望。镜文多近于浮雕，墨拓不能恰好，石印亦欠精善，都是事实，也就罢了，最奇怪的是在这许多镜中竟无小品宫扇似的绘画。宣哲《镜影》序有云：

镜背所绘畸人列士，仙传梵经，凡衣冠什物均随时代地域异状，名花嘉卉，美木秀竹，以至飞走潜跃，跂息蠕动之蕃衍，莫不皆有。

这所说不算全虚，不过镜文中所表示动植的种类实在很少，而且又大都是图案的，不能及和镜的丰富。我所有和镜图录只有广濑所编的一帙，价钱不及《镜影》的十六分之一，内容也只八十九图，却用珂罗板印，其中有四十九是照相，四十是拓本，都印得很清楚，真无异于看见原物。第六十图是镰仓初期的篱笆飞雀镜，作于南宋前半，据解说云：

下方有流水洗岩，右方置一竹笆，旁边茂生胡枝子狗尾巴草桔梗之属，瓦雀翻飞，蜘蛛结网，写出深秋的林泉风景，宛如看绘卷的一段。

又第六七图秋草长方镜亦镰仓时代作，上下方均图案的画胡枝子花叶，右出狗尾巴草二穗，左出桔梗花一，二雀翻飞空中，花下一蟋蟀又一蝴蝶，栩栩如生。此幅用墨拓，故与中国相较愈看出不同来，觉得宣君的话似乎反是替人家说也。《镜影》的又一缺点是没有解说，宣序却云，“是编不系释文，不缀跋尾，一洗穿凿附会之习，其善二也”，未免太能辩了。就镜审视要比单凭拓本为可靠，奈何坐失此机会，若只列图样，了无解释，则是骨董店的绘图目录而已。考古大难，岂能保证一定不错，只要诚实的做去，正是败亦可喜。梁君非不穿凿附会，但我们不因此而菲薄他，而且还喜欢他肯说话有意思，虽然若以为释文胜于图形，遂取彼弃此，则又未免矫枉过直，大可不必耳。（廿五年七月廿四日，在北平）

【钟校】

① 1936. 7. 30 刊《益世报》。

东京的书店[①]

◇1936. 8. 27

◇瓜豆集

说到东京的书店第一想起的总是“丸善”（Maruzen）。他的本名是丸善株式会社，翻译出来该是丸善有限公司，与我们有关系的其实还只是书籍部这一部分。最初是个人开的店铺，名曰丸屋善七，不过这店我不曾见过，一九〇六年初次看见的是日本桥通三丁目的丸善，虽铺了地板还是旧式楼房，民国以后失火重建，民八往东京时去看已是洋楼了，随后全毁于大地震，前年再去则洋楼仍建在原处，地名却已改为日本桥通二丁目。我在丸善买书前后已有三十年，可以算是老主顾了，虽然卖买很微小，后来又要买和书与中国旧书，财力更是分散，但是这一点点的洋书却于我有极大的影响，所以丸善虽是一个法人，而在我可是可以说有师友之谊者也。

我于一九〇六年八月到东京，在丸善所买最初的书是圣兹伯利（G. Sanitsbury）的《英文学小史》一册与泰纳的英译本四册，书架上现今还有这两部，但已不是那时买的原书了。我在江南水师学堂学的外国语是英文，当初的专门是管轮，后来又奉督练公所命令改学土木工学，自己的兴趣却是在文学方面，因此找一两本英文学史来看看，也是很平常的事。但是实在也并不全是如此，我的英文始终还是敲门砖，这固然使我得知英国十八世纪以后散文的美富，如爱迭生，斯威夫忒，阑姆，斯替文生，密伦，林特等的小品文我至今爱读，那时我的志趣乃在所谓大陆文学，或是弱小民族文学，不过借英文做个居中传话的媒婆而已。一九〇九年所刊的《域外小说集》二卷中译载的作品以波兰俄国波思尼亚芬兰为主，法国有一篇摩波商（即莫泊三），英美也各有一篇，但这如不是犯法的淮尔特（即王尔德）也总是酒狂的亚伦坡。俄国不算弱小，其时正是专制与革命对抗的时候，中国人自然就引为同病的朋友，弱小民族盖是后起的名称，实在我们所喜欢的乃是被压迫的民族之文学耳。这些材料便是都从丸善去得来的。日本文坛上那时有马场孤蝶等人在谈大陆文学，可是英译本在书店里还很缺少，搜求极是不易，除俄法的小说尚有几种可得外，东欧北欧的难得一见，英译本原来就很寥寥。我只得根据英国倍寇（E. Baker）的《小说指南》（*A Guide to Best Fictions*），抄出书名来，托丸善去定购，费了许多的气力与时光，才能得到几种波兰，勃尔伽利亚，波思尼亚，芬兰，匈加利，新希腊的作品，这里边特别可以提出来的有育珂摩耳（Jokai Mor）的小说，不但是东西写得好，有匈加利的司各得之称，而且还是革命家，英译本的印刷装订又十分讲究，至今还可算是我的藏书中之佳品，只可惜在绍兴放了四年，书面上因为潮湿生了好些霉菌的斑点。此外还一部插画本土耳该涅夫（Turgeniev）小说集，共十五册，伽纳忒夫人译，价三镑，这部书本平常，价也不能算贵，每册只要四先令罢了，不过当时普通留学官费每月只有三十三圆，想买这样大书，谈何容易，幸而有蔡谷清君的介绍把哈葛德与安特路朗合著的《红星佚史》译稿卖给商务印书馆，凡十万馀字得洋二百元，于是居然能够买得，同时定购的还有勃阑兑思（Georg Brandes）的一册《波兰印象记》，这也给予我一个深的印象，使我对于波兰与勃阑兑思博士同样地不能忘记。我的文学店逐渐地关了门，除了《水浒传》《吉诃德先生》之外不再读中外小说了，但是杂览闲书，丹麦安徒生的童话，英国安特路朗的杂文，又一方面如威斯忒玛克的《道德观念发达史》，部丘的关于希腊的诸讲义，都给我很愉快的消遣与切实的教导，也差不多全是从丸善去得来的。末了最重要的是蔼理斯的《性心理之研究》七册，这是我的启蒙之书，使我读了之后眼上的鳞片倏忽落下，对于人生与社会成立了一种见解。古人学艺往往因了一件事物忽然省悟，与学道一样，如学写字的见路上的蛇或是雨中在柳枝下往上跳的蛙而悟，是也。不佞本来无道可悟，但如说因“妖精打架”而对于自然与人生小有所了解，似乎也可以这样说，虽然卍字派的同胞听了觉得该骂亦未可知。《资本论》读不懂，（后来送给在北大经济系的旧学生杜君，可惜现在墓木已拱矣！）考虑妇女问题却也会归结到社会制度的改革，如《爱的成年》的著者所已说过。蔼理斯[②]的意见大约与罗素相似，赞成社会主义而反对“共产法西斯底”的罢。蔼理斯的著作自《新精神》以至《现代诸问题》都从丸善购得，今日因为西班牙的反革命运动消息的联想又取了他的一册《西班牙之魂灵》来一读，特别是《吉诃德先生》与《西班牙女人》两章，重复感叹，对于西班牙与蔼理斯与丸善都不禁各有一种好意也。

人们在恋爱经验上特别觉得初恋不易忘记，别的事情恐怕也是如此，所以最初的印象很是重要。丸善的店面经了几次改变了，我所记得的还是那最初的旧楼房。楼上并不很大，四壁是书架，中间好些长桌上摊着新到的书，任凭客人自由翻阅，有时站在角落里书架背后查上半天书也没人注意，选了一两本书要请算帐时还找不到人，须得高声叫伙计来，或者要劳那位不良于行的下田君亲自过来招呼，这种不大监视客人的态度是一种愉快的事，后来改筑以后自然也还是一样，不过我回想起来时总是旧店的背景罢了。记得也有新闻记者问过，这样不会缺少书籍么？答说，也要遗失，不过大抵都是小册，一年总计才四百圆左右，多雇人监视反不经济云。当时在神田有一家卖洋书的中西屋，离寓所比丸善要近得多，可是总不愿常去，因为伙计跟得太凶。听说有一回一个知名的文人进去看书，被监视得生起气来，大喝道，你们以为客人都是小偷么！这可见别一种的不经济。但是不久中西屋出倒于丸善，改为神田支店，这种情形大约改过了罢，民国以来只去东京两三次，那里好像竟不曾去，所以究竟如何也就不得而知了。

因丸善而联想起来的有本乡真砂町的相模屋旧书店，这与我的买书也是很有关系的。一九〇六年的秋天我初次走进这店里，买了一册旧小说，是匈加利育珂原作美国薄格思译的，书名曰《髑髅所说》（*Told by the Death's Head*），卷首有罗马字题曰，K. Tokutomi，Tokio Japan. Jun27th. 1904. 一看就知是《不如归》的著者德富健次郎的书，觉得很是可以宝贵的，到了辛亥归国的时候忽然把他和别的旧书一起卖掉了，不知为什么缘故，或者因为育珂这长篇传奇小说无翻译的可能，又或对于德富氏晚年笃旧的倾向有点不满罢。但是事后追思有时也还觉得可惜。民八春秋两去东京，在大学前的南阳堂架上忽又遇见，似乎他直立在那里有八九年之久了，赶紧又买了回来，至今藏在寒斋，与育珂别的小说《黄蔷薇》等作伴。相模屋主人名小泽民三郎，从前曾在丸善当过伙计，说可以代去拿书，于是就托去拿了一册该莱的《英文学上的古典神话》，色刚姆与尼珂耳合编的《英文学史》绣像本第一分册，此书出至十二册完结，今尚存，唯《古典神话》的背皮脆裂，早已卖去换了一册青灰布装的了。自此以后与相模屋便常有往来，辛亥回到故乡去后一切和洋书与杂志的购买全托他代办，直到民五小泽君死了，次年书店也关了门，关系始断绝，想起来很觉得可惜，此外就没有遇见过这样可以谈话的旧书商人了。本乡还有一家旧书店郁文堂，以卖洋书出名，虽然我与店里的人不曾相识，也时常去看看，曾经买过好些书，至今还颇喜欢所以记得的，这里边有一册勃阑兑思的《十九世纪名人论》，上盖一椭圆小印朱文曰胜弥，一方印白文曰孤蝶，知系马场氏旧藏，又一册《斯干地那微亚文学论集》，丹麦波耶生（H. H. Boyesen）用英文所著，卷首有罗马字题曰 November 8th. 08. M. Abe. 则不知是哪一个阿部君之物也。两书中均有安徒生论一篇，我之能够懂得一点安徒生差不多全是由于这两篇文章的启示，别一方面安特路朗（Andrew Lang）的人类学派神话研究也有很大的帮助，不过我以前只知道格林兄弟辑录的童话之价值，若安徒生创作的童话之别有价值则至此方才知道也。论文集中又有一篇勃阑兑思论，著者意见虽似右倾，但在这里却正可以表示出所论者的真相，在我个人是很喜欢勃阑兑思的，觉得也是很好的参考。前年到东京，于酷热匆忙中同了徐君去过一趟，却只买了一小册英诗人《克剌勃传》（*Grabbe*），便是丸善也只匆匆一看，买到一册瓦格纳著的《伦敦的客店与酒馆》而已。近年来洋书太贵，实在买不起，从前六先令或一圆半美金的书已经很好，日金只要三圆，现在总非三倍不能买得一册比较像样的书，此新书之所以不容易买也。

本乡神田一带的旧书店还有许多，挨家的看去往往可以花去大半天的工夫，也是消遣之一妙法。庚戌辛亥之交住在麻布区，晚饭后出来游玩，看过几家旧书后忽见行人已渐寥落，坐了直达的电车迂回到了赤羽桥，大抵已是十一二点之间了。这种事想起来也有意思，不过店里的伙计在帐台后蹲山老虎似的双目炯炯地睨视着，把客人一半当作小偷一半当作肥猪看，也是很可怕的，所以平常也只是看看，要遇见真是喜欢的书才决心开口问价，而这种事情也就不甚多也。

（廿五年八月廿七日，于北平）

【钟校】

① 1936. 10 刊《宇宙风》26 期。

②“蔼理斯”,“斯”原作“思”，改使与上文一致。

关于试帖[①]

◇1936.9.20

◇瓜豆集

我久想研究八股文，可是至今未敢下手，因为怕他难，材料多，篇幅长。近来心机一转，想不如且看看试帖诗吧。于是开始搜集一点书。这些书本来早已无人过问，就是在现今高唱尊经拜孔的时代，书店印目录大抵都不列入，查考也不容易，所以现在我所收得的不过只有五十多种而已。

关于试帖的书，普通也可以分作别集总集诗文评三类，诗文评类中有梁章钜的《试律丛话》，见于《书目答问》，云十卷未刊，但是我却得到一部刻本，凡八卷四册，板心下端题知足知不足斋六字，而首页后则云同治八年（一八六九）高安县署重刊。寒斋有《知足知不足斋诗存》，马佳氏宝琳著，今人编《室名索引》亦载，“知足知不足斋，清满洲宝琳。”却不能知道刻书者是否此人，查诗集其行踪似不出直隶奉天，而梁氏则多在广东，恐怕无甚关系，高安县重刊或者是梁恭辰乎？《书目答问》作于光绪元年，却尚未知，不知何也。其次有倪鸿的《试律新话》四卷，题云同治癸酉（一八七三）闰六月野水闲鸥馆开雕，盖系其家刻，倪氏又著有《桐阴清话》八卷，则甚是知名，扫叶山房且有石印本了。梁氏《丛话》的编法与讲制艺的相同，稍觉平板，卷一论唐人试律，卷二三论纪晓岚的《我法集》与《庚辰集》，卷四五分论九家及七家试帖，卷六说壬戌科同榜，卷七说福建同乡，卷八说梁氏同宗是也，但资料丰富，亦有可取。倪氏《新话》近于普通诗话，随意翻读颇有趣味，却无系统次序也。

别集太多不胜记，亦并不胜收集，总集亦不少，今但举出寒斋所有的唐人试律一部分于下。最早者有《唐人试帖》四卷，康熙四十年（一七〇一）刊，毛奇龄编，系与王锡田易三人共评注者，其时科举尚未用试帖诗也。《丛话》卷二云：

康熙五十四年乙未（一七一五）始定前场用经义性理，次场刊去判语五道，易用五言六韵一首，至于大小试皆添用试律，始于乾隆丁丑（一七五七）。

叶忱叶栋编注的《唐诗应试备体》十卷，即成于康熙乙未，鲁之亮马廷相评释的《唐试帖细论》六卷，牟钦元编的《唐诗五言排律笺注》七卷，都是康熙乙未年所撰，乾隆戊寅年重刊的。钱人龙所编《全唐试律类笺》十卷，亦是乾隆已卯年重刊，可见都是那时投机的出板，钱氏原序似在纠正毛西河的缺误，其初板想当更早，惜无年代可查。臧岳编《应试唐诗类释》十九卷，乾隆戊子（一七六八）重刊，原本未见。唯己卯年纪昀著的《唐人试律说》一卷，最得要领，为同类中权威之作，其中已引用臧氏之说，可知其出板亦当在丁丑左右也。说唐律的书尚不少，因无藏本故不具举。

我去八股而就试帖的原因，一半固然在于避难趋易，另外还有很好玩的理由：因为试帖比八股要古得多，而且他还是八股的祖宗。经义起于宋，但是要找到像样的八股文章，须得到了明朝后半，试帖诗则唐朝早有，如脍炙人口的钱起诗句，“曲终人不见，江上数峰青”，作于天宝十年，还在马嵬事件的五年前呢。关于试帖与八股的问题，毛西河在《唐人试帖》序中有云：

且世亦知试文八比之何所昉乎？汉武以经义对策，而江都平津太子家令并起而应之，此试文所

> 自始也，然而皆散文也。天下无散文而复其句、重其语、两叠其话言作对偶者[2]，惟唐制试士改汉魏散诗而限以比语，有破题，有承题，有颔比颈比腹比后比，而后结以收之。六韵之首尾即起结也，其中四韵即八比也，然则试文之八比视此矣。今日为试文，亦日为八比，而试问八比之所自[3]，则茫然不晓。是试文且不知，何论为诗。

这实在说得明白晓畅，所以后人无不信服，即使在别方面对于毛西河不以为然。《试律丛话》卷二引纪晓岚说云：

> 西河毛氏持论好与人立异，所选唐人试律亦好改窜字句，点金成铁，然其谓试律之法同于八比，则确论不磨。

又卷一引林辛山《馆阁诗话》云：

> 毛西河检讨谓试帖八韵之法当以制艺八比之法律之，此实为作试帖者不易之定论，金雨叔殿撰《今雨堂诗墨》尝引伸其说。

《诗墨》惜尚未得见，唯《丛话》卷二录其自序，其中有云：

> 余谓君等勿以诗为异物也，其起承转合，反正浅深，一切用意布局之法，直与时文无异，特面貌各别耳。

这都从正面说得很清楚。纪晓岚于乾隆乙卯年（一七九五）著《我法集》二卷，有些话也很精妙，如卷上《赋得池水夜观深》一首后评云：

> 此真极小之题，极窄之境，而加以难状之景，紫芝于楼钟池水一联几于百炼乃得之，诗话具载其事，方虚谷《瀛奎律髓》所谓诗眼，即此种之隔日疟也，于诗家为魔道。然既以魔语命题，不能不随之作魔语，譬如八比以若是乎从者之廋也命题，不能不作或人口气，诬孟子门人作贼也。

又《赋得栖烟一点明》一首后评云：

> 此题是神来之句，所以胜四灵者，彼是刻意雕镂，此是自然高妙也。当时终日苦吟，乃得此一句，形容难状之景，终未成篇，今更形容此句，岂非剪彩之花持对春风红紫乎。然既命此题，不能不作，宋人所谓应官诗也。

无论人家怎样讨厌纪大烟斗，他究竟是高明，说的话漂亮识趣，这里把诗文合一的道理也就说穿了。刘熙载在《艺概》卷六《经义概》中有一节云：

> 文莫贵于尊题。尊题自破题起讲始，承题及分比只是因其已尊而尊之。尊题者，将题说得极有关系，乃见文非苟作。

尊题也即是作应官诗，学者知此，不但八股试帖得心应手，就是一切宣传文章也都不难做了，盖土洋党各色八股原是同一章法者也。

民国二十一年在辅仁大学讲演中国新文学的源流，我曾说过这几句话：

> 和八股文相连的有试帖诗。古代的律诗本只八句，共四韵，后来加多为六韵，更后成为八韵。在清朝，考试的人都用八股文的方法去作诗，于是律诗完全八股化而成为所谓试帖。

这所说的与上文大同小异，但有一点不彻底的地方，便是尚未明白试帖是八股的祖宗，在时间上不免略有错误。我又说这些应试诗文与中国戏剧有关系，民间的对联、谜语与诗钟也都与试帖相关，这却可以算是我的发见，未经前人指出。中国向来被称为文字之国，关于这一类的把戏的确是十分高明的，在平时大家尚且乐此不疲，何况又有名与利的诱引，那里会不耗思殚神地去做的呢。俗传有咏出恭者，以试帖体赋之云："七条严妇训，四品待夫封。"盖古有妇人七出之条，又夫官四品则妻封为恭人，分咏题面，可谓工整绝伦，虽为笑谈，实是好例。李桢编《分类诗腋》（嘉庆二十二年）卷二诠题类引吴锡麒《十八学士登瀛洲》句云："天心方李属，公等合松呼。"注云，"李松拆出十八，新极，然此可遇而不可求。"《试律新话》卷三说拆字切题法，亦引此二句云，“以李松拆出十八二字，工巧之极，惜此外不多见耳。”又《新话》卷二云：

> 吴县潘篆仙茂才遵礼尝以五言八韵作戏目诗数十首，语皆工炼，余旧有其本，今不复存矣，惟记其《思凡》一联云，画眉真误我，摩顶悔从师。今茂才已久登鬼箓，而诗稿亦流落人间，能无人琴俱亡之感耶。

这是诗话的很好的谈资，忍不住要抄引，正可以证明中国文字之适用于游戏与宣传也。

试帖诗的总集还有两种值得一提。其一是《试帖诗品钩元》二十四卷，道光乙巳（一八四五）江苏学政张芾选，其二是《试律标准》二卷，道光丙午山东学政何桂清辑也。张何皆道光乙未科翰林，刊书只差了一年，在这方面的成绩与工夫当然是很不错的，在别方面就可惜都不大行了。后来太平天国事起，何桂清为浙江巡抚，弃城而逃，坐法死。张芾事则见于汪悔翁《乙丙日记》，卷三记咸丰丙辰（一八五六）六月间事云：

> 张芾派兵守祁门之大洪岭，见有贼来，不知其假道以赴东流建德也，皆失魂而逃，贼见其逃也，故植旗于岭。此兵等遂来告，张芾惊欲遁，城内

人皆移居。十五申刻贼从容拔旗去，张芾始有生气，然亦几毙矣。既苏，并不责逃兵，而犹从容写小楷哦试帖，明日又官气如故矣，必饰言伪言击退以冒功也。噫，欺君如此，真可恶哉，而仗马不言，真不可解。

悔翁快人，说得非常痛快，恐怕也不是过甚之词。我记得了这一番话，所以翻阅《试帖诗品钩元》时常不禁发笑，盖如上文所述，贼从容拔旗去，官从容写小楷哦试帖，这一幅景象真是好看煞人也。

我想谈谈试帖，不料乱写了一阵终于不得要领，甚是抱歉。不过这其实也是难怪的，因为我还正在搜集研究中，一点都没有得结果，可以供献给大家，现在只是说这里很有意思，有兴趣的人无妨来动手一下，有如指了一堆核桃说这颇可以吃，总是要等人自己剥了吃了有滋味。什师有言，嚼饭哺人，反令哕吐，关于试帖亦是如此，我就以此权作解嘲了。

（廿五年九月二十日，于北平苦茶庵）

【钟校】

① 1936.10刊《宇宙风》27期。

②“作对偶者”，“偶”原作“待”。

③ 此处原衍“试”字，已删。

常谈丛录[1]

◇1936. 9. 28

◇瓜豆集

前日拿出孙仲容的文集《籀庼述林》来随便翻阅，看见卷十有一篇《与友人论动物学书》，觉得非常喜欢。孙君是朴学大师，对于他的《周礼》《墨子》的大著我向来是甚尊敬却也是颇有点怕的，因为这是专门之学，外行人怎么能懂，只记得《述林》中有记印度麻的一篇，当初读了很有意思。这回见到此书，不但看出著者对于名物的兴趣，而且还有好些新意见，多为中国学者所未曾说过的。文云：

> 动物之学为博物之一科，中国古无传书。《尔雅》虫鱼鸟兽畜五篇唯释名物，罕详体性。《毛诗》陆疏旨在诂经，遗略实众。陆佃郑樵之伦，摭拾浮浅，同诸自郐。……至古鸟兽虫鱼种类今既多绝灭，古籍所记尤疏略，非徒《山海经》《逸周书·王会》[2]所说珍禽异兽荒远难信，即《尔雅》所云比肩民比翼鸟之等咸不为典要，而《诗》《礼》所云螟蛉蜾蠃，腐草为萤，以逮鹰鸠爵蛤

之变化，稽核物性亦殊为疏阔。……今动物学书说诸虫兽，有足者无多少皆以偶数，绝无三足者，而《尔雅》有鳖三足能，龟三足贲，殆皆传之失实矣。……中土所传云龙风虎休征瑞应，则揆之科学万不能通，今日物理既大明，固不必曲徇古人耳。

一个多月以前我在《希腊人的好学》这篇小文里曾说：

中国向来无动植物学，恐怕直至传教师给我们翻译洋书的时候。只在《诗经》《离骚》《尔雅》的笺注，地志，农家医家的书里，有关于草木虫鱼的记述，但终于没有成为独立的部门，这原因便在对于这些东西缺乏兴趣，不真想知道。本来草木虫鱼是天地万物中最好玩的东西，尚且如此，更不必说抽象的了。还有一件奇怪的事，中国格物往往等于谈玄，有些在前代弄清楚了的事情，后人反而又糊涂起来，如螟蛉负子梁朝陶弘景已不相信，清朝邵晋涵却一定说是祝诵而化。又有许多伦理化的鸟兽生活传说，至今还是大家津津乐道，如乌反哺，羔羊跪乳，枭食母等。

现在从《述林》里见到差不多同样的话，觉得很是愉快，因为在老辈中居然找到同志，而且孙君的态度更为明白坚决，他声明不必曲徇古人，一切以科学与物理为断，这在现代智识界中还不易多得，此所以更值得我们的佩服也。

我平常看笔记类的闲书也随时留意，有没有这种文章，能够释名物详体性，或更进一步能斟酌情理以纠正古人悠谬的传说的呢。并不是全然没有，虽然极少见。李登斋著《常谈丛录》九卷，有道光二十八年序，刻板用纸均不佳，却有颇好的意见，略可与孙君相比。其例言之二有云："是书意在求详，故词则繁而不杀；纪唯从实，故言必信而有征。"这颇能说出他的特色来，盖不盲从，重实验，可以说是具有科学的精神也。卷一有《蛇不畏雄黄》一则云：

> 蛇畏雄黄，具载诸医方本草，俱无异辞。忆嘉庆庚辰假馆于分水村书室，有三尺长蛇来在厨屋之天井中，计取之，以长线缚其腰而悬于竿末，若钓鱼然，蜿蜒宛转，揭以为戏。因谓其畏雄黄，盍试之，觅得明润雄黄一块，气颇酷烈，研细俾就蛇口，殊不曲避，屡伸舌舐及之，亦无所苦。如此良久，时方朝食后也，傍晚蛇犹活动如故，乃揭出门外，缚稍缓，入于石罅而逝。然则古所云物有相制，当不尽然也。又尝获一活蜈蚣长四五寸，夹向大蜒蚰，至口辄钳之不释，蜒蚰涎涌

质缩且中断。是蜒蚰能困蜈蚣而为其所畏，其说载于宋蔡絛《铁围山丛谈》者，俱未足信。凡若此类，苟非亲试验之，亦曷由而知其不然也。

又卷六有《虎不畏伞》一则云：

《物理小识》云，行人张盖而虎不犯者，盖虎疑也。《升庵外集》亦云虎畏伞，张向之不敢犯。以予所闻则不然。上杨村武生杨昂青恒市纸于贵溪之栗树山[3]，邻居有素习老儒某馆于近村，清明节归家展墓毕欲复往。时日将晡又微雨，杨劝使俟明晨，谓山有虎可虞也。某笑曰，几见读书人而罹虎灾者乎，竟张伞就道。雨亦暂止，杨与二三侪伍送之，见其逾田陇过对面山下，沿山麓行，忽林中有虎跃出，作势蹲伏于前，某惊惶旋伞自蔽，虎提其伞掷数十步外，扑某于地，曳之入林去。众望之骇惧莫能为，驰告其家，集族人持械往觅不可得，已迫暮复雨，姑返，次日得一足掌于深山中，是虎食所馀也，拾而葬之。此杨亲为予言者。由此观之，虎固未尝疑畏于张盖也。又由此而推之，则凡书籍所载制御毒暴诸法之不近理者，岂可尽信耶。

杨升庵方密之都是古之闻人，觉得他们的话不尽可信，已是难得，据陆建瀛序文说，李君是学医的人，对于医方本草却也取怀疑的态度，更是常人所不易及了。其记述生物的文章，观察亦颇细密，如卷七《小蚌双足》一则，可为代表，其文云：

> 春夏之交，溪涧浅水中有蚌蛤，如豆大，外黑色，时张其壳两扇若翼，中出细筋二条，如绣线，长几及寸，淡红色可爱。其筋下垂，能蹀躞行沙泥土甚驶，盖以之为足也。稍惊触之，即敛入壳，阖而卧不动，俄复行如前。抄逐而捉搦之，则应手碎，与泥滓混融不可辨，以其质微小而脆薄故也。水田内亦间有之，老农云，是取陂池底积淤以肥田，挟与俱来，其实蚌子不生育于田也。计惟以杯瓢轻物侧置水中，手围令入而仰承之，连取数枚，带水挈归，养以白瓷盆盎，列几间殊可玩。其行时壳下覆，不审红筋如何缀生，蚌蛤稍大者即无之，亦不知何时化有为无，意或如蝌蚪有尾，至其时尾自脱落化成虾蟆也。四虫各三百六十，而介虫类目前独少，蚌居介类之一，人知蚌之胎珠而不识蚌之胎子其孕产若何，古人书中皆未详载，是亦当为格物者所不遗也。

这篇小文章初看并不觉得怎么好，但与别的一比较便可知道。张林西著《琐事闲录》卷下有讲蜘蛛的一节云：

传闻蜘蛛能飞，非真能飞也，大约因衔丝借风荡漾，即能凌空而行。予前在杨桥曾于壁头起除蛛网一团，见有小蛛数十枚，衔断丝因风四散，大蛛又复吐丝，坠至半壁亦因风而起。前闻蜘蛛皆能御空，即此是也。

小蜘蛛乘风离窠四散，这是事实，见于法布耳的《昆虫记》，《闲录》能记录下来也是难得，但说衔丝亦仍有语弊，平常知道蚕吐丝，蜘蛛却是别从后窍纺丝，所以这里观察还有欠周密处。《丛录》说小蚌双足固然写得很精细，而此事实又特别有趣，今年夏天我的小侄儿从荷花缸里捉了几个小蛤蜊，养在小盆里，叫我去看，都小如绿豆，伸出两条脚在水中爬行，正如文中所叙一样，在我固是初见，也不知道别的书中有无讲到过。李君所写普通记述名物的小篇亦多佳作，《丛录》卷一有《画衫婆》一则云：

予乡溪涧池塘中常有小鱼，似鲫细鳞，长无逾三寸者，通身皆青红紫横纹相间，映水视之，光采闪烁不定，尾亦紫红色，甚可观，俗名之曰画衫婆。肉粗味不美，外多文而内少含蕴，士之华者类是也。此鱼似为《尔雅》《诗虫鱼疏》以下诸书所不载。

这种鱼小时候也常看见，却不知其名，江西的这画衫婆的名字倒颇有风趣，《尔雅》《诗疏》古代诂经之书岂足与语此，使郝兰皋独立著书，仿《记海错》而作虫鱼志，当必能写成一部可读的自然书耳。

李登斋的意见不能全然脱俗，那也是无怪的，特别是关于物化这一类事，往往凭了传闻就相信了，如卷三有《竹化螳螂》一则，这在孙仲容当然是说“亦殊为疏阔”的。但有些地方也颇写得妙，卷一《青蛙三见》中说金溪县有青蛙神三，是司瘟疫的，常常出现，下文却又云：

> 大要其神不妄作威福，即有不知而轻侮之，甚至屠践之者，未尝降之以祸，谄事之者亦未得其祐助。

在作者并无成心，却说得很有点幽默，盖其态度诚实，同样地记录其见闻疑信，不似一般撰志异文章者之故意多所歪曲渲染也。

（廿五年九月二十八日，在北平）

【钟校】

① 1936.11刊《青年界》10卷4期。

②“逸周书·王会”原作“周书王会”。

③“贵溪之栗树山”，“之”原作“子”。

常谈丛录之二

◇1936. 10. 3

◇瓜豆集

今年夏天从隆福寺买到一部笔记，名曰《常谈丛录》，凡九卷，金溪李元复著，有道光廿八年陆建瀛序，小板竹纸，印刷粗恶，而内容尚佳，颇有思想，文章亦可读。卷三“女子裹足”一则有云：

女子裹足诸书虽尝为考证，然要皆无确据，究不知始于何时，其风至遍行天下，计当在千数百年之前耳。女子幼时少亦必受三年楚毒，而后得所谓如莲钩如新月者，作俑之人吾不知其历几万万劫受诸恶报，永无超拔也。其实女之美岂必在细足，古西施郑旦初不闻其以纤趾而得此美名也。满洲自昔无裹足之风，予间见其妇女出行，端重窈窕，较汉之蹑弓鞋步倾倚者转觉安详可悦，然则创此者真属多事也。

裹足这件事真大奇，不知何以那么久远地流行，也不知何时才能消灭。计自南宋至今已有七百年了，大家安之若素，很少有人惊怪，我看明末清初算是近世的思想解放时代，但顾亭林与李笠翁都一样的赞成或是不反对小脚，可见国人精神之欠健全了。只有做那《板桥杂记》的余澹心稍表示态度，他在替笠翁写的《闲情偶寄》序中本已说过：

独是冥心高寄，千载相关，深恶王莽王安石之不近人情，而独爱陶元亮之闲情作赋。

他有一篇《妇人鞋袜辨》附录在《偶寄》卷三中，开头便云：“古妇人之足与男子无异。”后又云：

宋元丰以前缠足者尚少，自元至今将四百年，矫揉造作，亦已甚矣。

其次是俞理初，他有很明达的思想，但想起来有点可笑，在《癸巳类稿》卷十三里有一大篇缠足考，却题名曰《书旧唐书舆服志后》。他简要地结论云“弓足出舞利屣，”说明道：

大足利屣，则屣前锐利有鼻而弓。古弓靴履，不弓足。南唐弓足，束指就屣鼻利处而纤向上。宋理宗时纤直，后乃纤向下。此其大略也。

又批判曰：

古有丁男丁女，裹足则失丁女，阴弱则两仪不完。又出古舞屣贱服，女贱则男贱。女子心不可改者，由不知古大足时有贵重华美之履，徒以理折之不服也。

李君亦主张不裹足，其理由较为卑近，曰：

予谓当今不裹足殆有四善。从圣朝正大朴厚之风，无戾俗之嫌，一也。免妇女幼年惨痛之厄，二也。得操作奔走以佐男子之事，三也。提抱婴孩，安稳无倾跌之患，四也。人奈何无卓然之见，毅然为之哉。若以为细故，则安民之政细于此者多矣，岂通论乎。

李君盖深赞成满人不裹足的风俗，所以第一条是那样说法，他又猜想在清初当有过禁令，因故中止，说道：

意必有明之遗臣在位者，持因循之说相劝沮，固谓为闺闱闲情，无与于政治之大，遂亦听任之也，斯人真可谓无识矣。

这所推测的并不错，俞文中云：

本朝崇德三年七月有效他国裹足者重治其罪之制，后又定顺治二年以后所生女子禁裹足，康熙六年弛其禁。

又据《池北偶谈》卷三“八股”一则云：

康熙二年以八股制艺始于宋王安石，诏废不用，科举改三场为二场，首场策五道，二场四书五经各论一首，表一道，判语五条，起甲辰会试讫丁未会试皆然。会左都御史王公熙疏请酌复旧章，予时为仪制员外郎，乃条上应复者八事，复三场旧制其一也。尚书钱塘黄公机善之而不能悉行，乃止请复三场及宽民间女子裹足之禁，教官会试五次不中者仍准会试三事，皆得俞旨。馀五事后为台省次第条奏，以渐皆复，如宽科场处分条例，复恩拔岁贡，复生童科岁两考等是也。

原来这都是渔洋山人的主张，恢复考八股文与裹足，他的笔记杂文虽还有可观，头脑可是实在不行，真可称之曰无识。中国的文人与学者都一样的不高明，即在现今青年中似亦仍不乏爱好细足者，读余澹心俞理初的文章，殊有空谷足音之感，李登斋本无盛名而亦有此达识，更足使人佩服了。

《常谈丛录》记名物的文章亦多佳作，盖观察周到而见识足以副之。如卷四有“攒盒”一则云：

祝允明《猥谈》云，江西俗俭，果盒作数格，唯中一味或果或菜可食，馀悉充以雕木，谓之子孙果盒。今予乡尚有此，但同称攒盒，不闻有子孙果盒之名。其盒之精致者则不为木格而为纸胎灰漆碟，一圆碟居中，旁攒以扇面碟四五，或多至七八，外为一大盘统承之，形制圆，有盖，不用则覆之，髹画斑斓，足为供玩，中多设瓜子，贫乏家则以煠炒熟豆，所谓菜则干盐菜也。馀间充以不可食之果，如柏子梧子相思子之类，或亦用苏州油蜡采饰看果数色，雕木具绝少。若富室则糕饼果饵皆可食者，然亦第为观美，无或遍尝焉，究何异于雕木哉。予性雅不喜此，为其近于伪也。客至瀹茗清淡，佐以果食，即一二味亦可，正不贵多品，奈何使不堪入口而仅饫人目哉，斯已失款客之诚矣。妇女胶于沿习，虽相随设之，意终未善之也。

又卷六“鸟虫少”一则中云：

连岁荒歉，百物之产渐见亏缩，至道光十四年甲午而极。屋脊墙头恒终日无一禽鸟翔集，行山间二三里，或绝无飞鸣形声，回忆少时林间池畔，颉颃喧噪之景象，大不侔矣。水中鱼虾十仅一二，携渔具者每废然空归。凡春末交夏，入暮则蛙鸣聒耳，令人难寐，至此则几于寂静，火照渔蛙者寥寥。夏秋数月，苍蝇丛嘬，盘碗羹饭为黑，粪污器物密点如麻，至此则疏疏落落，一堂之内或不盈十。此数物者，并不资生于谷粟，若苍蝇又非可充人饱餐，而亦随凶年而减少，殆于仅存，岂非天地生生之气至此忽索然欲竭耶。

像这两篇文章，在普通笔记里也不大容易找到。攒盒各地多有，但只存于耳目之间，少见纪载，盖文人所喜谈者非高雅的诗文则果报与鬼怪耳，平常生活情形以及名物体性皆不屑言也。鸟虫少一节不但其事有意义，文章亦颇佳，如将这态度加以廓大，便可以写地方的自然史，虽不能比英国的怀德，亦庶几略得其遗意乎。近来[1]乱读清人笔记，觉得此类文字最不易得，李登斋的《丛录》在这点上其价值当在近代诸名流之上也。（二十五年十月三日，在北平）

【钟校】

①“近来”,“来”原作“代”。

关于尺牍[①]

◇1936. 10. 8

◇瓜豆集

桂未谷跋《颜氏家藏尺牍》云：

> 古人尺牍不入本集，李汉编昌黎集，刘禹锡编河东集，俱无之。自欧苏黄吕，以及方秋崖卢柳南赵清旷，始有专本。

所以讲起尺牍第一总叫人想到苏东坡黄山谷，而以文章情思论，的确也是这两家算最好，别人都有点赶不上。明季散文很是发达，尺牍写得好的也出来了好些。万历丁巳郁开之编刊《明朝瑶笺》四卷，前两卷收永乐至嘉隆时人百三十六，第三卷五十三，皆万历时人，第四卷则四人。凡例第二中云：

> 四卷专以李卓吾袁石浦陶歇庵袁中郎四先生汇焉。四先生共蹝浮名，互观无始，臭味千古，往

> 还一时，则又不可以他笺杂。笺凡一百五十有三。

这所说很有见识，虽然四人并不一定以学佛重，但比馀人自更有价值，而其中又以李卓吾为最。《瑶笺》中共收三十六笺，大都是李氏《焚书》中所有，我很喜欢他的《答以女人学道为见短书》，末节云：

> 不闻庞公之事乎？庞公尔楚之衡阳人也，与其妇庞婆女灵照同师马祖，求出世道，卒致先后化去，作出世人，为今古快事，愿公师其远见可也。若曰，待吾与市井小儿辈商之，则吾不能知矣。

又《复焦弱侯》之一云：

> 黄生过此，闻其自京师往长芦抽丰，复跟长芦长官别赴新任，至九江遇一显者，乃舍旧从新，随转而北，冲风冒寒，不顾年老生死。既到麻城，见我言曰，我欲游嵩少，彼显者亦欲游嵩少，拉我同行，是以至此，然显者俟我于城中，势不能一宿，回日当复道此，道此则多聚三五日而别，兹卒卒诚难割舍云。其言如此，其情何如。我揣其中实为林汝宁好一口食难割舍耳。然林汝宁向者三任，彼无一任不往，往必满载而归，兹尚未厌足，如饿狗思想隔日屎，乃敢欺我以为游嵩

少。夫以游嵩少藏林汝宁之抽丰来嗛我，又恐林汝宁之疑其为再寻己也，复以舍不得李卓老当再来访李卓老以嗛林汝宁，名利两得，身行俱全，我与林汝宁皆在黄生术中而不悟，可不谓巧乎。今之道学何以异此。今之讲道学者皆游嵩少者也，今之患得患失，志于高官重禄，好田宅，美风水，以为子孙荫者，皆其托名于林汝宁以为舍不得李卓老者也。

读这两节，觉得与普通尺牍很有不同处。第一是这几乎都是书而非札，长篇大页的发议论，非苏黄所有，但是却又写得那么自然，别无古文气味，所以还是尺牍的一种新体。第二，那种嬉笑怒骂也是少见。我自己不主张写这类文字，看别人的言论时这样泼辣的态度却也不禁佩服，特别是言行一致，这在李卓吾当然是不成问题的。古人云，学我者病，来者方多。所以这里要声明一声，外强中干的人千万学他不得，真是要画虎不成反为一条黄狗也。虎还可以有好几只，李卓老的人与文章却有点不可无一，不能有二。他又有《与耿楚侗》的一笺云：

夫所谓仙佛与儒，皆其名耳。孔子知人之好名也，故以名教诱之。大雄氏知人之怕死也，故以死惧之。老氏知人之贪生也，故以长生引之。皆

> 不得已权立名目以化诱后人，非真实也，唯颜子知之，故曰夫子善诱。今某之行事，有一不与公同者乎？亦好做官，亦好富贵，亦有妻孥，亦有庐舍，亦有朋友，亦会宾客。公岂能胜我乎？何为乎公独有学可讲，独有许多不容已处也。我既与公一同，则一切弃人伦，离妻室，削发披缁等语，公亦可以相忘于无言矣。何也？仆未尝有一件不与公同也，但公为大官耳。学问岂因大官长乎？学问若因大官长，则孔孟当不敢开口矣。

所云化诱一节未知是否，若后半则无一语不妙，不佞亦深有同意，盖有许多人都与我们同一，所不同者就只是为大官而已，因其为大官也于是其学问似乎亦遂大长，而可与孔孟为伍矣。李卓老天下快人，破口说出，此古今大官们乃一时失色，此真可谓有益于世道人心的尺牍也。

其二

清初承明季文学的潮流也可以说是解放的时代，尺牍中不乏名家，如金圣叹，毛西河，李笠翁，以至乾隆时的袁子才，郑板桥。《板桥家书》却最为特别，自序文起便很古怪爽利，令人读了不能释卷，这也是尺牍的一种新体。这一卷书至今脍炙人口，可以知道他影响之大，在当时一定也很被爱读，虽然文献的证据不大容易找。但是我也曾找到一点儿，郝兰皋在《晒书堂外集》卷上有《与舍弟第一书》云：

告懿林：陶徵士诗，众鸟欣有托，吾亦爱吾庐。子曾子云，勿寓人我室，毁伤其薪木。古人于居处什器，意所便安，深致系恋如此。吾与尔同气虽无分别，但吾庐之爱岂能忘情，薪木无伤，鸟欣有托，吾意拳拳为此耳，莫谓汝嫂临行封锁门户便为小器，此亦流俗之情宜尔也。吾辈非圣贤，岂能忘尔我之见，今人媳妇归宁，往返数十日，尚且锁闭门庭，收藏器皿，岂畏公婆偷盗哉，盖此儿女之私情，虽圣贤不能禁也。吾与尔老亲在堂，幸尚康健，故我得薄宦游违膝下，然亦五六年后便当为归养之计。我与尔年方强壮，共财分甘，日月正长，而吾亲垂垂已老，天伦乐事，得不少图几年欢聚耶。我西家房屋及器用汝须留神照看，勿寓人我室，令有毁伤，庶吾归时欣鸟有托，此亦尔守器挈瓶之智也。言至此不觉大笑，汝莫复笑我小器如嫂否？所要朱砂和药，今致二钱，颇可用，惜乎不多耳。应泰近业如何，常至城否？见时可为我致意。逢辰及小女儿知想大爷大娘否，试问之。桂女勿令使性懒惰，好为人家作媳妇也。《医方便览》二本未及披阅，俟八月寄下。《吕氏春秋》，《秘书二十一种》，便中寄至京，俟秋冬间不迟。我新病初起，意绪无聊，因修家书，信笔抒写，遂尔絮絮不休，读毕大家一笑，更须藏此书，留为后日笑话也。嘉庆五年庚申七月八日，哥哥书。

又在邵西樵所编《师友尺牍偶存》卷上有王西庄札七通，其末一篇云：

承示寄怀大作，拍手朗唱一味天真无畔岸句，不觉乱跳乱叫，滚倒在床上，以其能搔着痒挠着痛也。怪哉西樵，七个字中将王郎全副写照出来。快拿绍兴（京师酒中之最佳者）来吃，大醉中又梦老兄，起来又读。因窃思之，人生少年时初出来涉世交友，视朋友不甚爱惜也，及至足迹半天下，回想旧朋友，实觉其味深长。盖升沉显晦，聚散离合，转盼间恍如隔世，于极空极幻之中，七零八落，偶然剩几个旧朋友在世，此旧物也，能不想杀，况此旧友实比新友之情深十倍耶。而札云，天上故人犹以手翰下及，怪哉西樵而犹为此言乎。集中圈点偶有不当处，如弟酿花小圃云，闭门无剥啄，只有蜜蜂喧二句，应密圈密密圈。弟尝论诗要一开口便吞题目，譬如吃东西，且开口先将此物一齐吞在口内，然后嚼得粉碎，细细咀味，此之谓善吃也。奈何今人作诗，将此物放在桌上，呆看一回，又闲闲评论其味一回，终不到口，安得成诗。弟此二句能将酿花圃三字一齐吞完，而尚囫囵未曾嚼破，此为神来之笔，应密圈也。近来诗之一道实在难言，只因俱是诗皮诗渣，青黄黑白配成一副送官礼家伙耳。只如一味天真四字，固已扫尽浮词，抉开真面矣，而无畔岸三字更奇更确更老辣，只此三字岂今日之名公所能下。弟平生友朋投赠之什，无能作此语者，盖大兄诗有真性情，故非诗皮诗渣所能及，而弟十年来尤好为无畔岸之文，汪洋浩渺，一望无际，以写其胸次之奇，所存诗二千首，文七百馀篇，皆无畔岸者也，得一知己遂以三字为定评。……倘有便羽，万望赐之手书，且要长篇，多说些旧朋友踪迹，近时大兄之景况，云间之景况，琐事闲话，拉拉杂杂，方有趣，切不可寥寥几行，作通套了世情生活。专此磕头磕头，哀恳哀恳。翘望湘波，未知把手何日，想煞想煞。馀不一。

王郝二君为乾嘉时经师，而均写这样的信札，这是很有意思的事，并且显然看得出有板桥的痕迹，“哥哥书”是确实无疑的了，“乱叫乱跳”恐怕也是吧，看其馀六封信都不是这样写法，可知其必然另有所本也。但是这种新体尺牍我总怀疑是否适于实用，盖偶一为之固然觉得很新鲜，篇篇如此不但显得单调，而且也不一定文情都相合，便容易有做作的毛病了。板桥的十六通家书，我不能说他假，也不大相信他全是真的，里边有许多我想是他自己写下来，如随笔一般，也同样的可以看见他的文章思想，是很好的作品，却不见得是一封封的寄给他舍弟的罢。

其　三

看《秋水轩尺牍》，在现代化的中国说起来恐怕要算是一件腐化的事，但是这尺牍的势力却是不可轻视的，他或者比板桥还要有影响也未可知。他的板本有多少种我不知道，只看在尺牍里有笺注的单有《秋水轩》一种，即此可以想见其流行之广了。朱熙芝的《芸香阁尺一书》卷一中有《致许梦花》一篇云：

> 尝读秋水尺一书，骖古人，甲今人，四海之内，家置一编。余生也晚，不获作当风桃李，与当阶兰桂共游，兹晤镜人，知阁下为秋水之文郎，与镜人作名门之傺婿，倩其介绍，转达积忱。培江左鄙人也，棘闱鏖战，不得志于有司，迫而为幕，仍恋恋于举业，是以未习刑钱，暂襄笔札，河声岳色，两度名邦，剑胆琴心，八年异地，茫

茫身世，感慨系之。近绘小影，名曰航海逢春。拍天浪拥乘槎，不是逃名；大地春回有美，非关好色。群仙广召，妙句争题，久慕大才，附呈图说，如荷增辉尺幅，则未拜尊人光霁，得求阁下琳琅，足慰向来愿矣。

芸香阁之恭维秋水轩不是虚假的，他自己的尺一书也是这一路，如上文可见。不佞近来稍买尺牍书，又因乡曲之见也留心绍兴人的著作，所以这秋水轩恰巧落在这二重范围之内，略略有点知道。寒斋收藏许葭村的著作有道光辛卯刊《秋水轩尺牍》二卷，光绪甲申刊《续秋水轩尺牍》一卷，诗集《燕游草》一卷，其子又村所著有光绪戊寅刊《梦巢诗草》二卷。上文所云许梦花盖即又村，《诗草》卷上有七言绝句一首，题曰，“同伴高镜人襟兄卸装平原，邀留两日，作诗一章以谢。”又有七言律诗一首，题曰，《题朱熙芝航海逢春图》。题下有小注云：“图中一书生，古巾服，携书剑，破浪乘槎，有美人掉小舟，采各种花，顺流至，远望仙山楼阁，隐现天光云影间。”诗不足录，即此可以见二人的关系，以及图中景色耳。朱君虽瓣香秋水，其实他还比较的有才情，不过资望浅，所以胜不过既成作家。如《尺一书》卷一《复李松石》(《镜花缘》的作者么?)云：

承示过岳王祠诗，结句最得《春秋》严首恶之义：王构无迎二圣心，相桧乃兴三字狱。特怪武穆自量可以灭金，何不直捣黄龙，再请违旨之罪，乃拘拘于君命不可违，使奸相得行其计，致社稷不能复，二圣不能还，其轻重得失固何如耶。俟有暇拟将此意作古风一章，即以奉和。

又《致顾仲懿》云：

蒲帆风饱，飞渡大江，梦稳扁舟，破晓未醒，推篷起视，而黄沙白草，茅店板桥，已非江南风景，家山易别，客地重经，唯自咏何如风不顺，我得去乡迟之旧句耳。所论岳武穆何不直捣黄龙再请违旨之罪，知非正论，姑作快论，得足下引春秋大义辨之，所谓天王明圣臣罪当诛，纯臣之心惟知有君也。前春原嵇丈评弟《郭巨埋儿辨》云，惟其愚之至，是以孝之至。事异论同，皆可补芸香一时妄论之失。

关于岳飞的事大抵都是愚论，芸香亦不免，郭巨辨未见，大约是有所不满吧。但对于这两座忠孝的偶像敢有批评，总之是颇有胆力的，即此一点就很可取，顾嵇二公是应声虫，原不足道，就是秋水相形之下也显然觉得庸熟了。《尺一书》末篇《答韵仙》云：

困人天气，无可为怀，忽报鸿来，饷我玫瑰万片，供养斋头，魂梦都醉。因沽酒一坛浸之，馀则囊之耳枕，非曰处置得宜，所以见寝食不忘也。

文虽未免稍纤巧，（因为是答校书的缘故吧？）却也还不俗恶，在《秋水轩》中亦少见此种文字，不佞论文无乡曲之见，不敢说尺牍是我们绍兴的好也。

（廿五年十月八日于北平）

［附记］　第二节中所记王郝二君的尺牍成绩当然不能算好，盖其性情本来不甚相近，勉强写诙诡文字，犹如正经人整衣危坐曰，现在我们要说笑话了！无论笑话说得如何，但其态度总是可爱也。王西庄七百篇文未见，郝兰皋集中不少佳作，不过是别一路，朴实而有风趣，与板桥不相同。　（九日又记）

【钟校】

① 1936.11.1 刊《宇宙风》28 期。

读风臆补[①]

◇1936.11.15

◇秉烛谈

◇第二册有《郝氏说诗》

好几年前在友人手头看见一部戴忠甫的《读〈风〉臆评》，明万历时闵氏朱墨套印，心甚爱好，但求诸市场则书既不多，价又颇贵，终未能获得。日前有人送给我几本旧书，其中有一函两册，题曰《读〈风〉臆补》，陈舜百著，清光绪庚辰年刻，凡十五卷，乃即是全录戴评而增补之者，书虽晚出而内容加多，是很可喜的事。查《四库书目提要》十七诗类存目中有戴氏《臆评》，批云：

> 是书取《诗经·国风》，加以评语，纤仄佻巧，已渐开竟陵之门径，其于经义固了不相关也。

《四库提要》的贬词在我们看来有些都可以照原样拿过来，当作赞词去看，如这里所云于经义了不相关，即是一例。我们读《诗经》，一方面固然要查名物训诂，了解文义，一方面却也要注重把他当作文学看，切不可奉为经典，想去在里边求教训。不将三百篇当作经而只当作诗读的人，自古至今大约并不很多，至少这样讲法的书总是不大有，可以为证，若戴君者真是希有可贵，不愧为竟陵派的前驱矣。清代的姚首源著《诗经通论》，略可相比。郝兰皋以经师而能以文学说诗，时有妙解，亦是难得。今知咸丰中尚有陈君，律以五百年一贤犹比肩也之言，可谓此诗学外道之德亦并不怎么孤了。

《臆评》对于《国风》只当文章去讲，毫不谈到训诂，《臆补》亦是如此。这于我这样经书荒疏的人，自然也不大方便，不过他们这样做是很有道理的，所以不能怪他，只好自去查考罢了。戴君似很不满意于朱注，评中常要带说到，如《王风》“有兔爰爰”章下云：

> 有兔二语，正意已尽，却从有生之初翻出一段逼蹙无聊之语，何等笔力。注乃云，为此诗者犹及见西周之盛云云，令人喷饭。

又《桧风》“匪风发兮”章下云：

> 匪风二语，即唐诗所谓系得王孙归意切，不关春草绿萋萋。注乃云，常时风发而车偈。顾瞻周

道，中心怛兮，多少含蓄。注更补伤王室之陵迟，无端续胫添足，致诗人一段别趣尽行抹杀，亦祖龙烈焰后一厄也。

陈君对于朱注不敢作如此声口，盖时为之也。唯二人多引后人句以说诗，手法相同，亦是此派之一特色。如《周南》“采采卷耳”章下《臆评》云：

诗贵远不贵近，贵淡不贵浓。唐人诗，袅袅城边柳，青青陌上桑，提笼忘采叶，昨夜梦渔阳。亦犹是卷耳四句意耳，试取以相较，远近浓淡孰当擅场。

又《豳风》“我徂东山”章下云：

有敦瓜苦四句，老杜夜阑更秉烛，相对如梦寐，差堪伯仲。若王建家人见月望我归，正是道上思家时，以视鹳鸣于垤，妇叹于室二语，更露伧父面孔。

《臆补》中此种说法尤多，今选取其更有风致者，如《周南》“南有乔木”章下云：

之子于归，言秣其马。永叔云，犹古人言，虽为执鞭所欣慕焉者也。朱子悦之深，意亦同。唐人香奁诗云，自怜输厩吏，馀暖在香鞯，此即欧朱意也，孰谓《周南》正风乃艳情之滥觞哉。

又“遵彼汝坟”章下云：

怒如调饥，后来闺怨不能出此四字。韩诗调饥作朝饥，薛君章句所谓朝饥最难忍也。焦氏《易林》云，佒如旦饥。晋郭遐周诗，言别在斯须，怒焉如朝饥。汉晋去古未远，尚得其实耳。

《召南》“喓喓草虫”章下云：

采薇蕨而伤心，正所谓忽见陌头杨柳色，悔教夫婿觅封侯也。若杜审言诗，独有宦游人，偏惊物候新，则与诗意相对照矣。

《邶风》“燕燕于飞”章下云：

瞻望勿及，伫立以泣，送别情景，二语尽之，是真可以泣鬼神矣。张子野短长句云，眼力不如人，远上溪桥去。东坡送子由诗云，登高回首坡垅隔，惟见乌帽出复没。皆远绍其意。

此类尚多，今不具举。

陈君别有一特色，为前人所无，即对于乱世苛政之慨叹。如《王风》“有兔爰爰”章下云：“极沉痛刻酷之作”。又云：“安得中山千日酒，酩然醉到太平时。”《魏风》“十亩之间兮”章下《臆评》云：“读此觉后人招隐词为烦。”陈君则补评云：“桑园可乐，风政尚佳。后世戈矛加于鸥鸟，征徭及于鸡犬，并野亦不可居矣。至曰闲闲，曰泄泄，往来固自得也，亦实有黜陟不知理乱不闻意。”又《硕鼠》章下云：

“呼鼠而汝之，实呼汝而鼠之也，怨毒之深，有如此者。”又云：“纥干山头冻杀雀，何不飞向生处乐，即适彼乐土意。谁之永号，姚承庵谓即哀哀寡妇诛求尽，痛哭郊原何处村也。”《桧风》“隰有苌楚”章下云：“宋琬诗云，寄与武陵仙吏道，莫将征税及桃花，又是一意。及诵桑柘废时犹纳税，田园荒尽尚征徭之句，更不禁凄然叹息也。”

不佞小时候读《诗经》，苦不能多背诵了解，但读到这几篇如《王风》“彼黍离离”、“中谷有蓷”、“有兔爰爰”，《唐风》“山有枢”，《桧风》“隰有苌楚”，辄不禁愀然不乐。同时亦读唐诗，却少此种感觉，唯“垂死病中惊坐起”及“毋使蛟龙得”各章尚稍记得，但也只是友朋离别之情深耳，并不令人起身世之感如《国风》诸篇也。兴观群怨未知何属，而起人感触则是事实，此殆可以说是学诗之效乎。今得陈君一引伸，乃愈佳妙，但不知今人读之以为何如。诗人生于东周，陈君以至不佞读诗时皆在清末，固宜有此叹息。现在的青年如或读《国风》诸篇及陈君所评不佞所谈皆觉得隔膜，则此乃是中国的大幸事，不佞此文虽无人要读亦所不怨也。即使如此，戴陈二君的书却仍有其价值，要读《诗经》的人还当一看，盖其谈《诗》只以文学论，与经义了不相关，实为绝大特色，打破千馀年来的窠臼。中国古来的经书都是可以一读的，就只怕的钻进经义里去，变成古人的应声虫，《臆评》之类乃正是对症的药。如读《诗经》从这里下手，另外加上名物训诂，便能走上正路，不但于个人有益，乌烟瘴气的思想的徒党渐益减少，其于中国亦岂不大有利乎。（二十五年十一月十五日）

【钟校】

① 1936.11.22刊《中央日报》。

读书随笔[①]

◇1936.11

◇秉烛谈

在《又满楼丛书》中有沈赤然著《寒夜丛谈》三卷，颇有妙语。如卷二《谈礼》中云：

> 行吊之日不饮酒食肉，后世恐无此人。盖其吊时本无哀心，即有哀心，吊毕忘之矣。当求之眼不识杯铛而又能长斋绣佛者。
>
> 妇人及五十无车者皆不越疆吊人，今时皆然。非守礼也，盖无车者则懒于行路，妇人则惜舟车费耳。

我觉得这个人很有点意思，便想搜求他别的著作来看，总算得到了几种，有《寄傲轩读书随笔》十二卷，《续笔》《三笔》各六卷，《五砚斋文抄》十卷，据《丛书举要》四五说还有《诗抄》二十卷，不能得到虽是可惜，但是我是不大懂得诗的，所以也就罢了。《文抄》卷四《名字释误》云：

予初名玉辉，字韫山，后应童子试，更名赤熊，而字则如故。甲申岁试入德清县学黉，案发乃误熊为然。

卷二《更生道人自序》中云：

予平生有砚癖，有书画癖，皆以贫故其癖得不甚。性好游，闻佳山水辄神往，苦无济胜具，遇嵚崟历落则止，遇林木丛密则止，故败意时常多。又好酒，苦不能卯午饮，不能长夜饮，有公事不饮，无佳酝不饮，对俗人不饮，故不醉日常多。

又云：

所为诗古文及行草书皆无师，师古人，虽十不得一，视窃今人面貌者谬自谓过之。

卷五《答吴谷人论文书》云：

仆亦有所不为者三焉。一曰，故为艰涩以托于古奥。二曰，摭拾浮艳以破坏法度。三曰，刻意规模以失吾本真。故仆之为文，词达而已矣，不鄙俚，不失体裁，即已矣。

这几节关于自己的表白都很有意义。《论文书》末尾又有云：

近时为古文词者，惟同年友山阴章君学诚，择精语详，神明于法，海内作者罕有其比。

很足以证明他自己的立场。卷三有《与章实斋书》云：

比示《文史通义》一书，内论六经皆史云云，初谓词胜于理，反复读之，乃叹汉唐以来未有窥此秘者，足使大师结舌，经生失步矣。志乘诸论议亦足补刘子元《史通》所不逮，然见少多怪，恐急索解人不得耳。又云，讲韩欧之法者不可以升马班之堂，深马班之学者岂复顾韩欧之笔，初亦不能无疑，及读至文士撰文惟恐不自己出，史家之文惟恐出之于己数语，又闻所未闻，何论之奇而确也。夫人情贵远而贱近，此书一出讥弹者必多，然天下大矣，安知无如桓谭其人者在乎。仆近著读书随笔十卷，中论经子百馀条，颇有创解，然自信未坚，他日得就政足下，或不叱其病狂，此外虽有笑我骂我者，亦听之而已。

查刘氏刻《章氏遗书》，未见有答书，唯《文史通义》外篇二王穀塍编目中有《评沈梅村古文》，有目无文，后始刻入《章氏遗书补遗》中，其起首数语云：

同年友梅村沈君（名赤然，钱塘人）杂钞前后所著古文词为一卷，示余辱问可否。君志洁才清，识趣古雅，所撰皆直舒膺臆，无枝辞饰句，读其书可想见其为人。

《读书随笔》共三集二十二卷，皆读经史的札记，多有好意思，我觉得这乃是他的杰作，比文章更有价值，惜章实斋不及评，想或未及见也。《随笔》卷六有二则云：

梁蔡樽为郡，不饮郡井。非不饮也，盖斋前既自种白苋紫葵以为常饵，不能不凿井浇灌，衙斋既有井矣，故不须更汲于外。若在官以饮水为嫌，是固蚓之所不能也，而况于人乎。

到溉冠履十年一易，朝服或至穿补。尝疑一冠十年事或有之，履不应耐久若是，至朝服穿补尤非致美黻冕之道。凡若此者，未可信也。

所说皆有理，而又富于情趣，故不易企及。卷七云：

后唐赵在礼在宋州时，人苦之，及罢去，宋人喜，私相谓曰，眼中丁今拔矣。寻复受诏居原职，乃籍其部内口率钱一千，曰拔丁钱。此与郑文宝《江表志》载张崇之征渠伊钱捋须钱极肖，正如乞儿强丐，任尔唾骂，不得残羹冷饭终不去也，可奈何。

又云：

> 宋既南渡，江淮以北悉非所有，然数十年后，户亦有一千一百七十万五千六百有奇，视宣和前仅减七百万，固由从龙而南者实蕃有徒，然休养生息亦不可谓非和议之力。

此则本平凡无奇，唯查三集对于南宋时大家所喜谈的和战问题并不提及，只此处间接说着，其见解似亦有独异处。卷八云：

> 欧阳公自言，平生作文构思多在马上枕上厕上。钱思公亦言平生唯好读书，坐则读经史，卧则读小说，厕上则读小词。然厕上构思，古今文人通病，若展卷其间，无乃太亵乎。因忆左太冲作《三都赋》，溷处亦置纸笔，不知有底忙，却抛不下此片刻工夫耳。

卷九云：

> 士生秦汉后，佛固不必佞，亦正不必辟，盖立身自有本末，非仅撒粪佛头即可上侪颜孟也。昔司马温公不好佛，谓其微言不出儒书，而家法则曰十月斋僧诵经，可见温公亦未尝尽排斥也，况远不及温公者乎。

又云：

> 洪景卢谓退之潮州上表与子瞻量移汝州上表同一

归命君父，而退之颇有摧挫献佞语，子瞻则略无佞词云云。此论固当，然退之岂好为谄谀者，唯生死看得太重，不觉措词过于乞怜，如游华山不得下，便痛哭作书与家人诀，亦只是怕死耳。子瞻深于禅理，故能随在洒然，然狱中二诗何尝不哀迫怕死耶。

前两篇都是很好的小文章，末篇说穿韩退之的毛病，大是痛快，这样一个可笑人而举世奉为圣贤，何耶？《续笔》卷三云：

臧洪杀爱妾食将士，将士咸流涕。夫婉娈之肉区区几何，乃忍解割于刀椹之上，烹燔于鼎镬之中，以求坚众心而作士气，岂仁人君子之用心乎。吾读史至此等事，未尝不笑其愚而憎其很也。

卷四云：

昭成帝尝击贼，为流矢所中，后得射者，释不问，曰各为其主也。石勒擢参军樊坦为章武内史，入辞，衣服弊甚，勒问之，坦率然对曰：顷遭羯贼无道，货财荡尽。勒笑曰，羯贼乃尔耶？今当偿卿。坦悟，大惧叩头谢。勒曰，孤律自防狡吏，不关卿辈老书生也。竟厚赐之去。此等大度尤人所难。天生豪杰岂限华夷，彼蒂芥睚眦以语言罪人者，视此不适成虮肝蝇腹耶？

沈君生于乾隆十年乙丑（一七四五），序《续笔》时为嘉庆十年乙丑，盖年已周甲矣，语言文字之狱见闻必多亲切，今为此言，读了更令人感叹，想见著者意识下很有不平的块磊在也。《三笔》卷一有读经的一则云：

《论语》“子路曰不仕无义”一节，皆以为子路为丈人家人言之，然朱注言尝见福州国初时写本，子路下有反字，曰字上有子字，盖子路既反而夫子言之也。余谓丈人既行，其家止有村妻稚子，更有何人能理会得此段说话，其为今本脱去二字无疑。

这里说子路在丈人家里大发牢骚为未必有，固然不错，照朱注这样一改，就讲得过去了，可是这回未免有点使得孔子为难，因为孔子对于子路大发牢骚也可笑，而且情形也不像，孔子平时对于这些隐逸不大这样的发脾气，如长沮桀溺楚狂接舆可以为证。我引《三笔》的这一则，只为他说得有意思，若论解释则未能恰好，本来“丈人”一章的文章很不好讲也。

沈梅村的著作近来颇不易得，盖嘉道间刊本经太平天国之乱多毁于兵火，大抵如此，觉得也就可以珍重，而其文章思想亦均有特色，因抄录数则为之绍介。读史的札记大都易犯一种毛病，即是陈旧褊狭，沈君却正相反，甚为难得，读去常有新的气味，不像是百年前人所说的话，有时实在比今人还要明白有理解也。（二十五年十一月）

【钟校】

① 1936.12.16 刊《宇宙风》31 期。

林皋间集[①]

◇1936.12.5

◇秉烛谈

《越缦堂日记补》第三册咸丰六年二月初三日条下云：

阅吾乡潘少白谘《林皋间诗文集》。少白足迹半天下，借终南为捷径，旅京华作市隐，笠屐所至，公卿嗜名者争下之，而邑人与素游者皆言其诡诈卑鄙，盖亦公道可征也。然其文实修洁可喜，虽洼泓易尽，而一草一石间风回水萦，自有佳致，写景尤工，唯满口道学为可厌耳。或更夸其高淡，则正其才力薄弱，借此欺人者也。然在本朝自当作一名家，越中与胡稚威差可肩随，铁崖天池则跨而上之矣。

后有批语，盖周素人笔，云：

论潘少白此语绝当，其《常语》却不可及。

寒斋所有潘少白诗文集凡两种。一曰《林皋间集》，道光十六年（一八三六）刻，文六集，诗五卷，《常语》二卷。一曰《潘少白先生集》，道光甲辰（一八四四）刻，文八卷，无诗，《常语》二卷。后者据陈莲史云是其自订定本，但增减不甚多，《常语》则完全一样也。《常语》盖实是潘少白语录，李越缦所谓满口道学为可厌耳即指此书，而周素人又称之为不可及，对照得妙。但据我的意思则觉得李君的话说得不错，贬固对褒也对。我不懂诗，若其文我亦颇喜欢，修洁，工于写景，如《自彭水梯山之大酉暮宿珠窦箐与人书》，《与故友陈其山书》，《南野翁寓庐记》，《夜渡太湖至湖州小记》，《水月庵记》等，都颇可喜。不过周君也不算全说错了，因为《常语》大半固是道学语，却亦不无可取处，为平常道学家所不能言或不能知者。如卷上云：

> 草木盛时，风日雨露皆接为体，及其枯槁，皆能病之，此草木气机内仁不仁之别也。

又云：

> 太极之理，毫发内皆充满无间。

这头一条我们稍读过一点植物学的便知道不对，第二条则简直不知说的是什么，不禁掩口胡卢。但他也有说得好的，如云：

孟子以能言距杨墨即引为圣人之徒，后人都看错能言二字。时杨墨深染人心，其真差谬处皆言不出，莫知所距，至孟子始具眼訾之，人尚不信，斯时有能与孟子同一识见，必于正道理会过来，见之亲故距之力也。后人袭前人已尽之言，于道理上亦未会得，人人以能言为事，亦何取哉。

所说当时情形像煞有介事的，也未必可靠，因为我们看战国时的记载并不如孟子所说那样，有不归杨则归墨的形势。但是结论却很有意思，正如西儒说过，第一个将花比女人的是才子，第二个说的便是呆子，后世之随口乱骂无父无君者便都是这一类的货色了。袭前人已尽之言，这是很辛辣的一句话，是做洋策论的人的当头棒喝。又云：

古人以豆记善恶念，日省工夫密矣，而后人附以名利福泽之说，使人日望名利福泽，此正恶念所始，犹乡里妇人念佛，云一句阿弥陀佛，天上便贮下一金钱，其贪愚无知岂可理解。

中国士大夫自称业儒，其实一半已成了道士，拜文昌念《太上感应篇》的不必说了，上焉者也仍是讲功过信报应，有名如吾乡刘蕺山还不能免，可以知矣。潘君干脆的比之于贪愚的念佛老太婆，殊为痛快，在这一点上道学同行中人盖莫能及也。又卷下云：

> 失节事大，人人当知，但以劝愚夫妇，必令免于死亡，然后可驱而之善。宋人每以极至诣责妇人小子，故所行多龃龉。

这意思本来也很平凡，孟子曾说过：

> 今也制民之产，仰不足以事父母，俯不足以畜妻子，乐岁终身苦，凶年不免于死亡，此惟救死而恐不赡，奚暇治礼义哉。

不过后来道学家早就没有这种话了，他们满嘴“仁义礼智”，却不知道人之不能不衣食，衣食足而后知荣辱，他们的知识与情感真是要在说何不食肉糜的晋惠帝之下了。宋人有名的教条之一云，饿死事小，失节事大。这句话不能算错，但可惜他们不知道，须得平常肚皮饱，这才晓得失节事大，有时肯饿死。若是一直饿着，那就觉得还是有饭吃第一要紧了。向来提倡道学的人大抵全是宋人嫡系的道学家，明白事理如潘少白者可以说是绝少，曰不可及，盖非诬也。卷上有一条系答牛都谏论《实政录》者，关于用民力有云：

> 农民小贩工匠十日内费一日工，则一年即缺半月之用。

此亦明通之见，与闭了眼睛乱说者不同。文集中也有些好的意思，可以抄录一二，其单有文词之美者姑从略，《至彭水复友人书》劝阻文人之从军，是一篇很有意义的文字，其中有云：

> 故武夫厌于铠胄，而儒生诗歌乐言从戎，实不过身处幕幄，杯旁掀髯狂歌自豪，一种意气为之耳。果令枕戈卧雪，裹伤负粮，与士卒伍，前有白刃，后有严威，未有不惨然神沮者矣[2]。……前有杜某者，言王三槐负嵎时，或奋然思作谕诱之策，闻老林一带刀槊植地望之无尾，骇不敢议。夫一围之颈，尺刃足以蕲之，刀槊丛植亦何事，彼岂冀贼无寸铁而思往哉。

《答人问仙术书》云：

> 凡其所事，核之此生皆一息无可旁委，自少至老一日失事则谓之不尽命，安有暇日以求其外？其有暇日以习异说者，皆未尽生理者也。百物受质，无久住之理，亦无长凝不运之气，故生死非有二义，使其果有一人生不复死，是即天地之乖气。

这两节都说得很有意思，前者揭穿那些戎马书生的丑态，深足为今人之鉴戒。我曾说过，中国要好，须得文人不谈武，武人不谈文，这比岳鹏举的不爱钱不惜死恐怕更是要紧。后者不信神仙，似亦是儒者常事，孔子所云未知生焉知死，未能事人焉能事鬼，都是实例，但在读书人兼做道士的后世这就很难说了，潘君还能说没有长生不老的事，此亦是不可及之一也。大抵潘少白本是山人者流，使其生在明末清初，其才情亦足以写《闲情偶寄》，若乾隆时亦可著《随园诗话》吧，不幸而生在道光时，非考据或义理无由自见，遂以道学做清客，然而才气亦不能尽掩，故有时透露出来，此在纯伪道学立场上未免是毛病，我们则以为其可取即在于此，有如阮芸台记妇人变猪，后足犹存弓样耳。此谑殊可悔，但操刀必割，住手为难，悔而仍存之，谑庵亦有先例。得罪道学家原所不计，南野翁亦解人，当不计较也。

（二十五年十二月五日，于北平）

［附记］　潘少白文中多言姚镜塘，极致倾倒，卷四有《水月庵记》，专为姚君记念而作，文亦甚佳。卷五《归安姚先生传》中有云：

> 喜读书吟步看山，与之酒，怡然不可厌，故与游者常满室。人至其居，蹙然病其贫，日就之，知其乐。尝曰，吾视百物皆有真趣。

其人似亦颇有意思。因搜求其文集读之，得光绪重刻《竹素斋集》十册，凡古文三卷，时文四卷，诗三卷，试帖一卷。文中关于少白的只有诗草画册跋各一首，亦殊平常，唯卷三有《酒诫》颇佳，列举五害，根据经训，谓宜禁戒，而后复有《书酒诫后》云：

> 余既作《酒诫》而饮之不节如故也，窃自惧，已而叹曰，事无巨细，法立而不能守者有矣，若无法安所守。乃立之法曰，平居偶饮以杯为节，昼则五之，夜则十之，宴集倍之，及数即止。苟可止，虽未及数，止也。

证以“与之酒怡然不可厌”之语，可以想见其为人。

卷二有《太上感应篇注序》，盖踵惠松崖柴省轩之后而补注者，书尚未得见，但既信“太上垂训”，即逃不出读书人兼做道士的陋俗，姚君于此对于少白山人不能无愧矣。　　　（二十六年四月三日再记）

【钟校】

① 1936.12.13刊《中央日报》。

②“未有不惨然神沮者矣”，“沮”原作“阻”。

谈字学举隅[①]

◇1936.12

◇秉烛谈

偶然借到宋倪正父的《经钼堂杂志》四册，万历庚子年刻，有季振宜印，卷面又有人题字一行云：昌乐阎恭定公家旧书，道光丁未夏借读。可知这书是有来历的了。倪君的议论也有可取处，字体又刻得很精致，原来也是一部好书，可是被妄人涂抹坏了，简直不能再看。先有人拿朱笔写了好些批语，后来又有人拿墨笔细心的把它一一勾掉或直掉，这倒还在其次，最要不得的是又有一个人（或者即是勾批语的也未可知），将书中每个帖体简笔字都照了《字学举隅》改正笔墨，如能所此於等字，无不以昏墨败笔加以涂改，只馀第八卷末十五页不曾点污，岂读至此处而忽溘然耶。展卷一望，满眼荆棘，书中虽有好议论，也如西子蒙不洁，不欲观也已。我们看了其墨之昏笔之败，便如见其头脑之昏败，再看其涂抹得一塌胡涂，也如见其心地之胡涂，举笔一挥，如悟能之忽现猪相，真可异也。书虽可读，因面目可憎，心生厌恶，即还原处，竟不及读毕一卷，此种经验在我也还是初次，所以不免少见多怪的要说这一大番话，假如将来见识得多，那么自然看惯了也就不多说了吧。

《字学举隅》这把戏我是搅过的，并不觉得怎么的了不得。我在小时候预备举业，每日写一张大字之外还抄《字学举隅》与《诗韵》，这个苦功用得不冤枉，在四十岁以前，上下平三十韵里的某字在某韵我大抵都记得清楚，仄声难免有点麻胡，直到现在才算把它忘记完了，《字学举隅》的标准写法至今还记得不少，——但是这有什么用呢？大家都知道，《字学举隅》是写馆阁体字的教科书，本是曹文正公曹振镛的主意，而这曹文正公也即是传授做官六字秘诀的祖师。秘诀维何，曰多磕头少说话，是也。所谓字学，实亦只是写馆阁体字（象征磕头的那一种字体）的方面而已，与文字之学乃是风马牛十万八千里也。

不佞少时失学，至廿五岁时始得见《说文解字》，略识文字，每写今隶，辄恨其多谬误，如必丸等字简直苦于无从下笔，如鱼鸟等字亦均不合，盖鸟无四足，鱼尾亦非四歧也。及后又少识金文甲骨文，更知小篆亦多转变致讹，如凡从止的字都该画一足形，无论怎么简单[2]均可，总不能如小篆那样，若欲求正确则须仔细描出脚八桠子才行。不佞有志于正字，最初以为应复小篆，后更进而主张甲骨文，庶几不失造字本意。其意美则美矣，奈难以实行何？假如用我最正确的主张，则我便非先去学画不可，不然就无从写一止字也。小篆还可以知道一点，惜仍不正确，若今隶更非矣，而《字学举隅》又是今隶中之裹小脚者耳，奚足道哉。

不佞不能写象形文字，正字之大业只好废然而止，还来用普通通行的字聊以应用，只求便利，帖体简笔固可采取，即民间俗字亦无妨利用，只不要不通就好了。不能飞入天空中去，便不如索性老实站在地上，若着了红绣鞋立在秋千上离地才一尺，摇摇摆摆的夸示于人，那就大可不必，《字学举隅》的字体即此类是也。不知何等样人乃据此以涂改古人的书，那得不令人恶心杀。

【钟校】

① 1936. 12. 29 刊《世界日报》。

②“无论怎么简单”，“怎”原作“什”。

关于谑庵悔谑[1]

◇1936.12.9

◇瓜豆集

◇第二册有《文饭小品》

《谈风》社的朋友叫我供给一点旧材料，一时想不出好办法，而日期已近，只好把吾乡王谑庵的《悔谑》抄了一份送去，聊以塞责。这是从他的儿子王鼎起所编的《谑庵文饭小品》卷二里抄出来的，但以前似乎是单行过，如倪鸿宝的叙文中云：

> 而书既国门，逢人道悔，是则谑庵谑矣。

又张宗子著《王谑庵先生传》中云：

> 人方眈眈虎视，将下石先生，而先生对之调笑狎侮谑浪如常，不肯少自贬损也。晚乃改号谑庵，刻《悔谑》以志己过，而逢人仍肆口诙谐，虐毒益甚。

这里不但可以知道《悔谑》这书的来历，也可以看出谑庵这人的特色，传中前半有云：

> 盖先生聪明绝世，出言灵巧，与人谐谑，矢口放

言，略无忌惮。川黔总督蔡公敬夫，先生同年友也，以先生闲住在家，思以帷幄屈先生，檄先生至。至之日，宴先生于滕王阁，时日落霞生，先生谓公曰，王勃《滕王阁序》不意今日乃复应之。公问故，先生笑曰，落霞与孤鹜齐飞，今日正当落霞，而年兄眇一目，孤鹜齐飞殆为年兄道也。公面赪及颈，先生知其意，襆被即行。

这里开玩笑在我的趣味上说来是不赞成的，因为我有“两个鬼”，在撒野时我犹未免有绅士气也，虽然在讲道学时就很有些流氓气出来。但是谑庵的谑总够得上算是彻底了，在这一点上是值得佩服的。他生在明季，那么胡闹，却没有给奄党所打死，也未被东林所骂死，真是侥天之幸。他的一生好像是以谑为业，张宗子编《有明越人三不朽图赞》，其赞王谑庵有云：

以文为饭，以弈为律。谑不避虐，钱不讳癖。

特别提出谑来，与传中多叙谑事，都有独到之见。《三不朽图赞》凡一百单八人，人人有赞，而《瑯嬛文集》中特别收录王君像一赞，盖宗老对于此文亦颇自熹欤。传中又引陆德先之言有云：

先生之莅官行政，摘伏发奸，以及论文赋诗，无不以谑用事者。

可谓知言，亦与上文所说相合。谑庵著书有刻本《王季重九种》以至十一种，世上多有，寒斋所藏《谑庵文饭小品》，只有五卷，而共有五百页，仓卒不及尽读，难于引证，姑就卷一中尺牍一部分言之，盖九种云云之中无尺牍，故用以为例。第一则“简夏怀碧”云：

丽人果解事，此君针透，量酬之金帛可也，若即欲为之作缘，恐职方亦自岳岳。买鱼喂猫则可，买鲥鱼喂猫，无此理矣。

第二则“柬余慕兰”云：

敦睦如吾兄，妙矣。然吾兄大爷气未除，不读书之故耳。邵都公每每作诗示弟，弟戏之曰，且云做官做吏，各安生理，毋作非为。渠怫然。闻兄近日亦染其病，读书可也，作诗且慢，不容易鲍参军耳。

第十五则“上黄老师”云：

隆恩寺无他奇，独大会明堂有百馀丈，可玩月，门生曾雪卧其间者十日。径下有云深庵，曾以五月啖其樱桃，八月落其苹果。樱桃人啖后则百鸟俱来，就中有绿羽翠翎者，有白身朱咮者，语皆侏儒鸩舌，嘈杂清妙。苹果之香在于午夜，某曾早起嗅之。其逸品入神，谓之清香，清不同而香更异。老师不可不访之。

第十九则“简周玉绳”之二云：

> 不佞得南缮郎且去，无以留别。此时海内第一急务在安顿穷人。若驿递不复，则换班之小二哥，扯纤之花二姐，皆无所得馍馍，其势必抢夺，抢夺不可，其势必争杀，祸且大乱，刘懋毛羽健之肉不足食也。相公速速主持，存不佞此语。

第二十则又云：

> 刘掌科因父作马头被县令苦责，毛御史则因在京置妾，其妻忽到，遂发议罢驿递。

也是很有趣的掌故。第二十五则“答李伯襄”云：

> 灵谷松妙，寺前涧亦可。约唐存忆同往则妙，若吕豫石一脸旧选君气，足未行而肚先走，李玄素两摆摇断玉鱼，往来三山街，邀喝人下马，是其本等，山水之间着不得也。

材料太多太好，一抄就是五篇，只好带住，此虽是书札，实在无一非《悔谑》中逸语也。卷首又有“致语”十篇，黄石斋评曰：

> 此又笺启别体，冰心匠玉，香咮吐金，望似白描，按之锦绚，苏黄小品中吉光摘出，何以敌此。

其中如《鲁两生不肯行》，《严子陵还富春渚》，《陶渊明解绶》诸篇，都颇有风趣，今惜不能多引。

谑庵一生以谑为业，固矣，但这件事可以从两边来看，一方面是由于天性，一方面也有社会的背景。《文饭小品》卷二中有“风雅什”十三篇，是仿《诗经》的，其《清流之什》（注曰，刺伪也。）云：

矫矫清流，其源僻兮。有斐君子，巧于索兮。我欲舌之，而齿龃兮。

矫矫清流，其湍激兮。有斐君子，不胜藉兮。我欲怒之，而笑哑兮。

所以有些他的戏谑乃是怒骂的变相，即所谓我欲怒之而笑哑兮也。但是有时候也不能再笑哑了，乃转为齿龃，而谑也简直是骂了。如《东人之什》（注云，哀群小也）云：

东人之子，有蒜其头。西人之子，有葱其腿。或拗其腧，或摇其尾。

东人之子，膝行而前。西人之子，蛇行宛延。博猱一笑，博猱一怜。

书眉上有批云：“至此人面无血矣。门人马权奇识。”哀哉王君，至此谑虽虐亦已无用，只能破口大骂，惟此辈即力批其颊亦不觉痛，则骂又岂有用哉。由此观之，大家可以戏谑时还是天下太平，很值得庆贺也。

《文饭小品》卷二末有一首七律，题曰《偶过槐儿花坐》，系弘光乙酉年作，有云：

舆图去半犹狂醉，田赋生端总盗资。

此时虽谑庵亦不谑矣，而且比《东人之什》也骂得不狠了，此时已是明朝的末日也即是谑庵的末日近来了。

（二十五年十二月九日灯下，记于北平之苦雨斋）

【钟校】

① 1937.1.10 刊《谈风》6 期。文末原附王思任《悔谑》及倪鸿宝《叙谑庵悔谑抄》，今不录。

银茶匙[①]

◇1936.12.17

◇秉烛谈

在《岩波文库》里得到一本中勘助（Naka Kansuke）的小说《银茶匙》（*Ginno Saji*），很是喜欢。这部小说的名字我早知道，但是没有地方去找。在铃木敏也所著文艺论抄《废园杂草》中有一篇《描写儿童的近代小说》，是大正十一年（一九二二）暑期讲习会对小学教员所讲的，第六节曰《幼时的影》，这里边说到《银茶匙》，略述梗概之后又特别引了后篇的两节，说是教员们应当仔细玩味的部分。铃木氏云：

现今教育多注全力于建立一种偶像，致忘却真实的生命，或过于拘泥形式，反不明了本体在于那边，这些实是太频繁的在发生的问题。总之那珂氏（案此系发表当时著者的笔名，读音与“中”

相同。）这部著作是描写儿童的近代小说中最佳的一种，假如读儿童心理学为现在教员诸君所必需，那么为得与把握住了活的心灵之现实相去接触，我想劝大家读这《银茶匙》。

但是《银茶匙》我在以前一直未能找到，因为这原来是登在东京《朝日新闻》上的，后来大约也出过单行本，我却全不清楚。关于中勘助这人我们也不大知道，据岩波本和辻哲郎的解说云：

中氏在青年时代爱读诗歌，对于散文是不一顾视的。最初在大学的英文学科，后转入国文学科毕业。其时在日本正值自然主义的文学勃兴，一方面又是夏目漱石开始作家活动的时候。但中氏毫不受到这两方面的影响，其志愿在于以诗的形式表现其所独有的世界，而能刺激鼓动如此创作欲的力量在两者均无有也。中氏于是保守其自己独特的世界，苦心思索如何乃能以诗的形式表现出来。可是末了终于断念，以现代日本语写长诗是不可能的事，渐渐执笔写散文，虽然最初仿佛还感着委屈的样子。这样成功的作品第一部便是《银茶匙》的前编。时为明治四十五年（一九一二）之夏，在信州野尻湖畔所写，著者年二十七岁。

> 最初认识这作品的价值的是夏目漱石氏。漱石指出这作品描写小孩的世界得未曾有，又说描写整洁而细致，文字虽非常雕琢却不思议地无伤于真实，文章声调很好，甚致赞美。第二年因了漱石的推荐，这篇小说便在东京《朝日新闻》上揭载出来。在当时把这作品那么高的评价的人除漱石外大约没有吧。但是现在想起来，漱石的作品鉴识眼光[2]确实是很透彻的。
>
> 《银茶匙》的后篇是大正二年（一九一三）之夏在比睿山上所写。漱石看了比前篇还要高的评价，不久也在同一新闻上揭载出来了。

查《漱石全集》第十三卷“续书简集”中有几封信给中氏的，其中两三封关于他的小说，觉得颇有意思，如大正二年三月二十一日信云：

> 来书诵悉。作者名字以中勘助为最上，但如不方便，亦无可如何。那迦，奈迦，或勘助，何如乎？鄙人之小说久不结束，自以为苦，且对兄亦甚抱歉，大抵来月可以登出亦未可料。稿费一节虽尚未商及，鄙人居中说合，当可有相当报酬，唯因系无名氏故，无论如何佳妙，恐未能十分多给，此则亦希预先了知者耳。

又大正三年十月二十七日信云：

病已愈，请勿念。前日昨日已将大稿读毕，觉得甚有意思。不过以普通小说论，缺少事件，俗物或不赞赏亦未可知。我却很喜欢，特别是在病后，又因为多看油腻的所谓小说有点食伤了，所以非常觉得愉快。虽然是与自己隔离的，却又仿佛很是密合，感到高兴亲近。坏地方自然也有，那只是世俗所云微疵罢了。喜欢那样性质的东西的人恐怕很少，我也因此更表示同情与尊敬。原稿暂寄存，还是送还，任凭尊便。草草不一。

这一封信大约是讲别的作品的，但是批评总也可以拿来应用。中氏是这样一个古怪的人，他不受前人的影响，也不管现在的流行，只用了自己的眼来看，自己的心来感受，写了也不多发表，所以在文坛上几乎没有地位，查《日本文学大辞典》就不见他的姓名，可是他有独自的境界，非别人所能侵犯。和过氏说得好：

著者对于自己的世界以外什么地方都不一看，何况文坛的运动，那简直是风马牛了。因此他的作品也就不会跟了运动的转移而变为陈旧的东西，这二十五年前所作的《银茶匙》在现今的文坛上拿了出来，因此也依然不会失却其新鲜味也。

《银茶匙》前篇五十三章，后篇二十二章，都是写小学时代的儿童生活的，好的地方太多了，不容易挑选介绍，今姑且照铃木氏所说，把那两节抄译出来。这都在后篇里，其一是第二章云——

那时战争开始（案即甲午年中日之战）以来，同伴的谈话整天都是什么大和魂与半边和尚（案此为骂中国人的话）了。而且连先生也加在一起，简直用了嗾狗的态度，说起什么便又拉上大和魂与半边和尚去。这些使我觉得真真厌恶，很不愉快。先生关于豫让或比干的故事半声也不响了，永远不断的讲什么元寇和朝鲜征伐的事情。还有唱歌也单教唱杀风景的战争歌，又叫人做那毫无趣味的体操似的跳舞。大家都发了狠，好像眼前就有不共戴天的半边和尚攻上来的样子，耸着肩，撑着肘，鞋底的皮也要破了似的踹着脚，在蓬蓬上卷的尘土中，不顾节调高声怒号。我心里仿佛觉得羞与此辈为伍似的，便故意比他们更响的歌唱。本来是很狭小的运动，这时碰来碰去差不多全是加藤清正和北条时宗，懦弱的都被当作半边和尚，都砍了头。在街上走时，所有卖花纸的店里早已不见什么千代纸或百囡囡等了，到处都只挂着炮弹炸开的龌龊的图画。凡耳目所遇到的东西无一不使我要生起气来。有一回大家聚在一处，根据了传闻的谣言乱讲可怕的战争谈，我提出与他们相反的意见，说结局日本终要输给支那吧。这个想不到的大胆的预言使得他们暂时互相对看，没有话说，过了一会儿那虽可笑却亦可佩服的敌忾心渐渐增长，至于无视组长的权威，一个家伙夸张的叫道：

“啊呀啊呀，不该呀不该！”

另一个人捏了拳头在鼻尖上来擦了一下。又一个人学了先生的样子说道：

“对不起，日本人是有大和魂的。”

我用了更大的反感与确信，单独的担当他们的攻击，又坚决的说道：

“一定输，一定输！”

我在这喧扰的中间坐着，用尽所有的智慧，打破对方的缺少根据的议论。同伴的多数连新闻也不挑着看，万国地图不曾翻过，《史记》与《十八史略》的故事也不曾听见过。所以终于被我难倒，很不愿意的只好闭住嘴了，可是郁愤并不就此销失，到了下一点钟他们告诉先生道：

“先生，某人说日本要输！”

先生照例用那副得意相说：

“日本人是有大和魂的。”

于是又照平常破口大骂支那人。这在我听了好像是骂着我的样子，心里按纳不下，便说：

“先生，日本人如有大和魂，那么支那人也有支那魂吧。日本如有加藤清正和北条时宗，那么在支那岂不也有关羽和张飞么？而且先生平常讲谦信送盐给信玄的故事，教人说怜敌乃是武士道，为什么老是那样骂支那人的呢？”我这样说了把平日的牢骚一下子都倒了出来之后，先生装起脸孔，好久才说道：

“某人没有大和魂！”

我觉得两太阳穴的筋在跳着，想发脾气了[3]，可是大和魂的东西又不是可以抓出来给人家看的，所以只能这样红了脸沉默着了。

忠勇无双的日本兵后来虽然把支那兵和我的乖巧的预言都打得粉碎，但是我对于先生的不信任与对于同辈的轻蔑却总是什么都没有办法。

其次是第十章云——

我比什么都讨厌的功课是一门修身。高小已经不用挂图，改用教科书了，不知怎的书面也龌龊，插图也粗拙，纸张印刷也都坏，是一种就是拿在手里也觉得不愉快的劣书。提起里边的故事来呢，那又都是说孝子得到王爷的奖赏，老实人成了富翁等，而且又毫无味道的东西。还有先生再来一讲，他本来是除了来加上一种最下等意味的功利的说明以外没有别的本领的，所以这种修身功课不但没有把我教好了一点儿，反会引起正相反对的结果来。那时不过十一二岁的小孩，知识反正是有限的，可是就只照着自己一个人的经验看来，这种事情无论如何是不能就此相信的。我就想修身书是骗人的东西。因此在这不守规矩要扣操行分数的可怕的时间里，总是手托着腮，或是看野眼，打呵欠，哼唱歌，努力做出种种不守规矩的举动，聊以发泄难以抑制的反感。

我进了学校以后，听过孝顺这句话，总有一百万遍以上吧。但是他们的孝道的根基毕竟是安放在这一点上，即是这样的受生与这样的生存着都是无上的幸福，该得感谢。这在我那样既已早感到生活苦的味道的小孩能有什么权威呢？我总想设法好好的问清楚这个理由，有一回便对于大家都当作毒疮似的怕敢去碰只是囫囵吞下的孝顺问题，发了这样的质问：

“先生，人为什么非孝顺不可呢？”

先生圆睁了眼睛道：

“肚子饿的时候有饭吃，身体不舒服的时候

有药喝，都是父母的恩惠。”我说道：

“可是我并不怎样想要生活着。”

先生更显出不高兴的样子，说道：

“这因为是比山还高，比海还深。”我说道：

“可是我在不知道这些的时候还更孝顺呢。”

先生发了怒，说道：

“懂得孝顺的人举手！”

那些小子们仿佛觉得这是我们的时候了，一齐举起手来。对于这种不讲理的卑怯的行为虽然抱着满腔的愤懑，可是终于有点自愧，红着脸不能举起手来的我，他们都憎恶的看着。我觉得很气，但也没有话可说，只好沉默。以后先生常用了这有效的手段锁住了人家质问的嘴，在我则为避免这种屈辱起见④，凡是有修身的那一天总是告假不上学校去了。

十年前有日本的美术家告诉我，他在学校多少年养成的思想后来也用了差不多年数才能改正过来。这是很有意义的一句话。《银茶匙》的主人公所说亦正是如此，不过更具体的举出忠孝两大问题来，所以更有意义了。（廿五年十二月十七日）

［附记］ 近日从岩波书店得到中氏的几本小说集，其

中有一册原刊本的《银茶匙》，还是大正十四年（一九二五）的第一版，可见好书不一定有好销路也。

（廿六年二月二十日再记）

【钟校】

① 1937.1 刊《青年界》11 卷 1 号。

②“鉴识眼光”，原无“光”字，今增。

③“脾气”,“气”原作“皮”。

④“在我则为避免这种屈辱起见”,“则”原作“以”。

读檀弓[①]

◇1937.1

◇秉烛谈

我久矣没有读《檀弓》了。我读《檀弓》还是在戊戌年的春天，在杭州花牌楼寓内冬夏都开着的板窗下一张板桌上自己念的，不曾好好的背诵，读过的大抵都已忘记，没有留下什么印象。前回一个星期三在学校里遇见适之，他给了我一册《中国文学史选例》，这只是第一卷，所选自卜辞至《吕氏春秋》，凡二十五项。其中第十六即是《檀弓》，计选了六则，即《曾子易箦》，《子夏丧明》，《孔子梦奠》，《有子言似夫子》，《黔敖嗟来》，《原壤歌貍首》是也。在从学校回家来的路上，我把这六篇读了一遍，觉得都很好，后来又拿《檀弓》上下卷来理旧书，似乎以文章论好的也就不过是这几章罢了。这里边我最喜欢的是曾子的故事：

曾子寝疾，病。乐正子春坐于床下，曾元曾申坐于足，童子隅坐而执烛。童子曰：华而睆，大夫之箦与？子春曰：止！曾子闻之，瞿然曰：呼！曰：华而睆，大夫之箦与？曾子曰：然，斯季孙之赐也，我未之能易也。元，起易箦！曾元曰：夫子之病革矣，不可以变，幸而至于旦，请敬易之。曾子曰：尔之爱我也不如彼。君子之爱人也以德，细人之爱人也以姑息。吾何求哉，吾得正而毙焉，斯已矣。举扶而易之，反席未安而没。

这篇文章写得怎么好，应得由金圣叹批点才行，我不想来缠夹，我所感叹的是写曾子很有意思。本来曾子是怎么一个人物我也并不知道，但根据从《论语》得来的知识，曾子这临终的情形给予我很谐和的恰好的印象。我觉得曾子该是这样情形，即使《檀弓》所记的原只是小说而不是史实。据说，天上地下都无有神，有的但是拜神者的心情所投射出来的影。儒家虽然无神亦非宗教，其记载古圣先贤言行的经传，实在也等于《本行》及《譬喻》等，无非是弟子们为欲表现其理想之一境而作，文学的技工有高下，若其诚意乃无所异。《檀弓》中记曾子者既善于写文章，其所意想的曾子又有严肃而蕴藉的人格，令千载之下读者为之移情，犹之普贤行愿善能现示菩萨精神，亦复是文学佳作也。《原壤歌貍首》一篇也是很好的文章，很能表出孔子的博大处，比《论语》“宪问第十四”所载要好得多。其文曰：

> 孔子之故人曰原壤，其母死，夫子助之沐椁。原壤登木曰：久矣予之不托于音也。歌曰：貍首之斑然，执女手之卷然。夫子为弗闻也者而过之。从者曰：子未可以已乎？夫子曰：丘闻之，亲者毋失其为亲，故者毋失其为故也。

要知道这里的写得好，最好是与《论语》所记的比较一下看：

> 原壤夷俟。子曰：幼而不孙弟，长而无述焉，老而不死，是为贼。以杖叩其胫。

看老而不死这句话，可知那时原壤已经老了。戴望注：《礼》，六十杖于乡。那么孔子也一定已是六十岁以上。胡骂乱打只有子路或者还未能免，孔子不见得会如此，何况又是已在老年。我们看《檀弓》所记便大不相同，我觉得孔子该是这样情形，正如上文关于曾子我已经说过。“执女手之卷然”下据孔颖达《正义》云：“孔子手执斤斧，如女子之手卷卷然而柔弱，以此欢说仲尼，故注云说人辞也。”假如这里疏家没有把他先祖的事讲错，我们可以相信那时孔子的年纪并不老，因为一是用女子之手比孔子，二是孔子手执斤斧，总不会是六十岁后的事情。把两件故事合起来看，觉得孔子在以前既是那么宽和，到老后反发火性，有点不合情理。不过我们也不能就说那一件是真，那一件是假，反正都只是记者所见不同，写出理想的人物来时亦宽严各异耳。清嘉道间马时芳著《续朴丽子》中有一则云：

> 传有之，孟子②入室，因袒胸而欲出其妻，听母言而止。此盖周之末季或秦汉间曲儒附会之言也。曲儒以矫情苟难为道，往往将圣贤妆点成怪物。呜呼，若此类者岂可胜道哉。

马君主张宽恕平易，故以袒胸出妻为非，但亦有人以严切为理想，以为孟子大贤必当如是，虽有诚意，却不免落于边见，被称为曲儒，两皆无怪也。记原壤的故事两篇，见地不相同，不佞与马君的意思相似，不取叩胫之说，觉得沐椁一篇为胜。读《论语》中所记孔子与诸隐逸周旋之事，特别是对于楚狂接舆与长沮桀溺，都很有情意，并不滥用棒喝，何况原壤本是故人，益知不遗故旧为可信，且与经传中表示出来的孔子的整个气象相调和也。

不佞未曾学书，学剑亦不成，如何可谈文艺？无已且来谈经吧，盖此是文化遗产，人人都有分，都可得而接受处分之者也。（廿六年一月）

［附记］　清乾隆时人秦书田著《曝背馀谈》卷下有一条云：

《檀弓》载曾子易箦一事，余深不然其说。若以此箦出季孙之赐，等赵挺之之锦裘，则曾子当日便毅然辞之而不受，不待至是日而始欲易。若等于孔子孟子之交际，即不易何害，乃明日之不能待耶。其诞妄明甚，乃后儒因得正而毙一语，传为千古美谈，殆亦不度于情矣，乌知情之所不有，即为理之所必无耶。

又云：

观隅坐执烛句，意只在作文字耳，奈之何曰经也。

秦君识见通达，其主张理不离情甚是，唯上节似不免稍有误会，曾子之意盖在物不在人，谓不当用大夫之箦耳。下节寥寥数语却很有理解，此本非经，只是很好的一篇描写，若作历史事实看便误，秦君知道他是在作文字，与我们的意见正相近也。

（二十六年三月四日又记）

【钟校】

① 1937.2.8刊《北平晨报》。

②"秦汉间"，"汉"原作"尽"。

双节堂庸训[1]

◇1937. 1. 16

◇秉烛谈

今年的新年过得不大好。二十五年的年底就患流行感冒，睡了好几天，到了二十六年的年头病算是好了，身体还是很疲软，更没有兴致去逛厂甸。可是在十日内去总是去了一趟，天气很好却觉得冷的很，勉强把东西两路的书摊约略一看，并不见什么想要的东西，但是也不愿意打破纪录空手而回，便胡乱花了三四毛钱，买了三册破书回来了。其中一本是《钦定万年历》，从天启四年甲子起至康熙一百年辛巳止，共百四十八年，计七十四页。这于我有什么用处呢？大约未必有，就只因为他是“殿板”而已。又二本是《双节堂庸训》六卷，《梦痕录节钞》一卷，都是汪龙庄的原著。我初见《龙庄遗书》时在庚子辛丑之交，以后常常翻阅，其《病榻梦痕录》三卷最有兴趣，可以消闲。近来胡适之瞿兑之诸先生都很推重这部《梦痕录》，说是难得的书，但据胡先生说他所藏的没有同治以前刻本，瞿先生著《汪辉祖传述》，卷首所模小像云据《龙庄遗书》，原刻亦不佳。寒斋藏书甚少，《梦痕录》虽想搜罗，却终未得到嘉庆中汪氏原刊本，今所有者只是道光六年（一八二六）桂林阳氏本，有像颇佳，又咸丰元年（一八五一）清河龚氏本，与《双节堂庸训》合刻，复次则同治元年（一八六二）盱眙吴氏即望三益斋本，合《学治臆说》等共为八种，此后《龙庄遗书》各刻本皆从此出，据吴序则《梦痕录》等又即从龚氏本出也。《梦痕录节钞》有同里何士祁序，无刻书年月，大抵是光绪中吧，书别无足取，不过也是一种别本，可以备《梦痕录》板本之数而已。

这回所买的书里我觉得最有兴趣的还是那一册《双节堂庸训》。这一本书看里边的避讳字是同治后刻本，但与望三益斋和官书局翻本又都有异，不知道是什么本子，本来内容反正一样，书眉上却有自称象曾者写上好些朱批，觉得好玩，所以就买了来。《庸训》自序很佩服《颜氏家训》与《袁氏世范》二书，故其所说亦多通达平实，但是我读了卷一《述先》中所记“显生妣徐太宜人轶事”，特别有感慨。汪君生十一年而孤，恃继母王氏生母徐氏食贫砺节，以教以养，及成立乃请得旌表，以双节名堂，刻《赠言》凡五十卷，又集录绍兴府属六县节孝贞烈事实为《越女表微录》五卷，盖其所感受者深矣。徐氏本是妾，出身微贱，如《梦痕录》上乾隆三十六年条下所记可以知道，而汪家亦甚穷苦，轶事虽只寥寥六则，却很深刻的表现出来，正可代表大多数女人的苦况。如第二至四则云：

病起出汲，至门不能举步。门故有石条可坐，邻媪劝少憩，吾母曰，此过路人坐处，非妇人所宜。倚柱立，邻媪代汲以归。

尝病头晕，会宾至，剥龙眼肉治汤，吾母煎其核饮之，晕少定，曰，核犹如是，肉当更补也。后复病，辉祖市龙眼肉以进，则挥去曰，此可办一餐饭，吾何须此。固却不食。羊枣之痛，至今常有馀恨。

吾母寡言笑，与继母同室居，谈家事外，终日织作无他语。既病，画师写真，请略一解颐，吾母不应。次早语家人曰，吾夜间历忆生平，无可喜事，何处觅得笑来。呜呼，是可知吾母苦境矣。

龙庄的文章，正如阮芸台所说，质而有法，上文所引又真实有内容，我读了不禁黯然，这里重复的说，于此可以见女人永劫的苦境矣。以我个人的阅历来说，我的祖母就是这样的。论地位她是三四品的命妇，虽然是继室②，只有一个女儿，出嫁后不久死了，论境遇也还不至那么奇穷，有忍饥终日的事情，但是在有妾的专制家庭中，自有其别的苦境，虽细目不同而结果还是仿佛，我看上文三则觉得似乎则则都是祖母的轶事，岂不奇哉。祖母不必出汲，但那种忍苦守礼如不坐石条，不饮龙眼汤的事，正是常有，至于生平不见笑容，更是不佞所亲知灼见者也。龙庄亲见其二母之苦辛，乃准当时的信仰，立双节坊求名人题咏以为报，更推及乡邑，纂《越女表微录》，亦即以为报母之一端。谈官诰序云：

> 举凡空闺孤嫠所谓天荒地老杳杳冥冥于同声一哭之中者，无一不破涕为笑，光日月而垂千春，然后孝子报母之心快然而无憾，非是则孝子之生也有涯，几长抱无涯之戚也，呜呼，至矣。

此种意思可以了解，可以同情，但是从现在看来，都是徒然。使人家牺牲其一生或一命，却以显扬崇祀为报酬，这是很可笑的事，在士人拚命赶考冀得一第虽倒毙闱中而无怨的时代却是讲得通的，因为情形相像，姑且不谈愚不愚民，我想也总是近于治病的“抽白面”吧。《越女表微录》卷一中有一则云：

> 瞿美斯妻来氏。美斯攻举子业，尝授徒山中，闻学使试绍兴，冒暑往，则院门已扃，遂病。语来曰，吾以不与试至此，他日嗣我幸以秀才。言讫而卒。来拮据长二孤女，归之士族，见族子慕学者辄啬食用资其膏火，冀得成夫志也，然贫甚，讫无为之后者。

汪君文笔殊妙，但读之輾然亦复戚然，觉得天下可悲的喜剧此为其一，真令人如孟德斯鸠感到帝力之大如吾力之为微，不敢说“没有法子”亦当云“怎么办”（Chto djelatj?），而此问题乃比契耳尼舍夫斯奇（Chernyshevski）的或更艰难也。旌表与科第的麻醉中毒是一件事，麻醉外有何药剂又是一件事，要来讨论也觉得在微力以上。我没有力量打乡族间的不平，何暇论天下事，但我略知妇女问题以后，又觉得天下事尚可为，妇女的解放乃更大难，而此事不了，天下事亦仍是行百里的半九十，种种成功只是老爷们的光荣而已。我向来怀疑，女人小孩与农民恐怕永远是被损害与侮辱，不，或是被利用的，无论在某一时代会尊女人为圣母，比小孩于天使，称农民是主公，结果总还是士大夫吸了血去，历史上的治乱因革只是他们读书人的做举业取科名的变相，拥护与打倒的东西都同样是药渣也。日本驻屯军在北平天津阅兵，所谓日本国防妇人会的女人着了白围身（Apron）的服装跟了去站班，我就是外国人也着实感到不愉快。记得九年前我写一篇批评军官杀奸的文章，末了说：

“我看那班兴高采烈的革命女同志，真不禁替她们冤枉。（你们高兴什么?）”这里更觉得冤枉。语云，佐饔得尝，佐斗得伤。附和革命，女人尚得不到好处，何况走别的路。蔼理斯（Ellis）的时代尽管已经过去，希耳息弗尔特（Hirschfeld）尽管被国社党所驱逐，他们的研究在我总是相信，其真实远在任何应制文章之上。希公在所著《男与女》中有云：“什么事都不成功，若不是有更广远的，更深入于社会的与性的方面之若干改革。”凯本德（Carpenter）云：“妇女问题须与工人的同时得解决。”此语非诳，却犹未免乐观，爱未必能同时成年也，虽然食可以不愁耳。不佞少信而多忧，虽未生为女人身可算是人生一乐，但读《庸训》记起祖母的事情，不禁感慨系之。精卫填海，愚公移山，美哉寓言。假我数年五百以观世变，庶几得知究竟。愧吾但知质与力，未能立志众生无边誓愿度也。　　　　（二十六年一月十六日试笔）

［补记］　胡适之先生有一部《病榻梦痕录》，没有

刻书年月，疑心是晚出的书。后来经我提议，查书中宁字都不避讳，断定是嘉庆时汪氏原刻，这样一来落后的反而在前，在我们中间是最早刻本了。

（四月十八日校阅时记）

【钟校】

① 1937. 2. 16 刊《宇宙风》35 期，题作《女人的命运》。

②“继室”，“室”原作“母”。

江都二色[1]

◇1937. 1. 17

◇秉烛谈

我颇喜欢玩具，但翻阅中国旧书，不免怅然，因为很难得看见这种纪载。《通俗编》卷三十一戏具条下引《潜夫论》云：

> 或作泥车瓦狗诸戏弄之具，以巧诈小儿，皆无益也。

我们可以知道汉朝小儿有泥车瓦狗等玩具，觉得有意思，但其正论殊令人读了不快。偶阅黄生著《字诂》，其“橅尘”[2]一条中有云：

> 东方朔与公孙弘书（见《北堂书钞》）：何必橅尘而游，垂发齐年，偃伏以自数哉。橅与模同，今小儿以碎碗底（方音督）为范，抟土成饼，即此戏也。

又《义府》卷上《毁瓦画墁》一条中云：

> 《孟子》，毁瓦画墁。如今人以瓦片画墙壁为戏，盖指画墁所用乃毁裂之瓦耳。

不意在训诂考据书中说及儿童游戏之事，黄君可谓有风趣的人了。吾乡陶石梁著《小柴桑喃喃录》，卷上引《大智度论》云：

> 菩萨作是念，众生易度耳。所谓者何？众生所着皆是虚诳无实。譬如人有一子，喜不净中戏，聚土为谷，以草木为鸟兽，而生爱着，人有夺者，嗔恚啼哭。其父知已，此子今虽爱着，此事易离耳，小大自休。何以故？此物非真故。

经论所言自是甚深法理，就譬喻言亦正不恶，此父可谓解人。龙树造论，童寿译文，乃有如此妙趣，在支那撰述中竟不可得，此又令我怃然也。小大自休，这是对于儿童的多么深厚的了解，能够这样懂得情理，这才知道小儿的游戏并非玩物丧志，听童话也并不会就变成痴子到老去找猫狗说话，只可惜中国人太是讲道统正宗，只管叉手谈道学做制艺，升官发财蓄妾，此外什么都不看在眼里，著述充屋栋，却使我们隔教人失望，想找寻一点资料都不容易得。讲到儿童事情的文章，整篇的我只见过赵与时著《宾退录》卷六所记唐路德延的《孩儿诗》五十韵，里边有些描写得颇好，如第三十一联云：

折竹装泥燕，添丝放纸鸢。

又第四十六联云：

垒柴为屋木，和土作盘筵。

这所说的是玩具及游戏，所以我觉得特别有趣味，在民国十二年曾想编一本小书，就题名曰《土之盘筵》。但是，别的整篇就已难得见到，不要说整本的书了。手头有一本书，不过不是中国的，未免很是可惜。书名曰《江都二色》，日本安永二年刊，这是西历一七七三年，清乾隆三十八年癸巳，在中国正是大开《四库全书》馆，删改皇侃《论语疏》的时候，日本却是江户平民文学的烂熟期，浮世绘与狂歌发达到极顶，乃迸发而成此玩具图咏一卷。大正十三年（一九二四）稀书复制会有重刊本，昭和五年（一九三〇）乡土玩具普及会又有模刻并加注释，均只二十六图，及后米山堂得完本复刻，始见全书，共有五十四图，有坂与太郎著《日本玩具史》，后编第五篇中悉收入。我所有的一册是乡土玩具普及会本，亦即有坂氏所刊，木刻着色，《玩具史》中则只是铜板耳。书有蜀山人序，北尾重政画图，木室卯云作歌，每图题狂歌一首，大抵玩具两件，故名二色，江都者江户也。全书所绘大约总在九十件以上，是一部很好的玩具图集，狂歌只算是附属品，却也别有他的趣味。这勉强可以说是一种打油诗，他的特色是在利用音义双关的文字，写成正宗的和歌的形式，却使琐屑的崇高化或是庄严的滑稽化，引起破颜一笑，讥刺讽谏倒尚在其次[3]。这与言语文字有密切的关系，好的狂歌是不能移译的，因为他的生命寄托在文字的身体里，不像志异书里所说的魂灵可以离开躯壳存在，所以如道士夺舍这些把戏在这里是不可能的事。全书第五三图是一个猴子与狮子头，所题狂歌虽猥亵而颇妙，但是不能转译，并不为猥亵，实因双关语无可设法也。第五二图绘今川土制玩具，钟楼与茶炉各一，歌意可以译述，然而原本不大好，盖老实的连咏二物，便不免有点像中国的诗钟了，原歌云：

Yamadera no iriai no kane o hazuseshiwa

Hana chirasazi to chaya no kufu ka?

意云，把山寺的晚钟卸了，让花不要散的，是茶店的主意么。有坂君注释云：

> 花散则客不来。钟楼相近的樱花每因撞钟的回响而散落，故茶亭中人想了法子将钟卸下了。

这种土制玩具中国也并不是没有，十年前看护国寺庙会，曾买过好些，大抵是厨房用具，制作的很精巧，也有桥亭房屋之类，不过像是盆景中物，所以我不大喜欢。过了几年之后，这些小锅小缸之属却不见了，我只惋惜从前所买的一副也已经给小孩拿去玩都弄破了。没有人纪录，更没有人来绘图题诗。我们如要谈及，只能靠自己的见闻和记忆，宛如未有文字的民族一样。不，他们无文字却还有图画，如洞窟中所留遗的野象野牛的壁画，我们因为怕得玩物丧志，连这个也放下了。耳食之徒五体投地的致敬于《钦定四库全书》，那里就是在存目里也找不出一册《江都二色》来，等是东方文化，却于此很分出高下来了。北尾、木室二公不但知道小大自休，还觉得大了也无妨耍子，此正是极大见识极大风致，万非耳食之徒所能及其一根汗毛者也。

日本现时研究玩具的人很多，但其中当以有坂君为最重要。寒斋藏书甚少，所得有坂君著作约有十种，今依年代列举如此：

甲，《尾志矢风里》（Oshaburi），玩具图录，已出四册。一，东北篇，大正十五年（一九二六）。二，古代篇，同上。三，东京篇，昭和二年（一九二七）。四，东海道篇，昭和四年（一九二九）。尾志矢风里，汉字当写作“御舐”，据《大言海》云：东京婴儿玩具名，以木作，形小，中略细，两端成球形，乳婴便吮其球也。按此长寸许，形如哑铃，今多用胶质制，不及木雕远矣。

乙，《玩具绘本》，已出五册。一，《手习草纸》，昭和二年。二，《绘双六》。三，《御雏样》。四，《犬子》，均同上。五，《子守呗》，昭和三年。手习草纸此言习字本，书中所收皆为天神像，即菅原道真[4]，世传司文之神也。绘双六，略如中国的升官图，有种种花样。雏为上巳女儿节所供养的人像，并备家具装饰。子守呗即抚儿歌[5]，玩具皆作少女负儿状。

丙，《伏见人形》，昭和四年。

丁，《玩具叶奈志》，已出三册。一，《今户人形》。二，《御祭》。三，《招手猫》，皆昭和五年。此书性质与《玩具绘本》相同，叶奈志写汉文作“话”字也，伏见、今户皆地名。祭即神社祭赛。猫常“洗脸”，举手抚其面，狐鼬等亦能屈掌当眼上，向后回顾，商家辄范土作猫招手状，以发利市，谓能招集顾客也，今所集者皆此类玩具。

戊，《日本雏祭考》，昭和六年。

己，《乡土玩具种种相》，同上。

庚，《日本玩具史》前后编，昭和六至七年。

辛，《日本玩具史篇》，昭和九年，雄山阁所出《玩具丛书》八册之一。同丛书中尚有《世界玩具史篇》一册，亦有坂君所撰，唯此系翻译贾克孙（N.

Jackson）夫人原著，故今未列入。有坂君又译德人格勒倍耳（K. Grober）原著为《泰西玩具图史》，大约昭和六年顷刊行，我因已有原书英文本，故未曾搜集。

壬，《乡土玩具大成》，第一卷，东京篇，昭和十年。全书共三卷，第二、三卷尚未出。

癸，《爱玩》，昭和十年。这本名《爱玩家名鉴》，凡集录玩具研究或搜集家约三百人，可以知道乡土玩具运动的大势，有坂君编并为之序。此外有坂君又曾编刊杂志《乡土玩具》及《人形人》，皆由建设社出版。建设社主人坂上君与其时编辑员佐佐木君皆日本新村旧人，民国廿三年秋我往东京游玩，二君来访，因以佐佐木君绍介，八月一日曾访有坂君于南品川。其玩具藏名“苏民塔”在建筑中，外部尚未落成，内如小舍，有两层，列大小玩具都满，不及细看，目不给亦日不给也。在塔中坐谈小半日，同行的川内君记录其语，曾登入《乡土玩具》第二卷中，愧不能有所贡献，如有坂君问中国有何玩具书，我心里只记着《江都二色》，却无以奉答，只能老实说道没有。这“没有”自《四库全书》时代起直至现在都有效，不能不令人恧然，但在正统派或反而傲然亦未可知。苏民故事据古书说，有苏民将来者，家贫，值素盏鸣尊求宿，欣然款待，尊教以作茅轮，疫时佩之可免，其后人民多署门曰苏民将来子孙，近世或有寺院削木作八角形，大略如塔，题字如上，售之以辟疾病。有坂君之塔即模其形，据云恐本于生殖崇拜，殆或然欤。《爱玩》卷首有此塔照相，每面题字有“苏民将来子孙人也”等约略可见。有坂君生于明治廿九年丙申（一八九六），在《爱玩》中自称是不惜与乡土玩具情死的男子，生计别有所在，却以普及乡土玩具为其天赋之职业，自己介绍得很得要领。日本又有清水晴风、西泽笛、亩川崎巨泉诸人亦有名，均为玩具画家，唯所作画集价值多极贵，寒斋不克收藏，故亦遂不能有所介绍也。

（廿六年一月十七日于北平苦茶庵）

【钟校】

① 1937.2 刊《青年界》11 卷 2 号。

②“橅尘”，原作“抚尘”。

③“讥刺讽谏倒尚在其次”,“倒”原作“到”。

④“菅原道真”,“菅”原作“管”。

⑤“子守呗即抚儿歌”,“抚”原作“橅”。

朴丽子[①]

◇1937.1

◇秉烛谈

实在全是偶然的事，我得到了一部《朴丽子》。朴丽子本名马时芳，河南禹州人，副榜举人，嘉庆道光间做过几任教官，他的经历就止于此。这部书正编九卷，续编十卷，光绪乙未大梁王氏刊行，由巩县孙子忠选钞，刻为各上下二卷，已非原书之旧了。这样说来，似乎书与人都无甚可取，——然而不然。邵松年序开头云：

朴丽子学宗王陆，语妙蒙庄。

老实说，我是不懂道学的，但不知怎的嫌恶程朱派的道学家，若是遇见讲陆王或颜李的，便很有些好感。冯安常著《平泉先生传》中叙其中年时事有云：

父菉洲公以拔萃仕江西，先生往省，过鄱阳湖遇暴风舟几覆，众仓皇号呼，先生言动如常。或问之曰，若不怕死耶？先生曰，怕亦何益，我讨取暂时一点受用耳。

这一节事很使我喜欢，并不是单佩服言动如常，实在是他回答得好，若说什么孔颜乐处，未免迂阔，但我想希腊快乐派哲人所希求的“无扰”（Ataraxia）或者和这心境有点相近，亦未可知罢。为求快乐的节制与牺牲，我想这是最有趣味也是最文明的事。倪云林因为不肯画花为张士信所吊打，不发一语，或问之，答曰，一说便俗。虽然并不是同类的事情，却也有相似的意趣。这些非出世的苦行平常我很钦佩，读马君传遂亦不禁向往，觉得此是解人，其所言说亦必有可听者欤。

余以菲才，性复戆愚，为世所弃，动多龃龉，块然寂处于深箐茅庵中，如是者亦有年。远稽于古，近观于今，农圃樵牧之属，街谈巷议之语，以及一饮一食一草一木之细微，有所感发于心，辄警惕咨嗟而书之，或情著乎笔端，或意含于辞外，其间未必悉合，要皆反身切己之言，得诸磨炼坚苦之中，其于涉世之方三折肱矣。朴，不材木也，花不足以悦目，实不足以适口，匠石数过之而弗觑也。丽者，丽于是以安身也。朴丽子其别号，遂以名其书。

这是他的自序，说得不亢不卑，却十分确实，我觉得在这里边实在有许多好思想好议论，值得我们倾听，其最重要的地方在于反对中国人的好说理而不近情，这样他差不多就把历来的假道学偏道学（即所谓曲儒）一齐打倒了。我读了不禁叹息，像朴丽子这样的讲道学，我亦何必一定讨厌道学乎。如卷上有云：

叔嫂不亲授受，礼欤？曰，礼也。有叔久病行仆地，嫂掖之起，兄见之逐其妻。朴丽子在棘闱中，溷厕积垢不可当，出入者必闭其门。朴丽子出，适有入者至，因不闭，入者出亦不闭。朴丽子遥呼闭门，答曰，户开亦开，户阖亦阖，门固开，余岂宜阖。旁一人曰，天下事为此等措大所坏。人但知剑戟足以杀人，而不知学问之弊其害尤烈。何也？所持者正，所操者微也。正也难夺，微也易惑。语云，不药当中医，此语可以喻学。夫学焉而不得其通，固不如不学之为犹愈也。

又云：

有共为人佣耕者，馌以腊肉，或取其半置禾中曰，归以遗阿母。群佣相觑无言。一少年攫食之尽，谓曰，此肉乃主人劳苦我辈，片胾少润枯肠，而曰归以遗母，而母当自奉养，鸡鱼羊豕可胜市乎。众皆笑之。朴丽子曰，孝，懿德也，而不免见哂于众者，拂人情也。人情不可拂也，愦乱不可劝也，盛怒不可折也。余尝适野，佃户詈其乡人②，喝止之，则大怒狂悖不可当，余俯首去。盖彼盛暑大劳，气血奔放，吾言又值其盛怒，是吾之过也夫。

又云：

有款宾者，宾至，为盛馔，主人把盏，一少年独不饮。已数巡，主人起复把盏属之，辞。主人曰，余老且贱，诸君辱临皆尽欢，君不怜余之老而少假之，其有所不足于我乎？复手自洗爵，固劝之。座客皆曰，君素饮，今何靳于一盏。犹不饮。主人举爵口边曰，不饮，当使君之衣代饮。少年即取爵自浇其衣，酒淋漓滴地上。顷之，主人复前曰，席将终矣，君卒不赐之一饮乎。执爵笑曰，此而不饮，必自沃里衣则可。少年从容以左手启其衣领，以右手接杯从项灌下，嘻怡缓语，酒见于足。主人面如土，席遂散。一时哄传以为怪谈。亦有称少年为有力量者。或以告朴丽子，朴丽子曰，昔王敦客石崇家，崇以美人劝客酒，曰不饮则斩美人头。客无不醉者。至敦，敦不顾，已斩二人矣，敦亦漫不屑意，崇不能强，识者知其他日必作贼。敦以强胜，少年以柔胜，吾不知其所至矣。闻此少年好观诸先儒语录，见先儒节概多，彼必有所本矣。夫参芪术苓可以引年，取壮夫及婴儿遍啖之，其亡也忽焉。故学不知道，圣经贤传皆足以遂非长傲，帝王官礼亦祸世殃民之资，可惧也已。近见一般后生少聪明露头角者，往往走入刚僻不近情一路，父兄之教不先，师友之讲不明，悠悠河流，何时返乎。昔人有善忧者，忧天之坠，人皆笑之。余今者之忧岂亦此欤？悲夫！

以上三则的意思大旨相近，末一则却尤说得痛切。学不知道，即上文所谓学焉而不得其通，任是圣经贤传记得烂熟，心性理气随口吐出，苟不懂得人情物理，实在与一窍不通者无异，而又有所操持，结果是学问之害甚于剑戟，戴东原所谓以理杀人，真是昏天黑地无处申诉矣。其实近时也有礼教吃人这一句话，不过有些人似乎不大愿意听，以言出典的确还不古，所以我在这里改引了戴君的话，庶几更有根据。对于古人的事，朴丽子亦多所纠正，是更具体的例。《续朴丽子》卷上云：

鸣呼怪哉，郭巨埋儿邓攸系子之事，斯可谓灭绝性根者矣！推其故，在好名。推好名之故，彼时乡举里选之制未尽废，在因名以媒利禄。此何异易牙竖刁之所为，而世顾称道弗衰，何也？许武让产之事，赵惕翁诋其欺罔。世道不明，勉焉益厉，郭巨邓攸许武异行而同情，皆名教之罪人，必不容于尧舜之世，然安得如龙坡居士者与之读书论古哉。

又云：

《传》有之，孟子入室，因袒胸而欲出其妻，听母言而止。此盖周之末季或秦汉间曲儒附会之言也。曲儒以矫情苟难为道，往往将圣贤妆点成怪物。呜呼，若此类者岂可胜道哉。

又卷下论方孝孺有云：

盖孝孺为人强毅介特，嗜古而不达于事理，托迹孔孟，实类申韩，要其志意之所居，不失为正直之士，故得以节义终。然而七百馀口累累市曹，男妇老稚沥血白刃，彼其遗毒为已烈矣。

他把古代的孝子忠臣都加以严正的批判，此已非一般道学家所能为。他又怀疑亚圣大贤的行事，不好意思说他不对，便客气一点将这责任推给那些曲儒。这对于他们不算冤枉，因为如马君所说，“曲儒以矫情苟难为道，往往将圣贤妆点成怪物”，那是确实无疑的。

据我看来，其实这还是孟子自己干的事吧。我们没有时间的望远镜（与《玉历钞传》上的孽镜台又略不同，孽镜须本人自照，这所说的与空间的望远镜相似，使用者即能望见古昔，假如有人发明这么一个镜的话。）来作实地调查，那么也还只好推想。照我读了《孟子》得来的印象来说，孟子舆的霸气很重，觉得他想要出妻的事是很可能的，虽然其动机或者没有如郭鼎堂所写的那么滑稽亦未可知，自然我也并不想来保证。朴丽子的解说可以说是忠厚之至，但是他给孟子洗刷了这件不名誉事，同时也就取消了孟母的别一件名誉事了，因为我佩服孟母便是专为了她的明达，能够纠正孟子的错误，曾经写文章谈论过，若是传为美谈的三迁，我实在看不出好处来。孔子曾说，"吾少也贱，多能鄙事。"我们不知道孔子小时候住在什么地方的近旁，玩过怎样的游戏，但据他自己的话，可以知道他所学会的未必都是俎豆之事这些东西。如为拥护孟母起见，我倒想说那三迁是曲儒所捏造的话，其中并无矫情苟难的分子，却有一种粗俗卑陋的空气，那样的老太太看去是精明自负的人，论理是要赞成出不守礼的新妇的，此在曲儒心眼中当然是理想的婆婆也。

闲话说得太远了，且回过来讲朴丽子的思想吧。

在正编卷上有一则说得极好：

朴丽子曰：一部《周官》盛水不漏，然制亦太密矣，迨至末季变而加厉，浮文掩要，委琐繁碎，莫可殚举，若之何其能久也。秦皇继之以灭裂，焚之坑之，并先王之大经大法，一切荡然，无复留遗，斯亦如火炎昆冈玉石俱焚者矣。东汉节义，前代罕比，一君子逃刑，救而匿之者，破家戕生相随属而不悔，至妇人女子亦多慷慨壮烈，视死如归。及魏晋矜为清谈，以任诞相高，斯又与东汉风尚恰相反背矣。夫大饥必过食，大渴必过饮，此气机之自然也。君子知其然，故不习难胜之礼，不为绝俗之行。节有所不敢亏，而亦不敢苦其节也。情有所不敢纵，而亦不敢矫其情也。居之以宽恕，而持之以平易，是亦君子之小心而已矣。

又续编卷上云：

未信而劳且谏，民以为厉，君以为谤，甚无谓。然此等岂是恒流，圣贤垂训，于世间英杰特地关心。大抵自古格言至教决不苦物，即所谓杀身成仁舍生取义，到此时定以不得死为苦耳。古之人或视如归，或甘如饴，良有以耳。

此两节初看亦只似普通读书人语，无甚特别处，但仔细想来，却又举不出有谁说过同样的话，所以这还是他自己所独有的智慧，不是看人学样的说了骗人的。“夫大饥必过食”以下一节实是极大见识，所主张的不过庸言庸行，却注意在能实现，这与喜欢讲极端之曲儒者流大大的不同。至于说格言至教决不苦物，尤有精义，准此可知凡中国所传横霸的教条，如天王圣明臣罪当诛，父叫子亡不得不亡，饿死事小失节事大等，都不免为边见，只有喜偏激而言行不求实践的人，听了才觉得痛快过瘾，却去中庸已远，深为不佞所厌闻者也。古代希腊人尊崇中庸之德（sophrosyne），其相反之恶则曰过（hybris），中时常存，过则将革，无论神或人均受此律的管束，这与中国的意思很有点相像。这所谓自然观的伦理本来以岁时变化为基本，或者原是幼稚浅易的东西，但是活物的生理与生活，也本不能与自然的轨道背离，那么似乎这样也讲得过去，至少如朴丽子自序所说，在持躬涉世上庶几这都可以有用，虽然谈到救国平天下那是另一回事，“其间未必悉合”，或亦未可知耳。大家多喜欢听强猛有激刺的话的时候，提出什么宽恕平易的话头来，其难以得看客的点头也必矣，但朴丽子原本知道，他只是自己说说而已，并不希望去教训人，他的对于人的希望似亦甚有限也。《续朴丽子》卷上有一则可以一读：

金将某怒宋使臣洪皓，胁之曰，吾力海水可使之干，但不能使天地相拍耳。朴丽子与一老友阅此，笑谓之曰，兄能之。友以为戏侮，怒。徐谢之曰，兄勿怪，每见吾兄于愚者而强欲使之智，于不肖者而强欲使之贤，非使天地相拍而何？

（二十六年一月）

［补记］　《朴丽子》卷下又有一则云：

有乡先生者，行必张拱，至转路处必端立途中，转面正向，然后行，如矩。途中有碍，拱而俟，碍不去不行也。一日往贺人家，乘瘦马，事毕乘他客马先归。客追之，挽马络呼曰，此非先生马，先生下。先生愕然不欲下，客急曰，先生马瘦，此马肥。乃下，愠曰，一马之微，遽分彼我，计及肥瘦，公真琐琐，非知道者。而先生实亦不计也。后举孝廉，文名藉甚，谒其房师。房师喜，坐甫定，房师食烟举以让客。先生曰，门生不食烟，不唯门生不食，平生见食烟人深恶而痛绝之。师默然色变。留数日，值师公出，属曰，善照小儿辈。遂临之如严师。朴丽子曰，闻先生目近视，好读书，鼻端常墨。今观其行事，必有所主，岂漫然者哉。古人云，修大德者不谐于俗，先生岂其人欤，何与情远耶。先生殁且数十年矣，今里闬间犹藉藉，而学士辈共称为道学云。

此文殊佳，不但见识高明，文章也写得好。我那篇小文中未及引用，今特补抄于此。原文后边有孙子忠批语云：

王道不外人情。情之不容已处即是理，与情远即与道远，何道学足云。

其实原本意思已很明了，虽然写得幽默，故此批语稍近于蛇足，但或者给老实人看亦未可少欤。

（二月二十三日再记）

【钟校】

① 1937.3.1刊《青年界》11卷3号。

②"詈其乡人"，原无"人"，今增。

人境庐诗草[①]

◇1937.2.4

◇秉烛谈

◇第五册有《诗人黄公度》

黄公度是我所尊重的一个人。但是我佩服他的见识与思想，而文学尚在其次，所以在著作里我看重《日本杂事诗》与《日本国志》，其次乃是《人境庐诗草》。老实不客气的说，这其实还有点爱屋及乌的意思，我收藏此集就因为是人境庐著作之故，若以诗论不佞岂能懂乎。我于诗这一道是外行，此其一。我又觉得旧诗是没有新生命的。他是已经长成了的东西，自有他的姿色与性情，虽然不能尽一切的美，但其自己的美可以说是大抵完成了。旧诗里大有佳作，我也是承认的，我们可以赏识以至礼赞，却是不必想去班门弄斧。要做本无什么不可，第一贤明的方法恐怕还只有模仿，精时也可乱真，虽然本来是假古董。若是托词于旧皮袋盛新蒲桃酒，想用旧格调去写新思想，那总是徒劳。这只是个人的偏见，未敢拿了出来评骘古今，不过我总不相信旧诗可以变新，于是对于新时代的旧诗就不感到多大兴趣。此其二。有这些原因，我看人境庐诗还是以人为重，有时觉得里边可以窥见作者的人与时代，也颇欣然，并不怎么注重在诗句的用典与炼字上，此诚非正宗的读诗法，但是旧性难改，无可如何，对于新旧两派之人境庐诗的论争亦愧不能有左右袒也。

那么，我为什么写这篇文章的呢？我这里所想谈的并不是文学上的诗，而只是文字上的诗，换一句话来说，不是文学批评而是考订方面的事情。我因收集黄公度的著作，《人境庐诗草》自然也在其内，得到几种本子，觉得略有可以谈谈的地方，所以发心写此小文，——其实我于此道也是外行，不胜道士代做厨子之感焉。寒斋所有《人境庐诗草》只有五种，列记如下：

一、《人境庐诗草》十一卷，辛亥日本印本，四册。

二、同上，高崇信、尤炳圻校点，民国十九年北平印本，一册。

三、同上，黄能立校，民国二十年上海印本，二册。

四、同上，钱萼孙笺注，民国二十五年上海印本，三册。

五、同上四卷，人境庐抄本，二册。

日本印本每卷后均书“弟遵庚初校梁启超复校”，本系黄氏家刻本，唯由梁君经手，故印刷地或当在横滨，其用纸亦佳，盖是美浓纸也。二十年上海印本则署“长孙能立重校印”，故称再版，亦是家刻本，内容与前本尽同，唯多一校刊后记耳。高尤本加句读，钱本加笺注，又各有年谱及附录，其本文亦悉依据日本印本。这里有些异同可说的，只有那抄本的四卷。我从北平旧书店里得到此书，当初疑心是诗草的残抄本，竹纸绿色直格，每半页十三行，中缝刻“人境庐写书”五字，书签篆文“人境庐诗草”，乃用木刻，当是黄君手笔，书长二十三公分五，而签长有二十二公分，印红色蜡笺上。但是拿来与刻本一比较，却并不一样，二者互有出入，可知不是一个本子。仔细对校之后，发见这抄本四卷正与刻本的一至六卷相当，反过来说，那六卷诗显然是根据这四卷本增减而成，所以这即是六卷的初稿。总计六卷中有诗三百五首（有错当查），半系旧有，半系新增，其四卷本有而被删者有九十四首，皆黄君集外诗也。钱萼孙笺注本发凡之十五云：

> 诗家凡自定之集，删去之作必其所不惬意而不欲以示人者，他人辑为集外诗，不特多事，且违作者之意。黄先生诗系晚年自定者，集外之作不多，兹不另辑。

这也未始不言之成理，就诗言诗实是如此，传世之作岂必在多，古人往往以数十字一篇诗留名后世，有诗集若干卷者难免多有芜词累句，受评家的指摘。但如就人而言，欲因诗以知人，则材料不嫌太多，集外诗也是很有用的东西吧。黄能立君校刊后记中说，黄君遗著尚有文集若干卷，我们亦希望能早日刊布，使后人更能了解其思想与见识，唯为尊重先哲起见，读者须认清门路，勿拿去当作古今八大家文看才好耳。

抄本四卷的诗正与刻本的六卷相当，以后的诗怎么了呢？查《诗草》卷六所收诗系至光绪十七年（一八九一）止，据尤编《年谱》在十六年项下云：

> 先生自本年起始辑诗稿。自谓四十以前所作诗多随手散佚，庚辛之交随使欧洲，愤时势之不可为，感身世之不遇，乃始荟萃成编，藉以自娱。

又黄君有《人境庐诗草自序》亦作于光绪十七年六月，那么这四卷本或者即是那时所编的初稿也未可知。（诗草自序在尤本中有之，唯未详出处，曾函询尤君，亦不复记忆。钱编年谱在十七年项下说及此序，注云：

先生《诗草自序》原刊集中不载，见《学衡》杂志第六十期，编者吴宓得之于先生文孙延凯者。（诗话下引有吴君题跋，今不录。）

罗香林君藏有黄君致胡晓岑书墨迹三纸，诗一纸，又《山歌》二页，老友饼斋（钱玄同）录有副本，曾借抄一通，其书末云：

遵宪奔驰四海，忽忽十馀年，经济勋名一无成就，即学问之道亦如鹢退飞，惟结习未忘，时一拥鼻，尚不至一行作吏此事遂废，删存诗稿犹存二三百篇。今寄上《奉怀诗》一首，又《山歌》十数首，如兄意谓可，即乞兄抄一通，改正评点而掷还之。弟于十月可到新嘉坡，寄书较易也。

下署八月五日。其《寄怀胡晓岑同年》一诗，末署“光绪辛卯夏六月自英伦使馆之搔蝉处书寄”。此诗今存卷四中，题曰《忆胡晓岑》，卷末一首为《舟泊波塞》，盖是年九月作。总计四卷本共有诗二百四十七首，与书中所言二三百篇之数亦大旨相合。《饮冰室诗话》所云丙申（一八九六）年梁任公何翙高诸人所见《人境庐集》，事在五年后，或当别是一本，不能详矣。

四卷本中有二十四题全删，共六十首，题目存留而删去其几首者有十六项，其最特别的是删改律诗为绝句，计有三项。卷一中《闻诗五妇病甚》云：

中年儿女更情长，宛转重吟妇病行。四壁对怜消渴疾，十洲难觅反魂香。每将家事探遗语，先写诗题说悼亡。终日菜羹鱼酱外，帖书乞米药抄方。

刻本只存首尾两联，中四句全删。《为梁诗五悼亡作》及《哭张心谷》亦均如是，后者本有六首，其第三删改为七绝，即刻本的第一首是也。全删的诗在卷一中有《榜后》四首，《无题》三首，《游仙词》八首，皆可注意。今录《游仙词》于下，其后即列癸酉追和罗少珊诗，盖是同治十二年（一八七三）所作：

新声屡奏郁轮袍，混入群仙亦足豪，夜半寥阳呼捉贼，九天高处又偷桃。

招摇天市闹喧哗，上界年年卜榜花[②]，贯索囷仓齐及第，群仙校对字无差。

贝宫瑶阙矗千层，欲上天梯总未能，但解淮王炼金术，便容鸡犬共飞升。

上清科斗字犹存，检点琅函校旧文，亲写绿章连夜奏，微臣眼见异风闻。

臣朔当年溺殿衙，颇烦王母口赍嗟，金盘玉碗今盛矢，定比东方罪有加。

星宫昨夜会群真，各自燃犀说旧因，不识骑驴张果老，是何虫豸是前身。

新翻妙曲舞霓裳，何故人间遍播扬，分付雏龙慎防逻，不容擫笛傍红墙。

懊侬掷米不成珠，十斛珠尘又赌输[3]，至竟如何施狡狯，亲骑赤凤访麻姑。

又卷三中删去在日本所作诗二十二首，其中有《浪华内田九成以所著名人书画款识因其友税关副长苇原清风索题，杂为评论，作绝句十一首》。注云，“仿渔洋山人论诗绝句体例，并附以注。”也是颇有意思的，不知何以删去。还有好些有名的咏日本事物的诗，如刻本卷三中的《都踊歌》《赤穗四十七义士歌》等，抄本里也都没有，难道是后来补作的么，还是当初忘记编入，这个问题我觉得没有法子解决，现在只好存疑。

部分的删去的诗以卷一为多，如《乙丑十一月避乱大埔》八首删其四，《二十初度》四首删其三，《寄和周朗山》五首删其四，《山歌》十二删其四，《人境庐杂诗》十删其二，皆是。今举《杂诗》的第九十两首为例：

扶筇访花柳，偶一过邻家。高芋如人立，疏藤当壁遮。絮谈十年乱，苦问长官衙。春水池塘满，时闻阁阁蛙。

无数杨花落，随波半化萍。未知春去处，先爱子规声。九曲栏回绕，三叉路送迎。猿啼并鹤怨，惭对草堂灵。

至于《山歌》的校对更是很有兴趣的事。抄本有十二首，刻本九，计抄本比刻本多出四首，而刻本的末一首却也是抄本中所没有的。这里碰巧有罗氏所藏黄君的手写本，共有十五首，比两本都早也更多，而且后边还有题记五则，觉得更有意思。今依手写抄录，略注异同于下：

自煮莲羹切藕丝，待郎归来慰郎饑，为贪别处双双箸，只怕心中忘却匙。

案此首三本皆同，以后不复注明。饑字各本均如此，当依古直笺作饥。

人人要结后生缘，侬要今生结眼前，一十二时不离别，郎行郎坐总随肩。

案，第二句抄本刻本均作“侬只今生结目前”。

买梨莫买蜂咬梨，心中有病没人知，因为分梨故亲切，谁知亲切更伤离。

送郎送到牛角山，隔山不见侬自还，今朝行过记侬恨，牛角依然弯复弯。

案，手写本第二句以下原作“望郎不见侬自还，今朝重到山头望，恨他牛角弯复弯”，后乃涂改如上文。刻本中无，抄本“自还”作“始还”，“弯复弯”作“弯又弯”。

催人出门鸡乱啼，送人离别水东西，挽水西流不容易，从今不养五更鸡。

案，“不容易”抄本刻本均作“想无法”。“西流”钱本作“东流”，恐误。

邻家带得书信归，书中何字侬不知，待侬亲口问渠去，问他比侬谁瘦肥。

案，“待”抄本刻本均作“等”。

一家女儿做新娘，十家女儿看镜光，声声铜鼓门前打，打到中心只说郎。

案，第三句抄本刻本均作“街头铜鼓声声打”，“到”均作“着”。

嫁郎已嫁十三年，今日梳头侬自怜，记得来时同食乳，同在阿婆怀里眠。

案，“来时”抄本刻本均作“初来”。

阿嫂笑郎学精灵，阿姊笑侬假惺惺，笑时定要和郎赌，谁不脸红谁算赢。

案，手写本“惺惺”原作“至诚”，后改。“赌”写作“睹”，当系笔误④，抄本刻本均无。

做月要做十五月，做春要做四时春，做雨要做连绵雨，做人莫做无情人。

案，抄本刻本均无。

见郎消瘦可人怜，劝郎莫贪欢喜缘，花房胡蝶抱花睡，可能安睡到明年。

案，手写本“可能”原作“看他”，后改，抄本作“如何”。刻本无。

自剪青丝打作条，送郎亲手将纸包，如果郎心止不住，请看结发不开交。

案，“送郎亲手”抄本刻本均作“亲手送郎”，“请看”均作“看侬”。

人人曾做少年来，记得郎心那一时，今日郎年不翻少，却夸年少好花枝。

案，“却夸年少”抄本作“却夸新样”。刻本无。

人道风吹花落地，侬要风吹花上枝，亲将黄蜡粘花去，到老终无花落时。

案，抄本有，刻本无。

第一香橼第二莲，第三槟榔个个圆[5]，第四芙蓉并枣子，有缘先要得郎怜。

案，“并”刻本作“五”，“有缘先要”作“送郎都要”。抄本无。其后有题记云：

十五国风妙绝古今，正以妇人女子矢口而成，使学士大夫操笔为之，反不能尔，以人籁易为，天籁难学也。余离家日久，乡音渐忘，辑录此歌谣往往搜索枯肠，半日不成一字，因念彼冈头溪尾，肩挑一担，竟日往复，歌声不歇者，何其才之大也。

钱塘梁应来孝廉作《秋雨庵随笔》,录粤歌十数篇，如“月子弯弯照九州”等篇皆哀感顽艳，绝妙好词，中有“四更鸡啼郎过广”一语，可知即为吾乡山歌。然山歌每以方言设喻，或以作韵，苟不谙土俗，即不知其妙，笔之于书殊不易耳。

往在京师，钟遇宾师见语，有土娼名“满绒遮”，与千总谢某昵好，中秋节至其家，则既有密约，意不在客，因戏谓汝能为歌，吾辈即去不复嬲。遂应声曰：“八月十五看月华，月华照见侬两家，(原注，以土音读作纱字第二音,) 满绒遮，谢副爷。”乃大笑而去。此歌虽阳春二三月不及也。

又有乞儿歌，沿门拍板，为兴宁人所独擅场。仆记一歌曰，“一天只有十二时，一时只走两三间，一间只讨一文钱，苍天苍天真可怜。”悲壮苍凉，仆破费青蚨百文，并软慰之，故能记也。

仆今创为此体，他日当约陈雁皋、钟子华、陈再芗、温慕柳、梁诗五分司辑录，我晓岑最工此体，当奉为总裁，汇录成编，当远在《粤讴》上也。

黄君与晓岑书中有云：“惟出门愈远，离家愈久，而惓恋故土之意乃愈深。记阁下所作《枌榆碎事序》有云，吾粤人也，搜辑文献，叙述风土，不敢以让人。弟年来亦怀此志。”其欲作《客话献征录》，有记录方言之意，写《山歌》则即搜集歌谣也。此是诗人外的别一面目，不佞对之乃颇感到亲切，盖出于个人的兴趣与倾向，在大众看来或未必以为然耳。我所佩服的是黄公度其人，并不限于诗，因此觉得他的著作都值得注意，应当表章，集外诗该收集，文集该刻布，即《日本杂事诗》亦可依据其定本重印，国内不乏文化研究的机关与学者，责任自有所在，我们外行只能贡献意见，希望一千条中或有一个得中而已。

顺便说到《日本杂事诗》的板本，根据黄君所说，计有下列这几种：

一，同文馆集珍本，光绪五年己卯。

二，香港循环报馆巾箱本，同六年庚辰。

三，日本凤文书局巾箱本，未详。

四，中华印务局本。

五、六，日本东西京书肆本，均未详。

七，梧州自刊本，光绪十一年乙酉木刻。

八，长沙翻本，未详。

九，长沙自刊定本，光绪二十四年戊戌木刻。

以上一、二、七、九各种寒斋均有，又有一种系翻印同文馆本，题字及铅字全是一样，唯每半页较少一行，又夹行小注排列小异，疑即是中华印务局本。尤《年谱》称“后上海游艺图书馆等又有活字本”，惜均未能详，黄君似亦不曾见到[6]，或者是在戊戌作跋后的事乎。香港巾箱本当即是天南遁窟印本。钱《年谱》在光绪五年项下云：“夏，先生《日本杂事诗》出板。”小注云：“为京师译署官板，明年王韬以活字板排印于上海，为作序。”据王韬在光绪六年所撰序中云：“因请于公度，即以余处活字板排印。”又《弢园尺牍续编》卷一《与黄公度参赞书》中云：“自念遁迹天南，倏逾二十载，首丘之思，靡日或忘。”时为辛巳[7]，即光绪七年。可知所谓“余处”当在香港，而活字板与集珍亦本是一物，不过译署官板用二号铅字，遁窟本用四号耳。以言本文，则遁窟本似较差，注文多删改处，未免谬妄。自刻本皆木刻，最有价值，乙酉本有自序一篇，戊戌[8]本有新自序及跋各一篇，都是重要的文献。《杂事诗》原本上卷七十三首，下卷八十一首，共百五十四首，今查戊戌定本上卷删二增八，下卷删七增四十七，计共有诗二百首。跋中自己声明道：

> 此乃定稿，有续刻者当依此为据，其他皆拉杂摧烧之可也。

至其改订的意思则自序中说得很明白，去年三月中我曾写一篇小文介绍，登在《逸经》上，现在收入文集《风雨谈》中，不复赘。这里还有一件很有意思的事，便是这定本《杂事诗》虽然是“光绪二十四年长沙富文堂重刊”（此字及书面皆是徐仁铸所写），其改订的时候却还在八年前，说明这经过的自序系作于“光绪十六年七月”，——与他作《人境庐诗草》自序在一个年头里，这是多么有意义的偶然的事。我们虽然不必像吴雨僧君对于诗草自序的那么赞叹，但也觉得这三篇序跋在要给黄君做年谱的人是有益的参考资料。话又说了回来，中国应做的文化研究事业实在太多，都需要切实的资本与才力，关于黄公度的著作之研究亦即其一，但是前途未免茫茫然，因为假如这些事情略为弄得有点头绪，我们外行人也就早可安分守己，不必多白费气力来说这些闲话了。

（民国二十六年二月四日，在北平）

[附记]　去年秋天听说有我国驻日本大使馆的职员在席上大言《日本国志》非黄公度所作，乃是姚栋的原著云。日本友人闻之骇怪，来问姚栋其人的事迹，不佞愧无以对。假如所说是姚文栋，那么我略为知道一点，因为我有他的一部《日本地理兵要》，但可以断定他是写不出《日本国志》那样的书的⑨。姚书共十卷，题"出使日本随员直隶试用通判姚文栋谨呈"，其内容则十分之九以上系抄译日本的《兵要地理小志》，每节却都注明，这倒还诚实可取。黄书卷首有两广总督张之洞咨总理衙门文，中有云：

> 查光绪甲申年贵衙门所刊姚文栋《日本地理兵要》所载兵籍，于陆军但存兵数，海军存舰名而已，视黄志通叙兵制姚略相去奚啻什伯。

末又云："二书皆有用之作，惟详备精核，则姚不如黄。"此虽是公文，对于二书却实地比较过，所评亦颇有理，可见二者不但不同而且绝异也。绝异之点还有一处，是极重要的，即是作者的态度。姚君在例言中畅论攻取日本的路道，其书作于甲午之十年前，可知其意是在于言用兵，虽然单靠日本的一册《兵要地理小志》未必够用。黄书的意义却是不同的，他只是要知彼，而知己的功用也就会从这里发生出来。原板《日本国志》后有光绪二十二年（甲午后二年）的梁任公后序云：

> 中国人寡知日本者也。黄子公度撰《日本国志》，梁启超读之欣怿咏叹黄子，乃今知日本，乃今知日本之所以强，赖黄子也。又懑愤责黄子曰，乃今知中国，乃今知中国之所以弱，在黄子成书十年，久谦让不流通，令中国人寡知日本，不鉴不备，不患不悚，以至今日也。

《人境庐诗草》卷十《三哀诗》之一《袁爽秋京卿》篇中云：

> 马关定约后，公来谒大吏，青梅雨翛翛，煮酒论时事。公言行箧中，携有日本志，此书早流布，直可省岁币。我已外史达，人实高阁置，我笑不任咎，公更发深喟。

钱《年谱》列其事于光绪二十一年，且引黄君从弟由甫之言曰：

> 爽秋谓先生《日本国志》一书可抵银二万万。先生怪问其故，爽秋云，此书稿本送在总署，久束高阁，除余外无人翻阅，甲午之役力劝翁常熟主战者为文廷式张謇二人，此书若早刊布，令二人见之，必不敢轻于言战，二人不言战则战机可免，而偿银二万万可省矣。

梁任公作黄君墓志中云：

当吾国二十年以前（案墓志作于宣统辛亥）未知日本之可畏，而先生此书（案指《日本国志》）则已言日本维新之功成则且霸，而首先受其冲者为吾中国，及后而先生之言尽验，以是人尤服其先见。

由是观之，黄姚二书薰莸之别显然，不待繁言。还有一层，《日本国志》实与《日本杂事诗》相为表里，其中意见本是一致。《杂事诗》定本序云：

余所交多旧学家，微言讽刺，咨嗟太息，充溢于吾耳，虽自守居国不非大夫之义，而新旧同异之见时露于诗中。及阅历日深，闻见日拓，颇悉穷变通久之理，乃信其改从西法，革故取新，卓然能自树立，故所作《日本国志》序论往往与诗意相乖背。久而游美洲，见欧人，其政治学术竟与日本无大异，今年日本已开议院矣，进步之速为古今万国所未有，时与彼国穹官硕学言及东事，辄敛手推服无异辞。使事多暇，偶翻旧编，颇悔少作，点窜增损，时有改正，共得诗数十首。

他自己说得很明白，就是我们平凡的读者也能感到，若说《日本国志》非黄公度之作，那么《杂事诗》当然也不是，这恐怕没有人能够来证明吧。本来关于《日本国志》应该专写一篇文章，因为其中学术志二卷礼俗志四卷都是前无古人的著述，至今也还是后无来者，有许多极好意思极大见识，大可供我抄录赞叹，但是目下没有这工夫，所以就在这里附说几句。

（二月八日再记）

【钟校】

① 1937.3.5 刊《逸经》25 期。

②“上界年年卜榜花”，“卜”原作“下”。

③“十斛珠尘又赌输”，“尘”原作“麈”。

④“赌写作睹，当系笔误”，“睹”原作“赌”。

⑤“第三槟榔个个圆”，“榔”原作“椰”。

⑥“似亦不曾见到”，“到”原作“刻”。

⑦“辛巳”，“巳”原作“已”。

⑧“戊戌”，“戌”原作“戍”。

⑨“他是写不出《日本国志》那样的书的”，“那样的书”原缺“的”字。

茨村新乐府[1]

◇1937.2.11

◇秉烛谈

《越缦堂日记》同治八年三月初七日条下云：

阅《茨村咏史新乐府》，上下二卷，山阴胡介祉著[2]。介祉字存仁，号循斋，礼部尚书衔秘书院学士兆龙之子，康熙间官湖北佥事道。乐府共六十首，皆咏明季事，起于《信王至》，纪庄烈帝之入立也，终于《钟山树》，纪国朝之防护明陵也，每首各有小序，注其本末。时明史尚未成，故自谓就传闻逸事取其有关治乱得失者谱之，今其事既多众著，诗尤重滞不足观，惟《阜城死》下注云云（案共抄录小注六篇），数事皆他书所罕见。是书为诸暨郭云也石学种花庄刻本，前有宿松朱书字绿序，后附李驎《书懿安皇后事》一首，《贺宿纪闻》一首。

鄙人不懂诗而有乡曲之见，喜搜集山阴会稽两县（今合称绍兴县，其名甚不佳，大有人名殿魁国梁之概，似只宜用于公文书也。）人的著作，因此这也是我所欲得的一部书。他原有刻本，不知怎的很是少见，好容易在近日才找到一册，却是抄本，价钱就未免不廉，六折计算之后还要十元以上，在敝藏越人著作中也差不多要算是善本了。看字体至早是乾隆时抄本，中多讹字阙字，虽经人用朱笔校过，仍不能尽，前有朱字绿王宓草二序，王序题癸卯，当系雍正元年，为刻本所无。序中只知茨村姓胡，不审为何许人，后又有甲辰年附记云：

去岁抄此乐府，并附录朱字绿序于其前，胡茨村不知其名，而字绿为之序，意以为亦皖人也。偶阅如皋许实夫《谷园印谱》，乃燕越胡介祉授梓，介祉号循斋，又号茨村，壬戌[③]春官湖北佥宪。

陶凫亭编《全浙诗话》，第四十四卷中只引《西河诗话》卷五里的一条，题名胡少参，盖亦不知道他的名号，毛西河虽说起《谷园集》，但商宝意编《越风》三十卷亦未收录，似在乾隆时尚不甚为人所知。今其诗集仍未见，《新乐府》稍稍出现，此外所刻书有《谷园印谱》及《陶渊明集》，虽然价贵，在市面上还偶然可以遇到。

《咏史新乐府》六十首通读一过，很有感慨，觉得明朝这一个天下丢掉也很不容易，可是大家努力总算把他丢了。这些人里边有文武官员，有外敌，有流寇，有太监，有士大夫，坏的是阉党，好的是东林和复社之类。因为丢得太奇怪了，所以又令人有滑稽之感。如第三十九章《开城门》小序云：

> 十九日辰时兵部尚书张缙彦[④]同太监曹化淳开齐化东便二门纳贼，后入朝，为太监王德化所殴，须髯尽拔，贼亦鄙之。

诗曰：

> 甲申三月十九日，崇祯历数当终毕，城门不开贼亦进，穴地通天岂无术。但恨奴侪受主恩，公然悖逆开城门，解嘲幸拔须髯尽，好与群奄作子孙。

曹化淳原是钦命的守城太监，但太监姑且别论，若兵部尚书而开城门，则实是上好的笑话资料，欲加笔诛唯宜半以游戏出之，即腕力制裁亦唯拔尽其鸟嘴之毛一法差相称耳。第十九章《复社行》小序中云：

> 时复社主盟首推二张，皆锐意矫俗，结纳声气，间有依附窃名者，未免舆论稍滋异同，或为之语曰，头上一顶书厨，手中一串数珠，口内一声天如，足称名士。天如，溥字。书厨，以状巾之直

方高大。而时尚可知矣。

又云：

自复社告讦后，更为大社，其势愈盛。丙子己卯[5]两秋闱，社中人大会于秦淮，酒船数百艘，梨园青楼无剩者，江南以为奇观。社中人出，市人皆避之，其举止观瞻可望而知也，即僮仆舆夫舟子皆扬扬有得色。凡以声气来官地方者，两司方面与治属诸生皆雁行讲钧礼，曰盟兄社弟，诸生报谒亦如之，宴会倒屣，无间朝暮。每督学临试，列荐郡邑士，动数十百，毋敢不录，所欲得首以下如响。社中人取科举游泮如寄，以故无论智愚争先□附，以至幸猎科名，恬不为怪，人亦视为故然。

夫复社只是考究做八股文的一个结社而已，而如此阔气，可谓盛矣，后世之人虽衷心仰望岂能企及哉。又第四十四章《衣冠辱》小序云：

二十一日伪大学士牛金星出示晓谕，百官俱报职名，以凭量用，不愿者听其回籍，容隐不报者即以军法从事。一时朝官就义者虽多，而报名者更复不少。……然不用者桎梏囚首，愁惨痛楚，而用者高冠广袖，或徒步，或骏马，扬扬自得。有帅领文武官员，首倡劝进者。有献金求大拜，以

> 管仲魏征自命者（原旁注云，项煜）。有被贼见召，出语人新主待我礼甚恭者（注，梁兆阳）。有撰劝进表登极诏，献急下江南策，逢人便说牛老师极为欢赏者（注，周钟）。有献平浙策，背刺骑驴，为贼驱使，未几被贼兵打折一臂者。有掌选得意，对人言宋堂翁待我极好者（注，杨起）。有贼先不用，夤缘赴选，向人言我明日便非凡人，好事为作《不凡人传》者（注，钱位坤）。其辱更甚于被刑焉。

据陈济生著《再生记》卷上记廿二日事云："庶吉士魏学濂偶为贼兵损一臂，诉之伪将军，叱云，如此小事何必饶舌。"乃知上文所云骑驴背名刺者即是此人，是魏大中子也。又廿六日条下云：

> 又闻牛金星极慕周钟才名，召试《士见危授命论》，又有贺表数千言，颂扬贼美，伪相大加称赏。

由此可以知道牛老师的称呼的来源，这里觉得有点不可思议的，只是不知周钟的论文怎样下笔，牛老师的题目实在出得有点促狭呀。至于那帅领文武官员首先劝进的，我们知道是旧辅臣陈演，后来却又拿去夹打追赃了。《再生记》卷上记廿一日事有一节总记诸臣情状云：

廿一日报名，各官青衣小帽，于午门外匍匐听点，平日老成者，儇巧者，负文才者，哓哓利口者，昂昂负气者，至是皆缩首低眉，僵如木偶，任兵卒侮谑，不敢出声。

固然秀才遇见兵，有理说不清了，士大夫之丑亦已出尽矣，我想要加添几句话，都觉得是无用，难怪胡君的诗之重滞也。如《诚意伯》一篇言刘孔昭杀叔及祖母，比附马阮作恶多端，终乃大掠满载入海，盖大逆十恶之徒，而诗亦只能说：

幸教白骨不归来，免污青田山下土。

实在没有什么话可说，天下最高与最下的东西，盖往往同是言语道断也。（二十六年二月十一日，在北平）

［补记］　吴子修著《蕉廊脞录》卷五有一则云：

阅《流寇长篇》卷十七纪甲申三月甲辰日一事云，京官凡有公事，必长班传单，以一纸列衔姓，单到写知字。兵部魏提塘，杭州人，是日遇一所识长班亟行，叩其故，于袖出所传单，乃中官及文武大臣公约开门迎贼，皆有知字，首名中官则曹化淳，大臣则张缙彦。此事万斯同面问魏提塘所说。按京师用长班传送知单，三百年来尚沿此习，特此事绝奇，思宗孤立之势已成，至中官宰相倡率开门迎敌，可为痛哭者矣。

案此事真绝奇，文武大官相约开门迎敌，乃用长班传送知单，有如知会团拜或请酒，我们即使知道官场之无心肝也总无论如何想象不到也。查《万年历》甲申三月朔己丑，则甲辰当是十六日，陈济生著《再生记略》卷上云：

十六日黎明破昌平州，焚十二陵享殿。自沙河而进，直犯平子门，终夜焚掠，火光烛天。是日上召对三次，辅臣及六部科道等官皆曰无害，藉圣天子威灵，不过坐困几日，拨云雾见青天耳。退朝之后诸臣言笑自若，而已时有权将军者发伪牌，定于十八日入城，行至幽州会馆同缴[6]，皆以为骇。

盖诸臣朝对之时长班亦正在分送传单也。

（二月十九日再记于北平）

【钟校】

① 1937.3.16 刊《宇宙风》37 期，题作《明朝之亡》。

②“胡介祉著”，“著”原作“者”。

③“壬戌”，“戌”原作“戍”。

④“张缙彦”原作“张彦缙”。

⑤“丙子己卯”，“己”原作“巳”。

⑥“会馆同缴”原作“会同馆缴”。

莲花筏[1]

◇1937.2.16

◇秉烛谈

去年厂甸时我在摊上看见一本书，心里想买，不知怎的一转头终于忘记了，虽然这摊上的别的书也买了几本。不久厂甸就完了，我那本书便不再能够遇见。今年的旧元旦天气很好，往厂甸去看看，一看就在路西的书摊上发见了去年的那书，很是喜欢，赶紧买了回来。说起来也很平凡，这只是一册善书，名曰《莲花筏》，略为特别的是颐道居士陈文述所著而已。

我是颇有乡曲之见的人，近二十几年来喜搜集一点同乡人的著作，关于邵无恙我得到他的《历代名媛杂咏》三卷，《梦馀诗钞》稿本八卷，《镜西阁诗选》八卷。这末了一种乃是碧城仙馆所刻，题曰“陈文述编”，而实盖出其子妇汪允庄手，陈序述刻集的经过有云：

君之识余也，余子裴之甫在襁褓。君生平交游结纳，岂无一二知己，乃残缣断简一再散佚，而掇拾哀辑转成于寒闺嫠妇之手。既请于余，复乞助于余内弟龚君绣山，端侄小米，及闺友席怡珊夫人，并质钗珥以资手民，始成此集，以供海内骚坛题品也。

这很使我注意汪女士的著作，便去找《自然好学斋诗钞》来看，结果只能得到同治年间的重刊本，虽然她夫妇追悼紫姬的《湘烟小录》的道光原刊却已找得了。诗我是不懂，但看诗钞觉得汪允庄有几点特色，一是饮佩高青丘而痛恨明太祖朱元璋，二是表扬张士诚及其部属，其三是从一出来的，即由高青丘而信吕岩及道教，是也。卷十，《雷祖诞辰恭赋二律》有云：消尽全家文字孽，莲花同上度人船。注云，“《莲花筏》，翁大人所著。”又卷末《敬书翁大人莲花筏后》，有序云：

劝善之书，得未曾有，真救劫度世之宝筏也，既为跋语，更赋此诗：“此是西方大愿船，花开玉井不知年。普陀大士瓶中露，太乙慈尊座下莲。欲度世人先度己，能回心地可回天。生机即是金丹诀，合证龙门救劫仙。”

注云：“《莲花筏》销尽三千劫，小艮先生语也。”诗钞卷首颐道著《孝慧汪宜人传》中有云：

宜人之论文也，不袭前人成说，谓余古文不受八家牢笼，足以自成一子，说理论事深切著明，此由见解通达，不尽关于文字。然端于翁文取《莲花筏》而不取《葵藿编》，以《莲花筏》劝人为善，体用兼备，闵真人谓救劫度世功行非凡，当非虚语。

这部《莲花筏》我终于得到手了，查其中并无汪女士跋，却有摩钵道人管守性序，有云：

今以所刻《莲花筏》见寄，意主度人，内蒙养、戒杀、善书、崇俭诸篇，现身说法，于人心当有裨益，至儒佛诸篇所论虽是，然未免好辨。

又云：

然则此书虽佳，是儒家之糟粕，而非佛道两家之上乘。君近日究心数学，虽出自希夷康节之传，于身心性命亦无益也。愿君之著书止于是也。

所说不同，却亦颇妙。如断章取义我倒宁取摩钵之说，盖鄙见以为此类善书都无益也，现在只因是颐道所作，故想略谈谈耳。

书中第一篇为《蒙养管见》，没有什么特别的地方，只是在儿童自四五至七八岁时所读书中，除《三字经》等以外尚有《感应篇》与《阴骘文》，注云，“有以此二书为道家之书者，谬也。”第三篇《善书化劫说》力言善书的功用，以为儒道佛三家书皆弗及，又说应当尊信之理，有云：

> 《感应篇》，太上所作，太上即老子，道家之祖，孔子所从问礼者也[②]。《功过格》，太微仙君以授真西山者也。《阴骘文》、《劝孝文》、《劝惜字文》、《蕉窗十则》，文昌帝君所作，科名主宰，士子所归依者也。《警世》、《觉世》诸经，关帝所训，国家所崇奉，与先师并列者也。

颐道文集太贵，我尚未能买，但读其秣陵西泠诸诗集，觉得亦是慧业文人，（此语姑且承误用之，）今所言何其鄙陋耶。此事殊出意外，盖我平时品评文人高下，常以相信所谓文昌与关圣，喜谈果报者为下等，以为颐道居士当不至于此也。第二篇《戒杀生四则》，意亦平常，但因此也比较地可读。不佞本不反对戒杀，唯其理由须是大乘的，方有意思，若是吃了虾米只怕转生为虾米去还债，仍不免为鄙夫之见耳。此文刻于道光丙申（一八三六），次年丁酉刻《蕃厘小录》，首列戒杀放生诗二十四首，此四则亦复收入，寒斋幸存一册。《莲花筏》中此外还有文十二篇，较重要的是《佛是药说》，论儒佛及儒道书共五，《答友人辟佛书》，今不具论。正如《蕃厘小录》自序所说，"近日儒门之士，无宋人理障之习，兼通二氏"，原是好事，唯抛开《原道》而朗诵《阴骘文》，半斤等于八两，殊无足取。削发念佛，不佞自己无此雅兴，但觉得还自成一路，若炼金丹求长生的道教本至浅陋，及后又有《阴骘文》一派，则是方士之秀才化，更是下流，不能与和尚相比矣，读书人乃多沉溺于此，高明者且不能免，何哉。

陈颐道与汪允庄均师事闵小艮，即金盖老人是也，《自然好学斋诗钞》卷十有挽诗三首，序中略述闵氏生平，所著《金盖心灯》似最有名，今尚流传，唯价不廉而书又未必佳，终未搜得，不能言其内容何似。挽诗注云："先生证位玉斗右宫副相神玑明德真君。"又题《花月沧桑录》诗注有云，"才女贤妇隶西王母，节女烈妇隶斗母。"集中此类语甚多，在我们隔教的人看去，很觉得荒漠无可稽考。据颐道著《汪宜人传》中云：

> 宜人茹荼饮蘖，所作皆单凫寡鹄之音。因巫言身后有孽，从金盖闵真人言，日对遗像诵《玉章经》，至临终不废。

又云：

> 宜人礼诵诚格神明，不可思议，其最明显者则在感通高祖青丘先生一事。宜人选刻明诗竟，论定三百年诗人以先生为第一，世无异议，尚以不知

身后真灵位业为恨，于吕祖前立愿诵《玉章经》十万八千卷，求为超升天界。诵既竣，为塑像期供奉葆元堂。……神降于坛，言久借境升天，掌法南宫，辅相北帝，至今无不知九天洪济明德真圆真人之为青丘先生，则宜人一诚之所感格也。

这里一部分的理由当如胡敬在《汪允庄女史传》中所云：

宜人素性高迈，于九流家言道释诸书蔑视不足学，及夫死子疾，茹荼饮蘖，稍稍为之，亦犹名士牢骚之结习也。

古今此种事极多，王荆石女亡而为昙阳子，屠赤水化女湘灵为祥云洞侍香仙子，叶天寥女小鸾则本是月府侍书女，尤为有名，即乡里老妪亦信巫言，以死者已任某土地祠从神为慰，却不知道土地爷实在不过是地保的职务而已。孔子曰，未知生，焉知死。又曰，未能事人，焉能事鬼。儒家者流宜知此意，但人世多烦恼，往往非有麻醉之助不能忍受此诸苦痛，虽贤者亦或不免，我们看到这些记述，初意虽欲责备，再加思量唯有哀矜之意耳。汪允庄信道而又特别尊崇高青丘，这却别有一种道理。颐道著传中云：

梅村浓而无骨，不若青丘澹而有品，遂奉高集为圭臬。因觅本传阅之，见明祖之残害忠良暴殄名儒也，则大恨。犹冀厄于遭际而不厄于文字也，及观七子标榜，相沿成习，牧斋归愚选本推崇梦阳而抑青丘，则又大恨。……誓翻五百年诗坛冤案而后已，因是选《明诗初二集》也。

后又云：

宜人因先生（案即青丘）之故深有憾于明祖之残暴，而感张吴君相之贤为不可及也；谓张吴与明祖并起东南，以力不敌为明所灭，不能并其礼贤下士保全善类之良法美意而灭之也。

所著《元明逸史》虽不传，集中尚存《张吴纪》律诗二十五首，表章甚力，传中记其语曰：

吾前生为青丘先生弟子，既知之矣，抑岂张吴旧从事乎，何于此事拳拳不释也。

其实理由似不难解，此盖作者对于自己身世的非意识的反抗，不过借了高启与朱元璋与张士诚等的名义而已。青丘的诗我不甚了了，惟朱元璋的暴虐无道则夙所痛恶，故就事论事我也很赞成这种抗议，若为妇女设想，其反逆（或稍美其名曰革命亦可）的气分更可以了解，但尚未意识的敢于犯礼教的逆鳞耳。最初发端于高青丘的诗，终乃入于神仙家言，如治病抽“白面”，（本当作麪，今从俗，）益以陷溺，弄假当真。传中述汪允庄临终之言云：

自言前世为元季张氏子，名佛保，师事青丘先生，并事张吴左丞潘公为云从，张吴亡，入山修道，赖青丘师接引入吕祖玉清宫为从官，奉敕降世，为明此段因果，今事毕，夙世之因亦尽，将归故处，令备舆马。

此是印度大麻醉梦中似的幻影，但我们虽少信亦安忍当面破坏之哉。谭友夏在《秋闺梦成诗序》中有云：

《伯兮》之诗曰，愿言思伯，甘心首疾。彼皆愿在愁苦疾痛中求为一快耳。若并禁其愁苦疾痛而不使之有梦，梦馀不使之有诗，此妇人乃真大苦矣。嗟乎，岂独妇人也哉。

我前讥颐道的鄙陋，细想亦是太苛，颐道晚年同一逆境，其甘心于去向梦与诗中讨生活，其实亦可理解，多加责备，使其大苦，自是不必。唯其所著书只可自遣，如云救劫度世，欲以持赠人，则是徒劳耳。一切善书皆如此，今只就《莲花筏》等说，实乃是尊重颐道居士与汪女士故也。

（民国二十六年二月十六日，于北平）

［附记］　前两天因为查阅张香涛所说的试帖诗的四宜六忌，拿出《輶轩语》来看，见《语行第一》中有“戒讲学误入迷途”一项，其中一则云：

昨在省会有一士以所著书来上，将《阴骘文》《感应篇》，世俗道流所谓《九皇经》《觉世经》，与《大学》《中庸》杂糅牵引，忽言性理，忽言易道，忽言神灵果报，忽言丹鼎符箓，鄙俚拉杂，有如病狂，大为人心风俗之害，当即痛诋而麾去之。明理之士急宜猛省，要知此乃俗语所谓魔道，即与二氏亦无涉也。

又其第三则云：

士人志切科名，往往喜谈《阴骘文》《感应篇》二书。二书意在劝化庸愚，固亦无恶于天下，然二书所言亦有大端要务，今世俗奉此则唯于其末节碎事营营焉用其心，良可怪也。

《辅轩语》（其实这名称还不如原来的《发落语》为佳）成于光绪元年，去今已一周甲，张君在清末新党中亦非佼佼，今读其语，多有为现今大人先生所不能言或不及知者，不禁感叹。兹录其关于“魔道”的一部分于右，大有德不孤之喜，但一喜亦复正多一惧耳。

（二月廿六日又记）

【钟校】

① 1937.2.28刊《中央日报》。

② “孔子所从问礼者也”，原无“者”，今增。

再谈试帖①

◇1937. 2. 18

◇秉烛谈

近来搜集一点试帖诗，成绩不算很好，石印洋板不要，木板太坏的也不收，到现在一总还不过一百种左右而已。偶阅杨雪沧的《孤居随录》，——我有一册诵芬堂本的《小演雅》题观颓道人编，后来知道即是杨浚，所以找他的笔记来翻阅，别无什么可看，但《续录》卷七是论试帖的，其内容如下：

一、毛西河先生《唐人试帖》序（节录）。

二、纪文达公《唐人试律说》序（同上）。

三、李守斋试帖七法。（注：原系八法，诗品未采，所选各联并全首见《分类诗腋》。）

四、梁芷林中丞《试律丛话》选。（只采绪论，其诗见原书。）

五、张芗涛学使《輶轩语》。（语试律诗四宜六忌全录。）

这里所引的书我都有了，那么理论方面的材料大抵已不愁缺乏，所应当注意的还是在别集总集吧。又阅《越缦堂日记补》，咸丰十年九月十四日条下云：

> 夜偕叔子看陈秋舫殿撰《简学斋试律》，颇有佳句，此虽小道，然肇自有唐，盛于当代，其流传当远于制义。制义数十年来衰弱已极，不复成文字，而试律犹有工者，故制义窃谓不久当废，试律法度尚存，其行未艾，即或为功令所去，人必有嗜而为之者。同人中叔子珊士孟调莲士皆工此体，叔子为尤胜也。

又十一月初五日读杜登春《社事始末》条下云："予尝谓时文不出二十年必为功令所废，即此可知也。"李君在七十馀年前能预言八股文之当废，可谓有识，但他思想本旧，并不是识时务，实只是从文章上论，亦能看出兴衰之迹。所云试律将有嗜而为之者，此语未确，唯文诗优劣却说得很有道理，盖虽同是赋得体，而一说理易陈腐，一咏事物尚可稍有情味也。

陈秋舫《简学斋诗》今在《七家试帖》中，《试律丛话》卷五极称道之，有云：

> 殿撰试帖于咏史尤为擅长，《文姬归汉》全首云：

“女有才如此，千金赎亦宜。存孤全友谊，忍死得归期。一骑东风快，双雏朔雪饥。身如焦尾在，心岂左贤知。大漠回看惨，陈留再到疑。经温刊石本，笳补入关词。兵燹馀悲愤，门楣系孑遗。可怜书未续，无命作班姬。”直是一篇文姬小传，而情韵隐秀，居然班范之间，此岂寻常笔墨耶。

吴谷人的《有正味斋试帖》中咏史数诗亦均佳，如《殷浩书空》云：

咄咄嗟何益，茫茫恨不穷。一生投热恼，几字画虚空。悬腕书防脱，看天问岂通。光阴斜日后，心绪乱云中。远势能飞白，惭颜莫洗红。肯教遗迹在，翻讶复函同。高阁宜君辈，苍生误此公。西风回笔阵，渺渺羡烟鸿。

此诗刻画书空，唯六七联讲到殷深源，与陈作不同，却也写得很精致。《九家诗》第一卷即《有正味斋》，咸丰中魏滂生又有选注本，与王惕甫《芳草堂诗》合刻，称《二家诗抄笺略》。魏君曾撰《骈雅训纂》，为世所知，此笺精要，刻板亦佳，与普通坊本不同，其视试律殆与越缦有同意耶。自序中云：

夫赋得诗不足存，矧为之作注，纪文达公《庚辰集》固有哂之者矣。顾吾观今之类书踳驳舛盩，展卷即是，递相钞撮，几同杜撰，得如《庚辰集》之本本原原，伐山自作，不由稗贩者，有几人哉。惜其不为类书而为此注，使推其例以为之，当益为后学津逮，顾林犹幸其有是书以示后人，使后之为类书者知所取则，其沾丐后人亦正未有涯也。

后又云：

后之读二家诗者不知视《庚辰集》何如，而注则不逮远甚，要之与钞撮影撰，沿讹踵谬，浮谈无根者，固有间矣。

说的很不错，如上文所引诗中末联“笔阵”注，除引《法书要录》“笔阵图”外，又云：

又按此阵字借作雁阵解，盖以雁为书空匠者意关合，见陶谷《清异录》上禽名门。

不单呆引出典，却就本诗用意上说明，这注便活了，嘉庆中有《九家诗选注》，不能如此也。又如“苍生”句别家注只引《王戎传》，却不知其更包有本传的“深源不起，当如苍生何”在内。《试律丛话》卷五论李伯子的《西沤试帖》有云：

又“鹤子”句云，阅世应无纪，传家别有经。上句用《瘗鹤铭》“鹤寿不知其纪也”，下句用浮丘公《相鹤经》，而为之注者皆不之及，则何用注之有哉。（案：光绪中刊《七家诗注》均已补入。）

尝阅黎觉人《六朝文絜笺注》，在《荡妇秋思赋》题下有注云："《说文》曰，秋，禾谷熟也。"不觉失笑。由此观之，魏涤生诚不易得，虽是赋得诗的注亦何害哉。魏君还有别的书如《同馆诗赋题解》等，惜均未能得到。

寒斋目下所有唐人试律的书共只十三部，其中却有一种很有意思，乃是王锡侯的《唐诗试帖课蒙详解》十卷，卷首题作《唐诗应试分类详解》，书签上云《应试唐诗分类详解》，《禁书目录》上却又云《唐诗试帖分类详解》。王锡侯《字贯》一案是清朝文字狱中很苛刻的一例，《心史丛刊》中记其本末颇详，所禁诸书我只见过《书法精言》，其次是这《唐诗试帖》。前有乾隆戊寅（一七五八）自序，盖因丁丑新定乡会试均用试帖，亦是投机的书，唯例言八则及论作诗法中案语六则均尚可读，不似《书法精言》之庸腐。如"例言一"云：

杂体之诗驱题就我，试帖之作束我就题，稍或纵放，语虽奇丽，与题无着矣。是天下诗之难作未有过于试帖者，试帖一工，何所不可。试帖之诗与八股文字无异，必须句斟字酌，与题相凑，精力有所不及，行间便少光采。然则西河毛氏谓八股文字起于试帖之诗，其信然也。

这书里还有一个特色，便是在有些诗的后面附有王氏自己的拟作，十卷中共有二十六首，盖亦是模仿西河而作。诗虽不甚佳，唯王锡侯身被坑书被焚，灰扬迹灭之后，尚能于此破册中保存着他的若干创作，亦可以说是吉光片羽矣，此其价值盖在于试帖以外而属于别一范围者也。　　（二十六年二月十八日，于北平）

【钟校】

① 1937. 2. 25 刊《益世报·读书周刊》。

凡人崇拜[1]

◇1937. 2. 23

◇秉烛谈

日本现代散文家有几个是我所佩服的，户川秋骨即是其一。据《日本文学大辞典》上说，秋骨本名明三，生于明治三年（一八七〇），专攻英文学，在庆应大学为教授。又云：

> 在其所专门的英文学上既为一方之权威，在随笔方面亦以有异色的幽默与讽刺闻名。以随笔集《文鸟》及其他改编而成的《乐天地狱》（昭和四年即一九二九）中，他的代表作品大抵集录在内。

但是我最初读了佩服的却是大正十五年（一九二四）出版的一册《凡人崇拜》，那时我还买了一本送给友人。这样买了书送人的事只有几次，此外有滨田陵的

《桥与塔》，木下周太等的《昆虫写真生态》二册，又有早川孝太郎的《野猪与鹿与狸》，不过买来搁了好久还没有送掉，因为趣味稍偏不易找到同志也。

秋骨（户川君今老矣，计年已六十有七，大前年在东京曾得一见，致倾倒之意，于此当称秋骨先生，庶与本怀相合，唯为行文便利计，又据颜师古说举字以相崇尚，故今仍简称字。）的文章的特色是幽默与讽刺，这有些是英文学的影响，但是也不尽如是。他精通英文学，虽然口头常说不喜欢英文与英文学，其实他的随笔显然有英国气，不过这并不是他所最赏识的阑姆，远一点像斯威夫德，近的像柏忒勒（Butler）或萧伯讷吧，——自然，这是文学外行人的推测之词，未必会说得对，总之他的幽默里实在多是文化批评，比一般文人论客所说往往要更为公正而且辛辣。昭和十年（一九三五）所出随笔集《自画像》的自序中云：

> 我曾经被人家说过，你总之是一个列倍拉列斯忒（自由主义者）吧。近来听说列倍拉列斯忒是很没有威势了，可是不论如何，我是以一个列倍拉列斯忒为光荣的。从我自己说来毫无这些麻烦的想头，若是旁观者这样的说，那么就是如此也说不定。注重个性咧，赶不上时势咧，或者就是如

此也未可知吧。赶不上时势什么都没有关系，我只以是一个列倍拉列斯忒即自由主义者的事衷心认为光荣的。

又被一个旁观者说过，说是摩拉列斯忒。你到底是一个摩拉列斯忒，这是或人说的话。我向来是很讨厌摩拉列斯忒的。摩拉列斯忒，换句话说就是道德家。阿呀，这样的东西真是万不敢领教，我平常总是这么想。可是人家说，你说万不敢领教这便正是摩拉列斯忒的证据。被人家这样说来，那么正是如此也未可定。……假如这是天性，没有法子，除了死心塌地承受以外更无办法。那么这就是说天成的道德家了，如此一说的确又是可以感谢的事。但是此刻现在谁也不见得肯把我去当作思想善导的前辈吧。若是不能成为思想善导家那样重要而且有钱赚的人，即使是道德家，也是很无聊的。总之是讨厌的事。那么摩拉列斯忒还是讨厌的，不过虽是讨厌而既然是天性，则又不得不死心塌地耳。

因为他是自由主义者，是真的道德家，所以所写的文章如他自己所说多是叫道德家听了厌恶，正人君子看了皱眉的东西，这一点在日本别家的随笔是不大多见的，我所佩服的也特别在此。专制，武断及其附属，都是他所不喜欢的，为他的攻击的目标。讽刺是短命的，因为目标倒了的时候他的力量也就减少，但幽默却是长命的，虽然不见得会不死，虽然在法西斯势力下也会暂时假死。《自画像》的一篇小文中有云：

特别最近说是什么非常时了，要装着怪正经的脸才算不错，很有点儿可笑。而且又还乱七八糟的在助成杀伐的风气。大抵凶手这种人物都是忘却了这笑的，而受别人的刃的也大都是缺少这幽默的人。

秋骨的文章里独有在非常时的凶手所没有的那微笑，一部分自然无妨说是出于英文学的幽默，一部分又似日本文学里的俳味，虽然不曾听说他弄俳句，却是深通“能乐”，所以自有一种特殊的气韵，与全受西洋风的论文不相同也。

秋骨的思想的特点最明显的一点是对于军人的嫌憎。《凡人崇拜》里第二篇文章题曰《定命》，劈头便云：

生在武士的家里，养育在武士风的环境里，可是我从小孩的时候起便很嫌憎军人。

后边又云：

小时候遇见一位前辈的军官，他大约是尝过哲学的一点味道的吧，很不平的说，俺们是同猪猡[2]

一样，因为若干年间用官费养活，便终身被捆在军籍里，被使令服役着。我在旁听到，心想这倒确实如此吧，虽然还年幼心里也很对他同情。那人又曾愤慨的说，某亲王同自己是海军学校的同窗，平等的交际着的，一毕了业某亲王忽然高升，做学生时候那了无隔阂的态度全没有了，好像换了人似的以昂然的态度相对。我在又旁听到，心想这倒确实如此吧。于是我的军人嫌憎的意思更是强固起来了。

同文中又有一节云：

在须田町的电车交叉点立着一座非常难看相的叫做广濑中佐的海军军人的铜像。我曾写过一篇铜像论，曾说日本人决不可在什么铜像上留下他的尊相，须田町的那个大约是模仿忒拉法耳伽街的纳耳逊像的吧，广濑中佐原比纳耳逊更了不得，铜像这物事自然也是须田町的要比英国更好，总之不论什么比起英国来总是日本为胜，我在那论内说过。只是很对不起的，要那中佐的贵相非在这狭隘热闹之区装出那种呆样子站着不可，这大约也就是象征那名誉战死的事是如何苦恼的吧。同样是立像，楠正成则坐镇于闲静地方，并不受人家的谈论，至于大村则高高的供在有名地方，差不多与世间没交涉。惟有须田町的先生乃一天到晚俯视着种种形相，又被彼等所仰视着，我想那一定是烦得很，而且也一定是苦得很吧。说到忒拉法耳伽街，那是比须田町还要加倍热闹的街市，但是那里的纳耳逊却立在非常高的地方，群众只好远远的仰望，所以不成什么问题。至于吾中佐，则就是家里的小孩见了也要左手向前伸，模仿那用尽力气的姿势，觉得好玩。还有今年四岁的女孩，比她老兄所做的姿势更学得可笑，大约是在中佐之下的兵曹长的样子吧，弯了腰，歪了嘴，用了右手敲着臀部给他看。盖兵曹长的姿势实在是觉得这只手没有地方放似的，所以模仿他的时候除了去拍拍屁股也没法安顿吧。就是在小孩看了，也可见他们感觉那姿态的异像。但是这些都没有关系，中佐的了不得决非纳耳逊呀楠呀大村呀之比。他永久了不得。只看日本国中[③]，至少在东京市的小学校里，把这人当作伟人的标本，讲给学生听，那就可以知道了罢。

所以学生们回家来便问父亲为什么不做军人，答说，那岂不是做杀人的生意么？从这边说是杀人，从那边想岂不是被杀的生意么。这种嫌憎军人的意思在日本人里并不能说是绝无，但是写出来的总是极少，所以可以说是难得。广濑中佐名武夫，日俄战争中死于闭塞旅顺之役，一时尊为军神，铜像旧在四叉路中心，大地震后改正道路，已移在附近一横街中，不大招人悯笑矣。前文不记年月，但因此可知当在大正十二年（一九二三）之前也。

同书中第四篇曰《卑怯者》，在大地震一年后追记旧事，有关于谣传朝鲜人作乱，因此有许多朝鲜人（中国人亦有好些在内）被杀害的那一节云：

关于朝鲜人事件是怎么一回事，我一点儿都不明白。有人说这是因为交通不完备所以发生那样事情，不过照我的意思说来，觉得这正因为交通完备的缘故所以才会有那样事情。假如那所谓流言蜚语真是出于自然的，那么倒是一种有意思的现象，从什么心理学社会学各方面都有调查研究的价值，可是不曾听说有谁去做这样的事。无论谁都怕摸身上长的毒疮似的在避开不说，这却是很奇怪。不过如由我来说，那么这起火的根源[④]也并不是完全不能知道。那个事件是九月二日夜发生的事，我还听说同日同时刻在桦太岛方面也传出同样的流言。恐怕桦太是不确的也未可知，总之同日同时那种流言似乎传到很有点出于意外的地方去。无论如何，他总有着不思议的传播力。

> 依据昨今所传闻，说是陆军曾竭力设法打消那朝鲜人作乱的流言云云。的确照例陆军的好意是足多的了。可是去年当时，我直接听到那流言，却是都从与陆军有关系的人的嘴里出来的。

大地震时还有一件丑恶绝伦的事，即是宪兵大尉甘粕某杀害大杉荣夫妇及其外甥一案，集中也有一篇文章讲到，却是书信形式，题曰《寄在地界的大杉君书》。这篇文章我这回又反复读了两遍，觉得不能摘译，只好重复放下。如要摘译，可选的部分太多，我这小文里容不下，一也。其二是不容易译，书中切责日本军宪，自然表面仍以幽默与游戏出之，而令读者不觉切齿或酸鼻，不佞病后体弱，尚无此传述的力量也。我读此文，数次想到斯威夫德上人，心生钦仰，关于大地震时二大不人道事件，不佞孤陋寡闻未尝记得有何文人写出如此含有义愤的文章，故三年前在东京山水楼饭店见到户川先生，单独口头致敬崇之词，形迹虽只是客套，意思则原是真实耳。

上面所引多是偏于内容的，现在再从永井荷风所著《东京散策记》中另外引用一节，原在第八章《空地》中的：

> 户川秋骨君在《依然之记》中有一章曰《霜天的户山之原》。户山之原是旧尾州侯别庄的原址，

那有名的庭园毁坏了，变作户山陆军学校，附近便成为广漠的打靶场。这一带属于丰多摩郡，近几年前还是杜鹃花的名胜地，每年人家稠密起来，已经变成所谓郊外的新开路，可是只有那打靶场⑤还依然是原来的样子。秋骨君曰：

“户山之原是在东京近郊很少有的广大的地面。从目白的里边直到巢鸭泷之川一面平野，差不多还保留着很广阔的武藏野的风致。但是这平野大抵都已加过耒耜，已是耕种得好好的田地了，因此虽有田园之趣而野趣则至为缺乏。若户山之原，虽说是原，却也有多少高下，有好些树木。大虽是不大，亦有乔木聚生，成为丛林的地方。而且在此地一点都不曾加过人工，全是照着那自然的原样。假如有人愿意知道一点当初武藏野的风致，那么自当求之于此处吧。高下不平的广大的地面上一片全是杂草遮盖着，春天采摘野菜，适于儿女的自由游戏，秋天可任雅人的随意散步。不问四季什么时候，学绘画的学生携带画布，到处描写自然物色，几无间断。这真是自然之一大公园，最健全的游览地，其自然与野趣全然在郊外其他地方所不能求得者也。在今日形势之下，苟有馀地则即其处兴建筑，不然亦必加耒耜，无所踌躇。可是在大久保近傍何以还会留存着这样几乎还是自然原状的平野的呢？很奇怪，此实为俗中之俗的陆军之所赐也。户山之原乃是陆军的用地。其一部分为户山学校的打靶场，其一部分作练兵场使用。但是其大部分差不多是无用之地似的，一任市民或村民之蹂躏。骑马的兵士在大久保柏木的小路上列队驰骤，那是很讨厌的事，不，不是讨厌，是叫人生气的。把天下的公路像是他所有似的霸占了，还显出意气轩昂的样子，这是吾辈平民所甚感觉不愉快的。可是这给予不愉快的大机关却又在户山之原把古昔的武藏野给我们保留着。想起来时觉得世上真是不思议的互相补偿，一利一害，不觉更是深切的有感于应报之说了。”

这里虽然也仍说到军人，不过重要的还是在于谈户山之原，可以算作他这类文章的样本。永井原书成于大正四年（一九一五），此文的著作当在其前，《依然之记》我未曾见，大约是在《文鸟》集中吧，但《户山之原》一篇也收在《乐天地狱》中。秋骨的书我只有这几册：

一、《凡人崇拜》，一九二六。

二、《乐天地狱》，一九二九。

三、《英文学笔录》，一九三一。

四、《自然、多心、旅行》，同上。

五、《都会情景》，一九三三。

六、《自画像》，一九三五。

这里所介绍的只是一点，俟有机会当再来谈，或是选择一二小文，不过此事大难耳。

（廿六年二月廿三日于北平）

【钟校】

① 1937.4 刊《青年界》11 卷 4 期。

②“猪猡”，“猡”原作“啰”。

③“日本国中”，原作“日本中国中”，衍“中”字。

④“根源”,“源”原作“元”。

⑤“打靶场”，原脱“场”字，今增。

浮世风吕

◇1937.2.25

◇秉烛谈

偶读马时芳所著《朴丽子》，见卷下有一则云：

> 朴丽子与友人同饮茶园中，时日已暮，饮者以百数，坐未定，友亟去。既出，朴丽子曰，何亟也？曰，吾见众目乱瞬口乱翕张，不能耐。朴丽子曰，若使吾要致多人，资而与之饮，吾力有所不给，且又不免酬应之烦，今在坐者各出数文，聚饮于此，浑贵贱，等贫富，老幼强弱，樵牧厮隶，以及遐方异域，黥劓徒奴，一杯清茗，无所参异，用解烦渴，息劳倦，轩轩笑语，殆移我情，吾方不胜其乐而犹以为饮于此者少，子何亟也。友默然如有所失。友素介特绝俗，自是一变。

这篇的意思很好，我看了就联想起户川秋骨的话来，这是一篇论读书的小文，收在他的随笔选集《乐天地狱》（一九二九）里，中有云：

> 哈理孙告戒乱读书的人说，我们同路上行人或是酒店里遇见不知何许人的男子便会很亲近的讲话么，谁都不这样做，唯独关于书籍，我常常同全然无名而且不知道是那里的什么人会谈，还觉得高兴。但是我却以为[①]同在路上碰见的人，在酒店偶然同坐的人谈天，倒是顶有趣，从利益方面说也并不少的事。我想假如能够走来走去随便与遇着的人谈谈，这样有趣的事情恐怕再也没有吧。不过这只是在书籍上可以做到，实际世间不大容易实行罢了。《浮世床》与《浮世风吕》之所以为名著岂不即以此故么。

《浮世床》等两部书是日本有名的滑稽小说，也是我所爱读的书。去年七月我写《与友人谈日本文化书》之一，曾经连带说及，今略抄于下：

> 江户时代的平民文学正与明清的俗文学相当，似乎我们可以不必灭自己的威风了，但是我读日本的滑稽本还不能不承认这是中国所没有的东西。滑稽——日本音读作Kokkei，显然是从太史公的《滑稽列传》来的，中国近来却多喜欢读若泥滑滑的滑了[②]。——据说这是东方民族所缺乏的东

西，日本人自己也常常慨叹，惭愧不及英国人。这滑稽本起于文化文政（十九世纪初头）年间，却全没有受着西洋的影响，中国又并无这种东西，所以那无妨说是日本人自己创作的玩意儿，我们不能说比英国小说家的幽默何如，但这种可证明日本人有幽默趣味要比中国人为多了。我将十返舍一九的《东海道中膝栗毛》（膝栗毛者以脚当马，即徒步旅行。）与式亭三马《浮世风吕》及《浮世床》（风吕者澡堂，床者今言理发处。此种汉字和用虽似可笑，世间却多有，如希腊语帐篷今用作剧场的背景，跳舞场今用作乐队讲，是也。）放在旁边，再一一回忆我所读过的中国小说，去找类似的作品，或者一半因为孤陋寡闻的缘故，一时竟想不起来。借了两个旅人写他们路上的遭遇，或写澡堂理发铺里往来的客人的言动，本是所谓气质物（Katagimono，Characters）的流派，亚理士多德门下的退阿佛拉斯多思（Theophrastos）就曾经写有一册书，可算是最早，从结构上说不能变成近代的好小说，但平凡的叙说里藏着会心的微笑，特别是三马的书差不多全是对话，更觉得有意思。中国滑稽小说我想不出有什么，自《西游记》，《儒林外史》以至《何典》,《常言道》,都不很像,讲到描写气质或者还是《儒林外史》里有几处,如高翰林那种神气便很不坏,只可惜不多。

其实高翰林虽写得好,还是属于特殊部类,写的人固然可以夸张,原本也有点怪相,可以供人家的嗤笑以至谴责,如《浮世床》中的孔粪先生,嘲笑那时迂腐的汉学者,很是痛快,却并不怎么难写。我想讽刺比滑稽为容易,而滑稽中又有分别,特殊的也比平凡的为容易。《浮世风吕》卷一里出来的那个瘫子和醉汉就都是特殊的例,如笑话中的瞎子与和尚或惧内汉之类,仿佛是鼻子上涂了白粉的小丑似的,人家对于他所给与的笑多半是有一种期待性,不算是上乘的创作,唯有把寻常人的平凡事写出来,却都变成一场小喜剧,这才更有意思,亦是更难。双木园主人(堀舍二郎)在《江户时代戏曲小说通志》中说得不错:

文化六年(一八〇九)所出的《浮世风吕》是三马著作中最有名的滑稽本。此书不故意设奇以求人笑,然诙谐百出,妙想横生,一读之下虽髯丈夫亦无不解颐捧腹,而不流于野鄙,不陷于猥亵,此实是三马特绝的手腕,其所以被称为斯道之泰斗者盖亦以此也。

式亭三马本名菊地太辅,生于安永五年(一七七六）。著书极多，以《浮世风吕》与《浮世床》为其杰作。朴丽子喜听茶园中人轩轩笑语，以为能移我情，可谓解人，如遇三马当把臂入林矣。《浮世风吕》出版时当清嘉庆前半，其时在中国亦正有游戏文章兴起，但《常言道》等书只能与日本的“黄表纸”一类相当，滑稽本之流惜乎终未出现，马君亦嘉道时人，能有此胜解而不有所著述，尤为可惜。《浮世风吕》前后四编共九卷，各卷写几个场面都很有意思，我最喜欢前编卷下男澡堂中写几个书房里放学出来的学生，三编卷上女澡堂中写两个十一二岁的小姑娘在着衣服时谈话，虽今昔相隔已百三十年，读了觉得情形不相远，不佞曾想于此摘译一部分，乃终未能够，不但摘取为难，译述亦大不易，我这里只能以空言介绍终篇，诚不得已也。我不看戏文，但推想《春香闹学》、《三娘教子》等里边或者还含有儿童描写的一丁点儿吧，不知何以小说散文中会那么缺乏，岂中国文人的见识反在戏子下欤？写学童的滑稽则尚有少许，郭尧臣著《捧腹集》诗抄中有《蒙师叹》七律十四首，其九、十两首均颇佳，其词云：

一阵乌鸦噪晚风，诸徒齐逞好喉咙。赵钱孙李周吴郑，天地玄黄宇宙洪。千字文完翻鉴略，百家姓毕理神童。公然有个超群者，一日三行读大中。

× ×

学书勉强捏泥拳,笔是麻皮砚是砖。墨号太平如黑土,纸裁尺八拟黄阡。大人已化三千士,王子丹成十九天。随手涂鸦浑莫辨,也评甲乙乱批圈。

在士人信仰文章报国的时代这种打油诗是只有挨骂的,但从我们外道看来却也有他独自的好处,有些事物情景,别体的文学作品都不能或不肯写,而此独写得恰好,即其生命之所在。《捧腹集》中又有《青毡生随口曲》十四首,其十一云:

一岁脩金十二千,节仪在内订从前。适来有件开心事,代笔叨光夹百钱。

原注云,“市语以二百为夹百。”我们细想这种内容实在只有如此写法最恰当,否则去仿《书经》或《左传》,这是《文章游戏》的常用手法,却未免又落窠臼了。滑稽小说与散文缺少,姑且以诗解嘲,虽已可怜,总还聊胜于无,此我对于嘉道以后的打油所以不敢存轻视之心也。

二十六年二月二十五日,旧元宵爆竹声中写讫。

【钟校】

①“却以为”,“却”原作“郤”,下同。

②“读若泥滑滑的滑了,”原无“读”字,今增。

谈史志奇[①]

◇1937.3.1

◇秉烛谈

去年秋天从书摊上买了两部《谈史志奇》，这书既不大高明，板也刻得很坏，就是原刊本也并不能好到那里去，但是我却买了两部来。其一是原本，有两篇序文，一题褚传经，一是自序，题古吴姚芝，年月都是嘉庆二十五年秋七月，卷首云丙戌新镌，盖是六年后所刻也。又其一是光绪戊子翻刻本，序文仍旧而年代悉改作光绪十四年，署名一称同学弟松泉氏，自序则称汝东彦臣氏，序中本自相称述曰姚崑厓曰褚健庭，此处弄得牛头不对马嘴也并不管，可见作伪者之低能了。我买此书固然可以用为翻刻作伪举例之一，大有用处，其实以内容论也颇有意思，虽然浅陋原是难免。自序中云：

> 庚辰夏日余与友人褚健庭偶游郡序，见二少年对坐啜茗，高视纵谭，旁坐之客皆默然静听，或有窃慕其胸罗古今异闻而层出不穷者。余趋近听之，大抵所谭皆今人说部中事，或有询其古史所载恢诡谲怪之事则懵然不能对也。余因叹曰，喜新好奇固人情所必至，道史册所载奇事不特确有可据，且寓劝惩之意，倘斯人于稠人广众中亦能娓娓而谭，使闻之者有所警劝，岂不贤于徒夸牛鬼之奇哉。于是每与吾友憩息松阴，各谭史载奇异者二三事或三五事，聊以消暑，归即命子员澜志之，久之不觉成帙。

书凡八卷，分汉晋南北朝唐五代宋元明各为一卷，抄录史上奇事，劝惩未必有效，亦差可备览，与听说狐鬼的意味正自不同耳。阅卷四纪唐朝事中有“朱粲好食人肉”一则，甚感兴趣，查原文见《旧唐书》卷五十六《朱粲传》中，今略引抄于下：

> 朱粲者亳州城父人也，初为县佐史，大业末从军讨长白山贼，遂聚结为群盗。……军中罄竭，无所虏掠，乃取婴儿蒸而啖之，因令军士曰，食之美者宁过于人肉乎，但令他国有人，我何所虑。即勒所部，有掠得妇人小儿，皆烹之分给军士，乃税诸城堡取小弱男女，以益兵粮。隋著作佐郎

陆从典、通事舍人颜愍楚因谴左迁并在南阳，粲悉引之为宾客，后遭饥馁，合家为贼所啖。

其后尚有唐高祖令段确迎劳相问答一节：

确因醉侮粲曰，闻卿啖人，作何滋味？粲曰，若啖嗜酒之人，正似糟藏猪肉。

此事甚有名，大似《世说新语》中材料，但是我对于上边所引特别感到兴味，便因在这里听到了颜公子的下落。段公大约那时与其从者数十人也做了糟猪肉，不过我不知道他是何许人，不大怎么关心。至于颜君则仿佛很有点面善。不佞爱读《颜氏家训》，常见讲到“思鲁等”，又卷三《勉学篇》中有云：“愍楚友婿窦如同从河州来，得一青鸟，驯养爱玩，举俗呼之为鹖。”《北齐书·文苑传》云：“之推在齐有二子，长曰思鲁，次曰愍楚，不忘本也。”原来颜之推的次子终于被流贼拉去当“掌书大人”，不久被吃了。在中国虽然太阳之下并无新事，不能算是什么意外，不过在我听了联想到《颜氏家训》，不禁感觉奇特有意思。颜之推在北齐很久，高洋们不是好相处的朋友（古人有言，非我族类，其心必异也），却幸得无事，而其子孙乃为本族人所果腹，岂非天下一件很好玩之事乎。不知道为什么中国常有人好食人肉，昔人曾类聚而论列之，如谢在杭在《文海披沙》卷七中有

“食人”一条，其文云：

> 隋麻叔谋朱粲常蒸小儿以为膳，唐高瓒蒸妾食之，严震独孤庄皆嗜食人，然皆菹醢而食也，未有生啖者。至梁羊道生见故旧部被缚，拔刀刳其睛吞之。宋王彦升俘获胡人，置酒宴饮，以手裂其耳，咀嚼久之，徐引卮酒[②]，俘者流血被面，痛楚叫号，而彦升谈笑自若，前后凡啖数百人，即虎狼不若也。

《玉芝堂谈荟》卷十一“好食人肉”条下，徐君义慨叹云：“西方圣人之教，放生戒杀，不忍以口腹之欲残伤物命，乃世间一种穷奇窫窳，同类相残，至有嗜食人肉者。”其所列举较谢君更多亦较详，蒸妾乃深州诸葛昂，高瓒只是分吃肥肉者，乃客而非主，上文盖误。徐君叙竟，断语云，“此诸人真人类之妖孽也。”第二节云：“至时值乱离，野无青草，民生斯时，弱肉强食，其性命不啻虫蚁。每阅史至此，不觉掩卷太息，岂真众生业障深重，致令阎浮国土化为罗刹之场耶。”所举凡有两类，其一是荒乱时军士以人为粮，如朱粲即其一例，其二乃人民自相买食。属于后者一类文中有云：

> 宋庄季裕《鸡肋编》，靖康丙午岁金狄乱华，六七年间山东京西淮南等处荆榛千里，斗米至数千

> 钱，盗贼官兵以至居民更互相食。人肉之价贱于犬豕，肥壮者一枚不过十五钱，全躯曝以为脯。又登州范温率忠义之人泛海至钱塘，有持至行在充食者，老瘦男子谓之饶把火，妇女少艾者名之为不羡羊[3]，小儿呼为和骨烂，又通目为两脚羊。

这些别名实在是定得很妙，但是人心真是死绝了。据威斯透玛克大著《道德观念之起源与发达》下册第四十六章“食人”中所说，吃人肉有几种不同的原因，如一是肉食缺乏，二是贪嘴，三是报复等。在上面所说的中国人的食人，其原因不出一或二，或是一与二合并。有如朱粲因缺粮而吃人，随后却说“食之美者宁过于人肉乎”，即其明证。北宋末因饥荒而人相食，却又定出这许多很妙的别名来，可见对于此物很有点嗜好，咽糠充饥的人一定不会替糠去取雅号，叫作什么黄金粉的。威斯透玛克文中有云：

> 人肉并不单是在非常时救急的食物，实在还多是当作美味看的。菲支岛人说到好吃的东西，最好的赞辞是说它鲜嫩像死人似的。在南海的别的岛上，人肉都说是美味食品，比猪肉要好。澳洲的苦耳那人说其味胜于牛肉。在澳洲有些部落里，胖小孩是被认为一口好吃食，假如母亲不在旁，几个刚愎男子手中的木棍就会把他一下子结果

了的。

这几句话似乎就在那里替我们古时的食人家解说他的意思，虽然原本所讲的都是所谓野蛮人的事情。听说罗思举在他自著的年谱里讲到军中乏食，曾经煮贼为粮，这是清末的事，以后大约没有了罢？

（廿六年三月一日）

【钟校】

① 1937.4.1 刊《宇宙风》38 期，题作《谈食人》。

②“徐引卮酒”，“卮”原作“厄”。

③“名之为不羡羊”，“不羡羊”原作“美羊”，据《鸡肋编》改。

谈笔记

◇1937.3.10

◇秉烛谈

近来我很想看点前人笔记。中国笔记本来多得很，从前也杂乱的看得不少，可是现在的意思稍有不同。我所想看的目下暂以近三百年为准，换句话说差不多就是清代的，本来再上溯一点上去亦无不可，不过晚明这一类的著作太多，没有资力收罗，至于现代也不包括在里边，其理由却又因为是太少，新式的杂感随笔只好算是别一项目了。看法也颇有变更，以前的看笔记可以谓是从小说引申，现在是仿佛从尺牍推广，这句话有点说得怪，事实却正如此。近年我搜集了些尺牍书，贵重难得的终于得不到外，大约有一百二十种，随便翻阅也觉得有意思，虽然写得顶好自然还只能推东坡和山谷。他们两位的尺牍实在与其题跋是一条根子的，所以题跋我也同样的喜欢看，而笔记多半——不，有些好的多是题跋的性质或态度，如东坡的《志林》更是一个明显的实例。我把看尺牍题跋的眼光移了去看笔记，多少难免有龃龉不相入处，但也未始不是一种看法，不过结果要把好些笔记的既定价值颠倒错乱一下罢了。据《四库全书总目提要》卷一一七子部杂家类下分类解说云：

> 以立说者谓之杂学，辨证者谓之杂考，议论而兼叙述者谓之杂说，旁究物理胪陈纤琐者谓之杂品，类辑旧文涂兼众轨者谓之杂纂，合刻诸书不名一体者谓之杂编，凡六类。

又卷一四〇子部小说类下云：

> 迹其流别，凡有三派，其一叙述杂事，其一记录异闻，其一缀辑琐语也。

照着上边的分法，杂家里我所取的只是杂说一类，杂考与杂品偶或有百一可取，小说家里单取杂事，异闻虽然小时候最欢喜，现在则用不着，姑且束之高阁。这实在是我看笔记最非正宗的一点。蒲留仙的《聊斋志异》，纪晓岚的《阅微草堂笔记》五种，我承认他们是中国传奇文与志怪小说的末代贤孙，文章也写得不坏，可是现在没有他们的分。我这里所要的不是故事，只是散文小篇，是的，或者就无妨称为小品文，假如这样可以辨别得清楚，虽然我原是不赞同这名称的。姑妄言之的谈狐鬼原也不妨，只苦于世上没有多少这种高明人，中间多数即不入迷也总得相信，至于讲报应的那简直是下流与恶趣了。《广陵诗事》卷九引成安若《皖游集》云，太平寺中一豕现妇人足，弓样宛然，（其实是妇人现豕足耳，只可惜士女都未之知。）便相信逆妇变猪并非不经之谈。我曾这样说：

> 阮芸台本非俗物，于考据词章之学也有成就，乃喜记录此等恶滥故事，殊不可解。世上不乏妄人，编造《坐花志果》等书，灾梨祸枣，汗牛充栋，几可自成一库，则亦听之而已，雷塘庵主奈何也落此窠臼耶。

张香涛著《輶轩语》卷一中有“戒讲学误入迷途”一项云：

> 昨在省会有一士以所著书来上，将《阴骘文》《感应篇》，世俗道流所谓《九皇经》《觉世经》，与《大学》《中庸》杂糅牵引，忽言性理，忽言易道，忽言神灵果报，忽言丹鼎符箓，鄙俚拉杂有如病狂，大为人心风俗之害，当即痛诋而麾去之。明理之士急宜猛省，要知此乃俗语所谓魔道，即与二氏亦无涉也。

张君在清末学者中不能算是大人物，这一节话却很有见识，为一般读书人所不能及。我曾批评陈云伯所著善书《莲花筏》，深惜其以聪明人而作鄙陋语，有云：

此事殊出意外，盖我平时品评文人高下，常以相信所谓文昌与关圣，喜谈果报者为下等，以为颐道居士当不至于此也。

由此可知我对于这一类书是如何的没有好感，虽然我知道要研究士大夫的腐败思想这些都是极好的资料，但是现在无此雅兴，所以只好搁下。与这种神怪报应相反而亦为我所不要看的有专讲典章掌故的一类，如《啸亭杂录》、《清秘述闻》、《郎潜纪闻》等，无论人家怎么看重，认为笔记中的正宗，这都不相干，我总之是不喜欢，所以不敢请教，也并不一定是看不起，他们或者自有其用处，实在只是有点隔教，和我没有什么情分。有人要问，那么是否爱那轻松漂亮的一路呢？正如有人说我必须爱读《梅花草堂笔谈》与《幽梦影》，因为我曾经称扬过公安竟陵派的文学。其实这是未必然的。在一个月前我翻阅《复堂日记》，觉得有一件事情很有意思。日记卷三癸酉同治十二年项下有一则云：

《西青散记》致语幽清，有唐人说部风，所采诸诗，玄想微言，潇然可诵。以示眉叔，欢跃叹赏，固性之所近，施均父略繙繙五六纸掷去之矣。

《日记补录》（念劬庐丛刻本）光绪二年（丙子）八月初九日条下有云：

舆中展《西青散记》八卷，如木瓜酿，如新来禽，此味非舌阁硬饼者所知。

又十二年（丙戌）二月初四日条云：

阅《西青散记》，笔墨幽玄，心光凄淡，所录诗篇颇似明季钟谭一流，而视竟陵派为有生气也。

《日记续编》光绪二十三年（丁酉）四月十九日条云：

《西青散记》附文略阅竟一过，嚼雪餐霞，味于无味，文章得山水之神，遇之于行墨之外，三十馀年时时有故人之怀，非痂嗜也。

谭君于二十五年中四次赞扬[①]《散记》，可知他对于此书确有一种嗜好，可是我却不敢附和。《复堂日记》中常记读小说，看他评定甲乙，其次序当是《琐蛣杂记》、《夜雨秋灯录》、《里乘》、《客窗闲话》，《伊园谈异》似亦可入，盖谭君多着重文字方面，又不以怪异果报为非也。我看笔记也要他文字好，朴素通达便好，并不喜欢浓艳波俏，或顾影弄姿，有名士美人习气，这一点意思与复堂不同，其次则无取志异。《西青散记》的诗文的确写得不坏，论大体可以与舒白香

《游山日记》相比，两者都是才人之笔，但《日记》似乎是男性的，有见识有胆力，而《散记》乃是女性的，拉上许多贺双卿的传说，很有点儿粘缠，容易流入肉麻一路去，还有许多降乩的女仙和显圣的关公，难免雅得俗起来了。《散记》中也有几节文章可以选取的，如卷一记折柳亭的饮饯，卷二记姑恶鸟以及记络纬等鸣虫的一条，又有记儿时情事一则，与沈三白的《浮生六记》卷一所说文情相近。寒斋有瓜渚草堂旧刊本《西青散记》，有时候拿出来翻阅，也颇珍重，不过感情就只是如此而已，我是不喜欢古今名士派的，故对于史梧冈未必能比张元长张心来更看得重也。

上边把各家的笔记乱说了一阵，大都是不满意的，那么到底好的有哪几家呢？这话一言难尽，但简单的说，要在文词可观之外再加思想宽大，见识明达，趣味渊雅，懂得人情物理，对于人生与自然能巨细都谈，虫鱼之微小，谣俗之琐屑，与生死大事同样的看待，却又当作家常话的说给大家听，庶乎其可矣。人心不足蛇吞象，野心与理想都难实现，我只希望能具体而微，或只得其一部分，也已可以满足了。据我近几年来的经验，觉得这个很不容易，读过的笔记本不多，较好的只有傅青主的杂记，刘继庄的《广阳杂记》，刘青园的《常谈》，郝兰皋的《晒书堂笔录》，马平泉的《朴丽子》，李登斋的《常谈丛录》，王白岩的《江州笔谈》等，此外赵云松俞理初的著作里也有可看的东西，而《四库总目》著录的顾亭林、王山史、宋牧仲、王贻上、陆扶照、刘玉衡诸人却义在其次了。这里我最觉得奇怪的是顾亭林的《日知录》，顾君的人品与学问是有定评的了，文章我看也写得很干净，那么这部举世推尊的《日知录》论理应该给我一个好印象，然而不然。我看了这书也觉得有几条是好的，有他的见识与思想，朴实可喜，看似寻常而别人无能说者，所以为佳，如卷十三中讲馆舍、街道、官树、桥梁、人聚诸篇皆是。但是我总感到他的儒教徒气，我不非薄别人做儒家或法家道家，可是不可有宗教气而变成教徒，倘若如此则只好实行作揖主义，敬鬼神而远之矣。《日知录》卷十五“火葬”条下云：

宋以礼教立国而不能革火葬之俗，于其亡也乃有杨琏真伽之事。

这岂不像是庙祝巫婆的话。卷十八李贽、钟惺两条很明白的表出正统派的凶相，其“朱子晚年定论”一条攻击阳明学派则较为隐藏，末一节云：

以一人而易天下，其流风至于百有馀年之久者，古有之矣。王夷甫之清谈，王介甫之新说，其在于今则王伯安之良知是也。孟子曰，天下之生久矣，一治一乱，拨乱世反之正，岂不在于后贤乎。

又卷十九“修辞”一条攻击语录体文，末一则云：

自嘉靖以后人知语录之不文，于是王元美之札记，范介儒之肤语，上规子云，下法文中，虽所得有浅深之不同，然可谓知言者矣。

次条题曰“文人摹仿之病”，却劈头说道：

近代文章之病全在摹仿，即使逼肖古人已非极诣，况遗其神理而得其皮毛者乎。

心有所蔽，便难免自己撞着，虽然末节的话说得很对，人家看了仍要疑惑，不能相信到底诚意何在。我不想来谤毁先贤，不过举个例子说明好的笔记之不可多得罢了。我对于笔记与对于有些人认为神圣的所谓经是同样的要求，想去吸取一点滋味与养料，得到时同样的领受，得不到时也同样无所爱惜的抛在一旁了。

（二十六年三月十日，在北平写）

【钟校】

①“四次赞扬”，“赞”原作“赏”。

曝背馀谈[①]

◇1937.3.13

◇秉烛谈

从估客书包中得到一册笔记抄本，书名《曝背馀谈》，凡二卷五十纸，题恒山属邑天慵生著。卷首有归愚斋主人鲍化鹏序，后有东垣王荣武跋，说明著者为藁城秦书田，馀均不可详。又有一跋，盖是抄者手笔，惜跋文完而佚其末页，年月姓名皆缺，但知其系王荣武族孙，又据抄本讳字推测当在道光年中耳。鲍序有云：

> 一日手一编授余，名曰《曝背馀谈》，闲情之所寄也，或论古今人物，或究天地运会，或正名物之讹舛，或阐文章之奥妙，名章隽句，络绎间起，如行山阴道上应接不暇。

王跋云：

其间抒写性情，博核古今者十之六七，范模山水，评骘词章者十之三四，宏才俊思，郡人氏罕其匹也。

佚名跋中亦云：

卷分上下，约二万馀言，其中闲情逸致，隽语名言，率皆未经人道，诚绩学之士，亦未易才也。

三君所言真实不虚，我也愿加入为第四人，共致赞辞。秦君系乾隆时人，然则此书流传下来至少已有百五六十年，不知何以终未刊行，编刻《燕赵丛书》者亦未能搜罗了去，真是很可惋惜的一件事。

《曝背馀谈》里所收的都是短篇小文，看去平淡无奇，而其好处即在于此。普通笔记的内容总不出这几类：其一是卫道，无论谈道学或果报。其二是讲掌故，自朝政科名以至大官逸事。其三是谈艺，诗话与志异文均属之。其四是说自己的话。四者之中这末一类最少最难得，他无论谈什么或谈得错不错，总有自己的见识与趣味，值得听他说一遍，与别三家的人云亦云迥不相同。秦书田的《馀谈》我想可以算是这类笔记之一，虽然所见不一定怎么精深，却是通达平易。书上有眉批，对于著者颇能了解，系鲍化鹏笔。又有朱批[②]，署名於文叔，多所指摘，盖稍有学问而缺少见识者也。如卷上原文云：

李笠翁论花，于莲菊微有轩轾，以艺菊必百倍人力而始肥大也。余谓凡花皆可借以人力，而菊之一种止宜任其天然。

於文叔批云：“李笠翁金圣叹何足称引，以昔人代之可也。”即此可知其是正统派，要他破费工夫来看这一类文章，实在本来是很冤枉的也。

这两卷书里我觉得可喜的文章差不多就有三分之一，今只选抄数则于下：

魏武临卒，遗命贮歌妓铜雀台及分香卖履事，词语缠绵，情意悱恻，摘录之作儿女场中一段佳话，便自可人，正不必于为真为伪之间枉费推敲也。

人之欲学仙者，以仙家岁月悠长，远胜人间耳。世传王质遇仙看弈，一局甫更，已历数世。如彼所言，终天地之期自仙家当之不过一年，是仙家之岁月更促于人世，蝉蜕羽化不反为多事乎。

人谓元代以词曲取士，此相传之妄，实未尝有是也。乃有明至今，小试之文俨然花面登场，无丑不备，士人而俳优矣。世风至此，尚可问乎？使大临吕氏见之，当不知如何叹息痛恨矣。

齐宣王以文王③囿七十里为问，其语甚痴，

孟子答以刍荛雉兔云云，明说文王不特无七十里之囿，并无一里半里也。其如宣王之不解何，其如后人之不解何。阎百诗先生必指地以实之，认蕉鹿为真有而按梦以求，不多事乎。

有女同车，无是女也。无是女而是女之容色气韵佩服自为描绘，而又自为赞叹，历历活现如在目前者，心老回惑，眼花撩乱，高唐洛神之蓝本也。

仓庚之至率以二三月，见之经书及前人诗赋者无不皆然，韦苏州以夏莺为残莺，（韦诗，残莺知夏浅。）陆放翁诗，山深四月始闻莺，盖异之也。今二三月杳无至者，四五月中始寥寥一见耳。古今之不同也如此，世岂无有心如康节其人者乎，书之以俟参考。或曰，子北人也。西北地寒故后至，焉知南方之不如昔。曰，余所未至诚不知何如，然古今作诗赋者不尽南人，豳地尤属西北，是可征矣。

鹎鸡，报晓鸟也，一名夏鸡，燕赵呼茶鸡，音之转也。迟明报晓，鸣声清婉可爱，十数年尚闻之，今亦不至。独鹤归何晚，昏鸦已满林。乃知清妙难得，不独人为然也。

元宵灯火不知起于何时，其发端创始之人殊

乏玲珑之致。月之清光既受夺于灯火，灯火之艳发复见淡于月色，欲两利俱存，反致两贤相厄。是可乏利导之术乎，请移之中和，洗此笨气。（原注，唐中叶以正月晦日为中和节。）

在这几则里都可以看出著者的感情与思想，他没有什么很特异之处，只是找到一个平常的题目，似乎很随便的谈几句，所说的话也大抵浅近平易，可是又新鲜真实，因为这是他自己所感到想到的，在这里便有一种价值。有些兴会上的话自然也不可太认真，如关于元宵批评得很对，不过要移到月底去却是行不通的事，盖元宵实在只是新年的一个掉尾，假如民间不能将新年的庆贺延长到整整一月，到得月末再来重起炉灶弄元宵，不特事实上有困难，恐怕实在也没有多大兴趣也。

《馀谈》中还有几条小文，大都是流连光景的，却也值得一读，抄录于后：

桃花以种村落篱墙畦圃处为多④，探之者必策蹇郊行始得其趣，笠翁之论妙矣，余无以易之而意与之别。彼之所重在真，吾之所重在远，梅红柳绿，正妙在远望处入画也。

春夏楼居，不惟免剥啄之烦，云霞宛宿檐端，竹巅木杪，晨昏与时鸟共语，亦自极仙人之乐也。

扫室焚香，读书之乐。吾谓室可勤扫，香可不焚。盖芸檀⑤之属，气味原自重浊，何况加之以烟。茶药味美，用以相代，庶于亲贤远佞之意有合乎。

余性爱山，而所居无山，以云巘代之。每当夕阳雨后，信步原野，游目横空，会心独得，兴致淋漓，不减陶靖节篱下悠然时也。

这是全书的末一节，我读了很喜欢也很感动，他真是率真的将真心给人家看，我们读笔记多少册不容易遇见一则，即此可见其难得可贵矣。

（廿六年三月十三日，在北平记）

［附记］　梁清远著《雕丘杂录》卷十有一则云：

古今纪载理之所无者，莫如王质烂柯一事。夫神仙之道欲其长生，正以日月悠长为可乐耳，乃一局棋便是人间数百年，数局棋便是人间数千年矣，由此言之，数万年不抵人间一两月，日月如是之速，神仙亦有何佳处耶。以此为寓言则可，以为实有此事，吾甚为神仙苦其短促也。

与上文学仙一节意相同，文亦有致。梁君亦是真定人，与天慵生是同乡，仿佛觉得滹南遗老的流泽尚不

甚远也。　　　　　　（廿六年四月十八日校阅时记）

【钟校】

① 1937.3.21刊《中央日报》。

②“朱批”，“批”原作“砒”。

③“文王”，原无“王”字，今增。

④“桃花以种村落蔿墙畦圃处为多”，“以”原作“一”。

⑤“芸檀之属”，“檀”原作“枱”。

再谈尺牍[①]

◇1937.3.28

◇秉烛谈

我近来搜集一点尺牍，同时对于山阴会稽人的著作不问废铜烂铁也都想要，所以有些东西落在这交叉点里，叫我不能不要他，这便是越人的尺牍。不过我的搜集不是无限制的，有些高价的书就只好缓议，即如陶石篑的集子还未得到，虽然据袁小修说这本来无甚可看，因为他好的小品都没有选进去。在我说来难免近于酸蒲桃的辩解，不好就这样说。明人的尺牍单行的我只有一册沈青霞的《塞鸿尺牍》，其实这也是文集的一种，却有独立的名称而已，此外的都只在集中见到，如王龙溪，徐文长，王季重，陶路叔，张宗子皆是。我根据了《谑庵文饭小品》与《拜环堂文集》残卷，曾将季重路叔的尺牍略为介绍过，文长宗子亦是畸人，当有可谈，却尚缺少准备，今且从略，跳过到清朝人那边去吧。

清朝的越人所著尺牍单行本我也得到不多，可以举出来的只有商宝意的《质园尺牍》二卷，许葭村的《秋水轩尺牍》二卷，续一卷，龚联辉的《未斋尺牍》四卷，以及范镜川的《世守拙斋尺牍》四卷罢了。商宝意是乾嘉时有名的诗人，著有《质园诗集》三十二卷，又编《越风》初二集共三十卷，这尺牍是道光壬寅（一八四三）山阴余应松所刊，序中称其“吐属风雅，典丽高华，是金华殿中人语”，这是赞辞，同时也就说出了他的分限。上卷有《致周舫轩书》之一云：

> 古谚如“少所见多所怪，见橐驼言马肿背”，“三月昏，参星夕，杏花盛，桑叶白”，“蜻蜓鸣，衣裘成，蟋蟀鸣，懒妇惊”——等语，清丽如乐府。尊公著作等身，识大识小并堪寿世，闻有《越谚》一卷，希录其副寄我。久客思归，对纸上乡音，如在兰亭禹庙间共里人话矣。

又云：

> 阅所示家传，感念尊公几山先辈之殁倏忽五年。君家城西别业旧有凌霄木香二架，芳艳动人，忆与尊公置酒花下，啖凤潭锦鳞鱼，论司马氏四公子传，豪举如昨，而几山不可作矣。年命朝露，可发深慨。足下既以文学世其家，续先人未竟之绪，夜台有知当含笑瞑目也。诸传简而有法，直

> 而不夸，真足下拟陶石篑之记百家烟火，刘蕺山之叙水澄，其妙处笠山鹅池两君已评之，余何能多作赞语，唯以老成沦丧，不禁涕泪沾襟耳。便鸿布达，黯然何如。

案《越风》卷七云：

> 周徐彩，字粹存，会稽人，康熙庚子举人，著有《名山藏诗稿》。所居城西别业，庭前木香一架，虬枝蟠结，百馀年物也，花时烂熳香满裀席，余曾觞于此而乐之，距今四十年，花尚无恙。子绍鋗，字舫轩，诸生，著有《舫轩诗选》。

两封信里都很有感情分子，所以写得颇有意思，如上文对于城西别业殊多恋恋之情，可以为证，至于《越谚》那恐怕不曾有，即有也未必会胜于范啸风，盖扁舟子的见识殆不容易企及也。又致陶玉川云：

> 夜来一雨，凉入枕簟，凌晨起视，已落叶满阶矣。寒衣俱在质库中，陡听金风，颇有吴牛见月之恐。越人在都者携有菱芡二种，遍种于丰宜门外，提篮上市，以百钱买之，居然江乡风味，纪以小诗，附尘一览。大兄久客思归，烟波浩淼之情谅同之也。

这里又是久客思归，故文亦可读，盖内容稍实在也，说北京菱芡的起源别有意思，敦礼臣著《燕京岁时记》七月下有菱角鸡头一条云："七月中旬则菱芡已登，沿街吆卖曰，老鸡头，才下河。盖皆御河中物也。"读尺牍可以知其来源，唯老鸡头依然丰满而大菱则憔悴不堪，无复在镜水中的丰采矣。

《秋水轩尺牍》与其说有名还不如说是闻名的书，因为如为他作注释的管秋初所说，"措辞富丽，意绪缠绵，洵为操觚家揣摩善本"，不幸成了滥调信札的祖师，久为识者所鄙视，提起来不免都要摇头，其实这是有点儿冤枉的。《秋水轩》不能说写得好，却也不算怎么坏，据我看来比明季山人如王百穀所写的似乎还要不讨厌一点，不过这本是幕友的尺牍，自然也有他们的习气。《秋水轩》刊于道光辛卯（一八三一），《未斋》则在乙巳（一八四五），二人不但同是幕友，而且还是盟兄弟，这是一件很好玩的事，可是他们二人的身后名很不一样，《秋水轩》原刊板并不坏，光绪甲申（一八八四）还有续编出版，风行一时，注者续出，《未斋》则向来没有人提起，小板多错字，纸墨均劣，虽然文章并不见得比《秋水轩》不如。凡读过《秋水轩》的应当还记得卷上的那"一枝甫寄，双鲤频颁"的一封四六信吧，那即是寄给龚未斋的全部十四封中的第二信也。未斋给许葭村的共有八封，其末一封云：

病后不能搦管，而一息尚存又未敢与草木同腐。平时偶作诗词，只堪覆瓿，唯三十馀年客窗酬应之札，直摅胸膈，畅所欲言，虽于尺牍之道去之千里，而性情所寄似有不忍弃者，遂于病后录而集之。内中唯仆与足下酬答为独多，惜足下鸿篇短制为爱者携去，仅存四六一函，录之于集，借美玉之光以辉燕石，并欲使后之览者知仆与足下乃文字之交，非势利交也。因足下素有嗜痂之癖，故书以奉告，录出一番，另请教削，知许子之不惮烦也。

《秋水轩》第十四封中有云:“尺牍心折已久,付之梨枣,定当纸贵一时，以弟谫陋无文亦蒙采入,恐因鱼目而减夜光之价，削而去之则为我藏拙多矣。”可以知道即是上文的回答，据《未斋尺牍》自序称编集时在嘉庆癸亥（一八〇三），写信也当在那时候吧。《秋水轩》第一封信去谢招待，末云：“阮昔侯于二十一日往磁州,破题儿第一夜,钟情如先生当亦为之黯然也。”《未斋》第一封即是复信，有云：

阮锡侯此番远出，未免有情，日前有札寄彼云，新月窥窗，轻风拂帐，依依不舍，当不只作草桥一梦。来翰亦云破题儿第一夜，以弟为钟情人亦当闻之黯然，何以千里相违而情词如接，岂非有情者所见略同乎。夫天地一情之所感，君子之道造端乎夫妇，学究迂儒强为讳饰，不知文王辗转反侧，后妃嗟我怀人，实开千古钟情之祖，第圣人有情而无欲，所为乐而不淫也。弟年逾五十，而每遇出游辄黯然魂消者数日，盖女子薄命，适我征人，秋月春花，都成虚度，追红颜已改，白发渐滋，此生亦复休矣。足下固钟情人，前去接眷之说其果行否乎。覼缕及之，为个中人道耳。

第二封是四六复信，那篇“一枝甫寄”的原信也就附在后边，即所谓借美玉之光也。第四封信似是未斋先发，中云：

阮君书来道其夫人九月有如达之喜，因思是月也雀入大水，故敝署五产而皆雌，今来翰为改于十月免身，其得蛟也必矣，弟亲自造作者竟不知其月，抑又奇也。舍侄甘林得馆之难竟如其伯之得子，岂其东家尚未诞生也。今年曾寄寓信计六十馀函，足下阴行善事不厌其烦，何以报之，唯有学近日官场念《金刚经》万遍，保佑足下多子耳。

秋水轩答信云：

昔侯夫人逾月而娩，以其时考之宜为震之长男，而得巽之长女，良由当局者自失其期，遂令旁观者难神其算也。令侄馆事屡谋屡失，降而就副，未免大才小用，静以待之，自有碧梧千尺耳。寓函往复何足云劳，而仁人用心祝以多子，则兄之善颂善祷积福尤宏，不更当老蚌生珠耶。

他们所谈的事大抵不出谋馆纳宠求子这些，他们本是读书人之习幕者，不会讲出什么新道理来，值得现代读者倾听。但是从他们谈那些无聊的事情上可以看出一点性情才气，我想也是有意思的事。特别是我们能够找着二人往来的信札，又是关于阮昔侯这人看他们怎样的谈论，这种机会也是不容易得的。讲到个人的才情我觉得未斋倒未必不及秋水轩，盖龚时有奇语而许则极少见也。《未斋尺牍》卷一与徐克家云：

敝斋不戒于火，将身外之物一炬而烬之，不留一丝，不剩一字，真佛家所谓清净寂灭者矣。友人或吊者，或贺者，吊者其常，贺者则似是而非也。夫凡民之于豪杰在有生之初而已定，如必生于忧患而死于安乐，彼夏商周之继起为君者无所谓忧患，而世之少为公子老封君者曾安乐之足以为累否耶。不肖中人以下之资，即时时有祝融之警，终不能进于上智，若无此一火，亦未必遂流为下愚，不过适然火之，亦适然听之而已。孟夫子之言为豪杰进策励之功，非凡民所得而借口也。质之高明，以为然否。

又卷四与章含章云：

诸君子之至于斯也，仆未尝不倒屣而迎也，而素畏应酬，又无斯须之不懒，竟至有来而无往。最爱客来偏懒答，剧怜花放却慵栽，此十年前之句，非是今日始，疏野之性有不可以药者，而外间随以仆为傲。夫有周公之才之美尚不可以骄吝，矧吾辈依人作嫁，碌碌鱼鱼，无足以傲世，更何所傲为。弟与足下交最久，知我独深，望为我言曰，其为人懒而狂，非傲也。至诸侯大夫之至止者为丞相长史耳，更与张君嗣无涉也，懒也傲也均无关于轻重，可一笑置之。

卷四有答周汜荇书与论“公门造福”，嬉笑怒骂颇极其妙，惜文长不能抄，自谓其苦可及其狂不可及也。秋水轩中便少此种狂文，鄙见以为此即未斋长处，盖其本色所在，但此等不利于揣摩之用，或者正亦以此不能如秋水轩之为世人所喜欤。

（二十六年三月二十八日，在北平）

【钟校】

① 1937. 4. 8 刊《益世报》。

老学庵笔记[①]

◇1937.3.30

◇秉烛谈

吾乡陆放翁近来似乎很交时运，大有追赠国防诗人头衔的光荣。这件事且莫谈，因为我不懂诗，虽然我也是推尊放翁的，其原因却别有所在。其一因为放翁是我的小同乡。他晚年住在鲁墟，就是我祖母的母家所在地，他题《钗头凤》的沈园，离吾家不到半里路。五年前写《姑恶诗话》中曾说起过：

清道光时周寄帆著《越中怀古百咏》，其沈园一律末联云，寺桥春水流如故，我亦踟蹰立晚风。沈园早不知到那里去了，现在只剩了一片菜园，禹迹寺还留下一块大匾，题曰古禹迹寺，里边只有瓦砾草莱，两株大树。但是桥还存在，虽是四十年前新修的圆洞石桥，大约还是旧址，题曰春波桥，即用放翁诗句的典故，民间通称罗汉桥，是时常上下的船步，船头脑汤小毛氏即住在桥侧北岸，正与废园隔河相对。越城东南一隅原也不少古迹，怪山，唐将军墓，季彭山故里，王玄趾投水的柳桥，但最令人惆怅者莫过于沈园遗址，因为有些事情或是悲苦或是壮烈，还不十分难过，唯独这种啼笑不敢之情（如毛子晋题跋所说），深微幽郁，好像有虫在心里蛀似的，最难为怀，数百年后，登石桥，坐石阑上，倚天灯柱，望沈园墙北临河的芦荻萧萧，犹为之怅然，——是的，这里怅然二字用得正好，我们平常大约有点滥用，多没有那样的切贴了。

放翁三十二岁时在沈园见其故妻，至七十五岁又有《题沈园》二绝句，其二云：

梦断香消四十年，沈园柳老不飞绵，此身行作稽山土，犹吊遗踪一泫然。

这种情况是很可悲的。家祭无忘告乃翁的绝笔也本写得好，却不能胜于此二首，虽然比起岳鹏举的《满江红》来自然已经好多了。

再说第二个原因是我爱读他的游记随笔，即《老学庵笔记》与《入蜀记》。据《四库书目提要》云笔记十卷，续二卷，《书目答问》亦如是说，注云《津逮》本、《学津》本。但是我不幸一直没有能够见到续笔记，查毛子晋所刻的无论是《放翁全集》本或《津逮秘书》本的笔记，都只有十卷，民国八年上海活字本据穴砚斋抄宋本亦无续笔，大约这只在《四库》里才有，而《答问》所注乃不可靠也。《复堂日记补编》光绪四年十一月十五日条云：

阅《老学庵笔记》十卷，放翁文士多琐语，不足为著述也，然吾师吴和甫先生最嗜此书，盖才识与务观近耳。

谭复堂亦是清末之有学识者，而此言颇偏，盖其意似与《四库提要》相近，必须“轶闻旧典往往足备考证”，才是好笔记也。我的意思却正是相反，轶闻旧典未尝不可以记，不过那应该是别一类，为野史的枝流，若好的随笔乃是文章，多琐语多独自的意见正是他的好处，我读《老学庵笔记》如有所不满足，那就是这些分子之还太少一点耳。

笔记中有最有意义也最为人所知的一则，即关于李和儿的炒栗子的事。文在卷二，云：

故都李和炒栗名闻四方，他人百计效之终不可及。绍兴中陈福公及钱上阁恺出使虏庭，至燕山，忽有两人持炒栗各十裹来献，三节人亦人得一裹，自赞曰，李和儿也。挥涕而去。

赵云松著《陔馀丛考》卷三十二“京师炒栗”一则云：

今京师炒栗最佳，四方皆不能及。按宋人小说，汴京李和炒栗名闻四方，绍兴中陈长卿及钱恺使金，至燕山，忽有人持炒栗十枚来献，自白曰，汴京李和儿也，挥涕而去。盖金破汴后流转于燕，仍以炒栗世其业耳，然则今京师炒栗是其遗法耶。

所云宋人小说当然即是放翁笔记，唯误十裹为十枚，未免少得可笑也。郝兰皋著《晒书堂笔录》卷四中亦有“炒栗”一则云：

栗生啖之益人，而新者微觉寡味，干取食之则味佳矣，苏子由服栗法亦是取其极干者耳。然市肆皆传炒栗法。余幼时自塾晚归，闻街头唤炒栗声，舌本流津，买之盈袖，恣意咀嚼。其栗殊小而壳薄，中实充满，炒用糖膏（俗名糖稀），则壳极柔脆，手微剥之，壳肉易离而皮膜不粘，意甚快也。及来京师，见市肆门外置柴锅，一人向火，一人坐高兀子，操长柄铁勺，频搅之令匀遍。其栗稍大，而炒制之法和以濡糖藉以粗沙，亦如余幼时所见，而甜美过之，都市炫鬻，相染成风，盘饤间称佳味矣。偶读《老学庵笔记》二言，云云。惜其法竟不传，放翁虽著记而不能究言其详也。

郝君所说更有风致，叙述炒栗子处极细腻可喜，盖由于对名物自有兴味，非他人所可及，唯与放翁原来的感情却不相接触，无异于赵云松也。《放翁题跋》卷三有《跋吕侍讲〈岁时杂记〉》云：

> 承平无事之日，故都节物及中州风俗人人知之，若不必记。自丧乱来七十年，遗老凋落无在者，然后知此书之不可阙。吕公论著实崇宁大观间，岂前辈达识固已知有后日耶。然年运而往，士大夫安于江左，求新亭对泣者正未易得，抚卷累欷。庆元三年二月乙卯，笠泽陆游书。

读此可知在炒栗中自有故宫禾黍之思，后之读者安于北朝与安于江左相同，便自然不能觉得了。但是这种文字终不能很多，多的大都是琐语，我也以为很有意思。卷三有一则云：

> 今人谓贱丈夫曰汉子，盖始于五胡乱华时。北齐魏恺自散骑常侍迁青州长史，固辞，文宣帝大怒曰，何物汉子，与官不受！此其证也。承平日有宗室名宗汉，自恶人犯其名，谓汉子曰兵士，举宫[②]皆然。其妻供罗汉，其子授《汉书》，宫中人曰，今日夫人召僧供十八大阿罗兵士，大保请官教点兵士书。都下哄然传以为笑。

又卷五有类似的一则云：

> 田登作郡，自讳其名，触者必怒，吏卒多被榜笞，于是举州皆谓灯为火。上元放灯，许人入州治游观，吏人遂书榜揭于市曰，本州依例放火三日。

这两则在正统派看去当然是萧鹧巴曾鹑脯之流，即使不算清谈误国，也总是逃避现实了吧。但是仔细想来，这是如此的么？汉子的语源便直戳了老受异族欺侮的国民的心，“只许州官放火，不许百姓点灯”的俗谚岂不是至今还是存在，而且还活着么？这种看法容易走入牛角弯[3]的魔道里去，不过当作指点老实人出迷津的方便，如有用处，那么似乎也不妨一试的吧。又卷一有一则云：

晏尚书景初作一士大夫墓志，以示朱希真。希真曰，甚妙，但似欠四字，然不敢以告。景初苦问之，希真指“有文集十卷”字下曰，此处欠。又问欠何字，曰，当增“不行于世”四字。景初遂增“藏于家”三字，实用希真意也。

卷七有谈诗的一则云：

今人解杜诗但寻出处，不知少陵之意初不如是。且如岳阳楼诗：昔闻洞庭水，今上岳阳楼，吴楚东南坼[4]，乾坤日夜浮，亲朋无一字，老病有孤舟，戎马关山北，凭轩涕泗流。此岂可以出处求哉？纵使字字寻得出处，去少陵之意益远矣。盖后人原不知杜诗所以妙绝古今者在何处，但以一字亦有出处为工，如《西崑酬唱集》[5]中诗何曾有一字无出处者，便以为追配少陵，可乎？且今人作诗亦未尝无出处，渠自不知，若为之笺注亦字字有出处，但不妨其为恶诗耳。

放翁的意见固佳，其文字亦冷隽可喜，末数语尤妙："不妨其为恶诗"，大有刀笔馀风，令人想起后来的章实斋，上节记"不行于世"虽非放翁自己的话，也有同样的趣味。卷八又有云：

北方民家吉凶辄有相礼者[6]，谓之白席，多鄙俚可笑。韩魏公自枢密归邺，赴一姻家礼席，偶取盘中一荔枝欲啖之，白席者遽唱言曰，资政吃荔枝，请众客同吃荔枝。魏公憎其喋喋，因置不复取，白席者又曰，资政恶发也，却请众客放下荔枝。魏公为一笑。恶发犹云怒也。

又卷二云：

钱王名其居曰握发殿。吴音握恶相乱，钱塘人遂谓其处曰，此钱大王恶发殿也。

连类抄录，亦颇有致。笔记中又有些文字，亦是琐语而中含至理，可以满正宗读者之意，如卷一云：

青城山上官道人，北人也。巢居食松麨，年九十矣，人有谒之者，但粲然一笑耳，有所请问则托言病聩，一语不肯答。予尝见之于丈人观道院，忽自语养生曰，为国家致太平与长生不死，皆非常人所能然，且当守国使不乱，以待奇才之出，卫生使不夭，以须异人之至，不乱不夭皆不待异术，惟谨而已。予大喜，从而叩之，则已复言瞶矣。

上官道人其殆得道者欤，行事固妙，所说治国卫生的道理寥寥几句话，却最高妙也最切实。我想这或者可以说是黄老之精髓吧，一方面亦未尝不合于儒家的道理，盖由于中国人原是黄帝子孙而孔子也尝问礼于老聃乎。所可惜的是不容易做，大抵也没有人想做过，北宋南宋以至明的季世，差不多都是成心在做乱与夭，这实是件奇事。中国的思想大都可以分为道与儒与法，而实际上的政教却往往是非道亦非儒亦非法，总之是非黄老，而于中国最有益的办法恐怕正是黄老，如上官道人所说是也。读《老学庵笔记》而得救国之道，似乎滑稽之甚，但我这里并不是说反话。真理原是平凡的东西，日光之下本无新事也。

（廿六年三月三十日）

【钟校】

① 1937.5.1 刊《青年界》11 卷 5 号。

②“举宫皆然”，“宫”原作“官”。

③“牛角弯”，原作“牛角湾”。

④“吴楚东南坼”，“坼”原作“拆”。

⑤“西崑酬唱集”，原作“西崑酬倡集”。

⑥“吉凶辄有相礼者”，“吉”原作“言”。

知堂書話

二

周作人 著文 锺叔河 编订

岳麓書社·长沙·二〇一六

第二册目录

一岁货声[1]

◇1934.1.11

◇夜读抄

从友人处借来闲步庵所藏一册抄本，名曰《一岁货声》，有光绪丙午（一九〇六）年序，盖近人所编，记录一年中北京市上叫卖的各种词句与声音，共分十八节，首列除夕与元旦，次为二月至十二月，次为通年与不时，末为商贩工艺铺肆。序文自署“闲园鞠农偶志于延秋山馆”，其文亦颇有意思，今录于后：

> 虫鸣于秋，鸟鸣于春，发其天籁，不择好音，耳遇之而成声，非有所爱憎于人也。而闻鹊则喜，闻鸦则唾，各适其适，于物何有，是人之聪明日凿而自多其好恶者也。朝逐于名利之场，暮夺于声色之境，智昏气馁，而每好择好音自居，是其去天之愈远而不知也。嗟乎，雨怪风盲，惊心溅泪，诗亡而礼坏，亦何处寻些天籁耶？然而天籁亦未尝无也，而观夫以其所蕴，陡然而发，自成音节，不及其他，而犹能少存乎古意者，其一岁之货声乎。可以辨乡味，知勤苦，纪风土，存节

令，自食乎其力，而益人于常行日用间者固非浅鲜也。朋来亦乐，雁过留声，以供夫后来君子。

凡例六则。其一云："凡一岁货声注重门前，其铺肆设摊工艺赶集之类，皆附入以补不足。"其二云："凡货声率分三类，其门前货物者统称货郎，其修作者为工艺，换物者为商贩，货郎之常见者与一人之特卖者声色又皆不同。"其四云："凡同人所闻见者，仅自咸同年后，去故生新，风景不待十年而已变，至今则已数变矣。往事凄凉，他年寤寐，声犹在耳，留赠后人。"说明货声的时代及范围种类已甚明瞭，其纪录方法亦甚精细。其五则云："凡货声之从口旁诸字者，用以叶其土音助语而已，其字下叠点者，是重其音，像其长声与馀韵耳。"如五月中卖桃的唱曰：

樱桃嘴的桃呕嗷噎啊……

即其一例。又如卖硬面饽饽者，书中记其唱声曰：

硬面唵，饽啊饽……

则与现今完全相同，在寒夜深更，常闻此种悲凉之声，令人怃然，有百感交集之概。卖花生者曰：

脆瓤儿的落花生啊，芝麻酱的一个味来，抓半空儿的——多给。

这种呼声至今也时常听到，特别是单卖那所谓半空儿的，大约因为应允多给的缘故罢，永远为小儿女辈所爱好。昔有今无，固可叹慨，若今昔同然，亦未尝无今昔之感，正不必待风景不殊举目有山河之异也。

自来纪风物者大都止于描写形状，差不多是谱录一类，不大有注意社会生活，讲到店头担上的情形者。《谑庵文饭小品》卷三《游满井记》中有这几句话：

卖饮食者邀诃好火烧，好酒，好大饭，好果子。

很有破天荒的神气，《帝京景物略》及《陶庵梦忆》亦尚未能注意及此。清光绪中富察敦崇著《燕京岁时记》，于六月中记冰胡儿曰：

京师暑伏以后，则寒贱之子担冰吆卖曰：冰胡儿！胡者核也。

又七月下记菱角鸡头曰：

七月中旬则菱芡已登，沿街吆卖曰：老鸡头，才下河。盖皆御河中物也。

但其所记亦遂只此二事，若此书则专记货声，描模维肖，又多附以详注，斯为难得耳。著者自序称可以辨乡味，知勤苦，纪风土，存节令，此言真实不虚，若更为补充一句，则当云可以察知民间生活之一斑，盖挑担推车设摊赶集的一切品物半系平民日用所必需，其闲食玩艺一部分亦多是一般妇孺的照顾，阔人们的享用那都在大铺子里，在这里是找不到一二的。我读这本小书,常常的感到北京生活的风趣,因为这是平民生活所以当然没有什么富丽,但是却也不寒伧,自有其一种丰厚温润的空气，只可惜现在的北平民穷财尽，即使不变成边塞也已经不能保存这书中的盛况了。

我看了这些货声又想到一件事，这是歌唱与吆喝的问题。中国现在似乎已没有歌诗与唱曲的技术，山野间男女的唱和，妓女的小调，或者还是唱曲罢，但在读书人中间总可以说不会歌唱了，每逢无论什么聚会在馀兴里只听见有人高唱皮簧或是昆腔，决没有鼓起嘞咙来吟一段什么的了。现在的文人只会读诗词歌赋，会听或哼几句戏文，想去创出新格调的新诗，那是十分难能的难事。中国的诗仿佛总是不能不重韵律，可是这从哪里去找新的根苗，那些戏文老是那么叫唤，我从前生怕那戏子会回不过气来真是“气闭”而死，即使不然也总很不卫生的，假如新诗要那样的唱才好，亦难乎其为诗人矣哉。卖东西的在街上吆喝，要使得屋内的人知道，声音非很响亮不可，可是并不至于不自然，发声遣词都有特殊的地方，我们不能说这里有诗歌发生的可能，总之比戏文却要更与歌唱相近一点罢。卖晚香玉的道：

嗳……十朵，花啊晚香啊，晚香的玉来，一个大钱十五朵。

什么“来”的句调本来甚多，这是顶特别的一例。又七月中卖枣者唱曰：

枣儿来，糖的咯哒喽，尝一个再买来哎，一个光板喽。

此颇有儿歌的意味，其形容枣子的甜曰糖的咯哒亦质朴而新颖。卷末铺肆一门中仅列粥铺所唱一则，词尤佳妙，可以称为掉尾大观也，其词曰：

喝粥咧，喝粥咧，十里香粥热的咧。炸了一个焦咧，烹了一个脆咧，脆咧焦咧，像个小粮船的咧，好大的个儿咧。锅炒的果咧，油又香咧，面又白咧，扔在锅来漂起来咧。白又胖咧，胖又白咧，赛过烧鹅的咧，一个大的油炸的果咧。水饭咧，豆儿多咧，子母原汤儿的绿豆的粥咧。

此书因系传抄本，故颇多错误，下半注解亦似稍略，且时代变迁虑其间更不少异同，倘得有熟悉北京社会今昔情形如于君闲人者为之订补，刊印行世，不特存录一方风物可以作志乘之一部分，抑亦间接有益于艺文，当不在刘同人之《景物略》下也。

（二十三年一月）

【钟校】

① 1934. 1. 17 刊《大公报》。

希腊神话一[①]

◇1934. 1. 24

◇夜读抄

哈理孙女士（Jane Ellen Harrison）生于一八五〇年，现在该有八十四岁了，看她过了七十还开始学波斯文，还从俄文翻译两种书，那么可见向来是很康健的罢。我最初读到哈理孙的书是在民国二年，英国的“家庭大学丛书”中出了一本《古代艺术与仪式》（*Ancient Art and Ritual*，一九一三），觉得她[②]借了希腊戏曲说明艺术从仪式转变过来的情形非常有意思，虽然末尾大讲些文学理论，仿佛有点儿鹘突，《希腊的原始文化》的著者罗士（R. T. Rose）对于她著作表示不满也是为此。但是这也正因为大胆的缘故，能够在沉闷的希腊神话及宗教学界上放进若干新鲜的空气，引起一般读者的兴趣，这是我们非专门家所不得不感谢她的地方了。

哈理孙是希腊宗教的专门学者，重要著作我所有的有这几部，《希腊宗教研究绪论》（*Prolegomena to the Study of Greek Religion*，一九二二三版），《德米思》（*Themis*，一九二七二版），《希腊宗教研究结论》（*Epilegomena*，一九二一），其 *Alpha and Omega*（或可译作《一与亥》乎?）一种未得，此外又有三册小书，大抵即根据上述诸书所编，更简要可诵。一为“我们对于希腊罗马的负债”丛书（*Our Debt to Greece and Rome*）的第二十六编《神话》（*Mythology*，一九二四），虽只是百五十页的小册，却说的很得要领，因为他不讲故事，只解说诸神的起源及其变迁，是神话学而非神话集的性质，于了解神话上极有用处。二为“古今宗教”丛书中的《古代希腊的宗教》（*Religion of Ancient Greece*，一九〇五），寥寥五六十页，分神话、仪式、秘法三节，很简练地说明希腊宗教的性质及其成分。三为《希腊罗马的神话》（*Myths of Greece and Rome*，一九二七），是彭恩六便士丛书之一，差不多是以上二书的集合，分十二小节，对于阿林坡思诸神加以解释，虽别无新意，但小册廉价易得，于读者亦不无便利。好的希腊神话集在英文中固然仓卒不容易找，好的希腊神话学更为难求，哈理孙的这些小书或者可以算是有用的入门书罢。《希腊罗马的神话》引言上说：

> 希腊神话的研究长久受着两重严重的障害。其一，直至现世纪的起头，希腊神话大抵是依据罗马或亚力山大的中介而研究的。一直到很近的时代，大家总用了拉丁名字去叫那希腊诸神，如宙斯（Zeus）是约夫（Jove），海拉（Hera）是由诺（Juno），坡塞同（Poseidon）是涅普条因（Neptune）之类。我们不想来打死老虎，这样的事现在已经不实行了。现在我们知道，约夫并不就是宙斯，虽然很是类似，密涅伐（Minerva）也并不就是雅典娜（Athena）。但是一个错误——因为更微妙所以也更危险的错误依然存留着。我们弃掉了拉丁名字，却仍旧把拉丁或亚力山大的性质去加在希腊诸神的上边，把他们做成后代造作华饰的文艺里的玩具似的神道。希腊的爱神不再叫作邱匹德（Cupid）了，但我们心里都没有能够去掉那带弓箭的淘气的胖小儿的印象，这种观念怕真会使得德斯比亚本地崇拜爱神的上古人听了出惊罢，因为在那里最古的爱洛斯（Eros，爱神）的像，据说原来是一块未曾雕琢的粗石头呀。

> 第二个障害是，直到近时希腊神话的研究总是被看作全然附属于希腊文学研究之下。要明白理解希腊作家——如诗人戏曲家以至哲学家的作品，若干的神话知识向来觉得是必要的。学者无论怎么严密地应用了文法规则之后，有时还不能不去查一下神话的典故。所以我们所有的并不是神话史，不是研究神话如何发生的书，却只是参考检查用的神话辞典。总而言之，神话不被当作一件他的本身值得研究的东西，不是人类精神历史的一部分，但只是附随的，是文学的侍女罢了。使什么东西居于这样附随的地位，这就阻止他不能发达，再也没有更有效的方法了。

还有一层，研究希腊神话而不注意仪式一方面，也是向来的缺点。《神话》引言中说：

> 各种宗教都有两种分子，仪式与神话。第一是关于他的宗教上一个人之所作为，即他的仪式。其次是一个人之所思索及想像，即他的神话，或者如我们愿意这样叫，即他的神学。但是他的作为与思索却同样地因了他的感觉及欲求而形成的。

神话与仪式二者的意义往往互相发明，特别像希腊宗教里神话的转变很快，后来要推想他从前的意思和形式[③]，非从更为保守的仪式中间去寻求难以得到线索，哈理孙的工作在这里颇有成就。她先从仪式去找出神话的原意，再回过来说明后来神话变迁之迹，很能使我们了解希腊神话的特色，这是很有益的一点。关于希腊神话的特别发达而且佳妙的原因，在《古代希腊的宗教》中很简明的说过：

> 希腊的宗教的材料，在神学（案即神话）与仪式两部分，在发展的较古各时期上，大抵与别的民族的相同。我们在那里可以找到鬼魂精灵与自然神，祖先崇拜，家族宗教，部落宗教，神之人形化，神国之组织，个人宗教，魔术，祓除，祈祷，祭献，人类宗教的一切原质及其变化。希腊宗教的特色并不是材料，只在他的运用上。在希腊人中间宗教的想像与宗教的动作，虽然在他们行为上并非全无影响，却常发动成为人类活动的两种很不相同的形式，——此二者平常看作与宗教相远的，其实乃不然。这两种形式是艺术，文字的或造形的，与哲学。凭了艺术与哲学的作用，野蛮分子均被消除，因为愚昧丑恶与恐怖均因此净化了，宗教不但无力为恶，而且还有积极的为善的能力了。

《神话》第三章《论山母》中关于戈耳共（Gorgon）的一节很能具体的证明上边所说的话，其末段云：

戈耳共用了眼光杀人，它看杀人，这实在是一种具体的恶眼（Evil Eye）。那分离的头便自然地帮助了神话的作者。分离的头，那仪式的面具，是一件事实。那么，那没有身子的可怕的头是那里来的呢？这一定是从什么怪物的身上切下来的，于是又必须有一个杀怪物的人，贝尔修斯（Perseus）便正好补这个缺。所可注意的是希腊不能在他们的神话中容忍戈耳共的那丑恶。他们把它变成了一个可爱的含愁的女人的面貌。照样，他们也不能容忍那地母的戈耳共形相。这是希腊的美术家与诗人的职务，来洗除宗教中的恐怖分子。这是我们对于希腊的神话作者的最大的负债。

哈理孙写有一篇自传，当初登在《国民》杂志（*The Nation*）上，后又单行，名曰《学子生活之回忆》（*Reminiscences of a Student's Life*，一九二五）。末章讲到读书，说一生有三部书很受影响，一是亚列士多德的《伦理学》，二是柏格孙的《创造的进化》，三是弗洛伊特的《图腾与太步》（*Totemism and Taboo*），而《金枝》（*The Golden Bough*）前后的人类学考古学的书当然也很有关系，因为古典学者因此知道比较人类学在了解希腊拉丁的文化很有帮助了：

泰勒（Tylor）写过了也说过了，斯密斯（Roberson Smith）为异端而流放在外，已经看过东方的星星了，可是无用，我们古典学者的聋蛇还是塞住了我们的耳朵，闭上了我们的眼睛。但是一听到《金枝》这句咒语的声音，眼上的鳞片便即落下了，我们听见，我们懂得了。随后伊文思（Arthur Evans）出发到他的新岛去，从它自己的迷宫里打电报来报告牛王（Minotau-ros）的消息，于是我们不得不承认这是一件重要的事件，这与荷马问题有关了。

《回忆》中讲到所遇人物的地方有些也很有意思，第二章《坎不列治与伦敦》起首云：

在坎不列治许多男女名流渐渐与我的生活接触起来了。女子的学院在那时是新鲜事情，有名的参观人常被领导来看我们，好像是名胜之一似的。屠格涅夫（Turgenev）来了，我被派去领他参观。这是千载一时的机会。我敢请他说一两句俄文听听么？他的样子正像一只和善的老的雪白狮子。阿呀，他说的好流利的英文，这是一个重大的失望。后来拉斯金（Ruskin）来了。我请他看我们的小图书馆。他看了神气似乎不很赞成。他严重地说道，青年女子所读的书都该用白牛皮纸装订[4]才是。我听了悚然，想到这些红的摩洛哥和西班牙皮装都是我所选定的。几个星期之后那个老骗子送他的全集来给我们，却全是用深蓝色的小牛皮装的！

末了记述一件很有趣的事：

我后来在纽能学院所遇见的最末的一位名人即是日本的皇太子。假如你必须对了一个够做你的孙子的那样年青人行敬礼，那么这至少可以使你得点安慰，你如知道他自己相信是神。正是这个使我觉得很有趣。我看那皇太子非常的有意思。他是很安详，有一种平静安定之气，真是有点近于神圣。日本文是还保存着硬伊字音的少见的言语之一种。所有印度欧罗巴语里都已失掉这个音，除俄罗斯文外，虽然有一个俄国人告诉我，他曾听见一个伦敦卖报的[5]叫比卡迭利（Piccadilly）的第三音正是如此。那皇太子的御名承他说给我听有两三次，但是，可惜，我终于把它忘记了。

所谓日本的硬伊字音不知道是怎么一回事，假如这是俄文里好像是ы或亚拉伯数字六十一那样的字，则日本也似乎没有了，因为我们知道日本学俄文的朋友读到这音也十分苦斗哩，——或者这所说乃是朝鲜语之传讹乎。

结论的末了说：

在一个人的回忆的末后似乎该当说几句话，表示对于死之来临是怎样感想。关于死的问题，在我年青的时候觉得个人的不死是万分当然的。单一想到死就使得我暴躁发急。我是那样执著于生存，我觉得敢去抗拒任何人或物，神，或魔鬼，或是运命她自己，来消灭我。现在这一切都改变了。假如我想到死，这只看作生之否定，一个结局，一条末了的必要的弦罢了。我所怕的是病，即坏的错乱的生，不是怕的死。可是病呢，至现在为止，我总逃过了。我于个人的不死已没有什么期望，就是未来的生存也没有什么希求。我的意识很卑微地与我的身体同时开始，我也希望他很安静地与我的身体一同完了。

会当长夜眠，无复觉醒时。

那么这里是别一个思想。我们现在知道在我们身内带着生命的种子，不是一个而是两个生命，一是种族的生命，一是个人的生命。种族的生命维持种族的不死，个人的生命却要受死之诱惑，这种情形也是从头就如此的。单细胞动物确实是不死的，个人的复杂性却招到了死亡。那些未结婚的与无儿的都和种族的不死割断了关系，献身于个人的生活，——这是一条侧线，一条死胡同，却也确是一个高上的目的。因了什么奇迹我免避了结婚，我也不知道，因为我一生都是在爱恋中的。但是，总而言之，我觉得喜欢。我并不怀疑我是损失了许多，但我很相信得到的更多。结婚至少在女人方面要妨害两件事，这正使我觉得人生有光荣的，即交际与学问。我对于男子所要求的是朋友，并不是丈夫。家庭生活不曾引动过我。这在我看去顶好也总不免有点狭隘与自私，顶坏是一个地狱⑥。妻与母的职务不是一件容易事，我的头里又满想着别的事情，那么一定非大失败不可。在别方面，我却有公共生活的天赋才能，我觉得这种生活是健全，文明，而且经济地正当。我喜欢宽阔地却也稍朴素地住在大屋子里，有宽大的地面与安静的图书馆。我喜欢在清早醒来觉得有一个大而静的花园围绕着。这些东西在私人的家庭里现已或者即将不可能了，在公共生活里却是正当而且是很好的。假如我从前很富有，我想设立妇女的一个学问团体，该有献身学术的誓言和美好的规律与习惯。但在现在情形之下，我在一个学院里过上多年的生活也就觉得满足了。我想文化前进的时候家庭生活如不至于废灭，至少也将大大的改变收缩了罢。

老年是，请你相信我，一件好而愉快的事情。这是真的，你被轻轻地挤下了戏台，但那时你却可以在前排得到一个很好的座位去做看客，而且假如你已经好好地演过了你的戏，那么你也就很愿意坐下来看看了。一切生活都变成没有以前那么紧张，却更柔软更温暖了。你可以得到种种舒服的，身体上的小小自由，你可以打着瞌睡听干燥的讲演，倦了可以早点去睡觉。少年人对你都表示一种尊敬，这你知道实在是不敢当的。各人都愿意来帮助你，似乎全世界都伸出一只好意的保护的手来。你老了的时候生活并没有停住，他只发生一种很妙的变化罢了。你仍旧爱着，不过你的爱不是那烧得鲜红的火炉似的，却是一个秋天太阳的柔美的光辉。你还不妨仍旧恋爱下去，还为了那些愚蠢的原因，如声音的一种调子，凝视的眼睛的一种光亮，不过你恋的那么温和就是了。在老年时代你简直可以对男子表示你喜欢和他在一起而不致使他想要娶你，或是使他猜想你是想要嫁他。

这末了几节文章我平常读了很喜欢，现在趁便就多抄了些，只是译文很不惬意，但也是无法，请读者

看其大意可也。 （二十三年一月二十四日，于北平）

【钟校】

① 1934.3 刊《青年界》5 卷 3 期。

②“她”原作“他”。

③“意思和形式”，“式”原作“守”。

④“装订”原作“装钉”。

⑤“卖报的”，“卖”原作“买”。

⑥“顶坏是一个地狱”，“地狱”上原有一“私”字，已删。

金枝上的叶子[①]

◇1934.2.7

◇夜读抄

《金枝上的叶子》是弗来则夫人（Lilly Frazer）所编的一本小书。提起金枝，大家总会想到弗来则博士的大著，而且这所说的也正是那《金枝》。这部比较宗教的大著在一八九〇年出版，当初只有两本，二十年后增广至八卷十二册，其影响之大确如《泰晤士报》所说，当超过十九世纪的任何书，只有达尔文斯宾塞二人可以除外。英国哈同教授在所著《人类学史》上说：

> 对于明悉吾国现在比较宗教研究的情形的人，可无须再去指出曼哈耳德，泰勒与洛伯生斯密司等人对于后来学者之影响，或再提示弗来则教授之博学与雄文，其不朽大著《金枝》今已成为古

典，或哈忒阑氏之《贝耳修斯的故事》研究了。斯宾司的《神话学概论》里也是这样说，虽然有人批评他继承曼哈耳德的统系，到处看出植物神来，或者说他太把宗教分层化了，但其无妨为伟大之作乃是无疑的。斯宾司说：

> 《金枝》一书供给过去和现在一代的神话学民俗学家当作神话和人类学事实的一种大总集，很有功用。没有人能够逃过他那广大的影响。这是学问的积聚，后世调查者总得常去求助于此。

但是说得最有趣味的乃是哈理孙女士，在她的《学子生活之回忆》第末章中说：

> 回过头来看我的一生，我是怎么迟回颠蹶的走向自己专门的路上去的。希腊文学的专门学问，我早觉得是关了门的了。我在坎不列治那时候所知道的唯一的研究工作是本文考订，而要工作有成绩我的学力却是决不够的。我们希腊学者在那时实在是所谓黑暗里坐着的人们，但是我们不久便看见了一道大光明，两道大光明，即考古学，人类学。古典在长眠中转侧起来了。老年人开始见幻景，青年人开始做梦了。我刚离开坎不列治，那时须理曼在忒罗亚着手发掘。在我的同辈之中有弗来则，他后来就用了金枝的火光来照野蛮迷

信的黑暗树林了。那部书的好名目——茀来则勋爵真有题书名的天才——引起了学者们的注意。他们在比较人类学里看出一件重要的东西，真能解明希腊或罗马的本文。泰勒已经写过了也说过了，洛伯生斯密斯为异端而流放在外，已经看过东方的星星了。可是无用，我们古典学者的聋蛇还是堵住了我们的耳朵，闭上了我们的眼睛。但是一听到《金枝》这句咒语的声音，眼上的鳞片便即落下，我们听见，我们懂得了。随后伊文思出发到他的新岛去，从它自己的迷宫里打电报来报告牛王的消息，于是我们不得不承认这是一件重要的事，这与荷马问题有关了。

话虽如此说，这十二册的大书我却终于没有买，只得了一册的节本，此外，更使我觉得喜欢的，则是这一小本《金枝上的叶子》。此书里共分六部，一基督降诞节与寄生树，二怪物，三异俗，四神话与传说，五故事，六景色，有插画十六页。茀来则夫人小序云：

圣诞前夜的木柴发出光明的火焰，圣诞树上各色的蜡烛都在烛台上摇晃，音乐队作起乐来，一切都很高兴像是婚宴，那时我们散步，或者我们亲吻，在寄生树的枝下。我们有几个知道，或者我们知道却又有几个记得，那寄生树就是威吉尔的所谓金枝，埃纳亚斯就拿了这个下降到阴暗的地下界去的呢？我们现在愿意忘记这一切艰深的学问，一切悲苦，在这大年夜里。鬼和妖怪或者还在阴暗中装鬼脸说怪话，妖婆或者骑了扫帚在头上飞过，仙人和活泼的小妖或者在月下高兴的跳着，但是他们不会吓唬我们。因为我们是裹在梦中，这是黄金的梦，比平日实际还要真实的梦，我们希望暂时继续去梦见那一切过去的梦幻的世界。

青年朋友们可以相信，我太爱他们了，不想把他们从美丽的梦想中叫醒过来。我采摘了这些散乱的叶子，选择一下，送给那些正是青春年纪的人们。我并不想教导，我的目的只是使人快乐，使人喜欢。这书《金枝》的著者查遍了全世界的文献来证明他自己的论旨，这些论旨在这里与我们没有关系。书中故事都仍用著者的原语，他的魔术杖一触却使那些化成音乐了，我所乐做的工作就只是把这许多银色里子的叶子给青年们编成一个花冠罢了。

弗来则博士文章之好似乎确是事实而并非单是夫人的宣传。我有他的一本文集，一九二七年出版，题云《戈耳共的头及其他文章》，他编过诗人古柏的信，写了一篇传记，又编亚迪生的论文，写了一篇序，均收入集内，又仿十八世纪文体写了六篇文章，说是“旁观社”的存稿，读者竟有人信以为真，至于《戈耳共的头》一篇以希腊神话为材料，几乎是故意去和庚斯莱（Kingsley）比赛了。大约也未必因为是苏格兰人的缘故罢，在这一点上却很令人想起安特路朗（Andrew Lang）来。《金枝上的叶子》共有九十一篇，大都奇诡可读，我最喜欢那些讲妖婆的，因为觉得西方的妖婆信仰及其讨伐都是很有意义的事，但是那些都长一点，现在只挑选了短的一篇《理查伦主教的魔鬼》译出以见一斑，云原文见金枝卷七《罪羊》中也：

没有在拉巴陀冰冻的海岸的爱思吉摩人，也没有在吉亚拿闷热的森林的印第安人，也没有在孟加拉树林里发抖的印度人，比那十三世纪上半主持显达耳地方西妥派修道院的理查伦更怕恶鬼，觉得他们永远在他周围的。在他那奇怪的著作所谓《启示录》里他表明怎么时时刻刻的为魔鬼所扰，这个东西他虽然不能看见，却能够听见，他把所有肉体上的苦痛与精神上的缺点都归罪于他们。假如他觉得烦躁，他相信这种心情是魔鬼的力量给他造成的。假如他鼻上发生皱纹，假如他下唇拖下，那么魔鬼又得负责，咳嗽，头风，吐痰，唾沫，那如无超自然的鬼怪的缘因是不会有的。假如在秋天好太阳的早晨他在果园散步，这位肥胖的主教弯腰去拾起一个夜间落下的熟果子，那时血液升到他紫色的脸上来，这也由于他那看不见的敌人的主使。假如主教睡不着在床上转侧，月光从窗间照进来，把窗棂的影子映在房内地板上像是一条条的黑棒，这使他醒着的也决不是跳蚤或其他，不，他明智的说道，虫豸是并不真会咬人的，——他们似乎的确咬了人，但这都是魔鬼的把戏。假如一个道友在卧室内打呼，那难听的声音并不出于他，却是从那躲在他身里的魔鬼发出来的。对于身体上和精神上的一切不适的原因这样的看去，那么主教所开的药方不是本草上所有也不是药铺里所能买到，这正是当然的了。这大部分是圣水和十字架的符号，他特别推荐画十字当做治跳蚤咬的单方。

（廿三年二月）

【钟校】

① 1934. 2. 21 刊《大公报》。

一岁货声之馀[1]

◇1934. 2. 10

◇夜读抄

去年冬天曾借闲步庵所藏抄本《一岁货声》手录一过，后来对西郊自然居士说及，居士说在英国买到或是见过一本叫作《伦敦呼声》的书，可惜我终于未得拜见。近日翻阅茀来则博士的文集，其中有《小普利尼时代的罗马生活》与《爱迪生时代的伦敦生活》两篇很觉得可喜，在《伦敦生活》篇中讲到伦敦呼声，虽然都即根据《旁观报》，说的很简略，却也足供参考，今译出于下：

> 在爱迪生时代伦敦街上不但是景象就是声音也与现今的情形很有些不同。半夜里，睡着的人常被更夫打门从梦中惊醒，迷迷胡胡的听他嗡嗡的报告时刻，听他退到街上响着的铃声。在白天里，据说没有东西比那伦敦的呼声更会使得外国人听了诧异，使得乡下绅士出惊的了。洛及卡佛来勋爵离开他那庄园的静默，乌司得郡绿的路径和原野的寂静，来到伦敦大道上的时候，他时常说他

初上城的一星期里，头里老是去不掉那些街上的呼声，因此也睡不着觉。可是维尔汉尼昆却正相反，他觉得这比百灵的唱歌和夜莺的翻叫还好，他听这呼声比那篱畔林中的一切音乐还觉得喜欢。

伦敦呼声在那时候可以分作两种，即声乐与器乐。那器乐里包含着敲铜锅或熬盘，各人都可自由的去整个时辰的敲打，直闹得全街不宁，居民几乎神经错乱。阉猪的所吹的画角颇有点儿音乐味，不过这在市内难得听到，因为该音乐家所割治的动物并不是街上所常有的东西。但是声乐的各种呼声却更多种多样。卖牛奶的尖声叫得出奇，多感的人们听了会牙齿发酸。扫烟通的音调很是丰富，他的呼声有时升到最尖的高音，有时也降到最沉的低音去。同样的批评可以应用于卖碎煤的，更不必说那些收破玻璃和砖屑的[2]了。箍桶的叫出末了的一字用一种空音，倒也并不是没有调和。假如听那悲哀庄严的调子，问大家有没有椅子要修，那时要不感到一种很愉快的幽郁是不可能的。一年中应该腌黄瓜和小黄瓜的时候，便有些歌调出来叫人听了非常的舒服，只是可惜呀，这正同夜莺的歌一样，在十二个月里止有两个月能够听到。这是真的，那些呼声大抵不很清楚，所以极不容易辨别，生客听了也猜不出唱歌的所卖是什么东西，因此时常看见乡村里来的孩子跑出去，要想问修风箱的买苹果，或问磨刀剪的买生姜饼。即使文句可以明了的听出，这也无从推知那叫喊者的职业。例如吆喝有工我来做，谁能知道这是割稻的呢？然而在女王安尼朝代，也同我们的时代一样，有许多人他全不理会街上呼声的谐调，他不要听阉猪的画角的低诉，像聋似的对于那割稻的声音，而且在他的野蛮的胸中听了修椅子的音乐的请求也并不发生什么反应。我们曾听说有这样一个人，他拿钱给一个用纸牌看婚姻的，叫他不要再到他这条街里来。但是结果怎样呢？所有用纸牌看婚姻的在明天早上都来他门口走过，希望同样的用钱买走哩。

原书小注引斯威夫德的《给斯德拉的日记》一七一二年十二月十三日的一节云：

这里有一个吵闹的狗子，每天早晨在这个时候来烦扰我，叫唤着白菜和甘蓝。现在他正来闹着了。我愿他顶大的一棵白菜塞住他的嗓子。

在这里，我们固然看出斯威夫德牧师照例的那种狠相，但也可以想见那卖白菜的朋友怎样出力，因为否则他或者当不至于这样的被咒骂了。我不知道中国谁的日记或笔记里曾经说起过这些事情，平日读书太少实在说不出来，但如《越缦堂日记》《病榻梦痕录》等书里记得似乎都不曾有，大约他们对于这种市声不很留意，说不上有什么好恶罢。我只记得章太炎先生居东京的时候，每早听外边卖鲜豆豉的呼声，对弟子们说，“这是卖什么的？natto，natto，叫的那么凄凉？”我记不清这事是钱德潜君还是龚未生君所说的了，但章先生的批评实在不错，那卖“纳豆”的在清早冷风中在小巷里叫唤，等候吃早饭的人出来买她一两把，而一把草苞的纳豆也就只值一个半铜元罢了，所以这确是很寒苦的生意，而且做这生意的多是女人，往往背上背着一个小儿，假如真是言为心声，那么其愁苦之音也正是无怪的了。北京叫卖声中有卖硬面饽饽的约略可以相比，特别在寒夜深更，有时晚睡时买些来吃，味道并不坏，但是买来时冻得冰凉的，那“双喜字加糖”之类差不多要在火炉上烤了吃才好了。（廿三年二月十日记）

【钟校】

① 1934.2.10刊《大公报》。

②“收破玻璃和砖盾的”，原无“收”字，今增。

清嘉录[①]

◇1934.3.4

◇夜读抄

《清嘉录》十二卷，吴县顾禄著，记述吴中岁时土俗，颇极详备，光绪戊寅(一八七八)有重刊本，在《啸园丛书》中，现今甚易得。原书初刊于道光中,后在日本翻刻,啸园葛氏所刻已是第三代,所谓孙子本矣,校雠不精,多有讹字,唯其流通之功不可没耳。

顾禄字总之，又字铁卿，所著书除《清嘉录》外，寒斋仅有《颐素堂丛书》八种，《颐素堂诗抄》六卷。丛书中第五种曰《御舟召见恭纪》为其高祖嗣立原著，第七种《山堂五箴》为其友韦光黻著，第四种《烟草录》与褚逢椿共著，馀皆顾氏自作。其一曰《雕虫集》，内小赋三十四篇。二曰《紫荆花院排律》，凡试帖诗四十首。三曰《骈香俪艳》，仿《编珠》之例，就花木一类，杂采典故，列为百五十偶。

六曰《省闱日纪》，道光壬午（一八二二）秋与韦光黻应乡试纪行之作，七月朔至八月二十日，共历五十日。八曰《买田二十约》，述山居生活的理想，简而多致。以上五书均可以窥见作者的才情韵致，而《日纪》与《二十约》尤佳。如《二十约》之十九曰：

约，酒酣灯灺，间呼子墨，举平日乡曲所目经耳历者，笔之于简，以恣滑稽调笑，至如朝事升沉，世情叵测，居山不应与闻。

《日纪》在八月项下云：

十七日戊午，平明出万绿山庄，万枝髡柳，烟雨迷离，舟中遥望板屋土墙，幽邃可爱。舟人挽纤行急，误窜入罾网中，遂至勃谿。登岸相劝，几为乡人所窘，偿以百钱，始悻悻散。行百馀里，滩险日暮，不敢发，约去港口数里泊。江潮大来，荻芦如雪，肃肃与风相搏。推窗看月[②]，是夕正望，宛如紫金盘自水中涌出。水势益长，澎湃有声。与君绣侣梅纵谈，闻金山蒲牢声，知漏下矣，覆絮衾而眠。

正可说大有《吴船》之嗣响也。

《颐素堂诗抄》六卷，共古今体诗三百二首，道光乙酉（一八二五）年刊本，刻甚精工。诗中大抵不提岁月，故于考见作者生活方面几乎无甚用处，唯第三卷诗三十七首皆咏苏州南京中间景物，与《省闱日纪》所叙正合，知其为道光壬午秋之作耳。《雕虫集》刊于嘉庆戊寅（一八一八），褚逢椿序云，顾君总之髫龄时所撰也。《颐素堂诗抄》出版于七年后，林衍源序云，总之之才为天所赋，尚在少年，而诗之多且工若是，是则可传也。约略因此可以知其年辈，其生卒出处则仍未知其详。至于诗，诸家序跋题词虽然很是称扬，但在我外行看去却并不怎么好，卷五中这一首诗似乎要算顶好了，题曰《过某氏园》：

我昔曾经此，春风绕砌香。今来能几日，青草似人长。风竹忽敲户，雨花时堕墙。谁将盛罗绮，珍重惜韶光。

《清嘉录》十二卷这恐怕是顾氏最重大的业绩了罢。如顾承序中所说：

荟萃群书，自元日至于岁除，凡吴中掌故之可陈，风谣之可采者，莫不按节候而罗列之，名之曰《清嘉录》，洵吾吴未有之书也。

凡每卷记一月的事情，列项目共二百四十二，纪述之后继以徵引，间加考证。如顾日新序中所说：

访诸父老，证以前闻，纠缪摘讹，秩然有体。庄子谓道在蝼蚁，道在尿溺。夫蝼蚁尿溺至微且浊矣，而不嫌每下而愈况，盖天地之至道贯于日用人事，其传之于世者皆其可笔之于书者也。

称赞与辩解混合的说法在当时大约也不可少，其意思也有几分道理，不过未免说的旧式一点罢了。我们对于岁时土俗为什么很感到兴趣，这原因很简单，就为的是我们这平凡生活里的小小变化。人民的历史本来是日用人事的连续，而天文地理与物候的推移影响到人事上，便生出种种花样来，大抵主意在于实用，但其对于季节的反应原是一样的。在中国诗歌以及绘画上这种情形似乎亦很显著，普通说文学滥调总是风花雪月，但是滥调则不可，（凡滥调均不可，）风花雪月别无什么毛病，何足怪乎。池塘生春草，园柳变鸣禽，这与看见泥土黑了想到可以下种，同是对于物候变迁的一种感觉，这里不好说雅俗之分，不过实者为实用所限，感触不广，华或虚者能引起一般的兴趣，所以仿佛更多诗意了。在这上面再加上地方的关系，更是复杂多趣，我们看某处的土俗，与故乡或同或异，都觉得有意味，异可资比较，同则别有亲近之感。《清嘉录》卷四记立夏日风俗，其“秤人”一条云：

家户以大秤权人轻重，至立秋日又秤之，以验夏中之肥瘠。蔡云《吴歈》云，风开绣阁飏罗衣，认是秋千戏却非，为挂量才上官秤，评量燕瘦与环肥。

南方苦热，又气候潮湿，故入夏人常眠食不服，称曰蛀夏，秤人之俗由是而起，若在北地则无是矣。又卷五记梅雨有“梅水”一条云：

> 居人于梅雨时备缸瓮收蓄雨水，以供烹茶之需，名曰梅水。徐士鋐《吴中竹枝词》云，阴晴不定是黄梅，暑气薰蒸润绿苔，瓷瓮竞装天雨水，烹茶时候客初来。案长元吴志皆载梅天多雨，雨水极佳，蓄之瓮中，水味经年不变。又《昆新合志》云，人于初交霉时备缸瓮贮雨，以其甘滑胜山泉，嗜茶者所珍也。

正如卷首例言所说：“吴越本属一家，而风土大略相同，故书中杂引浙俗为最繁。”这里记的原是吴俗，而在我读了简直觉得即是故乡的事情了。我们在北京住惯了的平常很喜欢这里的气候风土，不过有时想起江浙的情形来也别有风致，如大石板的街道，圆洞的高大石桥，砖墙瓦屋，瓦是一片片的放在屋上，不要说大风会刮下来，就是一头猫走过也要格格的响的。这些都和雨有关系。南方多雨，但我们似乎不大以为苦。雨落在瓦上，瀑布似的掉下来，用竹水溜引进大缸里，即是上好的茶水。在北京的屋瓦上是不行的，即使也有那样的雨。出门去带一副钉鞋雨伞，有时候带了几日也常有，或者不免淋得像落汤鸡，但这只是带水而不拖泥，石板路之好处就在此。不过自从维新志士拆桥挖石板造马路拉东洋车之后情形怕大不相同了，街上走走也得拖泥带水，目下唯一馀下的福气就只还可以吃口天落水了罢。从前在南京当学生时吃过五六年的池塘水，因此觉得有梅水可吃实在不是一件微小的福气呀。

［附记］　案明谢在杭《五杂组》卷三云：“闽地近海，井泉水多咸，人家惟用雨水烹茶，盖取其易致而不臭腐，然须梅雨者佳。江北之雨水不堪用者，屋瓦多粪土也。”又卷十一云：“闽人苦山泉难得，多用雨水，其味甘不及山泉而清过之。然自淮而北则雨水苦黑，不堪烹茶矣，惟雪水冬月藏之，入夏用乃绝佳。夫雪固雨所凝也，宜雪而不宜雨，何故？或曰，北地屋瓦不净，多秽泥涂塞故耳。”此两节均说明北方雨水不能用之故，可供参证。

［附录］日本知言馆刻《清嘉录》序（朝川鼎）

近刻清人诗集舶到极多，以余所见尚有二百馀部，而传播之广且速莫顾君铁卿《颐素堂诗抄》若也，梓成于道光庚寅首夏，而天保辛卯三月余得诸江户书肆玉岩堂，盖冬帮船所致也。夫隔海内外而商舶往来一年仅不过夏冬两度，又且长崎之于江户相距四十日程而远，然而其书刻成不一年，自极西而及于极东，所谓不胫而走，是岂偶然哉。今诵其诗，各体咸备，众妙悉臻，彬彬风雅，比兴不坠，如咏古诸什最多杰作，皆中晚唐人之诗，宜其行远而传世也。末又附《清嘉录》十二卷，盖纪吴中民间时令也。吴古扬州地，东际大海，西控震泽，山川衍沃，水陆所凑，唐宋以来号称繁华之区，亦江南一大都会也。如星野山川城郭土田人物食货灾祥艺文之类，县志邑乘或能详之，至其岁时琐事则略而不言，即一二言之，亦不致详细，盖恐其涉芜杂也，然土风民情于是可见，则其所关系亦自不小，岂可阙哉。古有采诗之政，以观民风，今无其政，又无其诗，在上之人何以周知天下风俗而移易之，然则纪其土风以备采择，亦古人贡诗之意也。顾君诗人也，其合而刻之意或在斯乎，故于土俗时趋推其来由，寻其沿习，慎而不漏，该而不侈，考证精确，纤悉无遗，然后土风可以观，民情可以知矣。是在上之人固所欲闻者也，若其广耳目而资学问，抑又馀波所及，而余辈受赐多矣。余私心窃谓填海为平地，缩地为一家，倘获亲接麈教，闻所未闻，不知当何如愉快也，怅矣心飞，无翼何致，徒付一浩叹耳。

岂意君亦谬闻余虚名，壬辰五月扇头题诗及画托李少白以见寄示，且属题词于《清嘉录》，余才学谫劣，何能任之，然倾慕之久，又何可无一言题简端以结知缘。于是与二三子相谋，先将翻刻其书，更为叙行之，而余适婴大疾，濒死数矣，至今笔砚荒废，尘积者三四年，以故迁延度岁，不果其志，深以为恨。久居安原三平好学乐善，勇乎见义而为，一日慨然谓余曰，顾君之于先生可不谓相知乎，而吾亦妄承先生曲知久矣，若无知于知，何以相知之为，吾当为先生代刻之，庶几其不负相知哉。遂捐俸授梓，今兹丁酉七月校刻竣工，适又闻甲斐门人大森舜民亦将刻《颐素堂诗抄》，今与斯书合而行之，其传播之广且速亦如前日自西而东，海之内外无所不至，岂不愉快哉，然后乃知顾君必不以余为负相知，抑又二子之赐也。因序。

天保八年丁酉八月，江户后学朝川鼎撰。

[案]　《颐素堂诗抄》六卷，我所有的一部是道光乙酉刻本，据前序则云刻于庚寅，岂五年后重刊耶。原本《清嘉录》似亦附诗抄后，但未能得到，日本重刊本曾于民国前数年在东京买到过，后复失去，今年五月又在北平隆福寺街得一部，有旧雨重逢之喜，今

抄录其序文于此，以供参考焉。

（廿三年五月十五日记）

［又案］　顷于琉璃厂得原刻《清嘉录》四册，内容与翻本无异，唯题辞多二纸，有日本大洼天吉等三人诗九首。大洼诗序云："予读顾总之先生《清嘉录》，艳羡吴趋之胜，梦寐神游，不能忘于怀也。比先生书近作七首赠朝川善庵以求序，并徵我辈题词，因和原韵，并编次录中事，臆料妄想，率成七首，梦中呓语，敢步后尘，聊博齿粲而已。"善庵盖即朝川鼎，题诗见寄据前序在壬辰五月，然则此题辞补刻自当更在其后矣。但日本刻本反没有这些诗，亦不知何故。

（六月十一日再记）

【钟校】

① 1934. 3. 10 刊《大公报》。

②"推窗看月"，"月"原作"夕"。

希腊神话二[①]

◇1934. 3. 12

◇夜读抄

我对于神话向来有点喜欢。这个缘故说起来恐怕有点长远。小时候看说部演义，神怪故事着实看了不少，这很有许多潜势力，其中要以《西游记》和《封神传》为最有关系。故事的古怪，荒唐，这都不要紧，第一是要不太可怕，便是好故事，而且古怪荒唐得好的时候往往能够把可怕的分子中和了，如有人批评阿普刘思（Apuleius）的《变形记》（*Metamorphoses*），里边虽有杀人放火僵尸狼人的事件，以现实为背景，而写得离奇惝恍，好像一切都笼罩在一层薄雾里，看去不甚明显迫近，因此就不会感到恐怖嫌恶。《聊斋志异》《夜谈随录》，文笔的确不坏，有些故事却使我读了至今害怕，我不信鬼怪而在黑暗凄寂中有时也要毛戴，这便是读过可怕的故事的影响。《封神》《西游》并不如此，他没有什么可怕的事，却只是讲荒唐古怪的“大头天话”，特别是《西游》，更多幽默有趣的笔致，正如我的祖父所说，这很足以开发儿童的神智。孙悟空打败了赶紧摇身一变变成一座破庙，只剩尾巴没处安顿，便变成一枝旗竿竖在庙背后，被人家看出了破绽。这一节故事他常常背给我们听，当作一个好例，说罢自己也呵呵大笑，虽然他平日是很严峻的人。近年来似乎文以载道之说复兴，大家对于书本子上的话十分认真，以为苟非真理即是诳语，关系世道人心殊非浅鲜，因此神话以至童话都发生问题，仿佛小孩读了《封神传》就会归截教，看了《西游记》就要变小妖似的，这原是见仁见智，难以言语相争，不过据我想来那也何至于此呢。事实是这些书看了颇有意思，我至今还想念它，可是也并没有相信邪教练法术，我自己所可说的就是这几句话。

还有一个原因是从外面来的，因为听说读外国文学书须得懂一点神话才行。哈理孙女士曾说：

> 要明白理解希腊作家——如诗人戏曲家以至哲学家的作品，若干的神话知识向来觉得是必要的。学者无论怎么严密地应用了文法规则之后，有时还不能不去查一下神话的典故。

她是研究宗教的，这里边包含神话与仪式两种东西，不能偏废，现在如把神话作为文学的附属品，不当做宗教的一部分去研究，她觉得不满原是应该的，但如从文学的立场来说，那么这也正是必须，但当离之则双美耳。还有一层，希腊神话本身便是一种优美的艺术品，当作文艺也值得单独的去读。本来神话的内容材料与别民族没有什么大异，只因运用不同，把愚昧丑恶等野蛮分子净化了，便成就了诗化的神话。哈理孙女士说过，“这是希腊的美术家与诗人的职务，来洗除宗教中的恐怖分子。这是我们对于希腊的神话作者的最大的负债。”再从别一方面说，神话与童话也有密切的关联。故事还是这一件故事，拿来说明宇宙文化之所以然，这算是神话，只当做小说听了好玩便是童话，若是相信某人某地所曾有过的事迹，那又在这两者之间，是一种传说了。神话可以说是古代初民的科学，传说是历史，童话是文艺，大有一气化三清之概，这在我喜欢童话的人，又觉得是很有意思的事。

因为这些缘故，我对于希腊神话特别有好感，好久就想翻译一册到中国，可是这也很不容易。第一为难的是底本的选择。我最初所有的是一本该莱（C. M. Gayley）所编的《英国文学上的古典神话》，无出版年月，我买这书在一九〇六年[2]初到日本的时候，其目的便是为文学典故的参考。这不是一卷纯粹的神话集，只以柏耳芬志（T. Bulfinch）的《传说的时代》作蓝本，加以增补，引许多英国诗文以为例证，虽适宜于读英文学者的翻阅，全部译成汉文是劳而无功的事情。其次再看《传说的时代》，此书著于七十年前，却至今销行，我的一册是《人人丛书》本，一九一〇年新版，文章写得很有趣味，日本有野上弥生子的译本，近来又收入《岩波文库》中，可以想见这书的价值，不过我也不想译他。这为什么缘故呢？当时我看了一点人类学派的神话解释，总觉得旧说不对，因此也嫌这里边有些说法欠妥帖。又为了同一原因，也就不满意于德国的两种小册子。这都叫作《希腊罗马神话》，其一是斯妥伊丁（H. Steuding）著，英译有两种，一是英国本，巴纳忒（L. D. Barnett）译，收在《邓普耳初步丛书》里，一是美国本，哈林顿与妥耳曼（Harrington and Tolman）二人译，哈理孙女士举参考书时曾提及。这本小书我也颇喜欢，因为他不专讲故事而多论其异同及意义，又常说明神话中人名的字义，皆非普通神话书所有，但毛病也就出在这里，就是那旧式的天文气象的解释。其二是惹曼（O. Seemann）所著的，英译有比安奇（Bianchi）本，其毛病与上边相同，虽然未全备那些好处。哈理孙女士的两册，即“希腊罗马的负债”丛书中的《神话》与“彭恩六便士丛书”中的《希腊罗马的神话》，解释是好的了，但有说明而无本事，与詹姆士（H. R. James）的《我们的希腊遗产》中所讲略同，这总得在先有了一本神话集之后才能有用。菲厄板克思（A. Fairbanks，一九〇六）的一册是以作西洋美术和文艺的参考为主的，塔忒洛克女士（J. M. Tatlock，一九一六）的讲给学生听也很漂亮，这都有可取。福克思（W. S. Fox，一九一六）的是“各民族神话丛书”之一，内容丰富确实，又洛士（R. J. Rose）的《希腊神话要览》（一九二八）算最晚出，叙录故事之外又有研究资料，我觉得这是一部很好的书，但是，要翻译却又似乎太多一点了。关于选择这一件事情上总是疑惑不决，虽然当时如决心起手译了塔忒洛克或福克思也就不错。

读英国俄来德（F. A. Wright）的《希腊晚世文学史》，卷二讲到阿坡罗陀洛斯（Apollodorus）的著作云：

> 第四种书，也是著作年代与人物不很确实的，是阿坡罗陀洛斯[3]的《书库》，希腊神话与英雄传说的一种纲要，从书册中集出，用平常自然的文

体所写。福都思主教在九世纪时著作，以为此书作者是雅典文法家，生存于基督前百四十年顷，曾著一书曰《诸神论》，但是这已证明非是，我们从文体考察大抵可以认定是西历一世纪时的作品。在一八八五年以前我们所有的只是这七卷书中之三卷，但在那一年有人从罗马的梵谛冈图书馆里得到全书的一种节本，便将这个暂去补足了那缺陷。卷一的首六章是诸神世系，以后分了家系叙述下去，如斗加利恩，伊那珂斯，阿格诺耳及其两派，即欧罗巴与加特摩斯，贝拉思戈斯，阿忒拉斯，阿索坡斯。在卷二第十四章中我们遇到雅典诸王，德修斯在内，随后到贝洛普斯一系。我们见到忒罗亚战争前的各事件，战争与其结局，希腊各主帅的回家，末后是阿迭修斯的漂流。这些都简易但也颇详细的写出，如有人想得点希腊神话的知识，很可以劝他不必去管那些现代的参考书，最好还是一读阿坡罗陀洛斯，有那弗来则勋爵的上好译本。

阿坡罗陀洛斯的《书库》（*Bioliothēkē*）与巴耳德尼阿斯（Parthenius）的《恋爱故事》，这是希腊神话集原书之仅存者，我虽亦知道其可贵重，但那时一心要找现代的参考书，没有想到他，如今恍然大悟，即刻去从书箱里找了出来，在《希腊拟曲》完工之后便动手来翻译这部神话了。

阿坡罗陀洛斯原书收在“古典丛书”内，有茀来则的译注。茀来则在绪论上说：

> 《书库》可以说是希腊神话及英雄传说的一种梗概，叙述平易，不加修饰，以文学中所说为依据，作者并不说采用口头传说，在证据上及事实的可能上也可以相信他并不采用，这样几乎可以确说他是完全根据书卷的了。但是他选用最好的出处，忠实地遵从原典，只是照样纪述，差不多没有敢想要说明或调解原来的那些不一致或矛盾。因此他的书保存着文献的价值，当作一个精密的纪载，可以考见一般希腊人对于世界及本族的起源与古史之信念。作者所有的缺点在一方面却变成他的长处，去办成他手里的这件工作。他不是哲学家，也不是词章家，所以他编这本书时既不至于因了他学说的关系想要改窜材料，也不会为了文章的作用想要加以藻饰。他是一个平凡的人，他接受本国的传说，简直照着字面相信过去，显然别无什么疑虑。许多不一致与矛盾他都坦然地叙述，其中只有两回他曾表示意见，对于不同的说法有所选择。长庚星的女儿们（Hes-

petides）的苹果，他说，并不在吕比亚，如人们所想，却是在远北，从北风那边来的人们的国里，但是关于这奇怪的果子和看守果子的百头龙的存在，他似乎还是没有什么怀疑。

其他一例，因为枯燥一点，今且从略。弗来则又说：

在几点上阿坡罗陀洛斯的《书库》颇与《旧约创世纪》相似。两者都算是纪载世界的历史，从创造起头，或是从安排这世界时为始，直至作者的祖先出现于地上，这便是他本族的住家，勋业的背景。在这两种著作里，自然的移动与人事的转变都从神话传说的幻光里看过去，又多因这朦胧的烟雾而被歪曲或放大了。这两者都是综合成的，为一个比较晚出的编者缀合而成，他把从各样文书抽出来的材料加以编比，并不怎么用心去说明其间的差异或融和其不一致的地方。不过到了这里二者相似之点也就完了。《创世纪》是一篇文学天才的杰作，而阿坡罗陀洛斯的《书库》则是一个平常人的单调的编著，他重述故事，没有一点想象的笔触，没有一片热情的光耀，这些神话传说在古时候都曾引起希腊诗歌之不朽的篇章，希腊美术之富美的制作来过的。但是我们总还该感谢他，因为他给我们从古代文学的破船里保留下好些零星的东西，这假如没有他的卑微的工作，也将同了许多金宝早已无可挽救地沉到过去的不测的大洋里去了。

我找到阿坡罗陀洛斯的希腊神话来翻译，自己觉得很是愉快也是有意义的事，目下所感到的困难乃是人神的名字太多，译音容易混乱，但别无妙法，还只得一个个的用汉字校了又译译了又校耳。

（二十三年三月）

【钟校】

① 1934.5 刊《青年界》5 卷 5 期。

② 原无“年”字，今增，使与下一致。

③“阿坡罗陀洛斯”，“坡”原作“颇”，改使一致。

厂甸[①]

◇1934.3.15

◇夜读抄

琉璃厂是我们很熟的一条街。那里有好些书店，纸店，卖印章墨合子的店，而且中间东首有信远斋，专卖蜜饯糖食，那有名的酸梅汤十多年来还未喝过，但是杏脯蜜枣有时却买点来吃，到底不错。不过这路也实在远，至少有十里罢，因此我也不常到琉璃厂去，虽说是很熟，也只是一个月一回或三个月两回而已。然而厂甸又当别论。厂甸云者，阴历元旦至上元十五日间琉璃厂附近一带的市集，游人众多，如南京的夫子庙，吾乡的大善寺也。南新华街自和平门至琉璃厂中间一段，东西路旁皆书摊，西边土地祠中亦书摊而较整齐，东边为海王村公园，杂售儿童食物玩具，最特殊者有长四五尺之糖胡卢及数十成群之风车，凡玩厂甸归之妇孺几乎人手一串。自琉璃厂中间往南一段则古玩摊咸在焉，厂东门内有火神庙，为高级古玩摊书摊所荟萃，至于琉璃厂则自东至西一如平日，只是各店关门休息五天罢了。厂甸的情形真是五光十色，游人中各色人等都有，摆摊的也种种不同，适应他们的需要，儿歌中说得好：

新年来到，糖瓜祭灶。
姑娘要花，小子要炮。
老头子要戴新呢帽，
老婆子要吃大花糕。

至于我呢，我自己只想去看看几册破书，所以行踪总只在南新华街的北半截，迤南一带就不去看，若是火神庙那简直是十里洋场，自然更不敢去一问津了。

说到厂甸，当然要想起旧历新年来。旧历新年之为世诟病也久矣，维新志士大有灭此朝食之概，鄙见以为可不必也。问这有多少害处？大抵答语是废时失业，花钱。其实最享乐旧新年的农工商，他们在中国是最勤勉的人，平日不像官吏教员学生有七日一休沐，真是所谓终岁作苦，这时候闲散几天也不为过，还有那些小贩趁这热闹要大做一批生意，那么正是他们工作最力之时了。过年的消费据人家统计也有多少万，其中除神马炮仗等在我看了也觉得有点无谓外，大都是吃的穿的看的玩的东西，一方面需要者愿意花这些钱换去快乐，一方面供给者出卖货物得点利润，交易而退，各得其所，不见得有什么地方不对。假如说这钱花得冤了，那么一年里人要吃一千多顿饭，算是每顿一毛共计大洋百元，结果只做了几大缸粪，岂不也是冤枉透了么？饭是活命的，所以大家以为应该吃，但是生命之外还该有点生趣，这才觉得生活有意义，小姑娘穿了布衫还要朵花戴戴，老婆子吃了中饭还想买块大花糕，就是为此。旧新年除与正朔不合外别无什么害处，为保存万民一点生趣起见，还是应当存留，不妨如从前那样称为春节，民间一切自由，公署与学校都该放假三天以至七天。——话说得太远了，还是回过来谈厂甸买书的事情罢。

厂甸的路还是有那么远，但是在半个月中我去了四次，这与玄同半农诸公比较不免是小巫之尤，不过在我总是一年里的最高记录了。二月十四日是旧元旦，下午去看一次，十八十九廿五这三天又去，所走过的只是所谓书摊的东路西路，再加上土地祠，大约每走一转要花费三小时以上。所得的结果并不很好，原因是近年较大的书店都矜重起来，不来摆摊，摊上书少而价高，像我这样“爬螺蛳船”的渔人无可下网。然而也获得几册小书，觉得聊堪自慰。

其一是《戴氏注论语》二十卷合订一册，大约是戴子高送给谭仲修的罢，上边有“复堂所藏”及“谭献”这两方印。这书摆在东路南头的一个摊上，我问一位小伙计要多少钱，他一查书后粘着的纸片上所写“美元”字样，答说五元。我嫌贵，他说他也觉得有点贵，但是定价要五元。我给了两元半，他让到四元半，当时就走散了。后来把这件事告诉玄同，请他去巡阅的时候留心一问，承他买来就送给我，书末写了一段题跋云：

> 民国廿三年二月廿日启明游旧都厂甸肆，于东莞伦氏之通学斋书摊见此谭仲修丈所藏之戴子高先生《论语注》，悦之，以告玄同，翌日廿一玄同往游，遂购而奉赠启明。

跋中廿日实是十九，盖廿日系我写信给玄同之日耳。

其二是《白华绛柎阁诗》十卷，二册一函。此书我已前有，今偶然看见，问其价亦不贵，遂以一元得之。《越缦堂诗话》的编者虽然曾说：“清季诗家以吾越李莼客先生为冠，《白华绛柎阁集》近百年来无与辈者。”我于旧诗是门外汉，对于作者自己“夸诩殆绝”的七古更不知道其好处，今买此集亦只是乡曲之见。诗中多言及故乡景物，殊有意思，如卷二《夏日行柯山里村》一首云：

溪桥才度庳篷船，村落阴阴不见天。两岸屏山浓绿底，家家凉阁听鸣蝉。

很能写出山乡水村的风景，但是不到过的也看不出好来罢。

其三是两册丛书零种，都是关于陆氏《草木鸟兽虫鱼疏》的，即焦循的《诗陆氏疏疏》，“南菁丛刻”本，与赵佑的《毛诗陆疏校正》聚学轩本。我向来很喜欢陆氏的虫鱼疏，只是难得好本子，所有的就是毛晋的《陆疏广要》和罗振玉的新校正本，而罗本又是不大好看的仿宋排印的，很觉得美中不足。赵本据《郘亭书目》说它好，焦本列举引用书名，其次序又依《诗经》重排，也有他的特长，不过收在大部丛书中，无从抽取，这回都得到了，正是极不易遇的偶然。翻阅一过，至“流离之子”一条，赵氏案语中云：

窃以鸮枭自是一物，今俗所谓猫头鹰……哺其子既长，母老不能取食以应子求，则挂身树上，子争啖之飞去，其头悬着枝，故字从木上鸟，而枭首之象取之。

猫头鹰之被诬千馀年矣，近代学者也还承旧说，上文更是疏状详明有若目击，未免可笑。学者笺经非不勤苦，而于格物欠下工夫，往往以耳为目。赵书成于乾隆末，距今百五十年矣，或者亦不足怪，但不知现在何如，相信枭不食母与乌不反哺者现在可有多少人也。

（廿三年三月）

【钟校】

① 1934. 4. 5 刊《人间世》1 期。

五老小简[①]

◇1934.3.22

◇夜读抄

《五老集》又名《五老小简》，不知系何人所编，我所有的一册是日本庆安三年（一六五〇）重刊本，正当清初顺治七年，原本或者是明人编选的罢。书凡二卷，共分五部，上卷之一为苏东坡，二为孙仲益，下卷之一为卢柳南，二为方秋崖，三为赵清旷，桂未谷跋《颜氏家藏尺牍》（今刻入《海山仙馆丛书》中）云，"古人尺牍不入本集，李汉编昌黎集，刘禹锡编河东集，俱无之。自欧苏黄吕，以及方秋崖卢柳南赵清旷，始有专本。"方卢赵的尺牍专本惜未得见，今此书中选有一部分，窥豹一斑，亦是可喜，虽然时有误字，读下去如飞尘入目，觉得少少不快。

前年夏天买得明陈仁锡编的《尺牍奇赏》十四卷，曾题其端云："尺牍唯苏黄二公最佳，自然大雅。孙内简便不免有小家子气，馀更自郐而下矣。从王稚登吴从先下去，便自生出秋水轩一路，正是不足怪也。"这里，在孙与王吴之间，正好把卢方赵放进去，前后联成一气。我们从东坡说起，就《五老小简》中挑出一两篇为例，如与程正辅之一谢赐餐云：

轼启，漂泊海上，一笑之乐固不易得，况义兼亲友如公之重者乎，但治具过厚，惭悚不已。经宿尊体佳胜，承即解舟，恨不克追饯。涉履甚厚重，早还为望。不宣。

又如与毛泽民谢惠茶云：

轼启，寄示奇茗，极精而丰，南来未始得也。亦时复有山僧逸民，可与共赏，此外但缄而去之尔。佩荷厚意，永以为好。

随手写来，并不做作，而文情俱胜，正到恰好处，此是坡公擅场。孙仲益偶能得其妙趣，但是多修饰，便是毛病。如其贺孟少傅殿京口云：

伏闻制除出殿京口，长城隐然与大江为襟带，而刘玄德孙仲谋之遗迹犹在也。缓带之馀，持一觞以酹江月，无愧于古人矣。

此简在《内简尺牍》及《五老集》均在卷首，便取以为例。又与前人谢惠茶云：

伏蒙眷记，存录故交，小团斋酿，遣骑驰贶，谨已下拜，便欲牵课小诗占谢，衰老废学，须小间作撚髭之态也。

前者典太多，近于虚文，后者撚髭之态大可不作，一作便有油滑气，虽然比起后人来还没有那么俗。现在再将卢方赵三公的小简抄出为例，各取其卷首的一篇，以免有故意挑剔之弊。卢柳南答人约观状元云：

圣天子策天下英豪而赐之官，为首选者既拜命，拥出丽正门，黄旗塞道，青衫被体，马蹄蹀躞，望灞头而去，观者云合，吁！亦荣矣。然子欲为观人者乎，欲为人所观者乎。若欲为人所观，则移其所以观人者观书。

方秋崖回惠海错云：

某以贫故食无鱼，以旱故羹无蔬，日煮涧泉，饭脱粟耳。海物惟错，半含苍潮，所谓眼中顿有两玉人也。

赵清旷贺人架楼云：

某兹审华楼经始，有烨其光，门下修五凤楼手段，规模自是宏阔，将见百尺告成，笑语在天上矣。

这几篇尺牍看去都很漂亮，实在是不大高明，其毛病是，总说一句，尺牍又变成古文了。尺牍向来不列入文章之内，虽然“书”是在内，所以一个人的尺牍常比“书”要写得好，因为这是随意抒写，不加造作，也没有畴范，一切都是自然流露。但是如上文所说，自欧苏以后尺牍有专本，也可以收入文集了，于是这也成为文章，写尺牍的人虽不把他与“书”混同，却也换了方法去写，结果成了一种新式古文，这就有点不行了。桐城派的人说做古文忌用尺牍语，却不知写尺牍也正忌做古文，因为二者正是针锋相对地不同。上边卢的一篇却是八大家手笔，或者可以说是王半山的一路罢？方赵则是六朝谢启之化骈为散者，颇适宜于枯窘及典制题，不过情趣索然，这正是副启又变做正启之故也。我们再举后来几家，这种情形更为明显，如《尺牍奇赏》中所选王百穀九日邀友人云：

空斋无一枝菊，大为五柳先生揶揄。但咏满城风雨近重阳，便昏昏欲睡，足下幸过我一破寂寥。

又送笔云：

惟此毛锥子，铦锋淬砺，一扫千军，知子闯钟王之门，得江淹之梦，谨令听役左右。

又吴从先借木屐云：

雨中兀坐，跬步难移，敢借木屐为半日之用，虽非赌墅之游，敢折东山之齿。

把这些与东坡去比，真觉得相去太远了。明季这群人中到底要算袁中郎最好，有东坡居士之风，归钱也有可取，不过是别一路，取其还实在罢了。

[附记]　《茶香室四抄》卷十有《宋人小简》一则，引宋朱弁《曲洧旧闻》云：

旧说欧阳公虽作一二十字小简②亦必属稿，然明白平易，若未尝经意者，东坡大抵相类，至黄鲁直始专集取古人才语以叙事，士大夫翕然从之，亦一时所尚而已。方古文未行时，虽小简亦多用四六，而世所传宋景文《刀笔集》务为奇险，至或作三字韵语，近世盖未之见。予在馆中时，盛暑傅崧卿给事以冰馈同舍，其简云，“蓬莱道山，群仙所游，清异人境，不风自凉，火云腾空，莫之能炎，饷之冰雪，是谓附益。”读者莫解，或曰，此《灵棋经》耶？一坐大笑。

明谢肇淛《五杂组》卷十四云：

近时文人墨客，有以浅近之情事而敷以深远之华，以寒暄之套习而饰以绮绘之语，甚者词藻胜而谆切之谊反微，刻画多而往复之意弥远。此在笔端游戏，偶一为之可也，而动成卷帙，其丽不亿，始读之若可喜，而十篇以上稍不耐观，百篇以上无不呕哕矣。而唉名俗子裒然千金享之，吾不知其解也。

此盖对王百穀等人而发，所说亦颇平允。

（廿三年三月）

【钟校】

① 1934. 3. 28 刊《大公报》。

②“一二十字小简”，原无“十”字，今增。

花镜[1]

◇1934. 3. 26

◇夜读抄

小时候见过的书有些留下很深的印象，到后来还时常记起，有时千方百计的想找到一本来放在书架上，虽然未必是真是要用的书。或者这与初恋的心境有点相像罢？但是这却不能引去作为文艺宣传的例，因为我在书房里念了多年的经书一点都没有影响，而这些闲书本来就别无教训，有的还只是图画而非文字，它所给我的大约单是对于某事物的一种兴趣罢了。假如把这也算作宣传，那么也没有什么不可，天地万物无不有所表示，即有所宣传也，不过这原是题外闲文，反正都没有多大的关系。

我所记得的书顶早的是一部《毛诗品物图考》。大抵是甲午年我正在读“上中”的时候，在亲戚家里看见两本石印小板的《图考》，现在想起来该是积山书局印的，觉得很是喜欢，里边的图差不多一张张的都看得熟了。事隔多年之后遇见这书总就想要买，可是印刷难得好的，去年冬天才从东京买得一部可以算是原刻初印，前后已相去四十年了。这是日本天明四年（一七八四）所刊，著者冈元凤，原是医师，于本草之学素有研究，图画雕刻亦甚工致，似较徐鼎的《毛诗名物图说》为胜。《图说》刻于乾隆辛卯（一七七一），序中自称“凡钓叟村农，樵夫猎户，下至舆台皂隶，有所闻必加试验而后图写”，然其成绩殊不能相副，图不工而说亦陈旧，多存离奇的传说，此殆因经师之不及医师欤。同样的情形则有陈大章的《诗传名物集览》，康熙癸巳（一七一三）刊，与江村如圭的《诗经名物辨解》，书七卷，刊于享保十五年（一七三〇），即清雍正八年也，江村亦业医，所说也比《集览》更简要。《毛诗名物图说》日本文化五年（一八〇八）有翻刻本，丹波元简有序，亦医官也。

其次是陆氏《毛诗草木鸟兽虫鱼疏》[②]，在族人琴逸公那里初次见到，是一册写刻甚精的白纸印本，三十多年来随处留意却总没有找着这样的一本书。现在所有的就是[③]这些普通本子，如明毛晋的《广要》，清赵佑的《校正》，焦循的《陆疏疏》，丁晏的《校正》，以及罗振玉的《新校正》。丁罗的征徽较详备，但据我外行的私见看来却最喜欢焦氏的编法，各条校证列注书名，次序悉照《诗经》先后，似更有条理。罗本最后出，却似未参考赵焦诸本，用那德国花字似的仿宋聚珍板所印，也觉得看了眼睛不大舒服，其实这也何妨照那《眼学偶得》或《读碑小笺》的样子刻一下子，那就要好得多了。日本渊在宽有《陆疏图解》四卷附一卷，安永八年（一七七九）所刻，大抵根据《广要》毛氏说作为图像，每一页四图，不及《名物图考》之精也。

末后所想说的是平常不见经传的书，即西湖花隐翁的《秘传花镜》。《花镜》六卷，有康熙戊辰（一六八八）序，陈淏子著，题页又称陈扶摇，当系其字。其内容，卷一花历新裁，凡十二月，每月分占验事宜两项；卷二课花十八法，附花间日课，花园款设，花园自供三篇；卷三花木类考；卷四藤蔓类考；卷五花草类考；卷六禽兽鳞虫考附焉。讲起《花镜》自然令人想到湖上笠翁的《闲情偶寄》，其卷五种植部共五分七十则，文字思想均极清新，如竹柳诸篇都是很可喜的小品，其馀的读下去也总必有一二妙语散见篇中，可以解颐。这是关于花木的小论文，有对于自然与人事的巧妙的观察，有平明而新颖的表现，少年读之可以医治作文之笨，正如竹之医俗，虽然过量的服了也要成油滑的病症。至于《花镜》，文章也并不坏，如自序就写得颇有风致，其态度意趣大约因为时地的关系罢，与李笠翁也颇相像，但是这是另外一种书，勉强的举一个比喻，可以说是《齐民要术》之流罢？本来也可说是《本草纲目》之流，不过此乃讲园圃的，所以还以农家为近。他不像经学家的考名物，专坐在书斋里翻书，徵引了一大堆到底仍旧不知道原物是什么，他把这些木本藤本草本的东西一一加以考察，疏状其形色，说明其喜恶宜忌，指点培植之法，我们读了未必足为写文字的帮助，但是会得种花木，他给我们以对于自然的爱好。我从十二三岁时见到《花镜》，到现在还很喜欢他，去年买了一部原刻本，虽然是极平常的书，我却很珍重他不下于现今所宝贵的明板禁书，因为这是我老朋友之一。我从这里认识了许多草木，都是极平常，在乡间极容易遇见，但是不登大雅之堂，在花园里便没有位置，在书史中也不被提及的。例如淡竹叶与紫花地丁，射干即胡蝶花，山踯躅即映山红，虎耳草即天荷叶，平地木即老勿大。这里想起昔时上祖坟的事，春天采映山红，冬天拔取老勿大，前几时检阅旧日记找出来的一节纪事可以抄在这里，时光绪己亥（一八九九）十月十六日也。

> 午至乌石墓所，拔老勿大约三四十株。此越中俗名也，即平地木，以其不长故名。高仅二三寸，叶如栗，子鲜红可爱，过冬不凋，乌石极多，他处亦有之。性喜阴，不宜肥，种之墙阴背日处则明岁极茂，或天竹下亦佳，须不见日而有雨露处为妙。

这个记载显然受着《花镜》的影响，山头拔老勿大与田间拔“草紫”（即紫云英）原是上坟的常习，因为贪得总是人情，但拿了回来草紫的花玩过固然也就丢了，嫩叶也瀹食了，老勿大仍在盆里种得好好的，明年还要多结许多子，有五六个一串的，比在山时还要茂盛，而且琐琐的记述其习性，却是不佞所独，而与不读《花镜》的族人不相同者也。《花镜》卷三记平地木，寥寥数行，却亦有致：

> 平地木高不盈尺，叶似桂，深绿色，夏初开粉红细花，结实似南天竹子，至冬大红，子下缀可观。其托根多在瓯兰之傍，虎茨之下，及岩壑幽深处。二三月分栽，乃点缀盆景必需之物也。

即以此文论，何遽不及《南方草木状》或《北户录》耶？

我初次见《花镜》是在一位族兄那里，后来承他以二百文卖给我，现在书已遗失，想起来是另一板本，与我所有者不同。他是一斋公的曾孙，杜煦序茹敦和《越言释》云：

> 周君一斋读而悦之，缩为巾箱本重梓单行，俾越人易于家置一编。

惜此本不可得，现在常见者也只有啸园重翻本罢了。章实斋《文史通义》板旧亦藏于其家，后由谭复堂斡旋移至杭州官书局，修补重印行世（见《复堂日记》），而李莼客《日记》中谓周某拟以章板刨去改刻时文，既于事实不合，且并缺乏常识矣。常闻有锯分石碑之传说，李君殆从这里想象出来的吧？

（廿三年三月）

【钟校】

① 1934. 4. 2 刊《华北日报》。

②“陆氏《毛诗草木鸟兽虫鱼疏》”，原作“毛诗陆氏草木鸟兽虫鱼疏”。

③“所有的就是”，“是”原作“有”。

颜氏家训①

◇1934. 4. 9

◇夜读抄

南北朝人的有些著作我颇喜欢。这所说的不是一篇篇的文章，原来只是史或子书，例如《世说新语》《华阳国志》《水经注》《洛阳伽蓝记》，以及《颜氏家训》。其中特别又是《颜氏家训》最为我所珍重，因为这在文章以外还有作者的思想与态度都很可佩服。通行本二卷，我所有的有明颜嗣慎、吴惟明、郝之璧、程荣、黄嘉惠各刊本，清朱轼刊本，《四部丛刊》景印明冷宗元刊本，别有七卷本系从宋沈氏本出，今有知不足斋刊本，抱经堂注本，近年渭南严氏重刻本及石印本。注本最便读者，今有石印本尤易得。严氏将卢本补遗重校等散入各条注中，其意甚善，惜有误脱，不能比石印本更好也。

据《四库书目提要》说，《颜氏家训》在唐志宋志里都列在儒家，“然其中《归心》等篇深明因果，不出当时好佛之习，又兼论字画音训，并考正典故，品第文艺，曼衍旁涉，不专为一家之言。今特退之杂家，从其类焉。”这种升降在现在看来本无关系，而且实在这也不该列入儒家，因为他的思想比有些道学家要宽大得多，或者这就是所谓杂也未可知，但总之是不窄，就是人情味之所在，我觉得兼好法师之可喜者也就在此。卢召弓序云：

> 呜呼，无用之言，不急之辩，君子所弗贵。若夫六经尚矣，而委曲近情，纤悉周备，立身之要，处世之宜，为学之方，盖莫善于是书。人有意于训俗型家者，又何庸舍是而叠床架屋为哉。

对于《颜氏家训》的批评，此言可谓最简要得中。《提要》云：“今观其书，大抵于世故人情深明利害，而能文之以经训。”经训与否暂且不管，所谓世故人情也还说得对，因为这书的好处大半就在那里。直斋称为古今家训之祖，但试问有那个孙子及得他来，如明霍渭崖的《家训》简直是胡说一起，两相比较可知其优劣悬殊矣。

六朝大家知道是乱世，颜君由梁入北齐，再入北周，其所作《观我生赋》云，“予一生而三化，备荼苦而蓼辛。”注谓已三为亡国之人，但是不二三年而又入隋，此盖已在作赋之后欤。积其一身数十年患难之经验，成此二十篇书以为子孙后车，其要旨不外慎言检迹，正是当然，易言之即苟全性命于乱世之意也。但是这也何足为病呢，别人的书所说无非也只是怎样苟全性命于治世而已，近来有识者高唱学问易主赶快投降，似乎也是这一路的意思罢。不过颜君是古时人，说的没有那么直截，还要蕴藉一点，也就消极得多了，这却是很大的不同。《教子》篇中末一则云：

齐朝有一士大夫尝谓吾曰，我有一儿，年已十七，颇晓书疏，教其鲜卑语及弹琵琶，稍欲通解，以此伏事公卿，无不宠爱，亦要事也。吾时俯而不答。异哉此人之教子也，若由此业自致卿相，亦不愿汝曹为之。

此事传诵已久，不但意思佳，文字亦至可喜，其自然大雅处或反比韩柳为胜。其次二则均在《风操》篇中，一云：

别易会难，古人所重，江南饯送，下泣言离。有王子侯梁武帝弟出为东郡，与武帝别。帝曰，我年已老，与汝分张，甚以恻怆。数行泪下。侯遂密云，赧然而出。坐此被责，飘摇舟渚，一百许日，卒不得去。北间风俗不屑此事，歧路言离，欢笑分首。然人性自有少涕泪者，肠虽欲绝，目犹烂然，如此之人不可强责。

卢注云，“以不雨泣为密云，止可施于小说，若行文则不可用之，适成鄙俗耳。”我想这亦未必尽然，据注引《语林》中谢公事，大约在六朝这是一句通行俗语，所以用入，虽稍觉古怪，似还不至鄙俗，盖全篇的空气均素雅也。又一云：

偏傍之书，死有归杀，子孙逃窜，莫肯在家，画瓦书符，作诸厌胜。丧出之日，门前然火，户外列灰，祓送家鬼，章断注连。凡如此比，不近有情，乃儒雅之罪人，弹议所当加也。

这两则都可以见颜君的识见，宽严得中，而文词温润与情调相副，极不易得。文中“章断注连”，卢本无注。查日本顺源在承平年中（九三一至七年）所编《倭名类聚抄》，调度部十四祭祀具七十下云注连，引云注连章断，注云师说注连之梨久倍奈波，章断之度太智。案之梨久倍奈波日本古书写作端出之绳，《和汉三才图会》（原汉文）十九云，“神前及门户引张之，以辟不洁，其绳用稻藁，每八寸许而出本端，数七五三茎，左绹之，故名。”之度太智者意云断后，此语少见，今大抵训为注连同谊。此种草绳，古时或以圈围地域，遮止侵入，今在宗教仪式上尚保存其意义，悬于神社以防亵渎，新年施诸人家入口，则以辟邪鬼也。《家训》意谓送鬼出门，悬绳于外，阻其复返，大旨已可明白，至于章断注连字义如何解释，则尚未能确说耳。又《文章》篇中云：

王籍《入若耶溪》诗云，蝉噪林逾静，鸟鸣山更幽。江南以为文外独绝，物无异议，简文吟咏，不能忘之，孝元讽味，以为不可复得，至怀旧志，载于籍传。范阳卢询祖邺下才俊，乃言此不成语，何事于能，魏收亦然其论。《诗》云，萧萧马鸣，悠悠旆旌，《毛传》云，言不喧哗也。吾每叹此解有情致，籍诗生于此意耳。

此是很古的诗话之一，可谓要言不烦，抑又何其“有情致”耶。后来作者卷册益多，言辞愈富，而妙悟更不易得，岂真今不如古，亦因人情物理难能会解，故不免常有所蔽也。

颜之推是信奉佛教的，其《养生》《归心》两篇即说此理，《四库书目提要》把这原因归之于当时风习，虽然原来意思亦是轻佛重儒，不过也还说得漂亮。朱轼重刊《家训》，加以评点，序文乃云：

始吾读颜侍郎家训，窃意侍郎复圣裔，于非礼勿视听言动之义庶有合，可为后世训矣，岂惟颜氏宝之已哉。及览《养生》《归心》等篇，又怪二

> 氏树吾道敌，方攻之不暇，而附会之，侍郎实忝厥祖，欲以垂训可乎。

他自己所以“逐一评校，以涤瑕著微”，其志甚佳，可是实行不大容易。如原文云，“明非尧舜周孔所及也”，便批云，“忽出悖语，可惜可惜，”不知好在何处，由我看去，岂非以百步笑五十步乎？且即就上述序文而言，文字意思都如此火气过重，拿去与《家训》中任何篇比较，优劣可知，只凭二氏树吾道敌这种意见，以笔削自任，正是人苦不自知也。我平常不喜欢以名教圣道压人的言论，如李慈铭的《越中先贤祠目》中序例八云：“王仲任为越士首出，《论衡》一书，千古谈助，而其立名有违名教，故不与。”这就是一例，不妨以俞理初所谓可憎一词加之。《国风》三卷十二期载有《醉馀随笔》一卷，系洪允祥先生遗著，其中一则云：

> 韩柳并称而柳较精博，一辟佛，一知佛之不可辟也。李杜并称而李较空明，一每饭不忘君，一则篇篇说妇人与酒也，妇人与酒之为好诗料，胜所谓君者多矣。

这却说得很有趣，李杜的比较我很赞同，虽然我个人不大喜欢豪放的诗文，对于太白少有亲近之感。柳较精博或者未必，但胜韩总是不错的，因为他不讲那些圣道，不卫道故不辟佛耳。洪先生是学佛的，故如此立言，虽有小偏，正如颜君一样亦是人情所难免，与右倾的道学家之咆哮故自不同。《家训》末后《终制》一篇是古今难得的好文章，看彻生死，故其意思平实，而文词亦简要和易，其无甚新奇处正是最不可及处，陶渊明的《自祭文》与《拟挽歌辞》可与相比，或高旷过之。陶公无论矣，颜君或居其次，然而第三人却难找得出了。篇中有云：

> 四时祭祀，周孔所教，欲人勿死其亲，不忘孝道也。求诸内典，则无益焉，杀生为之，翻增罪累。若报罔极之德，霜露之悲，有时斋供，及尽忠信，不辱其亲，所望于汝也。

朱轼于旁边大打其杠子，又批云，“语及内典，便入邪慝。”此处我们也用不着再批，只须把两者对比了看，自然便知。我买这朱批本差不多全为了那批语，因为这可以代表道学派的看法，至于要读《家训》还是以抱经堂本为最便利，石印亦佳，只可惜有些小字也描过，以致有误耳。（廿三年四月）

【钟校】

① 1934. 4. 14 刊《大公报》。

塞耳彭自然史[①]

◇1934.4.24

◇夜读抄

《塞耳彭自然史》——这个名称一看有点生硬，仿佛是乡土志里讲博物的一部分，虽然或者写得明细，可以多识鸟兽草木之名，总之未必是文艺部类的佳作罢。然而不然。我们如写出他的原名来，*The Natural History of Selborne*，再加上著者的姓名 Gilbert White，大家就立刻明白，这是十八世纪英国文学中的一异彩，出版一百五十年来流传不绝，收入各种丛书中，老老小小爱读不厌。这是一小册子，用的是尺牍体，所说的却是草木虫鱼，这在我觉得是很有兴味的事。英国戈斯（Edmund Gosse）所著《十八世纪文学史》第九章中有一节讲这书及其著者，文云：

> 自吉耳柏特怀德（Gilbert White，一七二〇至一七九三）的不朽的《塞耳彭自然史》出现后，世上遂有此一类愉快的书籍发生，此书刊行于一七八九年，实乃其一生结集的成绩。怀德初同华顿一道[②]在巴辛斯托克受业，后乃升入奥斯福之

阿里厄耳学院，在一七四七年受圣职，一七五一年顷即被任为塞耳彭副牧师，此系罕布什尔地方一个多林木的美丽的教区，怀德即生于此地。次年他回到阿里厄耳，在学校内任监院之职，但至一七五五年回塞耳彭去，以后终身住在那里，一七五八年任为牧师。他谢绝了好几次的牧师职务，俾得留在他所爱的故乡，只受了一两回学院赠予的副牧师职，因为他可以当作闲职管领。怀德很爱过穆耳索女士，后来大家所知道的却滂夫人者即是，她却拒绝了他的请求，他也就不再去求别人了。他与那时活跃的两个博物家通信，一云本南德（Thomas Pennant），一云巴林顿（Daines Barrington），他的观察对于此二人盖都非常有用。一七六七年怀德起首写他的故乡的自然史，到一七七一年我们才看出他略有刊行之意，三年以后他说起或可成功的小册。但是因为种种的顾虑与小心之故，他的计划久被阻碍，直到一七八九年春天那美丽的四开本才离开印字人的手而出现于世。这书的形式是以写给友人的信集成的，还有较短的第二分，用另外的题页，也同样的方法来讲塞耳彭的古物。其第一分却最为世人所欢迎，在有百十册讲英国各地自然史的书出现之后，怀德的书仍旧保存着他那不变的姿媚与最初的新鲜。这是十八世纪所留给我们的最愉快的遗产之一。在每一页上总有些独得的观察使我们注意：

“鹭鸶身子很轻，却有那大翅膀，似乎有点不方便，但那大而空的翼实在却是必要，在带着重荷的时候，如大鱼及其他。鸽子，特别是那一种叫作拍翼的，常把两翼在背上相击，拍拍有声，又一种叫作斤斗的，在空中翻转。有些鸟类在交尾期有特别的动作，如斑鸠在别的时候虽然飞得强而快，在春天却摊着翼像是游戏似的。雄的翠鸟生育期间忘记了他从前的飞法[③]，像鹞子那样在空中老扇着翅膀。金雀特别显出困倦飞不动的神气，看了像是受伤的或是垂死的鸟。鱼狗直飞好像一支箭，怪鸱黄昏中在树顶闪过，正如一颗流星，白头翁像是游泳着，画眉则乱七八糟的飞。燕子在地面水面上掠着飞，又很快的拐弯打圈，显他的本领。雨燕团团的急转，岩燕常常的左右动摇，有如一只胡蝶。许多小鸟都一抖一抖的飞，一上一下的向前进。”（案此系与巴林顿第四十二书中的一部分。）

怀德无意于作文，而其文章精密生动，美妙

如画，世间殆少有小说家，能够保持读者的兴味如此成功也。

戈斯著书在一八八八年，关于怀德生平的事实不无小误，如任牧师一事今已知非真，不过在本乡有时代理副牧师之职则是实在耳。戈斯的批评眼乃了无问题，至今论者仍不能出其范围，一九二八年琼孙（Walter Johnson）新著评传云：“吉耳柏特怀德，先驱，诗人与文章家”，大旨亦复如是，唯其中间论动植各章自更有所发明。赫特孙（W. H. Hudson，旧曾译作合信）在文集《鸟与人》（*Birds and Man*）中有一篇《塞耳彭》，记一八九六年访此教区事，末尾说明《自然史》的特色云：

> 文体优美而清明。但一本书并不能生存，单因为写得好。这里塞满着事实。但事实都被试过筛过了，所有值得保留的已全被收进到若干种自然史的标准著作里去了。我想很谦卑地提议，在这里毫无一点神秘，著者的个性乃是这些尺牍的主要的妙处，因为他虽是很谦逊极静默，他的精神却在每页上都照耀着。那世间所以不肯让这小书死灭的缘故，不单是因为他小，写得好，充满着有趣味的事情，主要的还是因为此乃一种很有意思的人生文献（Human document）也。

同文中又有两节可以引用在这里：

假如怀德不曾存在，或者不曾与本南德及巴林顿通信，塞耳彭在我看来还是一个很愉快的村子，位置在多变化而美丽的景色中间，我要长久记忆着他，算作我在英国南部漫游中所遇到的最佳妙的地方之一。但是我现在却不绝的想念着怀德。那村子本身，四周景色的种种相，种种事物有生或无生的，种种音声，在我的心里都与那想念相联结，我想那默默无闻的乡村副牧师，他是毫无野心的，是一个沉静安详的人，没有恶意，不，一点都没有，如他的一个教区民所说。在那里，在塞耳彭，把那古派的老人喀耳沛伯（Nicholas Culpepper）的一句诗略改变其意义，正是——

“他的影像是捺印在各株草上。”

带了一种新的深切的兴趣我看那些雨燕在空中飞翔，听他们尖利的叫声。这统是一样，在那一切的鸟，就是那些最普通的，那知更鸟，山雀，岩燕，以及麻雀。傍晚时候我很久的站着不动，用心看着一小群的金雀，停在榛树篱上将要栖宿了。因为我在那里，他们时时惊动，飞到顶高的小枝上去，他们在上边映着浅琥珀色的天空看去几乎变成黑色了，发出他们拉长的金丝雀似的惊惶的叫声。这还是一种美妙柔和的音调，现今却加多了一点东西在里边，——从远的过去里来的东西——对于一个人的思念，他的记忆是与活的形状和音声交织在一起的。

这个感情的力量与执著有了一种奇异的效果。这使我渐渐觉得，在一百多年前早已不在了的那人，他的尺牍集曾为几代的博物家的爱读书，虽然已经死了去了，却是仿佛有点神秘地还是活着。我花费了许多工夫，在墓地的细长的草里摸索，想搜出一种纪念物来，这个后来找到了，乃是一块不很大的墓石。我须得跪了下去，把那一半遮着墓石的细草分开，好像我们看小孩的脸的时候拂开他额上的乱发。在石上刻着姓名的头字，下面一行云一七九三，是他死去的年分。

赫特孙自己也是个文人兼博物学家，所以对于怀德的了解要比别人较深，他大约像及弗利思（Richard Jefferies），略有点神秘的倾向，这篇塞耳彭游记写得多倾于瞑想的，在这点上与怀德的文章却很是不相同了。

《塞耳彭自然史》的印本很多，好的要值一几尼以至三镑，我都没有能买到，现在所有的只是“司各得丛书”，“万人丛书”，“奥斯福的世界名著”各本，大抵只有本文或加上一篇简单的引言而已。近来新得亚伦（Grant Allen）编订本，小注颇多，又有纽氏插图百八十幅，为大本中最可喜的一册。亚伦亦是生物学者，又曾居塞耳彭村，熟知其地之自然者也。伍特华德（Marcus Woodward）编少年少女用本，本文稍改简略，而说明极多，甚便幼学，中国惜无此种书。李慈铭《灯下读尔雅偶题》三绝句之一云：

> 理学须从识字成，学僮遗法在西京。何当南戒栽花暇，细校虫鱼过一生。

末二句的意境尚佳，可是目的在于说经便是大误，至于讲风雅还在其次，若对于这事物有兴趣，能客观的去观察者，已绝无仅有了。郝兰皋或可以算是一个，在他与孙渊如的信里说，“少爱山泽，流观鱼鸟，旁涉夭条，靡不覃研钻极，积岁经年，故尝自谓《尔雅》下卷之疏几欲追踪元恪”，确非过言，只可惜他的《记海错》与《蜂衙》《燕子》诸篇仍不免文胜，持与怀德相比终觉有间耳。

《自然史》二卷，计与本南德书四十四，与巴林顿书六十六，共一百十通，后来编者或依年月次第合为一卷，似反凌乱不便于读，不及二卷本善也。卷首有书数通，叙村中地理等，似皆后来补作，当初通信时本无成书计划，随意纪述，后始加以整理，但增补的信文词终缺自然之趣，与其他稍不同。书中所说虽以生物为主，却亦涉及他事，如地质气候风俗，其写村中制造苇烛及追希流人诸篇均有名。生物中又以鸟类为主，兽及虫鱼草木次之，这些事情读了都有趣味，但我个人所喜的还是在昆虫，而其中尤以讲田蟋蟀即油胡卢，家蟋蟀，土拨鼠蟋蟀即蝼蛄的三篇为佳，即下卷第四六到四八也。琼孙在所著《怀德评传》第七章中说：

在《自然史》中我们看见三篇美妙的小论文，虽然原来只是三章书，这是讲蟋蟀的三种的，即油胡卢,蛐蛐,蝼蛄是也。要单独的引用几段，这有如拿一块砖头来当作房屋的样本。一句巧妙的话却须得抄引一下。炉边的蟋蟀说是主妇的风雨表，会预告下雨的时候(巴林顿四七)。怀德的方法，用了去检视钻洞的虫而不毁坏他的住屋，这就是现代昆虫学家所用方法的前驱。一根软的草茎轻轻地通到洞里去，便能顺着弯曲一直到底，把里边住着的赶出来，这样那仁慈的研究者可以满足了他的好奇心而不伤害那目的物(同四六)。

蝼蛄的故事对于有些博物学家特别有用，他们像鄙人一样都不曾见过一个活的标本。罕布什尔还是顶运气的地方，离开那里人就少有遇见这虫子的希望。但是因为不知什么缘故，就是在罕

> 布什尔现在蝼蛄也很少了，派克拉夫德在一九二六年曾经说过他想得这标本是多么困难。可是怀德却列举了三个土名，说是行于国内各地的，曰泥塘蟋蟀，啾啾虫，晚啾。这些俗名大抵似与他的飞声有关，既然各处有此名称，那么似乎证明从前蝼蛄分布颇广了。

这样说来，我的计划很受了影响，原来我想介绍那蟋蟀三章的，但是现在全译既不可能，节译又只是搬出一块砖头来代表房子，只好罢休。那么还是另外找罢。关于苍蝇臧螂等的小文也都有意思，可是末了我还是选中了这篇《蜗牛与蛞蝓》，别无什么理由，不过因为较短罢了。这本是怀德日记的一部分，一八○二年马克微克 W. Markwick 编选为一卷，名曰《关于自然各部之观察》，内分鸟兽虫豸植物气象五部，附在《自然史》后面，以后各本多仍之，或称之曰《杂观察》。其文云：

> 无壳的蜗牛叫做蛞蝓的，在冬季气候稍温和的日子便出来活动，对于园中植物大加损伤，青麦亦大受害，这平常总说是蚯蚓所做的。其有壳的蜗牛，即所谓带屋的（Phereoikos），则非到四月十日左右不出来，他不但一到秋天便老早的隐藏到没有寒气的地方去，还用了唾沫做成一层厚盖挡

住他的壳口，所以他是很安全的封了起来，可以抵当一切酷烈的天气了。蛞蝓比起蜗牛来很能忍耐寒冷，这原因盖由于蛞蝓身上有那粘涎，正如鲸鱼之有脂肪包着。

蜗牛大约在中夏交尾，以后把头和身子都钻到地下去产卵。所以除灭的方法是在生殖以前把他弄死愈多愈好。

大而灰色的无壳的地窖蜗牛，与那在外边的蜗牛同时候隐藏起来，因此可以知道，温度的减少并不是使他们蛰居的唯一原因。

（廿三年四月）

［附记］　关于怀德与其《自然史》，李广田君有一文，登在三月十七日天津《大公报》的《文艺周刊》第五十号上，可以参照。

“带屋的”是希腊人称蜗牛的名字，又亦以称乌龟，怀德讲龟的那篇文中曾说及。

【钟校】

① 1934.6 刊《青年界》6 卷 1 期。

②“一道”，“道”原作“家”。

③“从前的飞法”，原无“的”字，今增。

甲行日注[1]

◇1934.5.1

◇夜读抄

《甲行日注》八卷，署名木拂纂，原刻在《荆驼逸史》内，民国二年刘承幹重刊，即《叶天寥年谱》下半部。天寥为明末江南名士，夫妇子女皆能文，三女小鸾早死最有名，全家著作合为《午梦堂集》十种，叶德辉有重刊本，又辑刻关于小鸾的文献为《疏香阁遗录》四卷，颇便读者。天寥自著《年谱》二卷，明亡以后隐于佛门，别为日记即《甲行日注》，起乙酉（一六四五）八月，讫戊子九月，凡三年馀。《午梦堂集》和《年谱》我都读过一遍，但最喜欢的还是这部日记，因为到了甲申他已是五十六岁，从前经过了好些恩爱的苦难，现在却又遇着真是天翻地覆的大变动，他受了这番锻炼[2]，除去不少的杂质与火气，所表现出来的情意自然更为纯粹了。虽然情形稍有不同，我觉得黄山谷的《宜州家乘》在这里似乎可以相比。《甲行日注》里所记的是明遗民的生活，所以第一显著的当然是黍离麦秀的感慨，而这里又特别加上种族问题，更觉得痛切了。如《日注》卷一记乙酉九月事云：

十七日乙丑，晴暖。宁初又来，云田园尚犹如故，室庐亦幸偷存，故乡风景则半似辽阳以东矣，但村人未吹芦管耳。

又卷六丁亥十二月云：

初九日乙亥，晴。晚间枯林戢响，斜月皎幽，东窗对影，一樽黯绝。颜子之乐自在箪瓢，予不堪忧者，家国殄瘁，岂能忘心。李陵所云，胡笳互动，边声四起，独坐听之，不觉泪下。

又卷一乙酉十二月云：

三十日戊申，一盏黄昏，含愁卒岁。国破家亡，衣冠扫地，故国极目，楸陇无依。行年五十馀七，同刘彦和慧地之称，萧然僧舍，长明灯作守岁烛，亦可叹也。

民国癸丑五月刻本刘氏跋中乃云：

闻落叶而悲吟，听胡笳而不寐，拊心暗泣，举目皆非，地何愁而不埋，天胡为而此醉。回忆故园松竹，老屋琴书，未卜何日，重臻清境。人生罹亡国之惨者，类如是也。

为天寥道人咏叹身世，本自不妨，但若“我田引水”，以同调自居，则大可笑，盖清朝“遗老”与明遗民其境况品格迥乎不同，决不可同日而语也。

日记中纪录当时乱离情状亦多可取。苏州不战而降，没有多大杀戮，但即其零星纷扰也含有重大意义，盖在这里可以看出民族的老病来。卷一乙酉十二月云：

初二日庚辰，晴。过临平，零雨濛飞，寒峰隐翠。遇虏运柴，舟人不解事，近之，我舟遂为所夺。非真虏也，即罗木营兵耳，放肆无忌。

又卷二丙戌二月云：

二十七日甲辰，细雨大风。时义兵飙起，皆闾左陇上耕佣，聚千人至我族索饷，不得则一炬焚之。……各予钱米乃止。时队伍未整，虏下索则又鸟鼠散，而平民罹之。

又四月云：

十六日壬辰，晴。义师去，忽安庄虏来，突入将书厨悉毁，简帙抛零满地，《午梦堂集》板碎以供爨，愤余家贫而无物以逞恨也。人有识者，云半是山左诸公家丁所降，我德施而怨报矣。

《续年谱》记乙酉闰六月事云：

> 廿七日，山左宋玉仲玉叔王敬哉谢德修左萝石夫人挈家避难来投，家丁骁勇善弓马。……余为桑梓保障计，分宅居之，族中亦相率授屋，各为居停。

前后相去，盖才十月也。

陈老莲出家号悔迟，丙戌年有《避难诗》一卷，现刻入《宝纶堂集》中，其《作饭行》序云：

> 山中日波波三顿，鬻图画之指腕为痛焉，儿子犹悲思一顿饭，悲声时出户庭，予闻之凄然，若为不闻也者。商絅思闻之，以米见饷，此毋望之福也，犹不与儿子共享毋望之福哉，乃作一顿饭，儿子便欢喜踊跃，歌声亦时出户庭。今小民苦官兵淫杀有日矣，犹不感半古之事功否。感赋。

诗末节云：

> 鲁国越官吏，江上逍遥师，避敌甚畏虎，篦民若养狸。时日曷丧语，声闻于天知，民情即天意，兵来皆安之。

差不多是同时候的事，可见江浙情形大略相似也。日记中尚有记当时士夫献媚事者，卷二丙戌十一月云：

> 二十八日庚午，晴。侄孙学山来言吾邑宴虏令之盛，笾豆肴核费至三十馀金，倍席赍从，伶人乐

伎，华灯旨酒，俱不在内也。不知虞悰《食疏》中所载何物，耗金钱乃尔。国破民痍之日，为此滥觞，贡媚膃肭。

又八月中记一事，则寄孤愤于谐趣也：

初二日乙亥，晴。伥往市墟。夜有穿窬，予曰，日来大盗聚党，白昼探丸，此犹昏夜胠发，何其行古之道欤？恨不如王彦方遗以布耳。

日记叙述隐居生活颇为详尽，今抄录数节，可以见其困穷与闲适之趣。卷一乙酉十二月云：

初七日乙酉，晴。夜金五云持酒一坛大蟹六只至。六人各食一蟹，馀已无他，亦自不俗也。

卷三丙戌十月云：

初六日戊寅，晴大风。……抵暮侍儿以烧栗十枚烘豆一握遗予下酒，寘几上去，而樵妪瓶油已罄，无可举灯，点火于枯竹片授予，予左手执竹片，右将倾壶，火忽灭，犹幸馀光未及暗尽，倚短窗下嚼四栗饮三瓯，暗中扪床而寝。

卷五丁亥三月云：

二十八日己巳，午晴。张婿迩求来，家止一臃肿仆[3]，出外借米，厨无庋架，不能尽主人情，怅然送别。

小鸾字张氏，未嫁而卒，迩求仍执子婿礼甚恭，日记中曾称道之。又卷二丙戌二月云：

初十日丁巳，晴。初闻黄鹂声，犹忆离家日听雁声也。物换星移，动人感深矣。

卷三同年十月云：

二十八日庚子，阴风冷。茫茫烟景，催流短景。

文词华丽，意思亦不外流连景光，但出在遗民口中，我们也就觉得他别有一种感慨，不能与寻常等视。如卷六丁亥七月云：

十七日丙辰，晴风。夜中偶起，似可三更时分也。洑流薄岸，颓萝压波，白月挂天，苹风隐树。四顾无声，遥村吠犬，鱼棹泼刺，萤火乱飞，极夜景之幽趣矣。

清言俪语，陆续而出，良由文人积习，无可如何，正如张宗子所说，虽劫火猛烈犹烧之不失也。

（廿三年五月）

【钟校】

① 1934.5.7刊《华北日报》。

②“锻炼”，“锻”原作“煆”。

③“臃肿仆”，“臃”原作“拥”。

男化女[1]

◇1934. 5. 7

◇夜读抄

四月二十八日天津《大公报》载伦敦通信云：

> 英伦法艾福地方煤矿经理乔治胡琪森有二女一子，其一女名玛格蕾特者现年方十五，肄业某校，近忽患病，经医生治疗，一月之后竟变为男子。近年来欧洲男女突变之事，可谓无独有偶。最著名者为丹麦之艺术家韦格纳（Einar Wegener），渠年二十岁时乃一健全之伟丈夫，数年之后彼自觉渐类女性，四十岁后经过若干次手术，居然变为女子，丹麦之王宣布其结婚无效，新颁一女子执照与彼，此名艺术家现已改名为莉莉艾尔伯（Lili Elbe）矣。

这些事在中国也是古已有之，大抵与彗星出现等同收入《五行志》里，当作某事的一种征兆。《本草纲目》卷五十二人部在人傀项下谈到这类现象曰：

男生而覆，女生而仰，溺水亦然，阴阳秉赋，一定不移，常理也，而有男化女女化男者何也？岂乖气致妖，而变乱反常耶？《京房易占》云，男化为女，宫刑滥也，女化为男，妇政行也。《春秋潜潭巴》云，男化女，贤人去位，女化男，贱人为王。此虽以人事言，而其脏腑经络变易之微，不可测也。

李时珍到底是医师，虽然引了些道士派的怪话，却仍归结到生理方面，觉得其变易不可测，便因为相信秉赋是一定不移的。蔼理斯在《性的心理》第二卷“性的颠倒”中引希普（W. Heape）的话云：“世间并无纯粹雄的或雌的生物，一切都具一个主要的和退缩的性，其两性同样具备的二形（Hermaphrodite）在外。”依此可知两性区分原非绝对，其退缩的性有时复长，则性的现象亦遂转变，在现代知识看去虽亦是希有却并非妖异也。

关于莉莉艾尔伯的事，我恰巧有她一本传，所以知道得一点。这书名为《男化女》（*Man into Woman*），一九三三年出版，系据德文本译成英文，有英国著名妇人科医学家海耳（Norman Haire）的序。原著者诃耶尔（Niels Hoyer），似系丹麦人，为莉莉之友，根据他自己所知，莉莉所说，以及她的日记尺牍等，编述而成，凡二十三章，插图二十五幅，末幅为莉莉的墓碑，上书德文云：莉莉艾尔伯，生于丹麦，卒于特勒思登。案末章云莉莉于一九三一年九月十五日以心脏衰弱卒，然则伦敦通信所云现已改名一节稍有误，盖此当在一九三一年而非现今也。

《男化女》系用通俗传记的体裁所写，差不多是一篇小说似的故事，海耳的序文却说的很简洁得要领，今抄述其一部分于左，即序文前半也：

> 在不熟悉性的病理学里惨淡的小路僻巷的读者看去，这书里所说的故事一定觉得是奇怪得不可信，虽然似乎是不可信，这却是真实的。或者，该这样说，这些事实是真的，虽然我想在事实的解说上还有馀地可以容得不同的意见。
>
> 关于这几件事似乎已无可疑。即有一有名的丹麦画师，在这书中称之曰安特来亚斯巴勒（Andrea Sparre，实即韦格纳），生于十九世纪的八十年代。他在二十岁时结婚，心理与生理上均无异状，能尽其为夫的职务。数年后完全偶然的机会使他扮做一个女人，这变装非常成功，他随后有好几次都着了女装，知道这事的人无不惊

异，看他的样子简直是个女性。有一个朋友开玩笑，送他一个女人名字曰莉莉，在他装作女人的时候。以后他渐渐的觉得起了一种转变。他觉得莉莉是一个真实的个性，她同那男性的他——安特来亚共有这个身体。那第二个人格莉莉却逐渐的强盛起来，安特来亚遂相信他是一种孪生，在一个身体里有一半男与一半女的。他每月从鼻孔或是别处出血，他认为月经的变相，去找了许多医生，但是他们都不能帮助他。

他开始研究关于性的病理学的书籍，随后得到这样的一个结论，虽然他的外生殖器官是男性的，也别无异状，但在身体里边还多备有女性的内生殖器官。他去请教的医生有的以为他是神经变质的，有的以为他是同性爱的，但是他自己都不承认这两种诊断。一个医生用爱克思光诊治，后来在腹内发现有女性器官而已萎缩，安特来亚以为这即由于爱克思光的破坏力所致。

女性的莉莉渐益占了优势，安特来亚觉得如没有一个方法使他的男性让位给莉莉，他将不能生存下去了。这时候他已是四十以上了，因为一直找不到医生帮助他使他实现化为女子的欲望，他便计划只有自杀，假如在第二年内没有什么办法。

在形势似乎极恶的时候，他遇见从特勒思登来的一个有名的德国医生，他说安特来亚大约是一种中间性的人，因了自然的游戏，一身具备了男女性的分子。他说在安特来亚的腹中盖有发达未全的卵巢，但是因为也有了睾丸，卵巢受了这抑制的力以致不能适当发育。他劝安特来亚往柏林去，受某种检查。假如检查后证明他的推测不错，他答应给安特来亚除去男根，再从年青女子移植卵巢过去，据斯泰那赫派的实验，这样可以使得安特来亚腹中退缩的卵巢再能活动起来。

安特来亚往柏林去了。检查的结果证实了德国医生的理论，他于是开始受种种的手术，最初是阉割，他的睾丸先除去了。数月之后他到特勒思登，他的男根割去，肚子剖开，发达未全的卵巢之存在也已证明，同时从一个二十六岁的健全年青的女子移植了卵巢组织。不久他又受一种手术，其内容未详，虽然这总与装入一种套管（Canula）的事有点相关。

这时候他觉得自己完全是一个女人了。丹麦官厅给发一张新的女人的执照，署姓名曰莉莉艾尔伯，（案艾尔伯系河名，取以为姓，盖记念特来思登地方也,)丹麦王为宣告他的结婚无效。得了他的同意，不，因了他的提示，他的前妻嫁了在罗马的他们从前的一个朋友。

一个法国画家，安特来亚夫妇多年的朋友，现在爱上了莉莉，对她提出结婚的请求。在允许结婚以前，莉莉再旅行至特勒思登去找那德国医生，告诉他现在有这结婚的谈判，问他能否再行一种手术，使她完全能尽女人的职务，能够结婚生产。为这个目的的手术是举行了，但是不久莉莉为了心脏病就在特勒思登死去了。

以上所说的事都是真实的，在这一点上似乎别无问题。此事当初守着秘密，但因为一个友人的疏忽，这秘密泄漏了出去，德国和丹麦的报纸上报告这桩案件，很引起了大家的注意，在一九三一年，即莉莉去世的前几时也。

海耳又说他曾遇见大略相似的事件，但他的意见似乎不大赞成这种彻底的解决法，在序文末后说道：

我不禁这样想，在我们关于性的生理未能更多所知道以前，举行如本案所述的这些手术未免不智，即使是由于病人自己的请求。我想这或者还是以心理治疗为较好罢。安特来亚或可以治愈，或至少可以使他安于生活。用了适当的心理治疗，人格的二重化当可以解除，他也就可以去过一种合理的幸福的生活，不至于去受那些痛苦危险的手术，而以一死了之也。

海耳所说确是稳健持重的意见，但韦格纳的冒险却也是可尊重的一种尝试。古代希腊有先知台勒西亚斯（Teiresias），一生中曾由男化女，再化为男，积有难得的经验，天神宙斯与天后赫拉争论恋爱问题不能定，取决于他，见阿坡罗陀洛斯编《神话集》第三卷。韦格纳可以说是现代的台勒西亚斯，只是试验没有能够完成，未免深可惜耳。（廿三年五月）

【钟校】

① 1934.5.12 刊《大公报》。

和尚与小僧①

◇1934. 5. 21

◇夜读抄

“和尚与小僧”（oshō to kozō），在中国应称为方丈与沙弥或是师父与徒弟，这里是一部书的名字，所以保留原称，没有改动。原书在昭和二年（一九二七）出版，中田千亩所著，题云《杜人杂笔》第一篇，其二为《傻媳妇呆女婿》，三为《和尚与檀那》，似未刊行，书均未见。中田于一九二六年著有《日本童话之新研究》，当时曾得一读，此书则未知道。近时看柳田国男著《退读书历》，其中批评集的第二篇系讲《和尚与小僧》者，始托旧书店找得一册。柳田原文云：

“古时候在一个山寺里住着一位和尚与小僧。”用这样的文句起头的民间故事，自古及今共集录有百十来篇，据说这还不过是日本国内调查所及的一丁点儿罢了。

我一读此书，且惊且叹，计有七点。现在且就此栏（案此文原登在《报知新闻》上）行数所许，稍述我的印象。

第一，亏得著者着眼注意这种珍奇题目以来能够一声不响地勤劳地继续搜索。若是我呢，大约早已嚷起来了，早已变成青而干瘪了也未可知。然而像这本书却正是成熟了落下的一颗果子。

第二，在书店总不会有祈愿损失的，虽说是笃志，使其敢于把此书问世的却显然是时代之力。连那和尚与小僧都出书了，吾徒亦可以安心矣。此乃愉快的这回新发见之一也。

第三，我们生涯中最是个人的部分，即是为祖母所抱而睡于一隅的时代的梦幻，乃是如此的与万民共同的一重大事件，此真非互相讲谈不能了知者也。假如没有中田君，那么我们的童年所仅得而保存的那宝贵的昔时，将为了无谓的怕羞的缘故而永久埋没了亦未可知。时世诚是一个山寺里的和尚也，将因了那明敏的小僧而看破——启发的事情在此后亦自必很多耳。

第四，我们所特别有所感动者，这民族所有的千古一贯的或可称为笑之继承是也。例如三百年前安乐寺的策传大德（案即古笑话书《醒睡笑》的著者）当作某和尚的弱点某小僧的机智记下的故事，把他译作现代语讲给人听，那么昭和时代的少年也将大笑。而其故事的型式，则原只经历小小的变更，直从悠远的大过去继续而来，使天真烂漫元气旺盛的少年们悦耳怡情以至于今也。

故事的根本乃是的确的老话，决不是中古的文艺的出产，这只须考察以何物为滑稽之牺牲即可明白了。在人有衰老，亦有世世的代谢。曾获得优越地位的大和尚也会遇见携金枝而来挑战者，不得不去迎敌。师弟长幼的伦理法则当然很为他援助，可是在单纯的客观者的眼里这也同飞花落叶的自然的推移一般，只是很愉快喜欢地看着罢。如《断舌雀》《开花翁》的童话里愚者简单地灭亡，《两个笨汉的故事》里智者无条件地得胜那样，其时还没有可怜这句话，从那个时代起小僧便在那里且与和尚战斗，且为大家所哄笑，为我们的儿童所围绕着，在等待中田千亩氏写这本书的时代之到来了。

柳田氏是现代有名的民俗学者，我把这篇文章全抄译在这里，比我自己来说要好得多，这实在是想来讨好，并不是取巧。不过原来文字精炼，译出来便有点古怪难懂，其中意义我相信却颇丰富，很有足供思索的地方。《和尚与小僧》原分两篇。其一为资料篇，就全国搜集所得百数十篇故事中选出若干，分门别类，为四十二项，各举一二为例。其二为考证篇，内分三章，一佛寺与社会之关系，二和尚与小僧故事考，三结论。此类故事大抵与普通民间传说及童话相似，且其型式亦无大变化，因为其事件不外智愚的比赛，其体裁又多是笑话，只是人物限于师徒，背景亦以僧坊生活为主耳。中国笑话中虽也多以和尚为材料，但这只是让他一个人在社会上出乖露丑，并没有徒弟做陪衬，更不必说有这许多故事可以成一部书，其原因大约是和尚在中国早已堕落成为游民之一，笑话作家取他作材料，第一因为光头异服，其次破戒犯法，兼有秃子与奸夫之德，大有事半功倍之概，至于与其僧伽制度殆无甚关系也。日本国民思想虽然根本的是神道即萨满教，佛教的影响却亦极大，中古以来寺院差不多与基督教会相像，兼办户籍与学校事务，其地位自较庄严，与民间的关系亦自密切，一直维系到了现在。在笑话里，微贱病弱者固然活该倒运，然而在高位者亦复不能幸免，正如“狂言”中出来的侯爷无不昏愦，武士悉是庸懦，于是大方丈也难免是稗沙门，时常露出马脚来，为沙弥所揭破，或者还受制于白衣，这些故事便是《和尚与檀那》集里的材料了。《和尚与小僧》中有一条与汉字有关，今抄录于下：

和尚吩咐小僧，把酒叫做水边西，又吩咐他特别在有人来的时候要把汉字分拆了当做暗号讲话。有一天寺里来了两三个客人，小僧便来说道，水边有岛（酉岛日本同读），山上加山如何？假作参禅的样子。和尚答曰，心昔而止。一个客人懂得了他们的意思，便说道，文有口，墙无土。师徒听了搔首不知所对。

这在《醒睡笑》中也有一条，不过和尚系说“一撇一捺夕复夕”，客则曰“玄田牛一”也。

（廿三年五月）

【钟校】

① 1934. 5. 26 刊《大公报》。

文饭小品[①]

◇1934.6.5

◇夜读抄

◇第三册有《关于谑庵悔谑》

民国初年我在绍兴城内做中学教师，忽发乡曲之见，想搜集一点越人著作，这且以山阴会稽为限，然而此事亦大难，书既难得，力亦有所未逮，结果是搜到的寥寥无几，更不必说什么名著善本了。有一天，在大路口的一家熟识的书摊里，用了两三角钱买到一本残书，这却很令我喜欢。书名《谑庵文饭小品》，山阴王思任著，这只是卷三一册，共九十四页，有游记二十二篇。王思任是明末的名人，有气节有文章，而他的文章又据说是游记最好，所以这一册虽是残佚，却也可以算是精华。其中有《游西山诸名胜记》《游满井记》《游杭州诸胜记》《先后游吾越诸胜记》，都是我所爱读的文章。如《游杭州诸胜记》第四则云：

西湖之妙，山光水影，明媚相涵，图画天开，镜花自照，四时皆宜也。然涌金门苦于官皂，钱塘门苦僧，苦客，清波门苦鬼。胜在岳坟，最胜在孤山与断桥。吾极不乐豪家徽贾，重楼架舫，优喧粉笑，势利传杯，留门趋入。所喜者野航两棹，坐恰两三，随处夷犹，侣同鸥鹭，或柳堤鱼酒，或僧屋饭蔬，可信可宿，不过一二金而轻移曲探，可尽两湖之致。

又《游慧锡两山记》云：

越人自北归，望见锡山，如见眷属。其飞青天半，久暍而得浆也，然地下之浆又慧泉首妙。居人皆蒋姓，市泉酒独佳，有妇折阅，意闲态远，予乐过之。买泥人，买纸鸡，买木虎，买兰陵面具，买小刀戟，以贻儿辈。至其酒，出净磁许先尝，论值。予丐冽者清者，渠言燥点择奉，吃甜酒尚可做人乎！冤家。直得一死。沈丘壑曰，若使文君当垆，置相如何地也。

谑庵孙田锡于卷头注曰，“口齿清历，似有一酒胡在内，呼之或出耳。”《游西山诸名胜记》中述裂帛湖边一小景云：

有角巾遥步者，望之是巢必大，仲容目短，大然曰，是是，果巢必大也，则哄唤之。必大曰，王

> 季重哉，何至此？入山见似人而喜也。至则共执其臂，索酒食，如兵番子得贼者。必大叫曰，无梏我，有有有。耳语其僮，速速。必大予社友，十六岁戊子乡荐，尊公先生有水田十顷，在瓮山，构居积谷，若眉坞，可扰。不二时，酒至，酒且薏，肉有金蹄，有脍，有小鱼鳞鳞，有馎饦，有南笋旧芥撇兰头，豉酱称是。就堤作灶，折枯作火，挥拳歌舞，瓶之罄矣。必大张其说曰，吾有内酝万瓶，可淹杀公等许许，三狂二秃何足难。邀往便往，刑一鸡，摘蔬求豕。庄妇村中俏也，亟治庖。又有棋局，一宵千古。

又《雁荡记》起首云：

> 雁荡山是造化小儿时所作者，事事俱糖担中物，不然则盘古前失存姓氏大人家劫灰未尽之花园耳。

以上几节文章颇可以代表谑庵的作风，其好处在于表现之鲜新与设想之奇辟，但有时亦有古怪难解之弊。他与徐渭、倪元璐、谭元春、刘侗，均不是一派，虽然也总是同一路，却很不相同，他所独有的特点大约可以说是谑罢。以诙谐手法写文章，到谑庵的境界，的确是大成就，值得我辈的赞叹，不过这是降龙伏虎的手段，我们也万万弄不来。古人云，学我者病，来者方多，谑庵的文集上也该当题上这两句话去。

王季重的九种十一种后来在图书馆里也看到过，但是我总不能忘记《文饭小品》。今年春天在北平总算找到一部，据说是从山东来的，凡五卷，谑庵子鼎起跋称戊戌，盖刻于顺治十五年也。卷一为致词、尺牍、启、表、判、募疏、赞、铭、引、题词、跋、纪事、说、骚、赋。卷二为诗，内分乐府、风雅什、诗、诗馀、歌行，末附《悔谑》，计四十则，鸿宝《应本》中有一序，今未收。卷三四为记与传。卷五则为序、行状、墓志铭、祭文，以《弈律》四十条附焉。据余增远序中云：

> 向其所刻，星分棋布，未归一致，乃于读书佳山水间手自校雠，定为六十卷，命曰《文饭》，雕几未半，而玉楼召去，刻遂不成。

此五卷盖鼎起所选，其跋云：

> 蓄志成先君子《文饭》而制于力，勉以小品先之。而毁言至，曰，以子而选父，篡也；以愚而选智，诞也；以大而选小，舛也。似也，然《易》不云乎？八卦而小成，则大成者小成之引伸也。智者千虑，不废愚者之一得。父子之间，外人那得知，此吾家语也。吾第使天下先知有《文饭》，饥者易为食而已。知我罪我，于我何

有哉。

宋长白于康熙乙酉著《柳亭诗话》，卷二十九有《倪王》一条云：

> 明末诗文之弊，以雕琢小巧为长，筱骖飙犊之类万口一声。吾乡先正如倪文正鸿宝、王文节季重皆名重一时，《代言》《文饭》，有识者所共见矣。至其诗若倪之“曲有公无渡，药难王不留”，王之“买天应较尺，赊月不论钱”，歇后市语，信手拈来，直谓之游戏三昧可耳。

歇后市语迥异筱骖之类，长白即先后自相矛盾，至其所谓《文饭》殆即《文饭小品》，盖《文饭》全集似终未刊行也。王鼎起以选本称为小品，恰合原语本义，可为知言，又其跋文亦殊佳，可传谑庵的衣钵矣。知父莫若子，他人欲扬抑谑庵者应知此理焉。

张岱著《有明越人三不朽图赞》立言文学类中列王思任像之后幅文曰：

> 王遂东，思任，山阴人。少年狂放，以谑浪忤人。官不显达，三仕令尹，乃遭三黜。所携宦橐游囊，分之弟侄姊妹，外方人称之曰，王谑庵虽有钱癖，其所入者皆出于称觞谀墓，赚钱固好而用钱为尤好。
>
> 赞曰：拾芥功名，生花彩笔。以文为饭，以

弈为律。谑不避虐，钱不讳癖。传世小题，幼不可及。宦橐游囊，分之弟侄。孝友文章，当今第一。

李慈铭批云：

遂东行事固无甚异，然其风流倜傥，自是可观，与马士英书气宇峰举，犹堪想见。若其诗文打油滑稽，朱氏谓其钟谭之外又一旁派，盖邪魔下乘，直无足取。此乃表其钱癖，而赞又盛称其文章，皆未当也。唯郡县志及《越殉义传》邵廷采《思复堂集》[②]杜甲《传芳录》温睿临《南疆佚史》诸书皆称遂东为不食而死，全氏祖望《鲒埼亭外集》独据倪无功言力辨其非死节，陶庵生与相接而此赞亦不言其死，可知全氏之言有徵矣。

李氏论文论学多有客气，因此他不但不能知道王谑庵的价值，就是张宗子的意思也不能懂得了。宗子此赞又见《琅嬛文集》中（光绪刻本卷五)，其“谑不避虐，钱不讳癖”二句盖其主脑，宗子之重谑庵者亦即在此。文集卷四有《王谑庵先生传》，末云：

偶感微疴，遂绝饮食，僵卧时常掷身起，努目握拳，涕洟鲠咽，临瞑连呼高皇帝者三，闻者比之宗泽濒死三呼过河焉。

此与《文饭小品》唐九经序所云：

惟是总漕王清远公感先生恩无以为报，业启□□贝勒诸王（案纸有腐蚀处缺字，下同）将大用先生，先生闻是言愈跼蹐无以自处，复作手书遗经曰，我非偷生者，欲保此肢体以还我父母尔，时下尚有□谷数斛，谷尽则逝，万无劳相逼为。迨至九□□初，而先生正寝之报至。呜呼，屈指其期，正当殷谷既没周粟方升之始，而先生□□□逝，迅不逾时，然则先生之死岂不皎皎与日月争光，而今日之凤林非即当年之首阳乎。

语正相合。盖谑庵初或思以黄冠终老，迨逼之太甚，乃绝食死。又邵廷采《明侍郎遂东王公传》引徐沁《采薇子像赞》云：

公以诙谐放达，而自称为谑，又虑愤世嫉邪，而寻悔其虐。孰知嬉笑怒骂，聊寄托于文章；慷慨从容，终根柢于正学。

当时“生与相接”者之言悉如此，关于其死事可不必多疑，惟张宗子或尤取其谑虐钱癖二事，以为比死更可贵，故不入之立德而列于立言，未可知也。《王谑庵先生传》中叙其莅官行政摘伏发奸以及论文赋诗无不以谑从事，末乃云：

人方眈眈虎视，将下石先生，而先生对之调笑狎侮，谑浪如常，不肯少自贬损也。晚乃改号谑庵，刻《悔虐》，以志己过，而逢人仍肆口诙谐，虐毒益甚。

倪鸿宝《应本》卷七有序文亦称《悔虐》，而《文饭小品》则云《悔谑》，其所记在今日读之有稍费解者，康熙时刻《山中一夕话》卷六曾采取之，可知其在当时颇为流行矣。传后论云：

谑庵先生既贵，其弟兄子侄宗族姻娅，待以举火者数十馀家，取给宦囊，大费供亿，人目以贪，所由来也，故外方人言王先生赚钱用似不好，而其所用钱极好。故世之月旦先生者无不称以孝友文章，盖此四字唯先生当之则有道碑铭庶无愧色，若欲移署他人，寻遍越州，有乎，无有也。

陶元藻《全浙诗话》卷三十五云：

遂东有钱癖，见钱即喜形于色，是日为文特佳，然其所入者强半皆谀墓金，又好施而不吝，或散给姻族，或宴会朋友，可顷刻立尽，与晋人持筹烛下溺于阿堵者不同，故世无鄙之者。

陶篁村生于乾隆时，去谑庵已远矣，其所记如此，盖或本于故老流传，可与宗子所说互相印证。叶廷琯《鸥波渔话》云：

字画索润，古人所有。板桥笔榜小卷，盖自书书画润笔例也，见之友人处，其文云：

“大幅六两，中幅四两，小幅二两，书条幅对联一两，扇子斗方五钱。凡送礼物食物，总不如白银为妙，公之所送未必弟之所好也。送现银则中心喜乐，书画皆佳。礼物既属纠缠，赊欠尤为赖账，年老神倦，不能陪诸君子作无益语言也。画竹多于买竹钱，纸高六尺价三千，任渠话旧论交接，只当秋风过耳边。乾隆己卯，拙公和上属书谢客，板桥郑燮。”

此老风趣可掬，视彼卖技假名士偶逢旧友，貌为口不言钱，而实故靳以要厚酬者，其雅俗真伪何如乎。

板桥的话与篁村所说恰合，叶调生的评语正亦大可引用，为谑庵张目也。

李越缦引朱竹垞语，甚不满意于谑庵的诗文，唯查《静志居诗话》关于谑庵只是“季重滑稽太甚有伤大雅”这一句话，后附录施愚山的话云：

季重颇负时名，自建旗鼓，其诗才情烂漫，无复持择，入鬼入魔，恶道坌出，钟谭之外又一旁派也。

盖即为李氏所本。其实这些以正统自居者的批评原不甚足依据，而李氏自己的意见前后亦殊多矛盾，如上文既说其风流倜傥自是可观，在《越中先贤祠目》序例中又云风流文采照映寰宇，可是对于诗文却完全抹杀，亦不知其所谓风流文采究竟是怎么一回事也。李氏盛称其致马士英书，以为正义凛然，书亦见邵廷采所著传中，但似未完，今据张岱所著传引录于下：

阁下文采风流，吾所景羡。当国破众散之际，拥立新君，阁下辄骄气满腹，政本自由，兵权在握，从不讲战守之事，而但以酒色逢君，门户固党，以致人心解体，士气不扬，叛兵至则束手无措，强敌来则缩颈先逃，致令乘舆迁播，社稷丘墟，观此茫茫，谁任其咎。职为阁下计，无如明水一盂，自刎以谢天下，则忠愤之士尚尔相原。若但求全首领，亦当立解枢柄，授之守正大臣，呼天抢地，以召豪杰。乃今逍遥湖上，潦倒烟霞，效贾似道之故辙，人笑褚渊齿已冷矣。且欲求奔吾越，夫越乃报仇雪耻之国，非藏垢纳污之地也，职当先赴胥涛，乞素车白马以拒阁下。此书出，触怒阁下，祸且不测，职愿引领以待鉏麑。

此文价值重在对事对人，若以文论本亦寻常，非谑庵之至者，且文庄而仍“亦不废谑”，如王雨谦所评，然则李氏称之亦未免皮相耳。今又从《文饭小品》卷一抄录《怕考判》一篇，原文有序，云：

督学将至，姑熟棚厂具矣，有三秀才蕴药谋爇之，逻获验确，学使者发县，该谑庵判理具申：

一炬未成，三生有幸。欲有谋而几就，不待教而可诛。万一延烧，罪将何赎；须臾乞缓，心实堪哀。闻考即已命终，火攻乃出下策。各还初服，恰遂惊魂。

二文一庄一谐，未知读者何去何从，不佞将于此观风焉。唯为初学设想，或者不如先取致马阁老书，因其较少流弊，少误会，犹初学读文章之宁先《古文析义》而后《六朝文絜》也，但对于《怕考判》却亦非能了解不可，假如要想知道明末的这几路的新文学与其中之一人王谑庵的人及其文章。至于自信为正统的载道派中人乃可不必偏劳矣，此不特无须抑住怒气去看《怕考判》了，即致马士英书亦可以已，盖王谑庵与此载道家者流总是无缘也。

【钟校】

① 1934.8.5 刊《人间世》9 期。

②《思复堂集》，“思复”原作“复思”。

江州笔谈[①]

◇1934. 6. 11

◇夜读抄

从小时候就在家里看见一部《巴山七种》，无事时随便翻看，三十年来不知道有几次了，及今才知其妙。书有同治乙丑（一八六六）序，木刻小本，纸墨均劣，计《皇朝冠服志》二卷，《治平要术》一卷，《衡言》四卷，《放言》二卷，《江州笔谈》二卷，《白岩文存》六卷，《诗存》五卷，共二十二卷，云有《治官记异》及《字通》二书已先刊行，则未之见。著者为栖清山人王侃，《文存》卷四有自撰墓志，知其字迟士，四川温江人，以贡授州判不就，撰文时为咸丰辛酉称行年六十有七，计当生于乾隆六十年乙卯（一七九五）也。墓志自称“山人喜事功，不解渊默，心存通脱，死生不以置怀，何有名利。其为人直口热肠，又性下急，以故于时不合，然与人无町畦，人亦不忍相欺云。”又云“良恨前后执政庸庸，不能统天下大计，建言变法，以致世局日坏”，可见在那时也是一个有心人。但是我所觉得有意思者，还在他对于一般事物的常识与特识，这多散见于笔记中，即《衡言》《放言》与《江州笔谈》。据他在墓志里说：“随时自记其言，论古者可名《衡言》，谈时事者可名《放言》，一听后人分部统名《笔谈》”，其实内容大略相似，随处有他的明达的识见。《江州笔谈》大约是在江津所记，因为较是杂记性质，所以拿来权作代表，其二言所谈及者便即附列在内。栖清山人论小儿读书很有意思，《笔谈》卷上云：

读书理会笺注，既已明其意义，得鱼忘筌可也，责以诵习，岂今日明了明日复忘之耶。余不令儿辈读章句集注，盖欲其多读他书，且恐头巾语汩没其性灵也，而见者皆以为怪事，是希夷所谓学《易》当于羲皇心地上驰骋，毋于周孔注脚下盘旋者非也。

卷下又云：

教小儿，不欲通晓其言而唯责以背诵，虽能上口，其究何用。况开悟自能记忆，一言一事多年不忘，传语于人莫不了了，是岂再三诵习而后能者耶。

《衡言》卷一亦有一则可以参考，文云：

周诰殷盘佶屈聱牙，寻绎其义，不过数语可了，有似故为艰深者。不知当时之民何以能解，岂一时文体所尚如是乎，抑果出于下吏之手乎？授小儿强读之，徒形其苦，未见其益。

山人又痛恶八股文字，《笔谈》卷上云：

唐宋金石文字间用左行，字大小斜正疏密不拘，署衔名长短参差有致，虽寥寥数语，出自巷曲细民，文理亦形古雅。今之碑板文既陋劣，语言名称尤甚不伦，良由独习进取之文，不暇寻古人门径。独惜土木之工壮丽称于一时，而文不足传后，千载下得不笑今世无人耶。

又云：

诗以言情，感于所遇，吐露襟怀，景物取诸当前，何假思索。若本无诗情而勉强为诗，东抹西涂，将无作有，即得警句亦不自胸中流出，况字句多疵，言语不伦耶。至以八股之法论诗，谓此联写题某处，此句写题某处。岂知古人诗成而后标出作诗之由，非拟定此题然后执笔为诗。梦梦如是，无怪人以作诗为难。亦犹人皆可为圣贤，自道学书连篇累牍，言心言性，使人视为苦事，不敢有志圣贤也。

又云：

文之最难者无如八股，故虽以之名家，其一生不过数艺可称合作，然置之场屋不必能取科名，取科名者亦不必皆佳，而皆归于无用，昌黎所谓虽工于世何补者，尚足以记载事物称颂功德也。今捐班有诗字画皆能而独不通八股者，以其能取科名，不敢轻视，倘或知其底里，恐不愿以彼易此也。

《放言》卷上云：

执笔行文所以达意，不但不能达意，而并无意可达，徒将古人陈言颠倒分合，虚笼旁衬，欲吐还吞，将近忽远，作种种丑态，争炫伎俩，而犹以为代圣贤立言，圣贤之言尚不明了而待此乎。又况登第之后日写官板楷书，得入翰林亦第以诗赋了事，今世所谓读书人者止此。不解韬钤，不明治术，而又拘于宦场习套，庸庸自甘，安得贤豪接踵，将此辈束之高阁也。

又云：

农谈丰歉，工谈巧拙，商谈赢绌，宜也。士之为士只宜谈八股乎？求进取不得不习八股，既已仕矣，犹不可废之乎？秦燔百家言以愚黔首，今尚八股以愚黔首，愚则诚愚矣，其如人才不竞，不能以八股灭贼何？

其对于武人亦大不敬，《放言》卷上云：

服物采章以表贵贱，然异代则改，异域顿殊，一时一地之荣何足为重。今饰功冒赏，冠多翘翘，蓝翎倍价而不可得，貂可续以狗尾，此则将何为续？当此之时犹复奔竞营求，抑知无贼之地固可拗项自雄，一旦遇贼，惧为所识，又将拔之唯恐不及乎？

卷下又云：

军兴以来，州县官募勇先挑围队自卫。此辈近官左右，习于趋跄应对，自矢报效，有似敢死。一旦遇贼，借事先逃，给口便言，官犹信其无贰，此与孙皓左右跳刀大呼决为陛下死战，得赐便走者何异。然皓犹出金宝为赐，不似今日但赏功牌遂欲人致死也。

语涉时事，遂不免稍激昂，却亦有排调之趣。但我更喜欢他别的几条，意思通达而明净，如《笔谈》卷上论薄葬云：

周主郭威遗命纸衣瓦棺以葬，至今要与厚葬者同归于尽。回人好洁，葬法有衾无衣，有椁无棺，血肉时化入土。余生无益于人，死亦不欲有害于人，安得负土而出之石，掘土数尺，凿空足容吾身，即石面大书刻曰栖清山人王侃之藏，死时襚以布衣，纳入其中，筑土种豆麦如故，但取古人藏其体魄勿使人畏恶之意，虽于礼俗未合，亦非无所师法也。

又《衡言》卷三云：

习俗移人，聪明才智之士苟无定见，鲜不随风而靡。长乐老历事四姓，亦以其时不尚气节，故反以为荣耳。使其生于南宋，道学中未必无此人也。

此外还有好些好意思，不过引用已多，大有文抄公的嫌疑，所以只好割爱了。就上面所抄的看去，可以知道他思想的大略，这虽然不能说怎么新奇，却难得那样清楚，而且还在七八十年前，有地方实在还比现在的人更是明白。现在有谁像他那样的反对读经做八股呢？《巴山七种》随处多有，薄值可得，大家破工夫一读，其亦不无小补欤。（廿三年六月）

【钟校】

① 1934. 6. 16 刊《大公报》。

五杂组①

◇1934. 6. 22

◇夜读抄

谢在杭的著作除《史觿》外，我所见的都是日本翻刻本，如《五杂组》刻于宽文辛丑（一六六一），《文海披沙》在宽延庚午（一七五〇），《麈馀》在宽政戊午（一七九八），《小草斋诗话》则在天保辛卯（一八三一），距宽文时已有百七十年了。小草斋论诗大抵是反钟谭而崇徐李，我也看不出他的好处来。《麈馀》全是志异体，所记的无非什么逆妇变猪之类而已，我买来一读完全为的是谢在杭名字的缘故。《文海披沙》见于《四库存目》，焦竑序中云，“取《文海披沙》刻之南中，而属余为序”，可知当时曾有刊本，而世少流传，《郑堂读书记》卷五十七所举亦根据写本，清季申报馆重印则即用日本刻为底本，其《续书目》中缕馨仙史提要云："唯闻先生脱稿后并未问世，继乃流入东瀛，得寿梨枣，近始重返中华，然则鸡林贾人之购《长庆集》不得专美于前矣。"恐或有误。关于此书，《四库提要》及《读书记》大加轻诋，焦竑陈五昌二序又备极称扬，其实都要打个折扣。在许多笔记中这原是可读的一部，不过也并没有多少独自的特色，比起《五杂组》来就难免要落后尘了。

《五杂组》十六卷，前有李本宁序，却没有年月。原书卷九云："物作人言，余于《文海披沙》中详载之。"今案《文海披沙》有万历辛亥（一六一一）序，则成书当在此后。卷五云，"大同中翰马呈德其内人孕八岁而生子，以癸卯孕，庚戌免身，子亦不甚大，但发长尺许，今才三岁，即能诵诗书如流。"计其记此文时当在万历壬子，但卷三又云，"万历辛丑四月望日与崔徵仲孝廉登张秋之戊己山"，则又系隔岁事。大抵在此几年中陆续所记，而在万历末年所编成者欤。全书分五部，凡天部二卷，地部二卷，人部物部事部各四卷。其中我觉得最有意思的乃是物部，物类繁多，易引人注意，随处随事可见格物工夫，博识新知固可贵重，即只平常纪叙，而观察清楚，文章简洁，亦复可诵。写自然事物的小文向来不多，其佳者更难得。英国怀德（Gilbert White）之《自然史》可谓至矣，举世无匹。在中国昔日尝有段柯古的《酉阳杂俎》，其次则此《五杂组》，此二者与怀德书不能比较，但在无鸟之乡此亦蝙蝠耳。在杭与柯古均好谈异，传说和事实往往混淆，然而亦时好奇喜探索，便能有新意，又善于文字，皆其所长也。《五杂组》卷九记海滨异物云：

龙虾大者重二十馀斤，须三尺馀，可为杖。蚶大者如斗，可为香炉。蚌大者如箕。此皆海滨人习见，不足为异也。

又记南方虫蠹云：

岭南屋柱多为虫蠹，入夜则啮声刮刮，通夕搅人眠，书籍蟫蛀尤甚。故其地无百年之室，无五十年之书，而蛇虫虺蜴纵横与人杂处，著依稀蛮獠之习矣。

又记小虫二则云：

山东草间有小虫，大仅如沙砾，嚼人痒痛，觅之即不可得，俗名拿不住。吾闽中亦有之，俗名没子，盖乌有之意也，视山东名为佳矣。

浙中郡斋尝有小虫，似蛴螬而小如针尾，好缘纸窗间，能以足敲纸作声，静听之如滴水然，迹之辄跃，此亦焦螟之类欤。

案《元氏长庆集》虫豸诗之五为《蟆子》，序云，“蟆，蚊类也，其身黑而小[2]，不碍纱縠，夜伏而昼飞，”盖即没子欤。今北平有白蛉亦相类，但白而不黑耳。又《续博物志》云，“有小虫至微而响甚，寻之不可见，号窃虫。”日本亦有之，云似蚜虫，身短小，灰黄色，头部较大而颚尤强大，住于人家，以颚摩门窗，发声沙沙如点茶，故名点茶虫，又称洗赤豆虫，英国则称之为送终虫（Death-watch），民间迷信如闻此虫声，主有人死亡云。读在杭小文乃极潇洒可喜，唯比之焦螟亦未免嗜奇之过，至论命名之有风致则殆无过于日本矣。卷九记燕市食物云：

> 余弱冠至燕，市上百无所有，鸡鹅羊豕之外，得一鱼以为稀品矣。越二十年，鱼蟹反贱于江南，蛤蜊银鱼，蛏蚶黄甲，累累满市。此亦风气自南而北之证也。

卷十一记青州食物云：

> 青州虽为齐属，然其气候大类江南，山饶珍果，海富奇错。林薄之间，桃李楂梨，柿杏苹枣，红白相望，四时不绝。市上鱼蟹腥风逆鼻，而土人不知贵重也，有小蟹如彭越状，人家皆以喂猫鸭，大至蝉蛸黄甲，亦但腌藏臭腐而已。使南方人居之，使山无遗利，水无遗族，其富庶又不知

何如也。

又卷九论南人口食云：

南人口食可谓不择之甚，岭南蚁卵蚺蛇皆为珍膳，水鸡虾蟆其实一类，闽有龙虱者飞水田中，与灶虫分毫无别，又有土笋者全类蚯蚓。扩而充之，天下殆无不可食之物。燕齐之人食蝎及蝗。余行部至安丘，一门人家取草虫有子者炸黄色入馔，余诧之，归语从吏，云此中珍品也，名蚰子，缙绅中尤雅嗜之，然余终不敢食也。则蛮方有食毛虫蜜唧者又何足怪。

清王侃在《江州笔谈》卷下亦有关于这事的一节话：

北人笑南人口馋，无论何虫随意命名即取啖之，以余所见，大约闽人尤甚。然天下有肉无毒者无不可食，虫豸之类蠕然而肥，得脱于人口者，必其种类太少，不足以供大嚼。不然，如九香虫（案即上文所云龙虱）者，水涸丛聚江石下，泄气令人掩鼻，入釜中以微火烘之，泄气既尽，遂觉香美，使人垂涎，舟人以一钱易数十枚呷酒，小儿亦喜食之，其他蜣螂蚱蜢之属亦皆香美。然则欲不为人所食，必小如蚊虻虮蜉而后可。

二文皆平正可喜，谢云天下殆无不可食之物，王云天下有肉无毒者无不可食，语益精要，由此言之，口食异同亦殊不足论矣。我们所想知道的是何种虫豸何法制作是何味道，而此可食及诸不可食的虫豸其形状生活为何，亦所欲知，是即我们平人的一点知识欲，然而欲求得之盖大不易，求诸科学则太深，求之文学又常太浮也。此类文艺趣味的自然史或自然史趣味的文集本来就该有些了，现在既不可得，乃于三百年前求之，古人虽贤，岂能完全胜此重任哉。我们读《五杂组》，纵百稗而一米，固犹当欢喜赞叹，而况所得亦已不少乎。（廿三年六月）

【钟校】

① 1934.6.30刊《大公报》。

②“其身黑而小”，“身”原作“实”。

百廿虫吟

◇1934.7.3

◇夜读抄

《百廿虫吟》一卷，道光甲申（一八二四）年刊，平湖钱步曾著，末附诸人和作一卷，凡九十七首。本来咏物之作没有多大意思，其枯窘一点的题目，往往应用诗钟的做法，只见其工巧而已，此外一无可取。但是对于这一册我却别有一种爱好：难得这百二十章诗都是咏虫的，虽然把刺猬与虾蟆之流也都归入虫豸类里未免稍杂乱，总之是很不容易的了。其次是他不单是吟咏罢了，还有好些说明，简单地叙述昆虫的形状，而有些虫又是平常不见著录的，儿时在乡间戏弄大抵都见识过，然而《尔雅》不载，《本草》不收，有的简直几千年来还没有给他一个正式的姓名。著者自序云：

> 盈天地间皆物也，而其至纷赜至纤细者莫如昆虫。有有其名而罕觏其物者，有有其物而未得其名者，有古之名不合于今者，有今之名不符于古者，有同物而异名者，有同名而异物者，分门别类，考究为难。暇日无事，偶拈小题，得诗百馀首，补《尔雅笺疏》之未备，志《齐民要术》所难周，蠕动蜎飞，搜罗殆略尽矣。明识雕虫末技，无当体裁，或亦格物致知之一助云尔。

他的意见我觉得很不错，格物致知也说得恰好，不比普通道学家的浮词浪语。所可惜者只是记的太少，若是每种都有注，可以抄成一卷《释虫小记》，那就大有益于格物之学了。

我这所谓格物可以有好几种意思，其一是生物的生态之记录，于学术不无小补，其次是从这些记录里看出生物生活的原本，可以做人生问题的参考。平常大家骂人总说禽兽，其实禽兽的行为无是非善恶之可言，乃是生物本然的生活，人因为有了理智，根本固然不能违反生物的原则，却想多少加以节制，这便成了所谓文明。但是一方面也可以更加放纵，利用理智来无理的掩饰，此乃是禽兽所不为的勾当，例如烧死异端说是救他的灵魂，占去满洲说是行王道之类是也。我们观察生物的生活，拿来与人生比勘，有几分与生物相同，是必要而健全的，有几分能够超出一点，有几分却是堕落到禽兽以下去了：这样的时常想想，实在是比讲道学还要切实的修身工夫，是有新的道德的意义的事。

生物的范围很广，无一不可资观察，但是我仿佛偏重虫豸者，这大抵由于个人的爱好，别无什么大的理由。鳞介沉在水底里，鸟在空中高飞，平常难得遇见，四脚的兽同我们一样的地上走着，我却有点嫌他们笨重，虽然也有鼬类长的像是一条棒，也有象和麒麟的鼻子脖子那么出奇的长，然而压根儿就是那一副结构，到底也变化不到什么地方去。至于虫豸便十分复杂了，那些样子既然希奇古怪，还有摇身一变以至再变的事情，更有《西游记》的风味，很足以钓住我们非科学家的兴趣。再说儿时的经验里，因为虫豸的常见与好玩，相识最多也最长久，到后来仍旧有些情分。至于法勃耳（J. H. Fabre）的十卷《昆虫记》所给我们的影响，那或者也是一个颇大的原因，可是如今只好附加在这末后了。

野马似乎跑得太远一点了。《百廿虫吟》是专咏昆虫的，想叫他负上边所说的那种责任当然不大可能，但是注意到这些虫而且又有这许多，又略有所说明，这是很难得的。讲到诗，咏物照例是七律，照例以故典巧搭为事，如《蝇虎》颈联云，“百年傲骨教谁吊，终古谗人向此投”，是最好的一例，虽然有读者朱批云“激昂感慨”，却总不能令人感到蝇虎之为物，只是蝇与虎的二字的搬弄而已。其小注多可喜，有些昆虫还都未见记载，所以更觉得有意思。如第二十九《算命先生》云：

> “算命先生”亦蜘蛛之属，体圆如豆，足细而长，不能吐丝，好居丛草中及古墙脚下。儿童捕得之，戏摘其足置地上，伸缩逾时方已，谓之算命。俗因名为“算命先生”，遍查类书无有载是物者。

又第四十三《灰蚱蜢》云：

> 灰蚱蜢有两种。一种名春箕，身有斑点，两股如玳瑁，红痕殷然，飞可数步。一种名石蟹，纯褐色，短小精悍，翼端有刺，善跳跃而不能飞，其生最早，踏青时已有之。

《本草纲目》虽有灰蚱蜢一项，但语焉不详，不及此远甚。所云名春箕的一种，疑是尖头的，越中有尖头蚱蜢[①]，绿色亦有灰色者，小儿执其后足下部，以一手撷其尖头，则颠顿作磬折状，歌云，“我给你梳头，你给我舂米”，俗称之曰舂（读若磉）米郎。第四十六云《棺材头蟋蟀》，无小注而只有诗，词云：

月额红铃几度猜，头衔猜不到棺材。未蒙相国图经载，直讶将军舆榇来。秋草依栖燐影乱，荒坟酬答鬼吟哀。诸君力斗终何益，顾此形模百念灰。

此虫越中多有之，称棺材头蛐蛐，形如普通蟋蟀，头作梅花式，稍前倾，状丑名恶，见者憎且忌，随即打杀，亦不知其能斗否或鸣声如何也。小儿秋间多捕促织玩养，无不知棺材头蛐蛐者，而未见著录。方旭著《虫荟》，其昆虫一卷虽有二百十九种，范寅著《越谚》卷中虽录有牛蜻蛚（俗呼牛唧呤，即油胡卢），亦均未收此虫。又第四十九《赃螂》注云：

蟑螂见吴府志，而蟑字无考。近阅《谭子雕虫》一书，载行夜俗呼赃螂，市语谓臭秽之物为赃东西，故恶而名之。形类蚕蛾而瘦，腹背俱赤，光滑似油染，两翅能飞，亦不甚远，喜灯火光，辄夜行。其体甚臭，其屎尤臭。本生草中，八九月入人家，壁间灶下，聚至千百，凡器物着之俱不堪向迩。能入蜂匣中食蜂蜜[2]罄尽，养蜂者尤忌之。又赃螂花生阴湿地，长二尺馀，至秋乃花，花开于顶，似凉伞然，瓣末微卷，有长须间之，作深红色，月馀方萎。俗谓供此花能辟赃螂，然试之亦不甚验。

关于赃螂，《春在堂随笔》卷八有一条考证颇详，唯此记亦殊有致，末说到赃螂花也有意思，此即石蒜，日本称之曰死人花、彼岸花、曼殊沙华，亦不知是何缘故也。第一百七《水马》云：

《本草》，水黾亦名水马，长寸许，群行水上，水涸即飞去。《五杂组》，水马逆流而跃，水日奔流而步不移尺寸，儿童捕之辄四散奔迸，唯嗜蝇，以发系蝇饵之，则擒抱不脱。一名写字虫，因其急走水面，纵横如直画。《列子》云商蚷驰河，盖谓此也，今我乡呼为水蜘蛛者是。又一种枯瘠如柴杆，贸贸然游行水上，若有知若无知，不知何名。

第百十《虾鳖》云：

水鳖状略似地鳖，其色青，渐老则变为黑，四五月间登陆，坼背化为蝉。虾鳖状如伊威，好寄居长须君颊辅间，臃肿[3]如瘤，与水鳖截然二物，前人类书多误混为一。

又第百十一《水蛆》云：

《蟫史》载水蛆一名蚩虫，生积水中，屈伸反覆于水，长二三分，大如针，夏月浮水面化为蚊。予尝观荷花缸中有红黑二种，尾着于泥，立其身摇曳不休，见人影则缩入泥穴，即水蛆也。俗呼水虿为水蛆，非是。

《虫荟》卷三昆虫类蜎下引《尔雅》云，蜎，蠉。《疏》云，井中小赤虫也，名蜎，一名蠉，一名蛣蟩，又名孑孓。方旭案云：

> 其身细如缕，长二三分，灰黑色，亦有红色者，生污水中，其性喜浮水，见人则沉入水底。其行一曲一直，以腰为力，若人无臂状。水缸内亦有之，又名水蛆，老则化豹脚蚊。一种相似而头大尾尖者，名缸虎。

此所说较详细，但与上文《蟫史》相同，也只讲到孑孓而已，所云在荷花缸中立其身摇曳不休的小红虫终于未曾说及。此虫与孑孓及打拳水蛆（即头大尾尖者）在荷缸中都很普通，而比较地尤为儿童所注意，我们如回想儿时事情便可明瞭，钱朋园能够把他记录出来，这是我所觉得很可喜的。其他说虾鳖以及那枯瘠如柴杆的水虫也都自有见识，只可惜太少罢了。其实这是很难怪的，不知道有多少年来中国读书人的聪明才力都分用在圣道与制艺这两件物事上面，玩物丧志垂为重戒，虽然经部的《诗》与《尔雅》，医家的《本草》，勉强保留一点动植物的考察，却不能渐成为专门，其平常人染指于此者自然更是寥寥了。钱君既不做笺疏，又不撰谱录，原只是做咏物诗耳，却加上这好些小记，而且多是别人所未曾说过的事情，那也就大可佩服了。古人评萨坡遗诗云，花朵虽少，俱是蔷薇。比拟或少有不伦，正无妨暂且借用耳。

（二十三年七月）

【钟校】

①“蚱蜢”，原作“蛤蜢”。

②“蜂蜜”，原作“蜜蜂”。

③“臃肿”，原作“拥肿”。

洗斋病学草①

◇1934. 10. 17

◇苦茶随笔

民国以来我时常搜集一点同乡人的著作。这其实也并不能说是搜集，不过偶然遇见的时候把他买来，却也不是每见必买，价目太贵时大抵作罢。贵与不贵本来没有一定标准，我的标准是我自己擅定的，大约十元以内的书总还想设法收得，十元以上便是贵，十五元以上则是很贵了。贵的书我只买过两三部，一是陶元藻的《泊鸥山房集》，一是鲁曾煜的《秋滕文钞》，——鲁启人是汤绍南的老师，《秋滕三州诗钞》又已有了，所以也把《文钞》搜了来，可是实在觉得没有什么好处。因为这种情形，既不广收罗，又是颇吝啬，所搜的书清朝的别集一部分一总只有百五十部，其中还有三五部原是家藏旧有的。

看同乡人的文集，有什么意思呢？以诗文论，这恐怕不会有多大意思。吾乡近三百年不曾出什么闻人，除章实斋是学者外，——因为我所说的只是山阴会稽的小同乡，所以邵念鲁也没有算在里面，——只有胡天游王衍梅几个人略有名声，最近则李慈铭，但这些大都还是一种正宗里的合作，在我既然不懂得，也不感到兴趣，《越缦堂日记》或者要算是例外。近代的人用了传统的五七言和古文辞能够做出怎样的东西呢？载道，或者是的，不过这于我没有缘分。要能言志，能真实的抒写性情，乃是绝不容易的事。高明如陆放翁，诗稿有八十卷之多，而其最佳的代表作据我看来还只是沈园柳老不飞绵等几章，其他可知矣。还有纪事与写景呢？事与景之诗或者有做得工的，我于此却也并没有什么嗜好，大约还是这诗中的事与景，能够引起我翻阅这些诗文集的兴趣。因为“乡曲之见”，所以搜集同乡人的著作，在这著作里特别对于所记的事与景感到兴趣，这也正由于乡曲之见。纪事写景之工者亦多矣，今独于乡土著述中之事与景能随喜赏识者，盖因其事多所素知，其景多曾亲历，故感觉甚亲切也。其实这原来也并不限于真正生长的故乡，凡是住过较长久的地方大抵都有这种情形，如江宁与北京，读《帝京景物略》于其文章之外也觉得别有可喜，只是南京一略未得见，乃大可惜耳。

但是诗文集中带有乡土色彩的却是极少，我所看过的里边只有一种较可取，这乃是家中旧有的一部，是作者的儿子在光绪丙戌（一八八六）年送给先君的。书名《洗斋病学草》，凡二卷，光绪甲申刊，题踵息道人著，有自序，有道装小像，以离合体作赞，隐浙江山阴胡寿颐照八字[②]。胡字梅仙，光绪丁卯举人，自序言性喜泰西诸书，读之得以知三才真形，万物实理。集卷上有《感事漫赋》四首，分咏天主堂同文馆机器局招商局，诗未佳而思想明通，又卷下《咏化学》二首，注云，“泰西初译是书，尽泄造化之秘，华人未能悉读，多不之信。”序又言年三十七以病废，废四年始学诗自遣，学六年以病剧辍，先君题识谓其艰于步履，盖是两足痿痹也。全集诗才二百十首，所咏却多特殊的事物，颇有意思。如卷上有《香奁新咏》序云：

古人咏香奁者多矣，余复何赘。唯有数事为时世装，登徒子皆酷爱焉，鄙意总以为不雅，援笔赋之。世有宋玉其人者，庶以余言为不谬尔。

其题凡四：

一、俏三寸。注云：“脑后挽小髻，长仅三寸，初起江苏上海，今已遍传吴越，服妖也。”

二、玉搔头。注云："古有是饰，今间以五色，有插至数十枚者，抑何可笑也。"

三、侧托。注云："髻上横签，排列多齿，以金为之，或饰以玉石。"

四、齐眉。注云："额前珠络，一名西施额。"

查范寅《越谚》卷中服饰类中只有齐眉一条，其注云："此与网钗大同小异，彼双此单，彼分布两边，此独障额前，珠络齐眉而止，亦新制，起于咸丰年，奢华极矣。"俏三寸在小时候亦曾见过，仿佛如三河老妈子所梳，状似络纬肚者，不知范君何以一笔抹杀都不收入也。卷下又有《花爆八咏》。序云：

> 新春儿童竞放花爆，未知始于何时，名目奇异，古书亦未经见，习俗相沿，颇有意义，爰为分咏八绝，聊以讽世云尔。

所咏八种为花筒、赛月明、金盆捞月、双飞胡蝶、滴滴金、九龙治水、穿线牡丹、过街流星。其讽世无甚足取，但记录这些花爆的名目却是有意义的事。有些都是当年玩过的东西，却不知道现在的乡间小儿们也还玩不。会考之后继以读经，恐怕现代的小朋友未必会有我们那时候的闲适罢？

又卷上有《越腊旧俗》诗共六首，凡三题：

一、跳泥人。注云："一人戴草圈，袒背，自首以下悉涂泥，比户跳舞，名曰跳泥人，跳字越音讹条。”

二、跳黄牛。注云：“一人缚米囊作两角状蒙其首，一人牵其绳至市闾进吉语，呼其人作牛鸣以应，名曰跳黄牛。”

三、跳灶王。注云：“一童盔兜装灶神，一妇人击小铜钲，媚以谀词，名曰跳灶王。三事皆乞丐为之。”案跳字越有二音，一读如挑去声，即跳跃义，一读如条，平声，谓两脚伸缩上下践地也，二义不同。此处跳字又引伸有扮演义，乡间演戏开场必先演八仙上寿曰请寿，次出魁星曰踢魁，次出财神曰跳财神，亦读条，《越谚》中写作足下火字。

《越谚》卷中技术类中只列跳灶王一条，注云：“仲冬，成群锣唱，揿脸，蒙倛，即古傩也。”所云仲冬盖误，平常总在年底才有。顾禄《清嘉录》卷十二云：

> 跳灶王。跳俗呼如条音，王呼作巷平声。月朔，乞儿三五人为一队，扮灶公灶婆，各执竹杖，噪于门庭以乞钱，至二十四日止，谓之跳灶王。周宗泰姑苏竹枝词云，又是残冬急景催，街头财马店齐开，灶神人媚将人媚，毕竟钱从囊底来。

注引《坚瓠集》云，今吴中以腊月一日行傩，至二十四日止，丐者为之，谓之跳灶王。《武林旧事》虽亦云二十四日市井迎傩，跳灶王之名恐最早见于褚书也。又引吴曼云《江乡节物词》小序云，杭俗跳灶王，丐者至腊月下旬涂粉墨于面，跳踉街市，以索钱米。江浙风俗多相似，跳灶王一事其分布即颇广，《清嘉录》十二月分中虽别录有跳钟馗，而泥人黄牛则悉不载，且《越谚》亦并缺此二项，洗斋之记录尤可感谢了。

卷下又有《越谣》五首，注云，吾乡俗说多有古意，谱以韵语，使小儿歌之。题目凡五：

一、夜叉降海来。注云："夏日暴雨，多以是语恐小儿。"案降字疑应作扛，夏天将下阵雨，天色低黑，辄云夜叉扛海来，却不记得用以恐吓小儿。

二、山里山。注云："谚云，山里山，湾里湾，萝卜开花即牡丹。"

三、上湖春。注云："小蚌别名，谑语也。"诗云："渔舟斜渡绿杨津，一带人家傍水滨，村女不知乡语谑，门前争买上湖春。"案蚌蛤多为猥亵俗语，在外国语中亦有之。上湖春，越语上字读上声。

四、水胡芦。注云："野鸭别名，即凫之最小者。"

五、花秋。注云："早稻别种。"诗云："祈晴祈雨听鸣鸠，未卜丰收与歉收，注定板租无荒旱，山家一半种花秋。”案佃户纳租按收成丰歉折算，每年无定，唯板租则酌定数目，不论荒旱一律照纳也。

以上五者，一系成语，二为儿歌，《越谚》卷上录有全文。三至五均系名物，《越谚》未收。范啸风盖畸人，《越谚》亦是一部奇书。但其诗文却甚平凡，殊不可解。近来得见其未刊稿本，有《墨妙斋诗稿》六卷，乃极少可取者，唯卷五杂咏中有《抓破脸》四绝句，注云，“白桃花而有红点者，俗以此名之。”诗不佳而题颇有意思，但这却并不是越中事物，不特未曾听过此名，即此三字亦非越语也。

卷下又有四首七绝，题曰《间壁艳妇未起》，有序曰：

> 余友陶伯瑛孝廉方琯年未三十，攻苦得心疾，犹日课一文，数上公车，或惘惘出门，只身奔走数千里。今病益剧，忽喜吟诗，稿中有是题，同人无不大笑。孙彦清学博闻之醉骂曰，古人命题往往粗率类此，何足怪！设出老杜，诸君赞不绝口矣。余谓题虽俚着笔甚难，效颦一咏，纾情而已，大雅见哂弗顾焉。

方琯即方琦兄，见《复堂文续》亡友传中，其诗惜未得见，想当有佳句，若洗斋仿作则殊无可观，唯有此诗序我们得以知道此轶事并孙君之快语耳。我这样的读诗文集，有人或者要笑为买椟还珠，不免埋没作者的苦心。这大约是的，但是近来许多诗文集的确除此以外没有什么可看，假如于此亦无足取，那简直是废书一册罢了。我也想不如看笔记，然而笔记大半数又是正统的，典章，科甲，诗话，忠孝节烈，神怪报应，讲来讲去只此几种，有时候翻了二十本书结果仍是一无所得。我不知道何以大家多不喜欢记录关于社会生活自然名物的事，总是念念不忘名教，虽短书小册亦复如是，正如种树卖柑之中亦必寄托治道，这岂非古文的流毒直渗进小说杂家里去了么。

【钟校】

① 1934.10.20 刊《大公报》。

②“隐浙江山阴胡寿颐照八字”，“八”原作“六”。

关于读圣书[①]

◇1934.12

◇苦茶随笔

前两天买到蔼理斯的几本新刊书，计论文集初二集，又一册名《我的告白》（*My Confessional*，一九三四），内共小文七十一篇，大抵答复人家的问，谈论现时的诸问题。其第四十八篇题云《圣书之再发见》，其中有两节云：

> 现代教育上有许多看了叫人生气的事情。这样的一件事特别使我愤怒，这就是那普遍的习惯，将最崇高的人类想像的大作引到教室里去，叫不识不知的孩儿们去摸弄。不大有人想要把沙士比亚，玛罗和弥耳敦拉到启蒙书堆里去，让小孩们看了厌恶，（还有教师们自己，他们常常同样地欠缺知识，）因为小孩们还不能懂得这里边所表现的，所净化成不朽的美的形色的，各种赤裸的狂喜和苦闷。
>
> 圣书这物事，在确实懂得的人看来，正也是

> 这种神圣的艺术品之一，然而现在却还也就正是这圣书，硬拿去塞在小孩的手里，而这些小孩们却不如在别处能够更多得精神的滋养，这如不在安徒生的童话里，也总当在那种博物书里，如式外尼兹所著的《婴孩怎么产生》。
>
> 那些违反了许多教育名师的判断，强要命令小孩们读经，好叫他们对于这伟大文学及其所能给的好处终身厌恶的，那些高等官吏在什么地方可以找着，我可不知道。但是，在那些人被很慈悲地都关到精神病院里去之先，这世间是不大会再发见那圣书的了。

读了这几节，我觉得最有兴趣的是蔼理斯的称扬式外尼兹（Karl de Schweinitz）的那本小书。《婴孩怎么产生》（*How a Baby is Born*）是一本九十五页的小册子，本文七章，却只实占三十四页，此外有图十九面，伦敦市教育局前总视学侵明士博士的序一篇。我因了他的这篇序，再去找侵明士（C. W. Kimmins）博士的书，结果只买到一种，书名《儿童对于人生的态度》，一九二六年出版，是从小孩所写的故事论文里来研究儿童心理的，此外有《儿童的梦》一种，可惜绝版了买不到。再说《婴孩怎么产生》，看题目也就可以知道这是性教育的书，给儿童讲生产与性的故事的。的确如序文所说：

> 这婴孩怎么产生的故事是组织成一个非常有趣味的叙述，讲那些植物，鱼，鸟，野生和家养的各种物的生殖情形。这博物学的空气，儿童很喜欢的，造成一种愉快的背景，能够除去那种在单独讲述某项生殖事情时所常感到的困难。

然而想翻译成汉文，却又实在不容易。夏斧心先生写过一本《我们的来历》，在儿童书局出版，曾给我一册，即是此书译本，但可惜没有插画，这减少好些原来的价值，又文句亦多少不同，查我所有的是一九三一年本，而夏君书却是民国十九年出版，或系根据别一未改订单行本亦未可知。夏君的译本不知行销如何？想起英国儿童还不免读经之厄，中国更何足怪，性教育的书岂能敌得《孝经》乎，虽然二者并不是没关系的，想起来可发一大噱也。

蔼理斯关于读经的话也很有意味，可供中国的参证，但此亦只以无精神病者为限耳。兹不具论。

（二十三年十二月）[2]

【钟校】

① 1934.12.5 刊《华北日报》。

②“二十三年”，“三”原作“四”。

论语小记①

◇1934.12.9

◇苦茶随笔

◇第三册有《逸语与论语》

近来拿出《论语》来读，这或者由于听见南方读经之喊声甚高的缘故，或者不是，都难说。我是读过四书五经的，至少《大》《中》《论》《孟》《易》《书》《诗》这几部都曾经背诵过，前后总有八年天天与圣经贤传为伍，现今来清算一下，到底于我有什么好处呢？这个我恐怕要使得热诚的儒教徒听了失望，实在没有什么。现在只说《论语》。

我把《论语》白文重读一遍，所得的印象只是平淡无奇四字。这四个字好像是一个盾，有他的两面，一面凸的是切实，一面凹的是空虚。我觉得在《论语》里孔子压根儿只是个哲人，不是全知全能的教主，虽然后世的儒教徒要奉他做祖师，我总以为他不是耶稣而是梭格拉底之流亚。《论语》二十篇所说多是做人处世的道理，不谈鬼神，不谈灵魂，不言性与天道，所以是切实。但是这里有好思想也是属于持身接物的，可以供后人的取法，却不能定作天经地义的教条，更没有什么政治哲学的精义，可以治国平天下，假如从这边去看，那么正是空虚了。平淡无奇，我凭了这个觉得《论语》仍可一读，足供常识完具的青年之参考。至于以为圣书则可不必，太阳底下本无圣书，非我之单看不起《论语》也。

一部《论语》中有好些话都说得很好，我所喜欢的是这几节，其一是《为政》第二的一章：

> 子曰，由，诲汝知之乎？知之为知之，不知为不知，是知也。

其二是《阳货》第十七的一章：

> 子曰，予欲无言。子贡曰，子如不言，则小子何述焉？子曰，天何言哉？四时行焉，百物生焉，天何言哉？

太炎先生《广论语骈枝》引《释文》，鲁读天为夫，“言夫者即斥四时行百物生为言，不设主宰，义似更远。”无论如何，这一章的意思我总觉得是很好的。又《公冶长》第五云：

> 颜渊季路侍，子曰，盍各言尔志。子路曰，愿车

马衣轻裘，与朋友共，敝之而无憾[②]。颜渊曰，愿无伐善，无施劳。子路曰，愿闻子之志。子曰，老者安之，朋友信之，少者怀之。

我喜欢这一章，与其说是因为思想，还不如说因为它的境界好。师弟三人闲居述志，并不像后来文人的说大话，动不动就是揽辔澄清，现在却只是老老实实地说说自己的愿望，虽有大小广狭之不同，其志在博施济众则无异，而说得那么质素，又各有分寸，恰如其人，此正是妙文也。我以为此一章可以见孔门的真气象，至为难得，如《先进》末篇子路曾皙冉有公西华侍坐那一章便不能及。此外有两章，我读了觉得颇有诗趣，其一《述而》第七云：

子曰，饭疏食饮水，曲肱而枕之，乐亦在其中矣。不义而富且贵，于我如浮云。

其二《子罕》第九云：

子在川上曰，逝者如斯夫，不舍昼夜。

本来这种文章如《庄子》等别的书里，并不算希奇，但是在《论语》中却不可多得了。朱注已忘记，大家说他此段注得好，但其中仿佛说什么道体之本然，这个我就不懂，所以不敢恭维了。《微子》第十八中又有一章狠特别的文章云：

大师挚适齐，亚饭干适楚，三饭缭适蔡，四饭缺适秦，鼓方叔入于河，播鼗武入于汉，少师阳击磬襄入于海。

不晓得为什么缘故，我在小时候读《论语》读到这一章，很感到一种悲凉之气，仿佛是大观园末期，贾母死后，一班女人都风流云散了的样子。这回重读，仍旧有那么样的一种印象，我前后读《论语》相去将有四十年之谱，当初的印象保存到现在的大约就只这一点了罢。其次，那时我所感到兴趣的记隐逸的那几节，如《宪问》第十四云：

子路宿于石门。晨门曰，奚自？子路曰，自孔氏。曰，是知其不可而为之者与？

子击磬于卫。有荷蒉而过孔氏之门者，曰，有心哉，击磬乎！既而曰，鄙哉，硁硁乎，莫己知也，斯已而已矣。深则厉，浅则揭。子曰，果哉，末之难矣。

又《微子》第十八云：

楚狂接舆歌而过孔子之门，曰，凤兮凤兮，何德之衰。往者不可谏，来者犹可追。已而已而，今之从政者殆而。孔子下，欲与之言。趋而避之，不得与之言。

长沮桀溺耦而耕。孔子过之，使子路问津焉。长沮曰，夫执舆者为谁？子路曰，为孔丘。

曰，是鲁孔丘与？曰，是也。曰，是知津矣。问于桀溺，桀溺曰，子为谁？曰，为仲由。曰，是鲁孔丘之徒与？对曰，然。曰，滔滔者天下皆是也，而谁以易之，且而与其从辟人之士，岂若从辟世之士哉。耰而不辍。子路行以告，夫子怃然曰，鸟兽不可与同群，吾非斯人之徒与而谁与？天下有道，丘不与易也。

子路从而后，遇丈人以杖荷蓧。子路问曰，子见夫子乎？丈人曰，四体不勤，五谷不分，孰为夫子？植其杖而芸。子路拱而立。止子路宿，杀鸡为黍而食之，见其二子焉。明日子路行以告，子曰，隐者也。使子路反见之，至，则行矣。子路曰，不仕无义。长幼之节，不可废也，君臣之义，如之何其废之？欲洁其身而乱大伦。君子之仕也，行其义也，道之不行也，已知之矣。

在这几节里我觉得末了一节顶好玩，把子路写得很可笑。遇见丈人，便脱头脱脑地问他有没有看见我的老师，难怪碰了一鼻子灰，于是忽然十分恭敬起来，站了足足半天之后，跟了去寄宿一夜。第二天奉了老师的命再去看，丈人已经走了，大约是往田里去了吧，未必便搬家躲过，子路却在他的空屋里大发其牢骚，仿佛是戏台上的独白，更有点儿滑稽，令人想起夫子的“由也喭”这句话来。所说的话也夸张无实，大约是子路自己想的，不像孔子所教。下一章里孔子品评夷齐等一班人，“谓虞仲夷逸隐居放言，身中清，发中权”，虽然后边说我则异于是，对于他们隐居放言的人别无责备的意思，子路却说欲洁其身而乱大伦，何等言重，几乎有孟子与人争辩时的口气了。孔子自己对他们却颇客气，与接舆周旋一节最可看，一个下堂欲与之言，一个趋避不得与之言，一个狂，一个中，都可佩服，而文章也写得恰好，长沮桀溺一章则其次也。

我对于这些隐者向来觉得喜欢，现在也仍是这样，他们所说的话大抵都不错。桀溺曰，滔滔者天下皆是也，而谁以易之，最能说出自家的态度。晨门曰，是知其不可而为之者，最能说出孔子的态度。说到底，二者还是一个源流，因为都知道不可，不过一个还要为，一个不想再为罢了。周朝以后一千年，只出过两个人，似乎可以代表这两派，即诸葛孔明与陶渊明，而人家多把他们看错作一姓的忠臣，令人闷损。中国的隐逸都是社会或政治的，他有一肚子理想，却看得社会浑浊无可实施，便只安分去做个农工，不再来多管，见了那知其不可而为之的人，却是所谓惺惺惜惺惺，好汉惜好汉，想了方法要留住他。看上面各人的言动虽然冷热不同，全都是好意，毫没有“道不同不相与谋”的意味，孔子的应付也是如此，这是颇有意思的事。外国的隐逸是宗教的，这与中国的截不相同。他们独居沙漠中，绝食苦祷，或牛皮裹身，或革带鞭背，但其目的在于救济灵魂，得遂永生，故其热狂实在与在都市中指挥君民焚烧异端之大主教无以异也。二者相比，似积极与消极大有高下，我却并不一定这样想。对于自救灵魂我不敢赞一辞，若是不惜用强硬手段要去救人家的灵魂，那大可不必，反不如去荷蒉植杖之无害于人了。我从小读《论语》，现在得到的结果，除中庸思想外，乃是一点对于隐者的同情，这恐怕也是出于读经救国论者“意表之外”的罢？

（二十三年十二月）

【钟校】

① 1935.1 刊《水星》1 卷 4 期。

②“敝之而无憾”，“憾”原作“恨”。

厂甸之二①

◇1935. 1. 15

◇苦茶随笔

新年逛厂甸，在小摊子上买到两三本破书。其一是《诗庐诗文钞》。胡诗庐君是我的同学前辈，辛丑年我进江南水师，管轮堂里有两个名人，即铅山胡朝梁与侯官翁曾固，我从翁君初次看到《新民丛报》，胡君处则看他所做的古诗。民国六年我来北京，胡君正在教育部，做江西派的诗，桐城派的文，对于这些我没有什么兴趣，所以不大相见。十年辛酉胡君去世，十一年壬戌遗稿出版，有陈师曾小序，即是此册，今始得一读，相隔又已十二三年，而陈君的墓木也已过了拱把了罢。诗稿前面有诸名流题字，我觉得最有意思的是严几道的第二首，因为署名下有一长方印章，朱文两行行三字，曰“天演宗哲学家”，此为不佞从前所未知者也。

旧书之二不知应该叫作什么名字。在书摊上标题曰“名山丛书零种”，但是原书只有卷末明张佳图著《江阴节义略》一卷书口有“名山丛书”字样，此外《谪星说诗》一卷、《谪星笔谈》三卷、《谪星词》一卷，均题阳湖钱振锽著，不称丛书。我买这本书的理由完全是为木活字所印，也还好玩。拿回来翻阅着，见其中仪字缺笔，《节义略》跋云癸亥九月，知系民国十二年印本，至于全书共有几种，是何书名，却终不明白。读《谪星词》第三首《金缕曲》“忆亡弟杏保”，忽然想起钱鹤岑的《望杏楼志痛编补》也是纪念其子杏保而作的，便拿来一查，果然在《求仙始末》中有云，“丙申冬十二月长男振锽于其友婿卜君寿章处得扶乩术，是月二十有一日因于望杏楼试之”，卷后诗文中亦有振锽诗七首词一首，唯《金缕曲》未收，或系后作也。去年春节在厂甸得《志痛编补》，得到不少资料写成《鬼的生长》一文，今年又得此册，偶然会合，亦大可喜，是则于木活字之外又觉得别有意思者也。

《谪星说诗》虽只六十馀则，却颇有新意，不大人云亦云的说，大抵敢于说话，不过有时也有欠圆处。如云：

沧浪谓东野诗读之使人不欢，余谓不欢何病，沧浪不云读《离骚》须涕洟满襟乎？曷为于骚则尊之，于孟则抑之也。东坡称东野为寒，亦不足为诗病。坡夜读孟郊诗直是草草，如云细字如牛毛，只是憎其字细，何与其诗？

王李多以恶语詈谢茂秦，令人发怒。以双目嘲眇人，已不长者，以轩冕仇布衣，亦不似曾饮墨水者也。卢柟被陷，茂秦为之称冤于京师，得白乃已。王李诸人以茂秦小不称意便深仇之，弇州至詈其速死。论其品概，王李与茂秦交，且辱茂秦矣，宜青藤之不入其社也。

此外非难弇州的还有好几则，都说得有理，但如评贾岛一则虽意思甚佳，实际上恐不免有窒碍，文云：

诗当求真。阆仙推敲一事，须问其当时光景，是推便推，是敲便敲，奈何舍其真境而空摹一字，堕入做试帖行径。一句如此，其他诗不真可知，此贾诗所以不入上乘也。退之不能以此理告之，而谓敲字佳，误矣。

我说窒碍，因为诗人有时单凭意境，未必真有这么一回事，所以要讲真假很不容易，我怕贾上人在驴背上的也就是这一种境界罢。

《谪星笔谈》与《说诗》原差不多，不过一个多少与诗有点相关，一个未必相关而已，有许多处都是同样地有意思，最妙的也多是批评人的文章。卷二云：

> 退之与时贵书，求进身，打抽丰，摆身分，卖才学，哄吓撞骗，无所不有，究竟是苏张游说习气变而出此者也。陶渊明穷至乞食，未尝有一句怨愤不平之语，未尝怪人不肯施济而使我至于此也。以其身分较之退之，真有霄壤之别。《释言》一首，患得患失之心活现纸上，谗之宰相便须作文一首，或谗之天子，要上万言书矣。

这一节话我十分同意，真可以说是能言人所难言。我对于韩退之整个的觉得不喜欢，器识文章都无可取，他可以算是古今读书人的模型，而中国的事情有许多却就坏在这班读书人手里。他们只会做文章，谈道统，虚骄顽固，而又鄙陋势利，虽然不能成大奸雄闹大乱子，而营营扰扰最是害事。讲到韩文我压根儿不能懂得他的好处。我其实是很虚心地在读“古文”，我自信如读到好古文，如左国司马以及庄韩诸家[2]，也能懂得。我又在读所谓唐宋八家和明清八家的古文，想看看这到底怎样，不过我的时间不够，还没有读出结果来。现在只谈韩文。这个我也并未能精读，虽然曾经将《韩昌黎文集》拿出来搁在案头，但是因为一则仍旧缺少时间，二则全读或恐注意反而分散，所以改变方针来从选本下手。我所用的是两个态度很不相同的选本，一是金圣叹的《天下才子必读书》，一是吴闿生的《古文范》。《才子必读书》的第十和十一卷都是选的韩文，共三十篇，《古文范》下编之一中所选韩文有十八篇，二家批选的手眼各不相同，但我读了这三十和十八篇文章都不觉得好，至多是那送董邵南或李愿序还可一读，却总是看旧戏似的印象。不但论品概退之不及陶公，便是文章也何尝有一篇可以与《孟嘉传》相比。朱子说陶渊明诗平淡出于自然，我想其文正亦如此，韩文则归纳赞美者的话也只是吴云伟岸奇纵，金云曲折荡漾，我却但见其装腔作势，搔首弄姿而已，正是策士之文也。近来袁中郎又大为世诟病，有人以为还应读古文。中郎诚未足为文章模范，本来也并没有人提倡要做公安派文，但即使如此也胜于韩文。学袁为闲散的文士，学韩则为纵横的策士，文士不过发挥乱世之音而已，策士则能造成乱世之音者也。

《笔谈》卷三谈到桐城派，对于中兴该派的曾涤生甚致不敬，文云：

> 桐城之名始于方刘，成于姚而张于曾。虽然，曾之为桐城也，不甚许方刘而独以姚为桐城之宗，

敬其考而祧其祖先，无理之甚。其于当世人不问其愿否，尽牵之归桐城，吴南屏不服，则从而讥之。譬之儿童偶得泥傀儡，以为神也，牵其邻里兄弟而拜之，不肯拜则至于相骂，可笑人也。

谢章铤《赌棋山庄笔记》,《课馀偶录》卷二亦有一则，语更透彻，云：

近日言古文推桐城成为派别，若持论稍有出入，便若犯乎大不韪，况敢倡言排之耶？余不能文，偶有所作，见者以为不似桐城，予唯唯不辨。窃谓文之未成体者冗剽芜杂[3]，其气不清，桐城诚为对症之药，然桐城言近而境狭，其美亦殆尽矣，而迤逦陵迟，其势将合于时文。盖桐城派之初祖为归震川，震川则时文之高手也。其始取五子之菁华，运以欧曾之格律，入之于时文，时文岸然高异。及其为古文，仍此一副本领，易其字句音调，又适当王李赝古之时，而其文不争声色，浏然而清，足以移情，遂相推为正宗。非不正宗，然其根柢则在时文也。故自震川以来，若方望溪、刘才甫、姚惜抱、梅伯言，皆工时文，皆有刻本传世，而吴仲伦《初月楼集》末亦附时文两三篇，若谓不能时文便不足为古文嫡冢者，噫，何其蔽也。

谢君为林琴南之师，而其言明达如此，甚可佩服。其实古文与八股之关系不但在桐城派为然，就是唐宋八大家传诵的古文亦无不然。韩退之诸人固然不曾考过八股时文，不过如作文偏重音调气势，则其音乐的趋向必然与八股接近，至少在后世所流传模仿的就是这一类。《谪星说诗》中云：

> 同年王鹿鸣颇娴曲学。偶叩以律，鹿鸣曰，君不作八股乎，亦有律也。

此可知八股通于音乐。《古文范》录韩退之《送董邵南游河北序》，首句曰，“燕赵古称多感慨悲歌之士”，选者注云：

> 故老相传，姚姬传先生每诵此句，必数易其气而始成声，足见古人经营之苦矣。

此可知古文之通于音乐，即后人总以读八股法读之，虽然韩退之是否摇头摆腿而做的尚不可知。总之这用听旧戏法去赏鉴或写作文章的老毛病如不能断根去掉，对于八股宗的古文之迷恋不会改变，就是真正好古文的好处也不会了解的。我们现在作文总是先有什么意思要说，随后去找适当的字句用适当的次序写出来，这个办法似乎很简单，可是却不很容易，在古文中毒者便断乎来不成，此是偶成与赋得之异也。《谪星说诗》中云：

凡叙事说理写情状，不过如其事理情状而止，如镜照形，如其形而现，如调乐器，如其声而发，更不必多添一毫造作，能如是便沛然充满，无所不至。凡天下古今之事理情状，皆吾之文章诗词也，不必求奇巧精工，待其奇巧精工之自来。古唯苏家父子能见到此境，后则陆放翁。文章本天成，妙手偶得之，粹然无瑕疵，岂复须人为。可谓见之真矣。

此虽似老生常谈，但其可取亦正在此，盖常谈亦是人所不易言者也。与上引评贾岛语是同一意思，却圆到得多，推敲问题太具体了，似乎不好那么一句就断定。《笔谈》中有意思的还有几条，抄得太多也不大适宜，所以就此中止了。

（廿四年一月十五日，在北平西北城之苦茶庵。）

［附记］　今日读唐晏（民国以前名震钧）的《涉江先生文钞》，其《砭韩》一文中有云："此一派也，盛于唐，靡于宋，而流为近代场屋之时文，皆昌黎肇之也。"可与上文所引各语相发明。　（十七日记。）

钱君著书后又搜得《名山续集》九卷，《语类》二卷，《名山小言》十卷，《名山丛书》七卷，亦均木活字印，但精语反不多见，不知何也。四月中蚌埠陆君为代请钱君写一扇面见寄，因得见其墨迹，陆君雅意至为可感。（五月廿四日又记。）

【钟校】

① 1935.2.5刊《人间世》第21期，题作《谈韩退之与桐城派》，入集后改题《厂甸之二》。

②“庄韩诸家”，原作“庄韩非诸家”。

③“冗剽芜杂”，“冗”原作“宂”。

希腊的神与英雄与人[1]

◇1935.1.28

◇苦茶随笔

我和郑振铎先生相识还在民国九年，查旧日记在六月十九日条下云，晚七时至青年会应社会实进会之招，讲日本新村的情形，这是第一次见面。随后大家商量文学结社事，十一月二十三日下午至万宝盖胡同耿济之先生宅议事，共到七人，这也是从日记里查出来的。二十八日晚作文学会宣言一篇，交伏园。这些事差不多都已忘记了，日前承上海市通志馆寄来期刊，在《上海的学艺团体》一文中看见讲到文学研究会，并录有那篇宣言，这才想了起来，真不胜今昔之感。那宣言里说些什么？这十多年来到底成就了些什么？我想只有上帝知道。好几年前我感到教训之无用，早把小铺关了门，已是和文学无缘了。郑先生一直往前走，奋斗至今，假如文坛可以比作战场，那么正是一员老将了，这是我所十分佩服的，因为平常人多佩服自己所缺少的那种性格。但是郑先生和我有一种共通的地方，便是对于神话特别是希腊神话的兴趣。这恐怕不是很走运的货色，但兴趣总是兴趣，自然会发生出来，有如烟酒的爱好，也难以压得住的。不过我尽是空口说白话，郑先生却着实写出了几部书，这又是一个很大的差异了。

我爱希腊神话，也喜欢看希腊神话的故事。庚斯莱的《希腊英雄》，霍桑的《奇书》，都已是古典了，茀来则的《戈耳共的头》稍为别致，因为这是人类学者的一种游艺，劳斯的《古希腊的神与英雄与人》亦是此类作品之一。劳斯（W. H. D. Rouse）的著述我最初见到的是现代希腊小说集译本，名曰《在希腊岛》，还是一八九七年的出版，那篇引言写得很好，我曾经译了出来。他又编订过好些古典，这回我所得到的是他的新著，一九三四年初版，如书名所示是一册希腊神话故事集，计五分四十五章，是讲给十一二岁的儿童们听过的。我喜欢这册书，因为如说明所云，著者始终不忘记他是一个学人，也不让我们忘记他是一个机智家与滑稽家。所以这书可以娱乐各时代的儿童，从十岁至八十岁。我们只看他第一分的前六章，便碰着好些有意思的说话，看似寻常，却极不容易说得那么有兴趣。如第一章讲万物的起源，述普洛美透斯造人云：

他初次试造的用四脚爬了走，和别的动物一样，而且也像他们有一条尾巴，这正是一个猴子。他试作了各种的猴子，有大有小，直到后来他想出方法使那东西站直了。随后他割去尾巴，又把两手的大拇指拉长了，使它往里面弯。这似乎是一件小事情，但是猴子的手与人的差异就全在这里，你假如试把大拇指与第二指缚在一起，你就会知道许多事都做不来了。你如到博物馆去一看人的骨骼，你可以看出你在那地方有一个小尾巴，至少是尾巴骨，这便是普洛美透斯把它割去后所馀留的。

第三章里讲到人类具备百兽的性质，著者又和他的小读者开玩笑道："我常看见小孩们很像那猴子，就只差那一条尾巴。"第二章说诸神，克洛诺斯吞了五个自己的儿女，第六个是宙斯，他的母亲瑞亚有点舍不得了，据说是想要个小娃子玩玩，便想法子救他：

她拿了一块和婴孩同样大小的石头，用襁褓包裹好了，递给克洛诺斯当作最后的孩子。克洛诺斯即将石头吞下肚去，很是满足了。这实在是一件很容易办的事，因为一定那神人们也正如希腊的母亲一样地养她们的小孩，她们用一条狭长的布把小孩缠了又缠，直到后来象是一个蚕蛹，或是一颗长蒲萄干，顶上伸出小孩的那个脑袋瓜儿。

第六章讲宙斯的家庭，有云：

我不知道谁管那些烹调的事，但是假如阿林坡斯山也像希腊的人家[②]一样的，那么这总是那些女神们所管的罢。

这与上面所说意思有点相近。第三章讲普洛美透斯与宙斯的冲突，诸神造成了那个女人班陀拉，差人送去蛊惑普洛美透斯的兄弟厄比美透斯：

她做了他的妻子，她就是这地上一切女人的母亲，对于男子那女人是一祸亦是一福，因为她们是美丽可爱，却也满是欺诈。自然，这是在那很早的时候，后来她们也变好起来了，正和男人一样。

班陀拉打开那忧患的匣子这是太有名的故事了，著者在这里也叙述得很有趣，不过这不是匣子而是一个瓶，里边的种种忧患乃是人类的恩人普洛美透斯收来封镇着的：

她很是好奇，想要知道那大瓶子是怎么的。她问道，丈夫，那瓶子里是什么呀？你没有打开过，

> 取出谷子或是油来，或者我们用的什么东西。厄比美透斯说道，亲爱的，这不是你管的事。那是我哥哥的，他不喜欢别人去乱动它。班陀拉假装满足了的样子，却是等着，一到厄比美透斯离了家，她就直奔向瓶子去，拿开这个盖子。

这结果是大家预料得到的，什么凶的坏的东西都像苍蝇黄蜂似的飞出去了，赶紧盖好只留得希望在里边，这里很有教训的机会，但是著者只说道，“到得普洛美透斯回来看见这些情形的时候，他的兄弟所能说的只是这一句话道，我是多么一个傻子!”写的很幽默也是很艺术的，不过这是我自己的偏见，大抵未必可靠罢?

可喜别国的小孩子有好书读，我们独无。这大约是不可免的。中国是无论如何喜欢读经的国度，神话这种不经的东西自然不在可读之列。还有，中国总是喜欢文以载道的。希腊与日本的神话纵美妙，若论其意义则其一多是仪式的说明，其他又满是政治的色味，当然没有意思，这要当作故事听，又要讲的写的好，而在中国却偏偏都是少人理会的。话虽如此，郑先生的著述出来以后情形便不相同了。《取火者的逮捕》是郑先生的创作，可以算是别一问题，好几年前他改写希腊神话里的恋爱故事为一集，此外还有更多的故事听说就将出版，这是很可喜的一件事，中国的读者不必再愁没有好书看了。郑先生的学问文章大家知道，我相信这故事集不但足与英美作家竞爽，而且还可以打破一点国内现今乌黑的鸟空气，灌一阵新鲜的冷风进去。这并不是我戏台里喝采的敷衍老朋友的勾当，实在是有真知灼见，原书具在，读者只要试看一看，当知余言为不谬耳。

民国二十四年一月二十八日，于北平苦茶斋。

【钟校】

① 1935.2.3 刊《大公报》。

②“希腊的人家”，“人”原作“大”。

阿 Q 的旧帐[①]

◇第五册有《阿 Q 正传》

◇1935.2

◇苦茶随笔

阴历年关来到了，商界都要结帐，中国文学界上也有一笔帐该得清算一下子，这便是那阿 Q 欠下来的胡涂老帐。

《阿 Q 正传》最初发表是在《晨报副镌》上，每星期日登一次。那时编者孙伏园的意思，星期日的一张要特别“轻松”一点，蒲伯英每次总做文章，《阿 Q 正传》当时署名“巴人”，所以曾有些人疑心也是蒲君所写。这已是十多年前的事情了，好些年青的朋友大约不记得了吧。

不久有左翼作家新兴起来了，对于阿 Q 开始攻击，以为这是嘲笑中国农民的，把《正传》作者骂得个“该死十三元”。我想这是对的，因为《正传》嘲笑阿 Q 及其子孙是确实无疑，虽然所云阿 Q 死了没有，其时代过去了没有，这些问题我无从代为决定，本来我也是毫不知道的。

不久听说《阿 Q 正传》的作家也转变了。阿 Q 究竟死了没有呢，新兴的批评家们还未能决断定，而作者转变了，阿 Q 的死生事小，所以就此搁起了。不久《阿 Q 正传》等都被承认为新兴正统的文学了，有广告上说《正传》是中国普罗文学的代表作，阿 Q 是中国普罗阶级的代表，于是阿 Q 既然得到哀荣，似乎文坛上的阿 Q 问题也就可以结束了。

然而不然。对人是没有问题了，而对事的问题仍然存在，即《阿 Q 正传》究竟是否嘲笑农民，阿 Q 究竟是否已死，这些问题仍未解决，这都是新兴批评家们的责任，任何人都应负责来清算一下。

假如《阿 Q 正传》本来并不是反动的，不是嘲笑农民的，那么当初那些批评家们群起攻击，何其太没有眼睛？当初既然没有眼睛，何以在作者转变后眼睛忽然亮了，知道《正传》又是好的了？假如《正传》确是反动的，攻击正是应该，何以在作者转变后就不攻击，而且还恭维？

这阿 Q 一案的结论不外两种，一是新兴批评家之无眼识，一是新兴批评家之不诚实。看错，无眼识也。歪曲，不诚实也。本来不反动的作品，在转变前也要说它不对，本来是反动的，在转变后就要说它也对，都是不诚实。无眼识不过瞎说，说的不可信任，不诚实则是有作用，近于欺骗了。唯物史观的文学批评本亦自成一家，在中国也不妨谈谈，但是我希望大家先把上面所说的这笔烂污帐算清了再说，不然正如商界普通的规矩，前帐未清，免开尊口。

鄙人孤陋寡闻，对于世界上这派新批评未能详知，唯日本的译著亦略见一二，觉得足供参考，其所说自有固执处，但如阿Q事件这种无诚意态度盖未曾有也。上文所说故以中国为限，且只就事论事，与理论别无关系。（二十四年二月）

【钟校】

① 1935.2.2 刊《华北日报·每日文艺》。

食味杂咏注[①]

◇1935. 3. 13

◇苦茶随笔

今年厂甸买不到什么书，要想买一本比较略为好的书总须得往书店去找，而旧书的价近来又愈涨愈贵，一块钱一本的货色就已经不大有了。好在有几家书店有点认识，暂时可以赊欠，且不管三七二十一先拿几本来看罢，有看了中意的便即盖上图章，算是自己的东西了。这里边我所顶喜欢的是一册《食味杂咏》，东墅老人嘉善谢墉撰，有门生阮元序，道光中小门生阮福刊。据石韫玉后序，乾隆辛丑主会试，士之不第者造为蜚语云，谢金圃抽身便讨，吴香亭到口即吞，坐此贬官，但此二语实出《寄园寄所寄》中，两公之姓相合，故毷氉者移易其词以腾口说耳云。东墅老人自序云：

乾隆辛亥夏养疴杜门，因思家乡土物数种不可得，率以成吟，于是连续作诗，积五十八首，而以现在所食皆北产也，复即事得四十三首，共成一百一首，各系数言于题下。盖墉家世习耕读，少时每从老农老圃谈树艺，当名辨物，多以目验得之，又邻江海介五湖，水生陆产咸易致之，考其性味，别其土宜，不为丹铅家剿说所淆。中年以北游之后食味一变，而轺车驿路，爰好谘诹，京城顾役者无问男女皆田家也，圉人御者皆知稼穑，下至老妪亦可询之，以是辨南北之异宜，析山泽之殊质。又少多疾病，时学医聚药，参之经传，证以见闻，或有疑义辄为诠注。陶斯咏斯，绝无关于喜愠，游矣休矣，非假喻于和同。诗成，汇录之，方言里语，敢附博物哉，庶其以击壤之声，入采风之末云尔。

序文末尾写得不漂亮，也是受了传统的影响，但是序里所说的大约都是实情，我所喜欢的部分实在也还是那些题下的附注，本文的诗却在其次。古人云买椟还珠，我恐怕难免此诮，不过这并无妨碍，在我看来的确是这椟要好得多，要比诗更有意思，虽然那些注原是附属于诗的，如要离诗而独立也是不可能。阮云台序中有云：“此卷为偶咏食品之诗，通乎雅俗，然考证之多，非贯彻经史苍雅博极群书者不能也。”可谓知言。我同时所得尚有王鸣盛《练川杂咏》，并钱大昕王鸣韶和作共一百八十首，朱彝尊《鸳鸯湖棹歌》[2]百首，谭吉璁[3]和作百十八首，杨抡《芙蓉湖棹歌》百首，并刘继增《惠山竹枝词》三十首为一卷。

这些诗里也大都讲到风物，只是缺少注解，有注也略而不详，更不必说能在丹铅家剿说之外自陈意见的了。以诗论，在我外行看去，似朱竹垞最佳，虽然王西庄钱竹汀的有几句我也喜欢。如朱诗云：

姑恶飞鸣逐晓烟④，红蚕四月已三眠，白花满把蒸成露，紫葚盈筐不取钱。

注云："姑恶鸟名，蚕月最多。野蔷薇开白花，田家篱落间处处有之，蒸成香露，可以泽发。"又云：

鸭馄饨小漉微盐，雪后垆头酒价廉，听说河豚新入市，蒌蒿荻笋急须拈。

注云："方回题竹杖诗，跳上岸头须记取，秀州门外鸭馄饨。"王诗云：

西风策策碧波明，菰雨芦烟两岸平，暮汐过时渔火暗，沙边觅得小娘蛏。

注引宋吴惟信元王逢简句外，只云"俗呼蛏为小娘蛏"。以上注法或是诗注正宗亦未可知，不过我总嫌其太简略，与《食味杂咏》相比更是显然。"南味五十八首"之十六曰《喜蛋》，题注甚长，今具录于下：

古无蛋字，亦无此名，经传皆作卵，音力管反。《说文》，蜑，释云，南方夷也，从虫，延声，徒旱切，在新附文之首，是汉时本无此字，故叔重不载而徐氏增之。《玉篇》仍《说文》不收，

> 《广韵》则亦注为南方夷，至《唐书》柳文皆以为蛮俗之称，《集韵》并载蜑蝨，要皆不关禽鸟之卵。今自京师及各省凡鸟卵皆呼为蛋，无称为卵者，字从虫从延，本以延衍卵育取义，蛋则蜑省也[5]。考《说文》卵字部内有㲉字，卵不孚也，徒玩切，与蛋为音之转，盖古人呼不以之孚鸡鸭之卵而徒供食者即以孚之不成之卵名之，因而俗以蛋抵㲉也。隋唐前无蜑字，亦无此名。元方回诗曰，秀州城外[6]鸭馄饨，即今嘉兴人所名之喜蛋，乃鸭卵未孚而殒，已有雏鸭在中，俗名哺退蛋者也。市人镊去细毛，洗净烹煮，乃更香美，以哺退名不利，反而名之曰喜蛋，若鸭馄饨者则又以喜蛋名不雅而文其名。其实秀州之鸭馄饨乃《说文》㲉字之铁注脚也。

诗中又有注云：

> 喜蛋中有已成小雏者味更美。近雏而在内者俗名石榴子，极嫩，即蛋黄也。在外者曰砂盆底，较实，即蛋白也，味皆绝胜。

第二十九首为《鲜蛏》，注云：

> 蛏字《说文》《玉篇》俱无，亦不见他书，《广韵》始收，注云蚌属，盖即《周官》狸物蠃廲之类，味胜蚬蛤，若以较西施舌则远不逮矣。

诗中注云：

蛏本江海所产，而西湖酒肆者乃即买之湖上渔船，乘鲜烹食极美。同年王谷原与麹生交莫逆，每寓杭乡试时邀同游西湖，取醉酒家，有五柳居酒肆在湖上，烹饪较精，谷原嗜食蛏，谓[⑧]此乃案酒上品，即醉蛏亦绝佳，因令与煮熟者并供之。此景惘然。

第三十首为《活虾》，诗中有注两则，均琐屑有致，为笔记中之佳品：

家乡名渔家之船曰网船，渔妇曰网船婆。夏秋鱼虾盛时，网船婆蓑笠赤脚，与渔人分道卖鱼虾，自率儿女携虾桶登岸，至所识大户厨下卖虾，易钱回船，不避大风雨。

南中活虾三十年前每斤不过十馀文，时初至京，京中已四五倍之。近日京城活者须大钱三四百文，其不活而犹鲜者，以用者多，亦须二百左右，然大率捞之浊水中，其生于清水者更不易得。

适值那时所得的几部诗词里也还有类似的题咏，可谓偶然。其一是全祖望的《句馀土音》，系陈铭海补注本，其第五卷全是咏本地物产，共有六十九首，只可惜原注补注都不大精详。四赋四明土物九首之一为《荔枝蛏》，诗下原注云：

浙东之蛏皆女儿蛏也，而荔枝则女儿之佳者。

上文所云小娘蛏盖即一物，吾乡土俗蛏不尚大者，但不记得有什么别名，只通称蛏子耳。冯云鹏著《红雪词》甲乙集各二卷，乙之一中有禽言二十二章，禽言词未曾见也，又有咏海错者二十五章，其十四到十六皆是蛏，曰竹蛏，曰女儿蛏，曰笔管蛏，却无注。其第二咏白小，有注云：

即银鱼，杜诗，白小群分命，天然二寸鱼，《记事珠》以为面条，非也，吾通产塔影河者佳，不亚于莺脰湖。

《食味杂咏》南味之五云《银鱼》，注云：

色白如银，长寸许，大者不过二寸，乡音亦呼儿鱼，音同泥，银言白，儿言小也。此鱼古书不载，罗愿《翼雅》[9]于王馀脍残云又名银鱼。脍残虽相类，然大数倍，不可混也。

诗中注云：

银鱼出水即不活，渔家急暴干市之。有甫出水生者以作羹极鲜美，乡俗名之曰水银鱼，以别于干者。

东墅老人对于土物之知识丰富实在可佩服，可惜以诗为主，因诗写注，终有所限制，假如专作笔记，象郝兰皋的《记海错》那样，一定是很有可观的。至于以诗论，则谢金圃的银鱼诗与冯晏海的白小词均不能佳，因系用典制题做法，咏物诗少佳作，不关二公事也。倒还是普通一点的风物诗可以写得好，如前所举棹歌即是，关于白小可举出吾乡孙子九一绝句来：

南湖白小论斗量，北湖鲫鱼尺半长，鱼船进港麹船出，水气着衣闻酒香。

孙子九名垓，有《退宜堂诗集》四卷，此诗为《过东浦口占》之第二首，在诗集卷一中。

（廿四年三月十三日，北平）

【钟校】

① 1935.4 刊《文饭小品》3 期。

②“鸳鸯”，“鸯”原作“央”。

③“谭吉璁”，“谭”原作“潭”。

④“姑恶飞鸣逐晓烟”，“逐”原作“触”。

⑤“蛋则蜑省也”，“蜑”原作“延”。

⑥“馄饨”，“馄”原作“饨”。

⑦“秀州城外”，“城”原作“门”。

⑧ 此处原衍“为”字，已删。

⑨“罗愿《翼雅》”原作“罗愿《雅》”。案罗愿有《尔雅翼》，《记海错》引郝懿行与孙渊如观察书有云：“陆农师之《埤雅》，罗端良之《翼雅》，盖不足言。”

蛙的教训[1]

◇1935.4

◇苦茶随笔

今天站在书架前面想找一本书看，因为近来没有什么新书寄来，只好再找旧的来炒冷饭。眼睛偶然落在森鸥外的一本翻译集《蛙》的上面，我说偶然却也可以说不偶然，从前有友人来寄住过几天，他总要了《蛙》去读了消遣，这样使我对于那蛙特别有点记忆。那友人本来是医生，却很弄过一时文学，现在又回到医与自然科学里去了。我拿出《蛙》来翻看，第一就是鸥外的自序，其文云：

> 机缘使我公此书于世。书中所收，皆译文也。吾老矣，提了翻译文艺与世人相见，恐亦以此书为终了罢。
>
> 书名何故题作蛙呢？只为布洛凡斯的诗人密

斯忒拉耳（Mistral）的那耳滂之蛙偶然蹲在卷头而已。

但是偶然未必一定是偶然。文坛假如是忒罗亚之阵，那么我也不知什么时候已被推进于纳斯妥耳（Nester）的地位了。这地位并非久恋之地。我继续着这蛙的两栖生活今已太久矣。归欤，归欤，在性急的青年的铁椎没有落到头上的时节。

已未二月。

所云机缘是指大正八年（一九一九）春间《三田文选》即《三田文学汇编》的刊行，《蛙》作为文选的别册，次年六月再印成单行本，我所有的就只是这一种。据鸥外的兄弟润三郎著《森林太郎传》上说，在《蛙》以后刊行的书有《山房札记》《天保物语》等二三种，都是传记文学，只有一册斯忒林堡的《卑立干》是戏剧译本，到了大正十一年随即去世，年六十一。

我读这篇短序，觉得很好玩的是著者所表示的对于文坛的愤慨。明治四十年代自然主义的文学风靡一时，凡非自然主义的几乎全被排斥，鸥外挨骂最甚，虽然夏目漱石也同样是非自然派，不知怎地我却只记得他在骂人而少被人骂。那时我们爱谈莫泊三左拉，所以对于日本的自然主义自然也很赞成的，但是议论如“露骨的描写”等虽说得好，创作多而不精，这大约是模仿之弊病也未可知，除《棉被》外我也不曾多读，平常读的书却很矛盾地多是鸥外漱石之流。祖师田山花袋后来也转变了，写实的《田舍教师》我读了还喜欢，以后似乎又归了佛教什么派，我就简直不了然了。文坛上风气虽已变换，可是骂鸥外似乎已成了习惯，直到他死时还有新潮社的中村武罗夫谩骂一阵，正如坪内逍遥死后有文艺春秋社的菊池宽的谩骂一样。为什么呢？大约总是为了他们不能跟了青年跑的缘故吧。其实叫老年跟了青年跑这是一件很不聪明的事。野蛮民族里老人的处分方法有二，一是杀了煮来吃，一是帮同妇稚留守山寨，在壮士出去战征的时候。叫他们去同青年一起跑，结果是气喘吁吁地两条老腿不听命，反迟误青年的路程，抬了走做傀儡呢，也只好吓唬乡下小孩，总之都非所以“敬老”之道。老年人自有他的时光与地位，让他去坐在门口太阳下，搓绳打草鞋，看管小鸡鸭小儿，风雅的还可以看版画写魏碑，不要硬叫子媳孝敬以妨碍他们的工作，那就好了。有些本来能够写写小说戏曲的，当初不要名利所以可能自由说话，后来把握住了一种主义，文艺的理论与政策弄得头头是道了，创作便永远再也写不出来，这是常见的事实，也是一个很可怕的教训。

日本的自然主义信徒也可算是前车之鉴，虽然比中国成绩总要好点。把灵魂卖给魔鬼的，据说成了没有影子的人，把灵魂献给上帝的，反正也相差无几。不相信灵魂的人庶几站得住了，因为没有可卖的，可以站在外边，虽然骂终是难免。鸥外是业医的，又喜欢弄文学，所以自称两栖生活，不过这也正是他的强处，假如他专靠文学为生，那便非跟了人家跑不可，如不投靠新潮社也须得去钻博文馆矣。章太炎先生曾经劝人不要即以学问为其职业，真真是懂得东方情事者也。

（二十四年四月）

【钟校】

① 1935.4.24刊《华北日报》。

东京散策记[①]

◇1935.4

◇苦茶随笔

前几天从东京旧书店买到一本书，觉得非常喜欢，虽然原来只是很普通的一卷随笔。这是永井荷风所著的《日和下驮》，一名《东京散策记》，内共十一篇，从大正三年夏起陆续在《三田文学》月刊上发表，次年冬印成单行本，以后收入"明治大正文学全集"及"春阳堂文库"中，现在极容易买到的。但是我所得的乃是初版原本，虽然那两种翻印本我也都有，文章也已读过，不知怎的却总觉得原本可喜。铅印洋纸的旧书本来难得有什么可爱处，有十七幅胶版的插画也不见得可作为理由，勉强说来只是书品好罢。此外或者还有一点感情的关系，这比别的理由都重要，便是一点儿故旧之谊，改订缩印的书虽然看了便利，却缺少一种亲密的感觉。说读书要讲究这些未免是奢侈，那也可以说，不过这又与玩古董的买旧书不同[2]，因为我们既不要宋本或季沧苇的印，也不能出大价钱也。《日和下驮》出版于大正四年（一九一五），正是二十年前，绝版已久，所以成了珍本，定价金一圆，现在却加了一倍，幸而近来汇兑颇低，只要银一元半就成了。

永井荷风最初以小说得名，但小说我是不大喜欢的，我读荷风的作品大抵都是散文笔记，如《荷风杂稿》《荷风随笔》《下谷丛话》《日和下驮》与《江户艺术论》等。《下谷丛话》是森鸥外的《伊泽兰轩传》一派的传记文学，讲他的外祖父鹫津毅堂的一生以及他同时的师友，我读了很感兴趣，其第十九章中引有大沼枕山的绝句，我还因此去搜求了《枕山诗钞》来读。随笔各篇都有很好的文章，我所最喜欢的却是《日和下驮》。《日和下驮》这部书如副题所示是东京市中散步的记事，内分日和下驮，淫祠，树，地图，寺，水附渡船，露地，闲地，崖，坂，夕阳附富士眺望等十一篇。“日和下驮”（Hiyori-geta）本是木屐之一种，意云晴天屐，普通的木屐两齿幅宽，全屐用一木雕成，日和下驮的齿是用竹片另外嵌上去的，趾前有覆，便于践泥水，所以虽称曰晴天屐而实乃晴雨双用屐也。为什么用作书名，第一篇的发端说的很明白：

长的个儿本来比平常人高，我又老是穿着日和下驮拿着蝙蝠伞走路。无论是怎么好晴天，没有日和下驮与蝙蝠伞总不放心，这是因为对于通年多湿的东京天气全然没有信用的缘故。容易变的是男子的心与秋天的天气，此外还有上头的政事，这也未必一定就只如此。春天看花的时节，午前的晴天到了午后二三时必定刮起风来③，否则从傍晚就得下雨。梅雨期间可以不必说了，入伏以后更不能预料什么时候有没有骤雨会沛然下来。

因为穿了日和下驮去凭吊东京的名胜，故即以名篇，也即以为全书的名称。荷风住纽约巴黎甚久，深通法兰西文学，写此文时又才三十六岁，可是对于本国的政治与文化其态度非常消极，几乎表示极端的憎恶。在前一年所写的《江户艺术论》中说的很明白，如《浮世绘的鉴赏》第三节云：

在油画的色里有着强的意味，有着主张，能表示出制作者的精神。与这正相反，假如在木板画的瞌睡似的色彩里也有制作者的精神，那么这只是专制时代萎靡的人心之反映而已。这暗示出那样暗黑时代的恐怖与悲哀与疲劳，在这一点上我觉得正如闻娼妇啜泣的微声，深不能忘记那悲苦无告的色调。我与现社会相接触，常见强者之极其横暴而感到义愤的时候，想起这无告的色彩之美，因了潜存的哀诉的旋律而将暗黑的过去再现出来，我忽然了解东洋固有的专制的精神之为何，深悟空言正义之不免为愚了。希腊美术发生于亚坡隆为神的国土，浮世绘则由与虫豸同样的平民之手制作于日光晒不到的小胡同的杂院里。现在虽云时代全已变革，要之只是外观罢了。若以合理的眼光一看破其外皮，则武断政治的精神与百年以前毫无所异。江户木板画之悲哀的色彩至今全无时间的间隔，深深沁入我们的胸底，常传亲密的私语者，盖非偶然也。

在《日和下驮》第一篇中，有同样的意思，不过说得稍为和婉：

但是我所喜欢曳屐走到的东京市中的废址，大抵单是平凡的景色，只令我个人感到兴趣，却不容易说明其特征的。例如一边为炮兵工厂的砖墙所限的小石川的富坂刚要走完的地方，在左侧有一条沟渠。沿着这水流，向着蒟蒻阎魔去的一个小胡同，即是一例。两傍的房屋都很低，路也随便弯来弯去，洋油漆的招牌以及仿洋式的玻璃门等一家都没有，除却有时飘着冰店的旗子以外，小胡同的眺望没有一点什么色彩，住家就只是那些裁缝店烤白薯店粗点心店灯笼店等，营着从前的职业勉强度日的人家。我在新开路的住家门口常看见堂皇地挂着些什么商会什么事务所的木牌，莫名其妙地总对于新时代的这种企业引起不安之念，又对于那些主谋者的人物很感到危险。倒是在这样贫穷的小胡同里营着从前的职业穷苦度日的老人们，我见了在同情与悲哀之上还不禁起尊敬之念。同时又想到这样人家的独养女儿或者会成了介绍所的饵食，现今在什么地方当艺妓也说不定，于是照例想起日本固有的忠孝思想与人身卖买的习惯之关系，再下去是这结果所及于现代社会之影响等，想进种种复杂的事情里边去了。

本文十篇都可读，但篇幅太长，其《淫祠》一篇最短，与民俗相关亦很有趣，今录于后：

往小胡同去罢，走横街去罢。这样我喜欢走的，格拉格拉地拖着晴天屐走去的里街，那里一定会有淫祠。淫祠从古至今一直没有受过政府的庇护。宽大地看过去，让它在那里，这已经很好了，弄得不好就要被拆掉。可是虽然如此现今东京市中淫祠还是数不清地那么多。我喜欢淫祠。

给小胡同的风景添点情趣，淫祠要远在铜像之上有审美的价值。本所深川一带河流的桥畔，麻布芝区的极陡的坡下，或是繁华的街的库房之间，多寺院的后街的拐角，立着小小的祠以及不蔽风雨的石地藏，至今也还必定有人来挂上还愿的匾额和奉献的手巾，有时又有人来上香的。现代教育无论怎样努力想把日本人弄得更新更狡猾，可是至今一部分的愚昧的民心也终于没有能够夺去。在路傍的淫祠许愿祈祷，在破损的地藏尊的脖上来挂围巾的人们，或者卖女儿去当艺妓也未可知，自己去做侠盗也未可知，专梦想着银会和彩票的侥幸也未可知。不过他们不会把别人的私行投到报纸上去揭发以图报复，或借了正义人道的名来敲竹杠迫害人，这些文明的武器的使用法他们总是不知道的。

淫祠在其缘起及灵验上大抵总有荒唐无稽的事，这也使它带有一种滑稽之趣。

对那欢喜天要供油炸的馍头，对大黑天用双叉的萝卜，对稻荷神献奉油豆腐，这是谁都知道的事。芝区日荫町有供鲭鱼的稻荷神，在驹入地方又有献上沙锅的沙锅地藏，祈祷医治头痛，病好了去还愿，便把一个沙锅放在地藏菩萨的头上。御厩河岸的榧寺里有医好牙痛的吃糖地藏，金龙山的庙内则有供盐的盐地藏[④]。在小石川富坂的源觉寺的阎魔王是供蒟蒻的，对于大久保百人町的鬼王则供豆腐，以为治好疥疮的谢礼。向岛弘福寺里的有所谓石头的老婆婆，人家供炒蚕豆，求她医治小孩的百日咳。

天真烂漫的而又那么陋鄙的此等愚民的习惯，正如看那社庙滑稽戏和丑男子舞，以及猜谜似的那还愿的匾额上的拙稚的绘画，常常无限地使我的心感到慰安。这并不单是说好玩。在那道理上议论上都无可说的荒唐可笑的地方，细细地想时却正感着一种悲哀似的莫名其妙的心情也。

关于民俗说来太繁且不作注，单就蒟蒻阎魔所爱吃的东西说明一点罢。蒟蒻是一种天南星科的植物，其根可食，五代时源顺撰《和名类聚抄》卷九引《文选·蜀都赋注》云：蒟蒻，其根肥白，以灰汁煮则凝成，以苦酒醃食之，蜀人珍焉。《本草纲目》卷十六叙其制法甚详云：

经二年者根大如碗及芋魁，其外理白，味亦麻人，秋后采根，须净擦或捣或片段，以酽灰汁煮十馀沸，以水淘洗，换水更煮五六遍，即成冻子，切片，以苦酒五味淹食，不以灰汁则不成也。切作细丝，沸汤瀹过，五味调食，状如水母丝。

黄本骥编《湖南方物志》卷三引《潇湘听雨录》云：

《益部方物略》，海芋高不过四五尺，叶似芋而有干。向见岣嵝峰寺僧所种，询之名磨芋，干赤，叶大如茄，柯高二三尺，至秋根下实如芋魁，磨之漉粉成膏，微作膻辛，蔬品中味犹乳酪，似是《方物略》所指，宋祁赞曰木干芋叶是也。

金武祥著《粟香四笔》卷四有一则云：

济南王培荀雪峤《听雨楼随笔》云，蒟酱张骞至西南夷食之而美，擅名蜀中久矣。来川物色不得，问土人无知者。家人买黑豆腐，盖村间所种，俗名茉芋，实蒟蒻也，形如芋而大，可作腐，色黑有别味，未及豆腐之滑腻，蒟蒻一名鬼头，作腐时人多语则味涩⑤，或云多语则作之不成。乃知蒟酱即此，俗间日用而不知，可笑也。遥携馋口入西川，蒟酱曾闻自汉年，腐已难堪兼色黑，虚名应共笑张骞。茉芋亦名黑芋，生食之口麻。

蒟蒻俗名黑豆腐，很得要领，这是民间或小儿命名的长处。在中国似乎不大有人吃，要费大家的力气来考证，在日本乃是日常副食物，真是妇孺皆知，在俗谚中也常出现，此正是日本文学风物志中一好项目。在北平有些市场里现已可买到，其制法与名称盖从日本输入，大抵称为蒟蒻而不叫作黑豆腐也。

（廿四年四月）

【钟校】

① 1935.5 刊《人间世》27 期。

②“又与玩古董的买旧书不同”,“买”原作“卖”。

③“刮起风来”,“刮”原作“括”。

④“庙内则有供盐的盐地藏”,“有”原作“在”。

⑤“人多语则味涩”,“味”原作“语”。

科学小品①

◇1935.4

◇苦茶随笔

二月底的某日，我刚寄出明信片给书店，要英国大威尔士编著的《生命之科学》，去年改订为分册的丛书，已出三册，这天就收到上海商务印书馆代郭君寄赠的一册大书，打开看时原来即是《生命之科学》汉译本，此为第一册，即包含前三分册②也。这是一件偶然凑巧的事，却觉得很有意思。译者弁言之二有云：

> 译者对于作者之原旨，科学之综合化大众化与文艺化，是想十分忠实地体贴着的，特别是在第三化。原著实可以称为科学的文艺作品。译者对于原作者在文学修辞上的苦心是尽力保存着的，译文自始至终都是逐字移译，尽力在保存原文之风貌。但译者也没有忘记，他是在用中国文译书，

所以他的译文同时是照顾着要在中国文字上带有文艺的性格。

这里所说关于原书的文艺价值与译文的忠实态度都很明了，我们可以不必多赘。我看原书第二分册第四章七节有讲轮虫的一段文章很有趣味，今借用郭君的译文于下：

轮虫类又是一门，是微小而结构高级的动物，大抵居于池沼，沟渠，湿地等处，对于有显微镜的人是一项快乐之源泉。

假如我们能够保留着感觉和视觉，缩小成一个活的原子而潜下水去，我们会参加进一个怎样惊异的世界哟！我们会发现这座仙国有最奇异的一些生物栖息着，那些生物有毛以备浮泳，有璐玭色的眼睛在头上[3]灼灼，有望远镜式的脚可以纳入体中，可以伸出去比身体长过数倍。这儿有些是系着锚的，系在脚趾所纺出的细丝上，又有些穿着玻璃的铠甲，猬集着犀利的针刺或装饰着龟甲形和波形的浮雕，迅速地浮过，更有固着在绿色的梗上就像一朵牵牛花，由眼不能见的力量把一道不间断的牺牲之流吸引进张开着的杯里，用深藏在体中的钩颚把它们咬碎致死。（赫贞与戈斯二氏在有趣的图谱《轮虫类》*The Rotifera* —

八八六中如是说。)

轮虫类对于人没有益处，也没有害处，它们的好处几乎全在这显微镜下的美观上。

这可以够得上称为科学小品了罢。所谓科学小品不知到底是什么东西，据我想这总该是内容说科学而有文章之美者，若本是写文章而用了自然史的题材或以科学的人生观写文章，那似乎还只是文章罢了，别的头衔可以不必加上也。《生命之科学》的原作者是大小威尔士与小赫胥黎，其科学文学两方面的优长既是无可疑的了，译者又是专门研究近代医学的人，对于文艺亦有很大的成就，所以这书的译出殆可以说是鬼拿铁棒了。但是可惜排印有误，还有一件便是本子大，定价高，假如能分作三册，每册卖一元之谱，不但便于翻阅，就是为读者购买力计也有方便处，像现在这样即不佞如不蒙寄赠亦大抵未必能够见到也。

我不是弄科学的，但当作文章看过的书里有些却也是很好的科学小品，略早的有英国怀德的《色耳彭自然史》，其次是法国法布耳的《昆虫记》。这两部书在现今都已成为古典了，在中国知道的人也已很多，虽然还不见有可靠的译本，大约这事真太不容易，《自然史》在日本也终于未曾译出，《昆虫记》则译本已有三种了。此外我个人觉得喜欢的还有英国新近去世的汤木生（J. A. Thomson）教授，他是动物学专门的，著作很多，我只有他最普通的五六种，其中两种最有意思，即《动物生活的秘密》与《自然史研究》。这还是一九一九至二一年刊行，又都是美国版，价钱很贵，装订也不好，现在背上金字都变黑了，黑得很难看，可是我仍旧看重他，有时拿出来翻翻，有时还想怎样翻译一点出来也好，看着那暗黑难看的金字真悔不早点译出几篇来。可是这是徒然。我在这里并不谦虚地说因为关于自然史的知识不够，实在乃是由于文章写不好，往往翻看一阵只得望洋兴叹地放下了。《动物生活的秘密》中共有短文四十篇，自动物生态以至进化遗传诸问题都有讲到，每篇才七八页，而谈得很简要精美，卷中如《贝壳崇拜》《乳香与没药》《乡间的声响》等文，至今想起还觉得可爱。《自然史研究》亦四十篇而篇幅更短，副题曰“从著者作品中辑集的文选”，大约是特别给青年们读的吧，《动物生活的秘密》中也有八九篇收入，却是文句都改得更为简短了。话虽如此，要想译这节本亦仍不可能，只好终于割爱了去找别的，第二十一篇即第三分的第一篇题曰《秋天》，内分六节，今抄取其关于落叶的一节于下：

最足以代表秋天的无过于落叶的悉索声了。它们生时是慈祥的，因为植物所有的财产都是它们之赐，在死时它们亦是美丽的。在死之前，它们把一切还给植物，一切它们所仅存的而亦值得存的东西。它们正如空屋，住人已经跑走了，临走时把好些家具毁了烧了，几乎没有留下什么东西，除了那灶里的灰。但是自然总是那么豪爽的肯用美的，垂死的叶故有那样一个如字的所谓死灰之美。

第二十五篇是专谈落叶的，觉得有可以互相说明的地方，再抄几节也好：

但在将死之先，叶子把一切值得存留的它们工作的残馀都还给那长着它们的树身。有糖分和其他贵重物质从垂死的叶慢慢地流到树干去，在冬天的气息吹来以前。

那树叶子在将死时也与活着时同样地有用，渐渐变成空虚，只馀剩废物了，在那贵重物质都退回防冬的库房的时候，便要真预备落下了。在叶柄的底下，平常是很韧很结实的，现在从里边长出一层柔软多汁的细胞来，积极地增加扩大成为一个弹簧椅垫，这就把叶子挤掉，或是使叶与枝的附着很是微少，一阵风来便很容易把那系联生死的桥折断了。这是一种很精良的外科，在手术未行之先已把创痕治好了的。

的确到现在那叶子是死了，只是空屋，一切器用门窗都拆卸了。差不多剩下的只有灶里的灰了。但是那些灰——多么华丽呀！黄的和橙色的，红的和紫的，绯的和赤的，那些枯叶发出种种色彩。它们变形了，在这死的一刹那，在秋阳的微光里。黄色大抵由于所谓叶绿这色素的分解，更深的颜色则由于特种色素的存在，这都是叶子的紧张的生活里的副产物或废物。

末了，叶子轻轻地从树上落下了，或是在风中宛转挣扎悉索作声，好像是不愿意离开似的，终于被强暴地拉下来滚在地上了。但是那树虽然年年失掉叶子，却并不因此而受什么损失，因为叶子褪色了，枯了落了，被菌类所霉化了，于是被蚯蚓埋到地下去，又靠了微生物的帮助，使它变成植物性的壤土，这里边便保育着来年的种子。

文章实在译不好，可是没有法子。假如我有自然史的广博的知识，觉得还不若自己来写可以更自在一点，不过写的自在是一问题，而能否这样的写得好又是另一问题。像《秋天》里的那一节，寥寥五句，能够将科学与诗调和地写出，可以说是一篇《落叶赞》，却又不是四库的哪一部文选所能找得出的，真是难能希有也。我们摇笔想写出此种文章来，正如画过几笔墨梅的文士要去临摹文艺复兴的名画，还该免动尊手。莫怪灭自己的威风，我们如想有点科学小品看看，还得暂时往外国去借。说也奇怪，中国文人大都是信仰“文艺政策”的，最不高兴人家谈到苍蝇，以为无益于人心世道也，准此则落叶与蚯蚓与轮虫纵说得怎么好亦复何用，岂有人肯写或准写乎。中国在现今虽嚷嚷科学小品，其实终于只一名词，或一新招牌如所谓卫生臭豆腐而已。（二十四年四月）

【钟校】

① 1935.5 刊《文饭小品》4 期。

② “前三分册”，“分册” 原作 “册分”。

③ “眼睛在头上”，“头” 原作 “颈”。

我是猫

◇1935.5

◇苦竹杂记

我在东京的头两年，虽然在学日文，但是平常读的却多是英文书，因为那时还是英文比较方便，一方面对于日本的文学作品也还未甚了解。手头有几块钱的时候常去的地方不是东京堂而是中西屋，丸善自然更是可喜，不但书多而且态度很好，不比中西屋常有小伙计跟着监视。我读林译《说部丛书》的影响还是存在，一面又注意于所谓弱小民族的文学，此外俄法两国小说的英译本也想收罗，可是每月三十一圆的留学费实在不能买书，所以往往像小孩走过要货摊只好废然而返。一九〇六至八年中间翻译过三部小说，现在印出的有英国哈葛得与安度阑二氏合著的《红星佚史》，有丁未二月的序，又匈加利育珂摩耳的《匈奴奇士录》，有戊申五月的序。这种书稿卖价至多两文钱一个字，但于我却不无小补，伽纳忒夫人译《屠介涅夫集》十五册以及勃阑特思博士的《波阑印象记》这些英书都是用这款买来的。还有一部译本是别一托尔斯泰的小说《银公爵》，改题“劲草”，是司各德式的很有趣味的历史小说，没有能卖掉，后来连原稿都弄丢了。戊申以后遂不再卖稿，虽然译还是译一点，也仍是译欧洲的作品，日本的东西没有一篇，到后来为《新青年》译小说才选了江马修的短篇《小小的一个人》，那已经是民国七八年的事情了。

但是，日本报纸当然每天都看，像普通的学生们一样，总是《读卖》与《朝日》两种新闻，此外也买点文学杂志，这样地便与日本新文学也慢慢接近。四年前我为张我军先生的《文学论》译本写一篇小序，有一节云：

> 不过夏目的文章是我素所喜欢的，我的读日本文书也可以说是从夏目起手。我初到东京时夏目在杂志《保登登歧须》（此言子规）上发表的小说《我是猫》正很有名，其单行本上卷也就出版，接着他在大学的讲义也陆续给书店去要了来付印，即这本《文学论》和讲英国十八世纪文学的一册《文学评论》。……夏目的小说，自《我是

猫》《漾虚集》《鹑笼》以至《三四郎》和《门》，从前在赤羽桥边的小楼上偷懒不去上课的时候，差不多都读而且爱读过，虽然我所最爱的还是《猫》，但别的也都颇可喜，可喜的却并不一定是意思，有时便只为文章觉得令人流连不忍放手。夏目而外这样的似乎很少，后辈中只是志贺直哉有此风味，其次或者是佐藤春夫罢。

上文末尾所说的话仔细想来或不十分确切，只说他们两位文章也都很好就是了，风味实在不大相同，盖夏目的文章特别是早期的很有他独自的特色，这或者可以说是英国绅士的幽默与江户子的洒脱之和合吧。他专攻英文学，又通和汉古典，同了正冈子规做俳句与写生文，把这个结果全用在小说上边，这就成了他一派作品的特种风味。《我是猫》与《鹑笼》中的一篇《哥儿》，我自己很喜欢读，也常劝学日文的朋友读，因为这是夏目漱石的早期代表作，而且描写日本学生生活及社会都很可以增加我们的见识了解，比别的书要更为有益。不过这些书也就因此比较不容易读，社会情形之差异，一也，文字与口气之难得恰好领解，又其二也。例如《我是猫》这个书名，从汉文上说只有这一个译法，英文也是译为 I am a Cat，所以不能算不对，然而与原文比较，总觉得很有点失掉了神采了。原名云 Wagahai wa neko de-aru。第一，Wagahai 这字写作“我辈”，本意是说我们，与汉字原义相同，但是用作单数代名词时则意仍云“我”而似稍有尊大的口气，在中国无相似的例。又 de-aru 在语法上本为 da 之敬语，在文章上却是别有一番因缘，明治时代新文学发达，口语文渐渐成立，当时有 da 式，desn 式，de-arimasu 式，de-aru 式诸种写法，尝试的结果留下两个，即二叶亭的 da 与红叶山人的 de-aru 式，二者之差别似只在文气的粗细上，用者各有所宜，读者或亦各有所好也。夏目之猫如云 Orewa neko ja，则近于车夫家的阿黑，如云 Watashiwa neko de gozaimasu，则似二弦琴师家的三毛子，今独云云，即此一语已显然露出教师苦沙弥家无名猫公的神气，可谓甚妙，然而用别国言语无论英文汉文均不能传达出此种微妙的口气。又如《哥儿》原题云 Botchan，查其本源盖出于坊，读若 Bo，本是坊巷，转为僧坊，继而居僧坊者称曰坊样，小儿头圆如僧亦曰坊样，由 Bosama 又读作 Bochama，再转为 Botchan，即书名的原语。但 Bochama 一面为对小儿亲爱的称呼，哥儿一语略可相对，而别一方面又用以讥笑不通世故者，中国虽亦有公子哥儿之语，似终未能恰好，盖此二语之通俗性相差颇远也。这样说来好像夏目的书难读得很，连书目也就这样麻烦，其实当然未必如此，我这里只举个例说明原文口气之复杂，若作普通译语看则“我是猫”与“哥儿”也就很可以过得去了。学日文的人如目的只想看普通讲学的文章那也算了，若是从口语入手想看看文学作品的不读夏目的小说觉得很是可惜，所以略为介绍。《哥儿》与《草枕》都已有汉译本，可以参照，虽然译文不无可以商酌之处。《我是猫》前曾为学生讲读过两遍，全译不易，似可以注释抽印，不过一时还没有工夫动手，如有人肯来做这工作，早点成功，那是再好也没有的事了。　（五月）

醉馀随笔[①]

◇1935. 6

◇苦竹杂记

从友人处得见《国风》杂志，登载洪允祥先生的《悲华经舍杂著》，其一为《醉馀随笔》，据王咏麟氏跋谓系宣统年间在上海时所作。全书才二三十则，多明达之语，如其一云：

> 韩柳并称而柳较精博，一辟佛，一知佛之不可辟也。李杜并称而李较空明，一每饭不忘君，一则篇篇说妇人与酒也。妇人与酒之为好诗料，胜所谓君者多矣。

洪君盖学佛者，又性喜酒，故其言如此，虽似稍奇，却亦大有理。韩愈的病在于热中，无论是卫道或干禄，都是一样。谢肇淛《五杂组》卷十三云：

> 今人之教子读书，不过取科第耳，其于立身行己

不问也，故子弟往往有登膴仕而贪虐恣睢者，彼其心以为幼之受苦楚政为今日耳，志得意满，不快其欲不止也。噫，非独今也。韩文公有道之士也，训子之诗有一为公与相潭潭府中居之句，而俗诗之劝世者又有书中自有黄金屋等语，语愈俚而见愈陋矣。

盛大士《朴学斋笔记》卷七云：

明鹿门茅氏论次古文，取唐宋八大家为作文之准的……而韩之三上宰相、应科目与时人诸书颇为识者所訾议，乃独录而存之。

又云：

昌黎与于襄阳书，盛夸其抱不世之才，卷舒不随乎时，文武惟其所用，此真过情之誉也。而曰志存乎立功，事专乎报主，古人有言，请自隗始，又隐然以磊落奇伟之人自命矣。乃云愈今日惟朝夕刍米仆赁之资是急，不过费足下一朝之享而已，又何其志之小也。唐人以文字干谒，贤者亦不以为讳，但昌黎根柢六经传世不朽之作后人不尽选读，而反读其干谒之文，何耶。

讲道统与干谒宰相，我看不出是两件事来，谢盛二公未免所见不广，乃欲强生分别，其实这里边只是一味烦躁，以此气象，达固不是诸葛一流，穷也不是陶一路也。如谢氏言，似歆羡公相亦不甚妨碍其为有道之士，如盛氏言，又似被訾议的干谒文字亦可与根柢六经之作共存共荣，只是后人不要多选读就行。或者韩愈对于圣道的意识正确无疑，故言行不一致，照例并不要紧，亦未可知，我辈外人不能判断，但由我主观看去总之是满身不快活，辟不辟佛倒还在其次，因为这也只是那烦躁之一种表示耳。关于李杜，不佞虽并不讴歌杜甫之每饭不忘，却不大喜欢李白，觉得他夸，虽然他的绝句我也是喜欢的。这且按下不提，再说洪君的随笔又有一则云：

> 《甲申殉难录》某公诗曰，愧无半策匡时难，只有一死答君恩。天醉曰，没中用人死亦不济事。然则怕死者是欤？天醉曰，要他勿怕死是要他拼命做事，不是要他一死便了事。

此语极精。《颜氏学记》中亦有相似的话，却没有说得这样彻透。近来常听有人提倡文天祥陆秀夫的一死，叫大家要学他，这看值得天醉居士的一棒喝。又一则云：

> 去年游西湖深处，入一破寺，见一僧负锄归，余揖之曰，阶上冬瓜和尚要他何用？僧曰，只是吃的。曰，恐吃不下许多。曰，一顿吃一个饱。曰，和尚也要饱？曰，但求一饱，便是和尚。至

今思之，此僧不俗。

此僧与此居士真都不俗。十多年前曾在北京某处教员休息室中每周与洪君相遇，惜不及共作冬瓜问答，真是失之交臂，至今展读遗语，更觉得真真可惜也。

（六月）

【钟校】

① 1935.6.21 刊《华北日报》。

冬天的蝇[1]

◇1935.6.15

◇苦竹杂记

这几天读日本两个作家的随笔，觉得很有兴趣。一是谷崎润一郎的《摄阳随笔》，一是永井荷风的《冬天的蝇》，是本年四五月间出板的。这两个人都是小说家，但是我所最喜欢的还是他们的随笔。说也凑巧，他们一样地都是东京人，就是所谓“江户子”，年纪都是五十出外，思想不大相同，可是都不是任何派的正宗。两人前不属自然派，后不属普罗文士，却各有擅场，谷崎多写“他虐狂”的变态心理，以《刺青》一篇出名，永井则当初作耽美的小说，后来专写市井风俗，有《露水的前后》是记女招待生活的大作。他们的文章又都很好，谷崎新著有《文章读本》，又有《关于现代口语文的缺点》一文收在《倚松庵随笔》

中。我读他们两人的文章，忽然觉得好有一比，谷崎有如郭沫若，永井仿佛郁达夫，不过这只是印象上的近似，至于详细自然并不全是一样。

说到文章我从前也很喜欢根岸派所提倡的写生文，正冈子规之外，坂本文泉子与长冢节的散文，我至今还爱读，可是近来看高滨虚子的文集《新俳文》与山口青村的《有花的随笔》，觉得写是写得漂亮，却不甚满足，因为似乎具衣冠而少神气。古来的俳文不是这样的，大抵都更要充实，文字纵然飘逸幽默，里边透露出诚恳深刻的思想与经验。自芭蕉、一茶以至子规，无不如此，虽然如横井也有纯是太平之逸民，始终微笑地写那一部《鹑衣》者也不是没有。谷崎永井两人所写的不是俳文，但以随笔论我觉得极好，非现代俳谐师所能及，因为文章固佳而思想亦充实，不是今天天气哈哈哈那种态度。《摄阳随笔》里的《阴翳礼赞》与《怀东京》都是百十页的长篇，却值得一气读完，随处遇见会心的话，在《倚松阁随笔》[②]里有《大阪与大阪人》等一二篇也是如此。《冬天的蝇》内有文十篇，又附录旧稿八篇为一卷曰《墨滓》。卷首有序六行云：

讨人厌而长生着的人呀，冬天的蝇。想起晋子的这句诗，就取了书名。假如有人要问这意思，那么我只答说，所收的文章多是这昭和九年冬天起到今年还未立春的时候所写的也。还有什么话说，盖身老矣，但愈益被讨厌耳。乙亥之岁二月，荷风散人识。

谷崎今年才五十，而文中常以老人自居，永井更长七岁，虽亦自称老朽，纸上多愤激之气，往往过于谷崎，老辈中唯户川秋骨可以竞爽，对于伪文明俗社会痛下针砭，若岛崎藤村诸人大抵取缄默的态度，不多管闲事了。《冬天的蝇》的文章我差不多都喜欢，第二篇云《枇杷花》，末云：

震灾后自从银座大街再种柳树的时候起，时势急变，连妓家酒馆的主人也来运动议员候补这种笑话现在想听也听不到了，但是这咖啡馆的店头也时常装饰着穿甲胄的武士土偶，古董店的趸卖广告上也要用什么布珍品之炮列运廉卖之商策这种文句了。

我喜欢记载日常所见闻的世间事件，然而却不欲关于这些试下是非的论断。这因为我自己知道，我的思想与趣味是太辽远地属于过去之废灭的时代也。……

在陋屋的庭园里野菊的花亦既萎谢之后，望着颜色也没有的枇杷花开着，我还是照常反复念

> 那古诗，羁鸟恋旧林，池鱼思故渊。这样地，我这一身便与草木同样地徒然渐以老朽罢。

上文里仿佛可以看出些伤感的气味，其实未必尽然，三年前在《答正宗谷崎二氏的批评》中云：

> 大正三四年顷，我将题为《日和下驮》的《东京散策记》写完了。我到了穿了日和下驮（晴天屐）去寻访古墓，实在早已不能再立在新文学的先阵了。

所以他这种态度至少可以说是二十年来已是如此，他之被人讨厌或是讨厌人因此也由来已久，《冬天的蝇》不过是最近的一种表示罢了。前年出版的《荷风随笔》中有《讨厌话》与《关于新闻纸》两篇文章，对于文人记者加以痛骂，在《日和下驮》第一篇中也有很好的一段话，这乃是大正三年（一九一四）所写：

> 日本现在与文化已烂熟了的西洋大连的社会情形不同，不管资本有无，只要自己想做，可做的事业很不少。招集男女乌合之众，演起戏来，只须加上为了艺术的名号，就会有相当的看客来看。引动乡间中学生的虚荣心，募集投稿，则文学杂志之经营也很容易。借了慈善与教育的美名，迫胁软弱的职业艺员，叫他们廉价出演，一面强售

戏券，这样开办起来，可以得到湿手捏小米的大赚头。从富豪的人身攻击起手，渐渐得了凶头子的名望，看到口袋充满的时候巧妙地摇身一变，成为绅士，摆出上流的模样，不久就可做到国会议员。这样看来，要比现在日本可做的事多而且容易的国家恐怕再也没有了。可是，假如有人看不起这样的处世法的，那么他宜自退让，没有别的法子。想要坐市内电车去赶路的人，非有每过车站时不顾什么面子体裁，把人家推开，横冲直撞地蹦上去的蛮勇不可。若是反省自己没有这样蛮勇，那么与其徒然在等候空的电车，还不如去找汽车不经过的小胡同，或是得免于街道改正之破坏的旧巷，虽然龟步迟迟，还是自己踯躅地去步行吧。在市内走路，本来并不一定要坐市设的电车的。只忍受些许的迟延，可以悠悠阔步的路现在还是多有。同样地，在现代的生活上也并不一定如不用美洲式的努力主义去做便吃不成饭。只要不起乡下绅士的野心，留了胡子，穿了洋服，去吓傻子，即使身边没有一文积蓄，没有称为友人之共谋者，也没有称为先辈或头领之一种阿谀的对象，还可以经营优游自适的生活的方法并不很少。即使一样去做路边摆摊的小贩，与其

> 留了胡子，穿了洋服，用演说口调作医学的说明，卖莫明其妙的药，我也宁可默然在小胡同的庙会里去烙了小棋子饼卖，或是捏面人儿也罢。

一抄就抄了一大串，我也知道这是不很妥当的。第一，这本不是《冬天的蝇》里边的文章。第二，永井的话在中国恐怕也难免于讨人厌。抄了过来讨人家的不喜欢，我们介绍人对于原作者是很抱歉的事，所以有点惶恐，可是翻过来说，原作者一句句的话说得对不对，我可以不必负责，因为这里并不是在背圣经也。

（六月十五日）

【钟校】

① 1935. 6. 23 刊《大公报》。

②《倚松阁随笔》与上文《倚松庵随笔》当是一书，仍两存之。

和文汉读法[①]

◇1935.6

◇苦竹杂记

梁任公著《和文汉读法》不知道是在哪一年，大约总是庚子前后吧，至今已有三十多年，其影响极大，一方面鼓励人学日文，一方面也要使人误会，把日本语看得太容易，这两种情形到现在还留存着。

近代的人关于日本语言文字有所说明的最早或者要算是黄公度吧。《日本杂事诗》二卷成于光绪五年(一八七九)，其卷上注中有一则云：

> 市廛细民用方言者十之九，用汉言者十之一而已。日本全国音惟北海道有歧异，其馀从同，然士大夫文言语长而助词多，与平民甚殊，若以市井商贾之言施于搢绅，则塞耳退矣，故求通其语甚难。字同而声异，语同而读异，文同而义异，

故求译其文亦难。

八年后即光绪十三年（一八八七）又撰成《日本国志》四十卷，其三十三卷为《学术志》之二，文学一篇洋洋四千言，于中日文字问题多所论列，大抵预期中国文体变革最为有识，其说明日文以汉字假名相杂成文之理亦有可取，文云：

日本之语言其音少，其语长而助辞多，其为语皆先物而后事，先实而后虚，此皆于汉文不相比附，强袭汉文而用之，名物象数用其义而不用其音，犹可以通，若语气文字收发转变之间，循用汉文，反有以钩章棘句诘曲聱牙为病者。故其用假名也，或如译人之变易其辞，或如绍介之通达其意，或如瞽者之相之指示其所行，有假名而汉文乃适于用，势不得不然也。

这两节都是五十年前的话了，假如说得有点错误本是难怪，但是我读了甚为佩服，因为他很能说明和文的特点，即文中假名部分之重要，以及其了解之困难是也。本来日本语与中国语在系统上毫无关系，只因日本采用中国文化，也就借了汉字过去，至今沿用，或训读或音读，作为实字，至于拼音及表示虚字则早已改用假名，汉字与假名的多少又因文章而异。正如黄君所说，今上自官府下至商贾通行之文大抵两者相杂各半，亦有“专用假名以成文者，今市井细民间巷妇女通用之文是也”。日本普通文中所谓虚字①，即天尔乎波等助词与表示能所等助动词，固然全用了假名，就是动词形容词的语尾也无不以假名写之，这差不多已包含了文法上重要部分，汉字的本领便只在表明各个的名词动词形容词的意义而已。其实也还只有当作名词用的汉字可以说是自己完全的，若动词形容词必须将语根语尾合了起来才成一个完整的意思，所以这里汉字的地位并不很重要，好像裸体的小孩连上下身是个整个，这只是一件小汗衫而已。我们中国人习惯于用本国的汉字，多少又还留下认方块字的影响，以为每一个字就是整个，便容易误会日本好讲废话，语尾原是不必要的废物，可以干脆割掉丢开了事。在我们的立场去想，原来也是莫怪，不过若想用了这种方法去了解日本文字，那未免很有点困难了。黄君用了好些比喻，如译人，绍介，瞽者之相等，委曲地说明假名在日文中重要的职务，这是我觉得最可佩服的地方，而《和文汉读法》却也就在这里不免有缺点，容易使人误解了。

《和文汉读法》我在三十年前曾一见，现今手头没有此书，未能详说，大抵是教人记若干条文法之后删去汉字下的语尾而颠倒钩转其位置，则和文即可翻为汉文矣。本来和文中有好些不同的文体，其中有汉文调一种，好像是将八大家古文直译为日文的样子，在明治初期作者不少，如《佳人之奇遇》的作者柴东海散史，《国民之友》的编者德富苏峰，都写这类的文章，那样的钩而读之的确可以懂了，所以《和文汉读法》不能说是全错，不过这不能应用于别种的文体，而那种汉文调的和文近来却是渐将绝迹了。现在的日本文大约法律方面最易读，社会与自然科学次之，文艺最难，虽然不至于有专用假名的文章，却总说的是市井细民间巷妇女的事情，所以也非从口语入手便难以了解。从前戴季陶院长还没有做院长时曾答人家的问，说要学日文二年就可以小成，要好须得五年，这话我觉得答得很好。《和文汉读法》早已买不到了，现在也少有人知道，可是他们的影响至今还是存在，希望记住几十条条例，在若干星期里学会日文的人恐怕还是很多。我想说明一声，这事是办不到的。日文到底是一种外国语，中间虽然夹杂着好些汉字，实际上于我们没有多大好处，还是要我们一天天的读，积下日子去才会见出功效来。我不怕嘴快折了希望速成的诸君的锐气，只想老实说话，将实情报告各位，据我想还是慢慢地往前进为佳，盖时光实在是“快似慢”，一年半载便是空闲着也就倏忽地过去也。

黄公度既知和文的特色，对于汉字亦颇有高明的意见，如云：

周秦以下文体屡变，逮夫近世章疏移檄告谕批判，明白晓畅务期达意，其文体绝为古人所无。若小说家言，更有直用方言以笔之于书者，则语言文字几乎复合矣。余又乌知夫他日者不更变一文体为适用于今通行于俗者乎。

在那时候，日本文坛上的言文一致运动尚未发生，黄君乃能有此名言，预示中国白话文的途径，真可谓先觉之士矣。乃事隔四十八年，中国又有读经存文的呼声，此足见思想文化之老在那里打圈子，更令人觉得如黄君的卓识为不可多得了。（六月）

【钟校】

①“日本普通文中所谓虚字”，“字”原作“宇”。

刘青园常谈[1]

◇1935.7.18

◇苦竹杂记

近来随便翻阅前人笔记，大抵以清朝人为主，别无什么目的，只是想多知道一点事情罢了。郭柏苍著《竹间十日话》序云：

> 十日之话阅者可一日而毕，阅者不烦，苟欲取一二事以订证则甚为宝重，凡说部皆如此。药方至小也，可以已疾。开卷有益，后人以一日之功可闻前人十日之话，胜于闲坐围棋挥汗观剧矣。计一生闲坐围棋挥汗观剧，不止十日也。苍生平不围棋不观剧，以围棋之功看山水，坐者未起，游者归矣。以观剧之功看杂著，半晌已数十事矣。

这一节话说得极好。我也是不会围棋的，剧也已有三十年不观了，我想匀出这种一点工夫来看笔记，希望得到开卷之益，可是成绩不大好，往往呆看了大半天，正如旧友某氏说，只看了一个该死。我的要求本来或者未免稍苛亦未可知，我计较他们的质，又要估量他们的文。所以结果是谈考据的失之枯燥，讲义理的流于迂腐，传奇志异的有两路，风流者浮诞，劝戒者荒谬，至于文章写得干净，每则可以自成一篇小文者，尤其不可多得。我真觉得奇怪，何以中国文人这样喜欢讲那一套老话，如甘蔗滓的一嚼再嚼，还有那么好的滋味。最显著的一例是关于所谓逆妇变猪这类的纪事。在阮元的《广陵诗事》卷九中有这样的一则云：

宝应成安若康保《皖游集》载太平寺中一豕现妇人足，弓样宛然，同游诧为异，余笑而解之曰，此必妒妇后身也，人彘之冤今得平反矣，因成一律，以《偶见》命题云。忆元幼时闻林庚泉云，曾见某处一妇不孝其姑遭雷击，身变为彘，唯头为人，后脚犹弓样焉②，越年馀复为雷殛死。始意为不经之谈，今见安若此诗，觉天地之大事变之奇，真难于恒情度也。惜安若不向寺僧究其故而书之。

阮云台本非俗物，于考据词章之学也有成就，乃喜记录此等恶滥故事，殊不可解，且当初不信林庚泉，而后来忽信成安若以至不知为谁之寺僧，尤为可笑。世上不乏妄人，编造《坐花志果》等书，灾梨祸枣，汗牛充栋，几可自成一库，则亦听之而已，雷塘庵主奈何也落此窠臼耶。中国人虽说是历来受儒家的熏陶，可是实在不能达到“未能事人焉能事鬼”的态度，一面固然还是“未知生”，一面对于所谓腊月二十八的问题却又很关心，于是就参照了眼前的君主专制制度建设起一个冥司来，以寄托其一切的希望与喜惧。这是大众的意志，读书人原是其中的一分子，自然是同感的，却要保留他们的优越，去拿出古人说的本不合理的“神道设教”的一句话来做解说，于是士大夫的神学也就成立了。民间自有不成文的神话与仪式，成文的则有《玉历钞传》《阴骘文》《感应篇》《功过格》，这在读书人的书桌上都是与孔教的经有并列的资格的。照这个情形看来，中国文人思想之受神道教的支配正是不足怪的事情，不过有些杰出的人于此也还未能免俗，令人觉得可惜，因此他们所记的这好些东西只能供给我们作材料，去考证他们的信仰，却不足供我们的玩味欣赏了。

对于鬼神报应等的意见我觉得刘青园的要算顶好。青园名玉书，汉军正蓝旗，故书署辽阳玉书，生于乾隆三十二年（一七六七），所著有《青园诗草》

四卷，《常谈》四卷，行于世。《常谈》卷一有云：

鬼神奇迹不止匹夫匹妇言之凿凿，士绅亦尝及之。唯余风尘斯世未能一见，殊不可解。或因才不足以为恶，故无鬼物侵陵，德不足以为善，亦无神灵呵护。平庸坦率，无所短长，眼界固宜如此。

又云：

言有鬼言无鬼，两意原不相背，何必致疑。盖有鬼者指古人论鬼神之理言，无鬼者指今人论鬼神之事言。

这个说法颇妙。刘本系儒家，反释道而不敢议周孔，故其说鬼神云于理可有而于事则必无也。又卷三云：

余家世不谈鬼狐妖怪事，故幼儿辈曾不畏鬼，非不畏，不知其可畏也。知狐狸，不知狐仙。知毒虫恶兽盗贼之伤人，不知妖魅之祟人，亦曾无鬼附人之事。又不知说梦占梦详梦等事。

又一则列举其所信，有云：

信祭鬼神宜诚敬，不信鬼神能监察人事。信西方有人其号为佛，不信佛与我有何干涉。信圣贤教人以伦常，不信圣贤教人以诗文。信医药可治病[③]，不信灵丹可长生。信择地以安亲，不信风水能福子孙。信相法可辨贤愚邪正，不信面目能见富贵功名。信死亡之气疠疫之气触人成疾，不信殃煞扑人疫鬼祟人。信阴阳和燥湿通蓄泄有时为养，不信精气闭涸人事断绝为道。信活泼为生机，不信枯寂为保固。信祭祀祖先为报本追远，不信冥中必待人间财物为用。似此之类不一而足，忆及者志之，是非亦不问人，亦不期人必宜如此。

此两则清朗通达，是儒家最好的境地，正如高骏烈序文中所说，“使非行己昭焯，入理坚深，事变周知，智识超旷，何以及此”，不算过誉，其实亦只是懂得人情物理耳，虽然他攻异端时往往太有儒教徒气，如主张将“必愿为僧者呈明尽宫之”，也觉得幼稚可笑。卷三又论闱中果报云：

乡会两闱，其间或有病者疯者亡者缢者刎者，士子每惑于鬼神报复相骇异。余谓此无足怪。人至万众，何事不有，其故非一，概论之皆名利萦心，得失为患耳。当其时默对诸题，文不得意，自顾绝无中理，则百虑生焉，或虑贫不能归，或忧饥寒无告，或惧父兄谴责，或耻亲朋讪笑，或债负追逼，或被人欺骗，种种虑念皆足以致愚夫之短见，而风寒劳瘁病亡更常情也，恶足怪。若谓冤鬼缠扰，宿孽追寻，何时不可，而必俟场期耶。倘其人不试，将置沉冤于不问乎。此理易知，又何疑焉。人每津津谈异，或以警士子之无行者，然亦下乘矣。犹忆己酉夏士子数人肄业寺中，谈某家闺阃事甚媟，一士摇手急止之曰，不可不可，场期已近，且戒口过，俟中后再谈何害。噫，士习如此，其学可知。

在《乡闱纪异》这类题目的故事或单行本盛行的时候，能够有如此明通的议论，虽然不过是常识，却也正是卓识了。卷一又有一则，论古今说鬼之异同，也是我所喜欢的小文：

说鬼者代不乏人，其善说者唯左氏晦翁东坡及国朝蒲留仙纪晓岚耳，第考其旨趣颇不相类。盖左氏因事以及鬼，其意不在鬼。晦翁说之以理，略其情状。东坡晚年厌闻时事，强人说鬼，以鬼自晦者也。蒲留仙文致多辞，殊生鬼趣，以鬼为戏者也。唯晓岚旁征远引，劝善警恶，所谓以鬼道设教，以补礼法所不足，王法所不及者，可谓善矣，第搢绅先生夙为人望，斯言一出，只恐释黄巫觋九幽十八狱之说藉此得为口实矣。

以鬼道设教，既有益于人心世道，儒者宜赞许之，但他终致不满，这也是他的长处，至少总是一个不夹杂道士气的儒家，其纯粹处可取也。又卷三有一则云：

余巷外即通衢，地名江米巷，车马络绎不绝。乾隆年间有重车过辙，忽陷其轮，启视之，井也，盖久闭者，因负重石折而复现焉。里人因而汲饮，亦无他异，而远近好事者遂神其说，言龙见者，言出云者，言妖匿者，言中毒者，有窥探者，倾听者，惊怪者，纷纷不已。余之相识亦时来询访，却之不能，辨之不信，聒噪数月始渐息。甚矣，俗之尚邪，无怪其易惑也。

此事写得很幽默，许多谈异志怪的先生们都受了一番奚落，而阮云台亦在其中，想起来真可发一笑。

（七月十八日于北平）

【钟校】

① 1935. 7. 28 刊《大公报》。

②“后脚犹弓样焉”，“焉”原作“马”。

③“信医药可治病”，“治病”原作“病治”。

柿子的种子[①]

◇1935. 7. 26

◇苦竹杂记

寺田寅彦是日本现今的理学博士，物理学专家，但是，他原是夏目漱石的学生，又是做俳句写小文的，著有《薮柑子集》等几种文集。本来科学家而兼弄文学的人世间多有，并不怎么奇特，关于寺田却有一段故事，引起我的注意。据说在夏目的小说《我是猫》里有寺田描写在那里，这就是那磨玻璃球的理学士水岛寒月。《猫》里主客三人最是重要，即寒月，美学者迷亭，主人苦沙弥，他们只要一出台，场面便不寂寞。我们不会把小说当作史传去读，所以即使熟读了《猫》也不能就算了解薮柑子的生涯，但不知怎地总因此觉得有点面善，至少特别有些兴趣。寺田的随笔我最近看到的是一册《柿子的种子》，都是在俳句杂志《涩柿》上登过的小文，短的不到百字，长的也只五百字左右。计算起来，现在距离在《保登登几须》（杂志名，意云子规，夏目的《猫》即载其中）做写生文的时候已经有三十年了，寒月当时无论怎样有飘逸之气，于今未必多有留馀了吧。他在末尾一篇《说小文》中说：

> 假如那学生读了《薮柑子集》，从这内容上自然可以想像出来的昔时年青的薮柑子君的面影，再将现在这里吸着鼻涕涉猎《性的犯罪考》的今已年老的自己的样子，对照了看，觉得很是滑稽，也略有点儿寂寞。

但是叶松石在所著《煮药漫抄》中说得好："少年爱绮丽，壮年爱豪放，中年爱简练，老年爱淡远。"虽然原是说诗，可通于论文与人。若在俳人，更不必说。其或淡或涩，盖当然矣。

> 托了无线电放送的福，我初次得到听见安来节和八木节这些歌曲的机会。
>
> 　　这在热闹之中含有暗淡的绝望的悲哀。
>
> 　　我不知道为什么连想起霜夜街头洋油灯的火光来。（案此系指地摊上所点的无玻璃罩的洋铁煤油灯。）
>
> 　　但是，无论怎么说，此等民谣总是从日本的

地底下发出来的吾辈祖先之声也。

看不见唱歌的人的模样，单听见从扩音机中出来的声音，更切实地感到这样的感觉。

我觉得我们到底还得抛弃了贝多汶和特比西，非再从新的从这祖先之声出发不可吧。

这是寺田的随笔之一。他在日本别无政治关系，所以不必故作国粹的论调，此盖其所切实感到的印象欤。别的我不甚清楚，但所云民谣是从地底下发出来的祖先之声，而这里又都含有暗淡的绝望的悲哀，我觉得很是不错。永井荷风在《江户艺术论》中论木板画的色彩云：

这暗示出那样暗黑时代的恐怖与悲哀与疲劳，在这一点上我觉得正如闻娼妇啜泣的微声，深不能忘记那悲苦无告的色调。

正可互相发明。不但此也，就是一般尚武的音曲表面虽是杀伐之音，内里还是蕴藏着同样的悲哀，此正是不大悖人情处，若叫嚣恣肆者盖亦有之，但这只是一种广告乐队，是否能深入民间大是疑问也。随笔文有一则云：

在《聊斋志异》里到处有自称是狐所化的女人出现。

但是在许多地方这些只是自己招承是狐而

已，大抵终于未曾显出狐的真形来。

假如在她们举动的什么地方即使有些神异之点，但这或者只在为多智慧的美女所迷的忠厚老实的男子眼里看去才见得如此，这样地解释一下，许多事情也就可以自然瞭解了。

虽然如此，在此书里表现出来的支那民族中，有所谓狐这超自然的东西曾经确实地存在，不，恐怕现今也还仍旧存在着，那是无疑的了。

这是某种意味上不得不算是可以歆羡的事。

至少，假如不是如此，这部书里的美的东西大半就要消灭了也。

《聊斋》善说狐鬼，读者又大抵喜狐胜于鬼，盖虽是遐想而怀抱中亦觉冰森有鬼气，四条腿的阿紫总是活的乎，此理未能参透，姑代说明之如此。日本俗信中亦有狐，但与中国稍不同。中国在东南故乡则无狐，只知有果子狸之属，在北京有狐矣，但亦不听见人说如《聊斋》所志者，不然，新闻记者甚多，有不录而公诸同好者耶。由此可知狐这超自然的东西在中日均有，大同而小异，在《聊斋》者则是《聊斋》所独有，文人学士读了此书心目中遂有此等狐的影象，平民之不读书或不知遐想者仍不足与语此也。《聊斋》写狐女，无论是狐而女或是女而狐，所写还只是女人，不过如自称是狐所化的女人一样，借了这狐的幌子使得这事情更迷离惝怳一点，以颠倒那忠厚老实的男子的心目而已，至于狐这东西终于没有写出，实在亦写不出也。何也？方为其为女人也，女人之外岂复有他。若其未超自然时则即是绥绥然狐也，欲知其情状自非去问山中之老猎人不可矣。清刘青园在所著随笔《常谈》卷一中有一则，可资参考，今抄录于后：

> 边塞人以鸟铳弓矢为耒耜，以田猎剥割为耕耨，以猛虎贪狼狡兔黠狐为菽粟，以绝巘高陵深林茂草为膏壤，平生不言妖异，亦未闻因妖异偾事者。余曾与三省人谈，问其所猎皆何等禽，答曰，难言也，自人而外凡属动物未有不以矢铳相加者，虽世传所谓麟凤之属尚不能以幸免，况牛鬼蛇神几上肉乎。余首肯曰，亦人杰也。

（七月廿六日）

【钟校】

① 1935. 8. 11 刊《大公报》。

如梦录[1]

◇1935.7.28

◇苦竹杂记

◇第四册有《如梦录二》

友人从开封来，送我河南官书局所刻的几种书，其中我所最喜欢的是一册无名氏的《如梦录》。这是一个明末的遗老所撰，记录汴梁鼎盛时情景，犹宋遗民之著《梦华》《梦粱》也，向无刻本，至咸丰二年（一八五二）汴人常茂徕始据裴氏藏本参订付梓，民国十年重刊，即此书也。本来这是很好的事，所可惜的是编订的人过于求雅正，反而失掉了原书不少的好处。如常氏序中云：

> 且录中语多鄙俚，类皆委巷秕稗小说，荒诞无稽，为文人学士所吐弃。如言繁塔为龙撮去半截，吹台是一妇人首帕包土一抛所成，北关关王[2]赴临埠集卖泥马，相国寺大门下金刚被咬脐郎缢死臂膊上[3]，唬金刚黑夜逃出北门，诸如此类，偻指难数，读之实堪捧腹。

因此根据了他“于其悠谬繁芜者节删之”的编例便一

律除掉了，这实在是很可惜的。那些贵重的传说资料也可以说是虽百金亦不易的，本已好好地记录在书上了，却无端地被一刀削掉，真真是暴殄天物。假如这未经笔削的抄本[4]还有地方可找，我倒很想设法找来一读，至少来抄录这些被删的民间传说，也是一件值得做的工作。话虽如此，现行本的《如梦录》里却也还有许多好材料，而且原著者的“俚言”虽然经过润色，到底是改不胜改，还随处保留着质朴的色味，读时觉得很是愉快。其《试院纪》一篇讲乡试情形甚详，今录一节云：

> 至日，按院在三门上坐点名，士子入场散题。次日辰时放饭。大米饭细粉汤，竹箩盛饭木桶盛汤。饭旗二面前走，汤饭随后，自西过东，由至公堂前抬走。正行之际，晓事吏跪禀老爷抽饭尝汤，遂各盛一碗，按院亲尝可用始令放行。至月台下，一旗入西文场，一旗入东文场，至二门，二旗交过堂上，一声梆子响，各饭入号散与士子食用。次放老军饭，俱是小米饭冬瓜汤，一样散法，按院不复尝。午间散饼果，向晚散蜡烛。

这不但可以考见那时情形，文章也实在写得不坏。《街市纪》文最长，几占全书之半，是最重要的部分，讲到封邱王府，云封邱绝后改为魏忠贤祠，忠贤势败，火急拆毁。注引《大梁野乘》云：

> 河南为魏珰建祠，树旌曰崇德报功。兴工破土，诸当事者咸往祭告，独提学曹履吉仰视长叹，称病不去拜。力役日千人，昼夜无息。当砌脊时，督工某大参以匠役张三不预禀以红氍毹包裹上兽而俟展拜，怒加责惩，盖借上兽阿奉为上寿也。工未毕，即拆毁，督工某急令先搬兽掷下，三忽跪禀曰，讨红氍毹裹下兽以便展拜。督工者复怒责之。或谓三多言取责，三曰，吾臀虽苦楚，彼督工者面皮不知几回热矣。

注盖系常氏所为，但所引事却很有意思，是极好的幽默⑤，不但督工者是官僚代表，即张三亦可以代表民间，一热其面，一苦其臀，而汴梁之陆沉亦终不能免，此正是沉痛的一种“低级趣味”欤。

（七月二十八日）

【钟校】

① 1935.8.3 刊《华北日报》，收《苦竹杂记》，但《药堂语录》中另有同名一文。

②“北关关王”原作“北关王”。

③“缢死臂膊上”，“臂膊”原作“背膊”。

④“未经笔削的抄本”，原无“削”字，今增。

⑤“极好的幽默”，原无“的”字，今增。

煮药漫抄[①]

◇1935.7

◇苦竹杂记

永井荷风随笔集《冬天的蝇》中有一篇文章，题曰《十九岁的秋天》，记明治三十年（一八九七）他十九岁时住上海的事，末题甲戌十月记，则已是五十七岁了。起首处云：

> 就近年新闻纸上所报道的看去，东亚的风云益急，日华同文的邦家也似乎无暇再订善邻之谊了。想起在十九岁的秋天我曾跟了父母去游上海的事情，真是恍有隔世之感。
>
> 在小时候，我记得父亲的书斋和客房的壁龛中挂着何如璋叶松石王漆园这些清朝人所写的字幅。盖父亲喜欢唐宋的诗文，很早就与华人订文墨之交也。

何如璋是清国的公使，从明治十年（一八七七）顷起，很久的驻扎在东京。

叶松石也是在那时候被招聘为外国语学校教授的最早的一个人，曾经一度归国，后再来游，病死于大阪。遗稿《煮药漫抄》的头上载有诗人小野湖山所作的略传。

每年到了院子里的梅花将要散落的时候，客房的壁龛里一定挂起何如璋挥毫的东坡的绝句，所以到了老耄②的今日，我也还能暗诵左记的二十八字：

梨花浅白柳深青，柳絮飞时花满城。惆怅东栏一树雪，人生看得几清明。

何如璋这人大约很见重于明治的儒者文人之间，在那时候刊行的日本人的诗文集里，几乎没有不载何氏的题字或序以及评语的。

《煮药漫抄》我很有运气得到了两本，虽然板本原是一个，不过一是白纸一是黄纸印的罢了。此书刻于光绪十七年（一八九一），去今不远，或者传布不多，故颇少见。书凡两卷，著者叶炜号松石，嘉兴人。同治甲戌（一八七四）受日本文部省之聘，至东京外国语学校为汉文教师，时为明治七年，还在中国派遣公使之前。光绪六年庚辰（一八八〇）夏重游日本，滞大阪十阅月，辛巳暮春再客西京，忽患咯血，病中录诗话，名之曰《煮药漫抄》者，纪实也。小野湖山序之云：

> 余向闻其婴病，心窃悯之。顷者福原公亮寄示《煮药闲抄》一册云：是松石病中所录，以病不愈去，临去以属余者，海涛万里，其生死未可知，子其序之。余见书名怆然，读小引益悲，因思公亮之言则复不胜潸然也。

据此可知荷风所云病死于大阪的话不确，卷末松石识语时在乙酉（一八八五），前有朱百遂庚寅（一八九〇）序，松石正在江宁，“隐于下僚”也。松石以诗人东游，比黄公度还早三年，乃《漫抄》中了不说及日本风物，只有一二人名而已。湖山翁叙其再来时事云，“流寓平安浪华间，身外所赍，破砚残毫耳。”今阅诗话，不免惜其稍辜负此笔砚，未能如黄君之多拾取一点诗料回来也。

何如璋是中国派赴日本的第一任使臣，黄公度就是跟了他做随员去的。《日本杂事诗》后有石川英的跋，其一节云：

> 今上明治天皇十年（光绪三年），大清议报聘，凡汉学家皆企踵相望，而翰林院侍讲何公实膺大使任。入境以来，执经者问字者乞诗者，户外屦

满，肩趾相接，果人人得其意而去。

荷风所云见重于儒者文人之间大约也是事实。但是前后不过七八年，情形便大不相同了。光绪十年甲申（一八八四）中法之役，何如璋在福建与其事，冈千仞在《沪上日记》（《观光纪游》卷四）中纪之曰：

八月廿八日曾根俊虎来，曰明日乘天城舰观福州战迹，因托木村信卿所嘱书柬寄何子峨。信卿坐为子峨制日本地图下狱，冤白日子峨已西归，故嘱余致意子峨。何意此战子峨管造船局，当战发狼狈奔窜，为物论之所外。人间祸福，何常之有，为之慨然。

又曰：

九月十八日闻曾根氏归自福州，往见问战事。曰，法将孤拔将六舰进战，次将利士卑将五舰在后策应，事出匆卒，万炮雷发。中兵不遑一发炮，死伤千百，二将奏全捷，徐徐率诸舰出海口。战后二旬，海面死尸无一检收者，洋人见之曰，殆无国政也。问何子峨，曰，造船局兵火荡然，见子峨于一舍，颜无人色。其弃局而遁，有官金三十万，为溃兵所攫去，其漫无纪律概类是③。

文人本来只能做诗文，一出手去弄政事军务，鲜不一败涂地者。岳飞有言，天下太平要文官不爱钱，武官不怕死。我觉得现在的病却是在于武人谈文，文人讲武。武人高唱读经固无异于用《孝经》退贼，文人喜纸上谈兵，而脑袋瓜儿里只有南渡一策，岂不更为何子峨所笑乎。（七月）

【钟校】

① 1935.8.3 刊《大公报》。

②“老耄”，“耄”原作“髦”。

③“其漫纪律概类是”，“类是”原作“是类”。

日本话本

◇1935.7

◇苦竹杂记

中国人学日本文有好些困难的地方，其第一重大的是日本文里有汉字。这在不懂汉字的西洋人看来自然是一件大难事，既学日本话，还要记汉字，我们中国人是认得汉字的，这件事似乎不成问题了。这原是不错的。但是，因为我们认得汉字，觉得学日本文不很难，不，有时简直看得太容易了，往往不当它是一种外国语去学，于是困难也就出来，结果是学不成功。这也是一种轻敌的失败。日本文里无论怎样用汉字，到底总是外国语，与本国的方言不同，不是用什么简易速成的方法可以学会的。我们以为有汉字就容易学，只须花几星期的光阴，记数十条的公式，即可事半功倍的告成，这实在是上了汉字的大当，工夫气力全是白花，虽然这当初本来花得不多。我常想，假如日本文里没有汉字，更好是连汉语也不曾采用，那么我们学日本文一定还可以容易一点。这不但是说没有汉字的诱惑我们不会相信速成，实际上还有切实的好处。汉字的读音本来与字面游离的，我们认识了读得出这一套，已经很不容易，学日文时又要学读一套，即使吴音汉音未必全备，其音读法又与中国古音有相通处，于文字学者大有利益，总之在我们凡人是颇费力的事，此外还得记住训读，大抵也不止一个。例如“行”这一字，音读可读如下列三音：

一，行列（gioritsu），

二，行路（kôrô），

三，行脚（angia）。

又训读有二：

一，行走之行云 yuku，

二，行为之行云 okonau。

此字在中国本有二义，自然更觉麻烦，但此外总之至少也有一音一训的读法，而在不注假名的书中遇见，如非谙记即须去查字典，不能如埃及系统的文字虽然不懂得意义也能读得音出也。因为音训都有差异，所以中国人到日本去必得改姓更名，如鼎鼎大名的王维用威妥玛式拼音应是 Wang-wei，但在日本人的文章里非变作 O-i 不可，同样如有姓小林（Kobayashi）的日本人来中国，那么他只得暂时承认是 Hsiaolin 了。这样的麻烦在别的外国是没有的，虽然从前罗素的女秘书 Miss Black 有人译作黑女士，研究汉学的 Soothill 译作煤山氏，研究日本的 Basil Hall Chamberlain 曾把他自己的两个名字译作“王堂”，当作别号用过，可是这都是一种例外，没有像日本那样的正式通用的。有西洋人在书上记载道，“日本人在文字上写作 Cloud-sparrow，而读曰 Lark。”日本用“云雀”二字而读作 hibari，本是普通的事，但经人家那么一写便觉得很可发笑了。

假如日本文里没有汉字，那些麻烦便也可以没有，学话的人死心塌地的一字一句去记，像我们学英法德文一样，初看好像稍难，其实却很的确实在，成功或较容易。不过这话说也徒然，反正既成的事实是无可如何，我们只希望大家不要太信赖汉字，却把日本文重新认识，当作纯粹的外国语去学习，也就好了。我在这里忽然想起友人真君前日给我的一封信来，文曰：

> 前偶过市中，见车夫状者多人，诵似日文而非日文之书，未细审之也。乃昨日在市场发见安东某书局发行之《日本话本》一册，始悟前所见者之

所以然。此种为殖民地土人而编之书，究不知尚有几许耳。拣呈吾师，以供一慨云尔。

与其说是慨叹，倒还不如说是好奇，想要知道这册洋泾浜的日本话教本到底是怎么一回事。颇出我意外，实在却也应该是意中的，他的学习法正是完全把日本话当作外国语看，虽然其方针与目的原不大高明。这是一册十六页的小书，题曰《中国口韵日本话本》，内分十五类，杂列单字，间有单句，用汉字注音，不列原文。光绪年间在上海出版的有好些《英语入门》之流大抵也是如此，盖原意是供给商人仆夫等用，不足深责，其教话不教文的办法与学文不学话的速成法也是各有短长，但可以借镜的地方却也并不是没有。如杂语类中云："空你知三抱你买一立马绍。"一看很是可笑，不知说的是什么话，但上面记着中国话云：今天同去游游吧。这里可注意的，"散步"一语老实地注作"三抱"，比我们从文字入手的先想起散步再去记出它的读法来或者要直截一点。又如下列的两句：

"南信你及马十大"，你来做什么。

"懊石代古大赛"，告诉。

这里可以看出口耳相传的特色来。第一句 Nani shini kimashita，说起来的确多变作 Nan shinni 云云，第二句 Oshiete Kudasai，平常说作 Osete，虽然新村出的《辞苑》里还未收入这个读音。这里来恭维《日本话本》不是我们的本意，但觉得那种死心塌地一字一句照音学话法倒是学外国文的正路，很足供我们的参考。我想如有人要学日本话，会话用书须得全部用假名，词类连书，按照[1]口音写下去，所有汉字都放在注解里，读本也可以照这样的做，庶可救正重文之弊。但是，只为读书而学日本文也是可以的，学话自然非其所急了。然而现在的日本书还是以话为基本，所以学文也仍须从学话入手，不过不单以说话为目的罢了。若多记文法少习口语，则大意虽懂而口气仍不明，还不免有囫囵吞枣之嫌也。（七月）

【钟校】

①“按照”，原作“案照。”

拜环堂尺牍[1]

◇1935. 8. 4
◇苦竹杂记

偶然得到《拜环堂文集》残本一册，会稽陶崇道著，存卷四卷五两卷，都是尺牍，大约是崇祯末刻本。我买这本破书固然是由于乡曲之见，一半也因为他是尺牍，心想比别的文章当较可观，而且篇数自然也多，虽然这种意思未免有点近于买萝卜白菜。看信里所说，似乎在天启时做御史，忤魏忠贤落职，崇祯中再起，在兵部及湖广两地方做官，在两篇尺牍里说起“石篑先叔”，可以知道他是陶望龄的堂侄，但是他的运气似乎比老叔还要好一点，因为遍查海宁陈氏所编的《禁书总录》不曾看见这部集名，在这里边讲到“奴虏”的地方实在却并不少。陶路叔的文章本来也写得颇好，但是我们看了第一引起注意的乃是所说明末的兵与虏的情形。这里可以抄引一二，如卷四《复李茂明尚书》云：

天下难题至京营而极矣，乱如棼丝，兼投之荆棘丛中，败烂如腐船，又沉入汪洋海底，自国朝以来[②]几人能取而整理之？是何一入老公祖手不数月，声色不动，谈笑自若，而条理井然。去备兵营，掘狐狸之窟也，窟不难掘，而难于群狐之不号。以粮定军，如桶有箍，乃今片板不能增入矣。而粮票以营为据，不聚蚁而聚羊肉，蚁将安往？又禁充发之弊，诸窦杜尽矣。

又《与陆凤台尚书》云：

京师十月二十七日已后事想已洞悉。京军十万，如尘羹土饭，堪摆不堪嚼。当事者恐撄圣人怒，欲以半为战半为守，弟辈坚执不可，始作乘城之计。弟又谓乘城无别法，全恃火器，而能火器者百不得一。

此盖指崇祯十一年（一六三八）事也。又《与黄鹤岭御史》云：

国家七八年不用兵，持戟之士化为弱女。今虽暂远都城，而永平遵化非复我有，所恃无恐惟高皇帝在天之灵耳。

卷五《与马大将军》云：

虏骑渐北，志在遁逃。但饱载而归，不特目今无颜面，而将来轻视中国益复可虞。目下援兵虽四集，为鼠者多，为虎者少。

又卷四《答文太青光禄》云：

虏之蟠踞原非本心，无奈叛臣扣其马首，使不得前。此番之去谓之生于厌则可，谓之生于畏则不可。

复李茂明尚书更简明地说道：

城自完，以高皇帝之灵而完，非有能完之者。虏自去，以厌所欲而去，非有能去之者。

卷四《答荆璞岩户部》云：

奉教时尚未闻虏耗也，一变而至此，较之庚戌（一六一〇）其时十倍，其破城毁邑则百倍，而我师死于锋镝之下者亦百倍。内愈久而愈糜，外愈久而愈悍，中国之长技已见，犬羊之愿欲益奢，此后真不知所税驾矣。弟分辖东直门，正当虏冲，易章缝为韎韐，餐星寝露者四旬，今日始闻酋旌北指，或者虏亦厌兵乎③。

又一书盖在一年后，全文云：

记东直门答手教时五指欲堕，今且执拂驱暑矣。日月洵易迈，然虏不以客自处，我亦不以客处虏，任其以永遵作卧榻而鼾卧自如。朝士作高奇语，则轰然是之，作平实语则共诋以为恇怯。不知河水合后亦能如此支吾否？而司马门庭几同儿戏，弟言无灵，止付长叹，想台臺所共嗟也。

高奇语即今所谓高调，可见此种情形在三百年前已然。又有《致毛帅》（文龙）一书，说的更淋漓尽致，今录其一部分于下：

> 当虏之初起也[4]，彼密我疏，彼狡我拙，彼合我离，彼捷我钝，种种皆非敌手，及开铁一陷，不言守而言战，不言战而且言剿。正如衰败大户仍先世馀休，久驾人上，邻居小民窥见室中虚实，故来挑搆，一不胜而怒目张牙，诧为怪事，必欲尽力惩治之。一举不胜，墙垣户牖[5]尽为摧毁，然后紧闭门扇，面面相觑，各各相讥。

这一个譬喻很有点儿辛辣，仿佛就是现今的中国人听了也要落耳朵吧。以上所说的抗清的一方面，另外还有投清的即上文所谓扣其马首的一方面。卷四《与梅长公巡抚》云：

> 虏踞遵永未必无归志，奈衿绅从叛者入胡则有集枯之虞，舍胡则有赤族之患，所以牵缠不割耳。

又《与陆凤台尚书》云：

> 世庙虏警，其来其去不越十六日。虏初阑入时[6]举朝虽皇皇，料其不能久居，亦或与庚戌等，孰意蟠踞至此。总之白养粹等去中国则为亡虏，不去中国即得赤族，此所以牵挽不舍耳。

又《通傅元轩本兵》云：

> 奴虏披猖，阑入内地，我以七八十年不知兵之将

> 卒当之，不特彼虎我羊，抑且羊俱附虎，如永遵二郡上自缙绅下及走卒，甘心剪发，女请为妾，子愿称臣，牵挽不放胡骑北去者[7]四越月于兹，言之真可痛心，想老公祖亦不禁其发之欲竖也。

陶路叔的文章不知道说他是那一派好，大抵像王谑庵而较少一点古怪吧。在这两卷尺牍里就有好些妙语，如卷四《通张葆一巡抚》云：

> 弟处此譬之老女欲与群少年斗脂竞粉，不特粗眉不堪细画，亦觉宿酒不比新篘，高明何以教之？

又《与张人林年丈》，说家叔荣龄领乡荐后不得意，在睦州做广文先生，有云：

> 寿昌在睦州，犹身中之尻，不特声名文物两浙所绝无，即齿苋赤米不可幸致。日者携其眷属往，不一月而纷纷告归，如逃寇然。

卷五《答邹九一年兄》云：

> 某五年俗吏，当奇荒之后，扶饿莩之颈而求其生不得，益觉宦途滋味淡如冰雪。

又《答许芳谷抚台》云：

> 犹忆为儿时从先祖于贵署，东偏书室前荔枝石大如渔舟[8]，后园垂柏高可十寻，不识至今在否。江右诸事约略如浅滩船独木桥，苦无转身地，不知粤西何如也。

这些文字都写得不坏，自有一种风趣，却又不落入窠臼，以致求新反陈，如王百谷之流那样。书中又有两封信全篇均佳，卷一《与天台山文心大师》云：

> 山中别时觉胸中口中有无数唱和语，而一抵家只字全无，甚哉有家之累也。莼菜越人以此味压江南，乃天台亦产之，鹤背上又带出许多来，益惹妒矣。尊作细玩，字字清冷。序语不敢辞，或合诸刻汇成一集，抑散珠片金，且零星现露耶，便中幸示之。日者所惠藤杖被相知者持去，又见所造叶笠甚佳，敢乞此二物以为山行胜具，不以我为贪否？一笑。

卷五《与王遂东工部》云：

> 江右相闻后至今又三载，荣俸及瓜，娇莺尚坐故枝，何也？荆去家四千里，去留都三千里，与翁台隔越遂同化外。小儿书来云，输金大邀宽政，晋谒之下饮以罗绮，浓情眷眼俱出格外，弟何施而受此赐，感谢感谢。拙剃不禁遭连鬓胡，荆南何地，有旧藩又有新藩，有水客又有陆客，有部使又有内使，旧江陵一血手溅及弟衣，遂欲与之共浣，鉴湖味如蜜，欲尝不可，奈之何哉。徐善伯差满将行，喜吴金堂为之继，尚有故乡声气，不然几孤另煞也。兹遣视小儿，手勒附谢。小儿

质弱，即试未必售，山妻卧病，家间乏人，意欲稍傍宫墙即令还里，当事者倘加羁绁，犹望翁台一言松之也，并恳。

此信系寄谑庵的，说也奇怪，文字也有点像《文饭小品》中物了。剃发匠怕连鬓胡原是俗语，至今还有这句话，“遂欲与之共浣”云云乃点不好句读，究竟不知道是“共浣鉴湖”呢，还是“鉴湖味如蜜”，无论如何总觉得不大容易懂。这两卷书百三十六页中有不少好文章好材料，很值得把他抄出来，若是照旧小说的说法，恐怕还会在梦里看见有人红袍纱帽来拜呢。但是，陶路叔生于明季，乱谈国事，居然无妨，而且清朝也没有找到他，列入禁书，这全是他自己的运气⑨，却与我辈无干的了。　　　　（八月四日）

【钟校】

① 1935. 10. 1 刊《宇宙风》2 期，题作《明末的兵与虏》。

②“国朝以来”，原无“以”字，今增。

③“虏亦厌兵乎”，“虏”原作“奴”，从“明末的兵与虏”改。

④“虏之初起也”，“虏”原作“奴”。

⑤“户牖”，“牖”原作“牖”。

⑥“虏初阑入时”，“虏”原作“奴”。

⑦“不放胡骑北去者”，“者”原作“的”。

⑧“渔舟”，“渔”原作“鱼”。

⑨“他自己的运气”，“的”原作“是”。

读禁书[①]

◇1935.8.16

◇苦竹杂记

禁书目的刻板大约始于《咫进斋丛书》，其后有《国粹学报》的排印本，最近有杭州影印本与上海改编索引式本。这代表三个时期，各有作用：一是讲掌故，学术的；二是排满，政治的；三是查考，乃商业的了。

在现今第三时期中，我们想买几本旧书看的人于是大吃其亏，有好些明末清初的著作都因为是禁书的缘故价格飞涨，往往一册书平均要卖十元以上，无论心里怎么想要，也终于没有法子可以“获得”。果真是好书善本倒也罢了，事实却并不这样，只要是榜上有名的，在旧书目的顶上便标明禁书字样，价钱便特别地贵，如尹会一王锡侯的著述，实在都是无聊的东西，不值得去看，何况更花了大钱。话虽如此，好奇心到底都有的，说到禁书谁都想看一看，虽然那蓝胡子的故事可为鉴戒，但也可以知道禁的效力一半还是等于劝。假如不很贵，王锡侯的《字贯》我倒也想买一部，否则想借看一下，如是太贵而别人有这部书。至于看了不免多少要失望，则除好书善本外的禁书大抵都不免，我也是预先承认的。

近时上海禁书事件发生，大家谈起来都知道，可是《闲话皇帝》一文谁也没有见过，以前不注意，以后禁绝了。听说从前有《闲话扬州》一文激怒了扬州人，闹了一个小问题，那篇《闲话》我也还不曾见到。这篇《闲话》因为事情更大了，所以设法去借了一个抄本来，从头至尾用心读了一遍，觉得文章还写得漂亮，此外还是大失望。这是我最近读禁书的一个经验。

不过天下事都有例外。我近日看到明末的一册文集，十足有可禁的程度，然而不是禁书。这书叫作《拜环堂文集》，会稽陶崇道著，即陶石篑石梁的侄子，我所有的只是残本第五六两卷，内容都是尺牍。从前我翻阅姚刻《禁书目》，仿佛觉得晚明文章除七子外皆在禁中，何况这陶路甫的文中有许多奴虏字样，其宜全毁明矣，然而重复检查索引式的《禁书总录》，却终未发见他的名字，这真真是大运气吧。虽然他的文集至今也一样地湮没，但在发现的时候，头上可以不至于加上标识，定价也不至过高，我们或者还有得到的机会，那么这又可以算是我们读者的运气了。文集卷四《复杨修翎总督》云：

> 古人以犬羊比夷虏，良有深意。触我啮我则屠之，弭耳乞怜则抚而驯之。

又《与张雨苍都掌科》云：

> 此间从虏中逃归者言，虏张甚，日则分掠，暮则饱归。为大头目者二，胡妓满帐中，醉后鼓吹为乐。此虽贼奴常态，然非大创势不即去，奈何。

看这两节就该禁了。此外这类文字尚多，直叙当时的情形，很足供今日的参考。最妙的如《答毛帅》（案即毛文龙）云：

> 当虏之初起也[2]，彼密我疏，彼狡我拙，彼合我离，彼捷我钝，种种皆非敌手。及开铁一陷，不言守而言战，不言战而且言剿。正如衰败大户，仍先世馀休，久驾人上，邻居小民见室中虚实，故来挑构，一不胜而怒目张牙，诧为怪事，必欲尽力惩治之，一举不胜，墙垣户牖尽为摧毁，然后紧闭门扇，面面相觑[3]，各各相讥。此时从颓垣破壁中一人跃起，招摇僮仆，将还击邻居，于是群然色喜，望影纳拜，称为大勇，岂知终是一人之力。

形容尽致，真可绝倒。不过我们再读一遍之后，觉得有点不好单笑明朝人了，仿佛这里还有别的意义，是中国在某一时期的象征，而现今似乎又颇相像了。集中也有别的文章，如《复朱金岳尚书》云：

> 凡人作文字，无首无尾，始不知何以开，后不知

何以阖，此村郎文字也。有首有尾，未曾下笔，便可告人或用某事作开，或用某事作阖，如观旧戏，锣鼓未响，关目先知，此学究文字也。苏文忠曰，吾文如万斛源泉，不择地而布，行乎不得不行，止乎不得不止。夫所谓万斛也，文忠得而主之者也；不得不行不得不止者，文忠不得而主之者也。识此可以谈文，可以谈兵矣。

作者原意在谈兵，因为朱金岳本来就是兵家，但是这当作谈文看，也说得很有意思。谢章铤《赌棋山庄笔记》云：

窃谓文之未成体者冗剽芜杂，其气不清，桐城诚为对症之药。然桐城言近而境狭，其美亦殆尽矣，而迤逦陵迟，其势将合于时文。

这所说的正是村郎文字与学究文字，那与兵法合的乃是文学之文耳。陶路甫毕竟是石篑石梁的犹子，是懂得文章的，若其谈兵如何，则我是外行，亦不能知其如何也。（八月十六日）

【钟校】

① 1935.9 刊《独立评论》166 期。

②“当虏之初起也”，“虏”原作“奴”。

③“面面相觑”，“觑”原作“觊”。

广东新语[1]

◇1935.9.11

◇苦竹杂记

近来买了一两部好书。不，这所谓好书，只是自己觉得喜欢罢了，并不是什么难得的珍本，反正这都是几块钱一部的书，因为价廉所以觉得物美也未可知。这书一部是金圣叹的《唱经堂才子书汇稿》，一部是屈翁山的《广东新语》。著者是明朝的遗民，书却都是清朝版，差幸是康熙年的刻本，还觉得可喜。我平常有一种怪脾气，顶讨厌那书里的避讳字，特别是清朝的。譬如桓字没有末笔，便当作"帖体"看待，玄弘二字虽然宋朝也有，却有点看不顺眼了。至于没臂膊的胤字与没有两只脚的颙字则简直不成样子，见了令人生气。顺治时刻的书没有这些样子，所以顶干净，康熙刻本里只有两个字，烨字又很少见，也还将就得过去，至于书刻得精不精尚在其次。

我很喜欢讲风物的书。小时候在丛书里见到《南方草木状》《岭表录异》《北户录》等小册子，觉得很有兴味，唐以后书似乎没有什么了，《尔雅》统系的自然在外。明朝的有谢在杭的《五杂组》十六卷，虽然并不是讲一地方的，物部四卷里却有不少的好材料，而且文章也写得简洁有致。志地方风物的我在先有周栎园的《闽小记》四卷，今又加上这《广东新语》二十八卷，同样是我所爱读的。这本来与古地志如朱长文的《吴郡图经续记》，高似孙的《剡录》等该是同类，不过更是随笔的了，文艺趣味因此增高，在乙部的地位也就变动，虽然还自有其价值。《五杂组》卷一有一则记闽中雪云：

闽中无雪，然间十馀年亦一有之，则稚子里儿奔走狂喜，以为未始见也。余忆万历戊子二月初旬天气陡寒，家中集诸弟妹构火炙蛎房啖之，俄而雪花零落如絮，逾数刻地下深几六七寸，童儿争聚为鸟兽，置盆中戏乐，故老云数十年未之见也。至岭南则绝无矣。柳子厚答韦中立书云，二年冬大雪，逾岭被越中数州，数州之犬皆仓皇噬吠，狂走累日。此言当不诬也。

《广东新语》卷一《天语》中说冰云：

粤无冰，其民罕知有南风合冰东风解冻[②]之说。岁有微霜则百物蕃盛，谚曰，勤下粪不如早犁田，言打霜也。冰生于霜，粤无冰，以无霜也，故语曰岭南无地着秋霜，又曰天蛮不落雪。即或有微冰，辄以为雪，或有微雪以为冰，人至白首有冰雪不能辨者。……或极寒亦有微霰，然未至地已复为雨矣。少陵云，南雪不到地，是矣。

二文均佳，而《新语》娓娓百十言说粤之无冰无霜雪乃尤妙。或言有撰《北欧冰地志》者，其第二十章曰《关于蛇类》，文只一句云，“冰地无蛇”。庄谐不同，大意有相似者。卷二《地语》中记陈村茭塘洸口四市茶园诸文并佳，今节录其《四市》一文之上半云：

东粤有四市。一曰药市，在罗浮冲虚观左，亦曰洞天药市。有捣药禽，其声玎珰如铁杵臼[3]相击。一曰红翠，山中人视其飞集之所知有灵药。罗浮故多灵药，而以红翠为导，故亦称药师。一曰香市，在东莞之寥步，凡莞香生熟诸品皆聚焉。一曰花市，在广州七门，所卖止素馨，无别花，亦犹洛阳但称牡丹曰花也。一曰珠市，在廉州城西卖鱼桥畔，盛平时蚌壳堆积，有如玉阜。土人多以珠肉饷客，杂姜齑，食之味甚甘美，其细珠若粱粟者亦多实于腹中矣。语曰，生长海隅，食珠衣珠。

又卷三《山语》中记罗浮山有云：

山远视之，一云也。大约阴则云在上，晴则云在下，半阴半晴则云在中以为常，顶曰飞云，言常在云中不可见也。又罗山在西多阴，故云常在其上，浮山在东多阳，故云常在其下。日之出浮山先见，而罗山次之，以云在其下故也。

石洞多石，一山之石若皆以此为归，大小积叠无根柢。有曰挂冠石者，一砥一峙，峙者高数寻，砥者可坐人百许，尤杰出。自石罅行百馀武，夹壁一悬泉，仅三十尺，影蔽枫林而下，猿猴饮者出没水花中，见人弗畏。此洞之最幽处也。

《新语》的文章不像《景物略》或《梦忆》那样波峭，但清疏之中自有幽致。全书中佳文甚多，不胜誊录，其特别有意思者则卷十二《诗语》中有《粤歌》一则，凡二千三百馀言，纪录民间歌谣，今抄取数节：

粤俗好歌，凡有吉庆必唱歌以为欢乐，以不露题中一字，语多双关而中有挂折者为善。挂折者，挂一人名于中，字相连而意不相连者也。其歌也，辞不必全雅，平仄不必全叶，以俚言土音衬贴之，唱一句或延半刻，曼声长节，自回自复，不肯一往而尽。辞必极其艳，情必极其至，使人喜悦悲酸而不能自已④，此其为善之大端也。……其歌之长调者如唐人《连昌宫词》《琵琶行》等，至数百言千言，以三弦合之，每空中弦以起止，盖太簇调也，名曰摸鱼歌。或妇女岁时聚会，则使瞽师唱之，如元人弹词曰某记某记者，皆小说也，其事或有或无，大抵孝义贞烈之事为多，竟日始毕一记，可劝可戒，令人感泣沾襟。其短调踏歌者不用弦索，往往引物连类，委曲譬喻，多如子夜竹枝。如曰：中间日出四边雨，记得有情人在心。曰：一树石榴全着雨，谁怜粒粒泪珠红。曰：灯心点着两头火，为娘操尽几多心。曰：妹相思，不作风流到几时，只见风吹花落地，那见风吹花上枝。《蜘蛛曲》[5]曰：天旱蜘蛛结夜网，想晴只在暗中丝。又曰，蜘蛛结网三江口，水推不断是真丝。又曰：妹相思，蜘蛛结网恨无丝，花不年年在树上，娘不年年作女儿。《竹叶歌》曰：竹叶落，竹叶飞，无望翻头再上枝，打伞出门[6]人叫嫂，无望翻头做女时。《素馨曲》曰：素馨棚下梳横髻，只为贪花不上头，十月大禾未入米，问娘花浪几时收。……有曰：一更鸡啼鸡拍翼，二更鸡啼鸡拍胸，三更鸡啼郎去广，鸡冠沾得泪花红。有曰：岁晚天寒郎不回，厨中烟冷雪成堆，竹篙烧火长长炭，炭到天明半作灰。有曰：柚子批皮瓤有心，小时则剧到如今，头发条条梳到尾，鸳鸯怎得不相寻。有曰：大头竹笋作三椏，敢好后生无置家，敢好早禾无入米，敢好攀枝无晾花。敢好者，言如此好也。

李雨村辑《南越笔记》十六卷，多抄《新语》原文，此篇亦在内，题曰《粤俗好歌》，但均不注出处，是一大毛病。《闽小记》文章亦佳，栎园思想却颇旧，不大能够了解那时的新文艺倾向，故书中关于闽歌没有类似的纪载，或者因为他不是本地人，所以不懂得，也说不定。清末郭柏苍著《竹间十日话》六卷，卷五中有一则云：

> 月光光，照池塘，骑竹马，过洪塘，洪塘水深不得渡，娘子撑船来接郎。此福州儿辈曲也，明韩晋之先生载入文集中，谓此古三言诗也，闽无风，此却可当闽风。村农插秧歌云：等郎等到月上时，月今上了郎未来（叶音黎[⑦]。《诗》：羊牛下来。《王母白云谣》：尚复能来。）莫是奴屋山低月出早，莫是郎屋山高月出迟？不是出早与出迟，大半是郎没意来。记得当初未娶嫂，三十无月暗也来。词虽鄙亵，往复再三，亦文人才士托兴彤管也。

墨憨斋整十卷的编刊《山歌》只好算是例外，像这样能够赏识一点歌谣之美者在后世实在也是不可多得了。

屈翁山在明遗民中似乎是很特别的一个，其才情似钱吴，其行径似顾黄，或者还要倔强点，所以身后著作终于成了禁书，诗文集至今我还未曾买得。《广东新语》本来也在禁中，清末在广东有了重刊本，通行较多，就是在这记风物的书中，著者也时时露出感愤之气，最显著的是卷二《地语》中《迁海》这一篇，其上半云：

粤东濒海，其民多居水乡，十里许辄有万家之村，千家之砦，自唐宋以来，田庐丘墓子孙世守之勿替，鱼盐蜃蛤之利藉为生命。岁壬寅二月忽有迁民之令，满洲科尔坤介山二大人者亲行边徼，令滨海民悉徙内地五十里，以绝接济台湾之患。于是麾兵折界，期三日尽夷其地，空其人，民弃资携累，仓卒奔逃，野外露栖，死亡载道者以数十万计。明年癸卯华大人来巡边界，再迁其民。其八月，伊吕二大人复来巡界。明年申辰三月，特大人又来巡界。遑遑然以海防为事，民未尽空为虑，皆以台湾未平故也。先是人民被迁者以为不久即归，尚不忍舍离骨肉，至是飘零日久，养生无计，于是父子夫妻相弃，痛哭分携，斗粟一儿，百钱一女，豪民大贾致有不损锱铢[8]不烦粒米而得人全室以归者。其丁壮者去为兵，老弱者展转沟壑，或合家饮毒，或尽孥投河[9]。有司视如蝼蚁，无安插之恩，亲戚视如泥沙，无周全之谊。于是八郡之民死者又以数十万计。民既尽迁，于是毁屋庐以作长城，掘坟茔而为深堑，五里一墩，十里一台，东起大虎门，西迄防城，地方三千馀里，以为大界，民有阑出咫尺者执而诛戮之，而民之以误出墙外死者又不知几何万矣。自有粤东以来，生灵之祸莫惨于此。

这一篇可以说是文情俱至了，然而因此难免于违碍，此正是常例也。书中禽兽草木诸语中尚多有妙文，今不再录，各文大抵转抄在《南越笔记》中，容易得见，若《迁海》者盖不可见者也。

（甘四年九月十一日，于北平）

【钟校】

① 1935. 10 刊《人世间》38 期。

②“东风解冻”，“风”原作“南”。

③“铁杵臼”，“杵”原作“杆”。

④“不能自已”，“自”原作“已”。

⑤《蜘蛛曲》，原作“蛛蜘曲”。

⑥“打伞出门”，“打”原作“担”。

⑦“叶音黎”，此“叶”字音义均同“协”字，意思是说上句“郎未来”的“来”字应读作“黎”字的音。

⑧“锱铢”，“锱”原作“锚”。

⑨“尽拏投河”，“拏”原作“帑”。

古南馀话[1]

◇1935.9.24

◇苦竹杂记

自从《白香词谱笺》刻入《半庵丛书》，流通世间，舒白香的名字遂为一般人所知，只看坊间多翻印《词谱》可以知道，虽然也有人把他和白香山混作一个的。但是，白香的著作除《词谱》外平常却不很多见。从前我只有他的一部《游山日记》，记在庐山天池避暑时事，共十二卷，文章写得很有风趣，思想也颇明达，是游记中难得之作。后来又从上海买得一部书，无总名，共七册，内有书十一种二十九卷[2]，其中十种都是白香所著，《游山日记》亦在内。查罗振玉《续汇刻书目》辛，此即《舒白香杂著》，但书目有《骖鸾集》三卷，此本缺，而别多《联璧诗钞》二卷，录其伯祖东轩祖补亭诗各百首，父保斋诗二十五首。《缤山集》《秋心集》《花仙小志》各一卷，皆伤逝悼亡之作，《南征集》《嫠舲馀稿》各一卷，则行旅作也。又《和陶诗》一卷，《香词百选》一卷，系白香所作词，由其门人选录百篇。以上七种为诗词，散文则《游山日记》外有《古南馀话》五卷，《湘舟漫录》三卷，亦是诗话随笔之流，别有清新之趣，而不入于浮薄，故为难得。《古南馀话》卷四云：

仲实问诗馀小词自唐宋以迄元明可谓灿备，鲜有不借径儿女相思之情者，冬烘往往腹诽之，谓恐有妨于道学，其说然欤？余曰：天有风月，地有花柳，与人之歌舞其理相近，假使风月下旗鼓角逐，花柳中呵导排衙，不杀风景乎？天下不过两种人，非男即女，今必欲删却一种，以一种自说自扮，不成戏也。故虽学如文正公，亦复有儿女相思之句，正所谓曲尽人情，真道学也。道学之理不知何时竟讲成尘羹涂饭，致南宋奸党直诋为无用之尤，肆意轻侮，亦岂非冬烘妄测之过哉。夫道学所以正人心平天下也，苟好恶不近人情，则心术伪矣，亦恶能得人之情平人之心？《诗》之教，化行南国始自闺房，《书》之教，协帝重华基于妫汭，理必然也，而况歌词乃导扬和气调燮阴阳之理，而顾讳言儿女乎。故自《十九首》

以及苏李赠答魏晋乐章，其寓托如出一口，良由发乎性情耳。姑专就小词而论，才如苏公犹不免铁板之诮，谓其逞才气著议论也。词家风趣宁痴勿达，宁纤勿壮，宁小巧勿粗豪，故不忌儿女相思，反不贵英雄豁达，其声哀以思，其义幽以怨，盖变风之流也。其流在有韵之文最为卑近，再降而至于填词止矣，原可不学，学之则不可不求合拍。李后主，姜鄱阳，易安居士，一君一民一妇人，终始北宋，声态绝妩。秦七黄九皆深于情者，语多入破。柳七虽雅擅骚名，未免俗艳。玉田尚矣，近今惟竹垞老人远绍此脉，善手虽众，鲜能度越诸贤者。各就所得名之篇，注意之旨，揣声而学之，有馀师矣。

这可以算是白香的词论，读《词谱》的人当有可参考之处。其下一则云：

怡恭亲王昔重刻《白香词谱》时，问所订有遗憾否。余笑对言：有两事惜难补作，似有憾，一欲代朱夫子补作一词，一欲代姜鄱阳补捐一监。闻者绝倒。

又卷五录其少作《闲情集序》其上半云：

情之正者日用于伦常之中，惟恐不足，恶得闲？然窃谓饥与谷相需，而先生之馔乃尚羞脯，所居不过容榻，而文王之囿半于国中，是闲复倍于正者何也？吾立于是，四旁皆闲地耳，使握其四旁若堑，则立者以惧。当暑而裸，冠服皆闲物耳，苟并其裘而毁弃，则裸者以忧。盖惧无馀地，而忧或过时，亦闲情耳。尧舜以箕颍③为闲情，巢由亦以揖逊为闲情。夷齐以征伐为闲情，武周亦以饿死为闲情。将谓饿死为闲情，彼饿死何汲汲也。谓箕颍为闲情，彼遁世何无闷也。由是观之，无正非闲，无闲非正。身世之所遭，智力之所及，惨淡经营，都求美善，逮夫事往情移，梦回神往，即一身之中，旬日之内，所言所行，不啻秦人视越人之肥瘠也，又何况于局外闲观者哉。

辩说闲情，可谓语妙天下。下文又云："吾故常默然也。不言人过失，人本无过失也。不言时务，天下有道则庶人不议也，道听途说又恐传闻失实也。"引用《水浒传序》语，显然很受唱经堂的影响，虽然不曾明白说起。《湘舟漫录》中又有几节话说得很好，卷一说风流云：

黄龙寺晦堂长老尝问山谷以吾无隐乎尔之义，山谷诠释再三，晦堂不答。时暑退凉生，秋香满院，晦堂因问曰，闻木犀香乎？山谷曰，闻。晦堂曰，吾无隐乎尔。山谷乃服。昨秋寓都昌南山，一夕与五黄散步溪桥间，仲实问风流二字究作何解。予曰，此君子无入而不自得之象也，被有文无行人影射坏了，柳下惠、曾晳、庄子、诸葛孔明、陶靖节及宋之周邵苏黄，乃所谓真风流耳。吉人以为然。晦堂以禅趣释经，吾以经义训疑训，故牵连书之。

又卷三亦有类似的一则云：

雅达亦何与康济之学而儒术重之？盖雅则贱货贵德，达则慕义轻生，故可重也。若只如世俗以诗酒书画为雅，以不拘行检为达，至于出处趣向义利生死之关，仍录录茫无择执，亦俗物耳，何雅达之有。

这种说法实在是很平实而亦新奇。为什么呢？向来只有那些不近人情的道学家与行不顾言的文人横行于世，大家听惯了那一套咒语，已经先入为主，所以对于平常实在的说法反要觉得奇怪，那也是当然的事吧。《古南馀话》有记琐事的几则亦均可喜，卷三云：

友三（案即古南寺住持僧）言往自村墟归，至野老泉下，遥见一狐低头作禹步，规行若环，而寺门一鸡即奋飞入其环中，为狐攫去，僧号逐不释。然则祝由治病，厌胜杀人，及飞头换腿之术，咸不诬矣。

友三又言，古南松鼠多而诈，竹初生则折其笋，栗未熟则毁其房，彼视狸如奴，视犬如仆，毫不畏。一日有猎人牵犬憩所巢树下，仰见鼠怒跃而号，松鼠竟直堕其前，不敢遁也。

友三尝筛米树下，一枭栖木末，俯视目眩，直堕筛中，因被擒。佃人病头眩，乞其枭，杀而食之，眩疾愈。余笑曰，理当益眩，何忽愈？然则使醉人扶醉人反不颠耶？刘伯伦有言，一石已醉，五斗解酲。是则以眩枭医眩人耳。吾问以枭食母事，友三谓一孚两子，子大则共食父母。余曰，不然，是人间只二枭矣，何宝刹枭声之多耶。盖亦犹人中之禽，偶一不孝，辄并其兄弟疑之，不尽然也。枭如能孝，吾且令乌为之友。

记录这些小动物的生态很有意思，其关于枭的说明亦有识见，虽然偶一不孝之说还不免有所蔽，至于鸡与松鼠受制于狐犬，盖系事实，如鼠之于猫，蛙之于蛇，遇见便竦伏不能动，世所习知。此虽仿佛催眠术，却与禁厌不同，盖一是必然而一是非必然，故祝由科与狐犬终不是一类也。

白香的文章颇多谐趣，在《游山日记》中最为常见，卷一记嘉庆九年六月甲子（初七日）事有一节云：

> 五老峰常在云中，不能识面。峰半僧庐为博徒所据，不可居。西辅至峰寺，云亦下垂，至寺门一无所见，但闻呼卢声，亦不知五峰绝顶尚离寺几千丈也。

《游山日记》是一部很有趣的书，其中记郡掾问铁瓦，商人看乌金太子，都写得极妙，现在却不多抄了。林语堂先生曾说想把这书重印出来，我很赞成他的意思，希望这能够早日实现，所以我在这里少说一点亦正无妨耳。（二十四年九月廿四日，于北平）

【钟校】

①1935.11.1刊《宇宙风》第4期，题作《说闲情》。

②“内有书十一种二十九卷”，“卷”原作“卷”。

③“箕颍”原作“箕颍”，下同。

岭南杂事诗抄①

◇1935. 10. 10

◇苦竹杂记

近来不知怎的似乎与广东很有缘分，在一个月里得到了三部书，都是讲广东风土的。一是屈大均著的《广东新语》二十八卷，一是李调元辑的《南越笔记》十六卷，一是陈坤著的《岭南杂事诗抄》八卷。这都不是去搜求来的，只是偶尔碰见，随便收下，但是说这里仍有因缘，那也未始不可以这样说。我喜欢看看讲乡土风物的书，此其一。关于广东的这类书较多，二也。本来各地都有这些事可讲，却是向来不多见，只有两广是特别，自《南方草木状》《北户录》《岭表录异》以来著述不绝，此外唯闽蜀略可相比，但热闹总是不及了。

屈翁山是明朝的遗民，《广东新语》成了清朝的禁书，这于书也是一个光荣吧。但就事论事，我觉得这是一部很好的书，内容很丰富，文章也写得极好，随便取一则读了都有趣味，后来讲广东事情的更忍不住要抄他。其分类为天地山水石等二十八语，奇而实在，中有坟语香语，命名尤可喜。从前读《酉阳杂俎》，觉得段柯古善于立新奇的篇名，如《尸穸》，如《黥》，如《肉攫部》等，《新语》殆得其遗意欤。卷八《女语》中乃列入《椓者》一则，殊觉可笑，本来已将疯人和盗收在卷七《人语》之末，那么椓者亦何妨附骥尾？但我在这条里得到很好的材料，据说五代末刘鋹时重用宦官，“进士状头或释道有才略可备问者皆下蚕室，令得出入宫闱”，因知明朝游龙戏凤的正德皇帝之阉割优伶盖亦有所本也。

《南越笔记》出来的时候《广东新语》恐怕已经禁止了，但如我上边所说，李雨村确也忍不住要抄他，而且差不多全部都选抄。原来说是辑，所以这并不妨，只可惜节改得多未能恰好。卷四有《南越人好巫》一则，系并抄《新语》卷六《神语》中《祭厉》及《二司》之文。而加“南越人好巫”一语于其前，即用作题目，据我看来似不及原本。《二司》条下列记五种神道，全文稍长今不具录，但抄其下半于左：

有急脚先锋神者，凡男女将有所私，从而祷之，往往得其所欲，以香囊酬之。神前香囊堆积，乞其一二，则明岁酬以三四。新兴有东山神者，有处女采桑过焉，歌曰，路边神，尔单身，一蚕生二茧，吾舍作夫人。还家果一蚕二茧，且甚巨。是夜风雨大作，女失所之，有一红丝自屋起牵入庙中，追寻之，兀坐无声息矣。遂泥而塑之，称罗夫人。番禺石壁有恩情神者，昔有男女二人于舟中目成，将及岸，女溺于水，男从而援之，俱死焉，二尸浮出，相抱不解，民因祠以为恩情庙。此皆丛祠之淫者。民未知义，以淫祠为之依归，可悲也。

《笔记》所录没有民未知义以下十四字，我想还是有的好。这令我想起永井荷风的话来。荷风在所著《东京散策记》第二篇《淫祠》中曾说过：

我喜欢淫祠。给小胡同的风景添点情趣，淫祠要远胜铜像，更有审美的价值。

他后来列举对那欢喜天要供油炸的馒头，对大黑天用双叉的萝卜，对稻荷神献奉油豆腐等等荒唐无稽的风俗之后，结论说道：

天真烂漫的而又那么鄙陋的此等愚民的习惯，正如看那社庙的滑稽戏和丑男子舞，以及猜谜似的那还愿的扁额上的拙稚的绘画，常常无限地使我的心感到慰安。这并不单是说好玩。在那道理上议论上都无可说的荒唐可笑的地方，细细地想时却正感着一种悲哀似的莫名其妙的心情也。

我们不能说屈翁山也有这种心情，但对于民众的行事颇有同情之处，那大抵是不错的吧。

《岭南杂事诗抄》有些小注也仍不能不取自《新语》，虽然并不很多，大约只是名物一部分罢了。卷一有一首咏急脚先锋的，注语与上文所引正同，诗却很有意思：

既从韩寿得名香，一瓣分酬锦绣囊。但愿有情成眷属，神仙原自羡鸳鸯。

民国初年我在大路口地摊上得到过一个秘戏钱，制作颇精，一面“花月宜人”四大字，一面图上题八字云，“得成比翼，不羡神仙”。这与诗意可互相发明。《杂事诗》卷七又有咏露头妻的一首，诗云：

乍聚风萍未了因，镜中鸾影本非真。浮生可慨如朝露，飞洒杨花陌路人。

注云：“粤俗小户人家男女邂逅，可同寝处，俨若夫妇，稍相忤触，辄仍离异，故谓之露头妻，犹朝露之易晞也。”案此即所谓㛙姘头，国内到处皆有，大抵乡村较少，若都市商埠则极寻常。骈枝生著《拱辰桥踏歌》卷上有一则云：

东边封起鸳鸯山，西边宕出鸳鸯场。鸳鸯飞来鸳鸯住，鸳鸯个恩情勿久长。

这几首诗都颇有风人之旨，因为没有什么轻薄或道学气，还可以说是温厚。这是《杂事诗抄》的一种特色。此外还有一种特色，则是所咏大部分是关于风俗的。《诗抄》全部八卷共三百八十八首，差不多有五卷都是人事，诗数在二百首以上。草本鸟兽虫鱼的记录在散文上容易出色，做成韵文便是咏物诗，咏得不工固然不好，咏得工又是别一样无聊，故集中才七十首，馀则皆古迹名胜也。卷五咏"半路吹"云：

妾本风前杨柳枝，随风飘荡强支持。果能引凤秦台住，箫管何妨半路吹。

自注云："粤俗贫家鬻女作妾，恐邻家姗笑，先向纳妾者商明，用彩舆鼓吹登门迎娶，至中途改装前往，谓之半路吹。"与上文露头妻均是好例，记述民间俚俗，而诗亦有风致。又卷七咏"火轮船"云：

机气相资水火功，不须人力不须风，暗轮更比明轮稳，千里沧波一日通。

注云："火轮船制自外洋，轮有明暗之分，以火蒸水取气激轮而行，瞬息百里，巧夺天工，近年中华俱能仿造，长江内河一律驶用矣。"诗并不佳，只取其意思明达，对于新事物亦能了解耳。我们随便拿陶方琦的诗来比较，在《湘麋阁遗诗》卷二有《坐火轮车至吴淞》一诗，末四句云：

> 沪中地力久虚竭，凿空骋险宜荒陬。自予不守安步戒，西人于汝夫何尤。

陶君虽是吾乡学者，但此等处自不甚高明，不能及陈子厚。陶诗作于光绪丁丑，《如不及斋集》亦在此时刻成，陈诗之作当在陶前也。　　　　（十月十日）

【钟校】

① 1935.10.25 刊《大公报》。

隅田川两岸一览[1]

◇1935.10.19

◇苦竹杂记

我有一种嗜好。说到嗜好平常总没有什么好意思，最普通的便是抽鸦片烟，或很风流地称之曰“与芙蓉城主结不解缘”。这种风流我是没有。此外有酒，以及茶，也都算是嗜好。我从前曾经写过一两篇关于酒的文章，仿佛是懂得酒味道似的，其实也未必。民十以后医生叫我喝酒，就每天用量杯喝一点，讲到我的量那是只有绍兴半斤，曾同故王品青君比赛过，三和居的一斤黄酒两人分喝，便醺醺大醉了。今年又因医生的话而停止喝酒，到了停止之后我乃恍然大悟自己本来不是喝酒的人，因为不喝也就算了，见了酒并不觉得馋。由是可知我是不知道酒的，以前喜欢谈喝酒还有点近于伪恶。至于茶，当然是每日都喝的，正如别人一样。不过这在我也当然不全一样，因为我不合有苦茶庵的别号，更不合在打油诗里有了一句“且到寒斋吃苦茶”，以至为普天下志士所指目，公认为中国茶人的魁首。这是我自己招来的笔祸，现在也不必呼冤叫屈，但如要就事实来说，却亦有可以说明的地方。我从小学上了绍兴贫家的习惯，不知道喝“撮泡茶”，只从茶缸里倒了一点“茶汁”，再羼上温的或冷的白开水，骨都骨都地咽下去。这大约不是喝茶法的正宗吧？夏天常喝青蒿汤，并不感觉什么不满意，我想柳芽茶大抵也是可以喝的。实在我虽然知道茶肆的香片与龙井之别，恐怕柳叶茶叶的味道我不见得辨得出，大约只是从习惯上要求一点苦味就算数了。现在每天总吃一壶绿茶，用一角钱一两的龙井或本山，约须叶二钱五分，计值银二分五厘，在北平核作铜元七大枚，说奢侈固然够不上，说嗜好也似乎有点可笑，盖如投八大枚买四个烧饼吃是极寻常事，用不着什么考究者也。

以上所说都是吃的，还有看的或听的呢？一九〇六年以后我就没有看过旧戏，电影也有十年不看了。中西音乐都不懂，不敢说有所好恶。书画古董随便看看，但是跑到陈列所去既怕麻烦，自己买又少这笔钱，也就没有可看，所有的几张字画都只是二三师友的墨迹，古董虽号称有“一架”，实亦不过几个六朝明器的小土偶和好些耍货而已。据尤西堂在《艮斋杂说》卷四说：

> 古人癖好有极可笑者。蔡君谟嗜茶，老病不能饮，则烹而玩之。吕行甫好墨而不能书，则时磨而小啜之。东坡亦云，吾有佳墨七十丸，而犹求取不已，不近愚耶。近时周栎园藏墨千铤，作祭墨诗，不知身后竟归谁何。子不磨墨，墨当磨子，此阮孚有一生几两屐之叹也。

这种风致唯古人能有，我们凡夫岂可并论，那么自以为有癖好其实亦是僭妄虚无的事，即使对于某事物稍有偏向，正如行人见路上少妇或要多看一眼，亦本是人情之自然，未必便可自比于好色之君子也。

说到这里，上文所云我有一种嗜好的话几乎须得取消了，但既是写下了也就不好那么一笔勾消，所以还只得接着讲下去。所谓嗜好到底是什么呢？这是极平常的一件事，便是喜欢找点书看罢了。看书真是平常小事，不过我又有点小小不同，因为架上所有的旧书固然也拿出来翻阅或检查，我所喜欢的是能够得到新书，不论古今中外新刊旧印，凡是我觉得值得一看的，拿到手时很有一种愉快，古人诗云，老见异书犹眼明，或者可以说明这个意思。天下异书多矣，只要有钱本来无妨“每天一种”，然而这又不可能，让步到每周每旬，还是不能一定办到，结果是愈久等愈希罕，好象吃铜槌饭者（铜槌者铜锣的槌也，乡间称一日两餐曰扁担饭，一餐则云铜槌饭），捏起饭碗自然更显出加倍的馋痨，虽然知道有旁人笑话也都管不得了。

我近来得到的一部书，共三大册，每册八大页，不过一刻钟可以都看完了，但是我却很喜欢。这书名为《绘本隅田川两岸一览》，葛饰北斋画，每页题有狂歌两首或三首，前面有狂歌师壶十楼成安序，原本据说在文化三年（一八〇六）出版，去今才百三十年，可是现在十分珍贵难得，我所有的大正六年（一九一七）风俗绘卷图画刊行会重刻本，木板着色和纸，如不去和原本比较，可以说是印得够精工的了，旧书店的卖价是日金五圆也。北斋画谱的重刻本也曾买了几种，大抵是墨印或单彩，这一种要算最好。卷末有刊行会的跋语，大约是久保田米斋的手笔，有云：

> 此书不单是描写蘸影于隅田川的桥梁树林堂塔等物，并仔细描画人间四时的行乐，所以亦可当作一种江户年中行事绘卷看，当时风习跃然现于纸上。且其图画中并无如散见于北斋晚年作品上的

那些夸张与奇癖，故即在北斋所挥洒的许多绘本之中亦可算作优秀的佳作之一。

永井荷风著《江户艺术论》第三篇论“浮世绘之山水画与江户名所”，以北斋广重二家为主，讲到北斋的这种绘本也有同样的批评：

看此类绘本中最佳胜的《隅田川两岸一览》，可以窥知北斋夙长于写生之技，又其戏作者的观察亦甚为锐敏。而且在此时的北斋画中，后来大成时代所常使我们感到不满之支那画的感化未甚显著，是很可喜的事。如《富岳三十六景》及《诸国瀑布巡览》，其设色与布局均极佳妙，是足使北斋不朽的杰作。但其船舶其人物树木家屋屋瓦等不知怎地都令人感到支那风的情趣。例如东都骏河台之图，佃岛之图，或武州多摩州之图，一见觉得不像日本的样子。《隅田川两岸一览》却正相反，虽然其笔力有未能完全自在处，但其对于文化初年江户之忠实的写生颇能使我们如所期望地感触到都会的情调。

又说明其图画的内容云：

书共三卷，其画面恰如展开绘卷似地从上卷至下卷连续地将四时的隅田川两岸的风光收入一览。开卷第一出现的光景乃是高轮的天亮。孤寂地将斗篷裹身的马上旅人的后边，跟着戴了同样的笠的几个行人，互相前后地走过站着斟茶女郎的茶店门口。茶店的芦帘不知道有多少家地沿着海岸接连下去，成为半圆形，一望不断，远远地在港口的波上有一只带着正月的松枝装饰的大渔船，巍然地与晴空中的富士一同竖着他的帆樯。第二图里有戴头巾穿礼服的武士，市民，工头，带着小孩的妇女，穿花衫的姑娘，挑担的仆夫，都趁在一只渡船里，两个舟子腰间挂着大烟管袋，立在船的头尾用竹篙刺船，这就是佃之渡。

要把二十几图的说明都抄过来，不但太长，也很不容易，现在就此截止，也总可以略见一斑了。

我看了日本的浮世绘的复印本，总不免发生一种感慨，这回所见的是比较近于原本的木刻，所以更不禁有此感。为什么中国没有这种画的呢？去年我在东京文求堂主人田中君的家里见到原刻《十竹斋笺谱》，这是十分珍重的书，刻印确是精工，是木刻史上的好资料，但事实上总只是士大夫的玩意儿罢了。我不想说玩物丧志，只觉得这是少数人玩的。黑田源次编的《支那古板画图录》里的好些“姑苏板”的图画那确是民间的了，其位置与日本的浮世绘正相等，我们看这些雍正乾隆时代的作品觉得比近来的自然要好一点，可是内容还是不高明。这大都是吉语的画，如五子登科之类，或是戏文，其描画风俗景色的绝少。这一点与浮世绘很不相同。我们可以说姑苏板是十竹斋的通俗化，但压根儿同是士大夫思想，穷则画五子登科，达则画岁寒三友，其雅俗之分只是楼上与楼下耳。还有一件事，日本画家受了红毛的影响，北斋与广重便能那么应用，画出自己的画来，姑苏板画中也不少油画的痕迹，可是后来却并没有好结果，至今画台阶的大半还是往下歪斜的。此外关于古文拳法汤药大刀等事的兴废变迁，日本与中国都有很大的差异，说起来话长，所以现在暂且不来多说了。

（十月十九日，在北平记）

【钟校】

① 1935.11.3 刊《大公报》。

幼小者之声

◇1935. 10. 27

◇苦竹杂记

柳田国男的著述，我平时留心搜求，差不多都已得到，除早年绝板的如《后狩词记》终于未能入手外，自一九〇九年的限定初版的《远野物语》以至今年新出的增补版《远野物语》，大抵关于民俗学的总算有了。有些收在预约的大部丛书里的也难找到，但从前在《儿童文库》里的两本《日本的传说》与《日本的故事》近来都收到春阳堂的《少年少女文库》里去，可以零买了，所以只花了二三十钱一本便可到手，真可谓价廉物美。又有一册小书，名为《幼小者之声》，是《玉川文库》之一，平常在市面上也少看见，恰好有一位北大的旧学生在玉川学园留学，我便写信给他，声明要敲一竹杠，请他买这本书送我，前两天这也寄来了。共计新旧大小搜集了二十五种，成绩总算不坏。

《幼小者之声》不是普通书店发行的书，可是校对特别不大考究，是一个缺点，如标题有好几处把著者名字都错作柳田国夫，又目录上末了一篇《黄昏小记》错作“黄昏小说”。这是“菊半截”百六页的小册子，共收小文六篇，都是与儿童生活有关系的。柳田的作品里有学问，有思想，有文章，合文人学者之长，虽然有时稍觉有艰深处，但这大抵由于简练，所以异于尘土地似干燥。第三篇题曰《阿杉是谁生的》(Osugi tareno ko? 写汉字可云阿杉谁之子，但白话中儿子一语只作男性用，这里阿杉是女性名字，不能适用，只好改写如上文。)注云旅中小片，是很短的一篇，我读了觉得很有意思。其首两节云：

> 驿夫用了清晨的声音连连叫唤着走着，这却是记忆全无的车站名字。一定还是备后地方，因为三原丝崎尚未到着。揭起睡车的窗帘来看，隔着三町路的对面有一个稍高的山林，在村里正下着像我们小时候的那样的雨。说雨也有时代未免有点可笑，实在因为有山围着没有风的缘故吧，这是长而且直的，在东京等处见不到的那种雨。木栅外边有两片田地，再过去是一所中等模样的农

家，正对这边建立着。板廊上有两个小孩，脸上显出玩耍够了的神气，坐着看这边的火车。在往学校之前有叫人厌倦地那么长闲时间的少年们真是有福了。

火车开走以后，他们看了什么玩耍呢？星期日如下了雨，那又怎样消遣呢？我的老家本来是小小的茅草顶的房子，屋檐是用杉树皮盖成的，板廊太高了，说是于小孩有危险，第一为我而举办的工事是粗的两枝竹扶栏，同时又将一种所谓竹水溜挂在外面的檐下，所以看雨的快乐就减少一点了。直到那时候，普通人家的屋檐下都是没有竹水溜的，因此檐前的地上却有檐溜的窟窿[1]整排的列着。雨一下来，那里立刻成为盆样的小池，雨再下得大一点，水便连作一片的在动。细的沙石都聚到这周围来。我们那时以为这在水面左右浮动的水泡就叫作檐溜的，各家的小孩都唱道，檐溜呀，做新娘吧！在下雨的日子到村里走，就可以听见各处人家都唱这样的歌词：

檐溜呀，做新娘吧！

买了衣厨板箱给你。

小孩看了大小种种的水泡回转动着，有时两个挨在一起，便这样唱着赏玩。凝了神看着的时候，一个水泡忽然拍地消灭了，心里觉得非常惋惜，这种记忆在我还是幽微地存在。这是连笑的人也没有的小小的故事，可是这恐怕是始于遥远的古昔之传统的诗趣吧。今日的都市生活成立以后这就窣地断掉了，于是下一代的国民就接受不着而完了，这不独是那檐溜做新娘的历史而已。

这文章里很含着惆怅，不只是学问上的民俗学者的关心，怕资料要消没了，实在是充满着人情，读了令人也同样地觉得惘然。《黄昏小记》也是很有意思的小文，如头几节云：

这是雨停止了的傍晚。同了小孩走下院子里去，折了一朵山茶花给他，叶上的雨点哗啦哗啦落在脸上了。小孩觉得很是好玩，叫我给他再摇旁边的一株枫树，自己去特地站在底下，给雨淋湿了却高声大笑。此后还四面搜寻，看有没有叶上留着雨水的树。小儿真是对于无意味的事会很感兴趣的。

我看着这个样子便独自这样的想，现在的人无端地忙碌，眼前有许多非做不可的和非想不可的事。在故乡的山麓寂寞地睡着的祖父的祖父的祖父的事情，因为没有什么关系了，也并不再想到，只简单地一句话称之曰祖宗，就是要去想，连名字也都不知道了。史书虽然尽有，平民的事迹却不曾写着。偶然有点馀留下来的纪录，去当作多忙的人的读物也未免有点太烦厌吧。

想要想像古昔普通人的心情，引起同情来，除了读小说之外没有别的方法。就是我们一生里的事件，假如做成小说，那么或者有点希望使得后世的人知道。可是向来的小说都非奇拔不可，非有勇敢的努力的事迹不可。人爱他的妻子这种现象是平凡至极的，同别的道德不一样，也不要良心的指导，也不用什么修养或勉强。不，这简直便不是道德什么那样了不得的东西。的确，这感情是真诚的，是强的，但是因为太平常了，一点都不被人家所珍重。说这样的话，就是亲友也会要笑。所以虽然是男子也要哭出来的大事件，几亿的故人都不曾在社会上留下一片纪录。虽说言语文章是人类的一大武器，却意外地有苛酷的用法的限制。若是同时代的邻人的关系，互相看着脸色，会得引起同情，这样使得交际更为亲密，但如隔了五百年或一千年，那就没有这希望了，只在名称上算是同国人，并不承认是有同样普通的人情的同样的人，就是这样用过情爱的小孩的再是小孩，也简直地把我们忘却了，或是把我们当作神佛看待，总之是不见得[2]肯给我们同等待遇就是了。

假如有不朽这么一回事，我愿望将人的生活里最真率的东西做成不朽。我站在傍晚的院子里想着这样的事情。与人的寿命共从世间消灭的东西之中，有像这黄昏的花似地美的感情。自己也因为生活太忙，已经几乎把这也要忘怀了。

这里所说的虽是别一件事，即是古今千百年没有变更的父母爱子之情，但是惆怅还同上边一样，这是我所觉得最有意思的。柳田说古昔的传统的诗趣在今日都市生活里忽而断绝，下一代的国民就接受不着了事。又说平常人心情不被珍重纪录，言语文章的用法有苛酷的限制。这都包孕着深厚的意义，我对于这些话也都有同感。也有人看了可以说是旧话，但是我知道柳田对于儿童与农民的感情比得上任何人，他的同情与忧虑都是实在的，因此不时髦，却并不因此而失其真实与重要也。（十月二十七日）

【钟校】

①“窟窿”，原作“窟垅”。

②“总之是不见得”，“总之是”原作“总是之”。

入厕读书①

◇1935.10

◇苦竹杂记

郝懿行著《晒书堂笔录》卷四有《入厕读书》一条云：

旧传有妇人笃奉佛经，虽入厕时亦讽诵不辍，后得善果而竟卒于厕，传以为戒。虽出释氏教人之言，未必可信，然亦足见污秽之区，非讽诵所宜也。《归田录》载钱思公言平生好读书，坐则读经史，卧则读小说，上厕则阅小词，谢希深亦言宋公垂每走厕必挟书以往，讽诵之声琅然闻于远近。余读而笑之，入厕脱裤，手又携卷，非惟太亵，亦苦甚忙，人即笃学，何至乃尔耶。至欧公谓希深言平生所作文章多在三上，乃马上枕上厕上也，盖惟此尤可以属思尔，此语却妙，妙在亲切不浮也。

郝君的文章写得很有意思，但是我稍有异议，因为我是颇赞成厕上看书的。小时候听祖父说，北京的跟班有一句口诀云，老爷吃饭快，小的拉矢快，跟班的话里含有一种讨便宜的意思，恐怕也是事实。一个人上厕的时间本来难以一定，但总未必很短，而且这与吃饭不同，无论时间怎么短总觉得这是白费的，想方法要来利用他一下。如吾乡老百姓上茅坑时多顺便喝一筒旱烟，或者有人在河沿石磴下淘米洗衣，或有人挑担走过，又可以高声谈话，说这米几个铜钱一升或是到什么地方去。读书，这无非是喝旱烟的意思罢了。

话虽如此，有些地方原来也只好喝旱烟，于读书是不大相宜的。上文所说浙江某处一带沿河的茅坑，是其一。从前在南京曾经寄寓在一个湖南朋友的书店里，这位朋友姓刘，我从赵伯先那边认识了他，那年有乡试，他在花牌楼附近开了一家书店，我患病住在学堂里很不舒服，他就叫我住到他那里去，替我煮药煮粥，招呼考相公卖书，暗地还要运动革命，他的精神实在是很可佩服的。我睡在柜台里面书架子的背后，吃药喝粥都在那里，可是便所却在门外，要走出店门，走过一两家门面，一块空地的墙根的垃圾堆上。到那地方去我甚以为苦，这一半固然由于生病走不动，就是在康健时也总未必愿意去的，是其二。民国八年夏我到日本日向去访友，住在一个名叫木城的山村里，那里的便所[2]虽然同普通一样上边有屋顶，周围有板壁门窗，但是他同住房离开有十来丈远，孤立田间，晚间要提了灯笼去，下雨还得撑伞，而那里雨又似乎特别多，我住了五天总有四天是下雨，是其三。末了是北京的那种茅厕，只有一个坑两垛砖头，雨淋风吹日晒全不管。去年往定州访伏园，那里的茅厕是琉球式的，人在岸上猪在坑中，猪咕咕的叫，不习惯的人难免要害怕，那有工夫看什么书，是其四。《语林》云，石崇厕有绛纱帐大床，茵蓐甚丽，两婢持锦香囊，这又是太阔气了，也不适宜。其实我的意思是很简单的，只要有屋顶，有墙有窗有门，晚上可以点灯，没有电灯就点白蜡烛亦可，离住房不妨有二三十步，虽然也要用雨伞，好在北方不大下雨。如有这样的厕所，那么上厕时随意带本书去读读我想倒还是旡啥的吧。

谷崎润一郎著《摄阳随笔》中有一篇《阴翳礼赞》，第二节说到日本建筑的厕所的好处。在京都奈良的寺院里，厕所都是旧式的，阴暗而扫除清洁，设在闻得到绿叶的气味青苔的气味的草木丛中，与住房隔离，有板廊相通。蹲在这阴暗光线之中[3]，受着微明的纸障的反射，耽于瞑想，或望着窗外院中的景色，这种感觉真是说不出地好。他又说：

> 我重复地说，这里须得有某种程度的阴暗，彻底的清洁，连蚊子的呻吟声也听得清楚地寂静，都是必须的条件。我很喜欢在这样的厕所里听萧萧地下着的雨声。特别在关东的厕所，靠着地板装有细长的扫出尘土的小窗，所以那从屋檐或树叶上滴下来的雨点，洗了石灯笼的脚，润了跕脚石上的苔，幽幽地沁到土里去的雨声，更能够近身地听到。实在这厕所是宜于虫声，宜于鸟声，亦复宜于月夜，要赏识四季随时[4]的物情之最相适的地方，恐怕古来的俳人曾从此处得到过无数的题材吧。这样看来，那么说日本建筑之中最是造得风流的是厕所，也没有什么不可。

谷崎压根儿是个诗人，所以说得那么好，或者也就有点华饰，不过这也只是在文字上，意思却是不错的。日本在近古的战国时代前后，文化的保存与创造差不多全在五山的寺院里，这使得风气一变，如由工笔的院画转为水墨的枯木竹石，建筑自然也是如此，而茶室为之代表，厕之风流化正其馀波也。

佛教徒似乎对于厕所向来很是讲究。偶读大小乘戒律，觉得印度先贤十分周密地注意于人生各方面，非常佩服，即以入厕一事而论，后汉译《大比丘三千威仪》下列举“至舍后者有二十五事”，宋译《萨婆多部毗尼摩得勒伽》六自“云何下风”至“云何筹草”凡十三条，唐义净著《南海寄归内法传》二有第十八“便利之事”一章，都有详细的规定，有的是很严肃而幽默，读了忍不住五体投地。我们又看《水浒传》鲁智深做过菜头之后还可以升为净头，可见中国寺里在古时候也还是注意此事的。但是，至少在现今这总是不然了，民国十年我在西山养过半年病，住在碧云寺的十方堂里，各处走到，不见略略像样的厕所，只如在《山中杂信》五所说：

> 我的行踪近来已经推广到东边的水泉。这地方确是还好，我于每天清早没有游客的时候去徜徉一会，赏鉴那山水之美。只可惜不大干净，路上很多气味，——因为陈列着许多《本草》上的所谓人中黄。我想中国真是一个奇妙的国，在那里人们不容易得着营养料，也没有方法处置他们的排泄物。

在这种情形之下，中国寺院有普通厕所已经是大好了，想去找可以瞑想或读书的地方如何可得。出家人那么拆烂污⑤，难怪白衣矣。

但是假如有干净的厕所，上厕时看点书却还是可以的，想作文则可不必。书也无须分好经史子集，随便看看都成。我有一个常例，便是不拿善本或难懂的书去，虽然看文法书也是寻常。据我的经验，看随笔一类最好，顶不行的是小说。至于朗诵，我们现在不读八大家文，自然可以无须了。（十月）

【钟校】

① 1935.11 刊《宇宙风》1 集 5 期。

②“那里的便所”,“的”原作“时”。

③“蹲在这阴暗光线之中”,“蹲”原作“踯”。

④“随时”，原作“陈时”。

⑤“折烂污”，原作“析烂污”。

郝氏说诗[1]

◇1935. 11

◇苦竹杂记

◇第三册有《毛氏说诗》等

偶然得到《名媛诗话》十二卷，道光间刊，钱塘沈湘佩夫人著，卷五记钱仪吉室陈炜卿事云：

> 有《听松楼遗稿》，内载《授经偶笔》，序述记赞跋论家书诸著作，议论恢宏，立言忠厚，诗犹馀事耳。

《诗话》中因引其论《内则》文二篇，论“国风”《采蘋》及《燕燕》文各一篇，文章的确写得还简要，虽然所云阐发经旨也就不过是那么一回事。女子平常总是写诗词的多，散文很少见，在这一点上《听松楼遗稿》是很值得注意的。据我所知只有一个人可以相比，这是《职思斋学文稿》的著者“西吴女史”徐叶昭，序上亦自称听松主人。《文稿》收在徐氏家集《什一偶存》里，有乾隆甲寅序，末云：

> 今者综而甄之，涉于二氏者，类如语录者，近于自用自专者，悉为删去，其辨驳金溪馀姚未能平允者亦尽去之，于是所存者仅仅庶几无疵而已，以云工未也。呜呼，予老矣，恐此事便已，如之何？

案其时盖年六十六岁也。所存文共三十五篇，多朴实冲淡可诵读，大不易得。只可惜由佛老而入程朱，文又宗法八家，以卫道为职志，而首小文十篇，论女道以至妾道婢道，文词虽不支不蔓，其意义则应声而已。又有《与大妹书》，论奉佛之非，哓哓不休，更是落了韩愈的窠臼了。所作传志却简洁得体，如《夫子鹤汀先生述》首节云：

> 呜呼，君之行亦云似矣，第世之传志不免文说其辞，真与伪无从辨别，故余苟非可证今人者概不敢及。夫一呐呐然老诸生耳，乌有卓行之可称？顾无可表见之中，止此日用行习已为世俗之所不能到，其可默而不言？

这几句写得不坏，虽然不能说是脱套，末尾音调铿锵处尤为可议。此君盖颇有才气，据其自序中述少年时事云：

> 爰考古稽今，多所论著，如官制兵制赋役催科礼

仪丧服贡举刑书，偏私臆见，率意妄言，虽其中或间有可采者，而以草野议朝章，以妇人谈国典，律以为下不倍之义，窃惴惴焉。

终乃汩没[2]于程朱二氏韩欧八家，下乔木而入幽谷，真可惜也！

清朝女作家中我觉得最可佩服的是郝懿行的夫人王照圆。《晒书堂文集》后附有《闺中文存》一卷，系其孙郝联薇所刊，共文十一篇，半系所编著书序跋，末一篇为《听松楼遗稿跋》，中有一节云：

颜黄门云：父母威严而有慈，则子女畏慎而生孝。余于子女有慈无威，不能勤加诱导，俾以有成，今读《授经偶笔》及尺素各篇，意思勤绵，时时以课读温经形于楮墨，虽古伏生女之授书，宋文宣之传礼，不是过焉，余所弗如者五矣。

其实据我看来，这里并没有什么弗如，郝君夫妇的文章思想不知怎地叫人连想颜黄门，而以颜黄门相比，在我却是很高的礼赞，其地位迥在授经载道者之上。听松楼的《偶笔》只在《诗话》中见到几则，大抵只是平平无疵耳，照例说话而能说得明白，便难得了，不能望其有若何心得或新意思也。王照圆著述[3]刻在“郝氏丛书”内者有《列女传补注》《列仙传校正》《梦书》等，《葩经小记》惜未刻，但在与郝兰皋合著的《诗问》及《诗说》中间还保留着不少吧。之罘梦人（王照圆自称）无诗集，仅在《读孝节录》文中见有七绝一首，亦不甚佳，但其说诗则殊佳妙[④]，吾乡季彭山（王阳明的门人，徐文长的先生，也是鄙人的街坊，因为他的故居在春波桥头禹迹寺旁，与吾家祖屋相去只一箭之远也。）所著《说诗解颐》略一拜读，觉得尚不及王说之能体察物理人情，真有解颐之妙。《诗说》卷上云：

> 瑞玉问：女心伤悲应作何解？余曰，恐是怀春之意，《管子》亦云，春女悲。瑞玉曰，非也，所以伤悲，乃为女子有行，远父母故耳。盖瑞玉性孝，故所言如此。余曰，此匡鼎说诗也。

《诗问》卷二，《七月》“遵彼微行”注云：

> 余问，微行传云墙下径？瑞玉曰，野中亦有小径。余问，遵小径以女步迟取近耶？曰，女子避人尔。

虽不必确，亦殊有意趣，此种说经中有脉搏也。又卷一，《氓》“三岁食贫”注云：

> 余问，既贿迁何忧食贫？瑞玉曰，男狭邪不务生业，女侥资财何益也。

又“总角之宴”注云：

> 瑞玉问：束发已私相宴安言笑，何待贸丝时？余

曰，总角相狎，比长男女别嫌，不复通问，及贸丝相诱，始成信誓。

解说全章诗意亦多胜解，如《丘中有麻》云：

《丘中有麻》，序云，思贤也，留氏周之贤人，遁于丘园，国人望其里居而叹焉。瑞玉曰，人情好贤，经时辄思，每见新物则一忆之。有麻秋时，有麦夏时，无时不思也。麻麦，谷也，李，果也，无物不思也。

《风雨》首章注云：

寒雨荒鸡，无聊甚矣，此时得见君子，云何而忧不平？故人未必冒雨来，设辞尔。

解云：

《风雨》，瑞玉曰，思故人也。风雨荒寒，鸡声嘈杂，怀人此时尤切。或亦夫妇之辞。

《溱洧》解云：

《溱洧》，序云，刺乱也。瑞玉曰，郑国之俗，三月上巳修禊溱洧之滨，士女游观，折华相赠，自择昏姻，诗人述其谣俗尔。

《诗说》卷上载瑞玉说，“自我不见，于今三年”二句可疑。郝君引《竹书纪年》解之曰：

周公自二年秋东征，至四年春便还，前后不过年馀，举成数故云三年耳。又以见周公之悯归士，未久而似久也。且详味诗意，前三章都是秋景，至末一章独言春日，盖军士以秋归，以冬至家，比及周公作诗之时则又来年春矣，故末章遂及嫁娶之事，言婚姻及时也。此事诗书缺载，据《竹书》所记年月始终恐得其实，未知是否。瑞玉曰，恐是如此。又曰，读此诗，可知越王勾践之生聚其民，不过欺卖之耳，那有真意。

此语殊有见识，即士大夫亦少有人能及。训诂名物亦多新意，而又多本于常识，故似新奇而实平实。如《七月》“七月亨葵及菽”注云：

瑞玉曰：菜可烹，豆不可烹，盖如今俗作豆粥尔。其法，菜半之，豆半之，煮为粥，古名半菽，《夏小正》谓短闵也。

又“采荼薪樗”注云：

瑞玉曰，荼苦，得霜可食。樗非为薪也，九月非樵薪之时，且下句遂言食我农夫，则二物皆供食也。樗，椿类，叶有香者，腌为菹，九月叶可食，薪者枝落之，采其叶也。

此二条亦见《诗说》中，但较详。把《诗经》当作文学看，大抵在明末已有之，如《读风偶评》可见，不过普通总以外道相待，不认为正当的说法，若以经师而亦如此说，则更希有可贵矣。《诗说》卷上云：

瑞玉因言，《东山》诗何故四章俱云零雨其濛，盖行者思家惟雨雪之际尤难为怀，所以《东山》劳归士则言雨，《采薇》之遣戍则言雪，《出车》之劳还率亦言雪。

《七月》诗中有画，《东山》亦然。

古人文字不可及处在一真字，如《东山》诗言情写景，亦止是真处不可及耳。

有敦瓜苦，蒸在栗薪。触物惊心，曷胜今昔之感，所谓尽是刘郎去后栽者也。二句描写村居篱落间小景如画，诗中正复何所不有。

又云：

晋人论诗，亟赏昔我往矣，杨柳依依，今我来思，雨雪霏霏，及讦谟定命，远犹辰告，以为佳句。余谓固然，佳句不止此也。如鸡栖于埘，日之夕矣，牛羊下来，写乡村晚景，睹物怀人如画。又如蒹葭苍苍，白露为霜，所谓伊人⑤，在水一方，渺然有天际真人想。其室则迩，其人则远，渺渺予怀，悠然言外。东门之栗，有践家室，止有践二字便带画景。至如汉之广兮，不可泳思，江之永兮，不可方思，尤所谓别情云属，文外独绝者也。

（十一月）

【钟校】

① 1935.11.21 刊《益世报》。

②“汩没”，“汩”原作“汨”。

③“王照圆著述”，原作“王照圆所著述书”。

④“其说诗则殊佳妙”，“诗”原作“时”。

⑤“所谓伊人”，“谓”原作“为”。

蒋子潇游艺录[1]

◇1935. 11. 8

◇苦竹杂记

日前得到一册蒋子潇所著的《游艺录》，有山阴叶承澧的原序，无年月，此乃是光绪戊子长白豫山在湖南所重刻。书凡三卷，卷上凡三十三目，皆象纬推步舆地之说，从《蒋氏学算记》八卷中抄出，门人彭龄在目录后有附记，云门人等虽闻绪论，莫问津涯者也。卷下凡二十四目，皆从《读书日记》十卷中抄出，杂论各家学术得失。第三卷为别录，凡文八篇，叶序云仙佛鬼神之作，实则为论释道及刺麻教等关于宗教者七篇，又《天方声类》序一篇，乃以亚剌伯字来讲音韵也。在这里边第一分简直一点不懂，第二分读了最觉得有意思，可佩服，虽然其后半讲医法术数的十四篇也不敢领教了。下卷各篇多奇论，如《九流》引龚定庵之言曰，九流之亡儒家最早。又《大儒五人》则列举郑司农、漳浦黄公、黄南雷、戴东原、钱竹汀。但我觉得有趣的，却是不关经学儒术大问题的文章，其论近人古文云：

> 余初入京师，于陈石士先生座上得识上元管同异之，二君皆姚姬传门下都讲也，因闻古文绪论，谓古文以方望溪为大宗，方氏一传而为刘海峰，再传而为姚姬传，乃八家之正法也。余时于方姚二家之集已得读之，唯刘氏之文未见，虽心不然其说而口不能不唯唯。及购得海峰文集详绎之，其才气健于方姚而根柢之浅与二家同，盖皆未闻道也。夫文以载道，而道不可见，于日用饮食见之，就人情物理之变幻处阅历揣摩，而准之以圣经之权衡，自不为迂腐无用之言。今三家之文误以理学家语录中之言为道，于人情物理无一可推得去，是所谈者乃高头讲章中之道也，其所谓道者非也。八家者唐宋人之文，彼时无今代功令文之式样，故各成一家之法，自明代以八股文为取士之功令，其熟于八家古文者，即以八家之法就功令文之范，于是功令文中钩提伸缩顿宕诸法往往具八家遗意，传习既久，千面一孔，有今文无古文矣。豪杰之士欲为古文，自必力研古书，争

胜负于韩柳欧苏之外，别辟一径而后可以成家，如乾隆中汪容甫、嘉庆中陈恭甫，皆所谓开径自行者也。今三家之文仍是千面一孔之功令文，特少对仗耳。以不对仗之功令文为古文，是其所谓法者非也。余持此论三十年，唯石屏朱丹木所见相同。

八家以后的古文无非是不对仗的八股，这意见似新奇而十分确实，曾见谢章铤在《赌棋山庄随笔》亦曾说及，同意的人盖亦不少。我却更佩服他关于道的说法，道不可见，只就日用饮食人情物理上看出来，这就是很平常的人②的生活法，一点儿没有什么玄妙。正如我在《杂拌儿之二》序上所说，“以科学常识为本，加上明净的感情与清澈的理智，调合成功一种人生观，以此为志，言志固佳，以此为道，载道亦复何碍。”假如蒋君先是那样说明，再来主张文以载道，那么我就不会表示反对，盖我原是反对高头讲章之道，若是当然的人生之路，谁都是走着，所谓何莫由此道也。至于豪杰之士那种做古文法我们可以不论，大抵反抗功令时文只有两条路走，倒走是古文，顺走是白话，蒋君则取了前者耳。又有《袁诗》一则云：

乾隆中诗风最盛，几于户曹刘而人李杜，袁简斋独倡性灵之说，江南北靡然从之，自荐绅先生下

> 逮野叟方外，得其一字荣过登龙，坛坫之局生面别开。及其既卒而嘲毁遍天下，前之以推袁自矜者皆变而以骂袁自重，毁誉之不足凭，今古一辙矣。平心论之，袁之才气固是万人敌也，胸次超旷，故多破空之论，性海洋溢，故有绝世之情。所惜根柢浅薄，不求甚解处多，所读经史但以供诗文之料而不肯求通，是为袁之所短。若删其浮艳纤俗之作，全集只存十分之四，则袁之真本领自出，二百年来足以八面受敌者袁固不肯让人也。寿长名高，天下已多忌之，晚年又放诞无检，本有招谤之理，世人无其才学，不能知其真本领之所在，因其集中恶诗，遂并其工者而一概摈之，此岂公论哉。王述庵《湖海诗传》所选袁诗皆非其佳者，此盖有意抑之，文人相轻之陋习也。

这里对于随园的批评可谓公平深切，褒贬皆中肯，我们平常只见捧袁或骂袁的文章，这样的公论未曾见到过。我颇悔近来不读袁集，也因为手头没有，只凭了好些年前的回忆对于随园随便批评，未免失于轻率，我想还得研究一下再说。我并不骂他的讲性灵，大抵我不满随园的地方是在这里所说的根柢浅薄，其晚年无检实在也只是这毛病的一种征候罢。骂袁者不曾知其真本领，这话很是的确，王述庵实在也是如此，所以未能选取好诗，未必由于文人相轻。近年来袁中郎渐为人所注意，袁简斋也连带地提起，而骂声亦已大作，蒋君此文或可稍供参考，至于难得大众的赞同亦自在意中，古今一辙，作者与抄者均见惯不为怪也。

关于蒋子潇的著作和事迹，我从玄同借到《碑传集补》第五十卷，内有夏寅官的《蒋湘南传》，又从幼渔借到《七经楼文抄》六卷，其《春晖阁诗》六卷无从去借，只在书店里找来一册抄本，面题“盛昱校抄本陈蒋二家诗”，内收元和陈梁叔固始蒋子潇诗各一卷，各有王鹊所撰小传一篇，而蒋诗特别少，只有八页四十三首，纸尾有裁截痕，可知并非完本。夏寅官所作传大抵只是集录《文抄》中王济宏、刘元培、刘彤恩诸人序中语，只篇首云“先世本回部”为各序所无耳。王鹊小传则云，“故回籍也，而好食肉饮酒”，盖蒋君脱籍已久远，如《释藏总论》中云，“回教即婆罗门正派也”，便可见他对于这方面已是颇疏隔的了。夏传根据王序，云蒋于道光乙未中式举人，后乃云道光戊子仪征张椒云典河南乡试时所取中，自相矛盾。末又云：

林文忠尝笑椒云曰，吾不意汝竟得一大名士门生。

此盖亦根据王序，原文云：

往椒云方伯又为述林文忠公之言曰，吾不意汝竟有如此廓门生。

所谓廓即阔也，夏传一改易便有点金成石之概。叙述子潇的学术思想以王刘二序为胜，此外又见钟骏声著《养自然斋诗话》卷七有云：

古经生多不工为诗，兼之者本朝唯毛西河、朱竹垞、洪北江三人而已，孙渊如通奉以治经废诗，故其诗传者绝少。固始蒋子潇湘南邃于经学，在《七经楼文抄》于象纬舆地水利韬略之说靡不精究，乃其《春晖阁诗》皆卓然可传。先生自言初学三李，后师杜韩，久乃弃各家而为一己之诗。又言古诗人唯昌黎通训诂，故押韵愈险愈稳，训诂者治经之本，亦治诗之本也。其言可谓切中。

我于经学以及象纬等等一无所知，古文辞也只一知半解，故对于《文抄》各篇少能通其奥义，若文章虽不傍人藩篱似亦未甚精妙，诗所见不多，却也无妨如此说。抄本中有《废翁诗》四首，因系自咏，故颇有意思，有小序云：

昔欧阳公作《醉翁亭记》，年方四十，其文中有苍颜白发语，岂文章政事耗其精血，既见老态，遂不妨称翁耶。余年五十时自号废翁，盖以学废半途，聪明日减，不复可为世用，宜为天之所废也，而人或谓称翁太早。今又四年，须发渐作斑白，左臂亦有风痹之势，则废翁二字不必深讳，聊吟小诗以告同人。

其二四两首云：

日暮挥戈讵再东，读书有志奈途穷。饥驱上座诸侯客，妄想名山太史公。作贼总非伤事主，欺人毕竟不英雄。茫茫四顾吾衰甚，文苑何尝要废翁。

万水千山作转蓬，避人心事效墙东。那堪辟历惊王导，幸未刊章捕孔融。千古奇文尊客难，一场怪事笑书空。枯鱼穷鸟谁怜乞，遮莫欧刀杀废翁。

据我看来，蒋君的最可佩服的地方还是在他思想的清楚通达，刘元培所谓大而入细，奇不乖纯，是也。如中国人喜言一切学术古已有之，《文抄》卷四中则有《西法非中土所传论》，又《游艺录》末卷《释藏总论》中云：

余尝问龚定庵曰，宋人谓佛经皆华人之谲诞者假庄老之书为之，然欤？定庵曰，此儒者夜郎自大之说也。余又尝问俞理初曰，儒者言佛经以初至中华之《四十二章》为真，其馀皆华人所为，信欤？理初曰，华人有泛海者，携《三国演义》一部，海外人见而惊之，以为此中国之书也，其聪明智慧者嗤笑之，谓中华之书仅如此乎？及有以《五经》《论语》至者，则傲然不信曰，中华之书只《三国演义》耳，安得有此！世之论佛经者亦犹是也。余因二君之说以流览释藏全书，窃以佛经入中华二千馀年，而西来本旨仍在明若昧之间，则半晦于翻译，则半晦于禅学也。

此与《道藏总论》一篇所说皆甚有意趣，此等文字非普通文人所能作，正如百六十斤的青龙偃月刀要有实力才提得起，使用不着花拳样棒也。蒋君的眼光胆力与好谈象纬术数宗教等的倾向都与龚定庵③俞理初有相似处，岂一时运会使然耶？至宋平子夏穗卿诸先生殁后此风遂凌替，此刻现在则恍是反动时期，满天下唯有理学与时文耳。查定庵《己亥杂诗》有一首云：

问我清游何日最，木樨风外等秋潮④，忽有故人心上过，乃是虹生与子潇。

注曰，“吴虹生及固始蒋子潇孝廉也。”惜近日少忙，不及去翻阅《癸巳存稿》《类稿》，或恐其中亦有说及，只好且等他日再查了。

［附记］　《文抄》卷四有《与田叔子论古文书》，第一书绝佳，列举伪古文家八弊，曰奴蛮丐吏魔醉梦

喘，可与桐城派八字诀对立，读之令人绝倒，只可惜这里不能再抄，怕人家要以我为文抄公也。

［附记二］　近日又借得《春晖阁诗抄选》二册，亦同治八年重刊本，凡六卷，诗三百首。有阳湖洪符孙元和潘筠基二序，《养自然斋诗话》所云盖即直录潘序中语，王鹄撰小传则本明引洪序也。我于新旧诗是外行，不能有所批评，但有些诗我也觉得喜欢。卷一有《秋怀七首》，其第六云：

> 研朱点毛诗，郑孔精神朗。伟哉应声虫，足以令神往。俗儒矜一灯，安知日轮广。辞章如沟潦，岂能活菱蒋。枉费神仙爪，不搔圣贤痒。我心有明镜，每辨英雄诳。……

诸语颇可喜。《废翁诗》四章则选中无有，盖抄而又选，所删去的想必不少，我得从盛昱本中见之，亦正自有缘分也。　（十一月八日于北平苦雨斋）

【钟校】

① 1935.12.1 刊《宇宙风》6 期，题作《谈桐城派与随园》。

②“很平常的人”，“的”原作“于”。

③“龚定庵”，“庵”原作“龚”。

④“木樨风外等秋潮”，“樨”原作“穉”。

游山日记[①]

◇1935. 12. 8

◇风雨谈

民国十几年从杭州买到一部《游山日记》，衬装六册，印板尚佳，价颇不廉。后来在上海买得《白香杂著》，七册共十一种，《游山日记》也在内，系后印，首页的题字亦不相同。去年不知什么时候知道上海的书店有单行的《游山日记》，写信通知了林语堂先生，他买了去一读说值得重印，于是这日记重印出来了。我因为上述的关系，所以来说几句话，虽然关于舒白香我实在知道得很少。

《游山日记》十二卷，系嘉庆九年（一八〇四）白香四十六岁时在庐山避暑所作，前十卷记自六月一日至九月十日共一百天的事，末二卷则集录诗赋也。白香文章清丽，思想通达，在文人中不可多得，乐莲裳跋语称其汇儒释于寸心，穷天人于尺素，虽稍有藻饰，却亦可谓知言。其叙事之妙，如卷三甲寅（七月廿八日）条云：

> 晴凉，天籁又作。此山不闻风声日盖少，泉声则雨霁便止，不易得，昼间蝉声松声，远林际画眉声，朝暮则老僧梵呗声和吾书声，比来静夜风止，则惟闻蟋蟀声耳。

又卷七己巳（八月十三日）条云：

> 朝晴暖，暮云满室，作焦麯气，以巨爆击之不散，爆烟与云异，不相溷也。云过密则反无雨，令人坐混沌之中，一物不见。阖扉则云之入者不复出，不阖扉则云之出者旋复入，口鼻之内无非云者。窥书不见，因昏昏欲睡，吾今日可谓云醉。

其纪山中起居情形亦多可喜，今但举七月中关于食物的几节，卷三乙未（九日）条云：

> 朝晴凉适，可着小棉。瓶中米尚支数日，而菜已竭，所谓馑也。西辅戏采南瓜叶及野苋，煮食甚甘，予仍饭两碗，且笑谓与南瓜相识半生矣，不知其叶中乃有至味。

卷四乙巳（十九日）条云：

> 冷，雨竟日。晨餐时菜羹亦竭，惟食炒乌豆下

饭，宗慧仍以汤匙进。问安用此，曰，勺豆入口逸于箸。予不禁喷饭而笑，谓此匙自赋形受役以来但知其才以不漏汁水为长耳，孰谓其遭际之穷至于如此。

又丙午（二十日）条云：

宗慧试采荞麦叶煮作菜羹，竟可食，柔美过匏叶，但微苦耳。苟非入山既深，又断蔬经旬，岂能识此种风味。

卷五壬子（廿六日）条云：

晴暖。宗慧本不称其名，久饮天池，渐欲通慧，忧予乏蔬，乃埋豆池旁，既雨而芽，朝食乃烹之以进。饥肠得此不啻江瑶柱，入齿香脆，颂不容口，欲旌以钱，钱又竭，但赋诗志喜而已。

此种种菜食，如查《野菜博录》等书本是寻常，现在妙在从经验得来，所以亲切有味。中国古文中不少游记，但如当作文辞的一体去做，便与“汉高祖论”相去不远，都是《古文观止》里的资料，不过内容略有史地之分罢了。《徐霞客游记》才算是一部游记，他走的地方多，纪载也详赡，所以是不朽之作，但他还是属于地理类的，与白香的游记属于文学者不同。《游山日记》里所载的重要的是私生活，以及私人的思想性情，这的确是一部“日记”，只以一座庐山当作背景耳。所以从这书中看得出来的是舒白香一个人，也有一个云烟飘渺的匡庐在，却是白香心眼中的山，有如画师写在卷子上似的，当不得照片或地图看也。徐骧题后有云：

> 读他人游山记，不过令人思裹粮游耳，读此反觉不敢轻游，盖恐徒事品泉弄石，山灵亦不乐有此游客也。

乐莲裳跋中又云：

> 然雄心远慨，不屑不恭，时复一露，不异畴昔挑灯对榻时语，虽无损于性情，犹未平于嬉笑。

这里本是规箴之词，却能说出日记的一种特色，虽然在乐君看去似乎是缺点。白香的思想本来很是通达，议论大抵平正，如卷二论儒生泥古误事，正如不审病理妄投药剂，鲜不殆者，王荆公即是，“昌黎文公未必不以不作相全其名耳。”卷七云：

> 佛者投身饲饿虎及割肉喂鹰，小慧者观之皆似极愚而可笑之事，殊不知正是大悲心中自验其行力语耳。……民溺己溺，民饥己饥，亦大悲心耳，即使禹之时有一水鬼，稷之时有一饿鬼，不足为禹稷病也。不与人为善，逞私智以谿刻论人，吾所不取。

其态度可以想见，但对于奴俗者流则深恶痛绝，不肯少予宽假，如卷八记郡掾问铁瓦，卷九纪猬髯蛙腹者拜乌金太子，乃极嬉笑怒骂之能事，在普通文章中盖殊不常见也。《日记》文中又喜引用通行的笑话，卷四中有两则，卷七中有两则，卷九中有一则，皆诙诡有趣。此种写法，尝见王谑庵陶石梁张宗子文中有之，其源盖出于周秦诸子，而有一种新方术，化臭腐为神奇，这有如妖女美德亚（Medeia）的锅，能够把老羊煮成乳羔，在拙手却也会煮死老头儿完事，此所以大难也。《游山日记》确是一部好书，很值得一读，但是却也不好有第二部，最禁不起一学。我既然致了介绍词，末了不得不有这一点警戒，盖螃蟹即使好吃，乱吃也是要坏肚子的也。

中华民国廿四年十二月八日，知堂记于北平苦茶庵。

[附记]　据《嫈舲馀稿》，嘉庆十三年戊辰（一八〇八）四月廿三日为白香五十生辰，知其生于乾隆廿四年己卯，游庐山时年四十六，与卷首小像上所题正合。《舒白香杂著》据罗振玉《续汇刻书目》辛为《游山日记》十二卷，《花仙集》一卷，《双峰公挽诗》一卷，《和陶诗》一卷，《秋心集》一卷，《南征集》一卷，《香词百选》一卷，《湘舟漫录》三卷，

《骖鸾集》三卷，《古南馀话》五卷，《嫠舲馀稿》一卷，共十一种。我所有的一部缺《骖鸾集》，而多有《联璧诗钞》二卷，次序亦不相同。周黎庵先生所云“天香戏稿”即是《香词百选》，计词一百首，为其门人黄有华所选。我最初知道舒白香虽然因为他的词谱及笺，可是对于词实在不大了然，所以这卷《百选》有时也要翻翻看，却没有什么意见可说。

【钟校】

① 1936.1 刊《宇宙风》8 期。

三部乡土诗[①]

◇1935. 12. 15

◇风雨谈

近二十年来稍稍搜集同乡人的著作。“这其实也并不能说是搜集，不过偶然遇见的时候把他买来，却也不是每见必买，价目太贵时大抵作罢。”在《苦竹杂记》里这样地说明过，现在可以借来应用。所谓同乡也只是山阴会稽两县，清末合并称作绍兴县，但是我不很喜欢这个名称，除官文书如履历等外总不常用。本来以年号作县名，如嘉定等，也是常事，我讨厌的是那浮夸的吉语，有如钱庄的招牌，而且泥马渡康王的纪念也用不着留到今日，不过这是闲话暂且不提。“看同乡人的文集，有什么意思呢？以诗文论，这恐怕不会有多大意思。”这话前回也已说过。“事与景之诗或者有做得工的，我于此却也并没有什么嗜好，大约还是这诗中的事与景，能够引起我翻阅这些诗文集的兴趣。因为乡曲之见，所以搜集同乡人的著作，在这著作里特别对于所记的事与景感到兴趣，这也正由于乡曲之见。纪事写景之工者亦多矣，今独于乡土著作之事与景能随喜赏识者，盖因其事多所素知，其景多曾亲历，故感觉甚亲切也。”

诗文集有专讲一地方的，那就很值得翻阅。这有些是本乡人所撰，有些是出于外乡人之手，我都同样地想要搜集。孔延之的《会稽掇英集》，王十朋的《会稽三赋》各注本，陈祖昭的《鉴湖棹歌》等是第二类，第一类有陶元藻的《广会稽风俗赋》，翁元圻注本，李寿朋的《越中名胜赋》，周晋鑅的《越中百咏》，周调梅的《越咏》，张桂臣的《越中名胜百咏》等。但是还有几种，范围较小，我觉得更有意思。其一是《娱园诗存》四卷，光绪丙戌刊本。娱园是秦树铦的别业，在会稽小皋步，陶方琦李慈铭等人所结的“皋社”就在那里，古来也出过些名人，据我所知道，明末参严嵩的沈炼与清初撰那《度针篇》的闻人均便都是小皋步人。（至少沈青霞的后人住在那村里。）《诗存》卷一即是《皋社联吟集》，卷二三是关于娱园的题咏，卷四曰《感怀集》，皆主人“怆念存殁”之作。我的大舅父是秦君的女婿，曾经寄寓在那里，所以在庚子前后我到过娱园有好几次，读集中潭水山房微云楼诸咏，每记起三十多年前梦影，恍忽如在目前。区区一园之兴废，于后之读者似无关痛痒，但如陶方琦序中所云：

越风绵亘，盛乎诗巢。诗巢倾翳，百年阒如。音濩多舛，吟律鲜守。皋中诗社，崛起于后。东州蟠郁，偏师钟衍。诗社十人，争长娱园。

《诗存》四卷正是皋社文献之仅存者，颇足供参考，娱园主人的诗也只见此集中，少时虽然及见秦少渔先生，惜未能问其先世遗稿，盖其时但解游嬉或索墨画梅②而已。

其二是《鞍村杂咏》一卷，道光丁酉刊本。题曰安山第七桥半亭老人，即山阴沈宸桂，著有《寿樟书屋诗钞》一卷，卷首为《马鞍村十咏》，序中述村名缘起云：

余家在马鞍村。村口有山，其形如马。秦始皇时，望气者云，南海有五色气，遂发卒千人，凿断山之冈阜，形如马鞍。附山居民遂以名村，至今山顶凿痕具在。

次为《马鞍村春日竹枝词》八首，《村居四时杂咏》廿二首，《村名词》《庵名词》各十二首，此外杂题十三首。沈君诗本平常，又喜沿袭十景之名，或嵌字句，益难出色，唯专就一村纪事写景，亦别有意义，其村居诗更较佳，如其十八云：

老妻扶杖念弥陀，稚子划船唱棹歌。村店满缸新酒贱，俞公塘上醉人多。

写海边村景颇有风致。其廿二末联云：

村居歌咏知多少，惟爱南湖陆放翁。

又杂题亦多拟剑南体者，可知作者的流派，正亦可谓之“乡曲之见”，殊令不佞读之不禁微笑也。

其三是《墟中十八图咏》一卷，影抄本。有毛奇龄宋衡邵廷采戴名世序，章士俞公谷陶及申跋，章标所画墟中图十八幅，章世法叙记十八则，章大来、麟化、士、成梿、成栻、应枢、锜、钟、世法、标等十人五言绝句各十八首，共一百八十首。所谓墟者即会稽道墟村，章氏聚族而居之地，择墟中十八境，会章氏十人，倡为诗章，乃成是集。查文中年代为康熙四十一年壬午（一七〇二），据章士题后当时盖曾刻板，抄本则似出于乾隆时，笔迹不工，又不懂画法，所摹图尤凌乱，但即看此本而尚觉图之可喜，然则原画之佳盖可知矣。戴南山序署壬午闰六月，其称述墟中图云：

余披其图，泉石之美秀，峰岭之俊拔，园林之幽胜，亭馆之参差，云树之缥缈，鱼鸟之飞跃，以及桑麻果蔬，牛羊鸡犬，藩篱村落，场圃帆樯，莫不历历在目，而恍若身游其中，则余又何必以未至为恨乎。

这虽似应酬的套语，其实却是真话，因为他画的确有特色，不是普通的山水画那样到处皆是而又没有一处是的。我最喜欢那第十二的杜浦一幅。我从小就听从杜浦来的一个章姓工人讲海边的事，沙地与“舍”（草屋），棉花与西瓜，角鸡与獾猪等等，至今不能忘记。看那图时自然更有兴味，沿海小村，有几所人家，却不荒凉，沙碛上两人抬了一乘兜轿，有地方称“过山龙”，颇有颊上添毫之妙。又第十八宜嘉尖，画一田庄，柴门临水，门口泊酒船，有两个工人抬着一大坛往里边走。第四南阳坂，有山有河，有桥有船，有田有人，有牛有树，此真是东南农村的一角也，其真实处几乎要有点像地图了，而仍有图画之美，在寻常山水册中岂容易找得出乎。诗的数目十倍于图，但是我没有多少话可说。这里且举出章应枢的一首《杜浦》来：

沙堆何累累，见沙不见水。负担上塘来，识是隔江子。

据章士题后云：

岁辛巳余与宗人联吟墟中，合两山之间择而赋之，得境十八，凡十人，得诗一百八十，宁涩毋滑，宁生毋熟，宁野朴不近人情，毋为儿女子嗫嚅态。

可以约略知道他们的态度。但是王维裴迪往矣，后之人欲用五言咏风土之美，辋川在前，虽美弗彰也。大抵此类书籍的价值重在文献的方面，若以文艺论未免见绌，唯墟中图则自有佳处，我只可惜未能得到原刊本耳。（廿四年十二月十五日，在北平）

【钟校】

① 1936. 1. 1 刊《大公报》。

②“索墨画梅”，原作“索画墨梅”。

记海错[1]

◇1935. 12. 24

◇风雨谈

王渔洋《分甘馀话》卷四载郑简庵《新城旧事序》有云：

> 汉太上作新丰，并移旧社，士女老幼，相携路首，各知其室，放鸡犬于通途，亦竞识其家，则乡亭宫馆尽入描摹也。沛公过沛，置酒悉召父老诸母故人道旧，故为笑乐，则酒瓢羹碗可供笑谑也。郭璞注《尔雅》，陆佃作《埤雅》，释鱼释鸟，读之令人作濠濮间想[2]，觉鸟兽禽鱼自来亲人也。

这是总说乡里志乘的特色，但我对于纪风物的一点特别觉得有趣味。小时候读《毛诗草木鸟兽虫鱼疏》与《花镜》等，所以后来成为一种习气，喜欢这类的东西。可是中国学者虽然常说格物，动植物终于没有成为一门学问，直到二十世纪这还是附属于经学，即《诗经》与《尔雅》的一部分，其次是医家类的《本草》，地志上的物产亦是其一。普通志书都不很着重这方面，纪录也多随便，如宋高似孙的《剡录》可以说是有名的地志，里边有《草木禽鱼诂》两卷，占全书十分之二，分量不算少了，但只引据旧文，没有多大价值。单行本据我所看见的有黄本骥的《湖南方物志》四卷，汪曰桢的《湖雅》九卷，均颇佳。二书虽然也是多引旧籍，黄氏引有自己的《三长物斋长说》好许多，汪氏又几乎每条有案语，与纯粹辑集者不同。黄序有云："仿《南方草木状》、《益部方物略》[3]、《桂海虞衡志》、《闽中海错疏》之例，题曰《湖南方物志》。"至于个人撰述之作，我最喜欢郝懿行的《记海错》，郭柏苍的《海错百一录》[4]五卷、《闽产录异》六卷居其次。郭氏纪录福建物产至为详尽，明谢在杭《五杂组》卷九至十二凡四卷为物部，清初周亮工著《闽小记》四卷，均亦有所记述，虽不多而文辞佳胜，郝氏则记山东登莱海物者也。

郝懿行为乾嘉后期学者，所注《尔雅》其精审在邢邵之上。《晒书堂文集》卷二与孙渊如观察书（戊辰）有云：

尝论孔门多识之学殆成绝响，唯陆元恪之《毛诗疏》剖析精微，可谓空前绝后。盖以故训之伦无难钩稽搜讨，乃至虫鱼之注，非夫耳闻目验，未容置喙其间，牛头马髀，强相附会，作者之体又宜舍诸。少爱山泽，流观鱼鸟，旁涉夭条，靡不覃研钻极，积岁经年，故尝自谓《尔雅》下卷之疏，几欲追踪元恪，陆农师之《埤雅》，罗端良之《翼雅》，盖不足言。

这确实不是夸口，虽然我于经学是全外行，却也知道他的笺注与众不同，盖其讲虫鱼多依据耳闻目验，如常引用民间知识及俗名，在别人书中殆不能见到也。又答陈恭甫侍御书（丙子）中云：

贱患偏疝，三载于今，迩来体气差觉平复耳。以此之故，虫鱼辍注，良以慨然。比缘闲废，聊刊《琐语》小书，欲为索米之赀，（七年无俸米吃，）自比抄胥，不堪覆瓿，只恐流播人间作话柄耳。

即此可见他对于注虫鱼的兴趣与尊重，虽然那些《宋琐语》《晋宋书故》的小书也是很有意思的著作，都是我所爱读的。《蜂衙小记》后有牟廷相跋云：

昔人云，《尔雅》注虫鱼，定非磊落人。余谓磊落人定不能注虫鱼耳。浩浩落落，不辨马牛，那有此静中妙悟耶？故愿与天下学静，不愿学磊落，如有解者，示以《蜂衙小记》十五则。

牟氏著有《诗切》⑤，虽不得见，唯在郝氏《诗问》中见所引数条，均有新意，可知亦是解人也，此跋所说甚是，正可作上文的说明。《宝训》八卷，《蜂衙小记》、《燕子春秋》各一卷，均有牟氏序跋，与《记海错》合刻，盖郝君注虫鱼之绪馀也。《记海错》一卷，凡四十八则，小引云：

海错者《禹贡》图中物也，故《书》《雅》记厥类实繁，古人言矣而不必见，今人见矣而不能言。余家近海，习于海久，所见海族亦孔之多，游子思乡，兴言记之。所见不具录，录其资考证者，庶补《禹贡疏》之阙略焉。时嘉庆丁卯戊辰书。

王善宝序云：

农部郝君恂九自幼穷经，老而益笃。日屈身于打头小屋，孜孜不倦。有馀闲记海错一册，举乡里之称名，证以古书而得其贯通，刻画其形亦毕肖也。

此书特色大略已尽于此，即见闻真，刻画肖耳。如“土肉”一则云：

李善《文选江赋注》引《临海水土异物志》曰，土肉正黑，如小儿臂大，长五寸，中有腹，无口目，有三十足，炙食。余案今登莱海中有物长尺许，浅黄色，纯肉无骨，混沌无口目，有肠胃。海人没水底取之，置烈日中，濡柔如欲消尽，瀹以盐则定，然味仍不咸，用炭灰腌之即坚韧而黑，收干之犹可长五六寸。货致远方，啖者珍之，谓之海参，盖以其补益人与人参同也。《临海志》所说当即指此，而云有三十足，今验海参乃无足而背上肉刺如钉，自然成行列，有二三十枚者，《临海志》欲指此为足则非矣。

《闽小记》《海错百一录》所记都不能这样清爽。又记虾云：

海中有虾长尺许，大如小儿臂，渔者网得之，俾两两而合，日干或腌渍货之，谓为对虾，其细小者干货之曰虾米也。案《尔雅》云，鰝大虾。郭注，虾大者出海中，长二三丈，须长数尺，今青州呼虾鱼为鰝。《北户录》云，海中大红虾长二丈馀，头可作杯，须可作簪，其肉可为脍，甚美。又云，虾须有一丈者，堪拄杖。《北户录》之说与《尔雅》合。余闻榜人言，船行海中或见列桅如林，横碧若山，舟子渔人动色攒眉，相戒勿前，碧乃虾背，桅即虾须矣。

此节文字固佳，稍有小说气味，盖传闻自难免张大其词耳。《五杂组》卷九云：

龙虾大者重二十馀斤，须三尺馀，可为杖。蚶大者如斗，可为香炉。蚌大者如箕。此皆海滨人习见，不足为异也。

《闽小记》卷一“龙虾”一则云：

相传闽中龙虾大者重二十馀斤，须三尺馀，可作杖，海上人习见之。予初在会城，曾未一睹，后至漳，见极大者亦不过三斤而止，头目实作龙形，见之敬畏，戒不敢食。后从张赓阳席间误食之，味如蟹鳌中肉，鲜美逾常，遂不能复禁矣。有空其肉为灯者，贮火其中，电目血舌，朱鳞火鬣，如洞庭君擘青天飞去时，携之江南，环观挢舌⑥。

《海错百一录》卷四记虫其一“龙虾”云：

龙虾即虾魁，目睛隆起，隐露二角，产宁德。《岭表录异》云，前两脚大如人指，长尺馀，上有芒刺铦硬，手不可触，脑壳微有错，身弯环，亦长尺馀，熟之鲜红色，名虾杯。苍案，宁德以龙虾为灯，居然龙也，以其大乃称之为魁。仆人陈照贾吕宋，舶头突驾二朱柱，夹舶而趋，舶人焚香请妈祖棍三击，如桦烛对列，闪灼而逝，乃悟为虾须。《南海杂志》，商舶见波中双樯摇荡，高可十馀丈，意其为舟，老长年曰，此海虾乘霁曝双须也。《洞冥记》载有虾须杖。举此则龙虾犹小耳。

将这四篇来一比较，郝记还是上品，郭录本来最是切实，却仍多俗信，如记美人鱼海和尚撒尿鸟[7]之类皆是，又《闽产录异》卷五记豕身人首的鲧神，有云，“山精木魅，奇禽异兽，难以殚述”，书刻于光绪丙戌，距今才五十年，但其思想则颇陈旧也。郝记中尚有蟹、蛇、海盘缠、海带诸篇均佳，今不具引。

《晒书堂诗抄》卷上有诗曰《拾海错》，原注云，“海边人谓之赶海，”诗有云：

渔父携筠篮，追随有稚子[8]，逐虾寻海舌，淘泥拾鸭嘴，（海舌即水母，蚬形如鸭嘴，）细不遗蟹奴，牵连及鱼婢。

郝诗非其所长，但此数语颇有意思。《晒书堂文集》、《笔录》及诸所著述书中，则佳作甚多，惜在这里不能多赘。清代北方学者我于傅青主外最佩服郝君，他的学术思想仿佛与颜之推贾思勰有点近似，切实而宽博，这是我所喜欢的一个境界也。郝氏遗书庞然大部，我未能购买，但是另种也陆续搜到二十种，又所重刻雅雨堂本《金石例》亦曾得到，皆可喜也。

（廿四年十二月廿四日，于北平）

【钟校】

①1936.1刊《宇宙风》9期。

②“作濠濮间想”，“间”原作“闻”。

③《益部方物略》，“部”原作“都”。

④《海错百一录》，“百一”原作“一百”。

⑤《诗切》，原作“诗意”，据《药堂语录·读诗管见》改。

⑥“环观挢舌”，“挢”原作“桥”。

⑦“撒尿鸟”，“撒”原作“散”。

⑧“追随有稚子”，“有”原作“的”。

钝吟杂录[1]

◇1935. 12. 28

◇风雨谈

《池北偶谈》卷十七有“冯班”一条，称其博雅善持论，著《钝吟杂录》六卷，又云：

定远论文多前人未发，但骂严沧浪不识一字，太妄。

我所有的一部《钝吟杂录》，系嘉庆中张海鹏刊本，凡十卷，与《四库书目提要》所记的相同。冯氏犹子武所辑集，有已未年序，盖即乾隆四年，可知不是渔洋所说的那六卷原本了。序中称其情性激越，忽喜忽怒，里中俗子皆以为迂，《提要》亦云诋斥或伤之激，这与渔洋所谓妄，都是他大胆的一方面。序中记其斥《通鉴纲目》云：

凡此书及致堂《管见》以至近世李氏《藏书》

及金圣叹《才子书》，当如毒蛇蚖蝎，以不见为幸，即欧公老泉渔仲叠山诸公，亦须小心听之。

冯氏不能了解卓吾圣叹，在那时本来也不足怪，（李氏的史识如何我亦尚未详考，）若其批评宋人的文章思想处却实在不错，语虽激而意则正，真如《提要》所云，论事多达物情。我看十卷《杂录》中就只这个是其精髓，自有见地，若其他也不过一般云云罢了。《杂录》卷一《家戒上》云：

士人读书学古，不免要作文字，切忌勿作论。成败得失，古人自有成论，假令有所不合，阙之可也，古人远矣，目前之事犹有不审，况在百世之下而欲悬言其是非乎。宋人多不审细止，如苏子由论蜀先主云，据蜀非地也，用孔明非将也。考昭烈生平未尝用孔明为将，不据蜀便无地可措足，此论直是不读《三国志》。宋人议论多如此，不可学他。

切忌勿作论，这是多么透彻的话，正是现在我们所要说的，却一时想不到那么得要领有力量。我们平常知道骂八股，实在还应该再加上一种“论”，因为八股教人油腔滑调地去说理，论则教人胡说霸道地去论事，八股使人愚，论则会使人坏。大家其实也早已感到这点，王介甫也有较好的文章，只因先读了他的

《孟尝君论》，便不欢喜他，还有些人读了三苏策论之后一直讨厌东坡，连尺牍题跋都没有意思去看了，这都是实例。钝吟一口喝破，真是有识见，不得不令人佩服。卷四《读古浅说》有一条云：

读书不可先读宋人文字。

何义门评注云，

吾辈科举人初见此语必疑其拘葸，甚且斥为凡陋，久阅知书味，自信为佳。

评语稍笼统，还是找他自己的话来做解说吧。卷八《遗言》云：

宋人说话只要说得爽快，都不料前后。

又卷二《家戒下》云：

古人文字好恶俱要论理，如宋人则任意乱说，只练文字，（何评，苏文如是者多矣。）谢叠山《文章规范》尤非，他专以诬毁古人为有英气，此极害事。

卷八又云：

宋人谈性命，真开千古之绝学……但论人物谈政事言文章，便是隔壁说话。

下半说得不错，上半却有问题。冯氏论事虽有见识，但他总还想自附于圣学，说话便常有矛盾，不能及不固执一派的人，如傅青主，或是尤西堂。其实他在卷二已说过道：

> 不爱人，不仁也。不知世事，不智也。不仁不智，无以为儒也。未有不知人情而知性者。

又卷四云：

> 不近人情而云尽心知性，吾不信也，其罪在不仁。不知时势而欲治国平天下，吾不信也，其罪在不智。不仁不智，便是德不明。

这两节的道理如何是别一事，但如根据这道理，则论人物而苛刻，谈政事而胡涂，即是不仁不智了，与性命绝学便没有关系。傅青主《霜红龛集》卷三十六（丁氏刊本）杂记一中有云：

> 李念斋有言，东林好以理胜人。性理中宋儒诸议论无非此病。

又卷四十杂记五云：

> 宋人之文动辄千百言，萝莎冗长[②]，看着便厌，灵心慧舌，只有东坡。昨偶读曾子固《战国策》《说苑》两序，责子政自信不笃，真笑杀人，全不看子政叙中文义而要自占地步。宋人往往挟此等技为得意，那可与之言文章之道。文章诚小技，可怜终日在里边盘桓，终日说梦。

傅君真是解人，所说并不怎么凌厉，却着实得要领，也颇有风致，这一点似胜于钝吟老人也。我常怀疑中国人相信文学有用而实在只能说滥调风凉话，其源盖出于韩退之，而其他七大家实辅成之，今见傅冯二公的话，觉得八分之六已可证实了，馀下的容再理会。《杂录》卷一云：

药无与于衣食也，金石丝竹，先王以化俗，墨子非之。诗赋无与于人事也，温柔敦厚，圣人以教民，宋儒恶之。

汉人云，大者与六经同义，小者辨丽可喜。言赋者莫善于此，诗亦然也。仁者乐山，智者乐水，咏之何害。

风云月露之词，使人意思萧散，寄托高胜，君子为之，其亦贤于博弈也。以笔墨劝淫诗之戒，然犹胜于风刺而轻薄不近理者，此有韵之谤书，唐人以前无此，不可不知也。

讲到诗，这我有点儿茫然，但以为放荡的诗犹比风刺而轻薄不近理者为胜，然则此岂不即是宋人论人物之文章耶。我近年常这样想，读六朝文要比读八大家好，即受害亦较轻，用旧话来说，不至害人心术也。钝吟的意思或者未必全如此，不过由诗引用到文，原是一个道理，我想也别无什么不可罢。

《杂志》卷一《家戒上》又有几节关于教子弟的，颇多可取，今抄录其一云：

为子弟择师是第一要事，慎无取太严者。师太严子弟多不令，柔弱者必愚，刚强者怼而为恶，鞭扑叱咄之下，使人不生好念也。凡教子弟勿违其天资，若有所长处，当因而成之。教之者所以开其知识也，养之者所以达其性也。年十四五时，知识初开，精神未全，筋骨柔脆，譬如草木，正当二三月间，养之全在此际。噫，此先师魏叔子之遗言也，我今不肖，为负之矣。

何注曰：

少小多过，赖严师教督之恩，得比人数，以为师不嫌太严也。及后所闻见，亦有钝吟先生所患者，不可以不知。

冯氏此言甚有理解，非普通儒者们所能及。傅青主家训亦说及这个问题，颇主严厉，不佞虽甚喜霜红龛的思想文字，但于此处却不得不舍傅而取冯矣。

（廿四年十二月廿八日）

【钟校】

① 1936.2.1 刊《宇宙风》10 期，题作《宋人的文章思想》。

②“萝莎冗长”，“冗”原作“亢”。

燕京岁时记①

◇1935. 12. 31

◇风雨谈

《燕京岁时记》一卷，富察敦崇著，据跋盖完成于光绪庚子，至丙午（一九〇六）始刊行，板似尚存，市上常有新印本可得。初在友人常君处所见系宣纸本，或是初印，我得到的已是新书了，但仍系普通粉连，未用现今为举世所珍重的机制连史纸，大可喜也。润芳序中略述敦君身世，关于著作则云：

> 他日过从，见案头有《燕京岁时记》一卷，捧读一过，具见匠心，虽非巨制鸿文，亦足资将来之考证，是即《景物略》《岁华记》之命意也。虽然，如礼臣者其学问岂仅如此，尚望引而伸之，别有著作，以为同学光，则予实有厚望焉。

其实据我看来这《岁时记》已经很好了，但是我却又能够见到他别的著作，更觉得有意思，这也并非巨制鸿文，只是薄薄的一册文集，题曰《画虎集文钞》，上有我的二月十四日的题记云：

> 前得敦礼臣著《燕京岁时记》，心爱好之。昨游厂甸见此集，亟购归，虽只寥寥十三页，而文颇质朴，亦可取也。

这书虽然亦用粉连纸印，而刻板极坏，比湖北崇文书局本还要难看，有几处已经糊纸改写，错字却仍不少，如庶吉士会刻作庶吉主，可见那时校刻的草草了。集中只有文十一篇，首篇是复其内弟书，叙庚子之变，自称年四十六，末为周毓之诗序，作于甲子春，署七十老人某病中拜序，可以知其年岁及刻书的时代大概。十一篇中有六篇都说及庚子，深致慨叹，颇有见识，辛亥后作虽意气销沉，却无一般遗老丑语，更为大方，曾读《涉江文钞》亦有此感，但惜唐氏尚有理学气耳。辛丑所作《增旧园记》有云：

> 斯园也以弹丸之地，居兵燹之中，虽获瓦全，又安能长久哉。自今以往，或属之他人，或鞠为茂草，或践成蹊径，或垦作田畴，是皆不可知矣，更何敢望如昔之歌舞哉。

此增旧园在铁狮子胡同，即铁狮子所在地，现在不知如何了，昔年往东北城教书常走过此街，见有高墙巍巍，乃义威将军张宗昌别宅也，疑即其处。记末又言古来宫殿尽归毁灭，何况蕞尔一园，复云：

> 其所以流传后世者亦惟有纸上之文章耳，文章若在则斯园为不朽矣，此记之所由作也。

今园已不在，此十三页的文集不知天壤间尚有几本，则记之存盖亦仅矣。《碣石逋叟周毓之诗序》云：

> 癸亥嘉平以诗一卷见寄，并嘱为序，研读再四，具见匠心，间亦有与予诗相似者。盖皆读书无多，纯任天籁，正如鸟之鸣春，虫之鸣秋，嘈嘈唧唧，聒耳不已，诘其究竟，鸟既不知所鸣者为何声，虫亦不知所鸣者为何律也，率其性而已矣，吾二人之诗亦复如此。

《画虎集》中无诗钞，只在《岁时记》中附录所作六首，游潭柘山三首及钓鱼台一首均系寻常游览之作，京师夏日闺词两首稍佳，大抵与所自叙的话相合，这在诗里未能怎么出色，但不是开口工部，闭口涪翁，总也干净得多，若是在散文里便更有好处了。《岁时记》跋之二云：

> 此记皆从实录写，事多琐碎，难免有冗杂芜秽之讥，而究其大旨无非风俗游览物产技艺四门而已，亦《旧闻考》之大略也。

这从实录写，事多琐碎两件事，据我看来不但是并无可讥，而且还是最可取的一点。本来做这种工作，要叙录有法，必须知识丰富，见解明达，文笔殊胜，才能别择适当，布置得宜，可称合作，若在常人徒拘拘于史例义法，容易求工反拙，倒不如老老实实地举其所知，直直落落地写了出来，在琐碎朴实处自有他的价值与生命。记中所录游览技艺都是平常，其风俗与物产两门颇多出色的纪述，而其佳处大抵在不经意的地方，盖经意处便都不免落了窠臼也。如一月中记耍耗子、耍猴儿、耍苟利子、跑旱船，九月的糟蟹[②]、良乡酒、鸭儿广、柿子、山里红，十月的风筝[③]、毽儿、琉璃喇叭、咘咘噔、太平鼓、空钟，蛐蛐儿、聒聒儿、油壶卢，梧桐、交嘴、祝顶红、老西儿、燕巧儿，栗子、白薯[④]、中果、南糖、萨齐玛、芙蓉糕、冰糖壶卢、温朴，赤包儿、斗姑娘、海棠木瓜、沤朴各条，都写得很有意思。又如五月的石榴夹竹桃云：

> 京师五月榴花正开，鲜明照眼，凡居人等往往与夹竹桃罗列中庭，以为清玩，榴竹之间，必以鱼缸配之，朱鱼数头，游泳其中，几于家家如此。故京师谚曰，天篷鱼缸石榴树。盖讥其同也。

七月的荷叶灯、蒿子灯、莲花灯云：

> 中元黄昏以后，街巷儿童以荷叶燃灯，沿街唱曰：荷叶灯，荷叶灯，今日点了明日扔。又以青

蒿粘香而燃之，恍如万点流萤，谓之蒿子灯。市人之巧者又以各色彩纸制成莲花莲叶花篮鹤鹭之形，谓之莲花灯。谨案《日下旧闻考》荷叶灯之制自元明以来即有之，今尚沿其旧也。

又其记萨齐玛等云：

萨齐玛乃满州饽饽，以冰糖奶油合白面为之，形如糯米，用不灰木烘炉烤熟，遂成方块，甜腻可食。芙蓉糕与萨齐玛同，但面有红糖，艳如芙蓉耳。冰糖壶卢乃用竹签贯以葡萄山药豆海棠果山里红等物，蘸以冰糖，甜脆而凉。

记赤包儿等云：

每至十月，市肆之间则有赤包儿斗姑娘等物。赤包儿蔓生，形如甜瓜而小，至初冬乃红，柔软可玩。斗姑娘形如小茄，赤如珊瑚，圆润光滑，小儿女多爱之，故曰斗姑娘。

赤包儿这名字常听小孩们叫，即是栝楼，斗姑娘这种植物在花担上很多见，不知道有无旧名，或者是近来输入亦未可知，日本称作“姬代代”，姬者表细小意的接头语，代代者橙也，此本系茄科，盖言其实如小橙子耳，汉名亦不可考。斗字意不甚可解，或是逗字，在北京音相同，但亦不敢定也。

唐涉江（原名震钧）著《天咫偶闻》，纪北京地理故实，亦颇可看，可与《岁时记》相比，但唐书是《藤阴杂记》一流，又用心要写得雅驯，所以缺少这些质朴琐屑的好处。两者相比，《偶闻》虽或可入著作之林，而自有其门户，还不如《岁时记》之能率性而行也。（民国廿四年除夕，于北平）

【钟校】

① 1936.1.13刊《北平晨报》。

②“九月的糟蟹”，“九”原作“十”。

③“十月的风筝”，“十月的”三字编者据《燕京岁时记》加。

④“白薯”，原作“白菽”。